D1700583

ЭКОНОМИКА И ПРАВО
РУССКО-АНГЛИЙСКИЙ СЛОВАРЬ

ECONOMICS & LAW
RUSSIAN-ENGLISH DICTIONARY

I. F. ZHDANOVA

ECONOMICS & LAW
RUSSIAN-ENGLISH DICTIONARY

About 25 000 terms

«RUSSO»
MOSCOW
2001

И. Ф. ЖДАНОВА

ЭКОНОМИКА И ПРАВО
РУССКО-АНГЛИЙСКИЙ СЛОВАРЬ

Около 25 000 терминов

«РУССО»
МОСКВА
2001

ББК 65+67
Ж42

Жданова И. Ф.

Ж 42   Экономика и право. Русско-английский словарь. Ок. 25 000
        терминов. — М.: РУССО, 2001 — 624 с.

ISBN 5-88721-190-3

Словарь содержит около 25 000 терминов и терминологических сочетаний. В
основу отбора лексики положен «Гражданский кодекс Российской Федерации».
    В конце словаря приведены таблицы денежных единиц разных стран и список
некоторых латинских выражений, встречающихся в экономической и юридической литературе.
    Словарь предназначен для широкого круга специалистов, занимающихся во-
просами экономико-правового спектра, а также для преподавателей, студентов и
аспирантов вузов и факультетов соответствующего профиля.

ISBN 5-88721-190-3   ББК 65+67+81.2Англ.-4

ПРЕДИСЛОВИЕ

Русско-английский словарь «Экономика и право» отражает правовые аспекты экономической деятельности. В основу отбора лексики был положен, прежде всего, «Гражданский кодекс Российской Федерации», составляющий правовую базу регулирования экономики страны. Недаром его образно называют «Экономической конституцией».

Словарь содержит около 25 000 терминов и терминологических сочетаний. Однако он не является чисто терминологическим списком, а предназначен оказать помощь в практическом овладении соответствующей терминологией. В связи с этим словарные единицы снабжены широким набором наиболее употребительных словосочетаний, иллюстрирующих функционирование той или иной единицы. Кроме того, помимо собственно терминов в словарь включены также представляющие трудность для перевода единицы, которые в терминологических сочетаниях обслуживают обозначенную экономико-правовую тематику.

Настоящий словарь предназначен для широкого круга специалистов, занимающихся вопросами экономико-правового спектра. Он также может быть полезен преподавателям, студентам и аспирантам вузов и факультетов соответствующего профиля.

Все замечания и отзывы по содержанию словаря просьба направлять по адресу: 117071, Москва, Ленинский пр-т, 15, офис 323, издательство «РУССО». Телефон/факс: 237-25-02; 955-05-67. Web: http: //www.aha.ru/~russopub/ E-mail: russopub@aha.ru

Автор

О ПОЛЬЗОВАНИИ СЛОВАРЕМ

В качестве заглавных слов в Словаре выступают различные части речи, а также терминологические сочетания.

Словарная статья организована в следующем порядке:

Заглавное слово с английским эквивалентом. Если лексическая единица многозначна, отдельные значения, а также смысловые оттенки значений снабжены пометами или пояснением. Отдельные значения обозначаются арабскими цифрами. Синонимы разделяются запятой, а при наличии более существенных различий — точкой с запятой. Синонимы даются с учетом, где это возможно, частотности их употребления. Например:

ВЗЫСКАНИЕ 1. collection; (*в судебном порядке*) recovery, enforcement; (*принудительное*) exaction 2. (*наказание*) penalty

ОБРЕМЕНЕНИЕ (*налогами, расходами, долгами*) burden; (*имущества*) encumbrance; (*залогом*) mortgage, pledge, charge

Если в случае многозначного слова отдельные значения реализуются в форме множественного числа, то такая форма представлена тильдой (~) с окончанием множественного числа. Например:

МОЩНОСТ/Ь 1. power, capacity 2. ~и (*оборудование*) facilities

ЦЕННОСТ/Ь 1. (*стоимость*) value, worth; (*денежных знаков*) denomination 2. ~и (*ценные вещи*) valuables

АКТИВ 1. (*баланса*) asset 2. ~ы (*средства, фонды*) assets, holdings

Все заглавные слова выделены полужирным шрифтом. Неизменяемая часть слова отделяется косой чертой (/). В словосочетаниях заглавное слово или его неизменяемая часть заменяются тильдой (~). Например:

ВАЛЮТ/А currency

~ в обращении currency in circulation

~, иностранная foreign currency

конвертировать ~у convert currency

ЗАКЛЮЧЕНИ/Е 1. (*контракта, договора*) conclusion 2. (*вывод*) conclusion; (*суда, комиссии*) findings; resolution

За заглавным словом расположены свободные и устойчивые словосочетания в строго выдержанной структурной последовательности. При этом в каждой структурной подгруппе словосочетания даны в алфавитном порядке:

— атрибутивные и именные словосочетания. В случае инверсии определение отделяется от определяемого слова запятой. Например:

БАНКРОТСТВ/О bankruptcy, insolvency

~ банка bankruptcy of a bank

~, умышленное fraudulent bankruptcy

ответственность учредителей при ~e liability of the founders in case of bankruptcy

—— глагольные словосочетания:

ДОГОВОР

аннулировать ~ annul (cancel, terminate) a contract

выполнять ~ execute (fulfil, perform) a contract

После значка ◊ даются устойчивые сочетания различной структуры:

ДОГОВОР

◊ на основе ~a on the basis of a contract

согласно ~y as per contract

Синонимы даются в круглых скобках. Например:

ГРАНИЦА

~, государственная state border (frontier)

ДЕЛО

рассматривать ~ в суде try (hear) a case

В случае предложной синонимичной конструкции в круглых скобках повторяется предложная структура. Например:

ИНТЕРЕС

~ы, охраняемые законом interests protected by a law (by a statute)

Пометы и пояснения выделяются курсивом. Например:

ИЗЪЯТИЕ 1. (*вклада*) withdrawal 2. (*конфискация*) taking, confiscation, seizure

ЗАРЕГИСТРИРОВАТЬ register, record; (*корпорацию*) incorporate; (*ценные бумаги на бирже*) list

Факультативная часть сочетания или слова заключается в квадратные скобки []. Например:

ИСКОВАЯ ДАВНОСТЬ limitation [of action]

БЮДЖЕТ

~ с префицитом budget[ary] surplus

В ряде случаев словосочетания проиллюстрированы расширениями, которые помещены в круглые скобки и набраны курсивом. Например:

ДЕНЬГИ

получать ~ по векселю (*чеку, аккредитиву*) cash a bill (*a cheque, a letter of credit*)

УСЛОВНЫЕ СОКРАЩЕНИЯ

Русские

ав. — авиация
авто. — автомобильное дело
амер. — американский термин
бирж. — биржевые операции
брит. — английский термин
бухг. — бухгалтерский термин
и т.п. — и тому подобное
кто-л. — кто-либо
лат. — латинский
мор. — морское дело
обыкн. — обыкновенно
прил. — имя прилагательное

см. тж — смотри также
страх. — страховой термин
сущ. — имя существительное
с.х. — сельское хозяйство
тех. — технический термин
трансп. — транспорт
фин. — финансовый термин
чей-л. — чей-либо
что-л. — что-либо
юр. — юридический термин

Английские

pl. — plural, множественное число
smb — somebody, кто-либо
smth — something, что-либо

РУССКИЙ АЛФАВИТ

Аа	Жж	Нн	Фф	Ыы
Бб	Зз	Оо	Хх	Ьь
Вв	Ии	Пп	Цц	Ээ
Гг	Йй	Рр	Чч	Юю
Дд	Кк	Сс	Шш	Яя
Ее	Лл	Тт	Щщ	
Ёё	Мм	Уу	Ъъ	

А

АБОНЕНТ subscriber, user

АБОНЕНТСКАЯ ПЛАТА subscription fee; licence fee; rental fee

АВАЛИСТ (*по векселю*) guarantor of a bill, surety on a bill

АВАЛ/Ь (*вексельное поручительство*) aval, surety for a bill, security guarantee

~ банка bank guarantee

~, вексельный bill of exchange guarantee

~, именной personal guarantee

~, чековый cheque guarantee

гарантия платежа по чеку посредством ~я guarantee of payment under a cheque by surety notation

лицо, давшее ~ person (party) who issued a security guarantee

гарантировать платеж посредством ~я guarantee payment by means of a security guarantee

давать ~ за *кого-л.* issue (give) a security guarantee for *smb*

проставить ~ stamp a security guarantee

совершать ~ issue a bank guarantee

◊ «считать за ~» (*надпись на лицевой стороне чека*) consider as surety (as security guarantee)

АВАНС advance, payment in advance

~, банковский bank advance

~ в счет заработной платы wage advance, advance on salary

~ в счет платежа advance against payment, payment on account

~ы, выданные поставщикам и подрядчикам advances to suppliers and contractors

~, денежный cash advance

~ под залог advance on collateral

~ под ценные бумаги advance on securities

~ поставщику payment in advance

выдача ~a issuance of an advance, payment of an advance

выплата ~a payment of an advance

кредит в виде ~a credit in the form of an advance

оплата путем выдачи ~a payment by [means of] issuing an advance

получение ~a receipt of an advance

предоставление коммерческого кредита в виде ~a granting of credit in the form of an advance

сумма ~a amount (sum) of an advance

требование подрядчика о выплате ~a contractor's demand for payment of an advance

вносить ~ pay an advance

выдавать ~ issue (make) an advance

платить ~ом pay in advance

погашать ~ repay (pay off) an advance

получать ~ get (receive, obtain) an advance

предоставлять ~ grant an advance

◊ в качестве ~a as an advance

АВАНСИРОВАНИЕ advancing

~, банковское bank advancing

~, государственное government advancing

~, долгосрочное long-term advancing

АВАНСОВАЯ ССУДА advance loan

АВАНСОВЫЙ ОТЧЕТ imprest account

АВАРИЙНОСТЬ accident rate; breakdown rate

АВАРИ/Я 1. (*несчастный случай*) accident; (*аварийная ситуация*) emergency; (*крушение*) wreck 2. (*убытки, причиненные аварией*) average

ликвидация ~и elimination of an accident

предотвращение ~и prevention of an accident

страхование от ~и insurance against average

ликвидировать ~ю eliminate an accident

предотвратить ~ю prevent an accident

сообщать об ~ях notify *smb* in case of an accident

угрожать ~ей threaten to cause an accident

◊ в случае ~и in case of emergency

АВИЗО aviso, advice, notification

~ аккредитива letter of advice

~, банковское bank advice

~, входящее incoming advice

~, инкассовое advice of collection, collection advice

~, исходящее outgoing advice

~ об акцепте advice of acceptance

~ об открытии аккредитива advice of a letter of credit

~ о переводе transfer advice

~ о платеже advice of payment

~, подложное false advice

~, срочное express (urgent) [letter of] advice

дата получения ~ date of receipt of an advice

получить ~ receive an advice

посылать ~ send an advice

АВИЗОВАТЬ advise

АВТОМАТ automatic machine

~, банковский automatic (automated) telling machine

~, денежный automatic (automated) money machine, cash machine

~ для обмена валюты machine for exchange of currency

~ для приобретения знаков оплаты vending machine for the receipt of tokens of payment

~ для размена денег change machine, machine for making change

~, кассовый cash machine

~, торговый vending machine

использование торговых ~ов use of vending machines

АВТОМАТИЗАЦИ/Я automation, automatization

~ банковских операций automation of banking

~ бухгалтерского учета automation of accounting

~, полная full (complete) automation

~ производства automation of production; computer-aided manufacturing

~ учета automation of accounting

внедрять ~ю introduce automation

АВТОМАТИЧЕСК/ИЙ automatic

~ое отчуждение заложенного недвижимого имущества strict foreclosure

АВТОНОМИЯ ВОЛИ autonomy of will

~ участников гражданского оборота autonomy of will of the participants in civil relations

АВТОРИЗАЦИЯ authorization; validity check

АВТОРИТЕТ authority

~ закона authority of law

завоевывать ~ win authority

подрывать ~ undermine authority

пользоваться ~ом have (enjoy) authority

АВТОРСКИЙ ГОНОРАР author's fee; (*с тиража*) royalties

АВТОРСКИЙ ДОГОВОР authorship agreement, author's (publishing) contract

выплата вознаграждения по авторскому договору payment of remuneration (of royalties) under an author's contract (under an authorship agreement)

выплата вознаграждения по авторскому договору при ликвидации юридического лица payment of royalties (of compensation) under an author's (under a publishing) contract in the liquidation of a legal person

выплата вознаграждения по авторскому договору при несостоятельности индивидуального предпринимателя payment of royalties (of remuneration) under an author's contract (under an authorship agreement) in case an individual entrepreneur is declared insolvent (bankrupt)

АВТОРСКОЕ ПРАВО copyright

нарушение авторского права infringement (violation) of a copyright, piracy

передача авторских прав assignment (cession, transfer) of a copyright

АВУАРЫ holdings, assets; deposits

~, блокированные frozen assets

~ в иностранной валюте foreign exchange holdings (assets)

~, государственные state holdings

~ за границей cross-border assets, assets abroad

~, ликвидные liquid (quick) assets

~, свободные available assets

заморозить ~ freeze assets

разморозить ~ unfreeze assets

АГЕНТ agent; (*биржевой маклер*) broker, dealer

~, биржевой stock exchange agent, stockbroker

~, генеральный general agent

~, коммерческий commercial (sales) agent

~, монопольный exclusive (sole) agent, sole distributor

~, налоговый tax agent

~, официальный official agent

~ по закупкам purchasing (buying) agent

~ по покупке и продаже иностранной валюты foreign exchange broker

~ по продажам sales (distributing) agent, distributor

~ по рекламе advertising agent

~, сбытовой sales (marketing, distributing) agent

~ с исключительными правами exclusive (sole) agent

~, страховой insurance agent

~, таможенный customs agent

~, торговый commercial (sales, selling) agent, *амер.* salesman

~, финансовый financial (fiscal) agent

вознаграждение ~a agent's commission (fee)

полномочия ~a agent's authority

права ~a rights of an agent

услуги ~a services of an agent

выступать в качестве ~a act as an agent

назначать ~a appoint an agent

торговать через ~ов do business through agents

АГЕНТИРОВАНИЕ agency service

АГЕНТСКИЙ ДОГОВОР agency contract, agency agreement

ничтожность условий агентского договора invalidity of conditions of an agency agreement

отказ от исполнения агентского договора withdrawal from performance of an agency contract, refusal to fulfil an agency agreement

предмет агентского договора subject (object) of an agency contract (of an agency agreement)

прекращение агентского договора termination of an agency contract (of an agency agreement)

форма агентского договора form of an agency contract (of an agency agreement)

АГЕНТСКОЕ ВОЗНАГРАЖДЕНИЕ agent's commission, agent's remuneration

порядок уплаты агентского вознаграждения procedure for payment of agent's remuneration (of agent's compensation)

АГЕНТСТВ/О agency, agents

~, государственное government (state) agency

~, иностранное foreign agency

~, монопольное sole agency

~, рекламное advertising (publicity) agency

~ с полным циклом услуг full service agency

~, страховое insurance agency

~, торговое trade (mercantile) agency, selling agents

пользоваться услугами ~a use (make use of) the services of an agency

создавать ~ establish an agency

АДВОКАТ advocate, counsel, attorney, lawyer

~ защиты counsel (attorney) for the defence, defence counsel (lawyer)

~ истца plaintiff's counsel (attorney), counsel for the plaintiff

~ компании company lawyer

~ обвинения counsel (attorney) for the prosecution, prosecuting counsel (attorney)

~ ответчика counsel (attorney) for the defence, defence counsel (lawyer)

~ по делам о нарушении авторских прав copyright lawyer

~ по налоговым вопросам tax attorney, tax lawyer

~ по правовым аспектам бизнеса business lawyer

~ по праву корпораций corporation lawyer

~ по торговому праву commercial lawyer

коллегия ~ов the bar; *амер.* the bar association

Московская городская коллегия ~ов Moscow City Bar

быть представленным ~ом obtain a counsel, be represented by a lawyer

консультироваться у ~а take the counsel's opinion

назначать ~а appoint (assign) a counsel (a lawyer)

нанимать ~а hire a counsel (a lawyer)

пользоваться услугами ~а obtain a lawyer

АДМИНИСТРАТИВНОЕ ВЗЫСКАНИЕ administrative penalty (sanction, punishment)

незаконное наложение административного взыскания illegal (unlawful) imposition of an administrative penalty (sanction, punishment)

АДМИНИСТРАТИВНОЕ ПРАВО administrative law

АДМИНИСТРАТИВНО-ХОЗЯЙСТВЕННАЯ ЕДИНИЦА administrative unit

АДМИНИСТРАТИВНЫЙ ПОРЯДОК (*процедура*) administrative procedure; administrative proceedings

~ защиты гражданских прав protection of civil rights by an administrative procedure (in administrative proceedings)

проведение конфискации в административном порядке conducting confiscation by administrative procedure (by way of administrative proceedings)

АДМИНИСТРАТОР administrator

~, главный chief administrative officer

АДМИНИСТРАЦИЯ (*правление*) administration; (*компании*) management; (*власть*) authorities

~, биржевая market administration

~, ведомственная executive (administrative) department

~, временная provisional administration

~, городская city council

~ гостиницы hotel administration

~, государственная public administration

~, местная local administration

~, муниципальная municipal administration

~ области regional administration

~ предприятия management of an enterprise, managerial staff

~, президентская presidential administration

~, таможенная customs administration

АДРЕС address

~ в Интернете Internet address

~, внутренний inside (heading) address

~, обратный return (back, sender's) address

~, почтовый mailing address

~ предприятия business (office) address

~, служебный business address

~ фирмы business address

~, юридический legal address

~ электронной почты e-mail address

изменения почтового ~а changes in the mailing address

транспортировка грузов в *чей-л.* ~ transport of shipments to *smb*

направлять по ~у send (dispatch) to (at) the address

◊ в *чей-л.* ~ to (at) the address of *smb*

по ~у at the address

АДРЕСАНТ sender; (*груза*) consignor

АДРЕСАТ addressee

~ груза consignee

~ оферты offeree

~ перевода remittee

АДРЕСНОЕ ФИНАНСИРОВАНИЕ target financing

АДРЕСНОСТЬ:

~ государственной поддержки address of state support

АДРЕСОВАТЬ address; (*направлять*) direct

АККРЕДИТИВ [letter of] credit

~, автоматически возобновляемый revolving letter of credit

~, безотзывный nonrevocable (irrevocable) letter of credit

~, вексельный bill of exchange credit

~, гарантированный guaranteed letter of credit

~, действительный valid letter of credit

~, депонированный deposited letter of credit

~, документарный documentary letter of credit

~, долгосрочный long-term (long-dated) letter of credit

~ на предъявителя sight letter of credit

~, неподтвержденный unconfirmed (nonconfirmed) letter of credit

~, непокрытый noncovered letter of credit; unpaid letter of credit

~, отзывный revocable letter of credit

~, переводный transferable letter of credit

~, подтвержденный confirmed letter of credit

~, покрытый covered letter of credit; paid letter of credit

~, просроченный overdue letter of credit

~, револьверный revolving letter of credit

~, резервный standby letter of credit

~, циркулярный circular letter of credit

закрытие ~a closure of a letter of credit

исполнение ~a fulfilment of a letter of credit

ответственность банка за нарушение условий ~a liability of a bank for violation of the terms (of the conditions) of a letter of credit

отзыв ~a revocation of a letter of credit

открытие ~a opening (establishing) of a letter of credit

покрытие ~a coverage of a letter of credit

расчет по ~y payment by a letter of credit

сумма ~a sum (amount) of a letter of credit

аннулировать ~ cancel a letter of credit

выдавать ~ issue a letter of credit

отзывать ~ revoke a letter of credit

открывать ~ open (issue) a letter of credit

платить с ~a pay out of (on, under) a letter of credit

подтвердить ~ confirm a letter of credit

получать деньги по ~y draw money from a letter of credit

пролонгировать ~ prolong the validity of a letter of credit

списывать сумму с ~a write off the sum from a letter of credit

АКТ act; deed; report; (*законодательный*) statute

~, административный administrative act

~ аттестации appraisal report

~, ведомственный нормативный departmental normative act

~ государственного органа statute of a state agency, act of a state body, act of a body of state power

~ государственной власти act of government power (of state power)

~ государственной экспертизы state inspection report

~ гражданского законодательства act of civil legislation

~ гражданского состояния act of civil status

~, законодательный legislative act, act of legislation (of legislature), statute; enactment

~ инвентаризации statute of inventory

~, ипотечный mortgage act

~, исполнительный executive act

~, коммерческий commercial act; commercial statute

~ конфискации act of seizure

~ местного самоуправления act of a body of local self-government

~ министерства act of a ministry

~, незаконный illegal (unlawful) act

~, ненормативный non-normative act

~, неправомерный illegal act

~, нормативно-правовой regulatory and legal act

~, нормативный normative act; normative statute (*см. тж* **НОРМАТИВНЫЙ АКТ**)

~, нотариальный notarial (notarized) act

~ об учреждении компании foundation deed

~ общей формы statute of general form

~, односторонний unilateral act; unilateral statute

~ о конфискации груза, таможенный seizure note

~ о недостаче shortage report

~ о передаче имущества act of property transfer

~ о передаче несостоятельным должником своего имущества в пользу кредитора deed of assignment

~ о передаче права deed of assignment

~ о передаче права собственности [deed of] conveyance

~ о предоставлении земельного участка в пользование act on granting a land plot (a land parcel) for use

~ о приватизации предприятия, правовой legal act on the privatization of an enterprise

~ о протесте deed of protest

~ органа местного самоуправления act of an agency (of a body) of local self-government

~ органа местного самоуправления, не соответствующий закону statute (act) of an agency (of a body) of local self-government not corresponding to the law

~ отказа от права quitclaim deed

~ отчуждения [deed of] conveyance

~ оценки appraisal report

~, передаточный transfer act; transfer deed, deed of transfer; writ of transfer (*см. тж* **ПЕРЕДАТОЧНЫЙ АКТ**)

~ передачи deed of transfer

~ передачи права deed of assignment

~ передачи права собственности на недвижимость deed of real estate

~ передачи правового титула [deed of] conveyance, title deed

~, подзаконный subordinate act; executive order; by-law; *pl* subordinate legislation (*см. тж* **ПОДЗАКОННЫЙ АКТ**)

~, правовой legal act (*см. тж* **ПРАВОВОЙ АКТ**)

~, правоустанавливающий legislative act

~, прекращающий право собственности act terminating the right of ownership

~ приемки acceptance certificate, acceptance report

~ приемки поставки delivery acceptance act, delivery acceptance report

~ произвола arbitrary act

~ распоряжения имуществом в *чью-л.* пользу deed of settlement

~ ревизии auditing report

~, регулирующий правовое положение акционерного общества statute (law) determining the legal position (status) of a company

~ы Российской Федерации acts of the Russian Federation

~ сдачи и приемки statute of delivery and acceptance

~ списания write-off certificate

~ы субъектов Российской Федерации, нормативные normative acts of subjects of the Russian Federation

~ судебной власти judicial act

~, учредительный constituent act

~ учреждения доверительной собственности trust deed

~ы федеральных органов исполнительной власти acts of Federal agencies of executive authority (of executive power)

~ экспертизы report of experts' examination, examination (experts') report

~, юридический legal act

издание ~а issuance of an act; publication of a statute

нарушение правового ~а violation of a legal statute

прекращение обязательства на основании акта государственного органа termination of an obligation on the basis of an act of a state agency (of a body of state power)

признание ~а местного самоуправления недействительным declaration of the invalidity of an act of an agency of local self-government

принятие ~а adoption of an act

издавать ~ы issue acts

представлять ~ submit a report

составлять ~ о *чем-л.* compile (draw up) a report on *smth*

утверждать ~ confirm an act

АКТ ГРАЖДАНСКОГО СОСТОЯНИЯ act of civil status

~, подлежащий государственной регистрации act of civil status subject to state registration аннулирование записей актов гражданского состояния annulment of records of acts of civil status

восстановление записей актов гражданского состояния reinstatement (restoration) of records (of entries) of acts of civil status

записи актов гражданского состояния records (entries, registry) of acts of civil status

изменение записей актов гражданского состояния change (alteration) of records (of entries) of acts of civil status

исправление записей актов гражданского состояния correction of records (of entries) of acts of civil status

книга регистрации актов гражданского состояния book of recording (for the registration) of acts of civil status

регистрация актов гражданского состояния recording (registration) of acts of civil status

АКТИВ 1. (*баланса*) asset 2. **~ы** (*средства, фонды*) assets, holdings

~, базисный basis

~ баланса active balance

~ы банка bank assets

~ ы, блокированные blocked assets

~ы в иностранной валюте foreign exchange assets

~ы, государственные government assets

~ы, денежные cash assets

~ы за границей external (foreign) assets

~ы, заложенные hypothecated assets

~ы, замороженные blocked (frozen) assets

~ы, иностранные foreign holdings

~ы, капитальные capital assets

~ы коммерческих предприятий business assets

~ы компании assets of a company

~ы корпорации, чистые (*за вычетом долговых обязательств*) residual assets

~ы, легкореализуемые liquid assets

~ы, ликвидные liquid assets

~ы, материальные tangible assets

~ы, неликвидные illiquid assets; capital (fixed) assets

~ы, нематериальные intangible assets

~ы, нереализованные unsold assets

~ы, оборотные current (floating) assets

~ы, операционные operating assets

~ы, основные fixed assets

~ы паевых фондов share fund assets

~ы предприятия assets of an enterprise

~ы, резервные reserve assets

~ы, свободные available (free) assets

~ы, собственные own assets

~ы, условные contingent assets

~ы, финансовые financial assets

~ы, чистые net assets

~ы, чувствительные к изменению процентных ставок rate-sensitive (interest-sensitive) assets

стоимость ~ов value of assets

стоимость чистых ~ов акционерного общества value of the net assets of a company стоимость чистых ~ов общества с ограниченной ответственностью value of the net assets of a limited liability company

стоимость чистых ~ов полного товарищества value of the net assets of a full partnership

стоимость чистых ~ов унитарного предприятия value of the net assets of a unitary enterprise

замораживать ~ы freeze assets

переоценивать ~ы в соответствии с текущими рыночными ценами mark to market

размораживать ~ы unfreeze assets

увеличивать ~ы increase assets

уменьшать ~ы reduce assets

◊ ~ и пассив assets and liabilities

АКЦЕПТ acceptance

~, банковский bank acceptance

~ векселя acceptance of a bill

~, гарантийный collateral acceptance

~ оферты acceptance of an offer

~ платежа acceptance of payment

~, полный full acceptance

~, полученный с опозданием acceptance received late

~, последующий subsequent acceptance

~, предварительный preliminary (prior) acceptance

~, условный conditional (qualified) acceptance

~, частичный partial acceptance

~ чека acceptance of a cheque

извещение об ~е notification of acceptance

извещение об отказе от ~а notification of rejection of acceptance

отзыв ~а revocation of acceptance

отказ от ~а refusal of acceptance

платеж ~ом payment by acceptance

получение ~а receipt of acceptance; obtaining of acceptance

срок для ~a time period for acceptance

определять срок для ~a set forth a time period for acceptance

отказать в ~е refuse acceptance

получать ~ obtain acceptance

представлять документы к ~у present (submit) documents for acceptance

учитывать банковский ~ discount a banker's acceptance

АКЦИЗ excise duty, excise tax, excise

~, импортный excise on imports

~, универсальный universal excise

увеличение ~a increase of excise

отменить ~ abolish excise tax

подлежать обложению ~ом be excisable

увеличить ~ increase excise

АКЦИОНЕР shareholder, stockholder

~, владеющий контрольным пакетом акций majority shareholder (stockholder)

~, иностранный nonresident stockholder

~, мелкий minority (small) shareholder (stockholder)

права и обязанности ~ов rights and duties of shareholders (of stockholders)

собрание ~ов shareholders' (stockholders') meeting

АКЦИОНЕРНОЕ ОБЩЕСТВО [joint-stock] company, *амер.* corporation

~, закрытое (закрытого типа) limited (closed) joint-stock company

~, открытое (открытого типа) public (open) joint-stock company

~ открытого типа с ограниченной ответственностью public limited [liability] company

аудиторская проверка деятельности акционерного общества audit review (auditing) of the activity of a company

генеральный директор акционерного общества director-general, general director

дирекция акционерного общества directorate of a company

ликвидация акционерного общества liquidation of a joint-stock company

наблюдательный совет акционерного общества supervisory board (council) of a company

ограничения на выпуск ценных бумаг акционерного общества limitations (restrictions) on the issuance of securities of a joint-stock company

ответственность акционерного общества по обязательствам учредителей liability of a company for obligations of the founders

правление акционерного общества board (management) of a company

правовое положение акционерного общества legal status of a joint-stock company

преобразование акционерного общества в общество с ограниченной ответственностью transformation of a joint-stock company into a limited liability company

преобразование закрытого акционерного общества в открытое акционерное общество transformation of a closed joint-stock company into an open joint-stock company

ревизионная комиссия акционерного общества audit[ing] commission of a joint-stock company

реорганизация акционерного общества reorganization of a joint-stock company

совет директоров акционерного общества board of directors of a joint-stock company

создание акционерного общества establishment of a joint-stock company

устав акционерного общества charter of a joint-stock company

уставный капитал акционерного общества charter capital of a joint-stock company

учреждение акционерного общества founding of a joint-stock company

фирменное наименование акционерного общества firm name of a joint-stock company

ликвидировать ~ close down a company

образовать ~ form a joint-stock company

реорганизовывать ~ restructure a joint-stock company

учреждать ~ found (form, set up) a joint-stock company

АКЦИОНЕРНОЕ ПРАВО company law

АКЦИОНИРОВАНИЕ converting into a joint-stock company; corporatization; joint-stockicizing

~ государственного предприятия converting an enterprise into a joint-stock company

АКЦИОНИРОВАТЬ go public, joint-stockicize; sell shares

АКЦИ/Я share, equity, *амер.* stock; (*акционерный капитал*) stock, equity

~и акционерного общества corporation stock

~, банковская bank share (stock)

~ без права голоса share without voting right

~и, выпущенные в обращение issued shares

~, голосующая voting share

~и, государственные public (government) stock

~и, доходные income shares

~, зарегистрированная registered share; (*на бирже*) listed share (stock)

~, именная nominal (registered) share

~ и, конвертируемые convertible stock

~и, корпоративные (корпораций) corporate equity, corporation stock

~и, котирующиеся на бирже listed shares (stock)

~, кумулятивная привилегированная cumulative preference share

~ на предъявителя bearer share

~и, находящиеся в государственной собственности state-owned shares

~, неголосующая nonvoting share

~и, не котирующиеся на бирже unlisted shares (stock)

~и, неоплаченные outstanding shares

~и, неразмещенные unplaced shares

~и нового выпуска new issue shares

~и, обесцененные underpriced stock

~и, обращающиеся на неофициальном рынке over-the-counter shares (stock)

~и, объявленные к выпуску authorized stock

~, обыкновенная ordinary share

~, оплаченная paid-up share (stock)

~и, первоклассные quality shares, gilt-edged stock

~, поддельная bogus share

~и, подлежащие размещению shares subject to distribution

~, привилегированная preference (preferred) share

~и промышленных предприятий industrial shares (stock)

~, простая common share

~, разрешенные к выпуску authorized shares (stock) ·

~и, синдицированные syndicated shares

~и с ограниченными правами minor stock

~и с отсроченным дивидендом deferred shares (stock)

~и, спекулятивные speculative shares (stock)

~ с правом голоса voting share

~ с правом нескольких голосов multiple voting share

~и с твердым процентом fixed interest shares

~и, учредительские founder's shares

выкуп ~й redemption of shares; repurchasing of shares

выпуск дополнительных ~й issuing additional shares of stock

дробление ~й splitting of shares

категории ~й categories of shares

количество ~й number of shares

конвертация ~й conversion of shares

консолидация ~й consolidation of shares

котировка ~й quotation of shares

курс ~й share price

номинальные держатели ~й nominee shareholders

обязанность акционеров оплатить ~и obligation (duty) of shareholders to pay for shares of stock

ответственность акционеров, не полностью оплативших ~и liability of shareholders who have not fully paid for (paid up) their shares of stock

открытая подписка на ~и open subscription for shares of stock

отчуждение ~й alienation of shares

передача ~й в доверительное управление transfer of shares into trust management

передача ~й, свободная free transfer of shares

погашение части ~й cancellation of part (redeeming a portion) of the shares of stock

подписка на ~и subscription for shares

покупка ~й purchase of shares of stock

право акционеров на отчуждение принадлежащих им ~й right of shareholders to alienate the shares of stock belonging to them

право приобретения ~й right to acquire shares

привлечение денежных средств путем продажи ~й attracting (obtaining) of monetary funds by selling shares of stock

продажа ~й, свободная free sale of shares

продажа ~й, выпуск которых признан незаконным sale of stock whose issuance is found illegal (unlawful)

размещение ~й placement of shares

размещение ~й общества при его учреждении distribution of shares of stock on founding a joint-stock company

распределение ~й закрытого акционерного общества distribution of shares of stock in a close joint-stock company

свидетельство на ~ю share certificate; share warrant

стоимость ~й, номинальная nominal value of shares

увеличение номинальной стоимости ~й increasing the nominal (the par) value of shares of stock

уменьшение номинальной стоимости ~й reducing the nominal (the par) value of shares of stock

владеть ~ми possess (hold) shares

выпускать ~и issue shares

изымать ~и из обращения recall (call in) shares

иметь контрольный пакет ~й have a controlling interest

конвертировать ~и convert shares

отчуждать ~и alienate shares; dispose of shares

передавать права на ~и transfer shares

подписываться на ~и subscribe for shares

приобретать ~и acquire shares

размещать ~и place shares

распределять ~и по подписке allot shares

распределять ~и среди учредителей distribute shares among founders

спекулировать ~ми speculate in stocks and shares

АЛИМЕНТ/Ы alimony, maintenance, support payment

взыскание ~ов recovery of alimony

недопустимость зачета требований о взыскании ~ов impermissibility of setoff of claims for recovery of alimony

очередность списания денежных средств со счета для удовлетворения требований о взыскании ~ов order (sequence) of withdrawing (of writing off) monetary funds from an account to satisfy claims for the recovery of alimony

удовлетворение требований о взыскании ~ов при банкротстве индивидуального предпринимателя satisfaction of claims for the recovery of alimony in case the individual entrepreneur is declared bankrupt

платить ~ pay alimony

присуждать ~ award alimony

АМЕРИКАНСКАЯ ДЕПОЗИТНАЯ РАСПИСКА, АДР American depositary receipt

АМНИСТИ/Я amnesty, pardon

объявлять ~ю announce (declare) an amnesty

подпадать под ~ю be included in the amnesty

АМОРТИЗАЦИОННЫЕ ОТЧИСЛЕНИЯ amortization deductions, depreciation deductions, amortization

~, аккумулированные accumulated depreciation

АМОРТИЗАЦИЯ amortization; depreciation

~ долга amortization (depreciation) of a debt

~ капитала depreciation of capital

~ основных средств depreciation of fixed assets (of fixed capital)

~, ускоренная accelerated amortization (depreciation)

АНАЛИЗ analysis

~ баланса balance-sheet analysis

~ балансового отчета balance-sheet analysis

~ безубыточности break-even analysis

~ валовой прибыли gross profit analysis

~ в реальном времени real-time (on-line) analysis

~ доходов и расходов income-expenditure analysis

~ задолженности credit analysis

~ затрат cost analysis

~ издержек и прибыли cost-benefit analysis

~ исполнения финансового плана budget analysis

~, оперативный on-line analysis

~ осуществимости feasibility analysis

~ платежеспособности solvency analysis

~ потребностей needs analysis

~ прибыльности analysis of profitability, profitability analysis

~ рыночных тенденций market trend analysis

~, системный system analysis

~ спроса demand analysis

~ спроса и предложения demand-supply analysis

~, сравнительный comparative analysis

~ стоимости value (cost) analysis

~ убытков loss analysis

~ финансового состояния financial analysis

~ хозяйственной деятельности business (economic) analysis

~, экономический economic analysis

~ экономической целесообразности feasibility study

АНАЛИТИК analyst

~ по вопросам инвестиций investment analyst

~ по планированию и финансовой деятельности planning and financial analyst

~ по работе фирмы company analyst

АНАЛОГИЯ analogy

~ закона analogy of law, *лат.* analogia legis

~ права *лат.* analogia juris

АНДЕРРАЙТЕР (*гарант размещения ценных бумаг*) underwriter

АННУЛИРОВАНИЕ abolition, cancellation; revocation

~ акций cancellation of shares

~ аккредитива cancellation of a letter of credit

~ векселя withdrawal of a bill

~ государственного долга repudiation of a national debt

~ договора cancellation (termination, rescission) of an agreement

~ долга cancellation of a debt

~ кредита termination of a loan

~ лицензии cancellation of a licence

~ патента cancellation of a patent

~ фирмы dissolution of a firm

АПЕЛЛЯЦИ/Я [notice of] appeal

~ в арбитраж appeal to arbitration

~, встречная cross appeal

~, документированная documented appeal

истец по ~и appellant

ответчик по ~и appellee

отклонение ~и dismissal of an appeal

подача ~и filing (lodging) of an appeal

направить ~ю direct an appeal

отклонить ~ю dismiss an appeal

подавать ~ю file an appeal

удовлетворять ~ю allow (satisfy) an appeal

◊ в порядке ~и on appeal

АПОСТИЛЬ *фр.* (*установленная форма удостоверения подлинности качества официального документа, предназначенного для действия за границей*) apostille

АППАРАТ 1. (*штат*) staff, personnel 2. (*государственная структура*) apparatus, machinery; back office

~, административно-управленческий administrative [and managerial] apparatus

~, государственный state apparatus, government apparatus

~ контроля supervisory (control) body

~ министерства staff of a ministry

~, правительственный machinery of government

~ , судебный judiciary bodies

~, управленческий management, administrative personnel, administrators

АРБИТР arbitrator

~, беспристрастный impartial (unbiased) arbitrator

~, единоличный sole arbitrator

заявить отвод ~y challenge an arbitrator

назначать ~a appoint an arbitrator

отводить ~a challenge an arbitrator

АРБИТРАЖ 1. (*арбитражный суд*) arbitration [tribunal] 2. *фин.* (*операции по одновременной покупке и продаже валюты*) arbitrage

~, биржевой arbitrage in stocks, arbitrage business

~, валютный currency arbitrage, arbitrage of exchange

~, государственный state (government) arbitration

~, международный international arbitration

~ на основе норм общего права common law arbitration

~, торговый commercial arbitration

~, фондовый arbitrage in funds (in securities)

место проведения ~a place of arbitration

решение ~a arbitration award

обращаться в ~ apply to arbitration

подавать дело в ~ refer (submit) a matter to arbitration

подлежать рассмотрению в ~e be subject to arbitration

решать спор путем ~a settle a dispute by arbitration

АРБИТРАЖНОЕ ПРОИЗВОДСТВО arbitration (arbitral) proceedings

АРБИТРАЖНОЕ РЕШЕНИЕ arbitration award

АРБИТРАЖНЫЙ СУД arbitration tribunal, court of arbitration

АРЕНД/А (*долгосрочная*) lease, leasing; (*краткосрочная*) renting

~ активов lease of assets, capital lease

~, долгосрочная [long-term] lease, leasing

~ зданий и сооружений lease of buildings and structures

~, земельная (*плата*) ground rent

~ земельных участков leasing of land plots

~ земли под застройку building lease

~, краткосрочная short lease, renting

~ оборудования equipment lease

~ площади rent of space

~ помещения rent of premises

~ предприятий lease of enterprises

~ производственных мощностей lease of operating facilities, operational lease

~ промышленного оборудования plant leasing

~ с последующей покупкой lease-purchase

~, среднесрочная medium-term lease, hiring

~ транспортных средств lease of transport means

~ транспортных средств с экипажем lease of transport means with crew

~, финансовая financial leasing (*см. тж* **ФИНАНСОВАЯ АРЕНДА**)

договор ~ы lease agreement, agreement on lease

объект ~ы object of leasing

право ~ы right of lease

предмет ~ы subject of lease

сдача в ~ y leasing

срок ~ ы term of lease

форма оплаты ~ы form of payment for lease

передавать в ~y transfer by way of lease, give for lease

продлевать ~y extend a lease

◊ на правах ~ы on a leasehold basis

на условиях ~ы under lease; on a rental basis

АРЕНДАТОР lessee, leaser

АРЕНДНАЯ ПЛАТА lease payment; rent payment, rental

зачет арендной платы в выкупную цену арендованного имущества crediting lease payment toward the purchase price

размер арендной платы amount of lease payment

требование арендодателя о досрочном внесении арендной платы lessor's demand for early (unscheduled) lease payment

уменьшение арендной платы reduction in the lease payment

форма арендной платы form of lease payment

вносить арендную плату make lease payment

АРЕНДНОЕ ПРАВО lease right

АРЕНДНОЕ ПРЕДПРИЯТИЕ leased enterprise

АРЕНДОВАННОЕ ИМУЩЕСТВО leased property; rented property; hired property; demised property

выкуп арендованного имущества buyout (redemption) of a leased property

обязанности сторон по содержанию арендованного имущества obligations of the parties for the maintenance of the leased property

повышение стоимости арендованного имущества increase of the value of the leased property

пользование арендованным имуществом use of leased property

риск случайной гибели или случайной порчи арендованного имущества risk of accidental loss or accidental spoilage (destruction) of leased property

страхование арендованного имущества insurance of leased property

передавать ~ в безвозмездное пользование provide the leased property for use without compensation (for uncompensated use)

сдавать ~ в субаренду give (grant) the leased property for sublease

АРЕНДОВАТЬ take (have, hold) on lease; rent; (*судно*) charter

АРЕСТ arrest; (*имущества*) attachment; seizure; sequester; confiscation

~ имущества arrest of property; seizure of property

~ на вклад blocked account

~ на денежные средства arrest on the monetary funds

~ на имущество seizure of property; attachment

~, незаконный illegal arrest

~, правомерный legal arrest

~, противоправный unlawful arrest

~, санкционированный authorized arrest

~˘счетов, обеспечительный attachment of accounts

наложение ~а imposition of arrest

наложение ~а на денежные средства, находящиеся на счете arrest (seizure) of the monetary funds held in the account

ответственность за вред, причиненный незаконным ~ом liability for harm (damage) caused as a result of illegal (unlawful) arrest

санкция на ~ approval of an arrest

снятие ~а с имущества release from attachment

выдать ордер на ~ issue a warrant for arrest

наложить ~ arrest; (*на имущество, денежный вклад*) attach, sequestrate; confiscate

АРТЕЛЬ production cooperative, artel

АРХИВ archives; record office (room); (*подшивка*) file

~, ведомственный departmental archives

получить доступ в ~ get a pass for the archives

храниться в ~е remain deposited in the archives

АССИГНОВАНИ/Е 1. (*действие*) allocation, appropriation, assignment 2. ~я (*средства*) allocations, appropriations, provisions

~я, бюджетные budget[ary] allocations (appropriations, provisions)

~я, денежные allocation of money (of financial resources)

~я, сметные estimated allocations

~я, финансовые financial allocations (appropriations, provisions)

~я, централизованные centralized allocations

использовать ~я use allocations; administer allocations

сокращать ~я cut (reduce) allocations

увеличивать ~я increase allocations

АССОРТИМЕНТ assortment, range, mix

~ банковских услуг product mix (range)

~ изделий assortment of products

~, не соответствующий договору assortment which does not correspond to the contract

~, предусмотренный договором контрактации assortment specified in the contract

~ продукции range of products, production spectrum

~, согласованный agreed assortment

~ товаров assortment (range) of goods

~ товаров при восполнении недопоставки assortment of goods in replenishment of undersupply (in making up of short supply)

~, широкий wide (large) assortment, wide range

обязанность продавца передать товар в согласованном ~е obligation of the seller to transfer (to hand over) the goods in the assortment agreed upon by the parties

расширять ~ expand the assortment

сокращать ~ reduce the assortment

улучшать ~ improve the assortment

◊ в ~e in an assortment
в согласованном ~е in the
assortment agreed upon

АССОЦИАЦИ/Я association
~ адвокатов the bar association
~, арбитражная arbitration association
~, банковская banking association
~ потребителей customers' coalition
~ предпринимателей employers'
association
~ производителей producers'
association
объединяться в ~ю join an
association
основать ~ю form an association

АТТЕСТАТ certificate
~ качества quality certificate
~, квалификационный certificate
of competence

АТТЕСТАЦИ/Я attestation; appraisal;
assessment; certification
~, государственная state attestation
~ продукции certification of
products
~ работников performance appraisal; personnel rating
порядок ~и certification procedure

АУДИТ audit
~, банковский bank audit
~ бухгалтерской отчетности
accounts auditing
~, внешний external (outside)
audit
~, внутренний internal (inside)
audit
отсутствие строгих процедур ~a
lax auditing
проводить ~ make an audit

АУДИТОР auditor

~, внешний external (outside)
auditor
~, внутренний internal (inside)
auditor
~, независимый independent
auditor
~, профессиональный professional auditor
заключение ~a report of an
auditor
утверждение ~a approval of an
auditor
привлекать профессионального
~a enlist the services of a
professional auditor

АУКЦИОН auction
~, валютный foreign exchange
auction
~ в системе реального времени в
сети Интернет Internet on-line
auction
~, закрытый closed auction
~, залоговый sales-for-loans auction
~, земельный land auction
~, коммерческий commercial
auction
~, кредитный credit auction
~, международный international
auction
~, открытый open auction
~, приватизационный
privatization auction
выставлять на ~e put up for
auction; exhibit (display) at an
auction
покупать на ~e buy by (at) an
auction
проводить ~ hold an auction
продавать с ~a sell at an auction

АФЕРА speculation, fraud, swindle,
shady transaction
~, финансовая financial swindle

АФЕРИСТ swindler, embezzler, shady dealer

~, финансовый financial swindler

АФФИДЕВИТ (*письменное показание под присягой*) affidavit

Б

БАЗ/А 1. base, basis 2. (*склад*) depot, warehouse

~, аграрно-сырьевая raw-materials-producing agrarian base

~ данных data base

~ для исчисления тарифов rate base (basis)

~, законодательная legislative basis

~, институциональная institutional basis

~, материальная material (resource) base

~, материально-техническая material and technical base (basis)

~, налоговая tax base

~, налогооблагаемая taxable basis

~ налогообложения basis of assessment; tax base

~, нормативно-правовая normative-legal base

~, правовая legal base

~, производственная production base (basis)

~, промышленная industrial base

~ расчета пенсии pensionable earnings

~ регулирования цен, правовая legal base of price regulation

~, складская storage facilities, warehouse

~ снабжения supply base (depot)

~, социальная social basis

~, сырьевая source of raw materials, raw-material base

~, топливно-энергетическая fuel and power-producing base

~ финансирования funding base

~, финансовая financial base

~ цен basis of prices, price base

~, экономическая economic basis, economic foundation

создавать ~у set up (establish) a base

◊ на ~е... on a ... basis

БАЗИС basis

~ налогообложения fiscal basis

~ поставки basis of delivery, delivery basis

~ цены price basis

~, экономический economic basis

БАЛАНС balance; (*балансовый отчет*) balance sheet

~, активный active (favourable) balance

~ акционерного общества balance sheet of a company

~, банковский bank balance

~, бухгалтерский bookkeeping balance; accounting balance sheet

~, бюджетный budgetary balance sheet

~, валютный foreign exchange balance

~, внешнеторговый balance of foreign trade, foreign trade balance

~, годовой annual balance sheet

~ денежных поступлений и платежей balance of receipts and payments

~ доходов и расходов balance of income and expenditure (of receipts and expenses, of debits and credits)

~, ежегодный annual balance sheet

~, заключительный closing balance sheet

~ затрат и эффективности cost-effectiveness balance

~, итоговый overall balance

~ капитальных вложений balance of capital investments

~ компании company balance sheet

~, ликвидационный liquidation (winding-up) balance sheet

~, межотраслевой intersectoral (interindustry) balance

~, народнохозяйственный national economic balance

~ основных фондов fixed assets balance

~, отдельный separate balance sheet

~ открытого акционерного общества, бухгалтерский [book-keeping] balance sheet of an open joint-stock company

~, отчетный report balance

~, пассивный adverse (unfavourable) balance

~, платежный balance of payments

~, предварительный preliminary (trial) balance

~, проверочный trial balance

~ производственного кооператива, бухгалтерский [accounting] balance sheet of a production cooperative

~, промежуточный ликвидационный interim liquidation balance sheet

~, разделительный distribution balance sheet (см. тж **РАЗДЕЛИТЕЛЬНЫЙ БАЛАНС**)

~, расходный balance of expenditures

~, расчетный balance of claims and liabilities

~, самостоятельный independent (separate, autonomous) balance sheet

~, сводный summary balance; consolidated balance sheet

~, совокупный overall balance sheet

~ товаров и услуг balance of goods and services

~, топливно-энергетический fuel and power balance

~, торговый trade balance, balance of trade

~ услуг и некоммерческих платежей invisible balance

~, финансовый financial balance

~, чистый net balance

~, энергетический energy balance

отражение имущества, переданного в доверительное управление, на самостоятельном ~е accounting for the property transferred into (handed over for) trusteeship on a separate balance sheet

подразделение на самостоятельном ~е accounting entity

составление ~a drawing up (making up) a balance sheet

статья ~a item of a balance sheet, balance-sheet item

утверждение годового ~a approval (confirmation) of the annual balance sheet

взять на ~ include on the balance sheet

держать на своем ~е have in the account; have in the fixed assets

иметь самостоятельный ~ have an independent balance-sheet

находиться на ~е общества be on the company's balance-sheet, be listed in the company's fixed assets

определять стоимость по ~у determine the value of property according to the balance sheet

отражать *что-л.* на отдельном ~e show *smth* on a separate balance sheet

передавать на ~ (*какого-л. предприятия*) transfer for the account; transfer to the fixed assets

подводить ~ arrive at the balance, draw up (strike) the balance

принимать на ~ list (register) in the fixed assets

ревизовать ~ audit a balance-sheet

сводить ~ offset a balance

снять с ~a get off the balance sheet

составлять ~ draw up (compile, prepare) a balance sheet

утверждать ~ confirm a balance sheet

учитывать доходы на отдельном ~e enter income on a separate balance sheet

учитывать имущество на самостоятельном ~e record (include) property on an independent balance sheet

БАЛАНСИРОВАНИЕ balancing

~ платежей balancing (clearance) of payments, netting

~ расчетов offsetting [of] balances

БАНК bank, banking house

~, агентский agency bank

~, агропромышленный agro-industrial bank

~, акцептный acceptance bank

~, акцептующий accepting bank

~, акционерный joint-stock bank

~, ассоциированный associated bank

~, внешнеторговый bank for foreign trade, foreign trade bank

~, городской city bank

~, государственный state (national) bank

~, депозитный deposit bank

~ долгосрочного кредитования long-term credit bank

~, дочерний branch bank

~, инвестиционный investment bank

~, инкассирующий collecting bank

~, иностранный foreign bank; overseas bank; (*внутри данной страны*) foreign-owned bank

~, ипотечный mortgage bank

~, исполняющий executor bank

~, клиринговый clearing bank (house)

~, коммерческий business (commercial) bank

~, кредитный credit bank

~, крупный major (big) bank

~ международных расчетов bank for international settlements

~, мелкий small bank

~, местный local bank

~, муниципальный municipal bank

~, национальный national bank

~, обанкротившийся bankrupt bank

~, офшорный offshore bank

~, паевой bank on a sharing basis

~, привлекающий средства граждан bank attracting the funds of citizens

~, промышленный industrial bank

~, расчетный bank of settlements

~ России, Центральный Central Bank of Russia

~, сберегательный savings bank

~, сельскохозяйственный agricultural bank

~, специализированный specialized bank

~, средний medium-sized (mid-sized) bank

~, ссудный loan (credit) bank

~, убыточный loss-making bank

~, универсальный supermarket bank

~, уполномоченный authorized bank

~, учетный discount bank

~, федеральный federal bank

~ финансирования financing bank

~, центральный central bank

~, частный private bank

~, экспортно-импортный export-import bank

~, эмиссионный bank of issue, issue bank

банкротство ~a bank failure

надпись ~a bank inscription

ответственность ~a за ненадлежащее совершение операций по счету liability of a bank for improper performance of account operations

отметка ~a bank notation

филиал ~a branch bank

хранение ценностей в ~e storage of valuables in a bank

держать деньги в ~e have a bank account

закладывать товар в ~e pledge goods with a bank

иметь счет в ~e have a bank account, have (keep) an account with a bank

класть деньги в ~ deposit money with a bank

национализировать ~ nationalize a bank

открывать счет в ~e open an account with a bank

платить через ~ pay through a bank

помещать ценные бумаги в ~ lodge securities with a bank

поручать ~y instruct a bank

уполномочивать ~ authorize a bank

управлять ~ом run a bank

учредить ~ establish (set up) a bank

БАНК-ГАРАНТ guarantor bank

БАНК-ИНКАССАТОР collecting bank

БАНКИР banker

~, влиятельный influential banker

БАНК-КОРРЕСПОНДЕНТ correspondent bank

БАНК-КРЕДИТОР creditor (lending) bank

БАНК-НЕРЕЗИДЕНТ nonresident bank

БАНКНОТА bank note, *амер.* bill

~ достоинством ... bank note in the denomination of ...

~ крупного достоинства bank note of large denomination

~ мелкого достоинства bank note of small denomination

~, национальная national bank note

~ нового образца bank note of new design

~, поддельная forged bank note

~, фальшивая forged (raised) bank note

выпускать ~ы в обращение issue bank notes

изымать ~ы withdraw bank notes

обменивать ~ы exchange bank notes

БАНКОВСКАЯ ГАРАНТИЯ bank guarantee, banker's guarantee

~ возврата платежа bank repayment guarantee

безотзывность банковской гарантии irrevocability of a bank guarantee

вступление банковской гарантии в силу entry of a bank guarantee into force

выдача банковской гарантии issuance of a bank guarantee

условия банковской гарантии terms [and conditions] of a bank guarantee

отзывать банковскую гарантию revoke a bank guarantee

БАНКОВСКАЯ ЛИЦЕНЗИЯ banking licence

БАНКОВСКАЯ СБЕРЕГАТЕЛЬНАЯ КНИЖКА bank savings book

~ на предъявителя bank bearer savings book

БАНКОВСКАЯ ТАЙНА bank secrecy, confidential bank information

разглашение банковской тайны divulgence of information subject to bank secrecy

БАНКОВСКИЙ НАДЗОР banking supervision; banking regulation

БАНКОВСКИЙ ПРОЦЕНТ bank interest

БАНКОВСКИЙ СЧЕТ bank account

договор банковского счета bank account agreement

открытие банковского счета opening of a bank account

расторжение договора банковского счета rescission (dissolution) of a bank account agreement

БАНКОВСКОЕ ПРАВО banking law

БАНКОМАТ automatic teller [machine], cash machine

~ общего пользования open access automatic teller

БАНК-ПЛАТЕЛЬЩИК paying bank

БАНК-ПОСРЕДНИК mediating (intermediary) bank; (*при аккредитивной форме расчета*) negotiating bank

БАНК-РЕЗИДЕНТ resident bank

БАНКРОТ bankrupt, defaulter, insolvent

~, восстановленный в правах certificated (discharged) bankrupt

~, злостный fraudulent bankrupt

процедура признания *кого-л.* ~ом proceedings for the declaration of *smb* bankrupt

расчеты ~а с кредиторами settlement of accounts with creditors by the bankrupt

объявить *кого-л.* ~ом declare (rule) *smb* bankrupt

БАНКРОТСТВ/О bankruptcy, insolvency

~ банка bankruptcy (collapse) of a bank

~, злостное fraudulent bankruptcy

~ индивидуального предпринимателя bankruptcy of an individual entrepreneur

~, предприятия bankruptcy of an enterprise (of a business)

~, умышленное fraudulent bankruptcy

~, фиктивное fraudulent bankruptcy

ответственность учредителей при ~е юридического лица liability of the founders in case of bankruptcy of a legal person

права вкладчиков при ликвидации юридического лица в случае ~а rights of the contributors on liquidation of a legal person in case of bankruptcy

быть на грани ~а teeter on the edge of bankruptcy

доводить до ~а make bankrupt

инициировать процедуру ~а initiate a bankruptcy procedure

объявить ~ declare bankrupt

◊ на грани ~а on the edge (on the brink) of bankruptcy

БАНК-ЭМИТЕНТ bank of issue, issuing bank, emission bank

БАРРИСТЕР (*адвокат, выступающий в высших судах*) barrister, counsel

БАРЬЕР barrier, obstacle

~ы, административные administrative barriers

~ы, ведомственные departmental barriers

~ы, налоговые tax barriers

~ы, правовые legal barriers

~ы, таможенные customs barriers

~ы, тарифные tariff barriers

~ы, торговые barriers to trade, trade barriers (obstructions)

~ы, финансовые fiscal barriers

создавать ~ы raise (create) barriers

устранять ~ы eliminate (remove) barriers

БЕГСТВО flight, outflow

~ капитала flight of capital, capital flight

~ капитала за границу flight of capital abroad

~ от налогов tax evasion

~ сбережений в валюту flight of savings into foreign currency

БЕЗДЕЙСТВИЕ inaction, failure to act; *юр.* (*должностного лица*) omission

~, вынужденное enforced idleness, enforced (involuntary) failure

~ государственных органов inaction of state agencies (of state bodies)

~ должностных лиц inaction of officials

~ органов местного самоуправления inaction of organs (of bodies) of local self-government

~, преступное criminal (culpable) failure; criminal omission

~, умышленное intentional (deliberate, wilful) failure; intentional omission

БЕЗЗАКОНИ/Е lawlessness, unlawfulness, illegality

акт ~я act of lawlessness

борьба с ~ем struggle with illegality

БЕЗНАКАЗАННОСТЬ impunity

БЕЗОПАСНОСТ/Ь safety; security

~, пожарная fire safety

~ строительных работ safety of construction work

~ эксплуатируемых приборов и оборудования safe operation of devices and equipment

~ энергетических сетей safe operation of electric power system

обеспечение ~и provision of safety

угроза ~и threat to safety

гарантировать ~ guarantee security

обеспечить ~ эксплуатации ensure operational safety

БЕЗОТВЕТСТВЕННОСТЬ irresponsibility

БЕЗОТЗЫВНОСТЬ irrevocability

~ банковской гарантии irrevocability of a bank guarantee

~ оферты irrevocability of an offer

БЕЗРАБОТИЦ/А unemployment

~, временная casual unemployment

~, вынужденная involuntary (forced) unemployment

~, длительная long-term unemployment

~, полная full unemployment

~, скрытая concealed (hidden, latent) unemployment

~, структурная structural unemployment

~, фрикционная frictional unemployment

~, хроническая chronic unemployment

~, частичная partial unemployment

страхование на случай ~ы unemployment insurance

уровень ~ы unemployment rate

получать пособие по ~e get an unemployment benefit, be on the dole

снижать ~y bring down unemployment

БЕЗРАБОТНЫ/Й *сущ.* unemployed person; ~E the unemployed

~, зарегистрированный registered unemployed person

~, незарегистрированный unregistered unemployed person

БЕЗУБЫТОЧНОСТЬ break-even

БЕНЕФИЦИАР beneficiary

БЕСКОНТРОЛЬНОСТЬ lack of control

БЕСПОШЛИННЫЙ duty-free, free of duty

БЕСХОЗН/ЫЙ ownerless

~ая земля ownerless land

~ое имущество ownerless property

БЕСХОЗЯЙСТВЕННОСТЬ mismanagement

БИЗНЕС business, commerce

~, валютный foreign-exchange business

~, законный legitimate business

~, игорный gambling business (industry)

~, корпоративный corporate business

~, криминальный crime business

~, крупный big business

~, малый small business

~, незаконный illegal business

~, низкорентабельный low-profitable business

~, пиратский piracy

~, преступный crime business

~, прибыльный profitable business

~, спекулятивный speculative business

~, средний medium-scale business

делать ~ make money

поддерживать малый и средний ~ support small and medium-scale business

БИЗНЕСМЕН businessman; (*предприниматель*) entrepreneur

БИЗНЕС-ПЛАН business plan

составлять ~ draw up a business plan

БИЛЕТ ticket; note

~, банковский [bank] note

~, казначейский treasury note

~, кредитный [bank] note

~, лотерейный lottery ticket

~, поддельный counterfeit note

БИРЖ/А exchange, market

~, валютная exchange (currency) market

~, государственная state exchange

~, зарегистрированная registered exchange

~, межбанковская валютная interbank currency market

~, международная товарная international commodity exchange

~, международная фондовая international stock exchange

~, неофициальная outside (unofficial) market

~, официальная recognized (official) market

~ реального товара spot exchange

~, срочная futures exchange (market)

~, товарная commodity (mercantile) exchange

~ труда labour (employment) exchange

~, фондовая stock exchange (market)

~, фьючерсная futures exchange (market)

~ ценных бумаг securities (stock) exchange

играть на ~е speculate at the stock exchange

покупать вне ~и buy on the curb (on the kerb, in the street)

покупать на ~е buy on the exchange

продавать на ~е sell on the exchange

продавать на неофициальной ~е sell on the curb (on the kerb, in the street)

◊ зарегистрированный на ~е listed on the exchange

ыне котирующийся на ~е unlisted

БИРЖЕВИК dealer, exchange broker, stockbroker, speculator; (*заключающий сделки за свой счет*) jobber

БЛАГОТВОРИТЕЛЬНОСТ/Ь charity

заниматься ~ю be engaged in charity work

◊ в целях ~и for charitable purposes

БЛАНК form, slip

~, банковский bank form

~, вексельный bill of exchange (draft) form

~ денежного перевода money order (transfer) form

~ для вклада deposit (paying-in) slip

~ доверенности proxy form

~ заказа order form

~ заявки application form

~ квитанции receipt form

~ налоговой декларации income tax form

~ общества со своим наименованием stationery bearing the company's name

~ перевода postal order form, remittance slip

~ подписки subscription blank

~ подписки на заем application form for a loan

~ регистрации сделки transaction slip

~, регистрационный registration form; filing form

~ таможенной декларации declaration form

~, фирменный form of a company

~ чека cheque form

заполнять ~ complete (fill in) a form

БЛОКАД/А blockade; embargo, ban

~, кредитная credit blockade, stoppage of credit

~, таможенная customs blockade

~, торговая trade (commercial) blockade

~, финансовая financial blockade

~, экономическая economic blockade (embargo)

объявлять ~у declare (announce) a blockade

снимать ~у lift (raise) a blockade

БОГАТСТВ/О wealth; abundance
~, материальное tangible wealth
~, национальное national wealth
~a недр mineral resources
~, общественное public wealth
~a, природные natural resources
осваивать природные ~a develop natural resources
растрачивать ~ dissipate (squander) wealth

БОЙКОТ boycott
~, торгово-экономический trade boycott
~, торговый trade boycott
~, финансовый financial boycott
объявить ~ declare (announce, impose) a boycott
угрожать ~ом threaten with a boycott

БОЙКОТИРОВАТЬ boycott

БОЛЬШИНСТВО majority
~ голосов majority vote
~, квалифицированное qualified majority
~, незначительное narrow majority
~, необходимое required majority
~, простое simple majority
~, уставное statutory majority
получить ~ в две трети голосов get a two-thirds majority
получить ~ голосов receive the majority of votes
принимать решение ~м голосов adopt a resolution by a majority of votes
принимать решение квалифицированным ~м adopt a resolution (decide) by a qualified majority

БОНИФИКАЦИЯ (*надбавка к цене товара за более высокое качество*) bonification

БОНУС (*дополнительное вознаграждение*) bonus

БОРЬБ/А 1. struggle, fight 2. (*кампания*) drive, campaign
~ за повышение заработной платы struggle for high wages
~ за рынки struggle for markets
~ за сферы влияния struggle for spheres of influence
~ за экономию economy drive (campaign)
~, конкурентная competitive struggle
~, нечестная unfair struggle
~ с безработицей struggle against unemployment
~ с инфляцией inflation control
~ с коррупцией drive to combat corruption
~ со взяточничеством bribery control
~ с отмыванием денег antilaundering drive (campaign)
~ с преступностью crime-prevention campaign, combatting crime
~ с финансовыми нарушениями struggle against financial violations
~, экономическая economic struggle
вести ~у wage a fight, be engaged in the struggle

БРАКОНЬЕР poacher
~, злостный fraudulent poacher

БРАКОНЬЕРСТВО poaching
заниматься ~м poach, go poaching

БРЕМЯ burden
~ государственных расходов burden of state expenditures
~ долгов debt burden
~, налоговое tax burden
~ ответственности burden of responsibility

~ отчислений в бюджет burden of deductions into the budget

~ расточительных расходов burden of wasteful expenditures

~ содержания имущества burden of maintaining property

~ финансирования financing burden

~, финансовое financial burden

~, фискальное fiscal burden

~, экономическое economic burden

нести ~ bear the burden

облегчить налоговое ~ ease the tax burden

БРОКЕР broker

~, аккредитованный accredited (authorized) broker

~, аукционный auction broker

~, биржевой stockbroker

~, валютный currency dealer (operator)

~, вексельный bill broker

~, занимающийся незаконными операциями bucketeer

~, институциональный institutional broker

~, кредитный credit broker

~, независимый independent broker

~, не являющийся членом фондовой биржи outside (nonmember, street) broker

~, облигационный bond broker

~ по купле-продаже товаров commodity broker

~ по операциям с ценными бумагами securities broker

~ по покупке и продаже иностранной валюты foreign exchange broker

~ по срочным сделкам futures broker

~, страховой insurance broker

~ торгового зала floor broker

~ фондовой биржи stock-exchange broker (operator), stockbroker

БРОКЕРАЖ (*брокерская комиссия*) brokerage, broker's commission

БУХГАЛТЕР bookkeeper, accountant

~, главный chief (head) bookkeeper, chief accountant

~, дипломированный chartered (certified public) accountant

~, младший junior accountant

~, старший senior bookkeeper

БУХГАЛТЕР-АНАЛИТИК controller, managerial accountant

БУХГАЛТЕР-АУДИТОР auditor

БУХГАЛТЕРИЯ 1. (*отдел*) accounting (accounts) department 2. (*учет*) bookkeeping, accounting

~, главная general accounting office

БУХГАЛТЕР-РЕВИЗОР certified public accountant, auditor

БУХГАЛТЕРСКАЯ ЗАПИСЬ book entry, bookkeeping entry

БУХГАЛТЕРСКАЯ КНИГА ledger; account book; bookkeeping records

БУХГАЛТЕРСКАЯ ПРОВОДКА accounting entry, posting

БУХГАЛТЕРСКИЙ УЧЕТ, БУХУЧЕТ accounting, accountancy, bookkeeping

~ государственных организаций public-service accounting; government accounting

~, межфилиальный interbranch accounting

~, многофилиальный multibranch accounting

ведение бухгалтерского учета bookkeeping

БУХГАЛТЕР-ЭКОНОМИСТ accountant-economist

БЫТОВОЕ ОБСЛУЖИВАНИЕ household services; consumer services

БЮДЖЕТ budget

~, бездефицитный deficit-free budget

~, годовой annual budget

~, городской city budget

~, государственный state (government, national) budget

~, дефицитный adverse (deficit-ridden) budget

~, жесткий tough austerity budget

~, местный local budget

~, муниципальный municipal budget

~, несбалансированный unbalanced budget

~, областной regional budget

~, одобренный approved budget

~, реальный realizable (practicable) budget

~, региональный regional budget

~ Российской Федерации budget of the Russian Federation

~, сбалансированный balanced budget

~ с профицитом proficit budget

~ субъекта Российской Федерации budget of a subject of the Russian Federation

~, федеральный federal budget

возмещение расходов за счет средств ~а compensation for the expenditures at the expense of the funds of the respective budget (of the appropriate budget funds)

перечисление средств в ~ы всех уровней transfer of money to the budgets of all levels

платежи в ~ payments to the budget

подрядные работы, финансируемые за счет средств ~а contract[ual] work financed at the expense of funds of the respective (appropriate) budget

поступления в ~ budget receipts

составление ~а budgeting

средства ~а budget funds

статьи ~а items in a budget

финансирование из ~а budget financing

включать в ~ include in the budget

возмещать расходы за счет средств ~а compensate for expenditures at the expense of budget funds

дотировать из ~а subsidize from the budget

исполнять ~ execute (implement) a budget

ликвидировать дефицит ~а balance the budget

обеспечивать потребности за счет ~а provide for needs at the expense of budget funds

обсуждать ~ debate a budget

одобрить ~ approve (pass) a budget

пересматривать ~ revise a budget

перечислять сумму в ~ transfer an amount to the budget

предусматривать в ~е budget

разрабатывать ~ draw up (work out) a budget

резко сократить ~ slash a budget

сбалансировать ~ balance a budget

сокращать ~ cut (decrease) a budget

составлять ~ draw up (make) a budget

увеличивать ~ increase a budget

утверждать ~ approve (pass) a budget

финансировать ~ finance a budget

◊ за счет средств ~а at the expense of budget funds

БЮДЖЕТНАЯ СТРОКА budget item

БЮДЖЕТНИКИ public sector workers, civil servants

БЮЛЛЕТЕН/Ь bulletin; (*избирательный*) ballot

~, биржевой exchange bulletin, market report

~ для голосования voting ballot, ballot paper

~, ежегодный annual bulletin

~и, испорченные spoiled votes

~, курсовой stock exchange list

~, торговый trade report

рассылка ~ей distribution of ballots

опечатывать ~и seal voting ballots

БЮРОКРАТИЗМ bureaucratism, bureaucracy, red tape

вести борьбу с ~ом fight red tape

устранять ~ eliminate red tape

В

ВАКАНСИ/Я vacancy, vacant position

~, временная casual vacancy

~, должностная vacancy in office

заполнить ~ю fill a vacancy

ВАЛОВОЙ ВНУТРЕННИЙ ПРОДУКТ gross domestic product

ВАЛОВОЙ НАЦИОНАЛЬНЫЙ ПРОДУКТ gross national product

ВАЛЮТ/А currency

~, блокированная blocked currency

~, бумажная paper currency

~ векселя currency of a bill

~ в обращении currency in circulation

~, девальвированная devalued currency

~ денежных обязательств currency of money (of monetary) obligations

~ договора currency of a contract

~, иностранная foreign currency

~, интервенционная intervention currency

~, клиринговая clearing currency

~, колеблющаяся fluctuating currency

~, конвертируемая convertible (hard) currency

~ контракта currency of a contract

~ кредита credit currency

~, наличная currency in cash

~, национальная national currency

~, неконвертируемая unconvertible (soft) currency

~, обесцененная depreciated currency

~, плавающая floating currency

~ платежа payment currency, currency of payment

~, привязанная к валюте другой страны pegged currency

~ расчета currency of payment (of settlement), clearing currency

~, регулируемая managed (regulated) currency

~, резервная reserve currency

~, свободно конвертируемая freely convertible currency

~ сделки currency of a transaction, transaction currency

~, стабильная stable currency

~, твердая hard currency

девальвация ~ы devaluation of currency

запрещение вывоза иностранной ~ы ban on the export of foreign currency

использование иностранной ~ы use of foreign currency

квотирование ~ы currency allocation

корзина валют currency basket

котировка ~ы currency quotation

курс ~ы rate of exchange, exchange rate

обесценение ~ы devaluation (depreciation) of currency

обмен ~ы exchange (conversion) of currency

официальный курс ~ы official exchange rate of currency

паритет ~ы parity of currency

поступления ~ы currency proceeds (receipts), inflow of currency

стабилизация ~ы stabilization of currency

сумма в иностранной ~е amount in a foreign currency

устойчивость ~ы stability of currency

утечка ~ы outflow (leakage) of currency

выбрасывать ~у на рынок dump currency

девальвировать ~у devalue currency

зачислять ~у на счет transfer currency to an account

обеспечивать ~у back currency

обесценивать ~у depreciate (devalue) currency

обменивать ~у exchange currency

обменивать местную ~у на доллары swap local currency for dollars

повышать курс ~ы appreciate currency

ревальвировать ~у revalue currency

регулировать ~у regulate (control) currency

ВАЛЮТИРОВАНИЕ value dating

ВАЛЮТНОЕ РЕГУЛИРОВАНИЕ currency regulation, exchange controls

ВАЛЮТНЫЕ ОГРАНИЧЕНИЯ exchange restrictions

ВАЛЮТНЫЕ ЦЕННОСТИ currency valuables

права собственности на ~ right of ownership to currency valuables

утрата валютных ценностей loss of currency valuables

хранение валютных ценностей storage of currency valuables

ВАЛЮТНЫЙ КОНТРОЛЬ currency control

ВАЛЮТНЫЙ КОРИДОР currency corridor, currency band, authorized fluctuation margin

ВАЛЮТНЫЙ РЕЖИМ exchange regulations

ВАРРАНТ warrant

~, валютный currency warrant

~ на акции stock warrant

~, облигационный bond warrant

~, подписной subscription warrant

~, процентный interest warrant

~, складской warehouse warrant

~, таможенный customs warrant

ВВЕДЕНИЕ (*налогов*) imposition, levy; (*внедрение*) introduction; (*в эксплуатацию*) commissioning; (*в силу*) enactment

~ в действие entry into force; putting into operation (into service)

~ в заблуждение defrauding, circumvention, misleading

~ внешнего управления при банкротстве introduction (installation) of external (of outside) management in bankruptcy

~ во владение vesting

~ государственной монополии introduction of state monopoly

~ закона в силу enactment (enforcement) of a law

~ налога imposition of a tax

~ повышенных налогов imposition of increased taxes

~ санкций imposition of sanctions

ВВОЗ import, importation

~, беспошлинный free entry

~, временный temporary importation

запрет на ~ embargo (ban) on imports, import prohibition

контингентирование ~a quantitive regulation of imports

разрешение на ~ import licence (permit)

свидетельство таможни о временном ~e temporary customs certificate

ВВОЗНАЯ ПОШЛИНА import duty, entrance duty, import tariff

ВЕДЕ́НИ/Е (*хозяйства, дел*) conduct, management, administration

~ банковских операций banking

~ бухгалтерских книг book-keeping

~ бухгалтерского учета accounting, performance of bookkeeping accounting

~ бухучета, неадекватное misleading accounting

~ дел conduct of business (of affairs)

~ дела по доверенности procuration

~ дел по контрактам contract administration

~ дел, совместное joint conduct of affairs

~ записей record-keeping, registration

~ переговоров conduct of negotiations

~ предпринимательской деятельности management of business

~ протокола keeping of the minutes

~ работ performance of work; course of work

~ реестра акционеров maintenance of the shareholders register

~ счетов management (maintenance, administration) of accounts

~ учета record-keeping, registration

~ хозяйства management of the economy

возлагать ~ дел на *кого-л.* commission conducting the affairs on *smb*

участвовать в ~и дел по доверенности participate in the conduct of affairs by a power of attorney

ВЕ́ДЕНИ/Е authority; jurisdiction

~, муниципальное municipal authority

~, хозяйственное economic management, economic jurisdiction, economic ownership (*см. тж* **ХОЗЯЙСТВЕННОЕ ВЕДЕНИЕ**)

право хозяйственного ~я right of economic management

иметь имущество в хозяйственном ~и have property by way of economic ownership

находиться в ~и комиссионера be held in administration of a broker

находиться в ~и Российской Федерации be in (be under) the jurisdiction of the Russian Federation

принадлежать на праве хозяйственного ~я belong by right of economic management (of economic ownership)

ВЕДОМСТВЕННЫЙ КОНТРОЛЬ internal control, internal monitoring, in-house monitoring

ВЕДОМСТВО department, administration, office

~, налоговое fiscal (tax) administration

~, правоохранительное law enforcement body (agency)

~, судебное institute of law

~, таможенное customs office

ВЕКСЕЛЕДАТЕЛЬ bill drawer, giver of a bill, issuer of a promissory note

ВЕКСЕЛЕДЕРЖАТЕЛЬ holder of a bill

ВЕКСЕЛ/Ь bill [of exchange]; promissory note

~, акцептованный acceptance bill

~, банковский bank (banker's) bill

~, бланковый blank bill

~, валютный currency bill

~я в обращении bills in circulation

~, выписанный в одном экземпляре single bill, sola

~, долгосрочный long (long-term, long-dated) bill

~, домицилированный domiciled (addressed) bill

~, индоссированный endorsed bill

~, иностранный foreign bill

~, казначейский treasury bill

~, коммерческий commercial (mercantile) bill (paper)

~, корпоративный corporate bill

~, краткосрочный short-term (short-dated) bill

~, муниципальный municipal bill

~ на предъявителя bearer bill, bill to bearer

~, необеспеченный unsecured bill

~, неоплаченный outstanding (unpaid) bill; (*опротестованный*) dishonoured bill

~, обеспеченный secured bill (note)

~, оплаченный paid (honoured) bill

~, опротестованный protested (dishonoured) bill

~, первоклассный fine (prime) bill

~, переводный transferable note

~, погашенный paid bill

~, пригодный для учета eligible bill

~, принимаемый к учёту bankable bill

~, просроченный overdue bill

~, простой promissory note; simple note

~ с наступившим сроком платежа matured bill

~ с оплатой по предъявлении bill at sight, sight (demand) bill

~, срочный time (term) bill

~, учтенный discounted bill

~, фиктивный fictitious bill

~, финансовый finance bill

аваль ~я bank guarantee of a bill

акцепт ~я acceptance of a bill

выдача ~я issue of a bill

гарант по ~ю guarantor of a bill

держатель ~я holder (bearer) of a bill

задолженность по ~ю debt on a bill

иск по ~ю action on a bill

кредитор по ~ю bill creditor

обязательства по ~ю liabilities on a bill

операции с ~ями bill business

переуступка ~я transfer of a bill

погашение ~я settlement (payment) of a bill

протест ~я protest of a bill

учет ~я discount of a bill

акцептовать ~ accept (honour) a bill

аннулировать ~ cancel a bill

возвращать ~ с протестом return a bill under protest

выдавать ~ draw (issue) a bill, issue a promissory note

выставлять ~ draw (make out, issue) a bill

гарантировать ~ guarantee a bill

индоссировать ~ endorse a bill

инкассировать ~ collect a bill

оплачивать ~ pay (meet, honour) a bill

опротестовывать ~ protest (dishonour) a bill

отзывать ~ withdraw a bill

передавать ~ negotiate a bill

погашать ~ settle (pay) a bill

подделывать ~ forge a bill

получать деньги по ~ю cash (collect) a bill

предъявлять ~ к учету present a bill for discount

принимать ~ к учету accept a bill for discount

продлевать ~ renew (extend) a bill

учитывать ~ discount a bill

ВЕРДИКТ verdict

~ арбитражного суда arbitration award

~, неправосудный wrongful verdict

~, обвинительный verdict of guilty, guilty verdict

~, окончательный final (definitive) verdict

~, оправдательный verdict of acquittal

вынести ~ reach (attain, return, take) a verdict

ВЕРХОВЕНСТВО leadership

~ закона rule of law

~ права rule of law

ВЕС weight

~ брутто gross weight

~, выгруженный landed weight

~, неполный short weight

~ нетто net weight

~, общий gross (total) weight

~, отгруженный shipped weight

~ товара weight of goods

~, фактурный invoiced weight

~, чистый net weight

определять цену по ~у нетто determine the price by the net weight

покупать по ~у buy by the weight

продавать на ~ sell by the weight

◊ в зависимости от ~a based on the weight

ВЕТО veto

накладывать ~ impose (place, set) a veto

преодолеть ~ overrule (overturn) a veto

применять ~ apply a veto

ВЕЩНОЕ ПРАВО right in rem, real right, proprietary right

~ на недвижимые вещи right in rem to immovable things

~ учредителей юридического лица на его имущество right in rem to the property of a legal person

государственная регистрация вещных прав на недвижимые вещи state registration of the right in rem to immovable things

изменение вещного права alteration of the right in rem

осуществление вещных прав exercising rights in rem

прекращение вещного права termination of the right in rem

установление вещного права establishment of the right in rem

ВЕЩ/Ь (*отдельный предмет*) item, article, thing

~и, взрывоопасные explosive items

~и, движимые movable things

~и, драгоценные expensive (precious) items

~и, заменимые fungible things

~и индивидуального пользования things for individual use

~, индивидуально-определенная individually defined (individually specific) item, nonfungible thing

~и, легковоспламеняющиеся flammable items

~, материальные tangible things (property)

~, невостребованная unclaimed item (thing)

~и, недвижимые immovable things (property), immovables

~, неделимая indivisible thing

~и, незаменимые nonfungible (specific) things

~и, облагаемые пошлиной things liable to duty

~и, опасные по своей природе items generally dangerous by their nature

~и, определенные родовыми признаками things defined by generic characteristics

~, сложная complex thing
~, утраченная lost item
~и, ценные valuables
дарение ~и в общеполезных целях gift of a thing for generally useful (generally beneficial) purposes
залог ~и pledge of a thing
награда за отыскание утраченной ~и reward for finding a lost thing
недостача ~и shortage of the item
обработка ~и processing of a thing
общая собственность на неделимые ~и common ownership of indivisible things
основания удержания ~и grounds for withholding a thing
передача ~и transfer of a thing
передача ~и, безвозмездная uncompensated (noncompensated) transfer of an item
передача ~и в аренду transfer of a thing for lease
передача ~и в пользование transfer of a thing for use
передача ~и в собственность transfer of a thing in ownership
передача ~и в хозяйственное или оперативное управление transfer of a thing in economic management or operative administration
повреждение ~и damage to the item
порча ~и spoilage of the item
приобретатель ~и acquirer of a thing

сохранность ~и safekeeping of the item
утрата ~и loss of the item
хранение ~и storage of an item
хранение драгоценных ~ей в банке, в гостинице storage of expensive things (items) in a bank, in a hotel

ВЗАИМНЫЙ ЗАЧЕТ, ВЗАИМОЗАЧЕТ setting-off, netting, cross-cancellation of debts, mutual offset
~ долгов offset of debts
~ обязательств offset of liabilities

ВЗИМАНИЕ (*долгов, налогов, пошлин*) collection
~ акцизов excise collection
~ аренды rent charge
~ долгов collection of debts
~ налогов collection of taxes
~ платы collection of payment
~ пошлин collection of duties
~ сборов collection of duties (of charges, of fees)

ВЗЛОМ break[ing]-in
кража со ~ом burglary

ВЗЛОМЩИК burgler; (*сейфа*) safecracker; (*компьютерной системы*) hacker

ВЗНОС contribution; deposit; fee; instalment
~, авансовый advance instalment
~, арбитражный arbitration fee
~ в бюджет budget contribution
~ы в государственные социальные фонды contributions to state social funds
~ в пенсионный фонд pension plan contribution
~, вступительный admission (entrance) fee, membership dues

~ в счет погашения долга instalment to repay a debt

~ в уставный фонд contribution to the authorized fund

~, денежный financial contribution, cash contribution (deposit)

~, добровольный voluntary contribution

~, добровольный имущественный voluntary property contribution

~, долевой [matching] contribution

~, дополнительный additional contribution (payment)

~, единовременный lumpsum payment

~, ежегодный annual instalment

~, имущественный паевой property membership share contribution

~ наличными cash payment, cash down

~, обязательный obligatory payment (contribution)

~, очередной страховой regular insurance payment

~, паевой share contribution

~, паушальный lumpsum payment

~, первый first instalment

~, просроченный overdue payment (instalment)

~, регистрационный registration fee

~ , страховой insurance contribution (см. тж СТРАХОВОЙ ВЗНОС)

~ участника общества, долевой contribution to partnership

~, частичный partial payment

~ы членов кооператива, паевые membership share contributions of the cooperative

~, членский membership fee (dues)

внесение паевых ~ов paying up membership share contributions

уплата страхового ~a insurance payment, payment of a premium

вносить паевой ~ contribute a membership share, pay a contribution

делать ~ make a contribution

производить ~ на счет enter a deposit into an account

ВЗЫСКАНИ/Е 1. collection; (в судебном порядке) recovery, enforcement; (принудительное) exaction 2. (наказание) penalty

~, административное administrative penalty (см. тж АДМИНИСТРАТИВНОЕ ВЗЫСКАНИЕ)

~ алиментов exaction of alimony

~, арбитражное recovery through arbitration

~ в бесспорном порядке collection without recourse; collection without further authorization

~ в натуре repayment in kind

~ в нотариальном порядке notarial recovery

~ в судебном порядке recovery

~, дисциплинарное disciplinary penalty (punishment)

~ долга collection of a debt; recovery of a debt

~ долга в судебном порядке recovery of a debt by way of court proceedings

~ задолженности с дебиторов collection of debit indebtedness

~, законное legal recovery

~ кредита loan collection (recovery)

~ на имущество recovery against property, claim to property

~ налогов tax collection

~ недоимок collection of arrears

~ неустойки recovery of damages

~ пени exaction of a fine

~ пени за просрочку платежа exaction of late charges

~ пошлин collection of duties

~, принудительное recovery by enforcement

~ средств recovery of funds

~ ссуды collection of a loan

~ стоимости товаров recovery of the cost of goods

~ суммы recovery of a sum

~ таможенных платежей collection of customs payments

~ убытков recovery of damages

~ штрафа exaction of a penalty; recovery of a penalty

иск о ~и штрафа action for a penalty (for recovery)

наложение ~я recovery of a penalty

наложение административного ~я imposition of administrative penalty

обращение ~я на имущество execution against property

обращение ~я на природные ресурсы, находящиеся в государственной собственности levy of execution on natural resources under state ownership

объект ~я object of recovery

право на ~ right to recovery

размер ~я amount of recovery

налагать ~ impose (exact) a penalty

обращать ~ на *что-л.* make a claim to *smth*, take recourse against *smth*

обращать ~ на имущество levy execution (impose collection) against property

подавать иск о ~и убытков ask for damages

ВЗЯТК/А bribe, payoff, graft

брать ~у accept (take) a bribe

вымогать ~у exact a bribe

давать ~у give (offer) a bribe, bribe

осудить за ~у convict for bribery

предлагать ~у offer a bribe

ВЗЯТОЧНИК bribetaker

ВЗЯТОЧНИЧЕСТВО bribery, bribetaking; corruption

~ в сфере бизнеса business bribery

~ в сфере налогового обложения tax bribery

~ в сфере торговли commercial bribery

бороться со ~м fight bribery

ВИН/А fault; (*ответственность*) blame; *юр.* guilt

~ исполнителя fault of the performer (of the executor)

~, неумышленная nonintentional fault

~ причинителя вреда fault of the perpetrator of damage

~, умышленная intentional guilt

~, явная open guilt

наличие ~ы evidence of fault

отсутствие ~ы absence of fault

признание *своей* ~ы admission of *one's* fault

степень ~ы degree of guilt (of fault)

признать ~у admit guilt

происходить по ~е ... occur owing to the fault of ...

устанавливать *чью-л.* ~у find (establish) *smb's* fault

◊ не по ~е *кого-л.* through no fault of *smb*

по ~е *кого-л.* owing to the fault of *smb*

по ~е обеих сторон owing to the fault of both parties

ВИНОВНОСТ/Ь guilt, culpability

вердикт о ~и verdict of guilty

устанавливать *чью-л.* ~ find (establish) *smb's* guilt

ВКЛАД (*в банк*) deposit; (*в предприятие*) investment; (*участие*) contribution

~, банковский bank deposit

~, безвозмездный unremunerated contribution

~, беспроцентный interest-free (noninterest-bearing) deposit

~ в банке deposit in a bank

~ в денежной форме contribution in cash

~ы в кредитные учреждения deposits in the credit institutions

~ в материальной форме contribution in kind

~ в уставный капитал contribution to the charter capital

~ в уставный фонд contribution to the authorized fund

~, денежный cash deposit; monetary contribution

~, добровольный voluntary deposit

~ до востребования demand deposit, deposit payable on demand

~, долевой contribution

~, имущественный property contribution

~, инвестиционный investment

~ капитала investment of capital

~, краткосрочный short-term deposit

~, накопительный accumulation deposit

~ на предъявителя sight deposit

~ на срок fixed (time, term) deposit

~ на текущий счет current account deposit

~, облагаемый налогом tax-deductible contribution

~ы под векселя deposits for promissory notes

~ы под ценные бумаги deposits for securities

~, процентный interest-bearing deposit

~, сберегательный savings deposit

~, срочный term (time) deposit

~ участника contribution of a participant

~ участника в денежной форме contribution of a participant in money

~ участника общества, долевой contribution to partnership

~ы учредителей contributions of founders

~, целевой purpose-oriented investment

~, чековый checking deposit

владелец ~a depositor

внесение ~a making a contribution, contributing an investment

внесение арендных прав в качестве вклада в уставный капитал общества contribution of leased rights as an investment in the charter capital of companies

возврат ~a return of a deposit

возврат ~a по первому требованию return of a deposit upon first demand

денежная оценка ~a valuation (monetary appraisal) of a contribution

доверенность на получение ~a в банке power of attorney for the receipt of a deposit in a bank

договор банковского ~a contract of bank account

изъятие ~a withdrawal of a deposit

имущество, переданное в качестве ~a property transferred as investment (as contribution)

номер счета по ~y account number for the deposit

право на получение ~a из имущества товарищества на вере при его ликвидации right to receive investments (contributions) from the property of a limited partnership upon its liquidation

проценты на сумму ~a interest on the sum of a deposit

размер ~a amount of a contribution

стоимость ~a value of a contribution

страхование банковских ~ов insurance of bank deposits

сумма ~a sum of a deposit

требование вкладчика к банку о выдаче ~a demand of a depositor to a bank to release deposits

вносить ~ make a deposit; make a contribution

вносить ~ на счет make a deposit into an account

возвратить сумму ~a return the sum of deposit

объединить ~ы combine contributions

отзывать ~ withdraw a deposit

принимать ~ receive (take) a deposit

распоряжаться ~ами dispose of deposits

ВКЛАДЧИК depositor; investor; contributor

~ в товариществе на вере contributor to a limited partnership

~, иностранный foreign investor

ВЛАДЕЛ/ЕЦ owner, possessor, proprietor; (*держатель*) holder

~ автомата owner of a vending machine

~ авторского права copyright holder (owner)

~ аккредитива holder of a letter of credit

~ акций shareholder, stockholder

~ банковского счета holder of a banking account

~, бывший former owner

~ векселя holder (owner) of a bill

~ вклада depositor

~ груза owner (proprietor) of cargo

~, действительный actual owner

~, добросовестный bona fide holder, possessor in good faith

~ долгового обязательства debenture holder

~, единственный sole owner

~, законный lawful possessor, legal (lawful) owner, legal (lawful) holder

~, зарегистрированный registered owner

~ земельного участка possessor of a land plot, landholder

~ имущества owner of property

~ недвижимости owner of real estate

~, недобросовестный bad-faith (mala fide) possessor

~ помещения possessor of premises

~ предприятия owner of an enterprise (of a business)

~ собственности owner of property

~ьцы, совместные joint owners (proprietors)

~, статутный statutory owner

~ счета в банке owner of an account

~ товара owner of goods

~ ценных бумаг possessor of securities, security holder

ВЛАДЕНИ/Е ownership, possession; (недвижимостью) tenancy; (ценными бумагами) holding

~ акциями stock holding

~ без права собственности naked possession

~, временное temporary possession

~, добросовестное possession bona fide

~ до востребования precarious possession

~, долевое part ownership; tenancy in common

~, единоличное sole (individual) proprietorship

~, законное legal ownership

~ земельным участком на праве постоянного пользования possession of a land plot granted for permanent use

~ землей possession of land

~ имуществом property possession

~ имуществом, находящимся в долевой собственности possession of property in share[d] ownership

~ имуществом, находящимся в совместной собственности possession of property in joint ownership

~ капиталом holding of capital

~ на правах аренды leasehold, tenure by lease, tenancy

~ на правах собственности actual possession

~ на праве хозяйственного ведения holding by right of economic jurisdiction

~, незаконное unlawful possession

~ по договору найма possession under a lease

~ природными ресурсами possession of natural resources

~, самостоятельное several tenancy

~, совместное joint ownership; joint possession; joint tenancy

~, юридически признанное de jure ownership, possession at law

возврат имущества из незаконного ~я return of property from unlawful possession

давность ~я period of possession

защита ~я protection of possession

лишение ~я loss of possession

неправомерность ~я wrongfulness of possession

поступление во ~ taking into possession; transfer to proprietorship

право ~я right of ownership

приобретение права ~я имуществом acquisition of the right of possession of property

вводить во ~ put into possession

вступать во ~ take (enter into) possession

закреплять собственность за предприятием во ~ secure (allocate) property to an enterprise in possession

находиться во ~и be in possession

предоставить во временное ~ provide for temporary possession

ВЛАСТ/Ь 1. authority, power, command 2. (*администрация*) administration

~и, городские town authorities

~, государственная state power (authority)

~и, гражданские civil authorities

~, законная lawful authority

~, законодательная legislative power (authority)

~, исполнительная executive power (authority)

~и, компетентные competent authorities

~и, местные local authorities

~, монопольная monopoly power

~и, муниципальные municipal authorities

~, неограниченная absolute power

~и, официальные official authorities

~, представительная representative authority

~, судебная judicial authority (power)

~и, федеральные federal authorities

злоупотребление ~ью abuse (misuse) of authority (of power)

органы государственной ~и organs of state power, government bodies, public authorities

злоупотреблять ~ью abuse power, abuse (strain) authority

осуществлять ~ exercise power (authority)

ВЛОЖЕНИ/Е investment

~я в ценные бумаги financial investment

~я, денежные cash investment

~я, долгосрочные long-term (long-range) investment

~я, капитальные capital investments

~я, краткосрочные short-term (short-range) investment

объем капитальных ~й level of capital investments

ВМЕСТИМОСТЬ capacity, volume

~, валовая gross capacity

~ транспортного средства capacity of a vehicle

~, чистая net capacity

ВМЕШАТЕЛЬСТВ/О interference, intervention

~ в деятельность, незаконное unlawful interference in work

~ в частные дела interference in private affairs

~ государства в экономику state intervention (interference) in the economy

~, государственное state intervention (interference)

~, незаконное unlawful interference, illegal intervention

~ правительства government intervention

~, произвольное arbitrary interference

~, прямое direct interference (intervention)

недопустимость ~а impermissibility of interference

ВНЕБАЛАНСОВЫЙ off-balance

ВНЕБЮДЖЕТНЫ/Й extra-budgetary, off-budget

~е источники финансирования extra-budgetary sources of financing

ВНЕСЕНИЕ 1. (записи) entry 2. (денег) depositing, deposition; contribution

~ аванса advance payment

~ взносов в уставный капитал contribution to the capital stock

~ вклада making a contribution

~ в уставный фонд общества making a contribution to the charter fund of a society

~ законопроекта introduction of a bill

~ записи в реестр making an entry in the register

~ изменений в документы entry of changes (introduction of alterations) in documents

~ исправлений в реестр rectification of a register

~ паевых взносов paying up membership share contributions

~ поправки introduction of an amendment

~ страховых взносов insurance payment

◊ ~ страхового взноса просрочено insurance payment is overdue

ВНЕШНЕЕ УПРАВЛЕНИЕ external management

ВНЕШНЕТОРГОВЫЙ foreign trade *attr.*

ВНЕШНЕЭКОНОМИЧЕСКИЙ foreign economic

ВНЕШНИЙ УПРАВЛЯЮЩИЙ external manager

назначение внешнего управляющего appointment of an external manager

назначать внешнего управляющего appoint an external manager

ВОЗБУЖДЕНИЕ institution

~ дела о банкротстве filing a petition in bankruptcy

~ судебного дела institution of an action (of legal proceedings)

~ ходатайства application

ВОДОСНАБЖЕНИ/Е water supply

~, промышленное industrial water supply

обеспечение ~я ensuring water supply

ВОЗВРАТ return; repayment, refund

~ аванса return of an advance

~ бракованного товара return of rejected goods

~ взноса return of contribution

~ вклада return of a deposit

~ вложенных средств recovery of investment

~ денежных средств return of money; payback of money

~ долга repayment (reimbursement) of a debt

~, досрочный return ahead of time

~ доходов return of income

~ займа в рассрочку repayment of the loan by instalments

~ излишне взысканных сумм return of excessive sums of recovery

~ излишне уплаченных сумм refund of sums paid in excess

~ имущества return of property

~ имущества в натуре return of property in kind

~ имущества из незаконного владения return of property from unlawful possession

~ инвестированных средств return of investments

~ коммерческих кредитов reimbursement of commercial credits

~ кредита repayment (reimbursement) of credit

~ нам *бухг.* return inwards

~ переплаты return of an amount overpaid

~ поставки return of shipment, redelivery

~ поставщикам *бухг.* return outwards

~ ссуды repayment (redemption) of a loan, loan repayment (redemption)

~ суммы refund (repayment) of an amount, return (reimbursement) of payment

~ товара return of goods (of commodity)

~ уплаченного налога tax refund

~ уплаченной суммы refund of the paid sum

уклонение от ~а денежных средств avoidance of the return of money

подлежать ~у be subject to return; be returnable; be refundable

требовать ~а (*доходов, имущества*) claim return

требовать ~а суммы demand the refund of the sum

ВОЗВРАЩЕНИЕ *см.* **ВОЗВРАТ**

ВОЗМЕЗДНЫЙ ДОГОВОР compensated contract, contract for consideration

ВОЗМЕЩЕНИ/Е compensation; (*вреда, убытка, ущерба*) damages; indemnity, indemnification, recovery, recompense; (*расходов*) reimbursement; (*долга*) repayment

~ в натуре compensation in kind; recovery in kind

~ вреда compensation for harm (for damage), redress of wrong, recompense, indemnification

45

~ вреда за счет казны compensation for harm (for damage) at the expense of the treasury

~ вреда, причиненного в результате незаконных действий органов государственной власти или местного самоуправления compensation for harm caused (for damage inflicted) as a result of illegal (of unlawful) actions of state agencies or agencies of local self-government

~ вреда, причиненного имуществу юридического лица compensation for harm caused to (damage inflicted upon) the property of a legal person

~ вреда, причиненного источником повышенной опасности compensation for harm caused (for damage inflicted) by the source of increased danger

~ вреда, причиненного незаконными действиями органов дознания, предварительного следствия, прокуратуры и суда compensation for harm caused by illegal (by unlawful) actions of agencies of inquiry, preliminary investigation, the prosecutor's office and court

~ вреда, причиненного при осуществлении правосудия compensation for harm caused (for damage inflicted) in the course of law proceedings

~, денежное cash (pecuniary) indemnity

~ денежной суммы reimbursement (recovery) of an amount

~, добровольное voluntary compensation

~ долга repayment (return) of a debt

~ доходов indemnification of income

~ за повреждение имущества satisfaction for the damage to the property

~ затрат compensation of expenditures, indemnification of expenditures, reimbursement of expenses

~ за утрату имущества satisfaction for the loss of property

~ издержек reimbursement of expenses (of costs), compensation for expenses (for costs)

~ издержек, понесенных при исполнении поручения compensation for (reimbursement of) expenses incurred in the performance of a task

~ морального вреда compensation for moral harm (for moral damage)

~ нанесенного ущерба compensation for the caused damage

~ натурой compensation in kind; recovery in kind

~ недостачи compensation for shortage

~, полное full indemnification (recovery), compensation in full

~ потерь recovery of losses, loss recovery

~ причиненного вреда indemnification of the caused harm

~, причитающееся compensation due

~ разницы в цене compensation of difference in price

~ расходов compensation of expenditures, indemnification (reimbursement) of expenses

~ расходов на устранение недостатков compensation of expenditures (of expenses) for elimination of (for correcting) defects

~ стоимости и других убытков при национализации имущества compensation for the value of property and other damages in case of nationalization of property

~ стоимости имущества compensation for the value of property

~, страховое insurance compensation, insurance indemnity (см. тж СТРАХОВОЕ ВОЗМЕЩЕНИЕ)

~ судебных издержек indemnification of court fees

~ суммы reimbursement (recovery) of an amount

~ убытков indemnification (recovery) of damages, compensation for losses

~ убытков в меньшем размере indemnification of damages in a lesser amount

~ убытков в полной сумме сверх неустойки recovery of damages in full amount above a penalty

~ убытков в связи с непредставлением отгрузочной разнарядки compensation for damages (for losses) caused in connection with failure to present (to submit) a shipping order

~ убытков в части, не покрытой неустойкой compensation (in-

demnification) for damages in the part not covered by a penalty

~ убытков, вызванных простоем compensation for damages (for losses) caused by the stoppage (by the suspension) of work (by the idle time)

~ убытков, вызванных расторжением договора ренты compensation for damages (for losses) caused by the termination (by the rescission) of a contract of rent

~ убытков, ничтожное nominal damages

~ убытков при обнаружении подлога или подделки ценной бумаги compensation (indemnification) for damages when counterfeit or forgery of a security is discovered

~ убытков при расторжении договора поставки compensation for damages (for losses) on rescission of a supply contract

~ убытков, причиненных вкладчику compensation for losses caused to (inflicted upon) the depositor

~ убытков, причиненных государственными органами или органами местного самоуправления compensation (indemnification) for damages caused by state agencies (bodies) or agencies (bodies) of local self-government

~ убытков, причиненных доверителю прекращением договора поручения compensation for damages (for losses) caused to the principal by the termination of an agency agreement

~ убытков, причиненных клиенту в случае разглашения банковской тайны compensation for damages (for losses) caused in case of divulgence of information comprising bank secrecy

~ убытков, причиненных наступлением страхового случая в застрахованном имуществе compensation for damages (for losses) inflicted as a result of the onset of the insured event

~ убытков, причиненных поклажедателю утратой или повреждением вещей, принятых на хранение compensation for damages (for losses) caused to the bailor by the loss of or harm to things accepted for storage

~ убытков, причиненных просрочкой исполнения compensation for damages caused by delay in performance

~ убытков сверх неустойки compensation for damages above a penalty

~ упущенной выгоды compensation (indemnification) for lost profit

~ ущерба compensation for damage, reparation of damage

~, частичное partial compensation (reimbursement, recovery)

возврат излишне выплаченной суммы ~я return (refund) of the amount of compensation paid in excess

иск о ~и claim for damages (for compensation)

освобождение от выплаты страхового ~я exemption from [payment of] insurance compensation

отказ в ~и вреда refusal to compensate for harm (for damage)

отказ от права на ~ waiver of damages

размер ~я amount of compensation

способы ~я вреда ways (methods) of compensation for harm (for damage)

требование кредиторов акционерного общества о ~и убытков при уменьшении уставного капитала общества demand of creditors for compensation (for indemnification) for damages on reduction of the charter capital of a joint-stock company

требование о ~и расходов и других убытков claim for compensation of expenditures and other damages incurred

требование о ~и убытков claim for indemnification of damages

выплатить страховое ~ pay out insurance compensation, pay insurance indemnity

гарантировать ~ убытков guarantee (secure) against losses

подлежать ~ю be subject to indemnification (to compensation), be repayable

получать ~ по суду recover compensation

причитаться в ~ чего-л. be due as compensation for *smth*

требовать ~я claim damages; claim compensation (indemnification)

удержать из суммы причитающееся ~ расходов retain from the sum what is due as compensation of expenditures

◊ в ~ for indemnification, in reimbursement, in refund

в порядке ~я убытков by way of damages

ВОЗМОЖНОСТ/Ь possibility

~и, инвестиционные investment possibilities

~и, материальные means

~, неограниченные unlimited possibilities

~, ограниченные limited possibilities

~, производственные production possibilities

~, упущенная missed opportunity

~, экономические economic potentialities

иметь равные ~и have (enjoy) equal opportunities

предоставлять ~ afford (make) an opportunity

упустить ~ miss (lose) an opportunity

ВОЗНАГРАЖДЕНИ/Е reward; (*компенсация*) remuneration, compensation, repayment; (*гонорар*) fee

~, авторское fee; (*с тиража*) royalties

~, агентское agent's remuneration (commission) (*см. тж* **АГЕНТСКОЕ ВОЗНАГРАЖДЕНИЕ**)

~, брокерское brokerage, broker's fee

~, денежное pecuniary recompense

~, дополнительное additional remuneration

~, единовременное lumpsum remuneration

~ за выдачу банковской гарантии fee (compensation) for issuance of a bank guarantee

~ за делькредере del credere commission

~ за находку reward (remuneration) for a find

~ за работу remuneration for work

~ за услуги remuneration for services

~ за хранение remuneration for storage

~ за хранение вещи в порядке секвестра compensation (remuneration) for the storage (for the safekeeping) of a thing by way of sequestration

~, комиссионное commission remuneration (*см. тж* **КОМИССИОННОЕ ВОЗНАГРАЖДЕНИЕ**)

~, материальное material remuneration

~, обусловленное stipulated remuneration

~ поверенного (*в суде*) remuneration of the attorney

~ по договору коммерческой концессии compensation under a contract of commercial concession (of franchise)

~, причитающееся *кому-л.* remuneration due to *smb*

~ соразмерно выполненной работе remuneration commensurate with work performed

~, страховое insurance indemnity

выплата денежного ~я payment of monetary compensation

доверенность на получение ~я авторов power of attorney for the receipt of remuneration to authors

размер ~я amount of remuneration, amount (rate, size) of commission

уменьшение ~я reduction in the remuneration

уплата ~я payment of remuneration

уплачивать ~ pay remuneration; pay commission; pay a fee

◊ в виде ~я за *что-л.* as a recompense for *smth*

за ~ for remuneration; for compensation; for a fee

ВОЗОБНОВЛЕНИЕ resumption; revival; (*продление*) renewal

~ аккредитива renewal of a letter or credit

~ деятельности resumption of activities

~ договора renewal of an agreement

~ договора аренды renewal of a lease agreement

~ иска resumption of legal action

~ кредита renewal of a credit

~ переговоров resumption of negotiations (of talks)

~ поставок resumption of deliveries

~ соглашения renewal of an agreement

~ судебного разбирательства reopening of the case (of the proceedings)

ВОЗРАЖЕНИ/Е objection; exception

~, встречное counter-plea

~ в суде legal objection

~, обоснованное valid objection

~ ответчика по иску points of defence

~ ответчика на заявление истца rejoinder

~ по отчету objection to the report

~ по существу дела general exception

~ против юрисдикции objection to jurisdiction

выдвигать ~я make (raise) objections

заявить ~ raise an objection

иметь ~я have objections

сообщить о ~ях state objections

ВОЗРАСТ age

~, пенсионный retirement age

~ правоспособности age of discretion

~, трудоспособный employable age

достижение пенсионного ~а reaching retirement age

ВОПРОС (*проблема*) problem, question, issue; (*дело*) matter

~ы, государственные matters of state

~, насущный urgent (vital) question, burning issue

~ по существу issue (matter) of substance

~ы права matters of law

~ правового регулирования regulatory matter

~ы, правовые legal issues

~ правоприменения law enforcement matter

~, принципиальный matter of principle

~, процедурный matter of procedure, point of order

~, спорный controversial issue, point at issue

~, финансовый financial matter

~ы юрисдикции jurisdictional matters

договориться по основным ~ам agree upon fundamental questions

обсуждать ~ discuss a question (a matter)

поднимать ~ raise (bring up) a question

решать ~ settle a question (a matter)

ВОССТАНОВЛЕНИЕ (*о правах*) restoration, rehabilitation, restitution

~ банкрота в правах discharge of bankruptcy

~ в должности reinstatement in office

~ во владении repossession

~ в правах restoration of *one's* rights, reinstatement, rehabilitation; (*несостоятельного должника*) lawful discharge

~ законных прав restoration of legal rights

~ имущественных прав restitution of property rights

~ налоговых льгот recapture of tax priviledges

~ нарушенного права reinstatement of the violated right

~ обязательства reinstatement (restoration) of an obligation

~ прав restoration of rights, legal rehabilitation

~ прав по утраченным ценным бумагам на предъявителя restoration of rights relating to lost bearer securities

~ промышленности reconstruction (rehabilitation) of industry

~ экономики, постепенное gradual recovery of economy

◊ ~ прав производится судом rights are restored by a court

ВОССТАНОВИТЕЛЬНАЯ СТОИМОСТЬ replacement cost, replacement value

~ за вычетом износа depreciated replacement cost

ВОСТРЕБОВАНИ/Е demand, call

вклад до ~я demand (call, sight) deposit

ссуда до ~я loan at call

хранение до ~я storage of an item to be returned upon demand

хранить до ~я store an item to be called for

◊ до ~я on demand

ВРЕД harm; damage

~, моральный moral harm

~, непоправимый irreparable harm

~, причиненный (*жизни, здоровью*) harm caused to (*life, health*)

возмещение ~a indemnification of harm

компенсация за ~ compensation for damage; compensation for harm предотвращение ~а имуществу preventing harm to property

причинение ~а causing of harm; infliction of damage

страхование ~а indemnity against a loss

наносить ~ cause harm; inflict damage

отвечать за причиненный ~ be liable for the caused harm

причинить ~ *кому-л.* inflict harm to a person

ВРУЧЕНИЕ delivery, handing in; presentation

~ апелляционной жалобы service of an appeal

~ документов delivery of documents

~ судебного постановления service of a warrant (of a writ)

~ судебной повестки service of a subpoena (of summons)

~ товара покупателю delivery of goods to the buyer

ВСТРЕЧНАЯ ЖАЛОБА cross-appeal

ВСТРЕЧНОЕ ИСПОЛНЕНИЕ ОБЯЗАТЕЛЬСТВ reciprocal performance of obligations, counterperformance of obligations

ВСТРЕЧНОЕ ОБЯЗАТЕЛЬСТВО counterobligation

ВСТРЕЧНОЕ ТРЕБОВАНИЕ counterclaim

зачет встречных требований set-off of counterclaims

ВСТРЕЧНОЕ УДОВЛЕТВОРЕНИЕ consideration

ВСТРЕЧНЫЙ ИСК counter claim, cross-action

ВСТУПЛЕНИЕ entry

~ в силу entry into force

~ в строй going into operation, becoming operational

ВЫБОР choice; (*отбор*) selection

~ заместителя selection of an assistant

~ на конкурсной основе choice on a competition basis

~ партнера selection of a partner

~ подрядчика choice of a contractor; selection of a contractor

~ участка selection of a site

отвечать за ~ be responsible for selection

◊ по ~у *кого-л.* at the option of *smb*

по своему ~у at one's choice

ВЫБОРКА 1. sample, sampling 2. (*использование*) drawing

~ квоты drawing of a quota

~ кредита drawdown

~ товаров pickup of goods

ВЫБОРЫ elections; (*голосование*) voting

~ в местные органы власти local elections

~ в совет директоров elections to the board of directors

~ губернатора gubernatorial elections

~, досрочные early elections

~, муниципальные municipal elections

~ правления board elections

~ президента presidential elections

~ совета директоров elections of the board of directors

результаты ~ов election returns

признать ~ недействительными declare the elections null and void

ВЫБЫТИ/Е 1. (*списание оборудования*) retirement 2. (*выход из договора, из состава участников*) withdrawal

~ вкладчиков withdrawal of contributors, exit of investors

~ из товарищества withdrawal from a partnership

~ кадров retirement of manpower

~ основного капитала capital retirement

~ участника из полного товарищества withdrawal of a participant from a full partnership

◊ на момент ~я at the moment of withdrawal

ВЫВЕРКА (*проверка*) check, verification; бухг. (*финансовых документов*) reconciliation

~ счетов verification of accounts; reconciliation of accounts

ВЫВОД (*заключение*) conclusion; (*комиссии*) finding

~ из кризиса turnaround

~ из обращения withdrawal from circulation

~ из эксплуатации phasing-out, decommissioning

~, обоснованный well-grounded conclusion

~, практический practical conclusion

~ы экспертизы expert findings

делать ~ arrive (come to) a conclusion

ВЫВОЗ 1. removal; pickup; haulage 2. (*экспорт*) export

~ грузов pickup of cargo

~ грузов, централизованный centralized haulage of cargo

~ золота export of gold; outflow of gold

~ капитала export of capital

~ сельскохозяйственной продукции agricultural export

запрещать ~ ban (prohibit) export

обеспечить ~ сельскохозяйственной продукции provide for the haulage of agricultural products

получить разрешение на ~ obtain an export licence

получить разрешение таможни на ~ obtain a certificate of clearance

ВЫГОД/А profit, advantage, benefit; gains

~, дополнительная additional profits

~, имущественная property benefit

~, коммерческая commercial benefit

~, незаконная unlawful advantage

~, очевидная obvious profit

~, побочная incidental benefit

~, потенциальная potential benefit (gain)

~, приобретенная по сделкам gains acquired from transactions

~, упущенная lost (missed) profit, loss of profit (of opportunity)

~, финансовая financial advantage

~, экономическая economic benefits

получение ~ы receiving advantages

использовать с ~ой use to advantage

получать ~у receive benefit, get profit, derive advantage

◊ исходя из ~ы based on profit

ВЫГОДОПРИОБРЕТАТЕЛ/Ь beneficiary

~ по договору доверительного управления имуществом beneficiary under a trust agreement (under an agreement on trusteeship of property)

~ по договору страхования beneficiary under an insurance contract договор страхования имущества в пользу ~я property insurance contract in favour of a beneficiary замена ~я по договору страхования replacement of the beneficiary under a contract of insurance защита интересов ~я defence of interests of the beneficiary отказ ~я от договора страхования withdrawal of the beneficiary from a contract of insurance

ВЫГРУЗК/А unloading, offloading, discharge

~ груза unloading of cargo нормы ~и rates of discharge осуществлять ~у perform unloading, effect discharge

ВЫДАЧА (*документа*) issuance, issue; (*разрешения*) authorization

~ аванса payment (issuance) of an advance

~ банковской гарантии issuance of a bank guarantee

~ векселя issue of a bill

~ груза delivery (handing over) of cargo

~ документа issue (issuance) of a document

~ документов против акцепта documents against acceptance

~ заказа award of a contract; placing of an order

~ имущества в натуре issuance of property in kind

~ квитанции issuance of a receipt

~ кредита granting of a credit

~ лицензии issue of a licence

~ награды issuance of a reward

~ накладной making out an invoice

~ остатка денежных средств со счета paying out the monetary funds remaining in the account

~ патента issue (grant) of a patent

~ разрешения issue of a permit

~ расписки issue of a receipt

~ сберегательной книжки issuance of a savings passbook

~ свидетельства issuance (issue) of a certificate

~ сохранной расписки issuance of a storage voucher

~ ссуды lending money, granting a loan

~ субконтракта subcontracting

~ сумм со счета payment of sums from the account

~ удостоверения issue of a certificate

~ чека issuance of a cheque

ВЫДЕЛ 1. portion, share 2. (*выделение*) separation

~ доли в натуре separation of a share in kind

~ доли в праве собственности division of a share in the right of ownership

~ доли из имущества separation of a share from the property

~ доли из имущества, находящегося в общей собственности separation of a share from the common property

~ доли из имущества, находящегося в совместной собственности separation of a share from the property in joint ownership

~ доли товарища separation of a share of a partner

~ части имущества separation of a portion of the property

компенсация вместо ~а доли в натуре payment of compensation instead of separation of a share in kind

требование ~а demand on (demand concerning) separation of a share

требование кредитора о ~е доли должника в общем имуществе claim of a creditor for separation of the share of a debtor in the common property

ВЫДЕЛЕНИ/Е separation; split-off; (*средств*) allocation, allotment, appropriation

~ ассигнований allocation of funds

~ земельного участка assignment of land

~ из состава юридического лица separation from a legal person

~ кредита allotment of credit

~ средств из фонда allocation of funds; commitment of funds

~ товара для исполнения договора appropriation of goods

правопреемство при ~и из состава юридического лица legal succession upon separation (upon spin-off) from a legal person

ВЫКУП buy-out; (*погашение*) retirement, redemption; (*ранее проданного*) repurchase

~ акций redemption of shares (of bonds)

~ арендованного имущества redemption of leased property; buy-out of leased property

~ бесхозяйственно содержимых культурных ценностей compulsory purchase (buy-out) of improperly maintained cultural valuables

~ доли партнера buying-out a partner

~ заложенной недвижимости mortgage redemption

~ земельного участка для государственных и муниципальных нужд buy-out of a land plot for state and municipal needs

~ имущества государством buy-out of property by the state

~ пая buying-out

~ постоянной ренты buy-out of a permanent rent

~ предприятия персоналом employee buy-out

~ ценных бумаг retirement of securities; repurchase of securities

порядок ~а procedure for buy-out

право ~а right of redemption

условия ~a terms and conditions of the buy-out

цена ~a buy-out price

ВЫКУПНАЯ ЦЕНА redemption price; buy-out price; buyback price

уплатить выкупную цену pay the buy-out price

ВЫКУПНОЙ ФОНД sinking fund

ВЫМОГАТЕЛЬСТВО racket; blackmail, extortion

~ посредством шантажа extortion by blackmail

заниматься ~м extort, exact

ВЫНЕСЕНИЕ (*решения*) delivery, pronouncement

~ вердикта delivery of a verdict

~ решения суда delivery (pronouncement) of a judgement

ВЫПИСКА extract; (*накладной*) billing; (*чека*) drawing

~ из банковского счета bank statement, statement of account

~ из протокола extract from the protocol (from the minutes)

~ из реестра extract from the register

~ счета billing, invoicing

~ чека issue of a cheque

ВЫПЛАТ/А payment, payout; (*долга*) repayment, discharge

~ аванса payment of an advance

~ вознаграждения payment of commission; payment of remuneration

~ в рассрочку payment by (in) instalments

~ выходного пособия payment of a severance allowance

~ денежных средств кредиторам cash payment to creditors

~ денежных сумм payment of sums (of amounts) of money, cash payment

~ дивидендов payment of dividends

~ дивидендов, неполная payment of partial dividends

~ дивидендов по привилегированным акциям payment of dividends on preference shares

~ долга [re]payment of a debt

~ единовременного характера lumpsum payment, payment of one-time character

~ ежеквартальных дивидендов payment of quarterly dividends

~ займа redemption (repayment) of a loan

~ заработной платы payment of wages (of salary)

~ за сверхурочную работу overtime payment

~ комиссионного вознаграждения commission payment

~ компенсации payment of compensation

~ компенсации сверх возмещения вреда payment for compensation in addition to compensation for harm (for damage)

~ ликвидационной стоимости payment of the liquidation value

~ награды payment of a reward

~ накопленных дивидендов payment of accumulated dividends

~ номинальной стоимости payment of nominal value

~ номинальной стоимости и процентов payment of nominal value plus interest

~ основной суммы и процентов payment of principal and interest

~ пенсий pension payment, payoff of pensions

~ полугодовых дивидендов payment of semiannual dividends

~ пособий по безработице payment of unemployment benefits

~, премиальная incentive payment

~ прибыли payment of profits

~ промежуточных дивидендов payment of interim dividends

~ процентов payment of interest

~ процентов по вкладам payment of interest on deposits

~ ренты payment of rent

~ роялти payment of royalty, royalty payment

~ стоимости имущества payment of the value of property

~ стоимости пая payment of the value of the membership share

~ страхового возмещения payment of insurance compensation

~ субсидии subsidy payment

производить ~у carry out payment

ВЫПОЛНЕНИ/Е fulfilment, execution; performance

~ государственных заказов government business

~ графика fulfilment of a schedule, adherence to schedule

~ договора execution (implementation, performance) of an agreement

~ заказа execution (fulfilment) of an order

~ контракта execution (implementation, performance) of a contract

~ научно-исследовательских, опытно-конструкторских и технологических работ performance of research, development and technological work

~ обязанностей performance of duties

~ обязанностей, ненадлежащее improper performance of duties

~ обязательств fulfilment (execution) of obligations, discharge of obligations

~ плана execution (implementation, performance) of a plan

~ проектных и изыскательских работ fulfilment of design and survey work

~ работ fulfilment of work, performance of work

~ работы иждивением подрядчика performance of work by support of the contractor

~ работы по договору бытового подряда, ненадлежащее improper fulfilment of work under a consumer contractual agreement

~, своевременное timely execution

~ служебных обязанностей discharge of duties

~ таможенных формальностей fulfilment of customs formalities

~ условий договора fulfilment of the terms and conditions of the contract

~ формальностей execution of formalities (of regulations)

надзор за ~м работ supervision of execution of work

условия для ~я работ conditions for fulfilment of work

ход ~я progress of execution

ВЫПУСК (*денег, ценных бумаг*) emission, issue; floating

~ акций share issue

~ денег в обращение currency issue

~ денег, не обеспеченных товарами issue of currency unsecured by goods

~ дополнительных акций issue of additional shares

~ займа в обращение loan issue

~ облигаций bond issue, bond floatation

~ продукции output [of products], production turnout

~ рублевых облигаций rouble bond issue

~, совокупный валовой total gross output

~ ценных бумаг issuance (issue) of securities

условия ~а займа conditions of a loan issue

наращивать ~ продукции increase the output

осваивать ~ продукции master manufacture

размещать ~ ценных бумаг underwrite an issue

увеличивать ~ продукции increase (expand) the output

ВЫРАВНИВАНИЕ equalization; (*регулирование*) adjustment

~ валютных курсов exchange rate adjustment, currency realignment

~ платежных балансов balance of payments equalization

~ соотношения между спросом и предложением reconciliation of supply and demand, adjustment of supply-demand situation

~ тарифов adjustment of tariffs

~ цен adjustment of prices, price equalization

ВЫРАЖЕНИ/Е expression; (*способ выражения*) terms

~ интереса expression of interest

~ интереса, ни к чему не обязывающее nonbinding expression of interest

приглашать к ~ю интереса invite to submit expressions of interest

◊ в процентном ~и in percentage terms

в реальном ~и in real terms

в рублевом ~и in rouble terms·

в стоимостном ~и in terms of value

ВЫРУЧК/А proceeds, receipts; (*валовой доход*) revenue

~, валовая gross proceeds, gross receipts

~, валютная currency (foreign exchange) earnings (receipts), earnings of currency

~, годовая annual receipts

~ от продаж proceeds of sales

~ от реализации товаров и услуг proceeds of the sale of goods and services

~ от торговли receipts from trade

~ от экспорта export proceeds (receipts, earnings)

~, расчетная estimated profit

~, чистая net proceeds (revenue, yield)

отчисления от ~и deductions from revenues

сумма ~и amount of proceeds

получать ~у receive proceeds

ВЫСТАВЛЕНИЕ issue, drawing

~ аккредитива issue of a letter of credit

~ векселей drawing of notes, issue of bills

~ счета issue of an invoice

~ чека issue of a cheque

ВЫХОД 1. (*из организации*) withdrawal 2. (*выпуск продукции*) output, outturn

~ в тираж maturing

~ из договора withdrawal from a treaty

~ на пенсию retirement

~ продукции product yield

~ участника из состава юридического лица withdrawal of a participant from a legal person

~ участника из товарищества withdrawal of a participant from a partnership

~ членов из хозяйства withdrawal of members from a farm

ВЫХОДНОЕ ПОСОБИЕ severance pay; redundancy payment; retirement benefit

выплата выходного пособия payment of severance pay

выплата выходного пособия лицам, работающим по трудовому договору payment of severance allowance (of job leaving compensation) to persons working under a labour contract

очередность выплаты выходного пособия при ликвидации юридического лица order of payments of severance allowance in the liquidation of a legal person

ВЫЧЕТ deduction; withholding

~ из зарплаты deduction from wages (from salary)

~, налоговый tax deduction

~ процентов deduction of interest

производить ~ deduct

◊ без ~ов net

до ~а налогов before taxes

за ~ом less; minus; after deduction

за ~ом причитающегося after deduction of the sum due

за ~ом расходов after deducting expenses, less expenses

после ~а налогов after taxes

ВЫЯВЛЕНИЕ discovery

~ недостатков discovery of defects

~ потенциальных запасов (*сырья*) prospecting

Г

ГАРАНТ guarantor, surety, sponsor

~ займа guarantor for a loan

~ по векселю guarantor of a bill, surety for a bill

~ по долговому обязательству guarantor of a debt

~ размещения займа underwriter

выступать ~ом act as a guarantor

ГАРАНТИЙНОЕ ПИСЬМО letter of guarantee, letter of indemnity

ГАРАНТИЙНОЕ ОБЯЗАТЕЛЬСТВО guarantee obligation, indemnity bond

ГАРАНТИЙНЫЙ СРОК guarantee period, warranty period, guarantee term

~ на комплектующие изделия warranty period for complement parts

~ на товар guarantee period for goods

истечение гарантийного срока expiration of a guarantee (of a warranty) period

исчисление гарантийного срока calculation (computation) of a guarantee (of a warranty) period

продление гарантийного срока extension of a guarantee term (of a warranty period)

продлевать гарантийный период extend the warranty period

◊ по истечении гарантийного срока upon expiration of a guarantee period

ГАРАНТИРОВАТЬ 1. (*давать поручительство*) guarantee, secure, warrant; (*размещение займа, ценных бумаг*) underwrite 2. (*охранять*) safeguard, secure

ГАРАНТИ/Я 1.(*поручительство*) guarantee, surety; (*качества*) warranty; (*размещения займа, ценных бумаг*) underwriting; (*от убытков*) indemnity 2. (*защита*) safeguard, protection

~, банковская bank guarantee (*см. тж* БАНКОВСКАЯ ГАРАНТИЯ)

~, безотзывная irrevocable guarantee

~и, взаимные mutual guarantees

~ вкладов deposit guarantee

~ возврата аванса advance payment guarantee

~ выплаты дивидендов dividend guarantee

~ выполнения performance guarantee; completion guarantee

~ выполнения обязательств performance bond

~ государства government guarantee

~и, договорные contractual guarantees

~ должного исполнения обязательств, финансовая performance bond

~ иностранного банка foreign bank guarantee

~ исполнения контракта performance guarantee

~ качества работы guarantee of quality of work

~ качества работы в договоре строительного подряда guarantee of quality of work in the building contract

~ качества товара guarantee of quality of goods

~, конституционная constitutional protection

~ кредита guarantee of credit, credit guarantee

~ оплаты долга guarantee of payment of a debt

~, перекрестная cross guarantee

~ платежа guarantee of payment

~ платежеспособности guarantee of solvency

~ погашения кредита guarantee of credit repayment

~ подлинности warranty of genuineness

~ по долгу guarantee of a debt

~ по займам loan guarantee

~ по кредитам credit guarantee

~ по обязательствам guarantee for obligations

~ по ссуде loan security, security for a loan

~ поставки guarantee of delivery

~ прав guarantee of rights

~ правового титула warranty of a title

~ предоплаты advance payment guarantee

~, производственная performance guarantee, warranty of production

~, процессуальная procedural protection

~ размещения займа underwriting of a loan

~ размещения ценных бумаг underwriting guarantee

~ Российской Федерации по обязательствам субъекта Российской Федерации, муниципального образования или юридического лица guarantee of the Russian Federation for obligations of a subject of the Russian Federation, of a municipal formation or of a legal person

~, совместная joint guarantee

~, специальная special guarantee

~, страховая insurance guarantee

~ тайны банковского счета и операций по счету guarantee of secrecy (of confidentiality) of a bank account and operations on the account

~ учредителей guarantee of founders

~, финансовая financial guarantee

безотзывность банковской ~и irrevocability of a bank guarantee

вознаграждение за выдачу банковской ~и compensation for the issuance of a bank guarantee

истечение срока ~и expiration of the guarantee period

непередаваемость прав бенефициара по банковской ~и non-transferability of rights under a bank guarantee

основания прекращения банковской ~и grounds for the termination of a bank guarantee

ответственность по ~и warranty responsibility

пределы обязательства, предусмотренного банковской ~ей limits of the obligation provided for by a bank guarantee

предоставление ~и качества товара presenting (furnishing) a guarantee of quality of goods

продление срока ~и extension (prolongation) of the guarantee period

условия ~и conditions of a guarantee

аннулировать ~ю annul a guarantee

выполнять обязательства по ~и maintain a guarantee

давать ~ю give (provide) a guarantee

предоставлять ~ю качества give a guarantee of quality

принимать на себя ~ю take upon oneself a guarantee

продлевать срок ~и extend (prolong) a guarantee period

◊ без ~и without guarantee

в качестве ~и as surety for

по ~и under guarantee

под ~ю against guarantee

под ~ю имущества asset-backed arrangements

с ~ей with guarantee

ГЕНЕРАЛЬНЫЙ ДИРЕКТОР director-general, general director

ГЕНЕРАЛЬНЫЙ ПОДРЯДЧИК general contractor

выступать в роли генерального подрядчика act in the role of a general contractor

ГЕНЕРАЛЬНЫЙ ПОЛИС general policy, open cover

страхование по генеральному полису insurance under a general policy

ГЕНПОДРЯД turnkey contract

~ на строительство объекта contract for the construction of a project

выполнять ~ execute a turnkey contract

ГЕРБ coat of arms

~, государственный national emblem

ГЕРБОВ/ЫЙ stamped

~ая марка duty (revenue) stamp

~ сбор stamp duty (tax)

ГИБЕЛЬ destruction, ruin; *страх.* loss

~ груза loss of cargo (of goods)

~ имущества destruction of property; loss of property

~, полная total loss

~ товаров destruction (loss) of goods

~, частичная partial loss

ГИПЕРИНФЛЯЦИЯ hyperinflation, runaway (galloping) inflation

ГЛОБАЛИЗАЦИЯ globalization

~ рынков ценных бумаг globalization of securities markets

~ финансовых рынков globalization of money markets

~ экономики globalization of the economy

ГОД year

~, базисный base year

~, балансовый balance year

~, бюджетный budget year

~ изготовления year of manufacture

~, календарный calendar year

~, налоговый tax year

~, операционный trading year

~, отчетный accounting (fiscal) year

~, текущий current year

~, финансовый fiscal (financial) year

~, хозяйственный economic (business) year

окончание финансового ~a end of the fiscal year

расчет на конец ~a yearly settlement

ГОДНОСТ/Ь suitability, feasibility; repair

~ товара fitness of goods

срок ~и товара period of suitability of goods

оценивать ~ evaluate the suitability

устанавливать срок ~и specify the term of suitability

ГОДОВАЯ ОТЧЕТНОСТЬ annual accounts

~ общества с ограниченной ответственностью annual financial report of a limited liability company

~, финансовая annual financial report

ГОДОВОЙ ОТЧЕТ annual report

~ акционерного общества annual report of a joint-stock company

~ производственного кооператива annual report of a production cooperative

утверждение годового отчета approval of an annual report

публиковать ~ для всеобщего сведения publish an annual report for general (for public) information

ГОЛОС vote

~ «за» affirmative vote, vote "for"

~, недействительный invalid vote

~ «против» negative (dissenting) vote, vote "against"

~, решающий decisive (casting) vote

~, совещательный advisory vote

подсчет ~ов counting of votes

право решающего ~а deciding vote

равенство ~ов tie

иметь один ~ have one vote

иметь право ~а have the right to vote

подсчитывать ~а count votes

получить большинство ~ов poll a majority of votes

◊ без права ~а without vote

большинством ~ов by a majority vote (of votes)

квалифицированным большинством ~ов by a qualified majority of votes

с правом решающего ~а with the right to vote

с совещательным ~ом without the right to vote

ГОЛОСОВАНИ/Е voting

~ большинством majority voting

~ бюллетенями voting by ballot

~, единогласное unanimous vote

~ «за» aye vote, affirmative voting

~, заочное absentee vote (voting), vote by correspondence

~, кумулятивное cumulative voting

~ мандатами card vote

~ опросным путем [absentee] poll

~ , открытое open vote (ballot)

~ по выборам в совет директоров elections to the board of directors

~ поднятием рук voting by show of hands, show-of-hands vote

~ по доверенности proxy vote, vote (voting) by proxy

~, поименное roll-call vote, voting by roll-call

~, постатейное vote article by article

~ по почте vote by mail

~ «против» dissenting vote, vote "against"

~ списком cumulative voting

~, тайное secret vote (ballot), voting by ballot

бюллетени для ~я ballot papers, voting ballots

доверенность на ~ power of attorney to vote

итоги ~я results of voting

кандидатуры для ~я candidates for elections

порядок ~я procedure for voting

проведение ~я voting

результаты ~я results of voting

воздерживаться от ~я abstain from voting

объявить ~ недействительным declare a vote invalid

объявить о прекращении ~я declare the vote closed

поставить *что-л.* на ~ put *smth* to a vote, take a vote on *smth*

признать результаты ~я недействительными rescind a vote

решать тайным ~м vote by secret ballot

участвовать в ~и take part in the vote

ГОЛОСУЮЩАЯ АКЦИЯ voting share

«ГОЛУБАЯ ФИШКА» (*первоклассная ценная бумага*) blue chip

ГОНОРАР fee, honorarium; royalty

~, авторский author's fee; (*с тиража*) royalty

~, агентский agency (agent's) fee

~, адвокатский attorney's fee

~ арбитра arbitrator's fee

~ за внешнюю ревизию public accounting fees

~ за проведение экспертизы survey fee

~ консультанта consultancy fee

~ ревизора auditor's honorarium

платить ~ pay fees

«ГОРЯЧИЕ ДЕНЬГИ» hot money

ГОСАППАРАТ state machinery

ГОСБЮДЖЕТ state budget

ГОСКОНТРОЛЬ state control service

ГОСНАЛОГСЛУЖБА national tax service

ГОСОБЛИГАЦИИ state bonds

ГОСПОШЛИНА national duty, state tax

~ за пользование природными ресурсами state tax for the use of natural resources

ГОСРЕГУЛИРОВАНИЕ government (state, public) regulation

ГОССЕКТОР state (public) sector

ГОСТИНИЧНОЕ ХОЗЯЙСТВО hotel industry

ГОСУДАРСТВЕННАЯ ДУМА State Duma

ГОСУДАРСТВЕННАЯ КАЗНА РОССИЙСКОЙ ФЕДЕРАЦИИ State Treasury of the Russian Federation

ГОСУДАРСТВЕННАЯ МОНОПОЛИЯ state monopoly

ГОСУДАРСТВЕННАЯ РЕГИСТРАЦИЯ state registration

~ договора аренды предприятия state registration of a contract of lease (of an agreement on lease) of an enterprise

~ договора дарения недвижимого имущества state registration of a gift of (of a gift agreement on) immovable property

~ договора продажи предприятия state registration of a contract for sale of an enterprise

~ передачи недвижимого имущества в доверительное управление state registration of transfer of immovable property into trust management

~ перехода права собственности на недвижимость state registration of transfer of the right of ownership to immovable property

~ права собственности на предприятие state registration of the right of ownership to an enterprise

ГОСУДАРСТВЕННАЯ СОБСТВЕННОСТЬ (*имущество*) state (public, government) property; (*принадлежность*) state (public) ownership

~ на имущество государственного предприятия state ownership of the property of a state enterprise

обращение имущества в государственную собственность converting property into state ownership

обязательное страхование имущества, находящегося в государственной собственности compulsory (obligatory) insurance of state property (of property in state ownership)

право бессрочного пользования земельным участком, находящимся в государственной собственности right of permanent use of a land plot that is in state ownership

приватизация имущества, находящегося в государственной собственности privatization of state property

ГОСУДАРСТВЕННОЕ ДОЛГОВОЕ ОБЯЗАТЕЛЬСТВО treasury bond

ГОСУДАРСТВЕННОЕ УНИТАРНОЕ ПРЕДПРИЯТИЕ state unitary enterprise

ГОСУДАРСТВЕННЫЕ СТАНДАРТЫ state standards

ГОСУДАРСТВЕННЫЕ СТРАХОВЫЕ ОРГАНИЗАЦИИ state insurance organizations, state insurers

ГОСУДАРСТВЕННЫЙ ЗАКАЗ, ГОСЗАКАЗ government (state) order, public contract

ГОСУДАРСТВЕННЫЙ ЗАКАЗЧИК state customer
заказ государственного заказчика на поставку товаров для государственных нужд order of a state customer for supply of goods for state needs
отказ государственного заказчика от товаров refusal of a state customer to accept goods

ГОСУДАРСТВЕННЫЙ НОТАРИУС notary public

ГОСУДАРСТВЕННЫЙ ОРГАН state agency, state body
решение государственного органа decision of a state agency (of a state body)

ГОСУЧРЕЖДЕНИЕ state (government) institution, state (government) agency

ГОТОВНОСТ/Ь readiness
~ к поставке readiness for delivery
~ к приемке readiness for acceptance
~ к проверке readiness for inspection
~ к сдаче readiness for delivery
~ товара к передаче readiness of the goods for transfer

~, эксплуатационная operational availability
уведомление о ~и товаров notification of readiness of goods

ГРАЖДАНСКАЯ ДЕЕСПОСОБНОСТЬ legal capacity

ГРАЖДАНСКАЯ ПРАВОСПОСОБНОСТЬ legal capacity, civil law capacity, legal capability

ГРАЖДАНСКИЙ ОБОРОТ civil relations
участники гражданского оборота participants in (parties to) civil relations

ГРАЖДАНСКОЕ ПРАВО 1. civil right 2. (наука) civil law
~, нарушенное violated civil right
~, оспоренное disputed civil right
восстановление нарушенных гражданских прав restoration of violated civil rights
нарушение гражданских прав violation of civil rights
объекты гражданского права objects of civil rights
ограничение гражданских прав limitation (restriction) of civil rights
осуществление гражданских прав exercise of civil rights
прекращение гражданских прав termination of civil rights
самозащита гражданских прав self-protection (self-defence) of civil rights
судебная защита гражданских прав judicial protection (defence) of civil rights

ГРАЖДАНСКОЕ ПРАВОНАРУШЕНИЕ tort

ГРАЖДАНСКОЕ СУДОПРОИЗВОДСТВО civil justice

ГРАНИЦ/А border, frontier
~ бедности poverty line

~, государственная state border (frontier)

~, естественная natural boundary

~, морская sea border

~, сухопутная land border

~, таможенная customs boundary

◊ за ~ей abroad

из-за ~ы from abroad

ГРАФИК (*план, расписание*) schedule

~ амортизации amortization schedule

~ возмещения долгов debt repayment schedule

~ выплат payment schedule

~ выплаты дивидендов dividend payment schedule

~ выполнения монтажных работ schedule of erection work

~ выполнения работ schedule of work

~ выполнения строительных работ construction schedule

~, декадный 10-day period schedule

~ динамики прибыли profit-volume chart

~ зависимости прибыли от производственного процесса profit-volume chart

~, календарный timing schedule

~, контрольный master schedule

~ обслуживания долга debt service schedule

~ осуществления проекта project implementation schedule

~ отгрузок shipping schedule

~ платежей schedule of payments

~ погашения долга repayment (debt service) schedule

~ поставки товаров schedule of deliveries, schedule for supply of goods

~ проведения монтажных работ schedule of erection work

~, производственный production schedule

~ работ operation (operating) schedule

~, скользящий sliding chart; (*работы*) flexible hours

~ строительных работ construction schedule

~, суточный daily schedule

выполнение ~a fulfilment of a schedule, adherence to a schedule

нарушение ~a breach (disruption) of a schedule

отклонение от ~a departure from a schedule

выполнять ~ поставок meet delivery dates

нарушать ~ break a schedule

опережать ~ be ahead of schedule

отставать от ~a be behind schedule

придерживаться ~a adhere to a schedule

работать по ~у operate to schedule

составлять ~ draw up (compile) a schedule

◊ по ~у on schedule

ГРУЗ cargo, goods, consignment; shipment

~, беспошлинный duty-free cargo

~, габаритный cargo within loading gauge

~, громоздкий bulky cargo

~, длинномерный long goods

~, застрахованный insured cargo

~, импортный import[ed] cargo

~, испорченный spoiled cargo

~, коммерческий commercial cargo

~, контрактный contract cargo

~, легковоспламеняющийся inflammable cargo

~, международный international cargo

~, навалочный bulk cargo, cargo in bulk

~, наливной bulk (fluid, tanker) cargo

~ на паллетах palleted (palletized) cargo

~, насыпной loose (bulk) cargo, cargo in bulk

~, находящийся под арестом goods under arrest

~, невостребованный unclaimed cargo

~, негабаритный oversize[d] (out-of-gauge) cargo

~, недостающий missing cargo; shortage of cargo

~, незастрахованный uninsured cargo

~, незаявленный undeclared cargo

~, огнеопасный inflammable cargo

~, поврежденный damaged cargo

~, скоропортящийся perishable cargo

~, торговый commercial cargo

~, транзитный transit cargo

~, тяжеловесный heavy (heavyweight) cargo

~, упакованный packed (packaged) cargo

~, утраченный lost cargo

~, ценный valuable cargo

~, экспортный export[ed] cargo

владелец ~a owner (proprietor) of cargo

выгрузка ~a unloading (discharge) of cargo

гибель ~a loss of cargo

досмотр ~a inspection of cargo

задержание ~a arrest (detention) of cargo

количество ~a quantity of cargo

конфискация ~a таможней seizure of cargo

недостача ~a shortage of cargo, short delivery

несохранность ~a lack of safety of cargo

объявленная стоимость ~a declared value of cargo; declaration of value of cargo

перевозка ~ов carriage (transportation, shipping, haulage) of cargo

повреждение ~a damage to cargo

погрузка ~a loading of cargo

получатель ~a consignee

порча ~a spoilage of cargo, damage to cargo

принятие ~a к перевозке acceptance of cargo for shipment

свойства ~a properties of cargo

складирование ~ов storage of cargoes

состояние ~a condition (state) of cargo

сохранение ~a preservation of cargo

сохранность ~a safety of cargo

спецификация ~a specification of cargo

транспортировка ~ов carriage (transportation, shipment) of cargo

утрата ~a loss of cargo

хранение ~a storage of cargo

вывозить ~ collect (pick up) cargo

выгружать ~ unload (discharge) cargo

декларировать ~ declare goods

доставлять ~ в пункт назначения deliver cargo to the point of destination

задерживать ~ delay cargo

направлять ~ direct (route) cargo

осматривать ~ inspect (examine) cargo

отправлять ~ dispatch (send) cargo

перевозить ~ carry (transport) cargo

повреждать ~ damage cargo

предохранять ~ protect (safeguard) cargo

разгружать ~ unload (discharge, off-load) cargo

растаможивать ~ clear goods

складировать ~ warehouse cargo

страховать ~ insure cargo

хранить ~ store cargo

экспедировать ~ forward cargo

ГРУЗОВЛАДЕЛЕЦ owner of cargo

ГРУЗООБОРОТ cargo turnover

ГРУЗООТПРАВИТЕЛЬ cargo consignor, shipper

ГРУЗОПОЛУЧАТЕЛЬ consignee, receiver of cargo

ГРУППА group; team

~, административная administration group

~, банковская banking group

~, депутатская group of deputies

~, инициативная action (pressure) group

~, контактная contact group

~, координационная coordination group

~, общественная social group

~, оперативная task group; task force

~ поддержки support unit

~, поисковая search party

~ пользователей user group

~ потребителей consumer group

~, проектная project team

~, рабочая working group

~ разработчиков development team

~, товарная product (merchandise, commodity) group

~ финансовой поддержки financial support group

~, финансово-промышленная finance-industrial group

~, хозяйственная economic group

~, экспертная group (panel) of experts

ГУБЕРНАТОР governor

выборы ~a gubernatorial elections

ГУДВИЛЛ goodwill

Д

ДАВАЛЬЧЕСК/ИЙ supplied by the customer

~ое сырье raw materials supplied by the customer

на ~ой основе on a give and take basis

ДАВНОСТ/Ь limitation; prescription

~, исковая legal limitation, limitation of action (*см. тж* **ИСКОВАЯ ДАВНОСТЬ**)

~ по требованиям, вытекающим из договора имущественного страхования, исковая prescription on claims arising from a contract of property insurance

~, приобретательная acquisitive prescription (*см. тж* **ПРИОБРЕТАТЕЛЬНАЯ ДАВНОСТЬ**)

истечение срока ~и expiration of the limitation period

срок ~и time limitation, limitation period

ДАННЫ/Е data; information

~, балансовые balance[-sheet] data

~, банковские banking data
~, бухгалтерские bookkeeping data
~, бюджетные budget data
~, входные input data
~, выходные output data
~ для составления технической документации data for compilation of technical documentation
~, документальные documentary data
~, достоверные valid data
~, искаженные distorted (misrepresented) data
~, исходные initial (original, source, preliminary) data
~, итоговые summarized data
~, количественные quantitative data
~, контрольные check (control) data
~, недостаточные insufficient data
~, неполные incomplete data
~, новейшие up-to-date information
~, обработанные processed data
~ о доходах income records
~, окончательные final data
~ о платежеспособности credit report
~ о расходах cost data
~ о состоянии финансов financial information
~ о счете по вкладу account data
~, отчетные report data
~, официальные official data
~, паспортные passport details
~, плановые planned targets
~, предварительные preliminary data
~, проектные design data
~, противоречивые conflicting data

~, рабочие operational data
~, расчетные calculation data; estimates
~, региональные regional data
~, сводные summary data
~, секретные secret (classified) data
~ служебного пользования restricted data
~, сметные estimated data, estimates
~, справочные reference data
~, сравнительные comparative data
~, цифровые figures
~, экспертные expert evidence
база ~x data base
достоверность ~x accuracy of data
обработка полученных ~x processing of the data received
изучать ~ examine data
накапливать ~ accumulate data
обмениваться ~ми exchange data
обрабатывать ~ process data (information)
передать необходимые ~ hand over the necessary data
проверять ~ check (verify) data
собирать ~ collect data
◊ по неполным ~м according to preliminary information
по официальным ~м according to official data
ДАРЕНИ/Е donation; gift, grant
договор ~я contract of gift˙
запрещение ~я prohibition of gift
ограничение ~я limitation of gift
отмена ~я withdrawal of a gift
ДАРИТЕЛЬ donor; grantor, giver
ДАРСТВЕННАЯ ЗАПИСЬ deed of gift
ДАТ/А date
~ аннулирования cancellation date

~ валютирования value date

~ вступления в силу effective date, date of entry into force

~ выбытия (*основного капитала*) date of retirement

~ выдачи свидетельства date of issue of a certificate

~ вынесения судебного решения date of judgement

~ выпуска продукции date of manufacture; release date

~ выпуска ценных бумаг date of issue (of issuance)

~ выставления чека date of issue of a cheque

~ завершения проекта project completion date

~ изготовления date of manufacture

~ исполнения контракта contract date, date of performance

~ истечения срока действия expiration (expiry) date

~, календарная calendar date

~ наступления срока date of maturity

~ отгрузки date of shipment, shipment (shipping) date

~ отправки груза date of shipment (of dispatch), shipping date

~ отчетности closing date

~ письма date of a letter

~ платежа date of payment

~ погашения redemption date

~ подачи заявки date of application, application date

~ подачи заявки на участие в торгах bid date

~ подписания контракта date of a contract

~ получения date of receipt

~ поставки date of delivery, delivery date

~ почтового штемпеля date of a post-office stamp

~ предъявления иска date of bringing an action

~ проведения общего собрания акционеров date of a general meeting of shareholders

~ проведения торгов tender date

~ проверки date of inspection

~ публикации date of publication

~ пуска в эксплуатацию commission (start-up) date

~ регистрации date of registration

~ срока платежа due date

перенос ~ы собрания postponement of a meeting

помечать ~ой date

ставить ~у put a date

◊ без указания ~ы without date

на ~у регистрации at (on) the date of registration

ДАТИРОВАТЬ date

~ более поздним числом postdate, afterdate

~ более ранним числом antedate

ДВИЖИМОЕ ИМУЩЕСТВО, ДВИЖИМОСТЬ movable property, movables, personal property

залог движимого имущества pledge of movable property

право собственности на ~ right of ownership to movable property

предоставление движимого имущества во временное владение и пользование provision of movable property for temporary possession and use

ДВОЙНОЕ НАЛОГООБЛОЖЕНИЕ double tax[ation]

ДЕБЕТ debit

~ счета debit of an account

записать сумму в ~ счета charge an amount to the debit of an account

◊ ~ и кредит debit and credit

ДЕБЕТОВАТЬ debit, charge

ДЕБИТОРСКАЯ ЗАДОЛЖЕННОСТЬ debit indebtedness; accounts receivable

~, долгосрочная noncurrent receivables

получение долгосрочной дебиторской задолженности collection of accounts receivable

ДЕВАЛЬВАЦИ/Я devaluation; depreciation

~ валюты devaluation of currency

~, скрытая hidden (suppressed) devaluation

проводить ~ю devalue, devaluate

ДЕЕСПОСОБНОСТ/Ь [legal] capacity, active capacity; [legal] competence

~, гражданская legal capacity

~, общая general legal capacity

~, ограниченная limited legal capacity, limited competence

~, полная full capacity

лишение ~и interdiction, deprivation of legal capacity

ограничение ~ и restriction of legal capacity, legal incapacity, incapacitation, disqualification

ограничение гражданской ~и civil incapacitation

приобретение ~и acquisition of legal capacity

решение суда об ограничении~и court decision restricting legal capacity

ограничивать в ~и incapacitate

ДЕЕСПОСОБНЫЙ legally capable, competent

ДЕЙСТВИ/Е act, action; (*влияние*) effect

~ без поручения заинтересованного лица action performed without authorization of the interested party

~я, виновные culpable actions, acts of fault

~я, военные military actions

~, вредоносное injurious action

~ в чужом интересе action in another's interest

~, гибельное disastrous effect

~ государственной власти act of state, public act

~я граждан и юридических лиц acts of citizens and legal persons

~ гражданского законодательства operation of civil legislation

~ договора validity of a contract

~ закона operation of a law

~, законное legal (lawful) act, legal (lawful) action

~, мошенническое fraudulent act (action)

~ , наносящее ущерб prejudicial action

~я, недозволенные inadmissible (impermissible) acts (actions)

~, незаконное illegal (unlawful) act, illegal (unlawful) action

~, неправомерное illegal (illegitimate) action, delict

~ непреодолимой силы force-major circumstances, act of God

~я, несанкционированные unauthorized actions

~, нотариальное notarial act

~ обстоятельств effect (operation) of circumstances

~, оспоримое disputable (voidable) act

~, отлагательное delaying effect

~я, официальные official actions

~, правовое legal action

~, правомерное lawful act (action)

~я, преступные criminal activities

~, принудительное enforcement action

~, противозаконное illegal act (action)

~, противоправное illegal act (action)

~я, разыскные search activities

~, санкционированное authorized action

~, следственное investigative action

~, совершенное умышленно action performed intentionally

~я, совместные joint actions

~я, согласованные concerted (coordinated) actions

~, умышленное deliberate (intended) act

~, юридическое legal action, legal (juristic) act (*см. тж* ЮРИДИЧЕСКОЕ ДЕЙСТВИЕ)

введение в ~ entry into force

неодобрение предпринятых ~й disapproval of the undertaken actions

одобрение ~й approval of acts (of actions)

ответственность за ~я liability for acts

прекращение ~я обстоятельств discontinuation (cessation) of circumstances

пресечение ~й, нарушающих право stopping activities that violate a right

разумность ~й reasonableness of acts

совершение юридических ~й performing legal actions

вводить в ~ bring into action (into service), put into effect

лишать юридического ~я invalidate

оказывать ~ take effect

оспаривать ~я contest acts

подпадать под ~ закона come within the operation of law

предупреждать ~я prevent actions

прекращать ~ контракта terminate a contract

продлевать ~ prolong (extend) validity

распространять ~ договора на ... extend a contract to ...

совершать ~я perform actions

совершать нотариальное ~ perform a notarial act

ДЕЙСТВИЕ В ЧУЖОМ ИНТЕРЕСЕ action in another's interest, action on behalf of another

возмещение убытков, причиненных лицу, действовавшему в чужом интересе compensation for losses to a person acting in another's interest (on behalf of another)

вознаграждение за действия в чужом интересе remuneration for actions in another's interest (performed on behalf of another)

ДЕКЛАРАНТ declarant

ДЕКЛАРАЦИ/Я declaration

~, банковская bank declaration

~, валютная currency declaration

~, ввозная таможенная bill of entry

~, грузовая cargo declaration

~, грузовая таможенная customs declaration

~, импортная таможенная import declaration

~, налоговая tax declaration, tax return

~ о доверительном характере собственности declaration of trust

~ о доходах income statement

~, таможенная customs declaration

~, экспортная таможенная export declaration

заполнять ~ю fill in a declaration

подать налоговую ~ю file an income tax declaration

представлять налоговую ~ю submit an income tax declaration (an income statement)

ДЕЛЕГИРОВАНИЕ delegating, delegation

~ полномочий delegation of powers

~ прав delegation of rights

ДЕЛЕГИРОВАТЬ delegate

ДЕЛИКТ delict, tort, illegal action

~, гражданский civil tort

~, имущественный property tort

~ при конкурсном производстве offence in bankruptcy

ДЕЛИСТИНГ (*прекращение котировки ценной бумаги на фондовой бирже*) delisting

ДЕЛ/О 1. affair, matter 2. (*занятие*) business, job 3. (*судебное*) case, action 4. (*предприятие*) business, company, enterprise 5. (*досье*) file

~, арбитражное arbitration case

~, банковское banking

~, безотлагательное pressing (urgent) business

~, бесприбыльное unprofitable business

~, выгодное profitable (paying) business

~, гражданское civil case

~, доходное profitable business

~, конфликтное disputed matter

~ о банкротстве matter of bankruptcy (of insolvency)

~а, объединенные в одно производство consolidated cases

~ о восстановлении на работе action for reinstatement in office

~ о налоговом правонарушении tax case

~ о нарушении правил case of infringement of rules

~, подсудное matter for the court; cognizable case

~, подсудное Верховному суду case within the jurisdiction of the Supreme Court

~ по иску к администрации action against administration

~, прибыльное profitable business

~, рискованное risky business

~, спорное contentious case

~, судебное legal (court, law) case, legal cause

~, частное private affair

ведение дел conducting affairs, conduct of affairs

материалы ~а materials of a case

обстоятельства ~а circumstances of a case

пересмотр ~а reconsideration (reexamination) of a case

прекращение производства по ~у dismissal of a case (of an action)

участие в ~е participation in a case

ходатайство о пересмотре ~а motion for a new trial

вести ~а do (conduct, carry on) business

вести ~а товарищества conduct affairs of a partnership

вести судебное ~ conduct (process) a case

возбуждать ~ bring an action; make a complaint

возбуждать ~ о банкротстве bring an action for bankruptcy

возбуждать судебное ~ initiate proceedings

возобновлять ~ reopen a case

выиграть ~ win a case (an action)

изъять ~ из производства eject a case

ликвидировать ~ sell out (wind up) a business (a company)

назначать слушание ~appoint a hearing

направлять ~ в арбитраж submit (refer) a case to arbitration

открыть свое ~ start up a business

прекращать ~ в суде dismiss (close) a case, stop legal proceedings

принимать ~ к производству take over a case

рассматривать ~ в суде try (hear) a case

расширять ~ enlarge a business

слушать ~ hear a case

улаживать ~ settle business

участвовать в ~е participate in a business

финансировать ~ finance a business

◊ по ~у on business

по существу ~a on the merits of a case

ДЕЛОВАЯ ПРАКТИКА business practice

ДЕЛОВАЯ РЕПУТАЦИЯ business reputation

защита деловой репутации protection of business reputation

распространение сведений, порочащих деловую репутацию dissemination (circulation) of information defaming (discrediting) business reputation

порочить деловую репутацию defame business reputation

ДЕЛЬКРЕДЕРЕ del credere

вознаграждение за ~ del credere remuneration

комиссия за ~ del credere commission

ДЕМОНОПОЛИЗАЦИЯ demonopolization

~ собственности property demonopolization

ДЕМОНОПОЛИЗИРОВАТЬ demonopolize

ДЕМОНСТРАЦИЯ display, demonstration; presentation

~ в месте продажи display of goods in a place of sale, point-of-sale demonstration

~ использования товара demonstration of use of goods

~ образцов demonstration of samples, display of samples

~ товара display of goods

~ товара в магазине store demonstration

ДЕМПИНГ dumping

~, валютный currency dumping

~, скрытый hidden dumping

~, товарный commodity dumping

~, ценовой price dumping

ДЕНЕЖНАЯ ЕДИНИЦА monetary unit

~, условная conventional (conditional) monetary unit

ДЕНЕЖНАЯ МАССА money supply

ДЕНЕЖНАЯ НАЛИЧНОСТЬ cash, money in (on) hand, cash assets

ДЕНЕЖНАЯ ОЦЕНКА monetary (money) value, [pecuniary] valuation, monetary evaluation appraisal

~ вклада valuation (assessment) of a contribution

ДЕНЕЖНОЕ ВЫРАЖЕНИЕ monetary value

количество товара в денежном выражении quantity of goods in

monetary expression (in monetary terms)

◊ в денежном выражении in monetary terms, in monetary expression

ДЕНЕЖНОЕ ОБЯЗАТЕЛЬСТВО money (monetary, financial) obligation; *pl.* liabilities

валюта денежного обязательства currency of a monetary obligation

ответственность за неисполнение денежного обязательства liability for nonperformance (for failure to perform) a monetary obligation

очередность погашения требований по денежному обязательству order (priority) of satisfaction of claims under a monetary obligation

ДЕНЕЖНОЕ ТРЕБОВАНИЕ monetary claim

удовлетворение денежного требования satisfaction of a monetary claim

уступка денежного требования assignment of a monetary claim

ДЕНЕЖНО-КРЕДИТН/ЫЙ monetary

~ орган monetary authority

~ая политика monetary policy

~ое регулирование monetary accommodation

ДЕНЕЖНЫЕ СРЕДСТВА money, funds, cash, monetary means, monetary sums, financial assets

~, зачисленные на счет monetary funds credited to an account

~, находящиеся во вкладах monetary means held on deposits

~, находящиеся в *чьем-л.* распоряжении financial assets at *smb's* disposition

~, снятые со счета monetary funds withdrawn from an account

~, списанные со счета monetary funds written off an account

~ учреждения financial assets of an institution

~ юридического лица monetary sums of a legal person

возврат денежных средств return of money

выдача остатка денежных средств со счета paying out monetary funds remaining in the account

зачисление денежных средств на счет placing (transferring) monetary funds to an account

легализация (отмывание) денежных средств laundering of money

наложение ареста на денежные средства, находящиеся на счете seizure of the monetary funds on the account, imposition of arrest on the monetary funds held in the account

ограничение прав клиента по распоряжению денежными средствами limitation of the rights of the client to dispose of the monetary funds on the account

остаток денежных средств на счете balance of monetary funds on the account, monetary funds balance in the account

отказ банка в выплате денежных средств по аккредитиву refusal of a bank to pay monetary funds under a letter of credit

отсутствие необходимых денежных средств lack of necessary financial resources (of necessary monetary assets)

перечисление денежных средств transfer of monetary funds to the account

пользование чужими денежными средствами enjoyment of the money of another

привлечение денежных средств во вклады attraction of monetary funds for deposit

привлечение денежных средств под векселя и другие ценные бумаги attraction of monetary funds for promissory notes and other securities

проценты за пользование денежными средствами, находящимися на счете interest for the use of monetary funds held in the account

распоряжение денежными средствами management of monetary funds

списание денежных средств со счета writing off monetary funds from the account

уплата денежных средств payment of money

зачислять ~ на счет credit monetary sums (funds) to the account

перечислять ~ transfer monetary means

ДЕНОМИНАЦИЯ denomination

~ национальной валюты denomination of national currency

~ рубля denomination of the rouble

ДЕНОМИНИРОВАТЬ denominate

ДЕНЬ day; date

~, банковский banking day

~, биржевой trading day

~ выплаты зарплаты pay day

~ исполнения обязательства actual day

~ истечения срока termination date

~, календарный calendar day

дни, льготные grace days

~, нерабочий nonworking (non-business) day

~ отправки day of dispatch

~ платежа settlement date, settlement day, day of payment

~ подписки day of subscription

~ поставки delivery day

~ прибытия day (date) of arrival

~ приемки day of acceptance

~, приемный reception day

~, присутственный (*в суде*) juridical day

~, рабочий business (working) day

~ расчета settlement day

~ регистрации record day

ДЕН/ЬГИ money, cash, currency; *pl.* funds

~, бюджетные budget finances

~, вырученные от продажи money received from the sale

~, «горячие» hot money

~, депонированные deposit money, money on deposit

~, дешевые cheap money, low-cost funds

~, дорогие dear (expensive) money

~, живые [ready] cash, money in hand

~, заработанные earned money

~, кредитные credit money

~ на депозите deposit money, money on deposit

~, наличные [ready] cash, money in hand

~, необеспеченные uncovered (unbacked) money

~, обесцененные depreciated money

~, отмытые laundered money

~, отступные smart money

~, поддельные forged money

~, полученные незаконно black money

~, причитающиеся с *кого-л.* money due from *smb*

~, реальные real money

~, символические token money

~, фальшивые forged (counterfeit, bad) money

~, электронные e-money, electronic money

выпуск бумажных ~ег issue of money, emission

изъятие ~ег из обращения withdrawal of money from circulation

наличие ~ег availability of money

недостаток ~ег lack (scarcity) of money, shortage of cash

обесценение ~ег depreciation of money

отмывание грязных ~ег money laundering

перевод ~ег transfer (remittance) of money

получатель ~ег payee

получение ~ег receipt of money

поступления ~ег receipts, inpayments, incomings

размен ~ег changing of money; making change

расходование ~ег spending of money

хранение ~ег safekeeping (storage) of money

эмиссия ~ег issue of money, emission

ассигновывать ~ allocate (appropriate) money

брать ~ под закладную borrow on mortgage

вкладывать ~ invest money

вкладывать ~ под проценты invest at interest

вносить ~ deposit money

вымогать ~ за «защиту» extract "protection" money

выплачивать ~ pay out money

выпускать ~ в обращение issue money

держать ~ в банке keep money with a bank

занимать ~ borrow money

занимать ~ под проценты borrow money at interest

изымать ~ из обращения withdraw money from circulation

класть ~ на счет pay money into an account

отмывать ~ launder money

переводить ~ transfer (remit) money

получать ~ (*по векселю, чеку, аккредитиву*) cash (*a bill, a cheque, a letter of credit*)

получать ~ в банке draw money from a bank

получать ~ под залог borrow money on pledge

получать ~ по займу raise a loan

принимать ~ на хранение accept money for safekeeping (for storage)

разблокировать ~ release funds

расходовать ~ spend (expend) money

снимать ~ со счета draw (withdraw) money from an account

ссужать ~ lend money

экономить ~ save money

ДЕПОЗИТ deposit

~, банковский bank deposit

~ до востребования call (demand) deposit

~, краткосрочный short deposit

~, правительственный government deposit

~, сберегательный savings deposit

~, срочный fixed (time) deposit

внесение в ~ сумм, вырученных от продажи placing amounts received on deposit

перевод денег на ~ transfer of money on deposit

перечисление денег с ~a transfer of money from deposit

вносить деньги в ~ place money on deposit, deposit money

вносить деньги в ~ на имя ... place money on deposit in the name of ...

вносить деньги в ~ нотариуса deposit money with a notary

вносить деньги в ~ суда deposit money with a court

вносить сумму на имя *кого-л.* place a sum on deposit in the name of *smb*

перечислять деньги на ~ transfer money on deposit

перечислять деньги с ~a transfer money from deposit

ДЕПОЗИТАРИЙ 1. (*ответственный хранитель*) depositary, bailee 2. (*хранилище ценностей*) depositary

~, уполномоченный authorized depositary

ДЕПОЗИТНАЯ РАСПИСКА depositary receipt, deposit receipt

~, американская American depositary receipt

ДЕПОЗИТНЫЙ СЕРТИФИКАТ deposit certificate, certificate of deposit

ДЕПОНЕНТ depositor

ДЕПОНИРОВАНИ/Е depositing, deposition

~ денежной суммы depositing of an amount

~ средств deposit of funds

условия ~я средств conditions of depositing funds

ДЕРЖАТЕЛЬ holder, bearer

~ аккредитива holder of a letter of credit

~ акций shareholder

~ векселя bearer (holder) of a bill

~, добросовестный bona fide holder

~, законный holder in due course

~ залога holder of a pledge, owner of a mortgage

~ залогового свидетельства bearer of a security deposit certificate

~ контрольного пакета акций controlling shareholder

~ лицензии holder of a licence

~, недобросовестный mala fide holder

~, номинальный nominee shareholder

~ облигаций bond holder

~ пластиковой карты card holder

~, правомерный legal holder, holder in due course

~, предшествующий prior holder

~ свидетельства bearer of a certificate

~ складского свидетельства bearer of a warehouse certificate

~ страхового полиса policy holder

~ франшизы franchise holder

~ ценной бумаги bearer of a security

право ~я облигации на получение ее номинальной стоимости right of a bond holder to receive the face value of the bond

ДЕСТАБИЛИЗАЦИЯ destabilization

~ экономики destabilization of economy, economic destabilization

ДЕФЕКТ defect; flaw

~ завода-изготовителя defect of the manufacturing works (of the manufacturer)

~ , конструкторский design fault

~, опасный critical defect

~, производственный manufacturing defect

~, скрытый hidden (latent) defect

установление ~ов finding defects

устранение ~ов correcting defects

обнаруживать ~ detect (find, discover) a defect

устранять ~ eliminate (correct, remedy) a defect

ДЕФИЦИТ deficit, scarcity, shortage

~, бюджетный budget (fiscal) deficit

~, валютный deficit in foreign exchange, foreign exchange (currency, monetary) deficit, foreign exchange shortage

~ государственного бюджета government deficit

~, денежный (денежных средств) shortage of money, scarcity of funds

~ капиталовложений investment deficit

~ ликвидности liquidity squeeze

~ оборотных средств current assets deficit

~, острый acute deficit

~ платежного баланса deficit of the balance of payments

~, продовольственный food shortage

~ рабочей силы shortage of manpower, scarcity of labour

~, растущий rising deficit

~ ресурсов resource shortage

~ товаров shortage (scarcity) of goods

~ торгового баланса deficit of the balance of trade

~ федерального бюджета federal budget deficit

~ финансовых ресурсов scarcity of financial resources

~, хронический chronic deficit

покрытие ~а covering of a deficit

рост ~а widening of deficit

испытывать ~ have a deficit

покрывать ~ cover (make up, offset, compensate for) a deficit

сокращать ~ reduce a deficit

увеличить ~ increase a deficit

финансировать бюджетный ~ finance the budget deficit

ДЕФИЦИТНОЕ РАСХОДОВАНИЕ deficit spending

ДЕФЛЯЦИЯ deflation

ДЕФОЛТ default

~ векселей default in the commercial paper

~, суверенный sovereign default

~, технический technical default

балансировать на грани ~а balance on the verge of default

◊ на грани ~а on the verge of default

ДЕЯНИЕ act, action, deed

~, запрещенное prohibited act

~, наказуемое punishable act

~, преступное act of crime, criminal act (action)

~, противоправное wrongful act

~, совершенное должностным лицом act done by an official

~, совершенное со злым умыслом malicious act

~ уголовно наказуемое penal act

совершать ~ do (commit) an act

ДЕЯТЕЛЬНОСТ/Ь activity, activities, work; occupation

~ агента agent's activities

~, аудиторская auditor's activities

ДЕЯТЕЛЬНОСТЬ

~, банковская banking

~, внешнеэкономическая foreign economic activity

~, государственная public activities

~, доверительная trust activities; trust business

~, законная lawful (legal, legitimate) activities

~, законодательная legislation

~, запрещенная законом activity prohibited by a law

~, инвестиционная investment activities

~, индивидуальная трудовая indivudual labour activity

~, инновационная innovative activities

~, интеллектуальная intellectual activity

~, коммерческая commercial (business) activity

~, консультационная advisory activities (business)

~, лизинговая leasing

~, лицензионная licensing activity, licence trade

~, монополистическая activities of monopolies

~, незаконная unlawful activity

~, оперативно-разыскная operational investigations

~, оперативно-хозяйственная operative-economic activity

~, основная core business

~, посредническая agency business

~, правоохранительная legal protection

~, предпринимательская entrepreneurial (business) activity (см. тж ПРЕДПРИНИМАТЕЛЬСКАЯ ДЕЯТЕЛЬНОСТЬ)

~, предпринимательская, осуществляемая без образования юридического лица entrepreneurial activity exercised without establishing a legal person

~, преступная criminal activities

~, приносящая доход activity yielding income

~, производственная productive (production) activity

~, противозаконная illegal activity

~, противоправная unlawful activity

~, профессиональная professional activity

~, самостоятельная independent activity

~, совместная joint activity

~, спекулятивная speculative activity

~, торговая trade (trading) activity

~ транспорта operation of transport

~, трудовая labour (professional) activity

~, управленческая management activity

~, финансовая financial activities

~, финансово-хозяйственная financial and business activities

~ фондовых бирж stock exchange activities

~, хозяйственная business activity

~ хозяйственных обществ activities of business companies

~ юридических лиц activity of legal persons

~, экономическая economic[al] activity

~, эмиссионная issuing activity

вид ~и type of activity

запрещение ~и prohibition of activity

лицензирование ~и licensing activity

осуществление ~и engaging in (carrying out) activity

осуществление ~и без лицензии engaging in activity without a licence

осуществление ~и без надлежащего разрешения engaging in activity without a proper permit

правовое регулирование предпринимательской ~и legal regulation of entrepreneurial activity

предмет ~и object of activity

прекращение ~и termination of activity

приостановление ~и suspension of activity

противоправные виды хозяйственной деятельности unlawful economic activities

субъект экономической ~и subject of economic activity

сфера предпринимательской ~и sphere of entrepreneurial activity

текущее руководство ~ю ongoing direction of activity

цели ~и aims of activity

вмешиваться в ~ interfere in the activity

возобновлять ~ resume (renew) activities

заниматься ~ью engage (take part, participate) in activities

заниматься предпринимательской ~ью engage in entrepreneurial activity

запрещать ~ prohibit activity

координировать ~ coordinate activities

ограничивать ~ restrain activities

осуществлять ~ engage in activity

осуществлять ~ без образования юридического лица engage in activity without establishing a legal person

осуществлять предпринимательскую ~ engage in (exercise) entrepreneurial activity

прекратить ~ terminate activity

прекратить ~ путем ликвидации terminate activity by way of liquidation

приостановить ~ suspend activity

расширять ~ expand activities

регулировать ~ юридических лиц govern the activity of legal persons

участвовать в ~и participate in activity

ДИВИДЕНД dividend

~ в форме акций share dividend

~ в форме наличных денежных средств cash dividend

~ в форме облигаций bond dividend

~, выплачиваемый акциями или деньгами optional dividend

~, ежеквартальный quarterly dividend

~, накопленный accumulated dividend

~, начисленный accrued dividend

~, невостребованный unclaimed dividend

~, невыплаченный unpaid dividend

~, облагаемый налогом taxable dividend

~, объявленный declared dividend

~ по акциям dividends on share

~, полугодовой semiannual dividend

~ по обыкновенным акциям ordinary dividend

~ по привилегированным акциям dividend on preference shares, preferred dividend

~, промежуточный interim dividend

~, пропущенный passed (omitted) dividend

выплата ~ов payment of dividends

размер ~a dividend size

выплачивать ~ы pay dividends

выплачивать ~ы из чистой прибыли общества pay dividends from a company's net profits

объявлять ~ы announce dividends

ДИЛЕР dealer

~, биржевой exchange dealer

~, инвестиционный investment dealer

~, официальный official (authorized) dealer

~ по операциям с ценными бумагами dealer in securities

~, торговый dealer in commodities

~, уполномоченный authorized dealer

ДИРЕКТИВНЫЙ КРЕДИТ target-oriented loan

ДИРЕКТИВНЫЙ ОРГАН policy-making body, policy-making agency

ДИРЕКТОР director

~, генеральный general director, director-general

~ завода plant (works) manager, director of a plant (of works)

~, исполнительный executive (managing) director

~, коммерческий business (commercial) manager, business (commercial) director

~ предприятия director (manager) of an enterprise

~, финансовый finance (financial) director

ДИРЕКТОР-АДМИНИСТРАТОР managing director, inside director

ДИРЕКТОРАТ directorate, management, board of directors

ДИРЕКТОР-РАСПОРЯДИТЕЛЬ managing director

ДИРЕКЦИЯ directorate, management

~, генеральная general directorate

~, исполнительная executive management

~, техническая technical management

~ фирмы management of a firm

ДИСБАЛАНС disbalance, imbalance

~, валютный currency unrest

~ в двусторонней торговле disbalance in bilateral trade

~ в торговле disbalance in trade

ДИСКВАЛИФИКАЦИЯ disqualification

ДИСКВАЛИФИЦИРОВАТЬ disqualify

ДИСКОНТ discount

~, банковский bank discount

~ векселей discount of bills, bill discount

~, коммерческий commercial discount

ДИСКРИМИНАЦИЯ discrimination

~ в торговле discrimination in trade

~, кредитная credit discrimination

~, налоговая tax discrimination

~, открытая unconcealed discrimination

~ при найме на работу employment discrimination

~, таможенная tariff discrimination

~, ценовая price discrimination

~, экономическая economic discrimination

ДИСЦИПЛИН/А discipline

~, бюджетная budgetary discipline

~, денежная monetary discipline

~, договорная agreement discipline, observance of contract terms

~, жесткая harsh (firm, strict, stern) discipline

~, кредитная credit discipline

~, платежная payment discipline

~, производственная production discipline

~, расчетная settlement discipline

~, строгая strict (harsh) discipline

~, трудовая labour discipline

~, финансовая financial discipline

нарушение ~ы breach of discipline

ДОБАВЛЕННАЯ СТОИМОСТЬ added value

налог на добавленную стоимость value-added tax

ДОБРОСОВЕСТНОСТ/Ь good faith; conscientiousness

~ притязаний good faith of claims

~ участников good faith of participants

нарушение принципа ~и violation of the principle of good faith

принцип ~и principle of good faith

ДОБРОСОВЕСТНЫЙ conscientious; bona fide

ДОБЫТЧИК provider; producer

~ сырья material producer

ДОБЫЧА mining, extracting, production; (*выработка*) output, yield

~ нефти oil production, oil extraction

~ полезных ископаемых extracting of materials, mining [of minerals]

~, промышленная commercial production

~ угля coal production

ДОВЕРЕННОСТ/Ь power of attorney, letter of attorney, letter of trust, letter of authority, proxy, commission

~, бланковая assignment in blank

~, выданная в порядке передоверия power of attorney issued by way of delegation

~, генеральная general power of attorney, general proxy

~ на голосование power of attorney to vote; proxy card

~ на имя ... power of attorney in the name of ...

~ на получение вклада в банке power of attorney for the receipt of deposit in bank

~ на получение заработной платы power of attorney for the receipt of wages

~ на получение пенсии power of attorney for the receipt of pensions

~ на получение платежа power of attorney for the receipt of payment

~ на получение пособия power of attorney for the receipt of benefits

~ на право подписи right to sign (of signature) by proxy

~ на право управления транспортным средством power of attorney to operate transport means

~ на совершение сделки power of attorney to conclude transactions

~ на совершение юридических действий power of attorney for performing legal actions

~, нотариально удостоверенная notarially authenticated power of attorney

~, общая general power of attorney

~, ограниченная limited authority

~ от имени юридического лица power of attorney in the name of a legal person

~, оформленная должным образом и подписанная duly completed and signed proxy

~, письменная letter of procuration

~, полная full power

~, разовая single proxy

~, составленная в письменной форме written power of attorney

~ с правом передоверия power of attorney and substitution

~, удостоверенная certified power of attorney

~, удостоверенная нотариусом notarially authenticated power of attorney

нотариальное удостоверение ~и notarial authentication of a power of attorney

отмена ~и revocation of a power of attorney

прекращение ~и termination of a power of attorney

срок ~и time period of a power of attorney

аннулировать ~ cancel (revoke) a power of attorney

вернуть ~ return a power of attorney

выдавать ~ issue (grant) a power of attorney

голосовать по ~и vote by proxy

действовать без ~и act without a power of attorney

действовать на основании ~и act on the basis (by way) of a power of attorney

иметь ~ have (hold) a power of attorney

отменять ~ revoke (withdraw) a power of attorney

оформлять ~ draw up a power of attorney

получать деньги по ~и draw money by a power of attorney

удостоверять ~ нотариально notarize a power of attorney, authenticate a power of attorney notarially

уполномочивать ~ю authorize by a power of attorney

◊ по ~и by proxy, by way of a power of attorney, by procuration

ДОВЕРИЕ faith, trust, confidence

~ вкладчиков depositors' confidence

~ инвесторов investor confidence

~ потребителя consumer confidence

злоупотребление ~м abuse of confidence

восстановить ~ restore confidence (trust)

злоупотреблять ~м abuse confidence

подрывать ~ undermine confidence (trust)

пользоваться ~м enjoy confidence

потерять ~ lose confidence (credit)

ДОВЕРИТЕЛ/Ь principal, trustee, proxy giver

действовать от имени ~я act in the name of the principal

ДОВЕРИТЕЛЬНАЯ СОБСТВЕННОСТЬ trust

~, безотзывная irrevocable trust

~ в силу закона constructive trust, implied trust

~, установленная по решению суда court trust

учредитель доверительной собственности trustor

ДОВЕРИТЕЛЬНОЕ УПРАВЛЕНИЕ trusteeship, trust management; beneficial ownership

~ имуществом trusteeship of property, entrusted management of property

~ имуществом гражданина, признанного безвестно отсутствующим entrusted management of the property of a citizen declared missing

договор о доверительном управлении собственностью contract of entrusted management of property

защита прав на имущество, находящееся в доверительном управлении protection of rights to property in entrusted management

объект доверительного управления object of trust management (of trusteeship)

передача имущества в ~ transfer of property to trusteeship, transfer of property to entrusted management

прекращение доверительного управления имуществом termination of a contract for trust management of property, termination of entrusted administration (of trusteeship) of property

учредитель доверительного управления founder of trust

передавать имущество в ~ hand over property to trusteeship, transfer property to entrusted management

ДОВЕРИТЕЛЬНЫЙ СОБСТВЕННИК trustee

~ по назначению суда trustee of the court, court-appointed trustee

ДОВЕРИТЕЛЬНЫЙ УПРАВЛЯЮЩИЙ trustee, beneficial owner

ДОВЕРИТЕЛЬНЫЙ ФОНД trust

ДОГОВОР agreement, contract; (*обычно между государствами*) treaty

~, агентский agency (agent's) agreement, contract of agency (*см. тж* АГЕНТСКИЙ ДОГОВОР)

~ аренды lease agreement, leasing contract, lease; tenancy agreement; hiring contract

~ аренды предприятия contract of lease (agreement on lease) of an enterprise

~ аренды транспортного средства без экипажа contract of lease (agreement on lease) of transport means without a crew

~ аренды транспортного средства с экипажем contract of lease (agreement on lease) of transport means with a crew

~ банковского вклада bank deposit agreement

~ банковского счета agreement on bank accounts

~ безвозмездного пользования contract of (agreement on) uncompensated use

~, безвозмездный contract without consideration, gratuitous contract

~ бытового подряда consumer work contract

~ возмездного оказания услуг contract of (agreement on) compensated provision of services

~, возмездный contract for consideration

~ государственного займа state loan agreement

~, гражданско-правовой civil law contract, civil-legal agreement

~ дарения contract of gift

~, двусторонний bilateral agreement

~ доверительного управления contract of trust management, trust agreement

~ доверительного управления имуществом agreement on trusteeship of property

~, долгосрочный long-term agreement

~ займа loan agreement, credit contract, contract of debt

~ за печатью contract under a seal

~ имущественного найма contract of hiring, bailment for hire

~ имущественного страхования agreement on property insurance

~ ипотеки mortgage agreement

~ ипотеки под залог продукции или акций предприятия mortgage agreement on products or shares of an enterprise

~ комиссии commission agreement

~ коммерческой концессии commercial concession agreement

~ коммерческой субконцессии commercial subconcession agreement

~ контрактации contracting agreement

~, концессионный concession agreement

~, кредитный loan (credit) agreement

~ купли-продажи contract of [purchase and] sale

~ купли-продажи недвижимого имущества agreement of purchase-sale of immovable property

~ купли-продажи с обязательством обратного выкупа repurchase agreement

~ купли-продажи товара по образцу contract of purchase and sale of goods by sample

~ лизинга lease agreement

~, лицензионный license (licensing) agreement

~ личного страхования agreement on personal insurance

~, международный international agreement

~ между плательщиком и банком contract (agreement) between the payer and the bank

~ мены contract of barter, barter agreement

~ морской перевозки contract of carriage by sea, charter party

~ на выполнение государственного заказа public contract

~ найма contract of employment

~ найма жилого помещения contract (agreement) of rental of residential premises

~ найма-продажи contract of rental-sale

~ на обслуживание service contract

~ на перевозку contract of carriage

~ на поставку contract for delivery

~ на техобслуживание maintenance contract

~ на централизованный вывоз грузов agreement for haulage of cargo

~ на централизованный завоз грузов agreement for centralized delivery of cargo

~, не имеющий юридической силы void contract

~, нотариально удостоверенный notarially authenticated agreement

~ об ипотеке contract of mortgage

~ об организации перевозок agreement on organization of shipments

~ об учреждении траста trust agreement

~ обязательного государственного страхования contract of compulsory (agreement on mandatory) state insurance

~ о залоге contract of pledge

~ о залоге движимого имущества contract of pledge of movable property

~ о коммерческом представительстве contract of commercial representation

~ о переуступке прав assignment agreement

~ о продаже contract of sale

~ о секвестре agreement on sequestration

~ о совместной деятельности contract (agreement) on joint activity

~ о создании акционерного общества agreement to establish a joint-stock company

~ о сотрудничестве agreement on cooperation

~ перевозки contract of carriage, shipping agreement

~ перестрахования agreement (contract) of reinsurance

~, письменный written agreement (contract)

~ под отлагательным условием conditional contract, escrow

~ подряда contractual agreement, labour contract

~ подряда на выполнение проектных и изыскательских работ contractual agreement on fulfilment of planning and survey work

~ подряда на строительство объекта «под ключ» turnkey contract

~ пожизненного содержания с иждивением contract of lifetime support (of lifelong maintenance)

~ пожизненной ренты lifetime rental agreement

~ поручения contract of agency (of commission), authorization agreement

~ поручительства contract of guarantee , contract (deed) of suretyship

~ поставки contract for delivery, supply contract

~ поставки товаров для государственных нужд contract for supply of goods for state needs

~, предварительный preliminary contract (agreement)

~ присоединения contract of adhesion

~ продажи недвижимости agreement on sale of immovable property

~ проката hiring agreement (contract)

~, противоправный illegal contract

~, публичный public contract

~, рамочный frame contract

~ ренты rental agreement

~ складского хранения contract of warehouse storage, warehouse storage agreement

~ ссуды contract of loan, loan agreement

~ страхования contract of insurance, insurance policy

~ страхования гражданской ответственности contract of insurance of civil liability

~ страхования предпринимательского риска contract of insurance of entrepreneurial risk

~ страхования риска ответственности по обязательствам contract of the risk of liability for obligations

~ строительного подряда building (construction) contract, building agreement

~, субагентский subagency agreement

~ субаренды contract of sublease, sublease agreement

~ субкомиссии subcommission agreement

~ субподряда subcontract

~, типовой model agreement (contract)

~ товарного кредита commodity credit agreement

~ транспортной экспедиции transport expediting agreement

~, трудовой employment agreement, labour agreement (contract) (*см. тж* **ТРУДОВОЙ ДОГОВОР**)

~, учредительный founding agreement, articles of association, articles of partnership

~ финансирования financing contract

~ финансирования под уступку денежного требования agreement on financing under concession of monetary claim

~ финансовой аренды financial leasing agreement

~ фрахтования charter agreement

~, хозяйственный economic agreement

~ хранения storage agreement

~ хранения ценностей в банке contract of (agreement on) storage of valuables in a bank

~ энергоснабжения electrical power supply agreement

аннулирование ~a termination (cancellation, revocation) of an agreement

возобновление ~a renewal of an agreement

вступление ~a в силу entry of a treaty into force

выполнение ~a performance (execution, fulfilment) of a contract

действие ~a effect of an agreement

досрочное прекращение ~a early termination of a contract

досрочное расторжение ~a аренды по требованию арендодателя или арендатора early cancellation (rescission, dissolution) of a contract on demand of a lessor or a lessee

заключение ~a conclusion of an agreement

заключение ~a займа путем выпуска и продажи облигаций conclusion of a loan agreement by issuance and sale of bonds

заключение ~a на новый срок conclusion of an agreement for a new term

заключение ~a на тех же условиях conclusion of an agreement on the same conditions

изменение ~a alteration to a contract; amendment to a contract

изменение сторон в ~e change of the parties in a contract

исполнение ~a performance of a contract

исполнение ~a купли-продажи, ненадлежащее improper performance of a contract of purchase and sale нарушение ~a breach (infringement, violation) of an agreement (of a contract)

недействительность ~a invalidity of an agreement (of a contract)

нотариальное удостоверение ~a ренты notarial certification of a rental agreement

обязательства по ~y obligations under a contract

оспаривание ~a займа challenging a loan agreement

ответственность за нарушение условий ~a liability (responsibility) for violation of the terms of a contract

отказ от исполнения договора refusal to perform (to fulfil) a contract

предмет ~a subject (object) of an agreement

прекращение ~a termination of a contract

признание ~a недействительным recognition of a contract as invalid

расторжение ~a termination (cancellation) of a contract

сохранение ~a в силе при изменении сторон maintenance of a contract in force upon change of the parties

срок ~a term of an agreement

сторона ~a party to a contract

толкование ~a interpretation of a contract

требования ~a contractual requirements

условия ~a contractual conditions, terms and conditions of a contract

аннулировать ~ annul (cancel, terminate) a contract

возобновить ~ renew an agreement

выполнять ~ execute (fulfil, perform) a contract

заключать ~ enter into an agreement, make (conclude) a contract

заключать ~ в письменной форме enter into a written agreement, conclude an agreement in writing

заключать ~ на новый срок conclude an agreement for a new term

изменять ~ amend a contract

иметь силу ~a have the force of a contract

исполнять ~ execute (perform) a contract

лишать ~ законной силы invalidate a treaty

нарушать ~ break (infringe, violate) an agreement (a contract)

оспаривать ~ challenge an agreement

оформлять ~ draw up a contract

парафировать ~ initial a treaty

подписывать ~ sign an agreement (a contract)

предусматривать ~ом make provision by a contract, provide for by a contract

признать ~ ничтожным declare a contract void

присоединяться к ~y join (accede to) an agreement

продлевать действие ~a extend (prolong) the validity of a treaty

работать по трудовому ~y work under an employment (under a labour) agreement, perform work on the basis of a labour agreement

расторгать ~ terminate (cancel) an agreement (a contract)

расторгать ~ досрочно dissolve an agreement ahead of schedule

◊ во исполнение ~a in pursuance of a treaty

если иное не предусмотрено ~ом unless otherwise provided for by an agreement

на основе ~а on the basis of a contract

согласно ~у as per contract

ДОГОВОРЕННОСТ/Ь agreement, arrangement, understanding; (*соглашение*) covenant

~ на уровне министров agreement on the level of ministers

~, неофициальная informal understanding

~ о разделе прибыли profit-sharing arrangement

~, предварительная preliminary (tentative) agreement (arrangement)

~, принципиальная agreement in principle

~, устная verbal arrangement (understanding)

~, финансовая financial arrangement

достичь ~и reach (achieve, attain) an agreement, come to an understanding

◊ по ~и by agreement, as agreed, as arranged

ДОГОВОРНАЯ ПОДСУДНОСТЬ contractual jurisdiction

ДОГОВОРНАЯ ЦЕНА negotiated (agreed, contracted) price

ДОГОВОРНОЕ ПРАВО contractual right

ДОГОВОРНЫЙ СЕКВЕСТР contract sequestration

ДОКАЗАТЕЛЬСТВ/О evidence; proof

~, бесспорное undubitable evidence

~, вещественное physical (real) evidence

~ вины evidence of guilt

~ владения evidence (proof) of ownership

~ в пользу ответчика evidence for the defendant

~, документальное documentary evidence

~, достоверное reliable evidence

~ защиты evidence for the defence

~, косвенное indirect (circumstantial) evidence, indirect proof

~, неопровержимое uncontrovertible (incontrovertible, infallible) proof

~, неоспоримое conclusive evidence

~, письменное written evidence; written proof

~, прямое direct evidence

~ совершения преступления evidence of crime

~, судебное evidence at law

~, убедительное convincing evidence

оспаривать ~а challenge evidence (proof)

представить ~а give (produce) proofs, present evidence

представить в качестве ~а give (produce, offer) in evidence

служить ~м serve as evidence

собрать необходимые ~а gather the necessary proof

◊ в качестве ~а in evidence

на основании представленных доказательств on the evidence

ДОКЛАДНАЯ ЗАПИСКА inter-office memorandum

ДОКУМЕНТ document, paper, instrument

~, банковский bank document

~, бухгалтерский accounting document

~, бюджетный budgetary document

~, ведомственный department document

~, внутренний internal document

~, грузовой freight document

~, денежный financial document

~, директивный directive document

~, долговой evidence of debt (of indebtedness)

~, единый транспортный single transport document

~, завещательный testamentary document (instrument)

~, законный legal document

~, залоговый mortgage document, documentary pledge

~ за печатью document under seal, deed

~, засвидетельствованный attested document

~, именной сохранный nominal security document

~, исполнительный executive (execution) document

~, конфиденциальный confidential document

~ на предъявителя bearer document (instrument), document to bearer

~, недействительный invalid (inoperative) document

~, нормативно-правовой legal document

~, нормативный normative (regulatory) document

~, оборотный negotiable document (instrument)

~ об освобождении имущества от обременения deed of release

~, обращающийся negotiable document

~ об учреждении доверительной собственности deed of trust

~ об учреждении корпорации document of incorporation

~ о зарегистрированной сделке document as to the registered transaction

~ о зарегистрированном праве document as to the registered right

~ о передаче правового титула title deed

~, оправдательный substantiating document, validating voucher

~ о правовом титуле evidence of title

~, оспоримый contestable (questionable) document

~, официальный official document

~, оформленный drawn up document

~ы, перевозочные documents of carriage, shipping documents

~ передачи правового титула deed of conveyance

~, платёжный payment document (см. тж ПЛАТЁЖНЫЙ ДОКУМЕНТ)

~ы, погрузочные shipping documents

~, поддельный forged (counterfeit) document

~, подлинный original (authentic) document

~, подложный forged (counterfeit) document

~ы, подтверждающие право собственности documents confirming property rights

~, правовой legal document

~ы, правоустанавливающие documents establishing rights

~, приложенный appended document

~ы против акцепта documents against acceptance

~, распорядительный order document

~ы, расчетные accounting (settlement) documents

~ы, регистрационные registration documents

~, секретный classified document

~, складской warehouse document

~, служебный internal (in-house) document

~ы, сопроводительные accompanying documents

~, страховой insurance certificate

~, таможенный customs document

~ы, тендерные tender documents

~ , товарораспорядительный document passing title to goods

~, транспортный transport document

~ы, удостоверяющие право требования documents certifying the right of claim

~, удостоверяющий переход права собственности на ценные бумаги deed of transfer

~, учетные accounting documents

~ы, учредительные foundation (founding) documents (см. тж УЧРЕДИТЕЛЬНЫЕ ДОКУМЕНТЫ)

~, финансовый financial document

~, юридический legal document

выдача ~а issue (issuance) of a document

выписка из ~а extract

замена ~а replacement of a document

оригинал ~а original document

отзыв ~а recall of a document; revocation of a document

оформление ~ов issuance (execution, drawing up) of documents

подлинник ~а original document

предъявление ~а presentation (submission) of a document

составление ~а drawing up of a document

фальсификация ~а falsification (forging) of a document

вручать ~ hand in a document

выдавать ~ deliver (issue, make out) a document

выписывать ~ make out (issue) a document

заверять ~ authenticate (attest) a document

направлять ~ по почте mail a document

оформлять ~ draw up (make out, issue, compile) a document

подделывать ~ forge (falsify) a document

представить ~ы к акцепту submit documents for acceptance

предъявлять ~ present (show) a document

прилагать ~ attach a document to, enclose a document with

проверять ~ check (examine, verify) a document

регистрировать ~ register a document

составлять ~ draw up (make up, compile) a document

◊ против представления ~ов against documents

ДОКУМЕНТАЦИ/Я documentation, documents, records

~, исполнительная executive documents

~, коммерческая commercial documentation

~, конструкторская design documentation

~, нормативно-техническая standard technical documentation (documents)

~, платежная payment documents

~, проектная design project documentation

~, расчетная calculation documents

~, сметная estimate documentation

~, тендерная tender (bidding) documents

~, технологическая technical documentation

~, товарораспорядительная documents of title

~, товаросопроводительная shipping (transportation) documents

составление ~и compilation of documentation

знакомиться с ~ей familiarize oneself with documentation

оформлять ~ю draw up (make out, prepare, compile) documentation

предоставлять ~ю provide (furnish) documentation

разрабатывать ~ю work out (elaborate) documentation

разрабатывать техническую ~ю develop design documentation

ДОЛГ debt; *pl.* liabilities, arrears

~, безнадежный bad (irrevocable) debt

~и, бюджетные budget debts

~, внешний external (foreign) debt

~, внутренний domestic debt

~, государственный national (public, state, government) debt

~, долгосрочный long-term debt

~и за железнодорожные перевозки debts for rail carriage

~, консолидированный consolidated (permanent, funded) debt

~и кооператива debts of a cooperative

~, краткосрочный short-term debt

~, накопленный accumulated debt

~, необеспеченный unsecured debt

~, неоплаченный outstanding (unpaid) debt

~, непогашенный undischarged (outstanding) debt

~, обеспеченный secured debt

~, отсроченный deferred debt

~и перед бюджетом budget debts

~ перед федеральным правительством debt to the federal government

~, погашаемый ежегодными взносами debt repayable by annual instalments

~, погашенный paid (liquidated, extinguished) debt

~, подлежащий оплате matured debt

~ и по займам debts on loans

~ и по зарплате arrears of wages

~и по налогам tax arrears

~и по пенсиям pension arrears

~и по платежам в фонды debts on payments to funds

~и по штрафам и пеням fines and penalties arrears

~ и предприятия debts of an enterprise

~, просроченный outstanding (stale) debt

~, реструктурированный restructured debt

~, сомнительный doubtful (dubious) debt

~, списанный в убыток written-off debt

~, текущий current debt

~, установленный по закону debt at law

взыскание ~а collection (recovery) of a debt

выплата ~а repayment (settlement) of a debt

замена ~а в заемное обязательство replacement of a debt with a loan obligation (with a loan bond)

ответственность по ~ам liability for debts

перевод ~а (*на другое лицо*) transfer of a debt (*to another person*)

перечень ~ов list of debts

погашение ~а repayment (settlement, extinguishment) of a debt

погашение основной суммы ~а [re]payment of the principal amount of a debt

покрытие ~а cover for a debt; settlement of a debt

списание ~ов write-off (remission) of debts; debt relief; debt amortization

уплата заемщиком суммы ~а payment by the borrower of the amount of a debt

взыскивать ~и collect (recover) debts

взыскивать ~ через суд recover a debt by court

выверять ~и scrutinize the debts

выплачивать ~ repay (pay off, settle) a debt

ликвидировать ~ settle (liquidate) a debt

обслуживать ~ service a debt

освобождать от уплаты ~а release (acquit) from a debt

отвечать по ~ам be liable for debts

отказываться от уплаты ~а repudiate a debt

отсрочивать ~ defer (postpone) a debt

перевести ~и на *кого-л.* transfer debts to *smb*

переоформлять ~ и в векселя convert debts into bills

погашать ~и repay (pay off, settle, discharge, extinguish) debts

реструктурировать ~ restructure (reschedule) a debt

списывать ~и write off debts

трансформировать правительственные ~и в рыночные ценные бумаги securitize the government's debts

уплатить ~ по исполнительным документам pay against a writ of execution

◊ обремененный ~ами burdened with debts, heavily indebted

ДОЛГОВАЯ РАСПИСКА bond, note, obligation; loan certificate, debt instrument, bill of debt

ДОЛГОВОЕ ОБЯЗАТЕЛЬСТВО bond; certificate of indebtedness; debt obligation, debt commitment, debt liability, debt instrument; debenture

~, государственное state bond

~, долгосрочное long-term obligation (debt)

~ на предъявителя bearer debenture

~, необеспеченное naked debenture

~, обеспеченное активами компании fixed debenture

~, обеспеченное закладной на недвижимость mortgage debenture обменивать долговые обязательства на ценные бумаги новых выпусков exchange debts for newly issued securities

ДОЛГОВОЙ ДОКУМЕНТ document of debt, evidence of debt (of indebtedness)

ДОЛЕВАЯ СОБСТВЕННОСТЬ shared property; shared ownership; share in property

~, общая common shared property

обращение взыскания на долю участника долевой собственности levy of execution against a share of a participant in shared ownership

определение долей в праве долевой собственности determination of shares in the right of shared ownership

раздел имущества, находящегося в долевой собственности division of property in shared ownership

распоряжение имуществом, находящимся в долевой собственности disposition of property in shared ownership

расходы по содержанию имущества, находящегося в долевой собственности expenditures (expenses) for the maintenance of property in shared ownership

участник долевой собственности participant of shared ownership

ДОЛЕВОЕ ОБЯЗАТЕЛЬСТВО shared obligation

ДОЛЕВОЕ УЧАСТИЕ shared participation

~ в акционерном обществе shared participation in a joint-stock company

~ в расходах cost sharing

ДОЛЕВОЕ ФИНАНСИРОВАНИЕ shared financing, shared funding

ДОЛЕВОЙ ВЗНОС contribution

ДОЛЖНИК debtor

~, безнадежный bad debtor

~, нарушивший обязательства defaulting debtor

~, несостоятельный insolvent debtor, bankrupt

~, основной principal debtor

~ по векселю bill debtor

~ по закладной mortgager

~ по иску claim debtor

~ по ссуде loan holder

~и по таможенным платежам customs payments debtors

~и, солидарные joint and several debtors (promisors)

обязанность ~а возместить убытки obligation of a debtor to compensate for damages

предъявление требований к ~у making (presentation) of claims to a debtor

солидарная обязанность ~ов joint and several obligation of debtors

ДОЛЖНОСТНОЕ ЛИЦО official, officer

~, высокое high official

ДОЛЖНОСТНОЕ ПРАВОНАРУШЕНИЕ malfeasance in office

ДОЛЖНОСТ/Ь post, position, office

~, административная administrative post (position), administrative capacity

~, вакантная vacancy, vacant position

~, выборная elective office

~ директора directorship

~, занимаемая work status, work capacity

~, ответственная major post

~, официальная official position

~, судейская judgeship

~, штатная permanent (regular) appointment, permanent position

заработная плата по ~и labour wage in work capacity

назначение на ~ appointment to a post

отстранение от ~и discharge (removal) from office

восстанавливать в ~и reinstate in office

вступать в ~ assume (take) office

занимать ~ hold office, fill a post

назначать на ~ appoint to an office (to a post)

объявить конкурс на замещение вакантной ~и announce a vacancy

освобождать от ~и dismiss, relieve of (discharge from) a post

отказаться от ~и resign office

отстранять от ~и discharge, dismiss

◊ в ~и ... in the capacity of ...

по ~и *лат.* ex officio

ДОЛ/Я (*часть*) part, portion, proportion; (*капитала*) share; (*участие*) participation; interest; (*кредита*) tranche; (*вклад*) contribution

~ в акционерном капитале предприятия equity

~ в деле share in business

~ в общем объеме share in the total amount

~ в праве общей собственности share in the right of common ownership

~ в предприятии share in a business

~ в прибыли share in profits

~ в собственности share in property (in ownership)

~ в уставном фонде share in the authorized fund

~ мелких акционеров (мелких вкладчиков) minority interest

~ нераспределенной прибыли retention rate

~ прибыли share of profits

~ привилегированных акций в уставном капитале акционерного общества proportion (share) of preferred shares of stock in the charter capital of a joint-stock company

~, пропорциональная proportional share

~и, равные equal shares

~, совокупная total share

~ транспортной составляющей share of transport component

~ участия participating interest

~ участника в капитале share of a participant in the capital

~ учредителя founder's (promoter's) share

выдел ~и separation of a share

отчуждение ~и участника alienation of a share of a participant

передача ~и transfer of a share

переход ~и капитала к другому лицу passing of a share in the capital to another person

продажа ~и в праве общей собственности sale of the share in the right of common ownership

размер ~и участника amount of a share of a participant

вносить ~ю contribute

иметь ~ю в предприятии have an interest in a business

иметь более 50% ~ей участия hold over fifty percent of the shares of participation

отчуждать ~ю участника alienate a share of a participant

передавать ~ю transfer a share

причитаться на ~ю fall (be due) to the share

продавать ~ю sell a share

составлять ~ю в капитале comprise a share in the capital

уступать ~ю *кому-л.* assign a share to *smb*

участвовать в *чем-л.* соразмерно со своей ~ей participate in *smth* commensurate with one's share

◊ в равной ~e in an equal share

причитающийся на ~ю on the basis of a share

пропорционально ~e в капитале proportionally to shares in the capital

ДОМИЦИЛИЙ, ДОМИЦИЛЬ (*место платежа по векселю*) domicile

~, банковский bank domicile

~ в силу закона domicile by operation of law

~, гражданский civil (personal) domicile

~, коммерческий commercial (trade) domicile

ДОПЛАТ/А additional payment, afterpayment

~ за громоздкий груз surcharge on bulky goods

~ за сверхурочную работу overtime pay

~ страховой премии payment of additional insurance premium

◊ без ~ы without extra charge

ДОПОЛНЕНИ/Е (*прибавление*) addition; (*приложение*) addendum, supplement; (*поправка*) amendment

~ к контракту addendum (supplement) to a contract

~я к уставу additions to the charter

вносить ~я introduce (make) amendments; make additions

◊ в ~ к ... in addition to ...

ДОПОСТАВКА (*поставка дополнительного количества*) additional delivery; (*поставка оставшегося товара*) delivery of the balance of goods

ДОСМОТР inspection, examination

~ груза inspection of cargo

~, таможенный customs examination (inspection)

проводить ~ carry out examination (inspection)

пройти таможенный ~ pass through the customs

ДОСМОТРОВАЯ РОСПИСЬ customs examination list

ДОСТАВК/А delivery, carriage, haulage, conveyance

~, бесплатная free[-of-charge] delivery

~ груза delivery of cargo

~, запоздавшая late delivery

~, немедленная immediate (prompt) delivery

~ партиями delivery by instalments

~, своевременная punctual (timely) delivery

~, сохранная safe delivery

~, срочная express (special) delivery

~ товара delivery of goods

задержка в ~e delay in delivery

плата за ~у charge for delivery

задерживать ~у delay delivery

осуществлять ~у effect (make) delivery

ДОСТИЖЕНИ/Е achievement, accomplishment; progress

~я науки и техники achievements of science and engineering

~ пенсионного возраста reaching retirement

~ показателей achievement of indicators

~ цели achievement of a purpose

~я, экономические economic achievements

ДОСТОВЕРНОСТ/Ь authenticity; faithfulness, credibility

~ данных accuracy (reliability) of data

подтверждение ~и confirmation of accuracy

ДОСТУП access

~, беспрепятственный free access

~ в помещение access to the premises

~ к информации access to information

~ к источникам сырья access to raw material resources

~ к компьютерной сети access to a computer network

~ к рынку access to the market

~ к сейфу access to a safe

~, общий general access

~, свободный free access

закрыть ~ block up access

ограничить ~ limit access

получить ~ get (gain, obtain) access

◊ закрытый для ~a restricted to access

ДОТАЦИ/Я subsidy, grant, dotation, subvention

~, бюджетная budgetary subsidy

~, государственная government (public, state) subsidy, government (public) grant

~ на капиталовложения investment grant (subsidy)

~ на нужды промышленности production grant

~ предприятию subsidy for an enterprise

~, прямая direct subsidy

давать ~ю subsidize, grant a subsidy

ДОТИРОВАНИЕ subsidy, subsidizing

~, государственное government (state) subsidy

~ из бюджета budget[ary] subsidy

ДОХОД income, revenue, return, yield; *pl.* proceeds, receipts, earnings

~ы, бюджетные budget revenues (receipts, proceeds)

~, валовой gross income (return, revenue, receipts, earnings)

~, валютный foreign exchange earnings (proceeds)

~, вмененный imputed income (earnings)

~ в расчете на акцию earnings per share

~ в форме дивидендов dividend yield

~, годовой annual (yearly) income, annual revenue (earnings, receipts, returns)

~ы, государственные public (national) revenues

~ до вычета налогов pretax (before-tax) income

~, законный legal (lawful, legitimate) income

~, месячный monthly receipts

~ на акционерный капитал return on equity

~ на акцию earnings per share, dividend yield

~ на инвестиции return on investment, income from investment

~ на капитал yield on capital

~, накопленный accrued (accumulated) income

~ы, налогооблагаемые taxable revenues (incomes)

~ы населения, реальные real income of the population

~, национальный national income

~, незаконный illegal (illegitimate) income, fraudulent gains

~, не облагаемый налогом nontaxable (tax-free) income

~ы, неполученные unreceived income, income which could have been received

~, нетрудовой unearned income

~, облагаемый налогом taxable (assessable) income

~, ожидаемый expected income (return)

~ы от внешнеэкономической деятельности earnings from foreign economic activity

~ы от имущества income from property

~ от коммерческой деятельности income from commercial activities

~ от невидимых статей экспорта invisible income

~ от основной деятельности operating income

~ от предпринимательской деятельности income received from entrepreneurial activity, income from business

~ы от приватизации proceeds (revenue) from privatization

~ от продаж sales revenue, return on sales

~ от реализации sales income, income from sales

~ от рекламы advertising profit, advertising revenue

~ от сбора налогов tax revenues

~ от торговой деятельности trading income

~ от финансовой деятельности income from financial operation

~ от экспорта товаров commodity export earnings

~, плановый estimated (expected) yield

~ы, подлежащие налогообложению taxable (assessable) income

~ по кредитам, процентный interest income on loans

~ы, полученные в результате использования арендованного имущества income received as a result of the use of leased property

~ы, полученные в результате совместной деятельности income received as a result of joint activity

~ы, полученные лицом, нарушившим право income received by a person who has violated a right

~ по облигации yield

~ по привилегированным акциям preferred dividend

~ после уплаты налогов after-tax income (earnings)

~ по ценным бумагам yield on securities

~ предприятия income of an enterprise

~, процентный interest income (revenue, yield, returns)

~, реальный real income (earnings), effective yield

~, совокупный aggregate (total) income

~ы, сокрытые от налогообложения income cencealed from taxation

~, среднегодовой average annual income

~, среднемесячный average monthly income

~, трудовой earned income

~, чистый net (after-tax) income, net earnings

возмещение ~ов indemnification of income

данные о ~ах income records

декларация о ~ах income statement

изъятие ~ов withdrawal of profits

иск органов государственного страхового надзора о взыскании в ~ Российской Федерации неосновательно сбереженных денежных сумм claim of the agencies of state insurance supervision for the recovery for the income of the Russian Federation of amounts improperly saved

налог на вмененный ~ imputed income tax

обложение ~ов налогами taxation of income, income tax

распределение ~ов distribution of income

взыскивать полученное по сделке в ~ Российской Федерации forfeit everything received under the transaction to the revenue of the Russian Federation

взыскивать штраф в ~ Российской Федерации recover a fine in favour of the Russian Federation

гарантировать ~ ensure income

давать ~ yield a profit, bring in an income

извлекать ~ draw (extract, derive) income, derive profit

облагать ~ налогами tax income

обращать в ~ государства forfeit to the revenue of the state

перечислять платежи в ~ федерального бюджета transfer payments to the federal budget

получать ~ receive (draw, gain) income, receive revenue

приносить ~ earn, yield (bring in) income, yield (bring in) a return

распоряжаться ~ами dispose of income

утаивать ~ы от налогообложения conceal income from taxation

учитывать ~ы на отдельном балансе enter income on a separate balance sheet

◊ ~ы причитаются income is due

~ы и расходы revenues and spending

ДОХОДНОСТЬ profitability, yield

~ акции earnings per share

~ акционерного капитала return on capital

~ векселей yield of bills of exchange, bill yield

~ государственных долговых обязательств state bonds yield

~ государственных ценных бумаг state securities yield

~ долгосрочных инвестиций long-term investment profitability

~ капитала return on capital

~ облигации bond yield

~ по казначейским векселям yields on treasury bills

~, реальная effective yield

~, сметная budgeted return

~, средневзвешенная weighted average return

~, средняя average yield

~, текущая current yield

~ ценной бумаги yield

повысить ~ векселей raise bill yields

ДОУКОМПЛЕКТОВАНИЕ filling; finishing equipping

~ товара fulfilment of the complement of goods

ДОЧЕРНЕЕ ПРЕДПРИЯТИЕ subsidiary [enterprise], affiliate

ДОЧЕРНЕЕ ХОЗЯЙСТВЕННОЕ ОБ-ЩЕСТВО subsidiary business company

ДРОБЛЕНИЕ split, segmentation
~ акций split[-up], splitting (dilution) of shares
~ дохода income split
~ капитала dissociation of capital

Е

ЕВРО Euro

ЕДИНИЦА unit
~, административная administrative unit, administrative area
~, административно-территориальная administrative-territorial unit
~, валютная unit of currency
~, денежная money (monetary) unit
~ измерения unit of measurement (of measure)
~ измерения продукции unit of output, production unit, cost unit
~, международная international unit
~, метрическая metric unit
~ налогообложения taxation unit
~ начисления износа depreciation unit
~ площади unit of area
~ продукции unit of product
~ производительности unit of performance
~, производственная production unit
~, расчетная unit of account
~ стоимости unit of value
~ страховой суммы unit of insurance sum
~, территориальная local unit
~ товара unit of commodity
~, условная standard unit (*см. тж* **УСЛОВНЫЕ ДЕНЕЖНЫЕ ЕДИНИЦЫ**)
~ учета unit of account
~ учета товарных запасов unit of inventory, stock-keeping unit
~, хозяйственная economic (accounting) unit
~, юридическая legal entity
число единиц товара number of units of goods

ЕДИНЫЙ ГОСУДАРСТВЕННЫЙ РЕ-ЕСТР unified (uniform) state register
~ юридических лиц unified (uniform) state register of legal persons

ЕДИНЫЙ ТОРГОВЫЙ КОДЕКС Uniform Commercial Code

Ж

ЖАЛОБ/А appeal, complaint
~, апелляционная appeal
~, законная legitimate appeal
~, кассационная cassation, cassational appeal, writ of appeal
~ клиента customer complaint
~, необоснованная unjustified (unfounded) complaint (appeal)
~, обоснованная justified complaint (appeal)
~, официальная official complaint

порядок представления жалоб complaints procedure

рассмотрение ~ы consideration (examination) of a complaint (of an appeal)

обращаться с ~ой make (lodge) a complaint

отклонять ~у deny (dismiss, reject) a complaint (an appeal)

подавать ~у file (make, lodge) a complaint (an appeal), complain

рассматривать ~у consider (examine) an appeal

удовлетворять ~у satisfy an appeal

ЖАЛОВАНИЕ (*служащих*) salary

выплачивать ~ pay a salary

повышать ~ raise a salary

получать ~ get (draw) a salary

ЖАЛОВАТЬСЯ complain, make (file, lodge) a complaint

ЖЕРЕБЬЕВКА ballot, drawing lots, casting lots

~ участников займа ballot

ЖИВОТНОВОДСТВО stockbreeding, livestock breeding, stock raising

ЖИЛИЩНОЕ ЗАКОНОДАТЕЛЬСТВО housing legislation

ЖИЛИЩНО-СТРОИТЕЛЬНЫЙ КООПЕРАТИВ housing-construction cooperative

ЖИЛИЩНЫЙ КОДЕКС РОССИЙСКОЙ ФЕДЕРАЦИИ Housing Code of the Russian Federation

ЖИЛИЩНЫЙ КООПЕРАТИВ housing cooperative

ЖИЛОЕ ПОМЕЩЕНИЕ housing premises, residential premises

использование жилого помещения не по назначению use of the housing premises (of the residence) for other than intended purpose

поднаем жилого помещения subrental of housing premises

право собственности на ~ right of ownership to housing (residential) premises

прекращение права собственности на бесхозяйственно содержимое ~ termination of the right of ownership to improperly maintained housing (residential) premises

продажа жилого помещения с публичных торгов sale of housing (of residential) premises at a public auction

ЖИЛОЙ ДОМ dwelling house, housing premises

запрет размещения в жилом доме промышленных производств prohibition of location of industrial production in dwellings (in housing premises)

реконструкция жилого дома reconstruction of a dwelling (of a residential) house

строительство жилого дома construction of a dwelling (of a residential) house

ЖИЛФОНД living-space fund, housing space

ЖИРАНТ (*лицо, делающее передаточную надпись на обороте документа*) endorser

ЖИРАТ (*лицо, в пользу которого сделана передаточная надпись*) endorsee

ЖИРО 1. (*вид безналичных расчетов*) giro 2. (*передаточная надпись на обороте документа*) endorsement

З

ЗАБАСТОВК/А strike, stoppage, industrial action

~, бессрочная permanent strike

~, всеобщая general strike

~, голодная hunger strike

~, длительная protracted strike

~, массовая mass (massive) strike

~, незаконная illegal strike

~, неофициальная unofficial (wildcat) strike

~, несанкционированная unauthorized strike

~, общая general strike

~, официальная official strike

~, предупредительная warning strike

~ протеста protest strike

~, сидячая sit-in (sit-down) strike

~, экономическая economic strike

право на ~у right to strike

объявлять ~у call a (go on) strike

отменять ~у call off a strike

предотвратить ~у avert a strike

прекратить ~у call off a strike

проводить ~у stage (conduct) a strike

ЗАБАСТОВЩИК striker

ЗАБЛУЖДЕНИ/Е error, mistake

~ вследствие небрежности negligent ignorance

~, невиновное innocent ignorance

введение в ~ deceit, deception, misrepresentation

введение в ~, злонамеренное fraudulent misrepresentation

недействительность сделки, совершенной под влиянием ~я invalidity of a transaction made under the influence of an error (of a mistake)

вводить в ~ deceive, mislead

вводить в ~ умышленно deceive intentionally

действовать под влиянием ~я act under the influence of an error

совершать сделку под влиянием ~я conclude a transaction under the influence of an error

◊ под влиянием ~я under the influence of an error

ЗАВЕРЕННЫЙ authenticated, certified

ЗАВЕРШЕНИЕ completion, accomplishment, end

~ поставки completion of delivery

~ проекта project completion

~ производства по делу completion of proceedings

~ работ completion of work, job completion

~ работ в срок scheduled completion of work

~ этапа работы completion of a stage of work

ЗАВЕРЯТЬ authenticate, attest, certify

ЗАВЕЩАНИ/Е will, testament; (*движимого имущества*) bequest; (*недвижимости*) devise

~, нотариально оформленное will certified by a notary public, notarial will

заверенная копия ~я probate

переход права собственности по ~ю transfer (passing) of the right of ownership in accordance with a will

право участника долевой собственности на ~ своей доли right of a participant in shared ownership to give his share by a will

исполнять ~ execute (administer) a will
оспаривать ~ challenge a will
подделывать ~ fabricate a will
составить ~ draw up (make) a will
◊ по ~ ю under a will

ЗАВЕЩАТЕЛЬ testate, testator, legator; settlor; (*недвижимости*) deviser

ЗАВЕЩАТЕЛЬНОЕ РАСПОРЯЖЕНИЕ testamentary disposition

ЗАВЕЩАТЕЛЬНЫЙ ОТКАЗ testamentary gift, gift by a will
~ движимости legacy, [testamentary] bequest
~ недвижимости devise

ЗАВЕЩАТЬ leave by will (by testament), testate; (*движимость*) bequeath
~ имущество bequeath property
~ недвижимость devise

ЗАВИСИМОЕ ХОЗЯЙСТВЕННОЕ ОБЩЕСТВО dependent business company

ЗАВИСИМОСТ/Ь dependence; subordination
~, материальная material dependence
~ от иностранного капитала dependence on foreign capital
~, сырьевая dependence on raw materials
~, финансовая financial dependence
~, экономическая economic dependence
находиться в ~и depend

ЗАВЛАДЕВАТЬ take possession, seize

ЗАВЛАДЕНИЕ (*захват*) seizure; (*занятие*) occupancy; (*поглощение компании*) takeover
~ имуществом, фактическое actual seizure; actual occupancy

~, насильственное forcible seizure
~, преступное criminal occupation (seizure)

ЗАВОД plant, factory, works, mill
~, действующий going plant, plant in action
~, подконтрольный plant under control
~, убыточный loss-making factory
директор ~a plant (factory) manager, director of a plant (of a factory)
местонахождение ~a location of a plant
мощность ~a capacity of a plant
реконструкция ~a reconstruction of a plant
строительство ~a construction of a plant
вводить ~ в строй commission (start) a plant
закрывать ~ close (shut down) a plant
модернизировать ~ modernize a plant
расширять ~ expand a plant
реконструировать ~ reconstruct a plant
руководить ~ом run (direct) a plant

ЗАВОЗ delivery
~ в районы Крайнего Севера delivery to the regions of the North
~ грузов delivery (haulage) of cargo
~ грузов, централизованный centralized delivery (haulage) of cargo
~ продуктов питания delivery of food products
~, северный delivery to the North
~, сезонный seasonal delivery

ЗАВЫШЕНИЕ (*об оценке*) overestimate, overestimation, overvaluation; (*о цене*) overpricing

~ оценочной стоимости appreciation

~ прибылей overstatement of profit

~ ставок таможенных пошлин overrating of customs duties

~ страховой суммы increased insurance sum

~ суммы increased sum

ЗАГОТОВИТЕЛЬ purchasing agent, supplier; (*поставщик*) purveyor, procurer

~, осуществляющий закупки сельскохозяйственной продукции purveyor of agricultural products

~ сельскохозяйственной продукции assembler

ЗАГОТОВК/А provision, stocking up; procurement

~и, государственные state procurement of products, state purchasing

~ кормов laying-in of fodder

~ сельскохозяйственных продуктов assembling, purchasing of agricultural products, procurement of agricultural produce

ЗАГРУЗКА 1. (*погрузка*) loading 2. (*работа*) work, employment

~, неполная underutilization, working below capacity

~ перерабатывающих комплексов utilization of processing complexes

~ предприятия заказами work load

~ производственных мощностей use (utilization) of production capacities, capacity utilization

ЗАДАНИ/Е assignment, task; (*контрольная цифра*) target

~, государственное state assignment

~ заказчика assignment of the customer

~ на проектирование assignment for project planning, design assignment

~, плановое planning (target) figures

~, производственное production target (plan), output programme

~, техническое technical assignment (*см. тж* **ТЕХНИЧЕСКОЕ ЗАДАНИЕ**)

выполнение ~я fulfilment of an assignment

перевыполнение ~я overfulfilment of an assignment

выдать техническое ~ give a technical assignment

определять ~ determine (define) a target

перевыполнить ~ overfulfil the target

◊ по ~ю заказчика at the assignment of the customer

ЗАДАТ/ОК earnest [money], advance [money], deposit

внесение ~ка payment (provision) of earnest money

возврат ~ка return of the earnest [money]

зачет суммы ~ка setting off the amount of the earnest

обязательство, обеспеченное ~ком obligation secured by earnest money

размер ~ка amount of the earnest

соглашение о ~ке earnest agreement

сумма ~ка amount of the earnest [money]

требование о выплате ~ка demand for payment of a deposit

вносить ~ provide earnest [money], pay (make) a deposit

возвращать ~ return earnest [money]

давать ~ give an earnest, pay (make) a deposit

получать ~ receive an earnest

ЗАДАЧ/А 1. (*проблема*) problem 2. (*задание*) task; (*цель*) aim, objective

~, главная main (major) task

~, конкретная specific target (objective)

~ налаживания производства production setting problem

~, народнохозяйственная national economic task

~, неотложная pressing task

~, первоочередная priority [task], top priority

~, практическая practical task

~, приоритетная priority [task], top priority

~и, текущие present-day problems; present-day tasks

~ управления management problem

~, экономическая economic task

ЗАДЕРЖАНИЕ (*арест*) arrest, detention; (*задержка*) detention; (*имущества*) attachment, seizure

~, временное temporary detention

~ груза arrest (detention) of cargo

~, законное legal detention

~, незаконное unlawful arrest

~, необоснованное unfounded detention

~, произвольное arbitrary detention

~ судна arrest of a ship

~ товара detention of goods

производить ~ make an arrest

ЗАДЕРЖИВАТЬ 1. delay, detain; stop, hold up; (*препятствовать*) block, impede 2. (*арестовывать*) arrest, detain

ЗАДЕРЖК/А 1. delay, detention; stop, hold-up; (*препятствие*) holdback, impediment 2. (*арест*) arrest, detention

~ в выполнении работы delay in execution of work

~ в исполнении контракта delay in the execution (in the performance) of a contract

~ в отгрузке delay in shipment

~ в перевозке delay in transportation

~ в поставке delay in delivery

~ в сдаче в эксплуатацию delay in putting into operation

~ груза detention of cargo

~ исполнения delay in fulfilment

~ начала (*торгов*) delayed opening

~, неоправданная unjustified (needless) delay

~ перечисления средств предприятию delay in transfer of funds to the enterprise

~ платежа delay in payment, default in payment

~ по вине ... delay through the fault of ...

~ с перечислением очередного транша delay in transferring the next tranche

причина ~и cause of delay

штраф за ~у penalty for delay

предотвращать ~у prevent a delay

приводить к ~е lead to a delay

устранять ~у eliminate a delay

ЗАДОЛЖЕННОСТ/Ь debt, indebtedness, arrears, liability

~ банку bank debt, bank indebtedness; bank overdraft

~, безнадежная uncollectable debt

~, валютная foreign exchange liabilities

~ в бюджет budget indebtedness

~, внешняя external (foreign) debt, external (foreign) indebtedness

~, внутренняя internal debt, internal indebtedness

~, государственная national debt

~, дебиторская debit indebtedness, accounts receivable, receivables (*см. тж* **ДЕБИТОРСКАЯ ЗАДОЛЖЕННОСТЬ**)

~, ипотечная mortgage debt

~, капитальная capital liabilities

~, краткосрочная floating debt

~, кредиторская credit indebtedness, accounts payable, payables

~, накопившаяся accumulated debt, backlog of debts

~, необеспеченная unsecured debt

~, непогашенная outstanding (unsettled) debt

~, общая total debt, total arrears

~ перед федеральным бюджетом debts to the federal budget

~ по выплате налогов accrued tax

~ по дивидендам dividends in arrears, dividend arrears

~ по зарплате arrears of wages, wage arrears, back pay

~ по ипотеке mortgage arrears

~ по кредитам indebtedness under credits

~ по налогам tax arrears, tax liability

~ по налоговым платежам tax liability

~ по обязательным платежам в бюджет indebtedness arising out of obligatory payments to the budget

~ по обязательным платежам во внебюджетные фонды indebtedness arising out of obligatory payments to extra-budgetary funds

~ по пенсиям pension arrears

~ по плану arrears of a plan

~ по поставкам arrears in deliveries

~ по счету indebtedness against an invoice

~, потребительская consumer indebtedness

~ предприятия debts of an enterprise

~, просроченная stale (past) debt

~ с рассрочкой платежа instalment debt, debt repayable by instalments

~, текущая current (floating) debt, current indebtedness

~, торговая commercial debt

~, финансовая financial indebtedness

~, чистая net debt (indebtedness)

взыскание ~и по арендной плате recovery (collection) of indebtedness for lease payment

погашение ~и payment (repayment, liquidation) of a debt, payment of indebtedness

получение дебиторской ~и при ликвидации юридического лица receipt (collection) of debit indebtedness (of accounts receivable) in the liquidation of the legal person

рост ~и growth of indebtedness

списание ~и writing off a debt

уведомление о ~и notification of indebtedness

иметь ~ have debts, be in arrears

ликвидировать ~ liquidate a debt; clear an overdraft

накапливать ~ accrue liabilities

отражать ~ на забалансовых счетах reflect debts on off-balance-sheet accounts

погашать ~ pay (repay, pay off, settle) debts

списывать ~ write off debts

ЗАЕМ loan, lending, borrowing

~, банковский bank loan (borrowing)

~, безвозмездный free loan

~, беспроцентный interest-free loan

~, валютный currency loan

~, внешний foreign (external) loan

~, внутренний domestic (home) loan

~, выпускаемый муниципальным образованием loan issued by a municipal formation

~, выпущенный в обращение loan issue

~, государственный state (national, public) loan

~, долгосрочный long-term loan

~, ипотечный mortgage loan

~ капитала raising of capital

~, коммерческий commercial loan

~, компенсационный back-to-back loan

~, консолидированный funding loan

~, краткосрочный short-term loan

~, льготный soft loan, low-interest loan

~, международный international borrowing

~, муниципальный municipal loan

~, невозвращенный outstanding loan

~, необеспеченный unsecured loan

~, обеспеченный secured loan, loan against security

~, облигационный bond[ed] loan, loan against bonds

~, погашаемый тиражами redeemable loan

~ под залог loan on pawn (on mortgage)

~ под низкие проценты low-interest loan

~, правительственный government loan

~, предоставленный под проценты loan granted with interest, interest-bearing loan

~, просроченный overdue loan

~, процентный interest-bearing loan, loan at interest

~, синдицированный syndicated loan

~, стабилизационный stabilization loan

~, целевой special-purpose loan

возвращение займа в рассрочку repayment of a loan by instalments

возвращение займа по частям repayment of a loan in parts

выплата займа loan repayment; redemption of a loan

выпуск займа loan issue

договор займа loan agreement

конверсия займа conversion of a loan

обеспечение займа security for a loan; collateral on a loan

обязанность возвратить сумму займа obligation to repay (to return) the amount of a loan

оспаривание договора займа по безденежью challenging a contract of loan (a loan agreement) by reason of lack of funding

платежи по займам payments on loans

подписка на ~ subscription to a loan

получение займа raising (obtaining) of a loan

правила о займе rules on loan

предоставление займа granting of a loan, lending

проценты на сумму займа interest on the sum of a loan

проценты по займам interest on loans

размер займа size (amount) of a loan

срок займа term (life) of a loan

сумма займа amount (sum) of a loan

сумма займа вместе с причитающимися процентами sum of a loan along with the interest due

возвращать сумму займа repay (return) the sum of a loan

выплачивать ~ repay a loan

выпускать ~ issue (float) a loan

гарантировать ~ guarantee (secure) a loan

отказывать в ~е refuse to grant a loan

погашать ~ repay (pay off) a loan

подписываться на ~ subscribe to a loan

предоставлять ~ give (extend, grant) a loan

предоставлять ~ под проценты grant a loan with interest

размещать ~ place (float) a loan

ЗАЕМНОЕ ОБЯЗАТЕЛЬСТВО loan bond

ЗАЕМЩИК borrower, loan debtor

~, корпоративный corporate borrower

~, крупный heavy borrower

~ средств recipient of funds

обязанности ~a obligations of the borrower

расписка ~a debtor's receipt

ЗАИМОДАВЕЦ [money-]lender, loaner, creditor

ЗАИМСТВОВАНИ/Е borrowing

~ без обеспечения unsecured borrowing (loan, advance)

~я, внутренние internal loans

~ наличных средств cash drawings

~ под заклад недвижимого имущества mortgage borrowing

~ под обеспечение secured borrowing (loan, advance)

ЗАИНТЕРЕСОВАННАЯ СТОРОНА interested party, party concerned

ЗАИНТЕРЕСОВАННОЕ ЛИЦО interested party

ЗАИНТЕРЕСОВАННОСТЬ interest

~, взаимная mutual interest

~ в совершении сделки interest in conclusion of a transaction

~, корыстная mercenary interest

~, личная personal interest

~, материальная material interest, financial incentive

~, экономическая economic interest

ЗАКАЗ order

~ государственного заказчика order by a state contractor

~, государственный state order

~ на выполнение проектных работ order for design work

~ на закупку purchase order

~ на поставку delivery order

~ на поставку товаров для государственных нужд order for supply of goods for state needs

~ на производство продукции contract job

~ на производство работ order for work

~ на рекламу advertising order

~ на товары order for goods

~, невыполненный outstanding (unexecuted, unfulfilled, back) order

~, одноразовый single order

~, первоначальный initial (original) order

~, первоочередной priority order

~, повторный repeat order

~ по образцу sample order, order on sample

~, правительственный government order

~, пробный trial order

~ с предоплатой prepaid order

~, срочный express (pressing, urgent) order

~, строительный construction order

размещение ~a placement of an order

аннулировать ~ cancel (withdraw) an order

выдавать ~ place (give) an order; (*на поставку*) award an order

выполнять ~ execute (fulfil, complete) an order

оплачивать ~ pay for an order

отменять ~ cancel an order

передоверять ~ subcontract an order

подтверждать ~ confirm an order

получать ~ receive (obtain) an order

принимать ~ к исполнению accept an order

размещать ~ place an order

размещать ~ по конкурсу place an order by competition

◊ на ~ to order

по ~y under (on) order

при выдаче ~a with order

ЗАКАЗНИК game-reserve

ЗАКАЗЧИК customer, client, buyer

~, государственный state contractor (*см. тж* **ГОСУДАРСТВЕННЫЙ ЗАКАЗЧИК**)

~, постоянный regular (permanent) customer

~, потенциальный potential customer

задание ~a assignment of the customer

категория ~a category of the customer

материал ~a customer's material

потребности ~a needs of the customer

права ~a по договору rights of the customer under the agreement

указания ~a customer instructions

◊ по заданию ~a at the assignment of the customer

ЗАКАЗЫВАТЬ order; book; reserve

ЗАКЛАД pledge; (*недвижимости*) mortgage; (*движимого имущества*) pawn[ing]

~ имущества pawning of property

выкупать из ~a redeem (take out of) pledge

отдавать в ~ pledge; (*недвижимость*) mortgage, encumber; (*движимое имущество*) pawn; (*на таможне*) bond

◊ в ~e in pawn; in pledge

ЗАКЛАДН/АЯ mortgage, encumbrance, instrument of pledge; (*таможенная*) bond; (*ипотечный акт*) letter of hypothecation, mortgage deed

~, вторая second mortgage

~, гарантируемая банком bank mortgage

~, законная legal mortgage

~, ипотечная mortgage bond

~ на движимое имущество mortgage on movable property

~ на земельную собственность mortgage on land

~ на имущество mortgage on property

~ на недвижимое имущество (на недвижимость) mortgage on immovable property (on real estate)

~ на товар pledge on goods

~, первая first (senior) mortgage

~, погашаемая регулярными взносами amortization mortgage

~, складская warehouse bond

~, таможенная customs bond

~, фермерская farm mortgage

выкуп ~ой redemption of a mortgage

держатель ~ой mortgagee

должник по ~ой mortgager

кредитор по ~ой mortgage creditor, mortgagee

процент по ~ой mortgage interest

аннулировать ~ую discharge a mortgage

брать деньги под ~ую borrow on mortgage

выкупать ~ую clear (redeem) a mortgage

давать деньги под ~ую lend on mortgage

погашать ~ую close a mortgage

ЗАКЛАДНОЙ ЛИСТ mortgage bond

ЗАКЛАДОДАТЕЛЬ mortgagor, pawner

ЗАКЛАДОДЕРЖАТЕЛЬ mortgagee, pawnee

ЗАКЛАДЧИК mortgager, pawner, pledger

ЗАКЛАДЫВАТЬ (*отдавать в залог*) pledge; (*недвижимость*) mortgage, hypothecate; (*движимое имущество*) pawn; (*товары на таможне*) bond

ЗАКЛЮЧЕНИ/Е 1. (*контракта, договора*) conclusion 2. (*вывод*) conclusion; (*суда, комиссии*) findings; resolution 3. (*лишение свободы*) imprisonment, confinement

~ агентского соглашения signing of an agency agreement

~ аудитора audit report, audit (auditor's) certificate, audit opinion

~ в тюрьму imprisonment, prison placement

~ договора conclusion of an agreement (of a contract)

~ договора в обязательном порядке conclusion of a contract by obligatory procedure

~ договора на основании оферты conclusion of a contract on the basis of an offer

~ договора на торгах conclusion of a contract at an auction (at a public sale)

~ займа contraction of a loan

~ комиссии resolution of a committee

~ конкурсной комиссии opinion of the auction commission

~ контракта conclusion of a contract

~ независимого аудитора report of an independent auditor

~, обвинительное bill of indictment

~ под стражу confinement under guard, taking into custody, custodial (secure) placement

~, предварительное preliminary conclusion

~ ревизора audit (accountant's) certificate

~ сделки conclusion of a transaction (of a deal), closing of a deal

~ счетов balancing (making up) accounts

~ эксперта expert's report (conclusion, opinion)

~ экспертизы conclusion [of a commission] of experts, expert findings

место ~я договора place of conclusion of a contract

ответственность за вред, причиненный незаконным ~м под стражу liability for harm caused (for damage inflicted) by unlawful holding in custody

дать ~ conclude, draw a conclusion

запрашивать ~ юриста take legal advice

ЗАКЛЮЧЕННЫЙ prisoner

ЗАКОН law, act, statute

~, гражданский civil statute

~, действующий effective law (statute), law in force

~, запретительный prohibitive law, negative statute

~, земельный agrarian law

~, избирательный election (electoral) law

~, имеющий обратную силу retroactive (retrospective) law

~, конституционный constitutional (fundamental) law

~, налоговый fiscal law

~, нарушенный broken law

~, недействующий bad (dormant) law

~, неработающий inoperative law

~ об авторском праве copyright law, law of copyright

~ об актах гражданского состояния statute (law) on acts of civil status

~ об акционерных обществах statute (law) on joint-stock companies

~ о банкротстве bankruptcy statute (law), statute (law) on bankruptcy

~ об арбитраже arbitration act

~ «Об арбитражном суде» statute "On Arbitration"

~ об иммунитете государства и его собственности statute (law) on the immunity of the state and its property

~ы об интеллектуальной собственности statutes (laws) on intellectual property

~ об ипотеке statute (law) on mortgage

~ о биржах exchange act

~ы об исключительных правах statutes (laws) on exclusive rights

~ об исковой давности statute of limitations

~ы об использовании воздушного пространства statutes (laws) on the use of air space

~ об обществах с ограниченной ответственностью statute (law) on limited liability companies

~ «Об основах налоговой системы в Российской Федерации» statute (law) on the foundations of the tax system of the Russian Federation

~ об охране окружающей среды statute on the protection of the environment, law on environmental protection

~ о бюджетных ассигнованиях appropriation act

~, обязывающий mandatory law

~ о ˙ валютном регулировании foreign currency statute (law)

~ о валютном регулировании и валютном контроле statute (law) on currency regulation and currency control

~ о взаимном страховании statute (law) on mutual insurance

~ о государственной поддержке малого предпринимательства в Российской Федерации, федеральный Federal law on support of small business in the Russian Federation

~ о государственной регистрации юридического лица statute (law) on state registration of legal entities

~ «О государственном регулировании внешнеторговой деятельности», федеральный Federal statute (law) "On state regulation of foreign economic activity"

~ о государственных и муниципальных унитарных предприятиях statute (law) on unitary state and municipal enterprises

~, о гражданстве citizenship law, law on citizenship

~, ограничительный restraining (restrictive) statute

~ о забастовках strike law

~ы о земле и других природных ресурсах statutes (laws) on land and other natural resources

~ о компаниях company law

~ы о кооперативах statutes (laws) on cooperatives

~ о налогообложении tax (taxation, fiscal) law

~ы о недрах statutes (laws) on subsoil resources

~ о несостоятельности statute (law) on insolvency (on bankruptcy)

~ о патентах patent code

~ о переводном и простом векселе statute (law) on transfer and simple bill of exchange

~ «О поддержке малого предпринимательства Российской Федерации» Federal statute "On support of small business in the Russian Federation"

~ о подрядах для государственных нужд statute (law) on contract work for state needs

~ы о поставке товаров для государственных нужд statutes (laws) on supply of goods for state needs

~ы о потребительских кооперативах laws on consumer cooperatives

~ы о приватизации государственного и муниципального имущества laws on privatization of state and municipal property

~ы о приватизации предприятий laws on privatization of enterprises

~ы о производственных кооперативах statutes (laws) on production cooperatives

~ о прямых смешанных (комбинированных) перевозках statute (law) on intermodal (combined) transportation

~ о регистрации registration law

~ о регистрации прав на недвижимое имущество и сделок с ним statute (law) on registration of rights to immovable property and transactions with it

~ о регистрации юридических лиц statute (law) on registration of legal persons

~ «О регистрационном сборе с физических лиц, занимающихся предпринимательской деятельностью и порядке их регистрации» statute (law) "On registration fee imposed on natural persons engaged in entrepreneurial activity and the procedure for their registration"

~, основной basic (fundamental) law

~ы о страховании statutes (laws) on insurance

~ о товарных знаках trademark law

~ о транспортно-экспедиционной деятельности statute (law) on freight forwarding activity

~ «О финансово-промышленных группах», федеральный Federal statute "On financial and industrial groups"

~ы о хозяйственных обществах statutes (laws) on business companies

~ о ценных бумагах statute on commercial paper, law on securities

~, применимый applicable law

~ы против отмывания денег money laundering laws

~ Российской Федерации «Об инвестиционном налоговом кредите» Federal statute (law) "On investment tax credit"

~ Российской Федерации «Об иностранных инвестициях в Российской Федерации» Federal statute (law) "On foreign investments in the Russian Federation"

~ Российской Федерации «Об охране окружающей природной среды» Federal statute (law) "On protection of the environment"

~ Российской Федерации «О залоге» Federal statute (law) "On mortgage"

~ Российской Федерации «О защите прав потребителей» Federal statute (law) "On protection of the rights of consumers"

~ Российской Федерации «О конкуренции и ограничении монополистической деятельности на товарных рынках» Federal statute (law) "On competition and restriction of monopoly activity in commodity markets"

~ Российской Федерации «О налоге на добавленную стоимость» Federal statute (law) «On value-added tax"

~ Российской Федерации «О несостоятельности (банкротстве) предприятий» Federal law "On insolvency (bankruptcy) of enterprises"

~ Российской Федерации «О предприятиях и предпринимательской деятельности» Federal law "On enterprises and entrepreneurrial activity"

~ Российской Федерации «О приватизации государственных и муниципальных предприятий» Federal statute "On privatization of state and municipal enterprises»

~ Российской Федерации «О собственности в Российской Федерации» Federal statute (law) "On property in the Russian Federation"

~ Российской Федерации о таможенном тарифе tariff law of the Russian Federation

~ Российской Федерации «О товарных биржах и биржевой торговле» Federal statute "On commodity exchange and exchange business"

~ы рыночной экономики market economy laws

~ спроса и предложения law of supply and demand

~, таможенный customs law

~, тарифный tariff law

~, уголовный criminal (penal) law

~, федеральный federal law

~, чрезвычайный emergency law

~, эффективный efficient (working) statute

введение ~а в действие (в силу) enactment (implementation) of a law

выполнение ~а fulfilment of a law; observation of a law

защита ~ом protection by law, legal protection

нарушение ~а violation (infringement) of a law

несоответствие документов ~у failure of documents to correspond to a statute

нормы ~а provisions of law

обратная сила ~а retroactive (retrospective) force (effect) of a law

обход ~а circumvention (evasion) of a law

опубликование ~а publication (promulgation) of a law

положения ~а provisions of a law

преамбула ~а preamble to a law

предписание ~а legal (law's, statutory) provision

применение ~а application (execution, enforcement) of a law

принятие ~а adoption (enactment) of a law

свод ~ов compiled laws, lawbook

соблюдение ~ов compliance with laws

требования ~а requirements of a law

вводить ~ в действие effect (enact, implement) a law, carry a law into effect

держаться в рамках ~а keep within the law

идти против ~а go against the law

издавать ~ issue a law

нарушать ~ break (infringe, violate) a law

обходить ~ evade a law

отвечать в соответствии с ~ом be answerable in accordance with the law

отменять ~ annul (abrogate, repeal) a law

охранять ~ом protect by law

предусматривать ~ом provide for (make provision) by a law

преследовать по ~у prosecute (sue) at law

применять ~ apply a law

принимать ~ adopt (pass) a law, sign a bill into a law

противоречить ~у contradict (conflict with) a law

разрабатывать ~ elaborate a law

руководствоваться ~ом be governed by a law

следовать ~у observe (comply with, abide by) a law

соблюдать ~ observe a law

соблюдать требования ~а adhere to the requirements of a law

ссылаться на ~ plead a statute

толковать ~ interpret (construe) a law

устанавливать ~ом set (establish) by a law

◊ в нарушение ~а in violation of the law

во исполнение ~а in pursuance of the law

в рамках ~а within the law

в силу ~a by force of law (of a statute), by virtue of a law

в соответствии с ~ом under (in accordance with) the law

в установленном ~ом порядке in a manner provided by a statute

если иное не вытекает из ~a unless otherwise follows from a law

если иное не предусмотрено ~ом unless otherwise provided for by a law

если иное не установлено ~ом unless otherwise established (provided for) by a law

запрещенный ~ом statute-prohibited, statute-banned

имеющий силу ~a statutory

не подпадающий под действие ~a extralegal

отмененный ~ом statute-abrogated (-repealed)

прямо предусмотрено ~ом expressly provided for by a law

разрешенный ~ом statute-allowed (-permitted)

управомоченный по ~y authorized by law

установленный ~ом statute-established (-instituted)

ЗАКОННАЯ НЕУСТОЙКА legal (statutory) penalty

размер законной неустойки amount of a legal penalty

ЗАКОННОСТ/Ь legitimacy, lawfulness, legality; validity

~ владения lawful possession

~ документа validity of a document

~ задержания lawfulness (legality) of detention

~ претензии lawfulness (legality) of a claim

~ притязаний legality of claims

~ сделки lawful nature of a transaction

~ требований lawful character of demands

нарушение ~и offence against law, illegality

соблюдение ~и due course of law

нарушать ~ abuse (break, infringe, violate) a law

поддерживать ~ в экономике maintain legality in the economy

признавать ~ acknowledge legality

соблюдать ~ adhere to (comply with) a law

ЗАКОНОДАТЕЛЬ legislator, lawmaker

ЗАКОНОДАТЕЛЬНАЯ ИНИЦИАТИВА legislative initiative

выступать с законодательной инициативой initiate legislation

ЗАКОНОДАТЕЛЬСТВ/О legislation, laws

~, административное administrative legislation

~, альтернативное alternative legislation

~, антидемпинговое antidumping legislation

~, антимонопольное antimonopoly legislation

~, банковское banking legislation

~, валютное currency law (legislation)

~, внутреннее internal (national, domestic) legislation

~, гражданское civil legislation

~, действующее active (current) legislation, legislation in force

~, жилищное housing legislation

~, земельное land legislation, land-laws

~, лицензионное licensing law

~, международное international legislation

~, местное domestic (local) legislation

~, налоговое tax (fiscal) legislation, tax regulations, tax law

~, национальное national legislation

~ о банкротстве bankruptcy laws

~ об охране интересов потребителей consumer legislation

~ об охране природы conservation laws

~, ограничивающее restrictive legislation

~ о защите интересов потребителей consumer protection legislation

~ о компаниях company (corporation) law

~ о социальном обеспечении welfare laws

~, патентное patent legislation

~ по охране промышленной собственности industrial property legislation

~, правовое legal legislation

~, природоохранное environmental (pollution control) legislation

~ против коррупции anticorrupt practices law

~, процессуальное procedural legislation (*см. тж* ПРОЦЕССУАЛЬНОЕ ЗАКОНОДАТЕЛЬСТВО)

~, регулятивное regulatory legislation

~, рестриктивное restricting (restrictive) legislation

~ Российской Федерации legislation of the Russian Federation

~ Российской Федерации, антимонопольное antimonopoly legislation of the Russian Federation

~ Российской Федерации о налогах и сборах legislation (laws) of the Russian Federation on taxes

~ Российской Федерации о труде labour legislation of the Russian Federation

~, социальное social legislation

~, таможенное customs laws, tariff legislation

~, торговое commercial legislation, trade laws

~, трудовое labour legislation

~, уголовное criminal legislation (law)

~, федеральное federal legislation

~, экономическое economy (economic) legislation

акты гражданского ~а acts of civil legislation

нарушение ~а violation of legislation

положения ~а provisions of legislation

применение гражданского ~а application of civil legislation

вводить новое ~ introduce new legislation

предусматривать ~м provide for by legislation

противоречить ~у contradict a law

ЗАКОНОПОЛОЖЕНИЕ legal (statutory) provision

ЗАКОНОПРОЕКТ bill, draft law, proposed statute

~, бюджетный budget bill

~ о банках banking bill

~, финансовый finance bill

обсуждение ~а discussion of a bill

пакет ~ов о банках packet of banking bills

пакет ~ов о налогах packet of tax bills

внести ~ на рассмотрение introduce (bring in) a bill, initiate legislation

наложить вето на ~ veto a bill

обсуждать ~ debate a bill

отклонить ~ reject (turn down) a bill

принять ~ pass (approve) a bill

провалить ~ defeat (kill) a bill

разрабатывать ~ draw up (elaborate) a bill

рассматривать ~ debate a bill

утвердить ~ enact a bill

ЗАКРЫТИЕ closing, closure; (*предприятия*) shutdown

~ аккредитива closure (withdrawal) of a letter of credit

~ аукциона closing of an auction

~ биржи close of an exchange

~ кредита withdrawal of credit

~ предприятия shutdown (closing) of an enterprise

~ счета клиента closing of the client's account

ЗАКРЫТОЕ АКЦИОНЕРНОЕ ОБЩЕСТВО, ЗАО closed [joint-stock] company

ликвидация закрытого акционерного общества liquidation of a closed joint-stock company

преобразование закрытого акционерного общества в открытое акционерное общество transformation of a closed joint-stock company into an open joint-stock company

ЗАКРЫТЫЙ АУКЦИОН closed auction

ЗАКРЫТЫЙ КОНКУРС closed conditional auction, closed competition

ЗАКУПКИ procurement, purchasing, buying

~, государственные government (state, public) procurement

~ для нужд предприятия organizational buying

~ для поддержания цен support buying

~ за границей foreign (overseas) purchase, buying abroad

~, массовые bulk purchasing (buying)

~ материалов procurement of materials

~, оптовые wholesale (bulk) purchase

~, прямые direct purchases

~ сельскохозяйственной продукции procurement of agricultural products

~ товаров и услуг для государственного сектора public procurement

~, централизованные central (consolidated) buying

производить ~ make purchases, buy up

финансировать ~ finance purchases

ЗАЛЕЖИ:

~ товаров stale goods

ЗАЛОГ mortgage, pledge, pawn; (*обеспечение*) security, collateral, bond; (*поручительство*) bail; (*задаток*) deposit

~ арендных прав security deposit of leasing rights

~ без передачи заложенного имущества залогодержателю pledge without transfer of pledged property to the pledgee

~, вексельный bill guarantee

~ вещей в ломбарде pledge of things in a pawnshop

~, возникающий в силу договора pledge originating out of a contract

~, возникающий на основании закона pledge originating on the basis of a law

~ движимого имущества pledge of movable property

~, зарегистрированный registered mortgage

~ зданий и сооружений pledge of buildings and structures

~ земельного участка pledge of a land plot

~, земельный (земли) mortgage on land

~ имущества pledge (pawning) of property

~ имущественного права pledge of a property right

~ , ипотечный hypothecation, hypothecary pledge

~, ломбардный chattel mortgage

~ недвижимого имущества (недвижимости) pledge of immovable property, mortgage of real estate

~ оборотного капитала floating charge

~, последующий subsequent pledge

~ права pledge of a right

~ права аренды pledge of a right of lease

~ предприятий pledge of enterprises, enterprise charge

~ продукции или акций предприятия pledge of products or shares of an enterprise

~ свидетельства deposit of a certificate

~ сооружений pledge of structures

~ с передачей заложенного имущества залогодержателю pledge with transfer of pledged property to the pledgee

~, твердый firm pledge

~ товарных запасов mortgage on commodity stocks

~ товаров в обороте pledge of goods in circulation

~ ценных бумаг pledge of securities, securities pledged as collateral

держатель ~a holder of a pledge, owner of a mortgage

договор о ~е (договор ~a) contract of pledge

заем под ~ loan against a pledge (on mortgage, on pawn)

замена предмета ~a replacement (substitution) of the object of pledge

защита прав на предмет ~a protection of rights to the object of pledge

обращение взыскания на имущество, являющееся предметом ~a levy of execution against pledged property

ответственность залогодателя за убытки при последующем ~e liability of a pledger for damages in each subsequent pledge

оценка ~a valuation of a pledge

передача в доверительное управление имущества, обремененного ~ом transfer of property burdened by pledge into trust management

пользование и распоряжение предметом ~a use and disposition of the object of pledge

право собственника отдавать имущество в ~ right of the owner to give property in pledge (to pledge property)

право участника долевой собственности отдать в ~ свою долю

right of a participant in shared ownership to pledge his share

предмет ~a object of a pledge

прекращение ~a termination of a pledge

принудительное изъятие имущества, являющегося предметом ~a compulsory taking of pledged property

принятие движимого имущества в ~ acceptance of movable property by way of a pledge

сохранение ~a при переходе прав на заложенное имущество к другому лицу preservation of a pledge in case of transfer of the right to pledged property to another person

ссуда под ~ товара loan (advance) against pledge of goods

сумма ~a sum of a deposit; sum of a bail

уступка прав по договору о ~e assignment of rights under a contract of pledge

утрата или повреждение имущества, являющегося предметом ~a loss of or damage to the object of pledge

брать ссуду под ~ borrow on pledge

внести ~ deposit a pledge

выкупать из ~a pay off (redeem) a mortgage

давать ссуду под ~ lend on collateral

находиться в ~e be held in security deposit

обременять ~ом encumber with a security deposit

освобождать под ~ release (set free) on bail

отдавать в ~ pledge, pawn, put in pledge (in pawn)

получить ссуду под ~ raise a mortgage

удерживать в качестве ~a retain as security

◊ в ~ in security of

в качестве ~a as security

в силу ~a under a pledge

под ~ on the security of

ЗАЛОГОВОЕ СВИДЕТЕЛЬСТВО security deposit certificate, mortgage certificate, certificate of pledge, letter (certificate) of hypothecation

держатель залогового свидетельства holder (bearer) of a pledge certificate (of a letter of hypothecation)

передача залогового свидетельства transfer of a pledge certificate

права держателя залогового свидетельства rights of the holder (of the bearer) of a pledge certificate

ЗАЛОГОВЫЙ АУКЦИОН shares-for-the-loan auction, loans-for-shares deal

ЗАЛОГОВЫЙ БИЛЕТ pledge ticket

выдача залогового билета issuance of a pledge ticket

ЗАЛОГОДАТЕЛЬ mortgager, mortgagor, pledger, pledgor, pawner; depositor

~ вещи pledger of a thing

~ права pledger of a right

ЗАЛОГОДЕРЖАТЕЛ/Ь mortgagee, pledgee, pledge holder, pawnee

~, последующий subsequent pledgee

~, предшествующий preceding pledgee

обязанности ~я duties of the pledgee

требование ~я claim of a pledgee

ЗАЛОЖЕННОЕ ИМУЩЕСТВО
pledged property
обращение взыскания на ~ levy
of execution against pledged property
повреждение заложенного имущества damage to pledged property
сохранность заложенного имущества preservation of pledged property
утрата заложенного имущества loss of pledged property
хранение заложенного имущества keeping of pledged property

ЗАМЕН/А replacement; (*заменитель*) substitution
~ арбитра replacement of an arbitrator
~ дефектного оборудования replacement of defective equipment
~ документа replacement of a document
~ долга заемным обязательством replacement of a debt with a loan bond
~ долговых обязательств акциями conversion of loan notes, debt for equity swap
~ имущества другим substitution of property with other property
~ имущества ненадлежащего качества, переданного в составе предприятия exchange (substitution) of property of improper quality handed over in the structure of an enterprise
~ недоброкачественного товара товаром надлежащего качества replacement of the poor quality goods with goods of proper quality
~ некачественных изделий replacement of substandard items
~ некомплектного товара на комплектный replacement of the goods which are not in complement with complement goods
~ ненадлежащей тары и упаковки replacement of improper containers and packaging of the goods
~ обеспечения substitution of collateral
~ оборудования replacement of equipment
~ обязательства novation
~ одного кредитора другим subrogation
~ основных фондов asset replacement
~ по гарантии warranty replacement
~ предмета залога substitution of the object of pledge
~ товара replacement of goods
~ товара ненадлежащего качества товаром, соответствующим договору replacement of the goods of improper quality with goods which correspond to the contract
~ товара, не соответствующего условиям договора replacement of goods which do not correspond to conditions specified in the contract
отказ продавца от ~ы товара refusal of the seller to exchange (to replace) goods
требование покупателя о ~е дорогостоящего товара demand of the buyer to replace expensive goods
подлежать ~е be liable to replacement
производить ~у replace, effect replacement

ЗАМЕСТИТЕЛ/Ь deputy, assistant

~ генерального директора deputy director general

~ директора deputy (assistant) director

~ заведующего deputy manager

~ министра deputy minister

~ поверенного assistant to the attorney

~ управляющего vice-manager

выбор ~я selection of an assistant

избирать ~я select an assistant

отвести ~я reject the assistant

поименовать ~я в договоре name an assistant in an agreement

ЗАМОРАЖИВАНИЕ (*запрет, удержание на одном уровне*) freeze, freezing

~ бюджетных средств freezing of budgetary funds

~ валютного курса freezing of exchange rates

~ заработной платы wage freeze, wage restraint

~ кредитов freeze on loans

~ средств freeze of funds

~ цен freezing of prices, price freeze

ЗАНИЖЕНИЕ understatement; (*сведений*) underrating, underreporting

~ доходов underdeclaration of income

~ лимитных показателей underrating of limit figures

~ норм understating of quotas

~ показателей в отчетности underreporting, understating

~ размеров капитала understatement (underreporting) of capital

~ размеров платежей за землю understating of land charges

~ сумм в счетах-фактурах underinvoicing

~ таможенной стоимости understatement of customs value

ЗАНИЖЕННОСТЬ (*курса, цены*) undervaluation

ЗАНЯТИЕ (*работа*) business, work, employment; (*профессия*) occupation, profession, trade

~, доходное gainful employment

~ определенным видом деятельности engaging in a particular type of activity

~, постоянное regular occupation, regular job

ЗАНЯТОСТ/Ь employment

~ в государственном секторе employment in public sector

~ в промышленности industrial employment

~, гарантированная job (employment) security

~ на производстве industrial employment

~, неполная part employment

~, общая total employment

~, полная full employment

~, сезонная seasonal employment

~, стабильная stable employment

~, фактическая actual employment

~, частичная partial (part-time) employment

регулирование ~и employment regulation

обеспечивать ~ provide for (secure) employment

ЗАПАС stock, store, inventory, provision; reserve; resources

~, аварийный emergency stock

~, буферный buffer stock

~, валютный currency reserve

~ы, государственные government reserves, national stocks

~ы готовой продукции stock of [finished] goods (of products)

~, заводской factory store

~, золотой gold reserves

~ы, истощенные exhausted supplies, depleted stocks

~ы компании inventory

~ы материалов reserves (stock, quantity) of materials, raw materials inventory

~ы на конец периода closing stock (inventory)

~ы, накопившиеся accumulated stock

~, наличный stock (inventory) on hand, inventory in stock, available inventories

~ наличных денег cash balance; cash at bank

~ы на начало периода opening stock, beginning inventory

~ы на случай непредвиденных обстоятельств contingency stock, contingent reserves

~, начальный initial (opening) stock

~ неиспользованных ресурсов margin of unused resources

~, неиспользуемый dead stock

~, неприкосновенный contingency reserve, emergency stock; reserve funds

~, остаточный remnant (residue) stock

~ полезных ископаемых reserves of minerals, mineral reserves (resources)

~ы, производственные production stock

~ы, промышленные commercial reserves

~, резервный reserve (buffer) stock

~, сезонный seasonal stock

~, складские warehouse inventory

~, суммарный total stock

~ы сырья reserves of raw materials

~ы, товарно-материальные inventories, inventory holdings

~, товарные stock of goods (of commodities), commodity supplies (см. тж ТОВАРНЫЕ ЗАПАСЫ)

~ы топлива reserves of fuel

иметь ~ы have (hold) stocks

истощать ~ы exhaust (deplete) stocks

обновлять ~ы renew stocks

оценивать ~ы estimate stocks (reserves)

пополнять ~ы replenish stocks

расходовать ~ы draw on stocks

создавать ~ы accumulate (build up, lay in) stocks

ЗАПИС/Ь record; register; (в книге) entry; (оприходование) posting

~ актов гражданского состояния civil registration

~, бухгалтерская entry

~ в дебет счета debit entry

~ в кредит счета credit entry

~, корректирующая adjusting entry

~ о прекращении деятельности общества entry on the termination of activity of a company

~и о проведенных операциях records of operations conducted

~ прав entry of the rights

~, регистрационная registration entry

внесение ~и making an entry

внесение ~и в реестр making an entry in a register

документальное подтверждение ~и documentary confirmation of an entry

книга ~ей register of entries

конфиденциальность ~ей confidentiality of entries

аннулировать ~ cancel an entry

вести ~и keep records; make notes

вносить ~ make an entry

исправлять ~ adjust (correct) an entry

совершать ~ make an entry

ЗАПОВЕДНИК reservation, wild life reserve

ЗАПРЕТ ban, prohibition, veto; embargo; interdiction; (*судебный*) injunction

~ ввоза prohibition of import, ban (embargo) on import

~, временный temporary ban (embargo)

~ вывоза prohibition of export, ban (embargo) on export

~ на дискриминацию по признакам возраста, пола, национальности prohibition of age, sex, racial discrimination

~ на одностороннее повышение цен ban on one-sided price increase

~ на торговлю prohibition of trade

~ на экспорт prohibition of export, ban (embargo) on export

~, правительственный government ban (embargo)

~ реэкспорта prohibition of reexport

~, судебный injunction, injunctive relief

установление ~a imposition of a ban

быть под ~ом be under a ban

налагать ~ impose (place) a ban

снимать ~ lift (remove) a ban

ЗАПРЕТИТЕЛЬНЫЙ prohibitive, prohibitory

ЗАПРЕЩАТЬ ban, prohibit, veto, interdict

~ законом interdict by law

ЗАПРЕЩЕНИЕ ban, prohibition

~ ввоза prohibition of import, ban (embargo) on import

~ ввоза наркотиков drug interdiction

~ дарения limitation of gift

~ деятельности prohibition of activity

~ эмиссии prohibition of issue

ЗАПРОС inquiry, request, query

~, депутатский deputy's inquiry

~ на поставку inquiry for delivery

~ на проведение экспертизы request for examination

~ о кредитоспособности компании credit inquiry

~ о финансовом положении status inquiry

~, официальный official inquiry (request)

~, письменный letter of inquiry, written questionnaire

~, предварительный preliminary query

ответ на ~ response to a query

делать ~ make an inquiry (a request)

ЗАРАБОТНАЯ ПЛАТА, ЗАРПЛАТ/А earnings, pay; (*рабочих*) wage[s]; (*служащих*) salary

~ в денежном выражении money (cash) wages

~, выплаченная paid wages

~, гарантированная guaranteed wages

~, годовая annual wages

~, дневная daily wages

~, ежемесячная monthly (month's) wages

~, еженедельная weekly (week's) wages

~, задержанная back pay

~, индексируемая indexed wages

~, минимальная minimum wage

~, начисленная gross payroll

~, нищенская starvation wages

~, номинальная nominal wages

~, основная base (basic) wages

~, повременная time wage

~ по должности labour wage in one's work capacity

~ после вычета налогов и сборов take-home income

~, почасовая hourly earnings, earnings per hour

~, поштучная piece (piecework) wage

~, реальная real earnings

~, сдельная piece[-work] earnings

~, сдельно-премиальная piece-plus-bonus wage system

~, сдельно-прогрессивная piece-rates wage system, productivity wages

~, среднемесячная average monthly wages

~, тарифная base pay

~, твердая fixed salary, fixed wages

~, установленная законом statutory wages

выплата ~ы payment of wages

доверенность на получение ~ы power of attorney for the receipt of wages

замораживание ~ы wage freeze, wage restraint

индексация ~ы wage indexation

налог на ~у wage tax

повышение ~ы pay (wage) increase, rise in wages

рост ~ы rise of wages, wage rise (increase)

ставки ~ы wage (pay) rates

фонд ~ы wage fund (bill)

выплачивать ~у pay wages

жить на ~у live within one's wages

задерживать ~у detain (retain) wages

замораживать ~у freeze wages

начислять ~у calculate wages

повышать ~у increase (raise) wages

получать ~у get wages, draw a salary

сокращать ~у cut (reduce, lower) wages

удерживать из ~ы deduct from wages

ЗАРАБОТ/ОК earnings, wages, salary, income

~, побочный incidental earnings

~, реальный real earnings

~, среднемесячный average monthly earnings

~, чистый take-home pay

получать ~ receive wages

распоряжаться ~ком dispose of one's earnings

ЗАРЕГИСТРИРОВАТЬ register, record; (*корпорацию*) incorporate; (*ценные бумаги на бирже*) list

ЗАСВИДЕТЕЛЬСТВОВАНИЕ (*документа, подписи*) attestation, certification; (*подлинности*) authorization, verification

~, нотариальное notarial evidence (attestation) (*см. тж* **НОТАРИАЛЬНОЕ ЗАСВИДЕТЕЛЬСТВОВАНИЕ**)

~ подлинности certification of authenticity

~ подписи attestation (authentication, witnessing) of signature

ЗАСВИДЕТЕЛЬСТВОВАТЬ:

~ нотариально attest notarially

ЗАСЕДАНИ/Е meeting, conference; session, sitting

~, внеочередное emergency (extraordinary) meeting

125

~, заключительное closing session

~, закрытое closed (private) meeting

~ комиссии meeting of a commission (of a committee)

~, неофициальное unofficial meeting

~, открытое public meeting

~, очередное regular meeting

~, пленарное plenary meeting

~ правления board meeting (session)

~ при закрытых дверях meeting in camera

~ совета директоров meeting of the board of directors

~, совместное joint meeting (session)

~ суда sitting of the court

~, чрезвычайное special meeting (session)

протокол судебного ~я record of judicial proceedings

закрывать ~ close a meeting

откладывать ~ postpone a meeting; (суда) adjourn the court

открывать ~ open a meeting

проводить ~ hold (call) a meeting

ЗАСЛУШИВАНИЕ hearing

~ дела hearing of a case

~ свидетелей hearing of witnesses

ЗАСТОЙ depression, stagnation, slackness, dullness

~ в делах slackness of business

~ в промышленности industrial stagnation

~ в торговле trade depression

~ производства stagnation of production

~, экономический economic stagnation (depression, slump)

ЗАСТРАХОВАТЬСЯ get insured, obtain insurance

ЗАСТРАХОВЫВАТЬ insure, effect insurance

ЗАСТРОЙКА development

~ земельного участка construction on a land plot, property development

~, плановая planned development

~, промышленная industrial development

ЗАСТРОЙЩИК [property] developer

ЗАТАРИВАНИЕ packing in containers, packaging

ЗАТРАТ/А 1. (*потребление*) consumption 2. (*расходы*) *pl.* expenses, expenditures, costs, outlay

~ы, административные administrative expenses (expenditures)

~ы, внеплановые unscheduled costs

~ времени expenditure of time

~ы, денежные cash expenditures

~ы капитала capital expenditures

~ы, капитализированные capitalized costs

~ы, косвенные indirect expenses (costs, expenditures)

~ы, материальные material expenses (costs)

~ы на инфраструктуру expenditures on the provision of the required infrastructure

~ы на научно-исследовательские и опытно-конструкторские работы research-and-development costs

~ы на приобретение purchase (acquisition) costs

~ы на производство production costs

~ы на рабочую силу labour (manpower) costs

~ы на развитие производства costs of the development of production

~ы на разработку проекта project development costs

~ы на рекламу advertising (publicity) costs

~ы на содержание и сохранение имущества expenditures incurred for maintenance and preservation of property

~ы на строительство construction costs

~ы, начальные initial costs, primary expenses

~ы, непроизводительные unproductive expenses

~ы, непроизводственные non-production expenses

~ы, нормативные cost standards, specification costs

~ы, плановые planned (scheduled, target) costs

~ы, произведенные incurred expenditures

~ы, производственные production costs

~ы, прямые direct costs (expenditures)

~ы, связанные с новым строительством expenditures connected with new construction

~ы, связанные с расширением и реконструкцией зданий expenditures connected with expansion and reconstruction of buildings

~ы, совокупные aggregate costs

~ы, текущие current outlays

~ы, транспортные transportation expenses

~ы труда labour costs

~ы, фактические actual costs (expenses)

~ы, финансовые financial expenses

~ы, эксплуатационные operating (maintenance) costs

возмещение (компенсация) затрат indemnification of expenses (of expenditures), reimbursement of expenses (of expenditures), compensation for expenses

нормы затрат cost standards

расчет затрат estimate of costs

рентабельность затрат profitability of spending

снижение затрат cost reduction (cutting)

возмещать ~ы offset the costs

вычитать ~ы deduct the expenses

производить ~ы incur expenditures

снижать ~ы reduce costs (expenses)

сократить ~ы cut down expenses

ЗАХВАТ seizure, capture

~, незаконный illegal capture

~ чужой собственности seizure of another's property

ЗАЧЕТ offset, set-off; (*взаимный*) netting (*см. тж* **ВЗАИМНЫЙ ЗАЧЕТ**); (*переучет*) discounting

~ встречного однородного требования set-off of an identical counterclaim

~ встречного требования offsetting of a claim, set-off of a counterclaim

~ встречных исков offsetting of counterclaims

~ встречных требований банка и клиента setting off counter-demands of bank and client

~ извлеченных из *чего-л.* выгод setting off the advantages derived from *smth*

~ излишне взысканных сумм offsetting amounts collected in excess

~ излишне уплаченных сумм offsetting of overpaid amounts

127

~ капиталовложений в счет налогов investments tax credit

~ стоимости в счет выкупной цены setting off value against the buy-out price

~ суммы задатка setting off the amount of the earnest

~ требований set-off of claims, discounting the demands

~ требований о возмещении убытков set-off of claims for indemnification of damages

оплата акций путем ~а требований payment for shares by setting off claims

осуществлять ~ perform discounting

предъявить к ~у денежные требования submit (present) in set-off monetary claims

прекращать денежные требования ~ом settle monetary claims by set-off

производить ~ make a set-off

◊ ~ом by setting off

путем ~а by means of set-off

с ~ом setting off

с ~ом выгод, извлеченных из пользования *чем-л.* setting off the advantages derived from the enjoyment of *smth*

с ~ом полученных выгод with crediting of benefits received

с ~ом суммы задатка setting off the amount of the earnest

ЗАЧИСЛЕНИЕ (*на счет*) crediting; (*в список*) entering

~ в кредит счета crediting an amount to an account, crediting an account with an amount

~ денежных средств на банковский счет crediting monetary means to the bank account

~ на счет passing (placing) to an account

~ суммы на счет crediting a sum to the account

ЗАЩИТ/А 1. defence (*амер.* defense); (*охрана*) protection; (*гарантия*) security 2. (*на суде*) defence

~ авторских прав copyright protection

~, арбитражная arbitration protection

~ банков и банковской деятельности, правовая legal protection of banks and banking

~ вещных прав protection of rights in rem

~ вкладчиков protection of depositors

~ внутреннего рынка от импорта protection of the market against imports

~ государственных интересов defence of state interests

~ гражданских прав protection of civil rights

~ деловой репутации граждан protection of business reputation of citizens

~ деловой репутации юридического лица protection of business reputation of a legal person

~ денег от подделок protection of bank notes from forgery

~ жизни и здоровья людей protection of human life and health

~ законных интересов protection of lawful interests

~ законом protection by law, legal protection

~ заложенного имущества от посягательств и требований третьих лиц protection of pledged property from encroachment and claims of third persons

~ имущества от посягательств со стороны третьих лиц protection of property against infringements on behalf of third persons

~ имущественных интересов defence of property interests

~ инвесторов protection of investors

~ интеллектуальной собственности protection of intellectual property

~ интересов protection of interests

~ интересов вкладчиков protection of depositors

~ интересов потребителей consumer protection

~ интересов юридического лица protection of the interests of a legal person

~ капиталовложений capital investment protection

~ коммерческих интересов сторон protection of commercial interests of the parties

~ компьютерных сетей, электронная electronic protection of computer network

~ материальных интересов defence of material interests

~ монопольных прав protection of monopoly rights

~, налоговая tax shelter

~ нарушенного права protection of a violated right

~ населения, социальная social defence (protection) of the population

~ неимущественных прав protection of nonproperty rights

~ нематериальных благ protection of nonmaterial values

~ общих имущественных интересов defence of common property interests

~ основ конституционного строя protection of the foundations of the constitutional system

~ отечественной промышленности protection of home industries

~ потребителей consumer protection

~ прав protection of rights

~ права собственности protection of the right of ownership

~ прав инвестора investor protection

~ прав и интересов акционеров protection of shareholders' rights and interests

~, правовая legal protection

~ прав потребителей protection of consumer rights

~ своих интересов defence of one's interests

~ собственности protection of property

~, судебная judicial protection; judicial defence (см. тж **СУДЕБНАЯ ЗАЩИТА**)

~ чести, достоинства и деловой репутации protection of honour, dignity and business reputation

~, юридическая legal defence

~ юридического лица protection of a legal person

органы социальной ~ы населения agencies of social defence of the population

отказ суда в ~е права refusal (denial) of protection of a right

право на ~у right to defence (to legal assistance)

свидетель ~ы witness for the defence

средство судебной ~ы remedy, relief at law

требование о ~е нарушенного права demand for the protection of a violated right

учреждения социальной ~ы institutions of social protection

выступать в ~у stand up for *smth*

обеспечить правовую ~у provide legal protection

осуществлять ~у интересов protect the interests

◊ в ~у интересов in defence of interests

в интересах ~ы in the interests of the defence

ЗАЩИТНИК protector, defender; (*адвокат*) advocate, counsel for the defence, defence lawyer

~ интересов потребителей consumer rights campaigner

ЗАЩИЩАТЬ defend; (*предохранять*) protect; (*в суде*) advocate

ЗАЯВИТЕЛ/Ь applicant; declarant; bidder, tenderer

поверенный ~я applicant's attorney

ЗАЯВК/А application, request; (*на торгах*) bid, tender

~, зарегистрированная application on file

~, конкурсная competitive bid (tender)

~ на акции application for shares

~ на закупку purchase requisition

~ на использование средств application for disbursement

~ на кредит request for credit

~ на получение ссуды loan application

~ на получение субсидии application for a grant

~ на регистрацию компании application for the registration of a company

~ на участие в торгах application for participation in tenders

~ на экспертизу application for expertise

~, патентная application for a patent

~, приоритетная first application

бланк ~и application form

оформление ~и drawing up of an application

подача ~и filing (submission) of an application

делать ~у make (file) an application

отзывать ~у withdraw an application

отклонять ~у refuse (reject) an application

подавать ~у make (file, lodge) an application

удовлетворять ~у grant an application

ЗАЯВЛЕНИ/Е (*утверждение*) statement; (*ходатайство*) application; (*объявление*) declaration; (*права, претензии*) assertion; (*в суде*) plea

~ в письменной форме written declaration

~ для печати press release

~ заинтересованных лиц application of interested persons

~ , исковое statement of claim

~ истца, исковое declaration

~ на выдачу ссуды loan application

~, налоговое income tax return

~ на регистрацию registration statement

~ об апелляции notice of appeal

~ об отставке resignation

~ об убытках notice of damage (of losses)

~ о возмещении убытка notification of a claim

~ о выплате страхового возмещения insurance claim, claim for indemnification

~ о ликвидации компании petition for dissolution

~ о намерениях declaration of intent (of intention)

~ о недействительности plea of nullity

~ о неплатежеспособности declaration of insolvency (of bankruptcy)

~ о несостоятельности petition for bankruptcy

~ о переносе сроков погашения долга rollover announcement

~ о пересмотре дела application for review of a case

~ о повреждении declaration of damage

~ о приеме в члены организации application for membership

~ о приеме на работу application for a job

~ о признании банкротом bankruptcy notice

~ ответчика respondent's plea

~, официальное formal (official) statement

~, письменное written application; written statement

~ под присягой sworn statement

~ по правомочию declaration by authority

~ претензии statement of claim

~, публичное public statement

~ стороны в споре motion of a party to a dispute

~ требований кредиторами submitting claims by creditors

~, устное verbal statement

делать ~ make a statement

обратиться с ~м в суд petition a court

опровергать ~ contradict a statement

подавать ~ submit (present, hand in) an application

публиковать ~ issue (publish) a statement

◊ на основании ~я on the basis of a statement

по ~ю upon application, upon the motion

ЗАЯВЛЯТЬ state, assert, claim; declare, announce; (*в суде*) plead

ЗДАНИ/Е building, structure, construction; premises

~, административное administrative building

~, арендованное leased building

~, жилое apartment house, residential building

~ муниципалитета city (town) hall

~, нежилое nonresidential building

~, обремененное рентой building encumbered with rent

аренда ~я lease of a building

арендатор ~я leaseholder of a building

возведение ~й erection of buildings

залог ~я pledge of a building

ипотека ~я mortgage of a building

капитальный ремонт ~я capital repair of a building

надежность ~я reliability of a building

обновление ~я renovation of a building

обременение ~я сервитутом burdening of a building by a servitude отчуждение ~я alienation of a building

перестройка ~я reconstruction of a building

право собственности на ~ right of ownership to a building

продажа ~я sale of a building

прочность ~я strength of a building

расширение ~я extension of a building

реконструкция ~я reconstruction of a building

реставрация ~я restoration of a building

снос ~я demolition of a building

собственник ~я owner of a building

срок исковой давности в отношении ~й period of limitation with respect to buildings

стоимость ~я value of a building

строительство ~я construction of a building

устойчивость ~я durability of a building

цена ~я price of a building

возводить ~ erect a building

сдавать ~ в аренду lease (rent) the premises

сносить ~ demolish a building

ЗДРАВООХРАНЕНИЕ public health, public service

ЗЕМЕЛЬНАЯ СОБСТВЕННОСТЬ land, landed property

ЗЕМЕЛЬНОЕ ЗАКОНОДАТЕЛЬСТВО land legislation

ЗЕМЕЛЬНЫЕ РЕСУРСЫ land resources

ЗЕМЕЛЬНЫЙ УЧАСТОК land plot

~, заложенный pledged land plot

~ на праве пожизненного наследуемого владения land plot under

(by) the right of lifetime inheritable possession

~, находящийся в совместной собственности фермерского хозяйства land plot in joint ownership of the members of a farm

~, обремененный сервитутом land plot encumbered by a servitude

~ общего пользования land plot for common use

~, отведенный для ... целей land plot allotted for ... purposes

~, соседний neighbouring plot

~, чужой another's land plot

владелец земельного участка possessor of a land plot

владение земельным участком possession of a land plot

выкуп земельного участка buyout (purchase) of a land plot

границы земельного участка boundaries of a land plot

залог земельного участка pledge of a land plot

застройка земельного участка construction on a land plot, development of a land plot

изъятие земельного участка ввиду ненадлежащего использования земли taking of a land plot in view of improper use of land

изъятие земельного участка в связи с грубым нарушением правил рационального использования земли taking of a land plot used in flagrant violation of the rules for rational land use

изъятие земельного участка для государственных или муниципальных нужд taking of a land plot for state or municipal needs

изъятие земельного участка путем выкупа taking a land plot by way of compulsory purchase (by means of a buy-out)

ипотека земельного участка mortgage of a land plot

обременение земельного участка рентой burdening of a land plot by rent

обременение земельного участка сервитутом burdening of a land plot by servitude

отчуждение земельного участка alienation of a land plot

площадь земельного участка area of a land plot

пользование земельным участком use of a land plot

право собственности на ~ right of ownership to a land plot

продажа земельного участка sale of a land plot

рыночная стоимость земельного участка market value of a land plot

собственник земельного участка owner of a land plot

состояние земельного участка condition of a land plot

отдавать ~ в залог pledge a land plot

передавать ~ в аренду transfer a land plot by lease

передавать ~ в безвозмездное срочное пользование transfer a land plot for uncompensated term use

продавать ~ sell a land plot

распоряжаться земельным участком dispose of a land plot

сдавать ~ в аренду lease a land plot

ЗЕМЛЕВЛАДЕНИЕ land assets; land ownership, landholding, tenure

~, сельскохозяйственное agricultural tenure

~, частное private landholding

ЗЕМЛЕПОЛЬЗОВАНИЕ land use, land-utilization, land tenure

ЗЕМЛЕПОЛЬЗОВАТЕЛЬ land user

ЗЕМЛЕУСТРОЙСТВО land use [system], land-utilization

ЗЕМЛ/Я earth, soil, ground; (*территория*) land

~, арендованная leased (rented) land

~, бесхозная no man's land

~, бросовая barren (idle) land

~, государственная state (state-owned, public) land

~, заброшенная abandoned land

~, малопродуктивная marginal land

~, невозделываемая unexploited land

~, непродуктивная unproductive land

~, плодородная fertile land

~, сельскохозяйственная agricultural land

~ сельскохозяйственного назначения land for agricultural use

~, частная private (privately owned) land

владение ~ей possession of land

государственная регистрация сделок с ~ей state registration of transactions with (involving) land

использование ~и use of land

обращение взыскания на ~ю levy of execution against land

плодородие сельскохозяйственных земель fertility of agricultural land

пользование ~ей enjoyment of land

право собственности на ~ю right of ownership to land

распоряжение ~ей disposition of land

133

арендовать ~ю lease land

вовлекать ~ю в деловой оборот draw land into business turnover

отдавать ~ю в залог с целью получения кредита put land in pledge to obtain credit

покупать ~ю buy land

продавать ~ю sell land

сдавать ~ю в аренду lease land

ЗЛОНАМЕРЕННОЕ СОГЛАШЕНИЕ malicious agreement

сделка, совершенная под влиянием злонамеренного соглашения transaction made under the influence of a malicious agreement

ЗЛОСТНОЕ БАНКРОТСТВО fraudulent bankruptcy

ЗЛОУПОТРЕБЛЕНИЕ abuse, misuse, misapplication; (*растрата*) embezzlement

~ властью abuse of authority (of power)

~ доверием abuse of confidence, breach of confidence (of trust)

~, должностное abuse (misuse) of authority (of power, of office), malfeasance in office

~ доминирующим положением на рынке abuse of a dominant position in the market

~ законом legal abuse

~ кредитом abuse (misuse) of credit

~ монопольным положением monopoly abuse

~ полномочиями abuse of authority

~ правом abuse of a right

~ привилегией abuse (misuse) of privilege

~ служебным положением abuse (misuse) of office, malfeasance in office

~ спиртными напитками abuse of alcoholic beverages

~, финансовое financial irregularities

ЗЛОУПОТРЕБЛЯТЬ abuse, misuse

ЗНАК 1. sign, mark, designation; (*символ*) symbol, token 2. (*клеймо*) brand name; (*значок*) badge

~ гарантии guarantee mark

~и, денежные bank notes, paper currency

~, зарегистрированный registered mark

~ качества quality mark, quality status stamp, quality seal

~, незарегистрированный unregistered mark

~ обслуживания service mark, mark (symbol) of service

~и оплаты payment denominations

~, поддельный bogus (imitated) mark

~, сертификационный certification mark

~, товарный trademark, brand name of a product (*см. тж* **ТОВАРНЫЙ ЗНАК**)

~, фабричный trademark, brand name

~, фирменный mark of a firm, trademark

закон о товарных ~ах trademark law

злоупотребление товарным ~ом abuse (misuse) of a trademark

лицензия на товарный ~ trademark licence

нарушение товарного ~а infringement (violation) of a trademark

охрана товарных ~ов protection of trademarks

регистрация товарного ~a registration of a trademark

«ЗОЛОТАЯ АКЦИЯ» golden share

ЗОНА area, zone

~, беспошлинная duty-free area (zone)

~, бондовая bonded area

~, валютная currency zone (area)

~, закрытая exclusive zone; restricted area

~, запретная prohibited zone, prohibited (restricted) area

~ исключительного права zone of exclusive rights

~, особая экономическая special economic zone

~, офшорная offshore zone

~, пограничная frontier zone

~ преференциальных тарифов preferential tariff zone

~, промышленная industrial estate

~ развития development area

~, рыболовная fishing zone

~, свободная free zone

~, свободная таможенная unbonded area

~, свободная экономическая free economic zone

~ свободного предпринимательства zone of free enterprise

~ свободной торговли free trade area (zone); free trade association

~, таможенная customs area (zone); customs waters

~, территориально-производственная territorial and production area

~, экономическая economic (trade) area, economic (trade) zone

~ экономического благоприятствования zone of economic preferences

И

ИГРА (*на бирже*) speculation, gambling, jobbing

~, биржевая stock-exchange speculation (gambling)

~ на повышение speculation for a rise, bull speculation

~ на понижение speculation for a fall, bear speculation

ИДЕНТИФИКАЦИЯ identification

~, визуальная visual identification

~ товара identification of goods

ИЖДИВЕНЕЦ dependant

ИЖДИВЕНИ/Е dependence

находиться (состоять) на ~и be dependent [upon support of *smb*], live in dependence

ИЗБИРАТЕЛ/Ь elector, voter

поддержка ~ей electoral support

список ~ей electoral register

вносить в список ~ей enter in the voting list

ИЗБРАНИЕ election

~ органов управления election of governing bodies

~ ревизионной комиссии election of an auditing commission

~ ревизора общества election of an internal auditor (of the auditor of a company)

~ членов ревизионной комиссии election of the members of the auditing commission

~ членов совета директоров election of members of the board of directors

ИЗБЫТОК (*излишек*) excess, surplus; (*изобилие*) abundance; (*излишний запас*) overstock; (*товаров на рынке*) glut

~, бюджетный budget[ary] surplus

~ капитала surplus (excess) of capital

~ предложения новых бумаг excessive supply of securities

~ товарных запасов overstock

~ товаров на рынке glut in the market

ИЗВЕЩЕНИ/Е advice, notification, notice

~ банка bank's (banker's) advice

~, кредитовое credit advice

~ об акцепте notification of acceptance

~ об апелляции notice of appeal

~ об аукционе notice of an auction

~ об исполнении обязательства notification of performance of an obligation

~ об отгрузке advice (notification) of shipment, shipping advice

~ об отзыве акцепта notice of revocation of acceptance

~ об отзыве оферты notice of revocation of an offer

~ об отказе от акцепта notification of refusal to accept

~ об отклонении заявки notice of rejection

~ об отмене конкурса notification of the cancellation of a competition

~ об отправке груза advice (notification) of dispatch

~ о внесении денег в депозит notification of placing money on deposit

~ о выкупе облигаций notice of redemption, redemption notice

~ о направлении дела на апелляцию letter of dismissory

~ о неоплате чека notification of nonpayment of a cheque

~ о перемене места жительства notification of change in the place of residence

~ о платеже notification (advice) of payment

~ о поставке notification of delivery

~ о предоплате notice of prepayment

~ о претензии notice of claim

~ о принудительном исполнении enforcement notice

~ о приостановке платежа notice of suspension of payment

~ о проведении торгов notice of the conduct of an auction

~, письменное written notification (notice)

вручение ~я service of a notice

получать ~ receive a notification (an advice)

посылать ~ send (forward) a notification

ИЗВЛЕЧЕНИЕ withdrawal; (*из документа*) extract; (*о пользе, выгоде*) deriving, gaining

~ прибыли deriving (gaining) profits

ИЗГОТОВИТЕЛЬ producer, manufacturer

~, крупный large manufacturer

~ продукции manufacturer of products

~ товара producer of goods

ИЗДЕЛИ/Е product, manufacture, article; (*в спецификации*) item

~, бракованное rejected product

~, высококачественное high-quality product

~я, готовые finished goods (products), manufactures

~, дефектное defective product

~я длительного пользования durable goods, durables

~я, комплектующие complementary (completing) articles, constituent manufactures (*см. тж* **КОМПЛЕКТУЮЩИЕ ИЗДЕЛИЯ**)

~, некондиционное substandard (off-standard) product

~, патентованное proprietary article (product)

~я, промышленные industrial products (goods)

образец нового ~я model of a new manufacture, prototype of a new product

ИЗДЕРЖ/КИ expenses, costs, disbursement

~, вызванные простоем costs caused by work stoppage, idle plant expenses

~, дополнительные additional (extra) costs, additional expenditures

~, исчисленные estimated costs

~ на надзорную деятельность costs of superintendency

~, нормативные standard costs

~, понесенные costs borne, expenses (charges) incurred

~ по содержанию costs of (expenses for) maintenance

~ по содержанию имущества, находящегося в долевой собственности costs (expenses) for the maintenance of the common property

~ по сохранению costs of (expenses for) preservation

~ по хранению storage costs (expenses), costs of (on) storage (for store-keeping)

~ производства costs (expenses) of production

~, производственные factory expenses

~, прямые direct costs (expenses)

~, сметные estimated (budgeted) costs

~, судебные judicial (legal) costs, judicial (legal) expenses, court fees

~, текущие current costs

~, транспортные costs of transportation, transportation costs (expenses)

~ третейского суда costs of the tribunal

~и, удельные unit expenses

~, финансовые finance charges, finance burden

~ эмиссии costs of issue, issuing costs

возмещение ~ек compensation for costs, reimbursement of expenses, indemnification of fees

компенсация ~ек compensation for costs (for expenses)

оплата ~ек чекодержателя payment of expenses of the holder (of the bearer) of a cheque

взыскивать ~ recover costs

возмещать ~ recover costs (expenses)

исчислять ~ calculate (estimate) expenses

присуждать судебные ~ award costs

снижать ~ lower (decrease) costs (expenses)

сокращать ~ reduce costs (expenses)

ИЗЛИШ/ЕК surplus, excess

~ки, бюджетные budget surpluses

~ки валюты surplus of currency

~ наличности в кассе cash surplus

~ средств surplus funds

~ки, товарные surplus of goods накапливать ~ки accumulate surpluses

ИЗМЕНЕНИ/Е change, alteration, modification; transformation

~ валютного курса change in the exchange rate

~ в проекте amendment in a project

~ в социальном положении social change

~я в ценах changes in prices

~ договора change (amendment) of a contract

~ договора аренды change in a contract of lease, amendment of a lease agreement

~, законное statutory modification

~ законодательства change of the legislation

~, институциональное institutional change

~я к контракту alterations to a contract

~, конституциональное constitutional change

~ конъюнктуры рынка change in the market ·

~ я к уставу changes to the charter

~ меры пресечения change of a measure of restraint (of restriction)

~ места жительства change of residence

~ обменных курсов realignment of exchange rates

~ обстоятельств change of circumstances

~ обязательства change (alteration) of an obligation

~, одностороннее unilateral change (alteration)

~ правоотношения alteration of a legal relation (of a legal relationship)

~ путем исправления amendment by alteration

~ размера уставного капитала changing the size (altering the amount) of charter capital

~я, сезонные seasonal behaviour

~ стоимости change in the value (in the cost)

~, существенное substantial (material) change

~ товарного знака alteration of a trademark

~ условий change of terms, modification of conditions, alteration of terms and conditions

~ условий задолженности debt rescheduling

~ устава change (alteration) of the charter

возмещение убытков при ~и договора compensation for (indemnification of) damages caused by the change (by the amendment) of a contract

порядок ~я договора procedure for amendment of a contract

вносить ~я make (introduce) alterations (changes, modifications); (поправки) make (introduce) amendments, amend

подлежать ~ю be subject to change

производить ~я make changes (alterations)

◊ во ~ by way of amendment

ИЗНОС wear [and tear]; depreciation

~, естественный natural wear

~, материальный physical depreciation

~, нормальный normal wear [and tear]

~ основных производственных фондов capital consumption

~, эксплуатационный service wear

◊ с учетом нормального ~а taking into account (with consideration for) normal wear

ИЗРАСХОДОВАНИЕ use, utilization, consumption

~ материала use (expenditure) of material

ИЗЪЯТИЕ 1. (*вклада*) withdrawal; (*из обращения*) redemption, retirement, withdrawal 2. (*конфискация*) taking, confiscation, seizure 3. (*исключение*) exception; (*вычеркивание*) deletion; (*льгота*) exemption 4. (*из юрисдикции*) exemption

~ банкнот из обращения withdrawal (redemption) of bank notes

~ банковской лицензии withdrawal of a bank licence

~ вклада withdrawal of a deposit

~ денег из обращения withdrawal from circulation

~ доходов от деятельности, нарушающей законодательство disgorging resulting from violations of legislation

~ застрахованного имущества по распоряжению государственного органа taking (seizure) of insured property by order of a state agency

~ земельного участка taking of a land plot (of a land parcel)

~ из законодательства exemption from legislation

~ из обращения withdrawal from circulation

~ имущества taking (confiscation, seizure) of property

~ имущества, правомерное lawful taking of property

~ капитала withdrawal of capital; negative investment

~ контрабанды seizure of contraband

~ лицензии withdrawal (revocation) of a licence

~, незаконное unlawful taking

~ прибыли withdrawal of profits

~, принудительное forced confiscation, compulsory taking

~, противоправное unlawful (illegal) taking

~ собственности confiscation (seizure) of property

~ товара у *кого-л.* taking (confiscation) of the goods from *smb*

~ фондов withdrawal of funds

ответственность за ~ товара responsibility (liability) for confiscation (for taking) of goods

ИЗЫСКАТЕЛЬСКИЕ РАБОТЫ exploratory work, survey work

ИММУНИТЕТ immunity

~ активов immunity of assets

~ государства и его собственности immunity of the state and its property

~, гражданский immunity from suit

~, личный personal immunity

~, налоговый immunity from taxes

~ от юрисдикции immunity from jurisdiction

~, парламентский parliamentary immunity

~, финансовый fiscal immunity

лишение ~а withdrawal of immunity

право на ~ right (entitlement) to immunity

обладать ~ом enjoy immunity, be immune

предоставлять ~ accord (grant) immunity

ИМПЕРАТИВНАЯ НОРМА imperative norm, compulsory (mandatory) rule, rule of compulsion

ИМУЩЕСТВЕННОЕ ПОЛОЖЕНИЕ property status

учет имущественного положения consideration of property status

◊ с учетом имущественного положения taking into consideration (into account) the property status

ИМУЩЕСТВЕННЫЕ ИНТЕРЕСЫ property interests

страхование имущественных интересов insurance of property interests

ИМУЩЕСТВЕННЫЕ ПРАВА property rights

залог имущественных прав pledge of property rights

осуществление имущественных прав exercise of property rights

передача имущественных прав transfer of property rights

ИМУЩЕСТВЕННЫЙ КОМПЛЕКС property complex, property system

ИМУЩЕСТВЕННЫЙ НАЕМ property lease

ИМУЩЕСТВ/О assets; property

~ акционерного общества property of a joint-stock company

~, арендованное leased property

~, арестованное property under arrest

~, банкротное bankrupt's property

~ в натуре property in kind

~, государственное state property

~, движимое movable (personal) property, movables

~, депонированное в банке property lodged with a bank

~ должника debtor's property

~, закрепленное за организацией property attached (allocated) to an organization

~, заложенное pledged (mortgaged) property (*см. тж* **ЗАЛОЖЕННОЕ ИМУЩЕСТВО**)

~, застрахованное insured property

~, изъятое для общественных нужд property taken for public use

~, изъятое за неуплату долгов confiscated debtor's property

~, казенное state (public) property

~, контрабандное contraband property

~, конфискованное государством property taken to the state

~, ликвидируемое property in liquidation

~, ликвидное liquid assets; liquid possessions

~, личное personal property, personal possessions

~, муниципальное municipal property

~, на которое не может быть обращено взыскание exempt assets

~, находящееся в ведении *кого-л.* property in the control (held in administration) of *smb*

~, находящееся в доверительной собственности trust property

~, находящееся в долевой собственности property in share[d] ownership

~, находящееся в совместной собственности property in joint ownership

~, находящееся в споре disputed property

~, находящееся на балансе общества property on the company's balance sheet

~, недвижимое immovable property, immovables, real assets

~, неделимое indivisible property

~, недостающее missing property

~ ненадлежащего качества property of improper quality

~ несостоятельного должника bankrupt's property (assets)

~, обращенное в ценные бумаги funded property

~, обремененное залогом property burdened by pledge (encumbered by security deposit)

~, обремененное рентой property burdened (encumbered) with rent

~, обремененное сервитутом servient tenement

~, общее common property

~ общества с ограниченной ответственностью property of a limited liability company

~, оспариваемое contested (disputed) property

~, переходящее по наследству succession

~ потребительского кооператива property of a consumer cooperative

~, похищенное stolen property

~ предприятия property of an enterprise

~, признаваемое валютными ценностями property considered currency valuables

~, принадлежащее на праве собственности property belonging to ... by right of ownership

~, приобретенное на общие средства property obtained (acquired) with common assets

~ производственного кооператива property owned by a production cooperative

~, равноценное property of equal value

~, созданное за счет вкладов учредителей property created at the expense of (from) the contributions of founders

~, учитываемое на самостоятельном балансе property included on its independent balance sheet

~ фонда property of a fund

~ хозяйственного товарищества property of a business partnership

~ юридического лица corporate property

акт распоряжения ~ом deed of settlement

арест ~а seizure (arrest) of property

бремя содержания ~а burden of maintaining property

вклад в ~ хозяйственного товарищества investment in (contribution to) the property of a business partnership

возврат ~а return of property

выдел долей из ~а separation of shares from property

выкуп ~а государством purchase (buy-out) of property by the state

гибель ~а loss (perishing, destruction) of property

доверительное управление ~ом trust management of property

замена ~а другим аналогичным exchange of property for (substitution with) other analogous property

изъятие ~а taking (seizure) of property

изъятие ~а, принудительное compulsory taking (forced confiscation) of property

исправность ~а soundness (working order) of property

истребование ~а из чужого незаконного владения recovery of property from unlawful possession by another

капитальный ремонт ~а capital repairs of property

комплектность ~а completeness of property

конфискация ~а confiscation of property

недостача ~а shortage of property

обмен ~а exchange of property

обращение взыскания на ~ execution upon property

обременение ~а залогом burdening of property with a pledge

опись ~а inventory of property

отчуждение ~а alienation of property

охрана ~а protection of property

передача ~а в доверительное управление transfer of property into trust management

передача ~а в иное владение transfer of property into other possession

передача ~а за плату transfer of property for payment

повреждение ~а damage (harm) to property

пользование ~ом use of property

пользование ~ом арендованного предприятия use of the property of a leased enterprise

пользование общим ~ом use of common property

предоставление ~а взамен исполнения обязательства transfer of property instead of performance of an obligation

приватизация государственного ~а privatization of state property

приобретатель ~а acquirer of property

приобретение ~а acquisition (obtaining) of property

приращение ~а increase in (of) property

присвоение чужого ~а appropriation of property

проверка исправности ~а verification of soundness (of working order) of property

продажа ~а sale of property

продажа ~а с публичных торгов sale of property at a public auction

раздел ~а division of property

размер ~а size of property

распоряжение ~ом disposition of property

реквизиция ~а requisition of property

риск случайной гибели ~а risk of accidental loss (destruction) of property

сдача ~а в аренду lease of property

сдача ~а в безвозмездное пользование uncompensated use of property, use of property without consideration

сдача ~а в залог pledge of property

сдача ~а в наем renting (hiring out) of property

сокрытие ~а concealment of property

состав ~а make-up (composition) of property

сроки поставки ~а times for (terms of) delivery of property

стоимость ~а value of property

страхование ~a insurance of property

уничтожение ~a destruction of property

утрата ~a loss of property

арестовать ~ arrest property

владеть ~ом possess property

возмещать стоимость ~a compensate for (reimburse) the value of property

завещать ~ bequeath property

закреплять ~ за предприятием во владение, пользование и распоряжение secure (allocate) property to an enterprise in possession, use and disposition (to possess, use and dispose of)

заложить ~ pawn property; mortgage property

заменить ~ равноценным ~ом replace property with other property of equal value

застраховать ~ в пользу *кого-л.* insure property for the benefit (in favour) of *smb*

изымать ~ безвозмездно take property without compensation

изымать ~ у *кого-л.* take property from *smb*

иметь ~ на праве собственности have property by right of ownership

истребовать ~ из чужого незаконного владения recover (vindicate) property from another's unlawful possession

истребовать ~ от *кого-л.* demand property from *smb*

наделять ~ом assign property

наследовать ~ inherit (succeed to) property

нести ответственность всем своим ~ом bear liability with all *one's* property

обратить взыскание на ~ levy execution on property

обременять ~ burden (encumber) property

оприходовать ~ register property

осматривать ~ inspect (examine) property

осуществлять управление ~ом conduct administration (implement management) of property

отвечать по обязательством всем своим ~ом be liable (answer) for obligations with all one's property

отдавать ~ в залог pledge property, give property in pledge

отражать ~ на отдельном балансе show (reflect) property on a separate balance

отчуждать ~ alienate property

отчуждать свое ~ в собственность другим лицам alienate one's property to the ownership of other persons

передавать ~ в доверительное управление transfer property into trust (entrusted) management to ...

передавать ~ в доход государства transfer property to the income (revenue) of the state

передавать ~ в пользование другим лицам transfer property for use of other persons

пользоваться ~ом use property

похищать ~ steal property

предоставлять ~ provide (grant, present) property

предоставлять ~ во временное пользование provide property for temporary use

предоставлять ~ за плату provide (grant) property [in exchange] for payment приобретать ~ acquire (obtain) property

производить ремонт ~а за *чей-л.* счет make (perform) repairs at the expense of *smb*

распоряжаться ~ом dispose of property

реквизировать ~ requisition property

сдавать ~ на хранение deposit (place) property for storage

страховать ~ insure property

страховать ~ в полной стоимости insure property for its full (for its total) value

страховать ~ от рисков утраты и повреждения insure property from (against) the risks of loss and damage

управлять ~ом administer property

учитывать ~ на отдельном балансе record property on a separate balance sheet

ИМ/Я name

~, вымышленное false (fictitious) name

~, полное full name

~, собственное given (own) name

перемена ~ени change of name

действовать от ~ени *кого-л.* act on behalf of *smb*

действовать от собственного ~ени act in one's own name

указать вымышленное ~ give a false name

◊ от ~ени on behalf of, in the name of

от ~ени доверителя in the name of the trustee (of the principal)

от ~ени предпринимателя in the name of an entrepreneur

от ~ени юридического лица in the name of a legal person

от ~ени и за счет *кого-л.* in the name and at the expense of *smb*

от своего ~ени, но за счет *кого-л.* in one's own name but at the expense of *smb*

ИНВАЛИДНОСТЬ disability

ИНВЕНТАРИЗАЦИ/Я inventory, inventory-taking, stocktaking

~ государственной собственности inventory of state property

~ запасов stock survey

~ земель land inventory

~ имущества inventory of property

~ наличных материальных ценностей physical inventory

~, полная full (complete) inventory[-taking]

~ предприятия inventory[-taking] of an enterprise

правила ~и rules for (of) inventory

ИНВЕНТАРНАЯ ВЕДОМОСТЬ inventory; bought book

ИНВЕНТАРЬ stock, implements, tools; (*список*) inventory

ИНВЕСТИЦИ/И investment[s], capital outlay, capital expenditure[s]

~, бездоходные investment without a financial return

~, бюджетные budgetary investment

~ в акции share investments

~ в жилищное строительство residential investment

~ в оборудование investment in equipment

~ в основной капитал fixed investment; capital investment

~ в промышленность industrial investment

~ в сельское хозяйство agricultural investment

~ в экономику economic investment

~, государственные state (public) investment

~, долгосрочные long-term (long-range) investment

~ за границей overseas (foreign) investment

~, иностранные foreign investment

~, косвенные indirect investment

~, краткосрочные short-term (short-range) investment

~, портфельные portfolio investment

~, прямые direct investment

~, совместные joint investment

~, убыточные unprofitable investment

страхование ~й insurance of investments

сокращать ~ disinvest, shrink investments

ИНВЕСТИЦИОННЫЙ ИНСТИТУТ institution of investment

ИНВЕСТОР investor

~, добросовестный "unsophisticated" investor

~, иностранный foreign investor

~, институциональный institutional investor

~, крупный large (high profile) investor

~, мелкий small investor

защита ~ов protection of (for) investors

привлекать ~ов attract investors

ИНДЕКС index, *pl.* indices

~, биржевой stock index

~ валютного курса exchange rate index

~ заработной платы wage index

~, инвестиционный investment index

~ инфляции inflation index

~ конкурентоспособности index of competitiveness

~ курсов акций index of share prices (of stocks)

~ объема промышленного производства index of industrial production

~ покупательной способности purchasing power index

~ потребительских цен consumer price index

~ прожиточного минимума cost of living index

~ производительности index of productivity

~ рентабельности profitability index

~ роста цен price increase index

~, сводный summary (global) index

~ с поправкой на сезонные изменения seasonally corrected index

~ стоимости жизни cost-of-living index

~ цен price index

~ эффективности efficiency variance

ИНДЕКСАЦИ/Я indexation, index-linking

~ доходов income indexation

~ задолженности по зарплате backward indexation of wages

~ заработной платы indexation of wages

~ на инфляцию adjustment for inflation

~ налогов tax indexation

~ пенсий indexation of pensions

~ сумм выплачиваемого гражданам возмещения вреда indexa-

145

tion of amounts of compensation paid to citizens for damage

~ цен price indexation

подлежать ~и be subject to indexation

ИНДИВИДУАЛИЗАЦИ/Я individualization

~ продавца individualization of a seller

~ работ individualization of work

~ товаров individualization (differentiation) of products

~ услуг individualization of services

средство ~и means of individualization

ИНДИВИДУАЛЬНО-ОПРЕДЕЛЕННАЯ ВЕЩЬ individually specified thing, specific item

вносить индивидуально-определенную вещь в общую собственность contribute an individually specified thing (a specific item) to common ownership

ИНДИВИДУАЛЬНЫЙ ПРЕДПРИНИМАТЕЛЬ individual entrepreneur

признание индивидуального предпринимателя банкротом ruling an individual entrepreneur to be bankrupt

регистрация в качестве индивидуального предпринимателя registration as an individual entrepreneur

ИНДОССАМЕНТ endorsement

~ без права регресса endorsement without recourse

~, бланковый blank endorsement, endorsement in blank

~, вексельный endorsement of a bill

~ в пользу банка endorsement in favour of a bank

~, именной special endorsement

~, инкассовый endorsement for collection

~ на имя endorsement in the name of

~ на плательщика endorsement to the payer

~ на предъявителя endorsement to the bearer

~, неограниченный absolute endorsement

~, неполный incomplete endorsement

~, ограниченный restrictive (limited) endorsement

~ , ордерный order endorsement, endorsement to order

~, полный endorsement in full

~, условный conditional endorsement

~, препоручительный authorization endorsement

~, совершенный на ценной бумаге endorsement made on a security (on commercial paper)

недействительность ~a invalidity of an endorsement

непрерывный ряд ~ов continuous series of endorsements

переводный чек, полученный по ~y transferable cheque received by endorsement

проверка правильности ~a verification of the correctness of an endorsement

правильность ~ов correctness of endorsements

уступка требования по ценной бумаге путем ~a assignment of a claim on a security (on commercial paper) by endorsement

ИНДОССАНТ endorser

~, последующий subsequent endorser

~, предыдущий previous (prior) endorser

ИНДОССАТ endorsee

ИНИЦИАТИВ/А initiative

~, законодательная legislative initiative (*см. тж* **ЗАКОНОДАТЕЛЬНАЯ ИНИЦИАТИВА**)

~, хозяйственная economic initiative

~, частная individual (private) initiative

выступать с ~ой come forward with (advance) an initiative

поддерживать ~у back (support) the initiative

◊ по собственной ~e on one's own initiative

ИНКАССАЦИЯ collection, encashment

~ векселей bill collection

~ выручки collection of sale proceeds

~ долгов collection of debts

~ страховых взносов collection of insurance premiums

ИНКАССИРОВАТЬ collect, encash

ИНКАССО collection [of payments]

~ векселя collection of a bill

~, документарное documentary collection

~ коммерческих документов collection of commercial papers

~ платежей collection of payments

~ против документов collection of documents

~ чеков collection of cheques

~, чистое clean (direct) collection

расходы по ~ collection charges

расчеты по ~ payments for collection

платить на ~ pay for collection

посылать документы на ~ send documents for collection

представлять на ~ present for collection

ИНКАССОВОЕ ПИСЬМО cash letter

ИНКАССОВОЕ ПОРУЧЕНИЕ collection letter, collection authorization, order for collection

ИННОВАЦИ/Я innovation

осуществлять ~и implement innovations

ИНСПЕКТИРОВАНИ/Е inspection

~, государственное government (state) inspection

~, правомочное lawful (legal) inspection

~, финансовое financial inspection

объект ~я object of inspection

порядок ~я order (procedure) of inspection

производить ~ conduct (make) inspection

ИНСПЕКТОР inspector, examiner

~, дорожный traffic warden

~, налоговый tax (revenue) inspector

~ страхового общества inspector of an insurance company

~, таможенный customs examiner (inspector)

~, финансовый revenue (tax) inspector (collector), assessor

ИНСПЕКЦИЯ 1. *(действие)* inspection 2. *(организация)* inspectorate, inspection board

~, государственная government (state) inspection

~, Государственная налоговая State Tax Inspectorate

~, налоговая tax inspectorate

~, областная налоговая regional tax inspectorate

~, таможенная customs inspection

~, торговая trade inspection

~, финансовая financial inspection

ИНСТАНЦИ/Я instance; authority

~, апелляционная court of appeal, court of appellate jurisdiction

~, высшая highest instance (authority)

~, высшая судебная court of last resort, highest judicial instance

~, законная court of jurisdiction

~, первая first instance

~, последняя highest (final) instance

~, последняя судебная court of last resort

~, судебная court of jurisdiction

суд высшей ~и higher court

суд низшей ~и lower court

суд первой ~и court of the first instance, trial court

суд последней ~и court of the last resort

обратиться в надлежащую ~ю report to a proper agency

обратиться в высшую ~ю refer to higher authority

передавать дело в вышестоящую ~ю refer a case to a higher authority

◊ в высшей ~и at the highest level

в низшей ~и at a lower level

по ~ям through official channels, round the departments

ИНСТИТУТ 1. (*установление*) institute 2. (*учреждение, учебное заведение*) institute, institution

~ банкротства institution of bankruptcy

~, государственно-правовой legal institution

~, инвестиционный institution of investment

~, конъюнктурный market research institute

~, кредитно-финансовый pecuniary institution

~, правовой legal institution

~, юридический law institute

ИНСТРУКЦИ/Я (*руководство*) manual; *pl.* (*указания*) instructions, directions, regulations, guidelines

~и, внутриведомственные in-house (internal) regulations (instructions)

~, должностная job description, duty instructions (regulations)

~и, министерские ministerial regulations

~и о платеже instructions for payment

~ о пользовании instruction for use

~и по эксплуатации operating (service) instructions

~, служебная office circular

~и, таможенные customs regulations

давать ~и give instructions (directions)

действовать в нарушение ~й act contrary to (contravene) instructions

действовать по ~и act in accordance (in conformity, in compliance) with instructions, act on instructions

следовать ~ям follow instructions

ИНСТРУМЕНТ *фин.* instrument

~, обращающийся negotiable instrument

~, финансовый financial instrument

ИНТЕГРАЦИЯ integration

~, постепенная progressive integration

~, региональная regional integration

~ российской экономики в мировую экономику integration of Russian economy into the global economy

~, экономическая economic integration

ИНТЕЛЛЕКТУАЛЬНАЯ ДЕЯТЕЛЬНОСТЬ intellectual activity
результаты интеллектуальной деятельности results of intellectual activity

ИНТЕЛЛЕКТУАЛЬНАЯ СОБСТВЕННОСТЬ intellectual property

ИНТЕРВЕНЦИЯ intervention
~, валютная currency intervention
~, рыночная market intervention
~ с целью поддержания курса support intervention
~ Центрального Банка Central Bank['s] intervention

ИНТЕРЕС interest
~ы, ведомственные departmental interests
~ы, государственные interests of the state, public interests
~ы, деловые business interests
~, денежный pecuniary interest
~, законный legal (legitimate, lawful) interest
~ы, имущественные property interests
~, инвестиционный investment interest
~ы, коммерческие commercial interests
~, корыстный selfish interest, self-interest
~, личный personal interest
~ы монополий interests of monopolies
~ы, национальные national interests

~, обеспечительный secured (security) interest
~ы, общественные social (public) interests
~ы, охраняемые законом interests protected by a law (by a statute)
~ы, противоречивые conflicting (colliding) interests
~ы, социальные social interests
~, страховой insurable interest (см. тж **СТРАХОВОЙ ИНТЕРЕС**)
~ы, экономические economic interests
~ы юридического лица interests of a legal person
защита [своих] ~ов defence of [one's] interests
выражать ~ы express interests
гарантировать ~ы guarantee interests
действовать в ~ах act on behalf of (in the interests of)
затрагивать ~ы affect interests
защищать ~ы protect (defend) the interests
использовать в своих ~ах use to one's advantage
нарушать ~ы кого-л. violate the interests of smb
обеспечить свои ~ы protect one's interests; ensure one's interests
осуществлять защиту ~ов engage in protection of interests
отстаивать ~ы uphold interests
представлять ~ы represent interests
представлять взаимный ~ be of mutual interest
представлять ~ы юридического лица represent the interests of a legal person

противоречить ~ам contradict (violate, run counter to, be contrary to) the interests
утратить ~ lose interest
учитывать ~ы take into account the interests
ущемлять ~ы infringe upon interests

◊ в личных ~ах for private gain
в общих ~ах in common interests

ИНФЛЯЦИОННАЯ СПИРАЛЬ inflationary spiral; wage-price spiral
ИНФЛЯЦИ/Я inflation
~, безудержная uncontrolled (galloping) inflation
~ бумажных денег paper money inflation
~, вызванная избыточным спросом demand[-pull] inflation
~, кредитная credit inflation
~, неуправляемая uncontrolled (runaway) inflation
~, ожидаемая anticipated (expected) inflation
~, ползучая creeping inflation
~ потребительских цен consumer price inflation
~, связанная с ростом налогов tax-push inflation
~, связанная с чрезмерной эмиссией наличных денег inflation of currency
~, скрытая hidden (latent) inflation
~ спроса demand[-pull] inflation
~, хроническая chronic inflation
вызывать ~ю cause inflation
контролировать ~ю control (curb, contain) inflation
сдерживать ~ю restrain (curb) inflation
ИНФОРМАЦИ/Я information

~, внутренняя internal information
~, деловая business information
~, достоверная accurate (reliable) information
~, засекреченная secret (confidential) information
~ из первоисточника first-hand (inside, source) information
~, коммерческая commercial information
~, конфиденциальная confidential information
~, ложная false information
~, надежная reliable information
~, недостаточная insufficient (incomplete) information
~, недостоверная unreliable (inadequate) information
~, необходимая necessary information
~ о деятельности общества information about the activity of a company
~ о кредитоспособности credit information
~ о состоянии денежных средств на счете information on the state of funds on the account
~ о товаре information on the goods
~ о товаре, предназначенном к продаже information on the goods proposed (offered) for sale
~, официальная official information
~, охраняемая коммерческая protected commercial information
~, полезная useful (valuable) information
~, секретная confidential (classified) information
~, составляющая служебную или коммерческую тайну infor-

mation constituting an employment (a service) or commercial secret

~, ценная valuable information

~, юридическая legal information

искажение ~и distortion of information

конфиденциальность ~и confidentiality of information

неполнота ~и incompleteness of
information

предоставление ~и о товаре provision (supply) of product information

обмениваться ~ей exchange information

обрабатывать ~ю process information

оценивать ~ю assess (evaluate)
information

предоставлять ~ю provide (submit) information

разглашать ~ю disclose (divulge)
information

скрывать ~ю withhold information

ИНФРАСТРУКТУРА infrastructure

~, биржевая stock exchange infrastructure

~, инженерная engineering infrastructure

~, производственная production
infrastructure

~, развитая well-developed infrastructure

~, рыночная market infrastructure

~, транспортная transport infrastructure

~, финансовая financial infrastructure

ИПОТЕК/А mortgage

~ здания mortgage of a building

~ земельного участка pledge
(mortgage) of a land plot (parcel)

~, погашаемая в рассрочку
mortgage repayable by instalments

~ предприятия mortgage of an
enterprise

договор об ~е contract of mortgage, mortgage contract

закон об ~е statute (law) on mortgage

имущество, на которое установ-
лена ~ property on which a mortgage is established

регистрация ~и registration of
mortgage

уступка прав по договору ~и assignment of rights under a contract
of mortgage

устанавливать ~у на имущество
establish mortgage on property

ИСК claim, action, lawsuit, suit

~ акционеров к руководству
компании stockholders' derivative
action

~, вещный property suit, real action

~, встречный counter-claim,
cross-demand, cross-action

~, вытекающий из перевозки
груза claim stemming from shipment of cargo

~ государственного органа suit
of a government agency

~, гражданский civil action
(claim, suit)

~ из гражданского правонарушения action (claim) in tort

~ из договора action in contract

~ из страхования insurance
claim

~, имущественный claim of ownership

~ к администрации suit against
administration

~ о банкротстве bankruptcy proceedings

~ об изъятии товара suit for the taking of the goods; claim for confiscation of the goods

~ об удовлетворении требований suit for satisfaction of claims

~ об уплате долга payment claim

~ об установлении сервитута suit for the establishment (creation) of a servitude

~ о взыскании recovery suit

~ о взыскании долга debt claim, recovery suit

~ о возврате имущества lawsuit for the return of property

~ о возмещении убытков claim for damages, loss claim

~ о выкупе земельного участка для государственных нужд suit for the compulsory purchase (for the buy-out) of a land plot for state needs

~ о запрещении деятельности claim for prohibition of actions, petition to prohibit activity

~ о запрещении деятельности, создающей опасность причинения вреда suit for prohibition of actions creating a danger of inflicting damage

~ о нарушении требований законодательства action against violation of legislation

~ о ненадлежащем исполнении default claim

~ о ненадлежащем качестве работы suit for improper quality of work

~ о прекращении производственной деятельности suit for cessation (for termination) of production activity

~ о признании недействительным action for annulment

~ о признании прав action for declaration of rights

~ о признании сделки недействительной suit on the declaration (to declare) a transaction invalid

~ о признании торгов недействительными suit for the invalidity of an auction (to declare an auction invalid)

~ по векселю claim on a bill

~ по облигациям внутреннего валютного займа suit on internal currency bonds

~, судебный legal action, action at law

~и физических лиц actions of natural persons

возражение по существу ~a plea in bar

давность по ~у prescription (statute of limitation) for a suit

дело по ~у action

обоснование ~a argument in support of an action

отказ в ~e refusal of a suit, rejection of a petition

отклонение ~a dismissal of an action

повестка по ~у notice of action

предъявление ~a bringing an action to court

возбуждать ~ bring (enter, file, lay) an action (a charge), make (lodge, institute) a claim, make (lodge) a complaint, take a legal action

заявлять ~ run (file) a claim

обращаться с ~ом в суд apply (go) to court with an action (with a suit), refer a claim to court

оспаривать ~ contest (dispute) a claim

оставить ~ без рассмотрения leave a claim out of consideration отказать в ~e refuse (reject) a suit, deny (dismiss) a case

подать ~ file a claim (an action)

предъявлять ~ к *кому-л.* bring a suit (an action) against *smb,* take legal action against *smb*

предъявлять встречный ~ counterclaim

◊ по ~y under legal proceedings

ИСКЛЮЧЕНИ/Е (*изъятие*) exemption, exclusion; (*из текста*) deletion, elimination; (*из организации*) expulsion

~ из товарищества exclusion from a partnership

~ участников exclusion of participants

~ членов exclusion of members, suspension of membership

◊ без ~я without exception

в виде ~я as an exception

ИСКЛЮЧИТЕЛЬНАЯ КОМПЕТЕНЦИЯ exclusive competence

~ наблюдательного совета exclusive competence (powers) of the supervisory board

~ общего собрания акционеров exclusive competence (powers) of the general meeting of shareholders (of stockholders)

~ совета директоров exclusive competence (powers) of the board of directors

определять исключительную компетенцию determine exclusive competence (powers)

ИСКЛЮЧИТЕЛЬНАЯ ЮРИСДИКЦИЯ exclusive jurisdiction

ИСКЛЮЧИТЕЛЬНОЕ ПРАВО exclusive right, sole right

ИСКОВАЯ ДАВНОСТЬ limitation [of action]

истечение срока исковой давности expiration of the [time] limitation

перерыв течения срока исковой давности interruption of the running of the limitation period

применение исковой давности application of limitation of action

приостановление течения срока исковой давности suspension of the running of the limitation period

срок исковой давности period of limitation, limitation period, time of prescription

срок исковой давности при перемене лиц в обязательстве limitation period in case of change of persons in an obligation

течение срока исковой давности running of the time of limitation of action

ИСПОЛНЕНИ/Е execution, fulfilment, performance, implementation

~ арбитражных решений enforcement of arbitration awards

~ бюджета administration (implementation) of a budget

~ в натуре specific performance

~, встречное (*обязательства*) reciprocal performance

~ договора performance (execution, fulfilment) of a contract

~ договора подряда performance of a work contract

~, досрочное early performance (execution, fulfilment)

~ заказа execution of an order

~ законов observance of laws

~ комиссионного поручения performance (fulfilment) of a commission

~ контракта execution (implementation, fulfilment) of a contract

~ к строго определенному сроку performance at (fulfilment by) a strictly defined time

~, надлежащее proper execution

~, ненадлежащее improper execution

~ обязанностей, ненадлежащее improper fulfilment of obligations (performance of duties)

~ обязательств performance of obligations

~ обязательства в натуре performance of an obligation in kind

~ обязательства, досрочное early performance of an obligation

~ обязательства за счет должника performance of an obligation at the expense of a debtor

~ обязательства, надлежащее proper performance of an obligation

~ обязательства, обеспеченного залогом performance of an obligation secured by a pledge

~ обязательства, обеспеченного поручительством performance of an obligation secured by surety

~ обязательства по частям performance of an obligation in parts

~ плана execution (implementation, fulfilment) of a plan

~ поручения execution of an order, performance of a delegated task

~ по ценной бумаге performance on commercial paper and securities

~ решения execution (fulfilment) of a decision

~ решения арбитража enforcement of an arbitration award

~ служебных обязанностей fulfilment of official obligations (duties)

~ солидарной обязанности одним из должников performance of a joint and several obligation by one of the debtors

~ судебного решения execution of a judicial decision (of court judgement), enforcement of court judgement

~ указаний fulfilment (performance) of instructions

~, частичное part (partial) performance

возмещение расходов на ~ поручения compensation for expenditures on performance of a commission

досрочное ~ обязательств early performance (fulfilment) of obligations

задержка ~я delay in performance (in fulfilment)

невозможность ~я обязательства impossibility of execution (of performance) of an obligation

ограничение ответственности за ненадлежащее ~ обязательства limited liability for improper performance of an obligation

освобождение от ~я обязательств exemption from performance of obligations

ответственность за ненадлежащее ~ обязательства liability for improper performance of an obligation

отказ от ~я обязательства refusal to perform an obligation

отсрочка ~я обязательства postponement of performance of an obligation передоверие ~я поручения transfer of performance of a commission

прекращение ~я обязательств termination of obligations

проверка ~я control of execution (of performance)

просрочка ~я delay in performance

срок ~я time for performance, term of fulfilment

возлагать ~ обязательства на *кого-л.* place (impose) performance of an obligation on *smb*

освобождать от ~я обязательств free from performance of obligations, release from performance of duties

отсрочить ~ решения postpone execution (fulfilment) of a decision

отстранять от ~я обязанностей remove from the performance of obligations

передать ~ поручения *кому-л.* delegate the performance of a task to *smb*

подлежать ~ю be subject to performance, have to be performed

предъявлять к ~ю present for execution (for performance)

привлечь *кого-л.* к ~ю involve *smb* in the performance

приводить в ~ carry out, execute; enforce

приступать к ~ю обязанностей come into (enter upon, take) office

◊ во ~ in the fulfilment (performance) of; in pursuance of

в обеспечение ~я to secure performance, as security for performance

по ~и upon performing, upon fulfilment

при ~и служебных обязанностей in discharge of duties, when on duty

ИСПОЛНИТЕЛЬ performer, executor

~, непосредственный direct performer

~, судебный officer of justice, law-enforcement officer, executor (*см. тж* **СУДЕБНЫЙ ИСПОЛНИТЕЛЬ**)

ИСПОЛНИТЕЛЬНАЯ НАДПИСЬ endorsement of execution, executive endorsement, execution notation

~ нотариуса endorsement of execution [notation] of a notary

ИСПОЛНИТЕЛЬНОЕ ПРОИЗВОДСТВО execution of judgement, court enforcement action

~ в отношении имущества execution against property

ИСПОЛНИТЕЛЬНЫЙ ЛИСТ writ of execution

ИСПОЛНИТЕЛЬНЫЙ ОРГАН executive body, executive organ

~ акционерного общества executive body of a company

компетенция исполнительного органа competence of an executive body

образование исполнительных органов formation of executive bodies

полномочия исполнительных органов powers of executive bodies

ИСПОЛЬЗОВАНИ/Е use, utilization, application

~ автоматов (*торговых*) use of vending machines

~, безопасное safe use

~ валютных резервов drawing on foreign exchange reserves

~ в корыстных целях use for self-serving reasons

~ в соответствии с целевым назначением use in accordance with intended purposes (with its purpose)

~ деловой репутации use of business reputation

~ денежных средств application of funds

~, законное lawful (fair) use

~ земельного участка use of a land plot (parcel)

~ земли use of land, land use

~ иностранной валюты use of foreign currency

~ иностранной валюты при осуществлении расчетов use of foreign currency in the making of payments (for settling accounts)

~ коммерческого опыта use of commercial experience

~ кредита не по прямому назначению use of credit for other than specified purpose

~, личное personal use; personal application

~ материальных ресурсов use (utilization) of material resources

~ , ненадлежащее improper use

~ не по прямому назначению use for other than specified purpose

~, неправомерное improper (wrongful) use

~, полное full use

~ по прямому назначению use for the specified purpose

~, преступное criminal use

~ прибыли appropriation of profits

~, рациональное rational use

~ резервного фонда use of the reserve fund

~ резервов drawing on reserves

~ служебного положения jobbery

~, совместное joint use

~ средств application of funds

~ суммы займа use of the amount of a loan, application of the sum of a loan

~ транспортных средств use of transport means

~ финансовых ресурсов use (utilization) of financial resources

~, целевое use for the purpose, special purpose application

~, частичное partial use

~, эффективное effective use

исключительное право ~я exclusive right to the use

контроль за целевым ~ем supervision of the use for the purpose, control of the special purpose application

территория ~я territory of use

прекратить ~ stop (cease) the use

◊ в процессе ~я in the process of use

ИСПРАВЛЕНИ/Е correction; *бухг.* adjustment

~ баланса adjustment of the balance sheet

~ дефекта correction of a defect

~ записи correction of a record; adjustment of a record

~ недостатков correction of shortcomings; correction of defects

~ ошибки correction of an error

~ счета adjustment of an account

вносить ~я enter (introduce) amendments, make corrections

ИСПРАВНОСТ/Ь order, repair, soundness

~ имущества soundness (working order) of property

~ приборов и оборудования good repair (good working order) of instruments and equipment

проверка ~и имущества verification of soundness (of the working order) of property

◊ в ~и in good repair, in working order

ИСПЫТАНИ/Е test[ing]

~я, аттестационные certification tests

~я, государственные state testing

~я, заводские factory (works, shop) tests (trials)

~я, предварительные preliminary testing

~я, приемочные acceptance (inspection, taking-over) tests

~ , производственное production test[ing]

проводить ~я carry out (make) tests

ИССЛЕДОВАНИ/Е examination, investigation, research

~ конъюнктуры рынка market investigation

~ на основе прецедентов case study

~я, научные scientific research, scientific-research work

~, финансовое financial study

~я, фундаментальные fundamental (basic, pure) research

проведение ~я conduct of (performing) research

проводить ~я carry out (conduct, make) investigations

ИСТ/ЕЦ plaintiff, claimant

быть ~цом в суде be (appear) a plaintiff in court

выступать в качестве ~ца sue

выступать в качестве адвоката ~ца represent the plaintiff

ИСТЕЧЕНИ/Е (*о сроке*) expiry, expiration

~ гарантийного срока expiration (expiry) of a guarantee period

~ действия лицензии expiration of the term (of the period) of effectiveness (of validity) of a licence

~ льготного срока expiration of a grace period

~ периода времени expiration of a time interval (of a period of time)

~ срока expiry of a period, expiration of time (of a term, of a period)

~ срока давности lapse of time

~ срока действия договора expiration (expiry) of a contract

~ срока доверенности expiration of the term (termination) of the power of attorney

~ срока исковой давности expiration (expiry) of the period of limitation

~ срока, определенного договором expiration of the time determined by the contract (of the term specified in the agreement)

~ срока полномочий expiration of the term of office

◊ по ~и срока on (upon) expiration (expiry) of time (of a period)

ИСТОЧНИК source

~ валютных поступлений foreign exchange earner

~и денежных средств sources of cash

~ дохода source of income (of revenue)

~, законный legitimate source

~и, институциональные institutional sources

~ накопления source of accumulation

~ налога tax source

~, незаконный illegitimate source

~ повышенной опасности source of increased (enhanced) danger, source of increased hazard

~ финансирования source of financing (of finance)

~и финансирования, внебюджетные off-budget (extra-budgetary) sources of financing

~и финансирования, внутренние internal funding sources

~и формирования уставного фонда sources for forming (of formation of) the charter fund

~и, частные personal sources

ИСТРЕБОВАНИЕ demand; vindication

~ имущества из [чужого] незаконного владения recovery (vindication) of property from the unlawful possession [of another]

~ имущества от добросовестного приобретателя recovery of property from a good faith purchaser

~ оплаты (*счета, векселя*) bill enforcement

~ приобретенного товара у покупателя taking (confiscation) of the acquired goods from the buyer

ИСЧИСЛЕНИ/Е calculation, estimation, evaluation, assessment

~ гарантийного срока calculation (computation) of a guarantee (of a warranty) period

~ налога calculation of a tax, tax assessment

~ процентов calculation of interest

~ размера претензии assessment of a claim

~ расходов calculation (computation) of expenditures

порядок ~я налога procedure for tax calculation

ИТОГ result; (*общая сумма*) total, aggregate amount

~и голосования results of voting

~ деятельности за год results of the company's activities for the year

~ и переговоров results of negotiations

отчет об ~ах голосования report on the results of voting

протокол об ~ах голосования protocol on results of voting

оглашать ~и голосования announce the results of voting

подводить ~ summarize, total

◊ в ~е as a result, on balance, on the whole

по ~ам деятельности за год on the results of activities for the year

К

КАБАЛЬНАЯ СДЕЛКА bondage transaction

недействительность кабальной сделки invalidity of a bondage transaction

КАДАСТР cadastre, register

~, земельный land cadastre (register)

КАДР/Ы personnel, staff

~, высококвалифицированные highly-qualified (highly-skilled) personnel

~, научные scientific personnel (manpower)

~, руководящие managerial personnel, management, executives

текучесть ~ов staff turnover

КАЗЕННОЕ ПРЕДПРИЯТИЕ treasury enterprise

~, федеральное federal treasury enterprise

имущество казенного предприятия property attached to a treasury enterprise

ликвидация казенного предприятия liquidation of a treasury enterprise

права казенного предприятия на имущество, закрепленное за ним rights of a treasury enterprise to the property secured (allocated) to it

распоряжение имуществом казенного предприятия disposition of property of a treasury enterprise

распределение доходов казенного предприятия distribution of the income of a treasury enterprise

реорганизация казенного предприятия reorganization of a treasury enterprise

субсидиарная ответственность по обязательствам казенного предприятия subsidiary liability for the obligations of a treasury enterprise

КАЗН/А treasury

~ автономного округа treasury of an autonomous district

~ автономной области treasury of an autonomous region (province)

~ города федерального значения treasury of a city of a Federal significance

~, государственная state treasury

~ края treasury of a territory

~ муниципального образования treasury of a municipal formation

~ области treasury of a region (of a province)

~ республики в составе Российской Федерации treasury of a republic within the Russian Federation

~ Российской Федерации treasury of the Russian Federation

~ субъекта РФ treasury of the subject of the Russian Federation

~, федеральная federal treasury

◊ за счет ~ы at the expense of the treasury

КАЗНАЧЕЙ treasurer

КАЗНАЧЕЙСТВО treasury

~, федеральное federal treasury

КАЛЕНДАРНАЯ ОЧЕРЕДНОСТЬ chronological order, calendar sequence

КАЛЬКУЛЯЦИЯ calculation, estimation; costing

~ издержек cost accounting; costing

~ расходов calculation of costs (of expenses)

~ стоимости costing

~ цен pricing, price calculation

КАМЕРА chamber

~, автоматическая automatic locker

~ хранения check-room, storage locker

КАНАЛ channel

~ы, банковские banking channels

~ы, официальные official channels

~ы распределения distribution channels

~ы сбыта sales channels

~ы связи communication channels

~ы снабжения supply channels

~ы, торговые trade channels

КАНДИДАТ candidate, nominee; (*претендент на должность и т.п.*) applicant

~ в депутаты nominee

~ в наблюдательный совет candidate for the supervisory board

~ в ревизионную комиссию candidate for the auditing commission

~ в совет директоров candidate for the board of directors

~ на пост губернатора candidate for governor

~ на пост президента candidate for the presidency

выдвижение ~ов nomination of candidates

выдвигать ~ов nominate (propose) candidates

регистрировать ~ов register candidates

КАНДИДАТУР/А candidature, candidacy; candidate, nominee

~ы для голосования candidates for election

~ на должность председателя Конституционного суда candidate (candidacy) for the position (for the post) of chairman of the Constitutional Court

список кандидатур list of candidates

выдвигать ~у put up a candidate

отклонять ~у reject a candidate

поддерживать ~у second (support) candidacy (nomination)

КАПИТАЛ capital, assets; equity

~, авансированный advanced capital

~, акционерный share (stock, equity) capital

~, банковский banking capital

~, денежный monetary (money) capital

~, заемный borrowed (loan) capital

~, законный legal capital

~, замороженный frozen capital

~, инвестированный invested capital

~, иностранный foreign (outside) capital

~, краткосрочный short-term capital

~, краткосрочный спекулятивный short-term speculative capital

~, ликвидный liquid (available) capital

~, мертвый dead (idle) capital

~, накопленный accumulated capital

~, наличный available capital

~, начальный start-up capital

~, неоплаченный unpaid capital

~, оборотный circulating (working, current) capital

~, оплаченный paid-up (paid-in) capital

~, основной fixed (capital) assets, fixed capital

~, паевой share capital

~, привлеченный outside (debt) capital, outside funds

~, промышленный industrial capital

~, резервный reserve capital

~, ростовщический usury (moneylender's) capital

~, складочный contributed capital (см. тж **СКЛАДОЧНЫЙ КАПИТАЛ**)

~, собственный акционерный owner's equity

~, совокупный aggregate capital

~, спекулятивный speculative capital

~, ссудный loan capital, loanable funds

~, торговый commercial (trading, mercantile) capital

~, уставный charter (authorized, registered) capital (*см. тж УСТАВНЫЙ КАПИТАЛ*)

~, уставный, разделенный на доли charter capital divided (broken down) into shares

~, финансовый financial capital

~, частный private capital

концентрация ~a concentration of capital

приращение ~a increase in (growth of) capital

приток ~a inflow of capital

размер ~a amount of capital

состав складочного капитала composition of the contributed capital

увеличение уставного ~a increase of the charter capital

уменьшение уставного ~a decrease in (reduction of) the charter capital

ассигновывать ~ allocate capital

инвестировать ~ invest capital

наращивать ~ accumulate capital

оплачивать уставный ~ pay the charter capital

оплачивать уставный ~ наполовину pay half of the charter capital

привлекать ~ attract capital

расходовать ~ spend (expend) capital

КАПИТАЛИЗАЦИЯ capitalization

~ долга debt capitalization

~ компании, рыночная market capitalization

~ платежей capitalization of payments

~ повременных платежей capitalization of periodic payments

~ прибыли capitalization of earnings

~ резервов capitalization of reserves

~, рыночная market capitalization

КАПИТАЛИЗИРОВАТЬ capitalize

КАПИТАЛОВЛОЖЕНИЯ [capital] investment, outlay

~, большие high investment

~ в проект investment in a project

~, государственные public (government) investment

~, иностранные foreign investments

~, освобожденные от налогов tax-free investment

~, плановые planned investment

~, правительственные government investments

~ предприятий business investment

~, прибыльные remunerative investment

~, прямые direct investment

~, совокупные overall investment

~ фирмы company's investment

привлекать ~ attract investment

производить ~ make (carry out) investment

увеличивать ~я increase (promote) investment

КАССА 1. (*структурное подразделение*) cash office, cash department 2. (*наличные деньги в кассе предприятия*) cash [in hand]

~ банка counter of a bank

~, сберегательная savings bank

КАССАЦИОННЫЙ СУД cassation[al] court, court of cassation (of appeal), appellate court

КАССАЦИ/Я appeal, cassation

отклонение ~и dismissal (rejection) of an appeal (of a cassation)

подача ~и filing (lodging, submission) of an appeal (of a cassation) рассмотрение ~и consideration (examination) of an appeal (of a cassation)

удовлетворение ~и allowance (satisfaction) of an appeal (of a cassation)

отклонять ~ю dismiss (reject) an appeal (a cassation)

подавать ~ю enter (file, lodge, make) an appeal (a cassation), appeal

КАТАЛОГ catalogue

~, аукционный auction (sale) catalogue

~ продукции product catalogue

~, фирменный catalogue of a firm предоставление ~ов presentation of catalogues

выпускать ~ issue (produce) a catalogue

составлять ~ compile (make up) a catalogue

КАТЕГОРИ/Я (*разряд*) category, class

~ акций category of shares

~и выпускаемых акций categories of shares to be issued

~ заказчиков category of customers

~ заработной платы pay level

~ инвесторов class of investors

~ клиентов customer category

~ персонала grade

~ покупателей category of buyers

~ пользователей user class

~ потребителей category of consumers

КАЧЕСТВ/О quality

~ выгруженного товара landed quality

~ выполняемых работ quality of the work done (of the work performed)

~, высокое high quality

~, гарантированное guaranteed quality

~ изготовления quality of manufacture

~, коммерческое marketable quality

~, надлежащее proper quality

~, ненадлежащее low (inferior) quality

~, неудовлетворительное unsatisfactory (poor) quality

~, низкое low (poor) quality

~, нормативное standard quality

~, однородное uniform quality

~ оказываемых услуг quality of the services provided (of the services rendered)

~ партии изделий quality of a lot

~ продукции, надлежащее proper quality of production

~ работы quality of operation (of performance)

~, справедливое среднее fair average quality

~ товара quality of goods (of products)

~, удовлетворительное satisfactory quality

гарантия ~а guarantee of quality

давность по искам о ненадлежащем ~е работы limitation (prescription) for suits on improper quality of work

несоответствие ~а nonconformity (noncorrespondence) of quality

ответственность за ~ работы responsibility (liability) for the quality of work

проверка ~а (*товара, работы*) verification of (check on) quality (*of the goods, of work*)

сертификат ~а certificate of quality

соответствие ~a conformity (correspondence) of quality

товар ненадлежащего ~a goods of improper quality

товар, не соответствующий условию договора купли-продажи о ~e goods which do not correspond to the condition of a contract of sale on (regarding) quality

требования к ~y requirements for the quality

ухудшение ~a работы worsening of the quality of work

гарантировать высокое ~ guarantee high quality

контролировать ~ control quality

оценивать ~ evaluate (assess) quality

повышать ~ improve (upgrade) quality

проверять ~ (*товара, работ*) verify (check, examine) the quality (*of the goods, of work*)

соответствовать ~y conform to the quality

КВАЛИФИКАЦИОННЫЙ АТТЕСТАТ certificate of competence

КВАЛИФИКАЦИ/Я qualification; skill; expertise

~ персонала qualifications of personnel

~, предварительная preliminary qualification

~ работников skills of employees (of workers)

~ участников конкурса qualification of participants of a competition

~ экипажа qualifications of a crew

повышение ~и raising of the skills (of qualification) of employees, advanced training of workers

повышать ~ю improve one's skill, raise (improve) one's qualification

КВАРТАЛ quarter

~ года quarter of a year

~, календарный calendar quarter

КВАРТИР/А apartment, flat

~, коммунальная communal flat

~, кооперативная co-op apartment

~, приватизированная privatized flat

залог ~ы pledge of an apartment

передача ~ы по договору пожизненного содержания с иждивением transfer of an apartment under a contract of lifetime support with maintenance

приобретение права собственности на ~y acquisition of the right of ownership to an apartment

КВИТАНЦИ/Я receipt, quittance

~, багажная baggage [claim] check

~ банка bank deposit receipt

~, грузовая goods receipt, consignment note

~, именная сохранная named storage receipt

~ об оплате receipt, payment slip

~ об уплате долга receipt of discharge

~ об уплате суммы receipt of payment of a sum

~ о подписке subscription receipt

~, складская warehouse receipt

~, сохранная deposit receipt

выдача ~и issuance of a receipt

предъявлять ~ю present (submit) a receipt

КВОРУМ quorum

~ общего собрания акционеров quorum at a general shareholders' meeting

отсутствие ~a absence of a quorum

иметь ~ have a quorum

определять ~ determine a quorum
собирать ~ reach a quorum

КВОТ/А quota

~, ежегодная annual quota

~, закупочная buying quota

~, импортная import quota

~, инвестиционная investment ratio

~, налоговая tax quota

~, экспортная export quota

ограничение квот quota restrictions

выбирать ~у take up a quota

отменять ~ы abolish quotas

превышать ~у exceed a quota

распределять ~ы allocate quotas

устанавливать ~ы establish (fix) quotas

КВОТИРОВАНИЕ allocation, quoting

~ валюты allocation of currency

~ импорта import allocation

~ кредитов restrictions on borrowing

~ экспорта продукции export allocation

КИБЕРПРЕСТУПНОСТЬ criminal cybernetics

КЛЕЙМО brand, marking; stamp, seal

~, государственное пробирное state standard (assay) mark

~, заводское manufacturer's mark

КЛИЕНТ client, customer; *страх.* risk

~ы банка bank clients

~ы, корпоративные corporate clients

ограничение прав ~а распоряжаться денежными средствами на счете limitation of the rights of a client to dispose of the monetary funds on the account

права ~а rights of a client

привлечение ~ов attraction of clients

отталкивать ~ов alienate clients

привлекать ~ов attract clients

КЛИЕНТУРА clientele, clients, customers

КНИГ/А book

~, актовая documentary book

~, бухгалтерская account (financial) book; ledger

~ векселей bill book

~ жалоб complaint book; request book

~ заказов order book

~ записей book of entries, register

~ записи залогов book for recording pledges, register of pledges, pledge registry

~ регистрации актов гражданского состояния book for the registration of acts of civil status

~ учета акций stock ledger

~ учета депозитов deposit ledger

~ учета издержек cost ledger

~ учета платежей paying-in book

~ учета подписки на акции subscription ledger

~ учета товаров shopbook

вести ~у записей keep a book for recording, keep a register

КНИЖКА book

~, банковская bank book, paying book

~ , депозитная deposit book

~, расчетная passbook, pay-book

~, сберегательная savings [bank] book (*см. тж* СБЕРЕГАТЕЛЬНАЯ КНИЖКА)

КОД code

~ города, телефонный area code

~ заказа order book

~, почтовый postal code

~, служебный service abbreviations

~ товара product code

~, штриховой bar code

КОДЕКС code, statute book

~, гражданский civil code

~, дисциплинарный code of discipline, disciplinary code

Кодекс, Единый Торговый Uniform Commercial Code

~ законов о труде labour code

~, земельный land code

~, налоговый tax code; revenue code

~ об административных правонарушениях code of administrative violations

~ поведения code of conduct

~, профессионально-этический code of professional ethics

~, таможенный customs code

~, транспортный transport code

~, уголовный criminal code

КОДИФИКАЦИЯ codification

КОЛИЧЕСТВ/О quantity, amount

~ акций quantity of shares

~ валюты amount of currency

~ выпущенной продукции output quantity

~ груза quantity of cargo (of freight)

~ денег sum (amount) of money

~, контрактное contract quantity

~, недопоставленное undersupplied quantity, shortage in quantity

~, недостающее missing (lacking, short) quantity

~, общее full (general, total) quantity, general (total) number

~, ограниченное limited quantity

~, предусмотренное договором quantity indicated in (provided by) the contract, amount specified in the contract

~ товара quantity of goods (of products)

~ товара в денежном выражении quantity of goods as a monetary expression

~ товара в единицах измерения quantity of goods in accordance with (in appropriate) units of measurement

проверка ~а verification of the quantity

сокращение ~а reducing the quantity (the number)

восполнить недопоставленное ~ make up for the undersupplied quantity, make up the shortage in quantity

проверить ~ товара verify the quantity of goods

◊ сверх запланированного ~а in excess of the quantity

сверх предусмотренного ~а above the quantity indicated, over the amount specified

КОЛЛЕГИЯ collegium, board

~ адвокатов the bar; *амер.* the bar association

~, апелляционная board of appeals

~, арбитражная board of arbitration

~ присяжных заседателей the jury

~, судейская judicial assembly, court chamber

~ Федеральной комиссии по ценным бумагам collegium of the Federal Securities Commission

КОЛЛЕКТИВ collective, body; personnel, staff

~ акционеров body of shareholders

~, производственный production collective

~, трудовой labour (work) collective (*см. тж* ТРУДОВОЙ КОЛЛЕКТИВ)

КОЛЛИЗИОННАЯ НОРМА conflict rule

КОЛЛИЗИОННОЕ ПРАВО conflict of laws

КОЛЛИЗИЯ conflict
~ интересов conflict of interests
~ норм conflict of laws
~ правовых норм conflict of laws
~ притязаний conflict of claims
~ товарных знаков trademark conflict
~ юрисдикций jurisdictional conflict

КОМИССИОНЕР commission agent

КОМИССИОННОЕ ВОЗНАГРАЖДЕНИЕ commission, commission fee, commission remuneration, compensation
размер комиссионного вознаграждения amount of compensation (of remuneration)
выплачивать ~ pay commission (remuneration)

КОМИССИОННОЕ ПОРУЧЕНИЕ commission, commission delegated task, commission authorization

КОМИССИ/Я 1. (*комитет*) commission, committee 2. (*комиссионное вознаграждение*) commission; (*комиссионный сбор*) commission, fee, charge
~, арбитражная arbitration commission (committee)
~, аттестационная certifying commission
~, банковская bank (banker's) commission; bank charges
~, биржевая арбитражная stock exchange arbitration commission

~, брокерская brokerage, broker's fee (commission)
~, бюджетная budget commission (committee)
~, временная interim commission
~, государственная state (government) commission
~, законодательная legislative commission
~, закупочная purchasing commission
~ за обязательство предоставить кредит commitment fee (commission)
~ за предоставление ссуды charge for credit, loan origination fee
~ за продажу *бирж.* selling brokerage
~ за услуги commission for services; negotiation commission
~, конкурсная competition commission (*см. тж* КОНКУРСНАЯ КОМИССИЯ)
~, контрольная control commission (committee)
~, конфликтная conflict of interests committee
~, ликвидационная liquidation commission (*см. тж* ЛИКВИДАЦИОННАЯ КОМИССИЯ)
~, мандатная credentials committee
~, наблюдательная supervisory committee
~, парламентская parliamentary committee (commission)
~ по расследованию commission of inquiry
~ по рынку ценных бумаг, Федеральная Federal Commission on the Securities Market (Federal Securities Commission)

~, посредническая mediation committee

~, постоянная standing (permanent) commission (committee)

~ по трудовым спорам labour disputes commission

~, правительственная government commission (committee)

~, ревизионная auditing committee (commission) (*см. тж* **РЕВИЗИОННАЯ КОМИССИЯ**)

~, следственная investigating committee, court of inquiry

~, согласительная conciliation commission

~, согласованная agreed commission

~, счетная counting commission

~, экспертная commission of experts

договор ~и contract of commission agency, commission agreement

заключение ~и conclusion (opinion) of a commission

назначение ликвидационной ~и appointment of a liquidation commission

образование ~и formation of a commission

брать на ~ю take on commission (on sale)

взимать ~ю charge a commission

входить в состав ~и be included in a commission

назначать ~ю appoint (set up) a commission

КОМИТЕНТ commission principal, client, consignor

КОМИТЕТ committee, commission

~, антимонопольный antimonopoly committee

~, арбитражный arbitration committee

~, бюджетный budget committee

~, государственный state committee

~, Государственный таможенный State Customs Committee

~, забастовочный strike committee

~, земельный land committee

~, исполнительный executive committee (board)

~, налоговый tax commission

~, объединенный joint committee

~ по бюджету budget committee

~, подготовительный preparatory committee

~, правительственный government committee

~, финансовый financial committee

~, юридический committee on legal questions

КОММАНДИТИСТ limited partner

КОММАНДИТНОЕ ТОВАРИЩЕСТВО limited partnership

КОММЕРЧЕСКАЯ КОНЦЕССИЯ franchise, commercial concession

договор коммерческой концессии contract of franchise, commercial concession agreement

КОММЕРЧЕСКАЯ ОРГАНИЗАЦИЯ commercial organization

банкротство коммерческой организации bankruptcy of a commercial organization

ликвидация коммерческой организации liquidation of a commercial organization

право собственности коммерческой организации right of ownership of a commercial organization

правоспособность коммерческой организации legal capacity of a commercial organization учредительные документы коммерческой организации founding documents of a commercial organization

фирменное наименование коммерческой организации firm name of a commercial organization

формы коммерческих организаций forms of commercial organizations

КОММЕРЧЕСКАЯ СУБКОНЦЕССИЯ commercial subconcession, commercial subfranchise

КОММЕРЧЕСКАЯ ТАЙНА business (commercial) secret

разглашать коммерческую тайну disclose (divulge) a commercial secret

составлять коммерческую тайну constitute commercial secrecy (a commercial secret)

КОММЕРЧЕСКАЯ ЦЕННОСТЬ commercial value

~, действительная real commercial value

~, потенциальная potential commercial value

КОММЕРЧЕСКИЙ АКТ commercial act; commercial statute

КОММЕРЧЕСКИЙ КРЕДИТ commercial credit

КОММЕРЧЕСКИЙ ПОСРЕДНИК commercial intermediary

КОММЕРЧЕСКИЙ ПРЕДСТАВИТЕЛЬ commercial representative

действия в качестве коммерческого представителя actions in the capacity of a commercial representative

действовать в качестве коммерческого представителя act as a commercial representative

КОММЕРЧЕСКОЕ ОБОЗНАЧЕНИЕ commercial designation

изменение коммерческого обозначения change of a commercial designation

права на ~ rights to a commercial designation

КОММЕРЧЕСКОЕ ПРЕДСТАВИТЕЛЬСТВО commercial representation

КОМПАНИ/Я company, firm, business; partnership

~, акционерная joint-stock company

~, арендная leased company

~, арендно-лизинговая leasing company

~, ассоциированная associated company

~, государственная public (state) company

~ грузовых перевозок cargo carrier

~, дочерняя subsidiary (affiliated) company

~, инвестиционная investment company

~, иностранная foreign company

~, лизинговая leasing company

~, материнская parent company

~, монополистическая monopoly

~, национализированная nationalized company

~, незаконная illegal company

~, незарегистрированная unregistered company

~, офшорная offshore company

~, подконтрольная associated (subsidiary) company (*см. тж* **ПОДКОНТРОЛЬНАЯ КОМПАНИЯ**)

~, подставная front company

~, приватизированная privatized company

~, смешанная mixed company

~ с ограниченной ответственностью limited-liability company

~, страховая insurance company

~, строительная building (development) company

~, транспортная carrier, transport company

~, фиктивная bogus company

~, холдинговая holding company

~, частная private (proprietary) company

основывать, учреждать ~ю set up (establish) a company

КОМПЕНСАЦИ/Я compensation, reimbursement, indemnification

~, денежная monetary (money, pecuniary) compensation

~, законная legal (legitimate) compensation

~ за неиспользованный отпуск compensation for unused leave (unused vacation), compensation in lieu of vacation

~ затрат compensation of (for) expenditures

~ за убытки compensation for losses

~ за ущерб compensation for damage

~ издержек compensation for costs (for expenses)

~ материальных потерь compensation for material losses

~ морального вреда compensation for moral harm

~ потерь compensation for losses

~ расходов compensation for expenses (for costs)

~, соразмерная доле в общей собственности compensation corresponding to (commensurate with) one's share in the common ownership

~ убытков compensation (making up) for losses

размер ~и amount of compensation

выплачивать ~ю pay compensation (remuneration, indemnity); pay damages

КОМПЕТЕНЦИ/Я competence; (*полномочия*) authority, power, jurisdiction

~ арбитража competence of arbitration

~, исключительная exclusive competence (power) (*см. тж* ИСКЛЮЧИТЕЛЬНАЯ КОМПЕТЕНЦИЯ)

~ исполнительных органов competence of executive bodies (of executive organs)

~ муниципалитета municipal power, power of municipality

~ наблюдательного совета, исключительная exclusive competence of the supervisory board (of the supervisory council)

~ общего собрания акционеров competence (powers) of the general shareholders' meeting

~ органов управления competence of the governing bodies (of the bodies of management, of the agencies of administration)

~ парламента parliamentary power

~ ревизионной комиссии competence of the auditing commission

~ совета директоров competence of the company's board of directors

~ суда competence of court, court jurisdiction

~ учредительного собрания competence (powers) of the founding meeting пределы ~и limits of competence

входить в ~ю be (come, fall) within competence

выходить за пределы ~и be beyond competence

находиться в ~и общего собрания be within the competence of the general meeting

относить к исключительной ~и relegate (assign) to the exclusive competence (power)

относиться к ~и *кого-л.* fall within *smb's* competence

◊ в пределах ~и with competence

в рамках ~и within the limits of one's competence, within the framework of one's jurisdiction

КОМПЛАЙНС-КОНТРОЛЬ (*противодействие отмыванию незаконных доходов через банковские счета*) compliance control

КОМПЛЕКС complex; package

~, агропромышленный agro-industrial complex

~, военно-промышленный military-industrial complex

~ государственных мероприятий public package

~, жилищный housing (residential) complex

~, имущественный property system; property complex

~ исключительных прав system (set) of exclusive rights

~ мероприятий package (complex) of measures

~ мероприятий по реструктуризации долга debt-rescheduling package

~ мероприятий по финансированию financing package

~, перерабатывающий processing complex

~ услуг package of services

КОМПЛЕКТ complete unit, set; (*норма*) complement

~ векселей bills in a set

~ документов set of documents

~ мер бюджетно-налоговой политики fiscal mix

~ товаров complete unit of goods

~ услуг package of services

набор товаров в ~е selection of goods in a complete unit, set of goods in complement

товары, входящие в ~ goods included in a complete unit

включать в ~ include in a complete unit

входить в ~ be included in a complete unit, be included in (be part of) a complement, make up a whole

поставлять в ~е provide as a package

КОМПЛЕКТАЦИ/Я 1. (*действие*) making up a set 2. (*перечень*) list of equipment

~ товара make-up of goods

товар другой ~и goods of a different make-up

КОМПЛЕКТНОСТЬ completeness of a set, complete set (unit)

~ вещей по договору товарного кредита completeness of goods under a commodity credit agreement

~ имущества completeness of property

~ поставки delivery in complete sets

~ технической документации completeness of technical documentation

~ товара completeness of goods

определять ~ товара define completeness of goods, specify the full complement of goods

проверять ~ check for completeness

КОМПЛЕКТУЮЩЕЕ ИЗДЕЛИЕ component [part]; *pl.* constituent manufactures

гарантийный период на комплектующие изделия guarantee period for component parts

КОМПРОМИСС compromise [solution]

договариваться о ~e agree to a compromise

достигать ~a arrive at (reach) a compromise

КОМПЬЮТЕР computer

КОМПЬЮТЕРНЫЙ ВЗЛОМЩИК computer burglar

КОНВЕНЦИЯ convention

~ о двойном налогообложении double taxation convention

Конвенция Совета Европы об отмывании денег Council of Europe Convention on Money Laundering

~, таможенная customs convention, convention on tariffs

КОНВЕРСИЯ conversion

~ валюты currency conversion

~ государственных займов conversion of public loans

~ долга conversion of debts

~ займа conversion of a loan

~ краткосрочной задолженности в долгосрочную consolidation

~ промышленности industrial conversion

КОНВЕРТАЦИЯ conversion

~ акций в акции нового общества conversion of shares into shares of a new company

~ акций в иные ценные бумаги conversion of shares into other securities

~ валюты currency conversion

~ денежных средств conversion of money

~ облигаций в акции conversion of bonds into shares (into stocks)

~ привилегированных акций в обыкновенные акции converting preference shares into common shares

~, принудительная forced conversion

~ ценных бумаг в акции converting securities into shares

КОНВЕРТИРУЕМАЯ ВАЛЮТА convertible currency, hard currency

КОНКУРЕНТ competitor; rival

~, главный major competitor

~, деловой business rival

~, недобросовестный unfair competitor

~, потенциальный potential (would-be) competitor

~, торговый commercial rival

устранять ~ов undercut competitors

КОНКУРЕНТНЫЙ ЛИСТ competitive list

КОНКУРЕНТОСПОСОБНОСТ/Ь competitiveness, competitive capacity, competitive power

~ на мировых рынках competitiveness in the world market

~ продукции product competitiveness

~ товаров и услуг competitiveness of goods and services

~ товаров на внешних рынках competitiveness of goods in foreign markets

уровень ~и level of competitiveness

КОНКУРЕНЦИ/Я competition

~, добросовестная bona fide (fair) competition

~, жестокая severe (ruthless) competition

~, недобросовестная unfair competition

~, обостренная keen competition

~, открытая open (direct) competition

~, рыночная market competition

~, скрытая latent competition

~, торговая commercial competition

~, ценовая price competition (war)

ограничение ~и restriction (restraint) of competition

вступать в ~ю enter a competition

выдерживать ~ю stand (withstand, sustain) competition

создавать ~ю provoke competition

устранять ~ю eliminate competition

КОНКУРИРОВАТЬ compete, be in competition

КОНКУРС competition, contest; (*аукцион*) tender

~, закрытый closed competition; closed tender

~, инвестиционный investment tender

~, коммерческий commercial tender

~ на право пользования tender for the right to use

~ на размещение заказа competition for the placement of an order; call for tenders

~ на строительство construction tender

~, открытый open competition

~ по продаже акций tender for shares

~, приватизационный privatization competition

~, публичный public competition (*см. тж* **ПУБЛИЧНЫЙ КОНКУРС**)

заключение контракта по результатам ~а conclusion of a contract based on the results of a competition

организатор ~а organizer of a competition

отказ от проведения ~а refusal to hold a tender

победитель ~а winner of a competition

проведение ~а conduct (holding) of a competition

размещение заказа на поставку товара по ~у placement of an order for supply of goods by competition

условия проведения ~а conditions of the conduct of (of conducting) a competition

выиграть ~ win a competition

выиграть торги по ~у win a tender in a competition

отбирать по ~у select by competition

отменить ~ cancel a competition

принимать участие в ~е take part (participate) in a competition

размещать заказ по ~у place an order by competition

◊ по ~у in a competition, by competition

по результатам ~а on the results of a competition

КОНКУРСНАЯ КОМИССИЯ competition commission, auction commission

заключение конкурсной комиссии opinion of a competition (of an auction) commission

КОНКУРСНАЯ МАССА bankrupt's assets, bankrupt's estate, general assets of the proceedings, bulk of the estate put up for bidding

КОНКУРСНОЕ ПРОИЗВОДСТВО bankruptcy proceedings

КОНКУРСНОЕ УПРАВЛЕНИЕ bankruptcy administration, commission in bankruptcy

КОНКУРСНЫЕ ТОРГИ competitive bidding, competitive tender

КОНКУРСНЫЙ УПРАВЛЯЮЩИЙ ПРИ БАНКРОТСТВЕ bankruptcy claims administrator, bankruptcy commissioner, receiver

КОНОСАМЕНТ bill of lading
~, именной straight bill of lading
~, морской ocean (ship) bill of lading
~ на предъявителя bearer bill of lading, bill of lading to bearer
~, оборотный negotiable bill of lading
~, ордерный order bill of lading, bill of lading issued to order
~, сквозной through (transshipment) bill of lading
~ с оговорками (*о повреждении груза*) claused (foul) bill of lading
~, транспортный waybill, consignment note
~, чартерный charter bill of lading
~, чистый clean bill of lading
владелец ~a holder of a bill of lading
выписывать ~ draw up (issue) a bill of lading

КОНСЕРВАЦИЯ mothballing, temporary suspension

~ предприятия temporary closing down of an enterprise
~ строительства mothballing (temporary suspension) of construction

КОНСОЛИДАЦИЯ consolidation
~ акций consolidation of shares
~ долгов consolidation of debts
~ займов consolidation of loans
~ пакета consolidation of a package

КОНСОРЦИУМ consortium (*pl.* consortia), syndicate
~, банковский consortium of banks
~, биржевой stock-exchange consortium, market syndicate
~, закупочный purchase consortium
~, инвестиционный investment consortium
~, международный international consortium
~, финансовый finance syndicate
~, эмиссионный issue syndicate
образовывать ~ establish a consortium, form a syndicate

КОНСТИТУЦИОННОСТЬ constitutionality
~ актов constitutional basis of acts
~ закона constitutionality of a law

КОНСТИТУЦИ/Я constitution
~ Российской Федерации Constitution of the Russian Federation
действовать в рамках ~и act within the framework of the constitution
противоречить ~и contradict (run counter to) the constitution
соблюдать ~ю observe the constitution

КОНСУЛЬТАНТ consultant, adviser
~, инвестиционный investment consultant (adviser)

~ по вопросам налогообложения tax[ation] consultant (adviser)

~ по вопросам управления management consultant

~ по коммерческим вопросам business consultant

~ по финансовым вопросам financial adviser (consultant)

~ по юридическим вопросам legal adviser (consultant)

~, финансовый financial adviser (consultant)

КОНСУЛЬТАЦИ/Я 1. (*действие*) consultation, advising 2. (*совет*) advice 3. (*учреждение*) consultation office

~, всесторонняя comprehensive advice

~, квалифицированная qualified advice

~, юридическая legal consultation; legal advice

обратиться за ~ей к юристу consult the law

КОНТИНГЕНТ (*количество*) contingent, quota

~, валютный foreign exchange quota

~, импортный quota of imports

~ инвесторов investor base

~ клиентов client base

~, экспортный quota of exports

КОНТИНГЕНТИРОВАНИЕ 1. (*ограничение*) quantitative restriction 2. (*установление контингентов*) quantitative regulation

~ ввоза (импорта) quantitative regulation of imports

~ вывоза (экспорта) quantitative regulation of exports

~ эмиссии restriction of emission

КОНТРАБАНД/А contraband

заниматься ~ой smuggle goods, run contraband

конфисковать ~у confiscate (seize) contraband

КОНТРАГЕНТ [contract-]partner, counterparty, contracting party

КОНТРАКТ contract, agreement

~, внешнеторговый foreign trade contract

~, выгодный profitable (lucrative) contract

~, государственный state contract

~, долгосрочный long-term contract

~, краткосрочный short-term contract

~ купли-продажи sale [and purchase] contract

~ на выполнение подрядных работ для государственных нужд contract for the performance (for the fulfilment) of contract[ual] work for state needs

~ на оказание услуг contract for services

~ на поставку contract for supply

~ на поставку товаров для государственных нужд contract for the supply of goods for state needs

~ на строительство construction contract

~, недействительный void contract

~, незаконный illegal contract

~, оспоримый voidable contract

~, подрядный construction contract

~, правительственный government contract

~, рамочный frame[work] contract

~, срочный futures contract

~, форвардный forward contract

~, фьючерсный futures contract

аннулировать ~ cancel (terminate) a contract

выполнять ~ execute (perform, fulfil) a contract

нарушать ~ infringe (violate) a contract

КОНТРАКТАЦИ/Я contracting; procurement

договор ~и contracting agreement

КОНТРАКТНОЕ ОБЯЗАТЕЛЬСТВО contractual commitment

КОНТРОЛ/Ь control, check[ing]; verification; (*инспектирование*) supervision, inspection; *фин.* (*ревизия*) audit[ing]

~, административный administrative control

~, бюджетный budgetary control

~, валютный exchange (currency) control, currency regulation

~, внутриведомственный intradepartmental control

~, выборочный random (sampling) inspection; random (selective) control

~, государственный government (state) control; public (state) supervision

~ движения кредитных средств credit control

~ за выполнением законов control over the observation of laws

~ за выполнением решения control over the implementation of a decision

~ за выпуском продукции output control

~ за исполнением бюджета budget management

~ за качеством выполняемых работ supervision (control) over the quality of the work performed (done)

~ за расходами spending control

~ за соблюдением графика supervision of the observance of the schedule; control over the adherence to the schedule

~ за соблюдением сроков выполнения работ supervision of the observance of time limits for the fulfilment of the work, control over the adherence to times of completion

~ за соблюдением требований supervision of observance of requirements, control of adherence to requirements

~ за строительством control over construction

~ за финансово-хозяйственной деятельностью control over financial and economic activities

~ за ходом выполняемых работ supervision of the progress of the work done, control over the course of work

~ за целевым использованием суммы займа supervision of the use of the amount of loan for the purpose, control over the special purpose application of the sum of loan

~ за ценами price control

~ качества quality control

~, кредитный credit control

~, налоговый tax control

~, непрерывный continuous control, monitoring

~, оперативный operational control, on-line monitoring

~, пограничный border control

~, продовольственный food control

~, производственный supervision of manufacture, manufacturing supervision

~ сроков исполнения follow-up control

~, судебный judicial review

175

~, таможенный customs control

~, финансовый financial control

методы ~я inspection (control) methods

органы ~я bodies of supervision, organs of control

порядок осуществления ~я procedure for exercising supervision, order of implementing control

усиление ~я strengthening of supervision

брать под ~ bring (take) under control

осуществлять ~ exercise supervision, exercise (effect, carry out, implement) control

ужесточить ~ tighten control

усилить экспортный ~ tighten export controls

устанавливать ~ establish (set up) control

КОНФИДЕНЦИАЛЬНОСТ/Ь confidentiality

~ записей confidentiality of records (of entries)

~ информации confidentiality of information

обеспечение ~и ensuring confidentiality

охрана ~и protection of confidentiality

обеспечивать ~ guarantee confidentiality

КОНФИСКАЦИ/Я confiscation, forfeiture; (*наложение ареста*) seizure

~ в административном порядке confiscation by administrative order (by administrative procedure)

~ имущества confiscation (forfeiture) of property; seizure of property

~ контрабанды seizure of contraband

~ товаров seizure of goods

производить ~ю conduct confiscation

КОНФИСКОВАТЬ confiscate; seize

КОНФЛИКТ conflict; (*спор*) dispute

~ интересов conflict of interests

~, производственный industrial (labour) dispute

~, трудовой labour conflict, industrial (labour) dispute

избегать ~ов avoid conflicts

создавать ~ create a conflict

урегулировать ~ settle (resolve) a conflict (a dispute)

КОНЦЕНТРАЦИЯ concentration

~ банков banking concentration

~ материальных ресурсов concentration of material resources

~ капитала concentration of capital

~ платежей bunching of payments

~ производства concentration of production

~ финансовых ресурсов concentration of financial resources

КОНЦЕССИ/Я concession, licence to operate

~, иностранная foreign concession

~ договор ~и concession agreement

обязанности сторон по договору ~и obligations of the parties under a concession agreement

КООПЕРАТИВ cooperative

~, гаражный garage cooperative

~, дачный vacation-home cooperative

~, жилищно-строительный housing-construction cooperative, building society

~, жилищный housing cooperative

~, закупочный buying (purchasing) cooperative

~, оптовый wholesale cooperative

~, потребительский consumer cooperative (*см. тж* **ПОТРЕБИТЕЛЬСКИЙ КООПЕРАТИВ**)

~, производственный production (producers') cooperative (*см. тж* **ПРОИЗВОДСТВЕННЫЙ КООПЕРАТИВ**)

~, сбытовой marketing (sellers') cooperative

член ~a member of a cooperative

выходить из ~a leave (withdraw from) a cooperative

учреждать ~ set up (establish) a cooperative

КООПЕРАЦИЯ 1. (*сотрудничество*) cooperation 2. (*организация*) cooperative society

~, внутриотраслевая intrabranch cooperation

~, межотраслевая interbranch cooperation

~, потребительская consumer cooperation

~, производственная production cooperation

~, сбытовая selling cooperation

КООРДИНАТОР coordinator

~ программы programming officer

~, проектный project coordinator

~ работ work coordinator

КООРДИНАЦИЯ coordination

~ планов coordination of plans

~ предпринимательской деятельности coordination of entrepreneurial activity

КОПИ/Я copy, duplicate

~, верная true copy

~, заверенная attested (authenticated, certified) copy

~, нотариально заверенная notarized copy

~, электронная electronic copy

делать ~ю make a copy

заверять ~ю attest (certify, legalize) a copy

сверять ~ю с подлинником collate a copy with the original

КОРИДОР corridor

~, валютный currency corridor (*см. тж* **ВАЛЮТНЫЙ КОРИДОР**)

~, зеленый (*на таможне*) green customs channel

~, рублевый rouble corridor

~, ценовой price limits

КОРОТКИЕ ДЕНЬГИ short-term money

КОРОТКИЙ СПИСОК (*список отобранных кандидатов*) short list

включение в ~ shortlisting

КОРПОРАЦИЯ corporation

~, акционерная stock corporation

~, государственная public (state-owned, government) corporation

~, закрытая closed corporation

~, иностранная foreign corporation

~, международная international corporation

~, неакционерная nonstock corporation

~, некоммерческая nonprofit corporation

~, промышленная industrial (*амер.* business) corporation

~, финансовая finance corporation

КОРРЕСПОНДЕНТСКИЙ СУБСЧЕТ correspondent subaccount

КОРРЕСПОНДЕНТСКИЙ СЧЕТ correspondent account

КОРРЕСПОНДЕНЦИ/Я 1. (*переписка*) correspondence 2. (*почта*) mail, correspondence

~, входящая incoming mail

~, исходящая outgoing mail

~, коммерческая business correspondence

доверенность на получение ~и, в том числе денежной power of attorney for the receipt of correspondence, including postal remittances

КОРРУПЦИ/Я corruption, corrupt practices

~ государственных чиновников corruption of state officials

~ должностных лиц official corruption

законодательство против ~и anti-corrupt practices law

КОРЫСТЬ self-interest; avarice

КОТИРОВКА quotation, quote

~ акций quotation of shares (of stock)

~, биржевая exchange (market) quotation

~, валютная [foreign] exchange quotation

~, ежедневная daily quotation

~ курсов price (market) quotation

~ облигаций bond quotation

~, ориентировочная proforma quotation

~ при закрытии биржи closing quotation

~ при открытии биржи opening quotation

~, рыночная market[ing] quotation

~ цен price quotation

КРАЖА theft; (*со взломом*) burglary, larceny

~, крупная large-scale theft

КРЕДИТ credit, loan; (*предоставление кредита*) lending, credit accommodation

~, акцептный acceptance credit

~, банковский bank[ing] credit, bank lending

~ без обеспечения unsecured (uncovered) credit

~, безотзывный irrevocable credit

~, брокерский broker's credit

~, бюджетный budgetary credit

~, валютный currency (foreign exchange) credit

~ в виде аванса credit in the form of an advance

~ в виде отсрочки и рассрочки оплаты delayed and instalment (deferred and term) payment

~ в виде предварительной оплаты credit in the form of prepayment (of preliminary payment)

~, вексельный commercial paper credit, credit backed by commercial paper

~ в иностранной валюте credit in foreign currency

~ в наличной форме cash credit

~, государственный government (state) credit

~ для финансирования долгосрочных капиталовложений investment credit

~, долгосрочный long-term credit

~, жилищный housing credit

~, инвестиционный налоговый investment tax credit

~, ипотечный mortgage credit, credit on mortgage

~, коммерческий commercial credit

~, краткосрочный short-term credit

~, ломбардный lombard (collateral, secured) credit

~, льготный preferential (low interest) credit

~, налоговый tax credit

~, обеспеченный secured credit

~ под государственную гарантию sovereign credit

~ под залог земли credit on landed property

~ под залог ценных бумаг credit on mortgage of securities

~ под недвижимость credit on mortgage (on real estate)

~, подтоварный commodity credit

~, связанный tied credit

~, среднесрочный medium-term credit

~, стабилизационный stabilization credit

~, технический technical credit (см. тж ТЕХНИЧЕСКИЙ КРЕДИТ)

~, товарный goods (commodity) credit, commercial (trade) credit

~, финансовый financial credit

~, целевой earmarked (tied, directed) credit

~, экспортный export credit

отказ от предоставления ~а refusal to provide (to grant) credit

погашение ~а paying off (repayment) of credit

получение ~а receipt (obtaining) of credit

предоставление ~а provision (granting) of credit

продажа в ~ credit sale, sale on credit

условия ~а credit terms

брать в ~ take on credit

выдавать ~ issue credit

использовать ~ draw (use, utilize) a credit

покупать в ~ buy on credit

получать ~ obtain a credit

открывать ~ open (grant, give, establish) a credit

погашать ~ repay (reimburse) a credit

предоставлять *что-л.* в ~ provide (supply, give) *smth* on credit

требовать выплаты ~ов call in the loans

◊ в ~ on credit

в счет ~а on account of credit

КРЕДИТНАЯ ЗАЯВКА credit application

КРЕДИТНАЯ КАРТОЧКА credit card

КРЕДИТНАЯ ЛИНИЯ credit line

КРЕДИТНАЯ ОРГАНИЗАЦИЯ credit organization

КРЕДИТНОЕ РЕГУЛИРОВАНИЕ credit control

КРЕДИТНОЕ УЧРЕЖДЕНИЕ credit (lending) institution, lending agency

КРЕДИТНОЕ ФИНАНСИРОВАНИЕ debt financing

КРЕДИТОВАНИЕ crediting, lending

~ заемщика granting of credit to (crediting of) the borrower

~ инвестиционных проектов investment project lending

~, льготное preferential crediting

~ малого предпринимательства crediting of small private business

~ счета crediting (giving credit to) an account

КРЕДИТОР creditor

~ банкрота bankrupt's creditor

~, генеральный general creditor

~ , конкурсный creditor in bankruptcy

~ , первоначальный initial (original) creditor

~ по закладной mortgagee

~ по обязательствам creditor on obligations

~ последней инстанции lender of last resort

~ пятой очереди creditor of the fifth priority (rank)

179

~ы, солидарные joint [and several] creditors

взыскание с ~а неосновательно полученного recovery from the creditor what was received without grounds

недееспособность ~а legal incapacity of a creditor

недействительность требований ~а invalidity of claims of a creditor

обязательства перед ~ами obligations to creditors

отказ ~а от принятия исполнения refusal of a creditor to accept performance

переход прав ~а к другому лицу transfer (passing) of the rights of a creditor to another person

права ~а при солидарной обязанности rights of a creditor under a joint and several obligation

расчеты с ~ами settlements with creditors

требования ~ов claims of creditors

требования ~ов, обеспеченные залогом имущества claims of creditors secured by pledge of property

требования ~а при солидарной обязанности claims of a creditor in case of a joint and several obligation

уступка требования ~ом другому лицу assignment of a claim by a creditor to another person

КРЕСТЬЯНСКОЕ (ФЕРМЕРСКОЕ) ХОЗЯЙСТВО peasant farm, peasant household

КРИЗИС crisis, depression, slump

~, банковский bank crisis

~, бюджетный budgetary crisis

~, валютно-финансовый monetary and financial crisis

~, денежный monetary crisis

~, жилищный housing crisis

~, конъюнктурный trade crisis

~, международный international crisis

~, мировой финансовый global financial crisis

~, промышленный industrial crisis

~, сырьевой crisis in raw materials

~, топливный fuel (oil) crisis

~, финансовый financial crisis

~, экономический economic (commercial) crisis

~, энергетический energy crisis

КРИМИНАЛИЗАЦИЯ criminalization

~ бизнеса criminalization of business

~ экономики criminalization of the economy

КРИТЕРИ/Й criterion (*pl.* criteria)

~ качества quality criterion

~ надежности reliability test

~и оценки результатов criteria for evaluation of results

~, оценочный estimation criterion

~ полезности utility measure

~ спроса demand criterion

~ стабильности stability criterion

«КРЫША» *жарг.* "roof"

КСЕРОКОПИЯ Xerox copy

~ оригинала Xerox copy of the original

КУЛЬТУРА culture

~ деловых отношений standard of business relations

~ поведения culture of behaviour

~, правовая legal culture

КУПЛЯ-ПРОДАЖА purchase and sale

~ валютных ценностей sale of currency [valuables]

~ недвижимого имущества sale of immovable property

~, розничная retail purchase and sale

~ ценных бумаг sale of securities

договор купли-продажи contract of purchase and sale

правила купли-продажи rules (regulations) for purchase and sale

приобретение права собственности по договору купли-продажи acquisition of the right of ownership on the basis of a contract of sale

КУПЧАЯ bill of sale, deed of conveyance

КУРС (*валюты, ценных бумаг*) rate; price quotation

~ акций share (stock) price

~, биржевой exchange (market) rate, rate on the exchange

~ валюты rate of exchange [of currency]

~ государственных ценных бумаг gilt prices

~ евро euro rate

~, интервенционный intervention rate

~, искусственно поддерживаемый pegged exchange rate

~, колеблющийся fluctuating rate

~ конвертации rate of conversion

~, межбанковский валютный interbank exchange rate

~ национальной валюты national currency rate

~, обменный rate of exchange

~, официальный official exchange rate

~ при закрытии биржи closing rate

~ при открытии биржи opening rate

~, расчетный settlement (clearing) rate

~, рыночный market rate, market price

~, текущий current (going) rate

~, учетный rate of discount

~ ценных бумаг security rate, rate of securities

~, эмиссионный issue rate

обменивать по ~у convert at an exchange rate

определять сумму по ~у determine an amount at the official exchange rate

повышать ~ валюты appreciate a currency

поддерживать ~ искусственно peg the price

устанавливать ~ fix (establish) a price

Л

ЛАЗЕЙК/А loophole

~ в налоговом законодательстве tax loophole

~ для обхода закона loophole in the law

закрыть ~у close a loophole

найти ~у find a loophole

ЛЕГАЛИЗАЦИЯ (*узаконение*) legalization; (*засвидетельствование*) certification; (*отмывание*) laundering

~, банковская legalization of a bank

~ денежных средств money laundering

181

~ незаконно полученных доходов legalization of fraudulent gains

ЛИБЕРАЛИЗАЦИЯ liberalization

~ валютной политики liberalization of foreign exchange policy

~ внешней торговли liberalization of foreign trade

~ импорта liberalization of imports

~ рынка финансовых услуг liberalization of financial services market

~ торговли liberalization of trade

~, финансовая financial liberalization

~ цен price liberalization

ЛИЗИНГ (*долгосрочная аренда*) leasing, lease

~, возобновляемый renewable lease

~, генеральный general lease

~ движимого имущества leasing of movable property

~, компенсационный buy-back

~ оборудования plant leasing

~ , оперативный operative leasing

~, промышленный industrial leasing

~, финансовый financial leasing

сдавать в ~ lease, let on lease, lease out

ЛИЗИНГОДАТЕЛЬ lessor

ЛИЗИНГОПОЛУЧАТЕЛЬ lessee, leaseholder

ЛИКВИДАТОР (*при банкротстве*) liquidator; (*управляющий конкурсной массой*) receiver, bankruptcy commissioner

~ имущества несостоятельного должника receiver in bankruptcy

~, официальный official receiver [in bankruptcy]

~, управляющий конкурсной массой liquidator of the estate

~ юридического лица liquidator of a legal person

обязанности ~а юридического лица obligations of a liquidator of a legal person

назначать ~а appoint a liquidator

ЛИКВИДАЦИОННАЯ КОМИССИЯ liquidation commission

иск кредитора к ликвидационной комиссии suit of a creditor against the liquidation commission

назначение ликвидационной комиссии appointment of the liquidation commission

отказ ликвидационной комиссии в удовлетворении требований кредитора refusal of the liquidation commission to satisfy the claims of a creditor

уклонение ликвидационной комиссии от рассмотрения требований кредитора refusal of the liquidation commission to consider the claims of a creditor

назначать ликвидационную комиссию appoint a liquidation commission

ЛИКВИДАЦИОННЫЙ БАЛАНС liquidation balance

ЛИКВИДАЦИ/Я (*дела, предприятия*) liquidation, closing down, winding-up; (*договора*) abrogation, annulment, cancellation, nullification; (*выплата долгов*) settlement; (*отмена*) abolition; (*постепенное устранение*) elimination

~ аварии clean-up (elimination) of an accident

~ акционерного общества liquidation of a joint-stock company

~ ассоциации liquidation of an association

~ в судебном порядке liquidation by judicial procedure (by a court)

~, добровольная voluntary liquidation

~ долга settlement of a debt

~ задолженности settlement (discharge, redemption) of debts

~ задолженности по зарплате liquidating arrears of wages

~ компании liquidation (winding-up) of a company

~ кооператива liquidation of a cooperative

~ общества с ограниченной ответственностью liquidation of a limited liability company

~ по постановлению суда winding-up by court

~ предприятия liquidation (winding-up) of an enterprise

~ привилегий elimination (doing away with) privileges

~, принудительная compulsory (forced) liquidation

~ расчетов в конце месяца end of month settlement

~ расчетов в середине месяца mid-month settlement

~ расчетов на фондовой бирже stock exchange settlement

~ товарищества dissolution of a partnership

~ убытков settlement of losses

~ фирмы liquidation (dissolution, winding-up) of a firm

~ фонда liquidation of a fund

~ юридического лица liquidation of a legal person

~ юридического лица вследствие несостоятельности liquidation of a legal person as the result of insolvency

осуществление ~и юридического лица liquidation of a legal person

порядок ~и procedure for liquidation

подлежать ~и be subject to liquidation

◊ путем ~и by way of liquidation

ЛИКВИДНОСТЬ liquidity

~ активов liquidity of assets

~ акций liquidity of shares

~ бизнеса liquidity of business

~ кредитного учреждения liquidity of a credit institution

~ облигаций bond liquidity

~, ограниченная tight liquidity

~ ценных бумаг liquidity of assets

ЛИМИТ limit

~, валютный currency limit, foreign exchange quota

~ ввоза import permit, import licence

~ задолженности limit of indebtedness, debt ceiling

~ капитальных вложений limit of capital investment

~ кредита line of credit

~ кредитования credit (lending) limit

~ ответственности страховщика limit of insurer's liability

~ расходов limit of expenses

~ страхования limit of insurance

~ финансирования капитальных вложений limit of financing investment

~ цен price limit

превышать ~ exceed the limit

устанавливать ~ set (fix) a limit

ЛИМИТИРОВАТЬ fix a limit, limit; fix a quota

ЛИСТ 1. (*список*) list 2. (*судебный приказ*) writ

~, вкладной supplementary sheet (leaf)

~, закладной mortgage bond

~, исполнительный writ of execution

~, контрольный check list

~, расчетный pay sheet

ЛИСТИНГ (*котировка на бирже*) listing

~ ценных бумаг на нескольких биржах одновременно cross listing

условия получения ~a listing requirements

ЛИЦЕВОЙ СЧЕТ client (customer, personal) account

ЛИЦЕНЗИАР licensor

ЛИЦЕНЗИАТ licensee, grantee of a licence

ЛИЦЕНЗИРОВАНИЕ licensing

~ алкогольной продукции licensing of alcoholic products

~ бирж exchange licensing

~ деятельности licensing of business activity

~, договорное contractual licensing

~ импорта import licensing

~, комплексное package licensing

~ лизинговой деятельности licensing of leasing

~ ноу-хау know-how licensing

~, пакетное package licensing

~, перекрестное cross-licensing, interchange of licences

~ производства production licensing

~, промышленное industrial licensing

~ товарного знака licensing of a trademark

~ торговли licensing of trade

~ экспорта export licensing

ЛИЦЕНЗИРОВАТЬ license

ЛИЦЕНЗИ/Я licence, permit

~ , банковская bank licence

~, валютная currency (foreign exchange) licence

~, генеральная general licence

~, действительная valid licence

~, договорная contractual licence

~, исключительная exclusive licence

~, комплексная package licence

~ на ввоз import licence

~, надлежащая appropriate (proper) licence

~ на занятие соответствующей деятельностью licence to engage in the respective (in the relevant) activity

~ на использование operating licence

~ на осуществление банковских операций banking licence

~ на осуществление страхования licence for performing insurance

~ на право продажи selling licence

~ на право производства manufacturing licence, licence to manufacture

~ на сбыт selling licence

~ на товарный знак trademark licence

~ на экспорт export licence

~, неисключительная nonexclusive licence

~, общая general (blanket) licence

~, ограниченная limited (restrictive) licence

~, пакетная package licence

~, патентная patent licence

~, перекрестная cross (reciprocal) licence

~, разовая single (individual) licence

~, специальная special licence

~ с правом передачи assignable (transferable) licence

~, таможенная customs licence

~, экспортная export licence

аннулирование ~и cancellation (revocation) of a licence

выдача ~и issue of a licence

держатель ~и holder of a licence

заключение договора банковского счета в соответствии с выданной ~ей conclusion of a bank account agreement in accordance with the issued (with the granted) licence

заявка на ~ю application for a licence

истечение срока действия ~и expiration of the period of validity of a licence

объем ~и scope (extent) of a licence

отзыв ~и recall of a licence

плата за ~ю licence fee

получение ~и receipt (obtaining) of a licence

предмет ~и object of a licence

предоставление ~и granting of a licence, licensing

прекращение действия ~и termination of a licence

продукция по ~и licensed product

регистрация ~и registration of a licence

срок действия ~и validity (term, period) of a licence

аннулировать ~ю cancel (revoke) a licence

выдавать ~ю issue (grant, award) a licence

заниматься определенной деятельностью на основании ~и engage in certain types of activity on the basis of a licence

иметь ~ю have (hold, possess) a licence

отзывать ~ю withdraw (revoke) a licence

отказывать в ~и refuse a licence

получать ~ю receive (obtain) a licence

продлевать ~ю extend a licence

производить по ~и make (manufacture, produce) under a licence

◊ на основании ~и on the basis of a licence

ЛИЦ/О person, individual; official

~, аффилиированное control person

~ без гражданства person without citizenship, stateless person

~, виновное в совершении преступления criminal, offender

~, выигравшее торги winner of the auction (of the public sale)

~, высшее должностное high ranking official

~, давшее поручительство person who has given a surety (provided a suretyship)

~, действующее в обход закона evader

~, доверенное authorized representative

~, должностное official, office holder (см. тж ДОЛЖНОСТНОЕ ЛИЦО)

~, заинтересованное interested person (party)

~, занимающееся сбытом наркотиков drug trafficker

~, зарегистрированное registered person

~, застрахованное insured person (party)

~a, иностранные юридические foreign legal persons

~, контактное contact name

~, наделенное полномочиями authorized person, proxy, trustee

~, нарушившее право person who has violated a right

~, нетрудоспособное disabled person

~, неуправомоченное unauthorized person

~, объявленное вне закона outlaw

~, объявленное в розыск wanted person

~, обязанное obligated (obliged) person

~, обязанное по векселю person liable on a bill

~, обязанное по чеку person obligated on (responsible for) the cheque

~, осуществляющее государственные правомочия person exercising public authority

~, ответственное responsible person

~, отмывающее грязные деньги money-launderer

~, официальное official [person]

~, переуступающее право assignor

~, подставное nominee name, front

~, постороннее outside person

~, предложившее самую высокую цену highest bidder, person who has proposed the highest price

~, работающее по трудовому договору person working under a labour contract

~, ранее судимое person with a previous conviction

~, совершившее должностное преступление malfeasant

~, состоящее на иждивении dependent

~, третье third person

~, уклоняющееся от уплаты налогов tax evader, tax dodger

~, уполномоченное authorized person

~, уполномоченное на вступление в переговоры person authorized to enter into negotiations

~, уполномоченное на проведение ликвидации компании при банкротстве receiver, liquidator, bankruptcy commissioner

~, управомоченное authorized person

~, физическое natural person

~, частное private person

~, юридическое legal (juridical, juristic) person (см. тж ЮРИДИЧЕСКОЕ ЛИЦО)

~, юридическое, не являющееся коммерческой организацией legal person that is not a commercial organization

назначение доверенного ~a appointment of a proxy

назначение должностных лиц appointing officials

освобождение должностных лиц discharge of officials

список лиц list, roll, panel

выступать от имени юридического ~a act in the name of the legal person

назначать управомоченное ~ designate (appoint) an authorized person

◊ в ~e in the person of

от ~a on behalf of

ЛИЧНАЯ НЕПРИКОСНОВЕННОСТЬ personal inviolability

ЛИЧНЫЙ personal; private

~ номер клиента personal identification number

ЛИШЕНИЕ (*права*) deprivation, divestiture, divestment; (*отказ*) denial

~ владения deprivation of possession

~ гражданских прав deprivation of civil rights

~ наследства disinheritance

~ прав deprivation of rights

~ права занимать определенную должность deprivation of a right to hold a post (to hold office)

~ права собственности expropriation, dispossession

~ привилегий denial of privileges

ЛОББИ lobby

~, аграрное agrarian lobby

~, банковское banking lobby

~ деловых кругов business lobby

~, корпоративное corporate lobby

~, промышленное industrial lobby

ЛОББИРОВАНИЕ lobbying

~ государственных структур lobbying of state structures

ЛОГОТИП logo, logotype

~, фирменный company's logotype

ЛОМ scrap, waste

~, брошенный discarded scrap metal

~ металлов scrap metal

ЛОМБАРД pawnshop, lombard

залог вещей в ~е pledge of things in a pawnshop

ответственность ~а liability of a pawnshop

требование ~а к залогодателю claim of a pawnshop against a pledger

хранение в ~е storage in a pawnshop

ЛЬГОТ/А (*привилегия*) benefit, privilege; (*уступка*) concession; (*освобождение от налога, платежа*) exemption; (*налоговая скидка*) allowance

~ы, договорные contract benefits

~ы, дополнительные fringe benefits, benefits in kind

~ы, инвестиционные investment incentives

~ы, налоговые tax privileges; tax exemptions; tax incentives, tax concessions

~ы по налогу с оборота sales tax allowance

~ы по уплате подоходного налога income tax allowance

~ы, предлагаемые компанией своим сотрудникам employee benefits

~ы, таможенные customs privileges, preferential tariffs, preferential duties

~ы, торговые trade concessions

отмена льгот abolition of benefits

получение льгот obtaining privileges

предоставление льгот granting privileges

пользоваться ~ми enjoy benefits

предоставлять ~ы grant privileges

предоставлять ~ы на пользование общественным транспортом grant public transportation benefits

устанавливать ~ы establish benefits

ходатайствовать перед *кем-л.* о получении льгот petition *smb* for privileges

ЛЬГОТН/ЫЙ preferential, favourable; (*о займе*) soft

~ кредит soft loan

~ месячный срок one-month grace period

~ налоговый режим preferential tax treatment

~ срок grace period

~ая ставка preferential rate

~ тариф preferential tariff

~ое финансирование concessional financing

~ые условия favourable (preferential, soft) terms

М

МАКЛЕР broker, dealer

~, биржевой stockbroker, market operator

~, страховой insurance broker

~, торговый merchandise broker

МАЛОДОХОДНЫЙ low-income, bringing little profit

МАЛООПЛАЧИВАЕМЫЙ low-paid, poorly-paid

МАЛОПРОИЗВОДИТЕЛЬНЫЙ inefficient, underproductive

МАЛОРЕНТАБЕЛЬНЫЙ not sufficiently profitable

МАНИПУЛИРОВАНИЕ,

МАНИПУЛЯЦИЯ manipulation

~ с валютой currency manipulation

~ финансовыми счетами manipulation of (tampering with) financial accounts

МАРКИРОВКА marking

~ груза cargo marking

~, неправильная incorrect (improper) marking

~ товара marking of goods

~ цен price marking

МАРОДЕРСТВО marauding, pillage, looting

МАРОДЕРСТВОВАТЬ maraud, pillage, loot

МАТЕРИАЛ 1. material; (*сырье*) stuff, raw materials 2. (*данные, факты*) material, data

~ы апелляционного обжалования appeal documents

~, высококачественный high-quality (high-grade, superior) material

~, дефектный defective material

~, дефицитный scarce (critical) material, material in short supply

~ для служебного пользования restricted matter

~, документальный documentary material

~ заказчика customer's material

~, израсходованный consumed (used) material

~, информационный information material

~, исходный original (source) material; (*сырьевой*) original raw material

~, местный local material

~, наличный material on hand, available material

~, недоброкачественный faulty (defective) material

~, неиспользованный unused material

~, некондиционный substandard material

~ы, основные производственные direct materials

~ы, основные сырьевые key raw materials

~ подрядчика material of the contractor, contractor's material

~ы, расходуемые consumable (expendable) materials, consumables, expendables

~ы, расходуемые в процессе эксплуатации materials used (consumed) in the process of operation (in the operating process)

~, рекламный advertising (publicity, promotional) material

~, справочный reference material

~, стратегический strategic material

~ы судебного дела case materials

~ы, сырьевые raw materials

выполнение работы из ~а заказчика performance (fulfilment) of work from (using, with the use of) the customer's materials

запасы ~ов supplies, stocks of materials

израсходование ~ов use (expenditure) of materials

контроль за качеством использования ~ов, предоставленных подрядчиком control (supervision) of the quality of materials supplied (provided) by the contractor

контроль за правильностью использования материалов control (supervision) of the proper use of materials

недоброкачественность ~а poor (improper) quality of material

непредоставление ~а nonprovision of (failure to provide) material

непригодность ~а unsuitability of material

обеспечение строительства ~ами provision of construction (of a construction project) with materials

оплата ~ов payment for materials

остаток ~а remainder of material

ответственность за качество ~а responsibility for the quality of material

ответственность за несохранность ~а заказчика liability for failure to provide safekeeping of material supplied by the customer

оценка ~а valuation (cost estimate) of material

право на удержание остатка неиспользованных ~ов right to withhold the remainder of unused (unutilized) materials

предоставление ~а в кредит provision (supply) of material on credit

риск случайной гибели или случайного повреждения ~а risk of accidental loss of or accidental damage to material

стоимость ~а value (cost) of material

браковать ~ reject material

использовать ~ use (apply) material

использовать ~ы экономно и расчетливо use materials economically and prudently

поставлять ~ supply (deliver) material

предоставлять ~ в кредит provide (supply) material on credit

приобретать ~ obtain (procure) material

хранить ~ store material

экономить ~ save (economize) material

МАФИЯ mafia

МАХИНАЦИ/Я manipulation, machination[s], fraud

~и, биржевые manipulation on the stock exchange

~и, налоговые tax fraud

189

~и с акциями speculation in shares

~и с валютой currency frauds (speculation)

~и с недвижимостью land fraud

~и, финансовые financial fraud

МЕЖДУНАРОДНОЕ ПРАВО international law

нормы международного права rules (norms) of international law

МЕЛИОРАТИВНЫЕ СООРУЖЕНИЯ melioration structures, land-reclamation installations

~, предоставленные в собственность фермерскому хозяйству melioration structures granted to the farm in ownership

МЕЛИОРАЦИ/Я melioration, reclamation, improvement

~ земли land improvement (developing), land reclamation

обеспечение ~и provision of melioration

МЕМОРАНДУМ memorandum

~ за печатью memorandum under a seal

~ о намерении memorandum of intent

~ о соглашении memorandum of understanding

~, официальный official memorandum

~ о частном размещении memorandum of private placement

МЕН/А barter

договор ~ы contract of barter, barter agreement

изъятие товара, приобретенного по договору ~ы taking (confiscation) of goods obtained (acquired) under a contract of barter (under a barter agreement)

отчуждение доли по договору ~ы alienation of a share under a contract of barter

приобретение права собственности по договору ~ы acquisition of the right of ownership on the basis of a contract of barter

МЕНЕДЖЕР manager

МЕНЕДЖМЕНТ management

~, банковский bank management

~, финансовый financial management

МЕР/А (*мероприятие*) measure, step; *pl.* arrangements

~ы, административные administrative measures

~ы, антиинфляционные antiinflationary measures

~ы, безотлагательные urgent (immediate) measures

~ы, безуспешные unsuccessful measures

~ы взыскания disciplinary measures

~, временная temporary (provisional) measure

~ы, действенные effective (efficient) measures

~ы, дисциплинарные disciplinary measures

~ы, жесткие severe measures

~ы, законные legal measures

~ы, законодательные legislative measures

~ы, защитные protective measures, safeguards

~ы контроля, основанные на законе statutory measures

~ы, крутые drastic measures

~ы наказания penalties

~ы, направленные против отмывания денег antilaundering actions

~ы, необходимые necessary measures

~ы, неотложные urgent (immediate) measures

~ы, ограничительные restrictive measures

~ы, организационно-экономические organizational and economic measures

~ы, организационные organizational measures

~ы, охранные security (protective) measures

~ы по борьбе с коррупцией measures to combat corruption

~ы по борьбе с рэкетом measures to combat racket

~ы по ликвидации аварии measures to clean up an accident

~ы по организации сбыта sales efforts

~ы по предотвращению аварии measures to prevent an accident

~ы по стабилизации экономики stabilization efforts

~ы, правовые legal measures

~ы превентивного правоприменения protective enforcement measures

~ы, предупредительные preventive measures

~ы пресечения measures of restraint (of suppression, of restriction)

~ы принуждения (принудительные) compulsory (coercive) measures

~ы, противозаконные illegal measures

~ы, противопожарные fire safety (fire prevention) measures

~ распределения труда measure of division of labour

~ы, согласованные agreed measures

~, чрезвычайная emergency measure

~ы, эффективные effective measures

применение мер пресечения application of measures of restraint

принятие мер taking measures (action)

прибегать к крайним ~м resort to drastic measures

принимать жесткие ~ы take tough measures

принимать необходимые ~ы take the necessary measures

МЕСТНОЕ САМОУПРАВЛЕНИЕ local self-government

МЕСТ/О place, point; (*для застройки*) site; (*действия*) locale

~ арбитража place of arbitration

~ государственной регистрации place of state residence

~ жительства place of residence

~ жительства, временное temporary residence

~ жительства, постоянное permanent residence (address), domicile

~ жительства, прежнее former residence

~ заключения договора place of a contract

~ изготовления place of manufacture (of fabrication)

~ исполнения обязательства place of performance of an obligation

~ назначения place (point) of destination

~ нахождения location

~ нахождения банка или его филиала location of a bank or of its branch

191

~ нахождения предприятия location of an enterprise, place of business

~ нахождения фирмы location of a company, business address, place of performance

~ нахождения юридического лица seat of a legal person

~ платежа place of payment; (*по векселю*) domicile

~ поставки place of delivery

~ пребывания residence, whereabouts

~ происхождения place of origin, originating point

~ работы place of work (of performance)

~, рабочее operator's (working) place

~ регистрации place of registration

~ рождения place of birth, birthplace

~ сдачи товара (*перевозчику*) place of handing over (of submission) of goods

~ слушания дела hearing locale

~ составления чека place of making of a cheque

~, товарное piece of goods

~ хранения place of storage, storage space

количество товарных мест number of pieces of goods

право избирать ~ жительства right to choose a place of residence

арендовать ~ rent space

доставлять до ~ а назначения deliver to destination

изменить ~ жительства change one's place of residence

изменить ~ нахождения (*фирмы*) change the seat

создавать новые рабочие ~а create new jobs

◊ в ~е покупки at (in) the place of purchase

в ~е продажи at (in) the place of sale

по ~у жительства at the place of residence

по ~у основной работы at the place of primary employment, at the basic place of work

по ~у работы at the place of work (of employment)

МЕСТОЖИТЕЛЬСТВО residence, locality, *амер.* location

МЕСТОНАХОЖДЕНИЕ location, seat, site

~ предприятия place of business, location (address) of an enterprise

~ фирмы location of a company, business address

МЕСЯЦ month

~, календарный calendar month

~, отчетный month under report

~, текущий current month

МЕТОД method, procedure, technique, way, system

~, аналитический analytical approach

~, арбитражный arbitral procedure

~ бухгалтерского учета accounting method

~ ведения учета accounting procedure

~ возмещения method of reimbursement

~ выборочного контроля sample (sampling) method

~ информационного поиска information retrieval method

~ испытаний test[ing] method

~ калькуляции method of calculation

~ калькуляции цен pricing method

~ контроля inspection (control) method

~ налогообложения taxation method

~, научный scientific method

~, нормативный normative (norm-based) method

~ оценки valuation (assessment, estimating) method

~ планирования method of planning

~ платежа method of payment

~ повышения рентабельности method of increasing profitableness

~ проведения испытаний test[-ing] method

~ проверки inspection (checking) method

~ производства production (manufacturing) method

~, промышленный industrial method

~ распределения distribution method

~ расчета calculation method; method of payment, mode of settlement

~, стандартный standard method

~ транспортировки method of transportation

~ы управления methods of management, management practices

~ финансирования method of financing

внедрять ~ introduce a method

осваивать ~ master techniques

предлагать ~ propose a method

применять ~ practise a method

МЕХАНИЗМ mechanism

~ валютных отчислений mechanism of regulating currency allocations

~ государственного регулирования state regulation machinery

~ контроля за исполнением бюджета budget controls

~, правовой legal mechanism

~ регулирования предпринимательской деятельности mechanism of regulating business activities

~ управления mechanism of management (of supervision)

~ хозяйствования economic management mechanism

МИНИСТЕРСТВО ministry, office

~ внешних экономических связей Ministry for Foreign Economic Relations

~ социального обеспечения Ministry of Social Protection

~ финансов Ministry of Finance, *брит.* Board of Treasury (of Exchequer), *амер.* Department of Treasury

~ экономики Ministry of Economics

~ юстиции Ministry of Justice, *амер.* Department of Justice

МИНИСТР minister, secretary

~ без портфеля minister without portfolio

~ финансов Minister of Finance, *брит.* Chancellor of the Exchequer, *амер.* Secretary of the Treasury

~ экономики Minister of Economics

~ юстиции Minister of Justice, *амер.* Attorney-General

МНИМАЯ СДЕЛКА mock transaction, fictitious transaction

недействительность мнимой сделки invalidity of a mock (of a fictitious) transaction

МОБИЛИЗАЦИЯ mobilization

~ внутренних ресурсов mobilization of internal resources

~ капитала mobilization (raising) of capital

~ капитальных ресурсов путем выпуска акций equity financing

~ резервов mobilization of reserves

~ ресурсов mobilization of reserves

~ финансовых средств mobilization of funds

МОДЕРНИЗАЦИЯ modernization, updating

~ действующих предприятий modernization of operating enterprises

~ производства modernization of production

МОНИТОРИНГ monitoring

~ налоговых поступлений monitoring of tax revenues

~, непрерывный on-line monitoring

~ платежеспособности monitoring of business solvency

~ потребительских цен consumer price monitoring

~ реализации мер monitoring of implementation of measures

~ экономической политики monitoring of economic policy

~ экономической ситуации monitoring of economic situation

проводить ~ monitor

МОНОПОЛИСТ monopolist

~ы, естественные natural monopolists

МОНОПОЛИЯ monopoly

~, банковская bank[ing] monopoly

~, газовая gas monopoly

~ государства (государственная) state (government) monopoly

~, естественная natural monopoly

~, законная legal monopoly

~, искусственная artificial monopoly

~, институциональная institutional monopoly

~, легальная legal monopoly

~ на продажу sales monopoly

~ на производство monopoly in manufacture

~ на торговлю спиртными напитками alcohol monopoly

~, нефтяная oil monopoly

~, ограниченная limited monopoly

~, преступная criminal monopoly

~, торговая commercial (trade) monopoly

~, страховая insurance monopoly

~, финансовая financial monopoly

~, электроэнергетическая power monopoly

МОРАТОРИЙ moratorium

~ на выплату задолженности moratorium on debt

~ на непроизводственные затраты moratorium on nonproduction expenses

ввести ~ impose (introduce) a moratorium

объявить ~ declare (announce) a moratorium

отменить ~ lift (call off) a moratorium

МОШЕННИЧЕСТВО fraud, swindle, cheat, confidence trick; (*растрата*) embezzlement

~, банковское bank fraud

~, биржевое stock fraud
~ в бизнесе business fraud
~ в торговле commercial fraud
~, компьютерное computer fraud
~, налоговое tax fraud
~, серьезное serious fraud
МОЩНОСТ/Ь 1. power, capacity 2.
~и (*оборудование*) facilities
~, действующая operating (operational) capacity
~, неиспользованная unused (idle) capacity
~ объекта project capacity
~, полезная useful (net) capacity (power)
~, потребляемая power consumption, consumed (required) power
~ предприятия power (capacity) of an enterprise, plant capacity
~, проектная estimated (design, full) capacity
~, производственная production (manufacturing, productive) capacity
~и, производственные production (manufacturing) facilities
достигать проектной ~и reach the designed capacity
загружать производственные ~и utilize production capacities
работать на полную ~ work (operate) at [full] capacity
МУНИЦИПАЛИТЕТ city council
МУНИЦИПАЛЬНАЯ СОБСТВЕННОСТЬ municipal ownership
земельный участок, находящийся в муниципальной собственности land plot held in municipal ownership
имущество, находящееся в муниципальной собственности property in municipal ownership
обязательное страхование имущества, находящегося в муниципальной собственности compulsory insurance of property under municipal ownership
отчуждение имущества, находящегося в муниципальной собственности, в собственность юридических лиц alienation of property held in municipal ownership into the ownership of legal persons
передача имущества в муниципальную собственность transfer of property into municipal ownership
приватизация имущества, находящегося в муниципальной собственности privatization of municipal property
находиться в муниципальной собственности be [held] in municipal ownership
МУНИЦИПАЛЬНОЕ ОБРАЗОВАНИЕ municipal formation
гарантия муниципального образования по обязательствам Российской Федерации guarantee of a municipal formation of the obligations of the Russian Federation
гарантия Российской Федерации по обязательствам муниципального образования guarantee of the Russian Federation of the obligations of a municipal formation
займы, выпускаемые муниципальным образованием loans issued by a municipal formation
казна муниципального образования treasury of a municipal formation
ответственность по обязательствам муниципального образования liability for obligations of a municipal formation

◊ за счет казны муниципального образования at the expense of the treasury of a municipal formation

МУНИЦИПАЛЬНОЕ УНИТАРНОЕ ПРЕДПРИЯТИЕ municipal [unitary] enterprise

закон о государственных и муниципальных унитарных предприятиях law (statute) on unitary state and municipal enterprises

Н

НАБЕГ raid, run

~ на банк (*массовое изъятие вкладов*) run on a bank

НАБЛЮДАТЕЛЬ observer

~, постоянный permanent observer

НАБЛЮДАТЕЛЬНЫЙ СОВЕТ supervisory board

НАБЛЮДЕНИЕ 1. *(изучение)* observation **2.** *(надзор, контроль)* supervision, surveillance, monitoring

~, банковское surveillance of banks

~ за проектом project monitoring

~ за производством production monitoring

~, независимое independent observation

~, скрытое discreet surveillance

вести ~ keep under observation (under surveillance)

устанавливать ~ maintain surveillance

НАБОР (*комплект*) set, package; (*коллекция, совокупность*) collection

~ банковских услуг package of banking services

~ валют currency basket

~ товаров в комплекте selection (set) of goods in a complete unit (in complement)

~ товаров и услуг, социально значимый set of products and services of social significance

НАГРАД/А award, reward, decoration

~, денежная money award

~ за лучшее выполнение работы reward for the best performance (fulfilment) of work

~, заслуженная well-deserved reward

~, правительственная government reward

выдача ~ы issuance of a reward

выплата ~ы payment of a reward

объявление о ~е announcement of reward

работа, удостоенная ~ы work granted a reward

размер ~ы amount of a reward

выплатить ~у pay a reward

представлять к ~е write up for an award

НАГРАЖДЕНИЕ award

производить ~ make an award

НАДБАВК/А (*к зарплате*) increase, rise, *амер.* raise, bonus; (*с учетом чего-л.*) allowance; (*на издержки производства*) markup

~, денежная gratuity

~ за вредность danger money, hazard pay

~ за работу в ночную смену night shift bonus

~ за риск risk premium, danger money

~ за сверхурочную работу overtime premium
~ к заработной плате rise in wages (in salary), increase in pay
~ к заработной плате в связи с ростом индекса розничных цен cost-of-living bonus
~ к заработной плате в связи с ростом стоимости жизни cost-of-living allowance
~ к заработной плате, должностная official allowance
~ к заработной плате на иждивенцев dependency bonus
~ к оптовой цене extra charges (markups) on the wholesale price
~ к пенсии bonus to the pension, supplementary pension
~ к продажной цене markup on the selling price
~ к розничной цене markup on the retail price
~ к тарифу rate charge
~ к цене extra charge, price markup
~, премиальная premium bonus
~, сезонная seasonal surcharge
~, торговая trade allowance
делать ~у к цене increase the price, charge extra
покупать с ~ой buy at a premium
получать ~у к зарплате get an increase in pay

НАДЕЖНОСТЬ reliability; (*безопасность*) safety, security
~ данных reliability of data
~ свидетельских показаний reliability of testimony
~ экономических прогнозов reliability of economic forecasting

НАДЗОР control, inspection, supervision, surveillance, monitoring
~, административный administrative supervision

~, банковский bank[ing] supervision (regulation)
~, государственный state supervision (surveillance)
~, государственный страховой state (government) insurance supervision
~, государственный энергетический state energy inspection
~ за выполнением работ supervision of the execution of work
~ за деятельностью supervision of (over) activity
~ за коммерческими банками supervision of commercial banks
~ за соблюдением графика supervision of the observance of time limits (over adherence to times)
~ за соблюдением законов supervision of (over) adherence to laws
~ за строительством building inspection
~ за ходом и качеством выполнения работ supervision of (over) the progress (the course) and quality of [the] work done (performed)
~, прокурорский public prosecutor's supervision
~, строгий close (intensive) supervision
~, судебный judicial supervision
орган ~а supervisory authority
оставление без ~а leaving without supervision
осуществление ~а exercise (implementation) of supervision
осуществлять ~ exercise (implement) supervision, supervise
◊ в порядке ~а in the exercise of supervisory powers

НАДЛЕЖАЩ/ИЙ appropriate, proper, regular

~ая инстанция proper agency

~ие меры аррpropriate measures

НАДПИС/Ь inscription, superscription, legend; (*передаточная*) endorsement

~ банка inscription of a bank

~, безоборотная endorsement without recourse

~, именная передаточная special endorsement

~, исполнительная executive endorsement, endorsement of execution (*см. тж* ИСПОЛНИТЕЛЬНАЯ НАДПИСЬ)

~ нотариуса, исполнительная execution notation (endorsement of execution) of a notary

~, передаточная endorsement (*см. тж* ПЕРЕДАТОЧНАЯ НАДПИСЬ)

~, удостоверительная authenticating inscription (*см. тж* УДОСТОВЕРИТЕЛЬНАЯ НАДПИСЬ)

совершение ~и (*на документе*) making (entering) an inscription (*on a document*)

совершение ~и нотариусом making a notation by a notary

делать ~ endorse

передавать *что-л.* по передаточной ~и transfer *smth* by transfer endorsement (by transfer authorization)

НАЕМ 1. (*на работу*) employment, recruitment, hire 2. (*аренда, имущественный наем*) lease, renting; (*прокат*) hire, *амер.* rent; (*помещения*) rent, renting, tenancy

~ жилого помещения renting

~ персонала hiring (employment) of personnel

~ рабочей силы hiring of labour

работать по найму work by hire (for wages)

сдать в ~ let on hire, hire out

НАЖИВ/А gain, profit

~, легкая easy money

◊ ради ~ы for gain

НАЖИМ pressure, stress

~, административный administrative pressure

~, финансовый financial pressure

~, экономический economic pressure

оказывать ~ put pressure

НАЗНАЧЕНИ/Е 1. (*цен*) setting, fixing; quotation 2. (*ассигнование*) assignment, allotment, allocation 3. (*на должность*) appointment, nomination 4. (*место*) destination 5. (*цель*) purpose

~ арбитра nomination of an arbitrator

~ дела к слушанию setting a date for a trial

~ доверенного лица appointment of a trustee (of a proxy)

~ должностных лиц appointing official persons

~ на должность appointment to a post

~ наказания imposition (infliction, prescription) of punishment

~ товара purpose of goods

~ штрафа infliction of a penalty

~ экспертизы appointing an expert examination

место ~я товара place (point) of destination of goods

порядок ~я должностных лиц procedure for appointing official persons

пункт ~я point of destination

использовать в соответствии с целевым ~м use in accordance with special designation

использовать не по ~ю use not in accordance with intended purposes (for other than intended purposes) использовать по ~ю use according to designation (in accordance with intended purposes)

использовать по первоначальному ~ю use for initial (primary) purpose

НАИМЕНОВАНИЕ name, denomination; (*обозначение*) designation

~ ассоциации name of an association

~ банка name of a bank

~ груза description of cargo

~ завода-изготовителя manufacturer's name

~ изготовителя name of a maker

~ изделия description (name) of an article

~, неправильное improper (incorrect) designation

~ отправителя name of a consignor

~ получателя name of a consignee

~ потребительского кооператива name of a consumer cooperative

~ предприятия business name

~ товара description (name) of goods

~ филиала банка name of a branch [of a bank]

~, фирменное (*товара*) brand name, proprietary (trade) name; (*фабричная марка*) trademark (*см. тж* **ФИРМЕННОЕ НАИМЕНОВАНИЕ**)

~ фирмы firm (business, trade) name

~ юридического лица name of a legal person

НАЙМОДАТЕЛЬ (*арендодатель*) lessor, *амер.* renter

НАКАЗАНИ/Е punishment, penalty; (*приговор*) sentence

~, имущественное fine, forfeiture

~, определенное в законе punishment fixed (laid down) by law

~, предусмотренное законом punishment stipulated (prescribed) by law, lawful punishment

~, строгое grave (stiff, strict) punishment

~, условное conditional (suspended) punishment

мера ~я punitive measure

отмена ~я abolition of punishment (of a penalty)

смягчение ~я mitigation (reduction) of punishment (of a penalty)

отменять ~ abolish punishment, repeal (revoke) a sentence

подвергать ~ю impose (inflict) punishment (a penalty), punish, penalize

понести ~ sustain punishment (a penalty)

◊ в качестве ~я as punishment

НАКИДКА (*прибавка*) increase; (*на цену*) extra charge

НАКЛАДНАЯ note, bill, invoice; (*транспортная*) consignment note, bill of lading

~, авиагрузовая air waybill, air bill of lading

~, автодорожная motor (road) waybill

~, грузовая bill of lading, consignment note, invoice

~, железнодорожная railway bill of lading

~, сквозная through (transshipment) bill of lading

~, транспортная bill of lading, consignment note (*см. тж* **ТРАНСПОРТНАЯ НАКЛАДНАЯ**)

НАКЛАДНЫЕ РАСХОДЫ overhead expenses (costs), overheads

~, административные general overheads

199

~, общезаводские factory overheads

~, производственные manufacturing (factory) overheads

~, прямые direct overheads

НАКОПЛЕНИ/Е 1. accumulation; (*запасов*) piling-up, stocking, stockpiling 2. *pl* (*сбережения*) savings

~я, денежные accumulation of funds, money accumulation

~ капитала accumulation of capital, capital accumulation

~ налоговых сумм tax accrual

~ сбережений accumulation of savings

~ товаров accumulation of commodities, stockbuilding, stockpiling

НАКРУТКА markup; (*доплата*) surcharge; (*ложное требование*) false claim for payment

НАЛИЧИ/Е availability

~ денег availability of money

~ запасов stock availability

~ капитала availability of capital

~ средств availability of funds

~ товаров availability of goods

период ~я (*товара*) availability period

иметь в ~и have (hold) in stock, *амер.* carry in stock

иметься в ~и be available, be in stock

◊ в ~и on hand

при ~и вины in case of fault

НАЛИЧНОСТЬ cash

~, банковская cash in (at) a bank

~ в валюте currency holdings

~, денежная cash, money in (on) hand, cash assets (*см. тж* ДЕНЕЖНАЯ НАЛИЧНОСТЬ)

~, инвалютная foreign exchange holdings

~, резервная reserve cash

~, свободная spare cash

~, товарная stock in hand

переводить в ~ convert into cash

ревизовать ~ carry out cash audit, inspect cash holdings

НАЛОГ tax, charge; (*сбор, пошлина*) duty, levy, *pl.* dues

~, акцизный excise tax

~и, взимаемые в Федеральный бюджет Federal budget taxes

~ в фонд социального обеспечения social security tax

~, государственный national (state, government) tax

~, двойной double tax

~, дополнительный surcharge, surtax

~, дорожный (*на пользователя*) highway-user tax, *амер.* toll; (*на строительство и содержание дорог*) highway (road) tax

~ единый single tax

~, земельный land tax, tax on land

~, имущественный property tax

~, инвестиционный investment tax

~, инфляционный inflation tax

~и, коммунальные rates

~, косвенный indirect tax

~, местный local tax, local assessment

~, муниципальный municipal tax

~ на автомобили motor vehicle (car) tax

~ на вмененный доход imputed income tax

~ на дарение donor's tax

~ на денежные переводы за границу transfer tax

~ на дивиденды dividend tax

~ на добавленную стоимость value-added tax

~ на доход с недвижимого имущества real estate (property) tax

~ на доходы earnings tax

~ на доходы корпораций corporation tax, corporate (company) income tax

~ на доходы от капитала capital levy

~ на доходы от капиталовложений capital investment tax

~ на доходы от предпринимательской деятельности business tax

~ на доходы юридических лиц corporation (corporate) income tax

~ на землю land tax, tax on land

~ на игорный бизнес gambling tax

~ на импорт import tax, tax on importation

~ на имущество физических лиц personal property tax

~ на имущество предприятий enterprise assets tax

~ на капитал capital tax (levy)

~ на наследство inheritance (death) tax

~ на недвижимость real estate (property) tax, [immovable] property tax; land charge

~ на непредвиденную прибыль windfall-profits tax

~ на операции с ценными бумагами security transactions tax

~ на перевод капитала capital transfer tax

~ на передачу недвижимости immovable property transfer tax

~ на передачу правового титула conveyance tax

~ на покупку sales tax

~ на пользование недрами mineral rents

~ на пользователей автодорог highway user tax

~ на потребление consumption tax

~ на предпринимательскую деятельность business tax

~ на прибыль profits tax, tax on profits

~ на прибыль корпораций corporate [income] tax

~ на прибыль предприятий company income tax

~ на прирост капитала capital gains tax

~ на продажу sales tax

~ на рекламу advertising tax

~ на сверхприбыль excess profits (super) tax

~ на собственность property tax

~ на спиртные напитки alcohol tax

~ на экспорт export tax

~, новый new (fresh) tax

~, отсроченный deferred tax

~, повышенный increased tax

~, подоходный income tax, tax on income

~, подушный capitation (head, personal) tax

~, поземельный tax on land, land tax

~, поимущественный property (assessed) tax

~, прямой direct (assessed) tax

~, региональный regional tax

~ с корпораций corporation (corporate) tax

~ с недвижимости [immovable] property (real estate) tax; land charge

~ с оборота turnover (sales) tax

~, социальный social security tax

~ с продаж sales tax

~и субъектов РФ taxation of the RF subjects

~ с физических лиц tax on individuals, natural persons tax

~, федеральный federal tax

~, целевой special tax

~, экологический pollution tax, green taxation

введение ~ов imposition of taxes

возврат переплаченных ~ов tax refund

обложение ~ом imposition of a tax, taxation

освобождение от ~ов exemption from taxes

отмена ~а abolition of a tax

повышение ~ов increase of taxation

расчет ~ов calculation of taxes

скидка с ~а tax relief

собирание ~ов tax collection

сокращение ~ов tax cuts

удержание ~ов deduction of taxes

уклонение от уплаты ~ов tax evasion (avoidance)

уплата ~ов в федеральный бюджет payment of taxes to the Federal budget

взимать ~ impose (levy, collect) a tax

исчислять ~и calculate taxes

минимизировать ~и minimize taxes

начислять ~и charge taxes

недобирать ~и be in arrears of taxes

облагать ~ом impose (levy, lay) a tax

освобождать от уплаты ~ов exempt from taxes

отменять ~ abolish a tax

платить ~ pay a tax

повышать ~и increase (raise) taxes

снижать ~и cut [down] (reduce, lower) taxes

собирать ~и collect taxes

уклоняться от уплаты ~a dodge (evade) a tax

◊ до вычета (удержания) ~ов before [deduction of] taxes, prior to tax withholding

после удержания ~ов after taxes

НАЛОГОВАЯ ГАВАНЬ tax haven

НАЛОГОВАЯ ДЕКЛАРАЦИЯ tax declaration, [income] tax return

НАЛОГОВАЯ ИНСПЕКЦИЯ tax inspectorate

НАЛОГОВАЯ ЛАЗЕЙКА tax loophole

НАЛОГОВАЯ ПОЛИЦИЯ tax police

НАЛОГОВОЕ УБЕЖИЩЕ tax shelter, tax haven

НАЛОГОВЫЙ ИНСПЕКТОР revenue inspector

НАЛОГОВЫЙ ОАЗИС tax oasis

НАЛОГОВЫЙ ПЕРИОД taxable period

НАЛОГООБЛОЖЕНИЕ taxation, tax assessment

~, двойное double (duplicate) taxation

~, дифференцированное differential taxation

~ доходов taxation of income

~, косвенное indirect taxation

~, льготное concessional taxation

~ прибыли profits taxation

~, прогрессивное progressive (graduated) taxation

~, прямое direct taxation

~, федеральное подоходное federal income taxation

НАЛОГОПЛАТЕЛЬЩИК taxpayer; (*местных муниципальных налогов*) ratepayer

~, недобросовестный careless (mala fide) taxpayer

права и обязанности ~ов rights and liabilities of taxpayers

НАЛОЖЕНИЕ (*взыскания*) imposition; (*штрафа*) infliction; (*ареста на имущество*) arrest, attachment, seizure, sequestration
~ ареста на денежные средства, находящиеся на счете seizure of (arrest on) the monetary funds held in the account
~ ареста на имущество seizure of property, attachment
~ ареста на имущество в порядке обеспечения долга distraint, distrainment
~ ареста на имущество в порядке обеспечения иска precautionary attachment
~ ареста на товары confiscation (seizure) of goods
~ взыскания imposition of a penalty
~ взыскания, незаконное illegal (unlawful) imposition of a penalty
~ дисциплинарного взыскания imposition of a disciplinary penalty
~ наказания imposition (exaction, infliction) of a penalty (of punishment)
~ штрафа imposition of a penalty, penalizing

НАМЕРЕНИЕ intention, intent; (*цель*) aim, purpose
~, вероятное probable (likely) intention
~, действительное real (actual) intention (intent)
~, законное legitimate intent
~ законодателей legislative intention, intention of law (of legislature)
~, первоначальное first intent

~, противоправное wrongful intent (intention)
~ сторон intention of the parties, contractual intent

НАНИМАТЕЛЬ 1. (*работодатель*) employer, hirer 2. (*съемщик, арендатор*) hirer, lessee, renter, tenant

НАПЛЫВ flow, inflow, influx
~ заказов inflow of orders
~ клиентов influx of clients
~ предложений на продажу selling pressure
~ сомнительных денег inflow of bad money
~ требований о возвращении вкладов run on the bank

НАПРАВЛЕНИ/Е 1. (*курс*) direction, course, line 2. (*тенденция*) tendency, trend
~ деятельности line of activity
~, приоритетное priority line, business priority
~ развития хозяйства line of economic development
определение приоритетных ~й деятельности determination of business priorities

НАРАЩИВАНИЕ accumulation, increase, build-up
~ объема продаж increase of sales volume
~ производственных мощностей increase (build-up) of production capacities
~ экономического потенциала building up the economic potential
~ экспорта increase of exports

НАРКОБИЗНЕС drug trafficking, drug business

НАРКОМАФИЯ narcomafia

НАРУШАТЬ (*правила, право, закон, договор*) break, breach, violate, infringe

~ умышленно violate intentionally (wilfully)

НАРУШЕНИ/Е (*правил, права, закона, договора, обязательства*) breach, violation, infringement, delinquency; (*требований, приказа*) failure to comply; (*обязанности*) dereliction; (*правонарушение*) offence

~ авторского права infringement (breach) of copyright

~, административное administrative offence

~ акцизных правил excise violation

~ валютного законодательства currency offence

~, валютное currency violation (offence)

~ владения trespass

~ гарантии breach of warranty

~ действующего законодательства infringement (violation) of current (existing) legislation

~ денёжного обращения monetary disorder

~ доверия breach of trust (of confidence)

~ договора breach (violation) of a contract (of an agreement), contractual default

~ договора подряда breach of a work contract

~ договора поставки breach (violation) of a supply contract

~ долга breach (dereliction) of duty

~, допущенное committed violation

~ закона violation (breach, infringement) of a law, violation of a statute, offence against law

~ закона, грубое gross violation of a law (of a statute)

~ законности violation of legality, offence against a law, illegality

~ законодательства violation of legislation

~ законодательства о наркотиках drug violation

~ квот infringement of quotas

~ конституции violation (infringement) of a constitution

~ контракта infringement (breach) of a contract

~ международного права breach of international law

~ налогового законодательства infringement of tax legislation

~ налогового обязательства tax break

~, налоговое tax violation

~я на фондовом рынке violations in the stock market

~, неоднократное multiple (repeated) violations

~, неумышленное unintentional infringement

~ норм violation of norms

~ норм права contempt of the law

~ обязанности breach of duty

~ обязательств breach (violation, infringement, dereliction) of obligations, default on obligations

~ обязательства по платежам default

~ патентных прав infringement (violation) of patent rights

~ положения договора violation (breach) of a provision

~ права violation (infringement) of a right

~ правил violation (infringement) of rules

~ правил процедуры breach of procedure

~ правового акта violation of a legal act (of a legal statute)

~ правопорядка violation of law and order

~, преднамеренное premeditated infringement (violation)

~, процедурное process violation

~, прямое direct infringement (violation)

~ служебных обязанностей misconduct in office

~ соглашения violation (breach) of an agreement

~ срока violation of time

~ сроков поставки violation of delivery time

~ тайны страхования violation of insurance confidence (of secrecy of insurance)

~ таможенных правил violation of the customs law

~ товарного знака infringement (violation) of a trademark

~ требований к качеству товара breach of requirements for quality of goods

~ трудовой дисциплины breach (violation) of labour discipline

~, умышленное intended (intentional) infringement

~ условий violation (infringement) of terms (of conditions)

~ условий контракта breach (violation, default) of a contract

~ условий регистрации infringement of registration

~ установленных ограничений violation of the established limitations

~я, финансовые financial fraud

~, формальное technical infringement

наказание за ~ penalty for violation (for infringement)

отсутствие ~й absence of breaches

производство по делам о ~ях infringement proceedings

устранение ~й elimination of violations

◊ в ~ in violation

~я носят неустранимый характер violations have an irremediable nature (are of an irreparable nature)

НАРУШИТЕЛЬ violator, infringer, breaker, offender

~ владения trespasser

~ дисциплины violator of discipline

~ законов law-breaker

~ патента infringer of a patent

~ права violator of a right

НАСИЛИ/Е force, violence; (*принуждение*) coercion

~, вызванное необходимостью necessary force

~, законное legal violence

~, незаконное illegal violence

~, правомерное lawful violence

~, преступное criminal violence

~, прямое direct violence

акт ~я act of violence

сделка, заключенная под влиянием ~я transaction made under the influence of violence (of duress)

заключать договор под влиянием ~я make a contract (conclude an agreement) under the influence of force (of violence)

применять ~ use (resort to) violence

◊ под влиянием ~я under the influence of force (of violence)

с применением ~я with force

НАСЛЕДНИК heir; (*преемник*) successor

~, законный legitimate (lawful) heir

205

~ по договору conventional heir

~ по завещанию testamentary heir, heir by devise

~ по закону heir at law, legal heir, heir general

~, прямой heir apparent

выплата ~у пая члена кооператива payment of the value of the membership share to the heir

прием ~а в члены кооператива admission of an heir as a member of a cooperative

НАСЛЕДОВАНИ/Е inheritance, heirdom; succession

~ по завещанию testamentary succession

~ по закону legal (hereditary) succession

~ при отсутствии завещания intestate succession

◊ в порядке ~я by way of legal succession

НАСЛЕДСТВО heritage, inheritance, heirloom

НАСТУПЛЕНИ/Е (*начало*) onset; (*срока*) maturity, occurrence; (*ответственности, риска, обязанности*) attachment

~ обстоятельств occurrence of circumstances

~ срока (*погашения, платежа*) maturity

~ срока исполнения обязательств occurrence of the time for performance of obligations

~ страхового случая occurrence of the insured event

◊ до ~я срока платежа before (prior to) maturity

при ~и срока платежа at maturity

НАЦЕНКА extra charge; (*в розничной торговле*) markup; *бирж.* margin

~, бюджетная budgetary margin

~, розничная markup

~, страховая insurance margin

~, торговая trade (marketing) margin

~, транспортная transportation margin

НАЦИОНАЛИЗАЦИ/Я nationalization

~ заложенного имущества nationalization of pledged property

~ отрасли промышленности nationalization of an industry

возмещение убытков при ~и compensation for damages in nationalization of property

НАЧАЛ/О 1. beginning, commencement, start, inception 2. (*источник*) origin, source

~ обслуживания inception of service

~ ответственности страховщика inception of insurance

на добровольных ~ах on a voluntary basis

на комиссионных ~ах on a commission basis

на паритетных ~ах on a parity basis, *лат.* pari passu

НАЧИСЛЕНИ/Е charge; (*подсчет*) calculation, computation

~ вознаграждения charge of a fee

~я в социальные фонды allocations to social funds

~ износа depreciation

~я, налоговые tax accruals

~ пени на сумму charge of a penalty on an amount

~ процентов calculation (computation) of interest; interest charge

~ процентов на вклад calculation (computation) of interest on a deposit

~ процентов по займу service charge on a loan

порядок ~я процентов procedure for calculation (for computation) of interest

НАЧИСЛЯТЬ charge; (*подсчитывать*) calculate, compute

~ проценты на сумму calculate (compute) interest on an amount

НЕБРЕЖНОСТ/Ь carelessness, fault, neglect, negligence

~, вмененная imputed negligence

~, должностная neglect of official duty

~, преступная criminal negligence

правонарушение из-за ~и tort of negligence

НЕВЗЫСКАННЫЙ outstanding, uncollected

НЕВИНОВНОСТЬ innocence, guiltlessness

доказать ~ prove innocence

НЕВОЗВРАТ (*денег*) default

~ аванса imprest default

~ кредита credit default

НЕВОСТРЕБОВАННЫЙ unclaimed, uncalled

НЕВЫБОРКА ТОВАРОВ failure to pick up goods

~ в срок failure to pick up goods within the established period

НЕВЫГОДНЫЙ (*бесприбыльный*) unprofitable, gainless; (*не приносящий дохода*) unremunerative; (*неблагоприятный*) unfavourable, disadvantageous

НЕВЫПЛАТА nonpayment

~ дивидендов passing of dividends

~ зарплаты arrears of wages

~ процентов nonpayment of interest

НЕВЫПОЛНЕНИЕ (*требований, закона, приказа, условий*) noncompliance, failure to comply (to carry out); (*обязательств*) nonfulfilment, nonexecution, default, failure

~ договора nonfulfilment (nonexecution, nonobservance) of an agreement

~ заказа nonperformance of an order

~ контракта nonperformance (nonfulfilment, nonexecution) of a contract

~ обязанностей failure to perform (to fulfil) obligations, failure in duties

~ обязательства nonperformance (nonfulfilment of, noncompliance with) an obligation

~ обязательства партнером counterparty failure

~ плана nonfulfilment of (noncompliance with) a plan

~ решения nonfulfilment of a decision

~ соглашения nonfulfilment of an agreement

НЕГЛАСНОЕ ТОВАРИЩЕСТВО silent partnership

НЕГОЦИАЦИ/Я negotiation

~ против документов negotiation against documents

производить ~ю effect negotiation, negotiate

НЕДВИЖИМОЕ ИМУЩЕСТВО real estate, real assets, realty, real (immovable) property, capital facilities (*см. тж* **НЕДВИЖИМОСТЬ**)

~, заложенное pledged immovable property

государственная регистрация сделок с недвижимым имуществом state registration of transactions with immovable property договор аренды недвижимого имущества contract of lease of immovable property

договор купли-продажи недвижимого имущества contract of sale of immovable property

залог недвижимого имущества pledge of real property, mortgage of real estate

обременение недвижимого имущества сервитутом encumbering immovable property with servitude

отчуждение недвижимого имущества по договору ренты alienation of immovable property under a contract of rent

право собственности на ~ right of ownership to immovable property

приобретение права на ~ в силу приобретательной давности acquisition of the right of ownership to property by virtue of acquisitive prescription

рыночная· стоимость недвижимого имущества market value of immovable property

НЕДВИЖИМОСТ/Ь real estate, real (immovable) property, immovables (*см. также* **НЕДВИЖИМОЕ ИМУЩЕСТВО**)

~, бесхозная (брошенная) vacant possession

~, государственная state property

~, заложенная pledged assets, encumbered estate

~, муниципальная municipal property

~, промышленная industrial property

закладная на ~ letter of hypothecation

передача ~и transfer of immovable property

передача ~и по договору пожизненного содержания с иждивением transfer of immovable property under a contract of lifetime support with maintenance

переход права собственности на ~ transfer of the right of ownership to immovable property

НЕДЕЕСПОСОБНОСТЬ disability, [legal] incapacity

~, гражданская civil incapacity

НЕДЕЕСПОСОБНЫ/Й legally incapable, disqualified, incompetent

признание *кого-л.* ~м declaration of *smb* to be incompetent

решение суда о признании гражданина ~м judgement (decision) of a court declaring a citizen to be incompetent

объявлять ~м declare incompetent, disqualify, incapacitate

НЕДЕЙСТВИТЕЛЬНОСТЬ invalidity; (*сделки*) nullity

~ договора invalidity (nullity) of a contract

~ кредитного договора invalidity of a credit agreement

~ мнимой и притворной сделки invalidity of a mock and fictitious transaction

~ обязательства invalidity of an obligation

~ оспоримой и ничтожной сделки invalidity of a voidable and void transaction

~ сделки invalidity of a transaction

~ сделки, совершенной гражданином, признанным недееспособным invalidity of a transaction made by a citizen declared incompetent

~ сделки, совершенной под влиянием заблуждения invalidity of a transaction made under the influence of an error

~ соглашения invalidity of an agreement

~ товарного знака invalidity of a trademark

~ требования invalidity of a claim

НЕДЕЙСТВИТЕЛЬНЫ/Й (*не имеющий силы*) invalid, ineffective, void, null

юридически ~ invalid

объявлять ~м invalidate, annul, nullify

признавать ~м declare null and void

НЕДЕЛИМАЯ ВЕЩЬ indivisible thing

НЕДЕЛИМЫЙ ФОНД nondivisible (indivisible) fund

образование неделимого фонда formation (establishment) of a nondivisible (of an indivisible) fund

НЕДЕНЕЖНЫ/Й nonmonetary

~е обязательства nonmonetary liabilities

НЕДОБРОКАЧЕСТВЕННОСТЬ bad (poor, inferior) quality, unsoundness

~ материала improper (poor) quality of material

~ оборудования improper (poor) quality of equipment

НЕДОИМК/А arrears

~и по налогам tax arrears, back taxes

~и по обязательным платежам arrears of compulsory payments

сумма ~и arrears

уплата ~и payment of arrears

взыскивать ~и collect arrears

погашать ~и pay [off] arrears

НЕДОИМЩИК defaulter

~, злостный persistent defaulter

НЕДОПОСТАВК/А short (incomplete) delivery

~ товаров shortage in the supply (undersupply) of goods

восполнение ~и товаров making up for short delivery (for shortage) of goods

неустойка за ~у товаров penalty for the shortage (for short delivery) of goods

покрытие ~и coverage of the short supply (of the undersupply)

НЕДОПОСТУПЛЕНИ/Е insufficient receipts

~я в бюджет insufficient budget receipts

~ субвенций из федерального бюджета insufficient receipts of subventions from the federal budget

НЕДОПУСТИМОСТЬ impermissibility, inadmissibility; (*незаконность*) illegality

НЕДОПУСТИМЫЙ (*недозволенный*) impermissible; (*не принимаемый судом*) inadmissible; (*незаконный*) illegal, illicit

НЕДОСТАТ/ОК 1. (*нехватка*) lack, deficiency, deficit, shortage; (*скудость*) scarcity 2. (*дефект*) fault, defect, drawback; (*изъян*) shortcoming

~, внутренний inherent defect

~ки в работе defects (shortcomings) in work

~ в рабочей силе shortage of labour

~ денег lack of (tightness of, pressure for) money

~ки имущества, приобретенного комиссионером для комитента defects in the property obtained by

209

the commission agent for the principal

~ капитала lack (shortage) of capital

~, конструктивный design (structural) defect

~ кредитов lack of credit

~ наличных средств shortage (lack) of cash

~, неустранимый defect that cannot be eliminated (corrected)

~ки, обнаруженные в пределах гарантийного срока defects (shortcomings) discovered during the guarantee period

~, обнаруженный discovered defect

~, острый acute shortage

~ продовольствия shortage of food, food shortage

~ки, производственные manufacturing defects

~ки, рецептурные formular (formulary) defects

~, скрытый hidden (latent) defect

~ спроса lack of demand

~ средств lack of funds (of money), insufficient funds

~ сырья lack of raw materials

~ товара defects in (shortcomings of) the goods

~ товаров shortage of goods

~ услуг defects in services

~, явный obvious (apparent) defect

выявление ~ков discovery of defects

исправление ~ков correction of defects (of shortcomings)

обнаружение ~ков discovery of defects, determination of shortcomings

срок для выявления ~ков period for discovery of defects

устранение ~ков elimination (correction) of defects

испытывать ~ experience shortage, lack *smth*

обнаруживать ~ки discover (find) defects (shortcomings)

устранять ~ки eliminate defects (drawbacks), remove shortcomings, clear faults

НЕДОСТАТОЧНОСТЬ (*нехватка*) insufficiency, deficiency; (*непригодность*) inadequacy

~ доказательств shortage of evidence

~ имущества insufficiency of property

~ производственной мощности undercapacity

~ снабжения supply shortage

~ спроса deficiency of demand

НЕДОСТАЧ/А shortage, deficiency, lack, shortfall

~ в поставке short delivery, shortage of delivery

~ груза short cargo, shortage of cargo (of freight)

~, заявленная declared shortage

~ имущества shortage of property

~ товара shortage of goods, commodity shortage

акт о ~е statement of shortage

возмещать ~у make up for shortage

НЕДОСТИЖЕНИЕ:

~ показателей failure to achieve the indicators

~ соглашения nonachievement of an agreement

НЕДОСТОВЕРНЫЙ (*не заслуживающий доверия*) unreliable; (*неподлинный*) unauthentic

НЕДОЧЕТ 1. (*нехватка*) shortage, deficit 2. (*недостаток*) defect

НЕЗАВЕРЕННЫЙ uncertified, unattested

НЕЗАВЕРШЕННОСТЬ incompleteness, noncompletion
~ законодательной базы noncompletion of the legislative base
~ работы noncompletion of work

НЕЗАКОННОСТЬ illegality, unlawfulness, illegitimacy

НЕЗАКОНН/ЫЙ illegal, illicit, unlawful; (*неузаконенный*) illegitimate
~ арест unlawful arrest
~ое действие illegal action
~ ая забастовка illegal strike
~ое задержание unlawful detention
~ обмен валюты illegal currency exchange
~ая торговля illegal (illicit) trade
~ое увольнение unlawful dismissal
◊ ~ым путем by illegal means

НЕЗАРЕГИСТРИРОВАННЫЙ unregistered; (*не занесенный в книгу*) unentered

НЕЗАСВИДЕТЕЛЬСТВОВАННЫЙ unattested, uncertified

НЕИСПОЛНЕНИ/Е (*обязательств*) default, nonfulfilment, nonexecution; (*правил, условий, приказа*) noncompliance with, nonobservance; (*контракта*) nonperformance
~ бюджета failure to implement a budget
~ денежных обязательств default
~ договора default of (on) an agreement
~ закона failure to observe a law
~ контракта nonexecution (nonfulfilment, nonperformance) of a contract, failure to perform a contract, default of (on) a contract
~ обязанности nonfulfilment of an obligation, failure to fulfil an obligation (to perform a duty), failure in (dereliction of) duty
~ обязательства nonperformance (nonfulfilment) of an obligation, failure to perform an obligation, default on an obligation
~ обязательств, умышленное wilful default
◊ в случае ~я on default

НЕИСПОЛЬЗОВАНИЕ (*права*) nonuser

НЕИСПРАВНОСТЬ trouble, fault, defect, failure
~ должника failure in duties
~ приборов defects in instruments

НЕКОММЕРЧЕСКАЯ ОРГАНИЗАЦИЯ noncommercial organization
наименование некоммерческой организации name of a noncommercial organization
предпринимательская деятельность некоммерческих организаций entrepreneurial activity of noncommercial organizations
формы некоммерческих организаций forms of noncommercial organizations

НЕКОМПЕТЕНТНОСТЬ incompetence

НЕКОМПЕТЕНТНЫЙ incompetent; (*не имеющий соответствующей квалификации*) unqualified

НЕКОМПЛЕКТНОСТЬ incompleteness, incomplete assortment
~ поставленных товаров incompleteness of the goods supplied

НЕКОМПЛЕКТНЫЙ incomplete, short

НЕКОНВЕРТИРУЕМОСТЬ inconvertibility
~ валюты inconvertibility of currency

211

НЕКОНВЕРТИРУЕМЫЙ inconvertible, nonconvertible, soft

НЕКОНДИЦИОННЫЙ substandard, nonstandard

НЕКОНСТИТУЦИОННОСТЬ unconstitutionality

НЕКОНСТИТУЦИОННЫ/Й unconstitutional

признавать ~м hold unconstitutional

НЕКРЕДИТОСПОСОБНОСТЬ insolvency

НЕКРЕДИТОСПОСОБНЫЙ insolvent, not creditworthy

НЕЛЕГАЛИЗОВАННЫЙ unlegalized, uncertified

НЕЛЕГАЛЬНЫЙ illegal

НЕЛИКВИДЫ unmarketable goods (products); illiquid (nonliquid) assets

НЕМАТЕРИАЛЬНАЯ ВЕЩЬ (*права*) intangible thing, thing incorporeal

НЕМАТЕРИАЛЬНЫЕ БЛАГА nonmaterial values

защита нематериальных благ protection of nonmaterial values

компенсация морального вреда, причиненного посягательством на нематериальные блага compensation for moral harm caused by infringing upon nonmaterial values

НЕНАДЛЕЖАЩИЙ improper, inappropriate

НЕНАМЕРЕННЫЙ accidental, unintentional, inadvertent

НЕОБОРОТНЫЙ non-negotiable

НЕОБРАЩАЮЩИЙСЯ (*о ценных бумагах*) non-negotiable

НЕОБРЕМЕНЕННЫЙ (*долгами*) unencumbered

НЕОБХОДИМОСТ/Ь necessity, need, want

~, коммерческая commercial necessity

~, неотложная urgent necessity, immediate need

~, объективная objective necessity

~, экономическая economic necessity

◊ в случае ~и in case of need

НЕОБЯЗАТЕЛЬНЫЙ nonobligatory, optional

НЕОДНОКРАТНОСТЬ:

~ преступления repeated crime

НЕОДОБРЕНИЕ disapproval

~ предпринятых действий disapproval (nonratification) of the actions taken

НЕОПЛАТА nonpayment, failure to pay

~ товара failure to pay for the goods

~ чека nonpayment of a cheque

НЕОПРОТЕСТОВАННЫЙ (*о векселе*) unprotested

НЕОСНОВАТЕЛЬНОЕ ОБОГАЩЕНИЕ unjust enrichment

~ вследствие действий в чужом интересе unjust enrichment as a result of actions in another's interest (on behalf of another)

НЕОСНОВАТЕЛЬНОЕ СБЕРЕЖЕНИЕ unjust saving

~ сумм при осуществлении обязательного страхования amounts improperly saved in compulsory insurance

НЕОСПОРИМЫЙ incontestable, indisputable, undisputed, unchallengeable

НЕОСТОРОЖНОСТ/Ь (*небрежность, халатность*) negligence, carelessness

~, грубая gross carelessness

~, преступная criminal (culpable) negligence

◊ по ~и by (due to) negligence, negligently

НЕОТДЕЛИМОЕ УЛУЧШЕНИЕ inseparable improvement

~ имущества inseparable improvement to property

возмещение стоимости неотделимого улучшения арендованного имущества compensation for the cost of inseparable improvement of leased property

НЕОТЧУЖДАЕМЫ/Й inalienable, unalienable

~е права и свободы человека inalienable rights and freedoms of man

НЕОФИЦИАЛЬНЫЙ informal, unofficial

НЕОФОРМЛЕННЫЙ (*о документе*) unexecuted

НЕПЛАТЕЖ nonpayment, default, failure to pay

~ в бюджет default on budgetary payments

~и по кредитам nonpayment of credits

причина ~а cause of (reason for) nonpayment

◊ в случае ~а in default of payment

НЕПЛАТЕЖЕСПОСОБНОСТЬ insolvency, bankruptcy

~ банка bank insolvency

~ партнеров insolvency of partners

НЕПЛАТЕЖЕСПОСОБНЫ/Й insolvent, bankrupt

объявлять ~м declare insolvent (bankrupt)

НЕПЛАТЕЛЬЩИК defaulter

~ налогов tax-dodger, tax defaulter

НЕПОГАШЕНИЕ nonpayment

~ облигаций failure to redeem bonds

НЕПОДСУДНОСТЬ immunity from jurisdiction

НЕПОКРЫТИЕ failure to cover

~ финансовых обязательств failure to cover financial obligations

НЕПОЛНОТА incompleteness; (*документов, направляемых в вышестоящий суд*) diminution

~ информации incompleteness of information

НЕПОЛУЧЕНИЕ:

~ ответа в установленный срок failure to receive a reply within the specified (established) time

~ платежа nonreceipt of payment; delayed receipt of payment

НЕПОСТАВКА nondelivery, failure to deliver

НЕПОСТУПЛЕНИЕ :

~ налогов nonpayment of taxes

~ платежа delayed (overdue) payment

НЕПРАВОМЕРНОСТЬ illegality, unlawfulness, wrongfulness

~ владения unlawfulness (wrongfulness) of possession

~ действий illegality of actions

НЕПРАВОМЕРНЫЙ illegal, unlawful, wrongful

НЕПРАВОМОЧНОСТЬ incompetence

~, гражданская civil incapacity

НЕПРАВОМОЧНЫЙ incompetent, without legal authority, unauthorized

НЕПРАВОСПОСОБНОСТЬ disability, [legal] incapacity, incompetence

НЕПРАВОСПОСОБНЫЙ disabled, incapable, incompetent

НЕПРЕДОСТАВЛЕНИЕ failure to provide (to place at smb's disposal)

~ материала failure to provide (nonprovision of) material

~ оборудования failure to provide (nonprovision of) equipment

~ технической документации failure to provide (nonprovision of) technical documentation

НЕПРЕДСТАВЛЕНИЕ failure to submit, failure to present

~ декларации о доходах failure to submit income tax return

НЕПРЕДЪЯВЛЕНИЕ failure to present, nonpresentment

~ требования nonclaim

НЕПРЕОДОЛИМАЯ СИЛА force majeure

освобождение от ответственности за неисполнение или ненадлежащее исполнение обязательства вследствие непреодолимой силы exemption from liability for nonperformance or improper performance of an obligation as a result of force majeure

освобождение от ответственности за утрату и повреждение вследствие непреодолимой силы exemption from liability for loss and damage as a result of force majeure

НЕПРИГОДНОСТЬ unsuitability; (*к работе*) incapacity, uselessness

~ материала unsuitability of material

~ оборудования unsuitability of equipment

~ технической документации unsuitability of technical documentation

НЕПРИКОСНОВЕННОСТ/Ь (*иммунитет*) immunity; (*нерушимость*) inviolability

~ имущества inviolability of property

~, личная personal inviolability

~, парламентская parliamentary immunity, immunity of a deputy

~ собственности inviolability of ownership

~ частной жизни inviolability of private life

лишение парламентской ~и deprivation of parliamentary immunity

пользоваться парламентской ~ью enjoy parliamentary immunity

пользоваться правом на ~ enjoy immunity; enjoy inviolability

НЕРАДИВОСТЬ negligence, carelessness

НЕРАЗВИТОСТЬ lack of development

~ инфраструктуры lack of infrastructure development

НЕРАЗГЛАШЕНИЕ nondisclosure

НЕРЕНТАБЕЛЬНОСТЬ unprofitability

НЕРЕНТАБЕЛЬНЫЙ unprofitable, unremunerative

НЕСАНКЦИОНИРОВАННЫЙ unauthorized, unapproved

НЕСБАЛАНСИРОВАННОСТЬ imbalance, unbalance

~ внешнеторгового баланса disequilibrium in trade

~ внешних платежей imbalance in external payments

~ поставок imbalance of deliveries

~ товарооборота imbalance in (of) trade

~ торговли imbalance in (of) trade

~ экономики economic disequilibrium

НЕСОБЛЮДЕНИЕ (*правил*) nonobservance, noncompliance with; (*несоответствие*) nonconformity; (*нарушение*) infringement, violation, breach

~ графика nonobservance (breach) of a schedule

~ закона noncompliance with a statute, failure to comply with a law

~ инструкций noncompliance with regulations, nonobservance of instructions

~ нотариальной формы сделки nonobservance of a notarial form of a transaction

~ обязательств noncompliance with obligations

~ правил infringement (nonobservance, disregard) of rules, noncompliance with rules (with regulations)

~ простой письменной формы сделки nonobservance of (failure to comply with) the simple written form of a transaction

~ срока nonobservance of the time [limit] (of the date)

~ требований failure to observe (to adhere to) the requirements

~ требований о государственной регистрации nonobservance of (failure to comply to) the requirements on (for) state registration

~ указаний disregard of instructions

~ условий nonobservance of (noncompliance with) conditions

~ формальностей nonobservance of formalities

~ формы договора nonobservance of the form of a contract, failure to adhere to the form of an agreement

~ формы сделки nonobservance of (failure to comply with) the form of a transaction

НЕСОГЛАСИЕ disagreement, nonconsent

сообщить о своем ~и communicate one's nonconsent, indicate one's disagreement

НЕСОГЛАСОВАННОСТЬ lack of coordination, noncoordination, noncompliance

НЕСООТВЕТСТВИЕ (*различие*) discrepancy, disagreement; (*несоразмерность*) disparity, imbalance, inadequacy; (*несовместимость*) incompatibility, inconsistency

~ качества inadequacy in quality

~ качества товаров по договору nonconformity (noncorrespondence) of the quality of the goods sold under the contract

~ условиям контракта nonconformity to the contract

~ установленным требованиям nonfulfilment of specific requirements

~ учредительных документов закону failure of the founding documents to correspond to a statute (to conform to a law)

НЕСОСТОЯТЕЛЬНОСТ/Ь insolvency, failure, bankruptcy

~ должника insolvency of a debtor

~ индивидуального предпринимателя insolvency of an individual entrepreneur

~, финансовая bankruptcy

~ юридического лица insolvency of a legal person

закон о ~и bankruptcy law

признание ~и adjudication in bankruptcy

НЕСОСТОЯТЕЛЬНЫ/Й insolvent, bankrupt

признавать ~м declare bankrupt

НЕСТАБИЛЬНОСТЬ instability
~ в поставках instability in supplies
~ кредита instability of credit
~ цен instability of prices
~, экономическая economic instability
НЕТРУДОСПОСОБНОСТ/Ь disability, incapacity to work, invalidity
~, временная temporary inability to work (disability, invalidity)
~, постоянная permanent incapacity (disability)
~, частичная partial invalidity
пенсия по ~и disability pension
НЕУЗАКОНЕННЫЙ unlegalized, illegitimate
НЕУПЛАТА nonpayment, default of payment, failure to pay
~ в срок failure to pay on time
~ долгов default on debts
~ задолженности по кредиту default of credit
~ налогов nonpayment of taxes
~ штрафа default in paying a fee
НЕУРЕГУЛИРОВАНИЕ failure to settle
~ разногласий unregulated disagreement (differences)
НЕУРЕГУЛИРОВАННЫЙ unsettled, outstanding
НЕУСТОЙК/А (*штраф*) penalty, fine, contractual sanction; (*компенсация за убытки*) damages
~, большая heavy penalty
~, договорная contractual penalty, penalty under a contract
~, законная statutory (legal) penalty (*см. тж* ЗАКОННАЯ НЕУСТОЙКА)
~ за недопоставку penalty for short (for incomplete) delivery

~ за неисполнение обязательства penalty for nonperformance of (failure to perform) an obligation
~ за просрочку поставки penalty for late (for overdue) delivery
~, налоговая fiscal penalty
~, несоразмерная disproportionate (incommensurate) penalty
~, штрафная penalty, penal damages
взыскание ~и recovery of a penalty (of a contractual sanction)
исковая давность по требованиям о ~е limitation of action of claims for a penalty
размер ~и amount of a penalty
соглашение о ~е agreement on a penalty
уменьшение ~и reduction of a penalty
уплата ~и payment of a penalty
взыскивать ~у (*начислять*) charge a penalty; (*добиваться уплаты*) recover a penalty
удерживать ~у deduct a penalty
уменьшать ~у reduce a penalty
уплачивать ~у pay a penalty
НЕУСТОЙЧИВОСТЬ instability; (*колебание*) fluctuation
~ валютного курса exchange-rate instability (volatility)
~ законодательной базы instability of the legislative base
~ рынков market instability
~ цен instability (fluctuation) of prices
~, экономическая economic instability
НЕХВАТКА (*дефицит*) lack, shortage, scarcity, deficit, insufficiency, shortfall; (*средств*) stringency, tightness
~ бюджетных средств budget constraint, budgetary shortfall

~, временная temporary shortage (scarcity)

~ денежных средств cash shortage

~ капитала shortage (scarcity) of capital, capital shortage (scarcity)

~ конвертируемой валюты scarcity of convertible currency

~ кредита credit scarcity (stringency)

~ наличности shortage of cash

~ продовольствия shortage (scarcity) of food

~ рабочей силы manpower (labour) shortage, manpower tightness (bottleneck)

~ сырья shortage (scarcity) of raw materials

~ товарных запасов stock shortage

~ товаров shortage (deficiency, lack) of goods

~ топлива fuel shortage

НЕЦЕЛЕСООБРАЗНОСТЬ inexpediency

~ продолжения работы inexpediency of continuing the work

НЕЭЛАСТИЧНОСТЬ inelasticity, inflexibility

~ предложения inelasticity of supply

~ спроса inelasticity of demand

НИЧТОЖНОСТЬ (*недействительность*) invalidity, nullity

~ договора invalidity of a contract

~ ценной бумаги invalidity of a security

НИЧТОЖН/ЫЙ (*недействительный*) null [and void], void

~ая сделка void transaction

объявлять ~ым declare void

НИШ/А niche

~, перспективная promising niche

~, рыночная market niche

~, товарная commodity niche

занимать ~у на рынке occupy a market niche

НОВАТОРСТВО innovation

НОВАЦИ/Я (*перевод долга*) novation; (*возобновление действия*) revival

~ договора revival of an agreement

~ долга в заемное обязательство novation of a debt to a loan bond, substitution of a debt as a loan obligation

~ контракта revival of a contract

прекращение обязательства ~ей termination of an obligation by novation

производить ~ю novate

НОМЕР number

~ бухгалтерской записи booking number

~ документа address number, file reference

~, заводской works' number

~ заказа order number

~, инвентарный inventory number

~, кадастровый cadastral number

~ контракта contract number

~ партии товара lot number

~ по реестру number in the register

~, регистрационный registration (file) number

~ счета account number

~, текущий current number

НОМЕРНОЙ ЖЕТОН numbered token (tag)

выдача номерного жетона issuance of a numbered token (tag)

НОМЕРНОЙ СЧЕТ numbered account

НОРМ/А 1. norm, standard; (*права*) rule 2. (*размер*) rate, quota

~, административно-правовая administrative rule

~ амортизационных отчислений standards of depreciation

~ы бухгалтерского учета, международные international accounting rules

~ выручки earning rate

~ы гражданского кодекса civil standards

~ы гражданского права norms of civil law

~, действующая operative (working) rule

~ы, действующие правовые current rule

~, диспозитивная dispositive norm, discretionary (optional, permissive) rule, discretionary (optional) standard

~ы, дисциплинарные disciplinary standards

~ы закона provisions of a law

~, законодательная legislative rule

~ замещения основных фондов rate of replacement

~, запретительная prohibitive (prohibitory) rule, prohibitive standard, [prohibitory] injunction

~ы затрат cost standards

~, императивная imperative norm, compulsory (mandatory) rule, rule of compulsion (*см. тж* **ИМПЕРАТИВНАЯ НОРМА**)

~ инвестиций rate of investment

~ использования материальных ресурсов usage norm for material resources

~ капиталовложений rate of investment

~, коллизионная conflict (selective) rule

~ы международного права rules of international law, international rules

~, общая general rule

~ы, общепринятые generally recognized norms, accepted standards

~ обычного права conventional rule

~ обязательных резервов банка standard of emergency funds

~, ограничительная restrictive standard

~ы о доверительной собственности, правовые laws of trusts

~ окупаемости капиталовложений rate of return on investment

~ отпуска allowance

~ы поведения предпринимателей rules of entrepreneurs' conduct

~ права, установившаяся established rule of law

~ы, правовые legal norms (rules, standards), rules of law, legally set standards

~ прибыли rate of return, rate (norm) of profit

~ы, принятые в обществе norms accepted in society

~ы, процессуальные rules of court, standards of procedure

~ расхода rate of consumption, consumption rate

~ы, регулирующие налогообложение taxation rules

~, регулятивная regulatory standard

~ рентабельности rate of profitability

~ы статутного права statutory rules

~ы, строительные construction norms (rules)

~ы уголовного права criminal standards

~ы, уставные bylaw

~ы, юридические legal norms (rules)

действие норм гражданского права effect (operation) of norms of civil law

нарушение норм violation of norms

применение норм гражданского права application of norms of civil law

вводить ~ы introduce norms (standards)

игнорировать правовые ~ы ignore legal rules

пересматривать ~ы revise (reconsider) norms (standards)

применять ~ы apply the laws

устанавливать ~ы set norms, set (determine) rates, lay down standards

◊ в соответствии с ~ой according to standard

выше ~ы above the standard

ниже ~ы below the standard

НОРМАЛИЗАЦИЯ normalization, standardization

~ денежного обращения normalization of currency circulation

НОРМАТИВ norm, normative, standard

~ы валютных отчислений rules for currency allocations

~ы, заводские plant's norms

~ы, обязательные compulsory norms

~ы, отраслевые branch norms

~ы отчислений в фонд rates of allocations into the fund

~ы, промышленные industrial norms

~ы рентабельности profitability rates

~ы, экономические economic standards

устанавливать ~ы lay down (set) standards (norms)

НОРМАТИВНЫЙ normative, regulatory, standard

НОРМАТИВНЫЙ АКТ normative act

нормативные акты Российской Федерации и муниципальных образований normative acts of the Russian Federation and of municipal formations

НОТАРИАЛЬНАЯ КОНТОРА notarial (notary's) office

НОТАРИАЛЬНО notarially

засвидетельствовать ~ attest notarially

◊ удостоверенный ~ attested (authenticated) by a notary

НОТАРИАЛЬНОЕ ЗАСВИДЕТЕЛЬСТВОВАНИЕ notarization

НОТАРИАЛЬНОЕ УДОСТОВЕРЕНИЕ (*подтверждение*) notarial authentication

~ доверенности notarial authentication of a power of attorney

~ договора о залоге notarial authentication of a contract of pledge

~, обязательное obligatory notarial authentication

~ подписи authentication of a signature by a notary

~ сделки notarial authentication of a transaction

НОТАРИАТ state notary's office, notariate

НОТАРИУС notary

~, государственный public notary, notary public

~, частный private notary

печать ~а notarial seal

засвидетельствовать у ~a confirm by a notary, notarize

НУЖДЫ (*потребности*) *pl.* needs, requirements, demands

~, государственные state needs

~, муниципальные municipal needs

~, неотложные pressing needs

~, текущие current needs

~, хозяйственные economic needs

◊ для государственных и муниципальных нужд for state and municipal needs

О

ОБАНКРОТИТЬСЯ go (become) bankrupt, go out of business, be broke

ОБВАЛ collapse

~ цен price collapse

ОБВЕШИВАНИЕ false weighing

ОБВИНЕНИ/Е 1. accusation, charge 2. (*сторона в судебном процессе*) prosecution

~ в незаконной торговле наркотиками drug-trafficking charge

~ в преступной небрежности charge of a criminal (culpable) omission

~ в совершении преступления criminal charge

~, встречное countercharge

~ в халатности charge of neglect

~, ложное false (framed-up) charge (accusation)

~, необоснованное unfounded (ungrounded, unreasonable) charge (accusation)

~, обоснованное well-founded (well-grounded, reasonable) charge (accusation)

~, официальное formal (official) charge (accusation)

отказ от ~я dropped charge

свидетель ~я witness for the prosecution

выдвигать ~ bring (make, file, level, raise) a charge (an accusation), charge, accuse

отвергать ~ deny (dismiss, reject) a charge

предъявлять ~ bring (lay, raise) a charge (an accusation)

снимать все ~я drop all charges

сфабриковать ~ fabricate (frame up) a charge (an accusation)

◊ по ~ю on a charge

по ложному ~ю on a false (framed-up) charge

ОБВИНИТЕЛЬ prosecutor

ОБВИНИТЕЛЬНЫЙ АКТ indictment

вынести ~ find (return) indictment

ОБВИНИТЕЛЬНЫЙ ПРИГОВОР judgement of conviction, verdict of guilty

ОБВИНЯЕМЫЙ accused, charged, defendant

ОБВИНЯТЬ accuse of, charge with, prosecute

ОБЕСПЕЧЕНИ/Е 1. (*снабжение*) supply, provision, procurement 2. (*поддержка, гарантия*) support, backing 3. (*залог*) pledge, security 4. (*денежное покрытие*) cover, coverage; (*ценные бумаги в качестве гарантии возврата кредита*) collateral, collateral security 5. (*мера предосторожности*) provision

~ активами assets backing, asset-based financing

~ банкнот backing of bank notes; cover of bank notes

~, банковское banking collateral

~ безопасности строительных работ ensuring (provision) of the safety of construction work

~, бесперебойное uninterrupted provision

~ валюты backing of currency

~, валютное currency security

~ в виде векселей security in the form of bills

~ в виде ценных бумаг securities pledged as collateral

~ водоснабжения provision of water supply

~ возврата суммы займа ensuring the return of the amount of a loan

~ выпуска банкнот золотом backing support

~ высокого качества guarantee of high quality

~ денег cover of money

~, денежное cash cover

~ долга security for a debt

~, дополнительное additional cover (security, collateral)

~, достаточное adequate (ample, sufficient) cover (security)

~ жильем provision of housing

~ займа backing of (security for) a loan

~, золотое gold backing (security, cover)

~, имущественное collateral security

~, информационное information support

~ иска security for a claim

~ исполнения договора contract enforcement

~ исполнения обязательства security for performance of an obligation

~ качества quality assurance, assurance of quality

~ конфиденциальности guarantee of confidentiality

~ кредита security for credit

~, материально-техническое material and technical supplies, supply of materials and machinery, logistics

~ мелиорации ensuring (provision) of melioration (of land reclamation)

~, пенсионное pension provision

~ платежа security for payment

~ поддержки support

~ прав акционеров protection of shareholders' rights

~ права на защиту ensuring of the right of defence

~, правовое legal security; legal policies

~, продовольственное food supply

~ прокладки и эксплуатации линии электропередачи allowing installation and exploitation of lines of electric transmission

~, сервисное servicing

~ ссуды security for a loan

~, страховое insurance coverage

~ товарами supply (provision) of goods

~, финансовое financial security

~ электроэнергией electricity supply

величина ~я amount (size) of security

обращение взыскания на ~ exercise of security

утрата ~я loss of security (of provision)

давать ссуду под ~ lend on security

обратить взыскание на ~ exercise security

предоставить ~ provide (give) security, secure

служить ~м serve as security

требовать ~я call for (demand) security

◊ без ~я unsecured

в ~ as security, to secure

в ~ исполнения договора as security for (to secure) the performance of a contract

в ~ ссуды to secure a loan

в ~ требований по договору as security for claims under a contract

в качестве ~я as security

под ~ on (against) security

ОБЕСЦЕНЕНИЕ depreciation, *амер.* shrinkage; (*девальвация*) devaluation

~ валюты depreciation of currency

ОБЖАЛОВАНИ/Е appeal

~ по поводу налогообложения appeal against an assessment

~ решения административного органа administrative appeal

порядок ~я procedure for appealing

право ~я right of appeal (to appeal)

ОБЛАДАНИЕ possession

ОБЛАДАТЕЛЬ possessor, owner, holder

~ имущественного права possessor (holder) of a property right

~ информации possessor (holder) of information

~ права holder of a right

~ правового титула title holder

ОБЛИГАЦИОНЕР bond holder

ОБЛИГАЦИ/Я bond; (*акционерной компании*) debenture

~ без обеспечения debenture bond

~ без права досрочного погашения irredeemable (noncallable) bond

~, беспроцентная interest-free (passive) bond

~ внутреннего займа internal (domestic) bond

~и, выпускаемые взамен погашенных досрочно redemption bonds

~и, выпускаемые для погашения ранее выпущенных refunding bonds

~и, выходящие в тираж maturing (matured) bonds

~и, государственные government (public, state) bonds

~, долгосрочная long-term (long-dated, long) bond

~, долларовая dollar-denominated bond

~, именная registered bond

~, казначейская treasury bond

~, конвертируемая convertible bond

~, корпоративная corporate bond

~, купонная coupon bond

~, муниципальная municipal bond

~ на предъявителя bearer (unregistered) bond

~и, находящиеся в обращении circulating bonds

~, не имеющая специального обеспечения plain (straight) bond

~, необеспеченная naked bond (debenture)

~, не облагаемая налогом tax-exempt bond

~, не погашенная в срок outstanding bond

~и, номинированные в рублях rouble-denominated bonds

~, обеспеченная secured (collateral) bond

~, обеспеченная залогом имущества bond secured by the pledge of property

~, обеспеченная золотом gold bond

~, обесцененная negative bond

~и, обмениваемые на акции convertible loan stock

~, отзывная callable bond

~, подлежащая погашению matured (maturing) bond

~и под обеспечение, предоставленное третьими лицами bonds against a security provided by third parties

~и, правительственные government (state, public) bonds

~, процентная interest-bearing bond

~, рублевые rouble[-denominated] bonds

~и сберегательного займа savings bonds

~и с единовременным сроком погашения bonds redeemable on a one-time basis

~и, серийные (*выпускаемые сериями с разными сроками погашения*) serial (series) bonds

~ с нулевым купоном zero-coupon bond

~ с правом досрочного погашения redeemable (callable) bond

~и федерального займа federal loan bonds

выпуск ~й акционерным обществом issuance of bonds by a joint-stock company

заключение договора займа путем выпуска и продажи ~й conclusion of a contract of loan (of a loan agreement) by issuance and sale of bonds

конверсия ~й в акции conversion of bonds into shares, debenture conversion

номинальная стоимость ~и face value of a bond

погашение ~й redemption of bonds

размещение ~й bond placement, bond offering

выпускать ~и issue bonds

изымать ~и из обращения retire bonds

конвертировать ~и в акции convert bonds into shares

обеспечивать ~и secure bonds

погашать ~и redeem (retire, pay off) bonds

приобретать ~и по подписке subscribe for loans

размещать ~и place bonds

ОБЛОЖЕНИ/Е (*налогом, пошлиной, сбором*) taxation, imposition, levy, assessment

~ доходов taxation of income

~, косвенное indirect taxation

~, многократное multiple taxation

~ налогом imposition of taxes

~ пошлиной imposition of a duty

~, таможенное imposition of customs duties

подлежать ~ю налогом be liable to tax

подлежать ~ю пошлиной be liable to duty

ОБМАН (*введение в заблуждение*) deceit, deception; (*мошенничество*) fraud; (*обход закона*) circumvention

~, злоумышленный malicious fraud

~ потребителей consumer fraud

~, преднамеренный fraud in fact

~ при заключении договора contract fraud

сделка, совершенная под влиянием ~a transaction made (concluded) under the influence of fraud

добиться *чего-л.* ~ом achieve *smth* by deception

заключать договор под влиянием ~a make a contract (an agreement) under the influence of fraud (of deception)

совершать сделку под влиянием ~a make (conclude) a transaction under the influence of fraud

уличать в~е catch in a deception

◊ под влиянием~a under the influence of fraud (of deception)

при помощи ~a by deceit

ОБМАННЫ/Й fraudulent

~м путем by fraud, fraudulently

ОБМЕН 1. (*мена*) exchange 2. (*пересчет*) conversion, exchange 3. (*одних ценных бумаг в другие*) swap

~ акций exchange (conversion) of shares

~, бартерный barter

~ валюты exchange (conversion) ,of currency

~ денег money exchange

~ документов renewal of documents (of papers)

~ имущества exchange of property

~ информацией exchange of information

~ мнениями exchange cf opinions

~ облигаций на акции conversion of bonds into stocks

~ патентами exchange of patents

~ товаров exchange of goods

~, торговый trade exchange

~ услугами exchange of services

перечень товаров, не подлежащих ~y list of goods not subject to exchange

предлагать в ~ offer in exchange

производить ~ make an exchange, exchange

◊ в ~ на *что-л.* in exchange for *smth*

в порядке ~a by way of exchange, on an exchange basis

ОБМЕРИВАНИЕ (*обман*) false measuring

~ потребителей false measuring of consumers (of purchasers)

ОБМЕРИВАТЬ (*обманывать*) cheat in measuring

~ потребителей cheat consumers (purchasers) in measuring

ОБНАЛИЧИВАНИЕ conversion into cash

ОБНАРОДОВАНИЕ disclosure

ОБНИЩАНИЕ impoverishment

ОБНОВЛЕНИЕ renewal, renovation, modernization; (*приведение в соответствие с новыми данными*) updating

~ данных data updating

~ здания renewal (renovation) of a building

~ оборудования renewal of equipment

~ основного капитала renewal of fixed capital

~ производства renewal (renovation, modernization) of production

ОБОГАЩЕНИЕ enrichment

~, незаконное illegal enrichment

~, неосновательное unjust (unjustified) enrichment (*см. тж* **НЕОСНОВАТЕЛЬНОЕ ОБОГАЩЕНИЕ**)

ОБОЗНАЧЕНИЕ (*знак, метка*) designation, notation
~, коммерческое commercial designation
~, торговое trade designation
~, цифровое digital notation
ОБОРАЧИВАЕМОСТЬ turnover
~ активов asset turnover
~ готовой продукции finished goods turnover
~ капитала turnover of capital, capital turnover
~ оборотных средств turnover of funds, working capital turnover
~ товарных запасов inventory (stock) turnover
ОБОРОТ 1. (*оборачиваемость*) turnover; (*в торговле ценными бумагами*) turnaround 2. (*обращение*) circulation 3. (*право оборота*) recourse
~ акций stock turnover
~ банка assets of a bank
~, безналичный clearing
~, биржевой exchange turnover
~, валовой gross turnover; gross sales
~ внешней торговли foreign trade turnover
~ внутри страны domestic turnover
~, внутрифирменный interdivisional transfer
~, годовой annual turnover
~ грузов freight turnover
~, денежный circulation (turnover) of money, money turnover
~ капитала turnover of capital, capital turnover
~, наличный cash-flow cycle
~, платежный payment transactions
~ по экспорту export turnover
~, рублевый rouble turnover

~, рыночный market turnover
~, теневой shadow turnover
~, товарный turnover of commodities, merchandise turnover
~, торговый trade turnover, volume of business
~, хозяйственный economic turnover
~ экспорта export turnover
налог с ~а turnover (sales) tax
объем ~а volume of turnover, sales volume
право ~а (*регресс*) recourse
условия ~а commercial conditions
участники ~а participants in commerce
изымать из ~а withdraw from circulation
ограничивать ~ restrict circulation
пускать в ~ (*средства*) invest
◊ без ~а without recourse
на ~е on the reverse side, on the back
с ~ом with recourse
ОБОРОТНЫЕ СРЕДСТВА current (circulating, floating, working) assets, current (working) capital
передача оборотных средств по договору аренды предприятия transfer (handing over) of working capital (of working assets) under a contract of (under an agreement on) lease of an enterprise
ОБОРОТНЫЙ КАПИТАЛ current (floating, working) capital
ОБОРОТОСПОСОБНОСТЬ transferability
~ объектов гражданских прав transferability of objects of civil rights
ОБОРУДОВАНИ/Е equipment, facilities

225

~, автоматизированное automated equipment

~, бездействующее idle (inoperative) equipment

~, быстроизнашивающееся fast (quick, rapid[ly])-wearing equipment

~, высококачественное high-quality (hi-fi) equipment, equipment of high quality

~, действующее operative (working) equipment

~, дефектное defective equipment

~, заводское plant equipment

~, запасное stand-by equipment

~, изношенное worn-out equipment

~, импортное imported equipment

~, капитальное durable equipment

~, недопоставленное short-shipped equipment

~, некомплектное incomplete equipment

~, нестандартное nonstandard equipment

~ новых поколений equipment of new generations

~, основное basic (capital) equipment

~ отечественного производства equipment of home manufacture, home-made equipment

~, офисное office equipment

~, промышленное industrial equipment

~, сложное sophisticated (complex) equipment

~, современное modern (up-to-date) equipment

~, стандартное standard equipment

~, стационарное stationary equipment

~, техническое technical equipment

~, универсальное multipurpose equipment

~, уникальное unique equipment

~, устаревшее outdated equipment

~, электронное electronic equipment

аренда ~я leasing of equipment

возрастание стоимости ~я growth of (increase in) the cost of equipment

демонстрация ~я demonstration of equipment

доставка ~я delivery of equipment

заказ на ~ order for equipment

закупка ~я purchase of equipment

замена ~я replacement of equipment

износ ~я wear [and tear] of equipment, deterioration of equipment

исправность ~я good repair (good working order) of equipment

качество ~я quality of equipment

комплектность ~я completeness of equipment

недоброкачественность ~я improper (poor) quality of equipment

недопоставка ~я short delivery of equipment

ненадлежащее качество ~я improper quality of equipment

непригодность ~я unsuitability of equipment

ответственность за несохранность ~я liability for failure to provide safety of equipment

передача ~я по договору аренды предприятия transfer (handing over) of equipment under a contract of lease (according to an agreement on lease) of an enterprise

передача права пользования ~м transfer of the right of use of equipment

перечень ~я list of equipment

покупка ~я purchase of equipment

поставка ~я delivery of equipment

право подрядчика на удержание ~я, принадлежащего заказчику right of the contractor to withhold equipment belonging to the customer

продажа ~я sale of equipment

производство ~я production (manufacture) of equipment

ремонт ~я repairs of equipment

спрос на ~ demand for equipment

уход за ~м maintenance of equipment

хранение ~я storage of equipment

арендовать ~ rent (lease) equipment

вводить ~ в эксплуатацию put equipment into operation

изготавливать ~ produce (manufacture) equipment

использовать ~ use (utilize) equipment

обслуживать ~ service equipment

поставлять ~ supply (deliver) equipment

продавать~ sell equipment

производить ~ produce (manufacture) equipment

ремонтировать ~ repair equipment

устанавливать ~ install equipment

ОБОСНОВАНИЕ (*основание, мотив*) reason; (*подтверждение*

доказательством) substantiation; (*оправдание*) justification

~ иска justification of an action (of a claim)

~ претензии justification of a claim; substantiation of a claim

~, правовое legal justification

~ решения reason for a decision

~, технико-экономическое feasibility study

~, экономическое economic justification; economic feasibility

ОБОСНОВАННОСТЬ validity, sufficiency; (*правильность*) validity, soundness; (*оправдание*) justification

~ взыскания неустойки justification of a claim for damages

~ жалобы justification of a complaint

~ иска justification of a claim

~ претензии validity of a claim

~, юридическая sufficiency in law

ОБОСНОВАНН/ЫЙ just, justified, valid, reasonable

~ая апелляция justified appeal

быть юридически ~ым hold (stand) good in law

ОБОСОБЛЕННОЕ ИМУЩЕСТВО separate property

ОБРАЗ/ЕЦ (*торговый*) sample, specimen; (*модель*) model, make; (*эталон*) standard; (*опытный*) prototype

~ без цены sample of no commercial value, sample only

~, бесплатный free sample

~, выставочный exhibition sample

~, забракованный discarded sample

~, запатентованный patented design

~ изделия sample of a product, product sample

~ контракта contract form

~ нового изделия model of a new manufacture, prototype of a new product

~ подписи specimen of signature

~, промышленный industrial model

~, стандартный standard sample

~ товара commercial sample

~ товарного знака specimen of a trademark, trademark specimen

~, торговый trade sample

демонстрация ~цов demonstration of samples

изготовление ~ца manufacture of a specimen (of a prototype)

продажа товара по ~цу sale of goods by sample

разработка ~ца development of a model

разработка опытного ~ца prototype development

изготовлять по ~цу make to sample (to model)

осматривать ~ цы товара examine (inspect) samples of goods

покупать по ~цу buy (purchase) by sample

продавать по ~цу sell by sample

разработать ~ нового изделия develop a model of a new manufacture (a prototype of a new product)

◊ по ~цу by (on, for) sample

ОБРАЗОВАНИ/Е 1. (*формирование*) formation, organization 2. (*структура*) formation

~, корпоративное corporation

~, муниципальное municipal formation

~ фондов assets formation

~ юридического лица formation (establishment) of a legal person

◊ без ~я юридического лица without formation of a legal person

ОБРАТИМОСТЬ convertibility, exchangeability

ОБРАТНАЯ ПОКУПКА buyback, repurchase

ОБРАТНАЯ СИЛА retroactive force

ОБРАТНОЕ ТРЕБОВАНИЕ (*о возмещении уплаченной суммы, опротестованного векселя, чека*) regress, recourse; *страх.* subrogation

~ по векселю regress

право обратного требования right of regress (of recourse); *страх.* right of subrogation

ОБРАТНЫЙ ВЕКСЕЛЬ cross-bill

ОБРАТНЫЙ ПЕРЕВОД retransfer

ОБРАЩАЕМОСТЬ negotiability

ОБРАЩАТЬ :

~ взыскание levy execution

~ сумму в погашение обязательства apply an amount on a liability

ОБРАЩАЮЩИЙСЯ ИНСТРУМЕНТ negotiable instrument

ОБРАЩЕНИ/Е 1. (*заявление*) application 2. (*циркуляция*) circulation 3. (*взыскание*) recovery, charge

~ банкнот circulation of bank notes

~ в арбитраж application (resort, recourse) to arbitration

~ векселей circulation of bills

~ взыскания на долю в общем имуществе levying of execution on a share in common property

~ взыскания на долю участника в капитале levy[ing] on (against) participant's share in the capital

~ взыскания на заложенное имущество levy of execution against pledged property

~ взыскания на заложенную недвижимость [mortgage] foreclosure

~ взыскания на землю и другие природные ресурсы levying of execution on (against) land and other natural resources

~ взыскания на имущество levying of execution on (against) property, recovery of property; claim to property

~ взыскания на обеспечение exercise of security

~ взыскания на пай члена кооператива levying of execution on a share of a member of a cooperative

~ взыскания на пай члена кооператива по собственным долгам члена кооператива levying of execution on a share of a member of a cooperative for his personal debts

~ взыскания на предмет залога levy of execution on (against) the subject (object) of the pledge

~ взыскания по долгам члена кооператива levy of execution for [personal] debts of a member of a cooperative

~ в кассационный суд appeal to a court of cassation

~ в суд judicial (legal) recourse

~, денежное currency (money) circulation

~ долговых обязательств circulation of bonds (of debentures)

~ за кредитом loan application

~, ограниченное limited circulation

~ средств в погашение долга use of funds in payment of a debt, application of assets to extinguish a debt

~ ценных бумаг securities circulation

изымать деньги из ~я withdraw (recall) money from circulation

пускать в ~ issue, circulate, bring into circulation

◊ без ~я в арбитраж without recourse to arbitration

без ~я в суд without recourse to legal proceedings

без права ~я without recourse to me

при ~и by application

ОБРЕМЕНЕНИ/Е (*налогами, расходами, долгами*) burden; (*имущества*) encumbrance; (*залогом*) mortgage, pledge, charge

~, вещное real burden, real obligation

~, зарегистрированное вещное registered charge

~ земельного участка real burden

~ земельного участка сервитутом burdening (encumbering) of a land plot (parcel) with (by) a servitude

~ капитала encumbrance of capital

~ недвижимого имущества рентой burdening (encumbering) of immovable property with rent

~ сервитутом зданий и сооружений burdening (encumbering) of buildings and structures with (by) a servitude

освобождение от ~я exoneration from burden, discharged burden

◊ свободный от ~я free from encumbrance (from a charge), exonerated from burden

229

ОБРЕМЕНЯТЬ 1. (*налогами, расходами, долгами*) burden 2. (*имущество*) encumber 3. (*залогом*) mortgage, pledge, charge

~ акцию encumber a share, transfer a share as security, grant a charge over a share

~ залогом grant a charge (a mortgage, a lien) over *smth*, grant a security interest in (over) *smth*, transfer *smth* as security

~ имущество encumber assets

~ права залогом grant a charge over rights

ОБСЛЕДОВАНИЕ (*осмотр*) examination; (*инспектирование*) inspection, survey; (*расследование*) inquiry, investigation

~, контрольное test (verification) survey

~ кредитоспособности credit investigation

~, периодическое periodic survey

~ потребителей consumer survey

~ финансового положения status survey

проводить ~ do (make, conduct) a survey

ОБСЛУЖИВАНИ/Е service

~, банковское banking service

~, бесплатное free service

~ внешнего долга external debt service (servicing)

~ внутреннего долга internal debt service (servicing)

~, гарантийное warranty service, guarantee maintenance

~, гостиничное hotel service

~, депозитарное depositary services

~ долга debt service, debt (loan) servicing

~, информационное information service

~ клиентов customer service

~, коммунальное municipal services

~, кредитно-расчетное credit and settlement services

~, медицинское medical service (care)

~, нерегулярное irregular service

~ покупателей customer service, service to customers

~, послепродажное aftersale service (support)

~, предпродажное beforesale (presale) service

~, расчетное settlement services

~, расчетно-кассовое settlement and cash services

~, современное up-to-date service

~, техническое maintenance, technical servicing

~, транспортное transport service

~, финансовое financial service, finance services

~, чартерное charter service

знак ~я service mark, mark of service

инструкции по ~ю operating (operation and maintenance) instructions

качество ~я quality of service

плата за~ charge[s] (fee) for service

расходы на ~ service expenses (costs)

сфера ~я services industry

брать на себя ~ undertake a service

предоставлять ~ provide services

принять на банковское ~ accept for banking service, provide banking services

ОБСТОЯТЕЛЬСТВ/О 1. circumstance 2. ~А (*условия, положение дел*) circumstances, conditions

~a, благоприятные favourable conditions (circumstances)

~a дела по иску circumstances of a case under a claim

~a, непредвиденные unforeseen circumstances, contingency

~a непреодолимой силы force majeure [circumstances]

~, освобождающее от ответственности [valid] defence

~a, отягчающие aggravating circumstances

~a, правовые circumstances of law

~a, смягчающие вину mitigating (attenuating) circumstances

~a, сравнимые comparable circumstances

~a, тяжелые harsh (grave) circumstances

~a, чрезвычайные extraordinary circumstances, emergency

действие обстоятельств effect of circumstances

изменение обстоятельств change of circumstances

прекращение обстоятельств termination (cessation) of circumstances

стечение обстоятельств coincidence of circumstances

устранение обстоятельств elimination of circumstances

быть вынужденным силою обстоятельств be compelled by force of circumstances

◊ в силу обстоятельств due to (by force of) circumstances

по ~ам дела under the circumstances of the case

по независящим от *кого-л.* ~ам due to circumstances (for reasons not depending on *smb*, for reasons beyond *smb's* control

при сравнимых ~ах in (under) comparable circumstances

силою обстоятельств by force of circumstances

ОБСЧЕТ (*назначение завышенной цены*) overcharge; (*мошенничество при подсчете, взвешивании*) cheat

~ потребителей cheat of consumers

ОБСЧИТЫВАТЬ (*назначать завышенную цену*) overcharge; (*мошенничать при подсчете, взвешивании*) cheat

ОБУЧЕНИ/Е teaching, training, instruction

~, индивидуальное individual teaching (training)

~ персонала personnel training

~ по месту работы on-the-job training

~, профессиональное professional (occupational) training

~ работников training of employees, instruction of workers

содействие в ~и support in training, assistance in instruction

ОБХОД (*уклонение*) evasion, circumvention

~ закона evasion (circumvention) of law

ОБХОДИТЬ evade, circumvent, bypass

ОБЩАЯ СОБСТВЕННОСТЬ common ownership

~ на неделимый предмет залога common ownership for indivisible object of pledge

имущество, находящееся в общей собственности property held in common ownership

находиться в общей совместной собственности be [held] in common joint ownership

ОБЩЕЕ СОБРАНИЕ general meeting
~ акционеров general meeting of shareholders (of stockholders)
~ членов производственного кооператива general meeting of members of a production cooperative
исключительная компетенция общего собрания акционеров exclusive competence of a general meeting of shareholders (of stockholders)

ОБЩЕСТВЕНН/ЫЙ public, social
~ое зло public (social) evil
~ое положение social position (status)
~ порядок public peace
~ая собственность public property; social ownership

ОБЩЕСТВ/О society, institution; (*кооперативное*) cooperative; (*компания*) company, firm
~, акционерное joint-stock company (*см. тж* **АКЦИОНЕРНОЕ ОБЩЕСТВО**)
~ взаимного страхования company for mutual insurance, group insurance company
~, дочернее subsidiary (affiliated, associated) company
~, зависимое dependent company
~, зависимое хозяйственное dependent business company
~, закрытое акционерное closed company
~, кооперативное cooperative
~ с дополнительной ответственностью additional (supplementary) liability company
~ с ограниченной ответственностью limited liability company (*см. тж* **ОБЩЕСТВО С ОГРАНИЧЕННОЙ ОТВЕТСТВЕННОСТЬЮ**)
~, страховое insurance company

~, хозяйственное business (commercial) company (*см. тж* **ХОЗЯЙСТВЕННОЕ ОБЩЕСТВО**)
ликвидация ~a liquidation of a company
образование ~a founding (formation) of a joint-stock company
реорганизация ~a reorganization of a company
создание ~a creation (establishing) of a joint-stock company
субсидиарная ответственность участников ~a с дополнительной ответственностью по его обязательствам subsidiary liability of participants of a company with supplementary liability
устав ~a charter of a company
фирменное наименование ~a firm name of a company

ОБЩЕСТВО С ОГРАНИЧЕННОЙ ОТВЕТСТВЕННОСТЬЮ limited liability company
выход участника из общества с ограниченной ответственностью withdrawal of a participant from a limited liability company
ликвидация общества с ограниченной ответственностью liquidation of a limited liability company
общее собрание участников общества с ограниченной ответственностью general meeting of participants of a limited liability company
ответственность участников общества с ограниченной ответственностью liability of participants of a limited liability company
переход доли в уставном капитале общества с ограниченной ответственностью к другому лицу transfer (passing) of a share

in the charter capital of a limited liability company to another person

преобразование акционерного общества в общество с ограниченной ответственностью transformation of a joint-stock company into a limited liability company

преобразование общества с ограниченной ответственностью в акционерное общество transformation of a limited liability company into a joint-stock company

реорганизация общества с ограниченной ответственностью reorganization of a limited liability company

управление в обществе с ограниченной ответственностью management of (in) a limited liability company

уставный капитал общества с ограниченной ответственностью charter capital of a limited liability company

участники общества с ограниченной ответственностью participants in a limited liability company

учредительный договор общества с ограниченной ответственностью founding agreement (contract) of a limited liability company

устав общества с ограниченной ответственностью charter of a limited liability company

фирменное наименование общества с ограниченной ответственностью firm name of a limited liability company

ОБЪЕДИНЕНИЕ 1. (*союз*) association, corporation, union, pool 2.

(*действие*) incorporation, integration, pooling; (*слияние*) merging

~ банков association of banks, banking corporation

~, добровольное voluntary association

~ имущественных паевых взносов combining property share contributions

~, интеграционное integration

~ компаний merger

~ корпораций corporate consolidation

~, мафиозное mafia structure

~, межотраслевое intersectoral association

~ предпринимателей association (union) of entrepreneurs

~ предприятий association of enterprises

~, производственное industrial (production) association

~ страховщиков association of insurers

~, финансовое financial institution

~ финансовых ресурсов pooling of financial resources

~, хозрасчетное self-supporting enterprise

~, хозяйственное business (economic) association

~ юридических лиц association of legal persons

ОБЪЕКТ 1. (*предмет*) object 2. (*предприятие*) establishment 3. (*строящийся*) project

~ аренды object of lease (of leasing)

~ы, водные water objects

~ы государственной и муниципальной собственности state and public property

~ы гражданских прав objects of civil [law] rights

~ доверительного управления object of trusteeship (of entrusted administration)

~, закладываемый pledged object

~ залога object of pledge

~ы, изъятые из оборота objects excluded from commerce (withdrawn from circulation)

~ инвестиций investment object, investee

~ интеллектуальной собственности object of intellectual property

~ кредитования object of financing

~ купли-продажи object of purchase and sale

~ налогообложения object of taxation

~ы непроизводственного характера facilities (objects) of a non-production nature (character)

~ы, обособленные separate objects

~ы, ограниченно оборотоспособные objects of restricted transferability (with limited alienability)

~ прав object of rights

~, природный natural object

~ы производственного назначения production facilities

~ы производственного характера facilities (objects) of a production nature (character)

~, промышленный industrial project

~ сделки object of a transaction

~ страхования object of insurance

~ строительства construction project, object of construction

~, строящийся project under construction

~ федеральной собственности federal property

оборотоспособность ~ов гражданских прав transferability of objects of civil rights

приемка ~а заказчиком acceptance of an object by the customer

сдача ~a handing over a project

сооружение ~a construction of a project

страхование ~a строительства insurance of a construction project

эксплуатация ~a operation of an object

законсервировать ~ строительства close down (mothball) an object of construction

построить ~ по заданию build (construct) an object on order (at the assignment)

ОБЪЕМ 1. (*величина*) volume, amount, size; (*пределы, масштаб*) scope 2. (*выработка*) output

~ биржевой торговли акциями share trading volume

~ валовой продукции volume of gross output

~ внешней торговли volume of foreign trade

~ воздушных перевозок volume of air carriage

~ денежной массы volume of money supply

~ добычи газа volume of gas output

~ задолженности amount of indebtedness

~ займов amount of loans

~ заказа volume (size) of an order

~ закупок volume of purchases

~ запасов volume of stocks

~ импорта volume of imports, import volume

~ инвестиций level of investments

~ капитальных вложений amount (level) of capital investment

~ кредита volume of credit

~ лицензии scope of a licence

~, общий total (overall) volume

~ ответственности scope (extent) of responsibility (of liability)

~ перевозок volume of carriage (of transportation)

~ повреждения scope of damage

~ полномочий scope of authority

~ поставки scope (volume) of delivery (of supply)

~ права scope of a right

~ правовой помощи extent of legal aid (of legal assistance)

~ притязания scope of a claim

~ продаж sales volume

~ продукции на душу населения per capita production

~ производства volume (quantity) of production, [volume of] output

~ производства, валовой gross output

~ расходов volume of expenditures (of expenses)

~ сбыта volume of sales

~ сделки size of a transaction (of a deal)

~ страхования insurance cover[age]

~ торговли volume of trade (of business)

~ финансирования amount of finance (of financing)

~ экспорта volume of exports, export volume

~ эмиссии volume of issue наращивать ~ производства increase production

увеличивать ~ капиталовложений increase capital investments

◊ в полном ~e in full [volume]

по ~y in terms of volume

ОБЪЯВЛЕНИЕ (*сообщение*) announcement; (*заявление*) declaration; (*рекламное*) advertisement; (*уведомление*) notice; (*в судебном порядке*) adjudication, pronouncement

~ безвестно отсутствующим adjudication of disappearance

~ в печати announcement in the press

~ недееспособным adjudication of incapacity (of incompetence)

~ несостоятельным должником adjudication of bankruptcy

~ о банкротстве declaring (announcing) bankruptcy, bankruptcy notice

~ о выплате дивидендов declaration of dividends

~ о намерении declaration of intention

~ о неплатежеспособности declaration of insolvency (of bankruptcy)

~ о погашении облигаций call for redemption

~ о подписке на ценные бумаги invitation for subscription

~ о признании недействительным declaration of invalidity

~ о размещении облигационного займа bond circular

~ о распродаже announcement of sale

~ о торгах invitation (call) for bids, invitation to tender

~ результатов голосования declaration of the poll

235

~ результатов публичного конкурса announcement of the results of a public competition

~ торгов invitation for bids (to tender)

~ ценности груза declaration of the value of cargo (of freight)

ОБЫКНОВЕНИЕ usage

~, торговое commercial usage, usage of trade

ОБЫСК search

~, законный lawful (legal) search

~, незаконный unlawful (illegal, wrongful) search

ордер на ~ search warrant

право производить ~и и выемки searches and seizures

производить ~ make a search

ОБЫЧА/Й (*обыкновение*) usage, custom, habit; (*установленный порядок*) practice, convention

~и, банковские banking practice

~и делового оборота customs of trade, business usage

~и делового оборота, противоречащие законодательству customs of trade contradicting (contrary to) provisions of legislation

~, международный international custom (usage)

~, местный local custom (usage)

~и, национальные national usage, ethnic customs

~, торговый trade (business, commercial) custom (usage)

исполнение обязательств в соответствии с ~ями делового оборота performance of obligations in accordance with the customs of trade

нарушать~и break customs

соблюдать~и observe customs

уважать местные~и respect local customs

ОБЯЗАННОСТ/Ь duty, obligation, liability; (*ответственность*) responsibility

~и, административно-хозяйственные administrative duties

~и арбитра duties (functions) of an arbitrator

~и, возложенные уставом obligations (duties) placed by the charter

~, гражданская civil [law] duty

~, договорная contractual (legal) duty

~ из договора contractual duty

~и, должностные official duties (obligations)

~и, имущественные property duties

~и налогоплательщиков duties of taxpayers

~и на основе договора duties on the basis of a contract

~, правовая legal duty

~и, служебные official (employment) obligations (duties), job description

~и сторон duties of the parties

~и, трудовые labour (work, employment) duties

~, управленческие management duties

~и участников participants' responsibilities

исполнение ~ей fulfilment of obligations, performance of duties

невыполнение (неисполнение) ~и failure to perform a duty (an obligation), failure to fulfil an obligation, nonfulfilment of an obligation

освобождение от ~и release (exemption) from a duty

перевод ~ей на *кого-л.* transfer of obligations to *smb*

236

брать на себя ~ undertake an obligation

вменить в ~ сделать *что-л.* make it obligatory to do *smth*

возлагать ~ impose an obligation, entrust a duty

выполнять ~и perform (fulfil, discharge) obligations

исполнять ~и безвозмездно perform obligations without compensation (without remuneration)

не выполнять ~и be in default

нести ~и bear (perform) duties

определять ~и determine (define) duties

освобождать от ~и free (release, exempt) from a duty (from responsibility)

◊ исполняющий ~и директора acting director

права и ~и сторон rights and duties of the parties

ОБЯЗАТЕЛЬНОЕ СТРАХОВАНИЕ compulsory insurance

~ банковских вкладов compulsory insurance of deposits

~ риска гражданской ответственности compulsory insurance of civil liability

объекты, подлежащие обязательному страхованию objects subject to compulsory insurance

осуществление обязательного страхования implementation of compulsory insurance

последствия нарушения правил об обязательном страховании consequences of violation of rules on compulsory insurance

ОБЯЗАТЕЛЬНОСТЬ obligatory nature

~ мер obligatory nature (necessity) of measures

ОБЯЗАТЕЛЬСТВЕННОЕ ПРАВО law of obligation (of contract), contractual law

ОБЯЗАТЕЛЬСТВ/О obligation, liability, commitment; (*долговое*) bond; (*задолженность*) *pl.* liabilities; (*гарантия*) undertaking; (*ответственность*) responsibility

~, акцессорное secondary (accessory) obligation

~, альтернативное alternative obligation

~а банков, долговые bank liabilities

~а, взаимные mutual obligations (commitments)

~ возместить убытки liability to compensate for losses

~ возместить ущерб liability to compensate for damage

~, встречное counter obligation

~а, вытекающие из договора obligations (commitments) arising from a contract

~, гарантийное guarantee obligation, guarantee (indemnity) bond

~а, государственные долговые government liabilities

~, денежное monetary (money) obligation

~а, договорные contractual obligations

~, долговое certificate of indebtedness, debt instrument; (*простой вексель*) promissory note; (*необеспеченный долг*) debenture; (*облигация*) bond; (*залог*) charge; (*задолженность*) *pl.* liabilities; *юр.* bond of obligation (*см. тж* **ДОЛГОВОЕ ОБЯЗАТЕЛЬСТВО**)

~, долгосрочное long-term obligation (liability)

~, заемное acknowledgement of debt

~, залоговое bail bond

~а, имущественные property obligations

~а, инвестиционные investment commitments

~а, иные other obligations

~а, контрактные contract[ual] obligations (liabilities, commitments)

~, краткосрочное short-term obligation (liability)

~а, накопившиеся accrued liabilities

~, налоговое tax liability

~а, непокрытые outstanding liabilities

~, обеспеченное secured liability

~, обеспеченное залогом obligation secured by a pledge

~а, обращающиеся на денежном рынке money market instruments

~, отсроченное deferred liability

~а перед акционерами liabilities to shareholders (to stockholders)

~ передать имущество obligation to transfer property

~ передать недвижимое имущество obligation to transfer immovable property

~ передать товар obligation to transfer goods

~а перед кредиторами liabilities to creditors

~, письменное written obligation

~, платежное payment (financial) obligation

~а по внешнему долгу foreign (external) liabilities

~а по гарантии obligations under guarantee

~а по долгам liabilities for debts

~а по контракту obligations (liabilities, commitments) under a contract, contract[ual] obligations (liabilities, commitments)

~а по поставкам delivery obligations

~, правовое legal obligation (commitment, undertaking)

~а, предписанные законом statutory obligations

~, противоправное unlawful obligation (commitment)

~, регрессное recourse obligation; subrogation action

~а сберегательных учреждений, долговые liabilities of savings institutions

~ с долевой ответственностью several obligation

~, совокупное joint liability

~, солидарное (с солидарной ответственностью) joint and several obligation

~а сторон obligations of the parties

~, страховое insurance liability

~а, текущие current liabilities

~, условное contingent liability

~, финансовое financial obligation (commitment)

~, юридически оформленное legal commitment

исковая давность по ~у limitation of action for an obligation

исполнение ~а performance of an obligation

исполнение ~а, ненадлежащее improper performance of an obligation

кредиторы по ~ам creditors on obligations

нарушение ~а breach (violation, dereliction) of an obligation

неисполнение ~а default, nonperformance of (failure to perform) an obligation освобождение от ~а release from an obligation (from a liability, from a commitment)

ответственность за нарушение ~а liability for breach (for violation) of an obligation

перечень обязательств list of obligations

погашение ~а payment (settlement) of an obligation

прекращение ~а termination of an obligation

прекращение ~а за невозможностью исполнения termination of an obligation by impossibility of performance

соблюдение договорных обязательств observance of (adherence to, compliance with) contractual obligations (commitments)

сокрытие обязательств concealment of obligations

стороны ~а parties to an obligation

страхование риска ответственности по ~у insurance of the risk of liability under an obligation

условия ~а terms [and conditions] of an obligation

брать на себя ~ enter into (assume, undertake) an obligation, assume (incur, contract) liability

быть связанным ~м be under an obligation

выплачивать ~а repay (discharge, meet) liabilities

выполнять ~ perform (meet, fulfil, carry out) an obligation

выполнять ~а надлежащим образом perform obligations properly (in a proper manner)

нарушать ~ violate (breach) an obligation (a commitment)

обеспечивать ~а по документарному аккредитиву collateralize documentary credit obligations

освобождать от ~а discharge (free, release) from an obligation

отвечать по ~ам be liable for one's obligations

отвечать по ~ам всем принадлежащим имуществом be liable for obligations with all the property

отвечать по ~ам своим имуществом be liable for obligations with one's property

отказаться от обязательств deny (renounce, waive) obligations

передавать свои ~а transfer *one's* obligations

платить по ~ам discharge (meet, repay) obligations

принимать на себя ~а enter into obligations (commitments), assume (incur, contract) liability

рассчитаться по своим ~ам meet (clear) *one's* obligations

уклоняться от выполнения ~а shirk (shrink away from) an obligation (from a commitment)

уплатить по ~ам discharge (meet) obligations

участвовать в ~ах participate in obligations

◊ без ~а without obligation, without engagement

ОВЕРДРАФТ (*превышение кредита в банке*) overdraft

~, банковский bank overdraft

ОГОВОР/КА clause, provision, reserve, reservation

~, арбитражная arbitration clause

~, валютная currency (exchange) clause

~, защитная protection clause

~ об авариях *мор.* average clause

~ об освобождении от обязательств contracting-out clause

~ об освобождении от ответственности escape clause

~ о неразглашении тайны secrecy clause

~ о праве удержания lien clause

~ о сохранении права собственности reservation of title

~, штрафная penalty clause

вносить ~ку в документ clause a document

делать ~ку make a reservation

содержать ~ку contain a reservation

◊ без ~ок without reserve, without reservation, without qualification

с ~ кой with reserve, with qualification, subject to reservation

ОГОСУДАРСТВЛЕНИЕ governmentalization

~ экономики governmentalization of economy

ОГРАНИЧЕНИ/Е restriction, limitation; (*сдерживание*) restraint, curb; (*оговорка*) qualification

~, бюджетное budget (budgetary) restriction

~ бюджетных расходов budget (budgetary) restraint

~я, валютные exchange restrictions

~я в отношении цены перепродажи resale price restrictions

~ в правах limitation of rights

~я деятельности restrictions of activities

~ доступа на рынок restrictions of the access to the market

~ импорта restraint of import, import controls

~ капиталовложений restriction of investments

~ квот quota restrictions

~я, количественные quantitative (quota) restrictions

~ конкуренции restraint (restriction) of competition

~ кредита credit (lending) restriction, credit restraint

~я на валютные операции exchange restrictions (curbs)

~ на инвестиции в основные фонды restrictions on fixed capital investment

~я на предпринимательскую деятельность restrictive business practice

~я на продажу restrictions on sale

~ перевозки грузов в определенном направлении limitation of transport of cargo in specified directions

~ полномочий limitation of authority (of powers)

~ прав limitation (restriction) of rights

~ прав и законных интересов limitation of rights and legal interests

~я, правовые legal restraints (restrictions)

~ правомочия limitation of (upon) authority

~ прибыли curb on profits, profit constraint

~ привилегий qualification of privileges

~ расходов expenditure restraint

~ суммарной номинальной стоимости акции limitations (restrictions) on the total par value (nominal value) of shares of stock

~я, торговые restrictions (limitations) of trade, trade restrictions

~ числа акций limitation (restriction) on the number of shares of stock

~ числа голосов, принадлежащих одному акционеру limitations (restrictions) on the number of votes belonging to one shareholder

~ юрисдикции jurisdictional restriction, restriction of jurisdiction

нарушение установленных ~й violation of the established (set) limitations

снятие импортных ~й liberalization of import

снятие торговых ~й liberalization of trade

вводить ~я introduce limitations (restrictions), impose restraint

накладывать ~я impose limitations (restrictions)

снимать ~я lift (remove, raise) restrictions

устанавливать ~я establish limitations (restrictions)

◊ без ~я without restriction

ОДОБРЕНИ/Е approval

~, безусловное unconditional approval

~ действий approval of actions (of acts)

~ качества approval of quality

~ общим собранием акционеров approval by the general meeting of shareholders (of stockholders)

получить ~ receive (get) approval, be approved

◊ с ~я сторон with the approval of the parties

ОЖИВЛЕНИЕ (*восстановление*) revival, recovery

~ в промышленности industrial recovery

~ в торговле business (trade) recovery

~ в экономике economic (business) revival (recovery)

~ деловой конъюнктуры business revival

~ инвестиционной деятельности investment recovery

~ рынка revival of the market

~ сельского хозяйства revitalization of agriculture

~ спроса rally of demand

~ торговли revival of trade, recovery of business

~ экономики buoyance of the economy, economic (business) revival (recovery)

ОЗДОРОВЛЕНИЕ recovery; (*санация убыточного предприятия*) reorganization

~ банка recovery of a bank

~ валюты reestablishment of currency

~ предприятия financial recovery of an enterprise

~ промышленности industrial recovery

~ финансов financial recovery (rehabilitation)

~ экономики improvement of the economy

ОКАЗАНИЕ (*помощи, услуг*) rendering

~ информационной поддержки giving information support

~ поддержки supporting, backing

~ помощи rendering of assistance (of help)

~ услуг rendering of services

~ финансовой поддержки giving financial support (backing)

ОКЛАД salary

~, должностной official salary

~, основной base (basic) salary

~, персональный personal salary; (*персональная надбавка*) market premium

~, учитываемый при начислении пенсии pensionable earnings

увеличить ~ increase (raise) a salary

установить ~ fix (set) a salary

ОКРУЖАЮЩАЯ СРЕДА environment наносить ущерб окружающей среде cause (do) harm to the environment, cause (inflict) damage to the environment

ОКУПАЕМОСТЬ recoupment

~ вложений в ценные бумаги recoupment of investments

~ затрат recoupment of expenses

~ капиталовложений recoupment of capital investments

ОКУПАТЬСЯ pay off

ОПАСНОСТ/Ь danger; (*риск*) hazard

~ для окружающих danger for (hazard to) those around

~ недостачи danger of shortage

~ повреждения danger of damage

~, повышенная increased danger; increased hazard

~, потенциальная potential danger

~ утраты danger of loss

источник повышенной ~и source of increased danger (of increased hazard)

устранение ~и elimination of danger

быть в ~и be in danger (in jeopardy)

оказаться в ~и be in danger (in jeopardy)

подвергать ~и expose to danger, endanger

подвергаться ~и run the risk

предотвратить ~ prevent (avert) danger

ОПЕК/А custody, guardianship, trusteeship

~, временная provisional (interim) custody

~, совместная joint trusteeship (guardianship)

отмена ~и termination (revocation) of guardianship

прекращение ~и termination of guardianship

снятие ~и removal of guardianship

установление ~и establishment of guardianship

находиться под ~ой be in custody (under trusteeship)

учредить ~у establish trusteeship

ОПЕКУН 1. (*попечитель*) guardian, custodian 2. (*над имуществом*) trustee

назначение ~а appointing a guardian

освобождение ~а от исполнения обязанностей releasing a guardian from performance of obligations

назначать ~а appoint a custodian; appoint a trustee

ОПЕРАТИВНОЕ УПРАВЛЕНИЕ operative management, operative administration

ОПЕРАТИВНЫЙ operational, operative

ОПЕРАЦИ/Я operation; (*сделка*) transaction

~, аккредитивная [letter of] credit operation

~и банков, активные lending

~, бартерная barter operation

~и, биржевые operations on the stock exchange, stock transactions

~и, валютные currency (foreign exchange) operations (transactions)

~и, внешнеторговые foreign trade operations

~, высокодоходная profitable transaction

~, денежная monetary operation (transaction)

~, законная legal transaction

~, залоговая mortgage transaction

~и, инкассовые collections operations, collecting business

~, ипотечная mortgaging

~и, комиссионные selling on commission

~, коммерческая commercial operation (transaction)

~, конвертационная conversion operation

~, кредитная credit operation, crediting

~, лизинговая leasing

~, лицензионная licensing operation (transaction)

~, мошенническая fraudulent operation

~и на черном рынке black market operations

~ и по перечислению денежных средств на счет operations on (for) the transfer of monetary funds to the account

~, посредническая agency operation

~и по счету operations with an account, account operations

~ по хранению warehousing operation

~, производственная production (manufacturing) operation

~, расчетная payment (settlement) operation (transaction)

~, рискованная wildcat operation

~и с бездокументарными ценными бумагами operations with paperless securities

~и с денежными средствами operations with monetary funds

~и с недвижимостью real estate business

~, спекулятивная speculative operation

~и с ценными бумагами securities trading

~и, товарообменные barter operations

~и, торговые trade (commercial) operations

~, учетная discounting

~, финансовая financial (financing) operation (transaction)

~, фондовая stock exchange transaction

~и, экспортные export operations

выполнение ~й performance of operations

кредитование ~й crediting of operations

масштаб ~й scale of operations

оформление ~й formalization of operations

проведение ~и performance (conduct) of an operation

совершение ~и making (performing) of an operation

учет ~й accounting of operations

осуществлять ~и carry out (perform) operations

совершать ~и make (perform) operations

ОПИСАНИ/Е description

~ проекта project description

~, техническое technical manual

~ товаров description of goods

продажа товаров по~ю sale of goods by description

ОПИСЬ 1. (*список*) list, inventory 2. (*наложение ареста*) seizure; (*в обеспечение долга*) distraint, distrainment, distress

243

~ изъятого имущества inventory of attached property

~ имущества inventory of property

составлять ~ make (draw up) an inventory

ОПЛАТ/А payment, pay; (*возмещение*) reimbursement; (*вознаграждение*) remuneration

~, аккредитивная payment by a letter of credit

~ акций payment for shares

~ в иностранной валюте payment in foreign currency

~ в натуральной форме remuneration in kind

~ вперед advance payment, prepayment

~ в срок prompt payment

~, гарантированная guaranteed payment (remuneration)

~, денежная payment in cash

~ долга repayment of a debt

~ издержек payment of costs

~ комиссии payment of a commission

~ коммунальных услуг utilities payments

~ наличными cash payment, payment in cash

~ на предъявителя payment to bearer

~ натурой payment in kind, in-kind compensation

~ неденежными средствами payment other than in cash

~ по безналичному расчету clearing payment

~ подрядных работ для государственных нужд payment of contractual work for state needs

~, полная payment in full, full payment

~ по предъявлении payment at sight (on presentation, on demand)

~ по результатам проделанной работы payment by results

~ по сделке payment of a transaction

~ поставками товаров payment by deliveries of products

~ по счету (*в банке*) payment on account; (*по счету-фактуре*) payment (settlement) of an invoice

~ по факту payment upon receipt of goods

~, поэтапная progress payment

~, предварительная advance (early, preliminary) payment, prepayment

~, премиальная bonus payment

~, просроченная overdue (late) payment

~ работ payment for work

~ расходов payment of expenses

~ сборов payment of duties (of fees, of dues, of tolls, of charges)

~ сверхурочных overtime payment

~, своевременная timely payment

~, сдельная payment by the piece, piecework pay

~ стоимости услуг payment of (for) the cost of services

~ счета settlement (payment) of an account; (*накладной*) payment of an invoice (of a bill)

~ товара payment for goods

~ товара в рассрочку payment for goods by (in) instalments

~ товара государственным заказчиком payment for goods by the state customer

~ товара, проданного в кредит payment for goods sold on credit

~ топлива payment for fuel

~ транспортных расходов payment of transport charges

~ труда payment for labour, remuneration of labour, emoluments

~ услуг payment for services

~ услуг аудитора payment for auditor's services

~ услуг банка payment for services of a bank (for bank services)

~ хранения payment for storage

~, частичная partial payment

~ чека payment (settlement) of a cheque

~ чеком payment by cheque

~ энергии payment for energy (for electric power)

документ, подтверждающий ~у товара document confirming payment for goods

знаки ~ы tokens of payment; (*купюры*) payment denominations

кредит в виде предварительной ~ы credit in the form of preliminary payment (of prepayment)

отказ от ~ы refusal of payment (to pay)

отказ от ~ы товара ненадлежащего качества refusal of payment for goods of improper quality

порядок ~ы работы procedure for payment for work

предоставление коммерческого кредита в виде предварительной ~ы товара granting (provision) of credit in the form of prepayment for goods

рассрочка ~ы instalment payment

условия ~ы terms of payment

форма ~ы form of payment

гарантировать ~у guarantee payment

задерживать ~у delay payment

отказаться от ~ы refuse payment (to pay)

подлежать ~e be subject to payment; (*о сроке платежа*) be due, mature

производить ~у make (effect, perform) payment

требовать ~ы claim payment

ОПОЗДАНИ/Е delay

~ прибытия late arrival, delay in arrival

◊~ на ... дней delay of ... days

без ~я on time

с ~м with delay

ОПРЕДЕЛЕНИ/Е 1. (*установление*) determination 2. (*подсчет*) estimation 3. (*оценка количества, качества и т.п.*) evaluation, assessment 4. (*суда*) decision, ruling, determination

~ виновности determination of a guilt

~ затрат assessment of costs

~ качества assessment (determination) of quality

~ о прекращении производства по делу judgement of dismissal

~ ответственности determination of responsibility (of liability)

~ подоходного налога income tax assessment

~ потребностей determination of requirements

~ пригодности determination of applicability

~ производственных возможностей capacity evaluation

~ размера компенсации determination of compensation

~ размера налогового обложения tax assessment

~ размеров пособий determination of benefits

~ расходов estimate of expenses

~ стоимости evaluation, assessment, appraisal

~ страхового возмещения loss assessment
~ суда court decision, court (judicial) determination, ruling
~ суммы залога bail determination
~ убытка determination of damage (of loss)
~, частное intermediate judgement (ruling)
~ экономичности calculation of profitability
выносить ~ суда issue a judicial determination (decision, ruling)

ОПРОВЕРЖЕНИ/Е refutation, contradiction; (*отрицание*) denial, disclaimer; (*доказательствами*) disproof
~, официальное official contradiction
~ утверждения denial (refutation) of a statement
порядок ~я procedure for refutation
опубликовать ~ issue a denial

ОПУБЛИКОВАНИЕ publication
~ закона publication (promulgation) of a law
~ периодической отчетности publication of periodic reports
~ сведений publication of information

ОПЫТ experience
~, коммерческий commercial experience
~, накопленный accumulated experience
~, практический practical experience
~, предпринимательский entrepreneurial experience
~, производственный production experience, know-how

~, управленческий managerial (administrative) experience
заимствовать *чей-л.*~ draw on *smb's* experience
иметь~ have experience
использовать~ use experience
накапливать~ accumulate (gain) experience
перенимать~ adopt experience
◊ по~у by experience

ОРГАН (*учреждение*) body, agency, organ; (*власти*) authority
~, административный administrative body (agency, authority)
~, антимонопольный antimonopoly agency
~, апелляционный court of appeal, *амер.* appellate court
~, бюджетный budget authority
~ы власти authorities, organs of government (of power)
~ы власти, местные local authorities
~, высший highest body (organ)
~, высший судебный highest judicial body
~ы государственного страхового надзора agencies of state insurance supervision (inspection)
~ы государственного управления organs of state administration
~ государственного энергетического надзора agency of state energy inspection
~ы государственной власти bodies of state power (of state authority, governmental (public) authorities
~ государственной регистрации юридических лиц state agency for registering legal entities
~, государственный state agency (body) (*см. тж* **ГОСУДАРСТВЕННЫЙ ОРГАН**)

~, государственный финансовый контрольный state financial supervisory agency

~ дознания body (agency) of preliminary investigation (of inquiry)

~, единоличный one-individual (one-man) body (organ)

~, единоличный исполнительный single-member executive body

~ы, законодательные legislative (law-making) bodies, legislative authorities

~ы записи актов гражданского состояния agencies for the registry of acts of civil status

~исполнительной власти agency of executive power (of executive authority)

~ы исполнительной власти субъектов РФ bodies (agencies) of executive power (of executive authority) of the subjects of the Russian Federation

~ы исполнительной власти, федеральные federal agencies of executive authority, federal bodies (organs) of executive power

~, исполнительный executive body (*см. тж* ИСПОЛНИТЕЛЬНЫЙ ОРГАН)

~, коллегиальный collegial body (organ)

~, коллегиальный исполнительный collective executive body

~, компетентный competent body (agency, authorities)

~, консультативный advisory (consultative) body

~, контрольный control (review) body

~ контроля control body

~ кооператива, исполнительный executive body (organ) of a cooperative

~, координирующий coordinating body

~, лицензирующий licensing body

~ местного самоуправления body of local [self-]government, local self-governing agency

~ы, муниципальные municipal bodies (authorities)

~ы, муниципальных образований agencies of municipal formations

~, наблюдательный supervisory body

~ надзора supervisory (oversight) body

~ налоговой полиции tax police body

~ы, налоговые taxation bodies

~ опеки и попечительства agency of guardianship and tutelage

~, подотчетный accountable body

~, подотчетный общему собранию body (organ) accountable to the general meeting

~, постоянный standing body

~, правительственный governmental body

~, правоохранительный law-enforcement body (agency)

~ правосудия tribunal

~ы предварительного следствия agencies of preliminary investigation

~, следственный investigating authority, investigative agency

~ страхового надзора agency of state insurance supervision

~, судебный judicial body, judicial (legal) agency

~, уполномоченный государственный authorized state agency

~ы управления bodies of administration, managerial (management, control) bodies, managerial (control) authorities

~ы управления и контроля bodies of administration and supervision

~, федеральный federal body (agency)

~, федеральный антимонопольный federal antimonopoly agency

~, финансовый financial (finance) body (agency)

~, фискальный fiscal body

~, хозяйственный economic body (agency)

~ юридического лица body of a legal person

~ы юстиции agencies of justice, justice agencies

акт государственного ~а act (statute) of a state agency

компетенция ~ов управления competence of governing bodies

статус ~ов государственной власти status of bodies of state power (of state authority)

структура ~ов управления structure of governing bodies

избирать ~ elect a body

ОРГАНИЗАТОР organizer, sponsor

~ кампании sponsor of a campaign

~ конкурса organizer of a competition

~ торгов organizer of a public sale (of an auction)

ОРГАНИЗАЦИ/Я 1. (*объединение, союз*) organization, association 2. (*учреждение, орган*) body, agency, institution 3. (*формирование*) organization

~, аудиторская auditing organization

~ без права юридического лица unincorporated organization

~, бюджетная state-financed organization, public sector entity

~, внешнеторговая foreign trade organization

~, вышестоящая higher authority

~, головная heading organization, lead agency

~, государственная state (government) organization

~, жилищно-эксплуатационная housing management (housing operation) organization

~, закупочная buying (purchasing) organization

~, инженерная engineering organization

~, коммерческая commercial organization (*см. тж* **КОММЕРЧЕСКАЯ ОРГАНИЗАЦИЯ**)

~, компетентная competent organization

~, контролирующая control organization

~, корпоративная corporate body

~, кредитная credit institution (organization)

~, международная international organization

~, муниципальная municipal body

~, некоммерческая noncommercial (nonprofit) organization (*см. тж* **НЕКОММЕРЧЕСКАЯ ОРГАНИЗАЦИЯ**)

~, неправительственная nongovernmental organization

~, нижестоящая subordinate agency

~, областная regional organization (body)

~, общественная public organization

~, подрядная contractor

~, посредническая agency

~, потребительская consumer organization

~, правительственная government organization (agency)

~, предпринимательская profit-oriented business

~ производства organization (management) of production

~, профессиональная professional organization

~ публичного конкурса organization of a public competition

~, сбытовая sales organization, marketing association

~, специализированная specialized organization

~, страховая insurance company

~, строительная construction organization

~, торговая sales (commercial, trading) organization

~ торговли organization of trade

~, транспортная carrier, transport organization, transportation company (agency) (см. тж ТРАНСПОРТНАЯ ОРГАНИЗАЦИЯ)

~, транспортно-экспедиторская forwarding company, forwarders

~ транспортных и складских операций transport and storage logistics

~, финансирующая sponsor, sponsoring agency

~, хозрасчетная self-financing (self-sustained) organization

~, хозяйственная economic organization

~, энергоснабжающая energy supplying (electric power supply) organization

учредить ~ю establish an organization

ОРГАНИЗОВАНН/ЫЙ organized

~ая преступность organized crime

ОРДЕР order, warrant

~ на арест warrant of arrest

~ на выемку warrant of seizure (to seize)

~ на обыск warrant of search, search warrant (order)

~ на предъявителя bearer warrant

выдача ~а issue (issuance) of a warrant (of an order)

вручать ~ serve a warrant

ОСВОБОЖДЕНИЕ 1. (*избавление от обязательств, уплаты и т.п.*) exemption, release 2. (*снятие ограничений*) liberalization 3. (*увольнение*) dismissal, discharge

~ должностных лиц discharge (dismissal) of officials

~ от долгов debt relief

~ от налогов exemption from taxes, tax exemption (release)

~ от НДС exemption from VAT

~ от обязательств release from obligations

~ от ответственности discharge from responsibility (from liability), release from responsibility (from liability), relief from liability

~ от платы exemption from payment

~ от требования лицензирования exemption from licensing requirements

~ от уплаты таможенных пошлин exemption from customs duties

~ от уплаты штрафа relief (exemption) from a fine, remission of forfeiture (of a penalty)

~ цен liberalization of prices, price liberalization

ОСВОЕНИЕ 1. (*овладение*) mastering 2. (*разработка*) development
~ запасов нефти и газа development of oil and gas fields
~ земель land development
~ месторождения development of a deposit
~ новой продукции mastering of new products
~ новых технологий mastering of new technologies
~ природных ресурсов development of natural resources
~ производственных мощностей plant development
~ средств application of funds
~ участка development of a land plot (of a land parcel), property development

ОСМОТР inspection, examination
~, выборочный sampling inspection
~ изделий inspection of products
~, наружный external (outward, superficial) inspection
~ перед отгрузкой pre-shipment inspection
~, периодический periodical (routine) inspection
~ повреждения damage survey
~ помещения inspection of premises
~, профилактический preventive inspection
~ страхуемого имущества inspection of the insured property
~, таможенный customs inspection (examination)
~ товаров inspection of goods
осуществлять ~ perform inspection, inspect, examine

ОСМОТРИТЕЛЬНОСТЬ prudence, caution, circumspection, care
действовать с ~ю act with circumspection
проявить ~ use caution, exhibit circumspection, employ care

ОСНОВ/А basis (*pl.* bases), foundation; (*принцип*) principle
~, договорная contractual basis
~, долговременная long-term basis
~ы законодательства fundamental principles of legislation
~ контракта basis of a contract
~ оценки basis of assessment
~, правовая legal foundation
~ы правопорядка bases (principles) of the legal order
~ соглашения basis of an agreement
~ таможенного регулирования, правовая legal foundation of customs regulations
~, экономическая economic basis (foundation)
лежать в ~е underlie, form the basis
принимать за ~у assume (take) as a basis
◊ на ~е взаимности on the basis of reciprocity
на ~е самоокупаемости on a self-repayment (on a self-recoupment) basis
на ~е самофинансирования on a self-financing basis
на ~е хозрасчета on a self-accounting basis
на ~е членства on the basis of membership
на безвозмездной ~е on a gratuitous basis
на взаимовыгодной ~е on a mutually beneficial basis

на возмездной ~е on a commercial basis

на годовой ~е on an annual basis

на договорной ~е on a contractual basis

на долговременной ~е on a long-term basis

на комиссионной ~е on a commission basis

на конкурсной ~е on a competition basis

на постоянной ~е on a permanent basis

на регулярной ~е on a regular basis

на справедливой ~е on an equitable basis

на усредненной ~е on a fully diluted basis

ОСНОВАНИ/Е 1. (*учреждение, создание*) foundation, establishment 2. (*причина*) ground, cause, reason

~ для апелляции cause (grounds) for an appeal

~ для жалобы cause (grounds) for a complaint

~ для отказа basis (grounds) of refusal

~ для предъявления иска cause (ground) for an action

~, достаточное sufficient ground (reason)

~, законное statutory ground, legitimate foundation

~ ликвидации компании basis (grounds) for liquidation of a company

~ полагать, что ... reason to suppose (grounds to believe) that ...

~, правовое legal ground

~ реорганизации общества basis (grounds) for reorganization of a company

~, юридическое legal ground

действовать на ~и закона act with the authority of law

действовать на законном ~и act legally

иметь ~я have reasons (grounds)

являться ~м для *чего-л.* be the basis for *smth*

◊ без ~й without any grounds

на ~и on the basis of, on the grounds of

на ~и доверенности on the basis of a power of attorney

на ~и закона on the basis of a law

на ~и кодекса on the basis of a code

на законном ~и legally, lawfully

по иным ~ям on other grounds

при наличии ~й with sufficient grounds available

ОСНОВНЫЕ СРЕДСТВА fixed assets, capital assets, permanent assets

предоставить арендатору ~ во временное пользование provide the lessee with basic assets for temporary use

ОСПАРИВАНИЕ dispute, challenge

~ договора займа dispute of (over) the contract of loan, challenging a loan agreement

~ патента dispute of (over) a patent

ОСПАРИВАТЬ dispute, challenge

~ в судебном порядке challenge legally ·

~ право contest a right

ОСПОРИМОСТЬ challengeability, voidability

~ подлинности challenge of identification

~ сделки, не соответствующей закону invalidity of a transaction not complying with the requirements of law

~ сделки, совершенной под влиянием заблуждения invalidity of a transaction concluded under the influence of an error

ОСПОРИМЫЙ challengeable, voidable

ОСТАТ/ОК remainder, balance

~ долга balance (remainder) of a debt

~ задолженности balance of a debt, outstanding debt

~, кассовый cash balance

~ материала remainder of material

~ на банковском счете bank balance

~ на счете balance of account

~ки средств на корсчетах correspondent account balances

~ срока residue of the term

~ суммы balance of an amount

~ товарно-материальных ценностей inventory balance

возвратить ~ return the remainder; refund the balance

ОСУЖДЕНИЕ (*судебное*) conviction, condemnation

ОСУЩЕСТВЛЕНИ/Е (*выполнение*) execution, fulfilment, carrying-out, implementation; (*применение*) exercise; (*о законе*) enforcement

~ гражданских прав exercise of civil rights

~ договора execution (fulfilment) of a contract

~ контроля exercise of control

~ контроля и надзора exercise of control and supervision

~ операции performance of an operation

~ прав execution (exercise) of rights

~ правосудия administration (exercise) of justice

~ прав, удостоверенных ценной бумагой exercise of rights certified by a security

~ предпринимательской деятельности execution of entrepreneurial activity

~, принудительное enforcement

~ проекта implementation of a project, project implementation

~ работ execution of work

порядок ~я прав и обязанностей procedure for exercising rights and duties

ОТБОР selection, choice; (*образцов*) sampling

~ лиц selection of persons

~, конкурсный competitive selection

~, предварительный preliminary selection

производить ~ select, choose; (*образцов*) sample

ОТВАЛ dump; (*шлак*) slag

~ы, брошенные discarded slag

~ы предприятий угольной промышленности coal mining dumps

ОТВЕТ answer, reply; (*отклик*) response

~, быстрый prompt reply (answer)

~ на запрос answer to a request, response to a query

~, окончательный final reply (answer)

~, отрицательный negative answer

~, официальный official reply

~, уклончивый evasive reply (answer)

~, утвердительный positive (affirmative) answer

неполучение ~а в срок, предусмотренный законом failure to receive a reply within the time established by a statute (specified by law)

быть в ~e be answerable (responsible)

дать ~ give an answer (a reply)

получить ~ receive an answer (a reply)

ОТВЕТСТВЕННОЕ ХРАНЕНИЕ responsible storage, safekeeping, safe custody

обеспечить ~ ensure (provide) responsible storage

ОТВЕТСТВЕННОСТ/ь responsibility, liability, accountability; (*перед законом*) amenability

~, административная management (administrative) responsibility

~, акцессорная secondary liability

~ акционеров shareholders' liability

~ банка за нарушение условий аккредитива liability of a bank for violation of the terms (of the conditions) of a letter of credit

~, безусловная outright liability

~ в силу договора contractual liability

~ в силу закона statutory liability

~ гаранта перед бенефициаром liability of a guarantor (of a warrantor) to a beneficiary

~, гражданская civil [law] liability (responsibility)

~, гражданско-правовая civil liability (responsibility)

~, деликтная tort liability

~, денежная pecuniary liability (responsibility)

~, дисциплинарная disciplinary responsibility

~ доверительного управляющего liability of a trustee

~ должностных лиц responsibility of officials

~ за вред, причиненный транспортным средством liability for harm caused by a means of transport

~ за действия liability for actions (for acts)

~ за изъятие товара responsibility (liability) for taking (for confiscation) of goods

~ залогодателя liability of a pledger

~ залогодержателя liability of a pledgee

~ за нарушение liability of infringement; amenability for violation

~ за нарушение обязательств по перевозке liability for violation (for breach) of obligations for carriage

~ за нарушение сроков выполнения работы liability for violation of times of execution (fulfilment) of work

~ за нарушение требований закона об охране окружающей среды liability for violation of requirements of the law on environmental protection

~ за неисполнение денежного обязательства liability for nonperformance of (for failure to perform) a monetary obligation

~ за ненадлежащее исполнение обязательства responsibility for inadequate execution of an obligation

~ за несохранность имущества liability for failure to protect (to provide safety of) property

~ за повреждение responsibility for damage

~ за просрочку выплаты ренты liability for overdue payment of rent

~ за убытки liability for damages

~ за уголовные преступления criminal liability

~ за ущерб liability for damage

~, имущественная property liability

~ лица, передающего права по ценной бумаге liability of a person transferring rights under a security

~, личная personal responsibility (liability)

~ ломбарда liability of a pawnshop

~, материальная material responsibility (liability), property accountability

~, ограниченная limited liability (responsibility)

~ основного общества по долгам дочернего общества liability of a parent company for the debts of a subsidiary company

~ перевозчика за утрату, недостачу и повреждение груза liability of the carrier for loss, shortage and damage of freight (of cargo)

~ перед акционерами liabilities to shareholders (to stockholders)

~ перед кредиторами liabilities to creditors

~ перед третьей стороной third party liability

~, персональная personal responsibility

~, повышенная increased responsibility

~ по долгам liability for debts

~ по иску amenability in respect of a suit

~ по обязательствам liability for obligations

~ по обязательствам акционерного общества liability for the obligations of a joint-stock company

~ по обязательствам Российской Федерации, субъекта Российской Федерации, муниципального образования liability for obligations of the Russian Federation, of a subject of the Russian Federation, of a municipal formation

~ по обязательствам юридического лица liability for the obligations of a legal person

~ по перевозкам liability for carriage (for shipments)

~ поручителя liability of a surety (of a guarantor, of a warrantor)

~ по сделкам liability for transactions

~ правопреемника successor liability

~ предпринимателя entrepreneur's (businessman's) responsibility

~ производителя сельскохозяйственной продукции responsibility (liability) of the producer of agricultural products

~, профессиональная professional responsibility

~, совместная joint responsibility (liability)

~, солидарная joint and several liability (responsibility) (*см. тж* СОЛИДАРНАЯ ОТВЕТСТВЕННОСТЬ)

~ сторон liability (responsibility) of the parties

~, субсидиарная vicarious (subsidiary, secondary) liability (*см. тж* СУБСИДИАРНАЯ ОТВЕТСТВЕННОСТЬ)

~, уголовная criminal liability (responsibility)

~, финансовая financial liability (responsibility)

~ экспедитора по договору транспортной экспедиции liability of the freight forwarder under a contract of freight forwarding

~, юридическая legal liability (responsibility)

~ юридического лица liability of a legal person

взыскание убытков в случае ограниченной ~и recovery of damages in case of limited liability

объем ~и extent (scope) of responsibility (of liability)

ограничение ~и limitation of responsibility (of liability)

ограничение размера ~и по обязательствам limitation of the amount of liability under obligations

освобождение от ~и release (relief, exemption) from responsibility (from liability)

привлечение к ~и bringing to liability (responsibility)

размер ~и degree (amount, size) of liability

распределение ~и distribution of liability

распределение ~и пропорционально вкладам distributing liability in proportion to contributions

страхование риска ~и по обязательствам insurance of the risk of liability for obligations

увеличение ~и increase in liability

условия субсидиарной ~и conditions of subsidiary liability

брать на себя ~ assume (take, accept) liability (responsibility)

возлагать ~ impose liability

возлагать субсидиарную ~ по обязательствам impose (place) subsidiary liability for obligations

избегать ~и shirk (evade) responsibility

нести ~ bear (exercise) responsibility, bear (incur) liability

нести ~ за правонарушение be liable in tort

нести ~ по долгам be liable for debts

нести ~ по обязательствам be liable for obligations

нести ~ своим имуществом bear liability with one's property

нести солидарную ~ be jointly and severally liable

нести субсидиарную ~ be vicariously liable, bear subsidiary liability

нести юридическую ~ перед *кем-л.* become legally liable to *smb*

освобождать от ~и free (release, relieve, exempt) from liability

перекладывать ~ shift responsibility

привлекать к ~и make *smb* responsible, bring to account (to responsibility)

привлекать к уголовной ~и take legal actions, sue

разделять ~ share responsibility

распределять ~ пропорционально вкладам distribute liability in proportion (proportionally) to contributions

страховать ~ insure [against] liability

страховать гражданскую ~ insure civil [law] liability

уклоняться от ~и dodge (evade, shirk) responsibility

◊ на свою ~ on one's responsibility

с ограниченной ~ю with limited liability

ОТВЕТЧИК defendant

~ в суде defendant in court

~ по апелляции appellee, defendant in error, respondent

~ по групповому иску class defendant

~ по иску defendant in a law suit (in a case)

аргументация ~а по иску defence

быть ~ом в суде be (appear as) a defendant in court

обязать ~а obligate the defendant

обязать ~а возместить вред obligate the defendant to compensate (to provide compensation) for damage

обязать ~а прекратить деятельность obligate the defendant to terminate (to cease) activity

обязать ~а приостановить деятельность obligate the defendant to suspend activity

ОТВЛЕЧЕНИЕ diversion

~ оборотных средств diversion (withdrawal) of circulating assets (of working capital)

~ ресурсов из народного хозяйства diversion of natural economic resources

ОТВОД 1. (*присяжного заседателя, свидетеля*) challenge 2. (*возражение*) objection 3. (*выделение*) allotment, grant

~ арбитра challenge to an arbitrator

~ без указания причины peremptory challenge

~ земельного участка grant of a plot

~, мотивированный challenge for cause

~ присяжного objection to a juror

~ составу присяжных principle challenge, challenge to the panel

~ судьи challenge to a judge

заявить ~ file an objection, challenge

удовлетворить ~ sustain a challenge

ОТГРУЗК/А shipment

~ в контейнерах shipment by containers

~, задержанная delayed shipment

~ навалом, насыпью shipment in bulk

~, немедленная prompt (immediate) shipment

~ одной партией shipment in one lot

~ по контракту shipment under a contract

~, просроченная overdue shipment

~ товаров shipment of goods

задержка ~и delay in shipment

оформление ~и completion of shipping documents

указание об ~е instructions on shipment, shipping instructions

задерживать ~у delay shipment

осуществлять ~у make (perform) shipment

приостанавливать ~у suspend shipment

ОТГРУЗОЧНАЯ РАЗНАРЯДКА shipment (shipping) order

ОТГРУЗОЧНЫЕ ИНСТРУКЦИИ shipping instructions

ОТДАЧА (*возврат*) return; (*результат*) payoff

~ от банковских активов return on bank assets

~ от передовой технологии benefits from high technology

~ от приращения вложений return on inputs

ОТДЕЛ department, division

~ по борьбе с преступностью criminal department

~ по экономическим преступлениям economic crimes department

ОТДЕЛИМЫЕ УЛУЧШЕНИЯ separable improvements, divisible improvements

~ арендованного имущества separable (divisible) improvements to the leased property

~ общего имущества, находящегося в долевой собственности separable improvements to the common property held in shared ownership

ОТЗЫВ (*отмена*) revocation, recall; (*отозвание*) withdrawal, revocation; (*приостановка платежа*) countermand

~ аккредитива, полный или частичный full or partial recall (revocation) of a letter of credit

~ акцепта revocation of an acceptance

~ векселя withdrawal of a bill

~ доверенности withdrawal of a power of attorney

~ документа recall of a document

~ заявки withdrawal of an application

~ иска withdrawal of an action (of a record)

~ лицензии recall (revocation) of a licence

~ оферты revocation of an offer

~ полномочий withdrawal (revocation) of authority

~ чека (*аннулирование*) revocation (cancellation) of a cheque; (*приостановка оплаты*) stop payment order, countermand of a cheque

подлежать ~у be subject to recall

ОТКАЗ refusal; (*отмена*) withdrawal; (*несогласие*) denial; (*отклонение*) rejection, declining; (*в иске*) dismissal; (*от выполнения обязательства*) repudiation; (*от права, иска, претензии*) abandonment, renunciation, waiver

~, безоговорочный unconditional refusal

~ в выдаче лицензии dismissal (refusal) of a licence

~ в выплате денежных средств refusal to pay out monetary funds

~ в государственной регистрации refusal of state registration

~ в иске dismissal of an action (of a claim)

~ в оплате чека refusal of payment of a cheque

~ в пересмотре судебного решения dismissal of review

~ в платеже refusal of payment

~ в предоставлении ссуды refusal of a loan

~ в регистрации refusal (denial) of registration (to register)

~ в удовлетворении апелляции dismissal of appeal

~ в удовлетворении требований refusal to satisfy the claims

~ выдать расписку refusal to give (to issue) a receipt

~, добровольный voluntary abandonment

~, завещательный testamentary refusal

~, мотивированный motivated refusal

~, необоснованный unfounded (unjustified, groundless) refusal

~, обоснованный justified (well-grounded, well-founded) refusal

~, односторонний unilateral refusal

~ от акцепта refusal of acceptance (to accept)

~ от возмещения refusal to compensate

~ от выполнения обязательства refusal to perform an obligation, renunciation of fulfilment of an obligation

~ от договора repudiation (denunciation) of a treaty

~ от договора аренды termination of a lease agreement

~ от договора доверительного управления имуществом rejection of an agreement on trusteeship of property

~ от договора страхования withdrawal from a contract of insurance

~ от заключения договора поставки для государственных нужд refusal to perform a contract of supply of goods for state needs

~ от заявки abandonment of an application

~ от иска waiver (remission) of a claim, disclaimer (withdrawal) of a suit

~ от исковых требований withdrawal of claims

~ от исполнения государственного контракта refusal of performance of a state contract

~ от исполнения договора refusal to perform a contract

~ от исполнения обязательства suspension of performance of an obligation

~ от контракта withdrawal from a contract

~ от оплаты refusal of payment (to pay)

~ от оплаты чека refusal to pay a cheque

~ от ответственности denial of responsibility

~ от права waiver (renunciation, abandonment, surrender) of a right, disclaimer

~ от правового титула abandonment (surrender) of a legal title

~ от предмета залога refusal (rejection) of an object of pledge

~ от претензии abandonment (waiver) of a claim

~ от собственности relinquishment of property

~ от продления договора refusal to extend (to prolong) a contract (an agreement)

~ от товара rejection of goods

~ от уплаты долга repudiation of a debt

~ от участия refusal to participate, renouncing participation

~ удовлетворить (претензию, требование) refusal to satisfy

основание ~a grounds for (basis of) refusal

причина ~a cause (reason) for rejection

решение об ~е в иске decision to dismiss an action, judgement to dismiss a suit

заявлять об ~е declare (state) one's refusal

ОТКЛОНЕНИЕ 1. (*отказ*) refusal, rejection 2. (*отступление от нормы, стандарта*) deviation, diversion 3. (*опровержение*) denial 4. (*расхождение*) difference, discrepancy

~ апелляции dismissal of an appeal

~ законопроекта rejection of a bill

~ заявки rejection (refusal) of an application

~ иска dismissal of an action (of a claim)

~ кассации rejection of a cassation

~ от плана deviation from a plan

~ от правила departure from the rule

~ от стандарта deviation from standard

~ от установленной нормы deviation (divergence, departure) from accepted standards

~ предложения rejection of an offer

~ претензии rejection of a claim

~ протокола rejection of a protocol

~ ходатайства refusal (rejection) of an appeal (of a petition)

ОТКРЫТИЕ opening

~ аккредитива opening of a letter of credit

~ аукциона opening of an auction

~ банковского счета opening of a bank account

~ документарного аккредитива issuing a documentary credit

~ кредитной линии opening of a credit line

~ нового предприятия opening of a business

~ представительства opening of a representative office

~ счета opening of an account

~ торгов opening of tenders

ОТКРЫТОЕ АКЦИОНЕРНОЕ ОБЩЕСТВО open joint-stock company

ОТЛАГАТЕЛЬНОЕ УСЛОВИЕ suspensive condition

ОТМЕНА (*аннулирование*) cancellation, annulment, revocation; (*закона, документа*) abolition, abrogation; (*приказа, распоряжения*) countermand

~ ареста на имущество lifting (withdrawal) of an attachment

~ валютного контроля abolition of exchange control

~ валютных ограничений abolition of currency restrictions

~ взыскания cancellation of a penalty

~ государственного регулирования deregulation

~ доверенности revocation (withdrawal) of a power of attorney

~ заказа cancellation (withdrawal) of an order

~ закона abolition (repeal) of a law

~ запрещения waiver of the prohibition

~ квоты abolition of a quota

~ льгот suspension of privileges

~ налога abolition (cancellation) of a tax

~ поручения cancellation of an order, revocation of authorization

~ преференций abolition of preferences

~ привилегий abolition of privileges

~ решения reversal of a decision

~ санкции cancellation of a sanction

~ тарифных барьеров lifting of trade barriers

ОТМЕНИТЕЛЬНОЕ УСЛОВИЕ dissolving condition, resolutive (resolutory) condition, subsequent condition

ОТМЕТК/А (*запись*) notation; (*метка*) mark; *бирж.* tick

~ банка bank notation, note of a bank

~, контрольная check mark

~ на свидетельстве note (notation) on a certificate

~ на чеке notation on a cheque

~ об отказе в оплате notation on refusal of payment (to pay)

~ о регистрации note of registration

делать~у make a note (a notation), mark

ОТМЫВАНИ/Е laundering

~ денежных средств laundering of money, money laundering [practices]

~ незаконных доходов laundering of fraudulent gains, fraudulent gains laundering

~ теневых капиталов laundering of shadow capital

бороться против ~я денег combat money laundering

ОТНЕСЕНИЕ:

~ издержек на счет производства cost absorption

~ платежа к определенному долгу appropriation of payment

~ расходов на *чей-л.* счет placing expenses (expenditures) upon *smb*, (to *smb's* charge), charging expenses (expenditures) to the account of

ОТНОШЕНИЯ (*взаимоотношения*) relations, relationship

~, административные administrative relations

~, взаимовыгодные mutually beneficial (profitable) relations

~, двусторонние bilateral relations

~, деловые business relations (contacts)

~, договорные contractual relations (contacts)

~, имущественные property relations

~, конкурирующие competitive relationship

~, международные international relations

~, налоговые tax relations

~, неимущественные nonproperty relations

~, правовые legal relations

~, регулируемые гражданским законодательством relations regulated (governed) by civil legislation

~ сторон relations of parties

~ сторон по договору relations of parties under a contract

~, торговые trade (trading, commercial) relations

~, трудовые labour relations

~, финансовые financial relations

поддерживать деловые ~ keep up (maintain) business relations

регулировать ~ regulate (govern) relations

состоять в договорных ~x be in contractual relations

ОТПРАВИТЕЛЬ sender; (*грузоотправитель*) shipper, consigner; (*денежного перевода*) remitter

ОТПРАВК/А 1. (*посылка*) sending, dispatch 2. (*отгрузка*) shipment
~ авиатранспортом air freight shipment
~ морем shipment by sea
~ по железной дороге dispatch (shipment) by railway
~ по почте mailing, dispatch by post
производить ~y ship, dispatch

ОТПРАВЛЕНИЕ 1. (*поезда, самолета*) departure; (*судна*) sailing 2. (*почтой*) mailing, posting 3. (*обязанностей*) exercise, performance 4. (*правосудия*) jurisdiction, administration
~ арбитражного разбирательства administration of arbitration
~, заказное registered (certified) mail
~ обязанностей exercise (performance) of duties
~ правосудия administration of justice (of law), course of justice

ОТПУСК leave [of absence], holiday[s], *амер.* vacation
~, административный administrative leave
~ без сохранения содержания leave (holidays) without pay
~, вынужденный неоплачиваемый mandatory leave without pay
~, декретный maternity leave
~, ежегодный annual leave (holidays)
~, неиспользованный unused leave (vacation)
~, оплачиваемый paid leave (holidays)
~, очередной annual leave (holidays)
~ по беременности и родам maternity leave, leave for pregnancy and childbirth

компенсация за неиспользованный ~ compensation for unused leave (vacation)
взять ~ take a leave
находиться в ~e be on leave
предоставить ~ give (grant) a leave

ОТПУСКНЫЕ holiday pay

ОТРАСЛ/Ь branch; (*промышленности*) industry
~и, базовые key economic branches (sectors)
~, бесперспективная sunset industry
~ обрабатывающей промышленности manufacturing industry
~ промышленности [branch of] industry
~и сферы услуг service industries
~и экономики branches (sectors) of the economy

ОТСЛЕЖИВАНИЕ monitoring, tracking
~ валютно-кредитных или финансовых сделок при проверке audit[or] trail
~ доставки грузов cargo delivery tracking
~ цен price following

ОТСРОЧИВАТЬ postpone, defer, put off ; (*продлевать*) prolong, extend
~ продажу postpone (defer) the sale

ОТСРОЧК/А postponement, deferral, deferment, delay; (*продление*) prolongation, extension
~ выплат deferral of payment
~ исполнения обязательства postponement (extension) of performance of an obligation
~ исполнения судебного решения suspension of execution

~ налоговых платежей tax deferral (deferment)

~ оплаты товаров или услуг delayed (deferred) payment for goods or services

~ платежей по задолженности debt rescheduling

~ погашения задолженности (*пересмотр сроков*) debt rescheduling; (*льготный срок*) grace period

~ по уплате налога tax deferral (deferment)

~ по уплате недоимки deferment of payment of arrears

~ продажи заложенного имущества с публичных торгов delay (deferral, postponement) of the sale of pledged property

предоставлять~у платежа grant (accord) a respite in payment (a deferment in payment)

ОТСТРАНЕНИЕ (*от должности*) dismissal, discharge, removal

~ от должности на законном основании legal removal

~ чиновника removal of an official

ОТСТУПЛЕНИЕ 1. (*отклонение*) deviation, departure 2. (*отказ от договора*) recession; (*отказ от права, иска*) abandonment

~ от договора deviation (recession) from a contract

~ от плана deviation from a plan

~ от правил deviation from the rules

~ от технико-экономических параметров deviation from technical and economic (technical-economic) parameters

~ от указаний departure (deviation) from instructions

~ от условий waiver of terms and conditions

~ от условий договора deviation from the terms of a contract

ОТСТУПНО/Е, ОТСТУПНЫЕ [cancellation] compensation, cancellation penalty, termination (break-up) fee, smart money

предоставление ~го granting of cancellation compensation (of smart money)

размер ~го amount of cancellation compensation (of smart money)

◊ в качестве ~го as a cancellation penalty, as smart money

ОТСУТСТВИ/Е 1. absence 2. (*нехватка*) lack, want, nonavailability

~ вины absence of fault

~ денежных средств на счетах lack of funds

~ исковой силы unenforceability

~ нарушений договора absence of breaches of a contract

~ на рынке нужных товаров absence of necessary goods on the market

~ опыта lack of skill

~ полномочий lack of authority

~ спроса lack of demand

~ указаний absence of instructions

◊ при ~и указаний in the absence of instructions

ОТТОК (*утечка*) outflow; (*отлив ресурсов*) reflux

~ валюты outflow of currency

~ денег из регионов outflow of financial resources (of money) from regions

~ денежных средств cash outflow

~ капитала capital outflow

~ капиталов за рубеж flow of capital abroad, capital outflow

~ средств outflow of funds

ОТХОДЫ (*металлические*) scrap; (*брак, лом*) waste [products]

~ атомной промышленности nuclear waste

~, бытовые domestic waste (garbage)

~, вредные harmful waste

~ от переработки сельскохозяйственной продукции waste from processing agricultural products

~ предприятий mill waste

~ производства production (manufacturing) waste (scrap)

~, промышленные industrial waste

~ сельского хозяйства farm waste

~, строительные construction waste

~, токсичные toxic waste

перерабатывать ~ производства recycle production waste

удалять радиоактивные ~ dispose of radioactive waste

ОТЧЕТ account, report; (*официальный*) statement

~ администрации management report

~ аудиторов audit (auditor's) report, audit opinion

~, балансовый balance sheet

~, бухгалтерский accounting (accountant's) report, accounts

~, годовой annual (yearly) report (*см. тж* **ГОДОВОЙ ОТЧЕТ**)

~ доверительного управляющего о своей деятельности report of the trustee on his activity

~, ежегодный annual (yearly) report

~ за год report for the year

~ за прошлый период report for the prior (for the preceeding) period

~, квартальный quarterly report (statement)

~ комиссионера report of a commission agent

~ об израсходовании материала account of the use (of expenditure) of materials

~ об исполнении госбюджета national (public) account

~ об исполнении сметы budgetary control (performance) report

~ об использовании имущества фонда report on the use of the property of a fund

~ о деятельности report on the activity, action report, operating statement

~ о доходах income statement

~ о доходах и расходах income and expenditure account

~ о затратах expense report

~ о пользовании report on use

~ о прибылях и убытках profit and loss account (report, statement)

~ о проверке inspection (survey) report

~ о продажах sales report (account)

~ о проделанной работе progress statement (report)

~ о работе statement of work, business report

~ о расходах statement (account) of expenses

~ о состоянии дел statement of affairs, status report

~ о финансовом положении statement of financial position

~ о ходе выполнения работ progress report

~ правительства government report

~ правления директоров board of directors report

~, промежуточный interim report

~, сводный consolidated (summary) report

~, финансовый financial (finance) statement, financial (fiscal) report, financial account

возражения по ~у objections to the report

представление ~а presentation of a report

утверждение ~а approval (confirmation) of a report

публиковать годовой ~ publish an annual (a yearly) report

представлять ~ submit (present, provide) a report (an account), render a statement

составлять ~ draw up a report

утверждать ~ approve an account (a report)

ОТЧЕТНОСТ/Ь accounts; reporting; (*подотчетность*) accountability

~, бухгалтерская financial statements, bookkeeping reporting

~, годовая финансовая annual financial reporting

~, налоговая tax reporting

~ о прибылях и убытках, сводная consolidated statement of income

~, периодическая periodic reporting

~, поддельная финансовая fraudulent financial reporting

~, публичная public reporting; public accountability

~, сводная consolidated reporting

~, финансовая financial statements (reporting)

аудиторская проверка годовой финансовой ~и audit verification of an annual financial report

опубликование ~и publication of accounts

правильность ~и correctness (accuracy) of a report

ОТЧИСЛЕНИ/Е 1. (*вычет*) deduction 2. (*ассигнование*) allocation, assignment; (*из бюджета*) allotment; (*резерв*) provisions; (*взнос*) contribution; (*перечисление*) transfer

~я, амортизационные amortization (depreciation) charges (deductions), depreciation expense (*см. тж* АМОРТИЗАЦИОННЫЕ ОТЧИСЛЕНИЯ)

~я в бюджет payments to the budget, deductions into the budget, fiscal charges

~я в городской бюджет payments to the city budget

~я в резерв allocations (appropriations, transfers) to reserves, provision for reserves

~я в фонд deductions (contributions) to the fund

~я в фонд предприятия transfer to the fund of an enterprise

~я на уплату налогов provision for taxation

~я, обязательные ежегодные mandatory annual deductions

~ от выручки transfers from receipts, deductions from revenues

~ средств в фонд transfer of resources to the fund

ОТЧУЖДЕНИ/Е (*имущества*) alienation, disposition; (*принудительное*) confiscation, expropriation

~ акций alienation of shares

~, возмездное compensated alienation, alienation for compensation

~ доли участника alienation of the share of a participant

~ за долги foreclosure

~ заложенного недвижимого имущества strict foreclosure

~ земельного участка alienation of a land plot

~ имущества alienation (disposition) of property

~ недвижимого имущества alienation of immovable property

~, незаконное illicit alienation

~, принудительное compulsory purchase

~ своей доли третьим лицам alienation of one's share to third parties

акт ~я deed of conveyance

условия ~ я alienation clause

ОТЯГЧЕНИЕ aggravation

~ вины aggravation of a guilt

ОФЕРТА offer, offering

~, публичная public offer

акцепт ~ы acceptance of an offer

безотзывность ~ы irrevocability of an offer

отзыв ~ы revocation of an offer

адресовать ~у address an offer

отзывать ~у revoke an offer

ОФОРМЛЕНИЕ 1. (*документов*) execution, drawing up, issuance 2. (*регистрация*) registration; (*узаконение*) legislation, formalization 3. (*дизайн*) design; (*отделка*) decoration

~, внешнее external decoration

~, внутреннее internal decoration

~ документов execution (drawing up, issuance, completion) of documents

~ доставки formalization (certification) of delivery

~ заказа making up of an order

~ заявки drawing up (execution) of an application

~ заявки на открытие документарного аккредитива execution of a documentary credit application

~ инкассовой операции formalization (implementation) of a collection operation

~ коммерческих помещений decoration of commercial premises

~, нотариальное notarization

~, письменное written execution (formalization)

~ протокола drawing up (formalization) of a protocol

~, таможенное customs clearance

ОФОРМЛЕННЫЙ executed; formal

~ должным образом duly completed

~ неправильно noncomforming

ОХРАН/А protection, security

~ имущества protection of property

~ интересов protection of interests

~ конфиденциальности информации protection of confidentiality of information

~ личных и имущественных прав protection of personal and property rights

~ окружающей среды protection of the environment, environmental protection

~ прав protection of rights

~, правовая legal protection

~ прав потребителей consumer (consumer's rights) protection

~ природы protection (preservation) of nature

~ промышленной собственности industrial property protection

~ собственности custody of property

~ труда protection of labour, labour (occupational) safety
обеспечивать~у provide (secure) protection

◊ способный к правовой~е capable (subject to) legal protection

ОЦЕНК/А (*стоимость*) appraisal, evaluation, valuation, rating; (*предварительный подсчет*) estimate; (*мнение*) appraisal, assessment, estimation, opinion

~ активов valuation of assets, asset pricing

~, бухгалтерская accounting valuation

~ вклада evaluation (appraisal, assessment) of a contribution

~ груза assessment of cargo

~, денежная monetary evaluation (appraisal), money value (*см. тж* ДЕНЕЖНАЯ ОЦЕНКА)

~, завышенная overestimation, overvaluation

~ запасов нефти evaluation of oilfields

~ запасов полезных ископаемых soil appraisal

~ затрат на производство production estimate

~ имущества appraisal of property, property valuation

~, инвентарная inventory valuation

~ информации evaluation (assessment) of information

~, кадастровая cadastral evaluation

~ капиталовложений valuation of investment, [capital] investment appraisal

~ качества assessment (evaluation) of quality, quality assessment (evaluation)

~ компании company valuation

~ кредитоспособности credit rating

~, объективная unbiased (impartial, objective) assessment (appraisal)

~ осуществимости feasibility evaluation

~, официальная official estimate (valuation, appraisal)

~, ошибочная wrong estimate

~ платежеспособности evaluation of solvency

~ потребностей requirements estimate (evaluation)

~, предварительная preliminary estimate (assessment)

~ предложения evaluation of a proposal

~ проекта project evaluation

~ производственных возможностей capacity evaluation

~ работы performance appraisal, job assessment (rating)

~ расходов assessment (estimation) of costs

~ результатов работы evaluation of the results of work

~ рентабельности assessment of profitability

~ риска risk rating

~ собственности appraisal of property

~ спроса estimation of demand

~ стоимости appraised value

~, страховая insurance (actuarial) valuation (appraisal)

~ страхового риска evaluation (appraisal) of insured risk

~, таможенная customs valuation

~ товара value of goods

~ ущерба assessment (estimate) of damage

~ финансового положения financial rating, evaluation of financial position

~ экономии estimate of economies

критерии ~и criteria for evaluation

давать ~у evaluate, assess, give an estimate (an appraisal)

производить ~у make a valuation

◊ по ~е by valuation, by appraisal, in the estimation

по ~м специалистов in the estimation of specialists

ОЦЕНЩИК appraiser, valuer, evaluator; (*страховой компании*) surveyor

~ недвижимости evaluator of immovable property

~, независимый independent appraiser

~, официальный qualified appraiser

~, таможенный general appraiser

ОЧЕВИДЕЦ witness, eyewitness

ОЧЕРЕДНИК someone on the waiting list

ОЧЕРЕДНОСТ/Ь [order of] priority; (*последовательность*) sequence, ranking

~ выплаты задолженности priority of debts

~, календарная calendar sequence, chronological order

~ платежей order (ranking) of payments

~ претензий по долгам ranking of claims

~ работ order of work

~ списания денежных средств со счета order of withdrawal (sequence of writing off) of monetary funds from an account

~ удовлетворения требований order (sequence) of satisfaction of claims (of demands)

соблюдение ~и observance of the order, adherence to the sequence

◊ в порядке ~и in order of priority

ОЧЕРЕД/Ь priority, rank

◊ в первую (вторую) ~ in the first (second) priority

в порядке ~и in order of priority

ОЧНАЯ СТАВКА confrontation

ОШИБК/А error, mistake; (*неточность*) inaccuracy

~ в бухгалтерской записи accounting error

~ в вычислении error in calculation, miscalculation

~, вменяемая в вину culpable error

~ в расчете error in calculation, miscalculation

~, допустимая permissible (admissible, allowable) error

~, канцелярская clerical error

~, непоправимая irretrievable mistake

~ округления error in rounding off

~ оценивания estimation error

~, правовая error of law

~, судебная error (mistake) of a law, judicial error (mistake)

~, счетная bookkeeping (accounting) error

~, юридическая ignorance of law

поставка по ~е misdelivery, delivery of wrong goods

устранение ~и correction (rectification) of an error (of a mistake), elimination of a mistake делать ~у make a mistake (an error)

делать по ~е do by mistake (in error)

исправлять ~у correct a mistake (an error)

признавать ~у admit (acknowledge) a mistake

устранять ~и eliminate errors

П

ПАДЕНИЕ (*понижение*) decline, decrease, drop, fall, downturn; (*спад*) recession; (*резкое*) slump

~ валютного курса fall in exchange

~ деловой активности business recession

~ дохода loss of revenue

~ доходности decrease of profitability

~ конъюнктуры downturn in the state of the market

~ курса fall in the exchange rate, slump of exchange

~ обменного курса fall in the rate of exchange

~ потребительского спроса drop in consumer demand, consumer (sales) resistance

~ производства decrease in production (in manufacture)

~ рыночной стоимости market depreciation

~ сбыта decrease in sales

~, сезонное seasonal decline

~ спроса decline (decrease, drop, recession) in demand

~ стоимости decrease (reduction) in cost (in value)

~ цен drop (fall) in prices

~ экспорта decline in exports

ПАЕВОЙ ИНВЕСТИЦИОННЫЙ ФОНД mutual fund, unit investment fund

ПАЕВОЙ ФОНД unit trust

ПАЕНАКОПЛЕНИЕ share accumulation

право на ~ right to share accumulation

ПА/Й share, interest, stake

~ акционерного капитала share of stock

~ в акциях interest in shares

~, вступительный initial share

~, инвестиционный investment unit

~, оплаченный paid-in (paid-up) share

~ члена кооператива share of a member of a cooperative, membership share

передача ~я transfer of a [membership] share

право на получение ~я right to receive a share

стоимость ~я value of a share

выкупать ~ buy out one's share

делиться на ~и be divided into shares

закладывать ~ pledge interest in shares

обменивать ~ exchange interest in shares

обременять ~ encumber interest in shares

отчуждать ~ alienate interest in shares

передавать ~ transfer interest in shares (in a share)

распоряжаться ~ем dispose of interest in shares

ПАКЕТ packet, parcel, package; (*ценных бумаг*) block; (*комплект услуг, товаров*) package

~ акций block (package) of shares (of stocks), equity stake (holding)

~ акций, контрольный controlling block (parcel) of shares, controlling interest, controlling stake, majority interest (holding)

~ акций, не дающий контроля minority interest

~ бюджетных предложений budget package

~ векселей stock of bills of exchange

~ госбумаг block of government securities

~ документов по переоформлению задолженности debt-rescheduling package

~ законов law package

~ мероприятий package of measures

~ нормативных актов package of normative acts

~ нормативных документов set of regulatory documents

~ облигаций parcel of bonds

~ предложений package of proposals

~ услуг package of services

~, финансовый financial package

владеть контрольным ~ом акций have a controlling interest (a controlling stake)

предлагать ~ услуг offer a package of services

предоставлять ~ услуг provide a package of services

ПАКЕТИРОВАНИ/Е packaging

средства ~я packaging materials, means of packaging

ПАЛАТА 1. (*законодательный орган*) house, chamber 2. (*учреждение*) house, chamber, office

~, арбитражная arbitration chamber

~, банковская расчетная banker's clearing house

~, брокерская broker's house

~, верхняя higher (upper) chamber (house)

~, клиринговая clearing house

~, нижняя lower chamber (house)

~ по гражданским делам, судебная civil court

~ по торговым делам, судебная commercial court

~, промышленная industrial chamber

~, расчетная clearing (settlement) house, clearing office (agency)

~, регистрационная registration chamber

~ Российской Федерации, Счетная Russian Federation Audit Chamber

~, торговая chamber of commerce, *амер.* board of trade

~, торгово-промышленная chamber of commerce and industry

ПАРАМЕТР parameter

~ы акции attributes of a share

~ы, качественные qualitative parameters

~, основной key (basic) parameter

~ы, рабочие operating (performance) parameters

~ы, расчетные design parameters

~ы, технико-экономические technical and economic (technical-economic) parameters

отступление от ~ов deviation from parameters

ПАРАФИРОВАНИЕ initialing

~ договора initialing of a contract

ПАРАФИРОВАТЬ initial

ПАРИТЕТ parity, par, par value

~, валютный par of exchange, currency (exchange rate) parity

~, долларовый parity of the dollar, dollar parity

~, золотой gold parity, gold par of currency

~, конверсионный conversion parity (price)

~, обменный exchange parity

~, официальный official parity

~ покупательной способности purchasing power parity

~, процентный interest parity

~ рубля rouble parity

~, твердый fixed parity

~ ценных бумаг parity of securities (of stocks)

обмен по ~у exchange at par

отклонение от ~а deviation from parity

нарушать ~ upset parity

отклоняться от ~а deviate from parity

поддерживать ~ maintain parity

◊ выше ~а above parity, at premium

ниже ~а below parity

по ~у at parity

ПАРЛАМЕНТ parliament

~, федеральный federal parliament

заседание ~а meeting (session) of parliament

член ~а a member of parliament

распустить ~ dissolve parliament

созывать ~ convene (convoke) parliament

ПАРЛАМЕНТСКАЯ НЕПРИКОСНОВЕННОСТЬ parliamentary immunity

ПАРЛАМЕНТСКИЙ КОМИТЕТ parliamentary committee

ПАРТИ/Я (*товара*) consignment, lot, parcel, instalment; (*отправленного товара*) shipment; (*ценных бумаг*) lot

~, бракованная rejected lot

~, возвращенная returned lot

~ груза consignment, lot of goods, parcel of cargo, shipment of freight

~ изделий lot of products, production lot

~, конфискованная seized consignment

~, опытная pilot (initial) lot

~, отдельная separate consignment (lot, parcel)

~, пробная trial consignment

~и, равномерные equal (uniform) lots, equal instalments

~ товара consignment (lot, instalment, shipment) of goods

замена ~и replacement of a consignment

объем ~и lot size; production lot, run size

отгрузка одной ~ей shipment in one lot

отказ от ~и rejection of a consignment (of a lot)

отправка ~й dispatch of consignments

поставка отдельными ~ями supply (delivery) in (by) separate lots (instalments)

размер ~и lot size

отправлять ~ю dispatch (send) a consignment

покупать ~ями buy in lots

продавать ~ями sell in lots

разбивать ~ю split [up] a lot (a shipment)

◊ ~ями in (by) lots

одной ~ей in one lot
отдельными ~ями by parcels
равномерными ~ями in equal lots (instalments)

ПАРТНЕР partner, business associate
~, генеральный general (principal) partner
~, главный general (principal, chief) partner
~, деловой business partner
~, зарубежный foreign partner
~, коммандитный limited partner
~, коммерческий business partner
~, местный local partner
~, младший junior partner
~ по договору partner to a contract, contracting partner
~, полноправный full partner
~ , полный general partner
~, потенциальный potential partner
~ы, равноправные equal partners
~ с ограниченной ответственностью limited partner
~, старший senior partner
~, торговый trade (trading) partner

ПАРТНЕРСТВО partnership
~, некоммерческое noncommercial partnership
~, общее general partnership
~, ограниченное limited partnership
~, полное general partnership
~, промышленное industrial partnership
~, торговое trading partnership
образовать ~ form a partnership

ПАСПОРТ passport; (*оборудования*) certificate
~, заводской factory certificate
~, заграничный foreign (traveller's) passport
~, отечественный inland passport

~, просроченный expired passport
~, служебный service (business) passport
~, технический technical passport (certificate)
номер ~a passport number
визировать ~ endorse (visa) a passport
выдать ~ issue a passport
продлевать ~ extend (prolong, renew) [the validity of] a passport

ПАСПОРТИЗАЦИЯ certification; (*оборудования*) conditioning
~ объектов основных средств certification of fixed capital objects

ПАТЕНТ patent
~, аннулированный cancelled (void) patent
~, выданный issued (granted) patent
~, действительный valid patent
~, зарубежный foreign patent
~ на изобретение patent on (for) an invention
~, недействительный invalid (void) patent
~, независимый independent patent
~, оспоренный attacked patent
~, отечественный national (home, domestic) patent
~, подтвержденный confirmation patent
~, родственный related patent
~ с истекшим сроком действия expired (lapsed) patent
~, спорный disputed (litigious, contestable) patent, patent in dispute
~, утративший силу invalid (invalidated) patent

271

аннулирование ~a cancellation (revocation, avoidance, annulment) of a patent

владелец ~a holder (owner) of a patent, patent holder (owner)

выдача ~a issue (issuance, grant, delivery) of a patent

действительность ~a validity of a patent

закон о ~ax patent law

защита ~a patent protection

заявка на ~ patent application

лицензирование ~a licensing of a patent

нарушение ~a infringement (violation) of a patent, patent infringement (violation)

недействительность ~a invalidity of a patent

оспаривание ~a contest (dispute, avoidance, attack) of a patent

отказ от ~a abandonment (surrender) of a patent

охрана ~a patent protection

передача ~a patent assignment, assignment (cession, transfer) of a patent

право на ~ right to a patent

продление срока действия ~a extension (renewal) of a patent

спор по ~y dispute over a patent

срок действия ~a life (term, validity) of a patent

уступка ~a assignment (cession) of a patent

аннулировать ~ cancel (revoke, annul) a patent

брать ~ take a patent

выдавать ~ issue (grant) a patent

иметь ~ hold a patent

лишаться права на ~ forfeit a patent

нарушать ~ infringe (violate) a patent

оспаривать ~ attack (contest, avoid, dispute) a patent

отказывать в выдаче ~a refuse (reject, withhold) a patent

отказываться от ~a abandon (drop, surrender) a patent

охраняться ~ом be covered (be protected) by a patent

признавать ~ недействительным invalidate a patent

ПАТЕНТНОЕ ЗАКОНОДАТЕЛЬСТВО patent legislation

ПАТЕНТОВЛАДЕЛЕЦ holder of a patent, patent holder, patentee

ПАТРОНАЖ patronage

прекращать ~ terminate patronage

устанавливать ~ establish patronage

◊ под ~ем under patronage

ПЕНСИОННЫЙ ФОНД pension fund

ПЕНСИ/Я pension; (*пособие*) benefit

~ ветеранам войны veteran['s] pension, war pension

~, государственная government pension

~ за выслугу лет long-service pension

~, индексируемая index-linked (indexed) pension

~, персональная individual (merit) pension

~ по инвалидности disability pension

~ по нетрудоспособности incapacity (disability) pension

~ по случаю потери кормильца survivor's pension

~ по старости old age pension; (*при выходе в отставку*) retirement pension

~, трудовая retirement pension

доверенность на получение ~и power of attorney for the receipt of a pension индексация ~й indexation of pensions

страхование ~й insurance of pensions

выходить на ~ю retire, go on [a] pension

индексировать ~и index pensions

назначать ~ю grant (award) a pension

получать ~ю receive (draw) a pension

увольнять на ~ю pension off

ПЕН/Я fine, penalty

взыскание ~ и exaction of a fine

взыскивать ~ю charge a fine, exact a penalty

начислять ~ю за долги по налогам charge a penalty on arrears of taxes

списывать ~ю write off a fine

ПЕРЕВОД 1. (*пересылка денег*) transfer, remittance 2. (*из одних единиц в другие*) conversion 3. (*с одной должности на другую*) transfer

~, банковский bank (banker's) transfer (remittance)

~ валюты transfer (remittance) of currency; conversion of currency

~ валюты за рубеж transfer (remittance) of foreign currency abroad

~ в счет платежа transfer in payment

~ денег transfer (remittance) of money, money transmission

~ денежных средств funds transfer

~ денежных средств на основании подложных чеков transfer of funds by forged cheques

~ долга transfer of a debt

~ долга на другое лицо transfer of a debt to another person, debt substitution

~ из-за границы transfer from abroad

~, межбанковский interbank transfer

~ на счет transfer (remittance) into an account

~ платежа transfer (remittance) of payment

~ прав transfer of rights

~ прав и обязанностей на *кого-л.* transfer of rights and obligations to *smb*

~ прав кредитора к другому лицу transfer of the rights of the creditor to another person

~ прибыли transfer of profits, profit transfer

~ прибыли за границу с обложением налогом taxable transfer of profits abroad

~ со счета transfer from an account

~ средств, электронный electronic funds transfer

~ суммы transfer (remittance) of an amount

~ суммы с одного счета на другой transfer of a sum from one account into another

~ чеком transfer by cheque

~ через банк transfer through a bank

согласие на ~ долга consent to the transfer of a debt

условия ~а долга conditions of transfer of a debt

делать ~ make (effect) a transfer (a remittance)

платить ~ом pay by transfer (by remittance)

◊ в ~е на доллары in terms of dollars

ПЕРЕВОДИТЬ 1. (*деньги*) transfer, remit 2. (*из одних единиц в другие*) convert; (*в более мелкие единицы*) reduce; (*в более низкую категорию*) down-grade 3. (*по службе*) transfer

ПЕРЕВОДНЫЙ ВЕКСЕЛЬ transferable bill of exchange

ПЕРЕВОДНЫЙ ЧЕК transferable cheque

ПЕРЕВОДООТПРАВИТЕЛЬ remitter

ПЕРЕВОДОПОЛУЧАТЕЛЬ remittee, payee

ПЕРЕВОЗ/КА transport, transportation, carriage, conveyance; (*товара*) shipping, shipment; (*груза*) freight[age]; (*транзит*) transit

~ки, авиатранспортные air transport operations

~ки, автодорожные transport[ation] by road

~ки в городском и пригородном сообщении carriage in city and suburban transportation

~ки, внешнеторговые foreign trade transportation; foreign trade shipments

~ки, внутренние inland transport[ation] (carriage)

~ генеральных грузов general cargo carriage (shipping)

~ грузов (грузовая) cargo (freight) carriage (transportation), carriage (transportation) of cargo (of freight), shipping of cargo

~ки грузов в определенном направлении transport of freight (of cargo) in certain (specified) directions

~ грузов, пассажиров и багажа по договору фрахтования carriage (transport) of freight, passengers and baggage under a chartering contract (under a charter agreement)

~ грузов разными видами транспорта carriage of freight by different types of transport

~ грузов разными видами транспорта по единому транспортному документу carriage of freight (shipment of cargo) by different types of transport under a single transportation document

~ки, железнодорожные carriage (conveyance) by rail, rail[way] transport (freightage, traffic)

~ки, комбинированные combined services (transportation)

~ки, коммерческие commercial transport operations

~ки, контейнерные container carriage (transportation, traffic), containerized cargo transportation

~ контрактная transportation under a contract

~ки, международные international transportation (operations, traffic)

~ки, морские carriage (transportation) by sea, sea transportation (shipment), shipping services

~ навалочного груза bulk cargo shipment

~ наливом bulk carriage transportation

~ по контракту transportation under a contract

~ки, прямые direct service (carriage, transportation)

~ки, прямые смешанные direct intermodal (multimodal, mixed, combined) carriage (transportation, service)

~, сквозная through carriage (shipment)

~ки, смешанные intermodel (multimodel, mixed) carriage (transportation)

~ки, сухопутные carriage by land, land carriage (transportation)

~ки, транзитные transit traffic, traffic in transit

~ки, чартерные charter operations договор ~ки contract of carriage, freight contract, shipping agreement

обеспечение ~ок грузов ensuring the transport of freight, provision of cargo shipment

объем ~ок volume of carriage (of transportation), traffic volume

организация ~ок organization of carriage

ответственность сторон по ~кам liability (responsibility) of parties for carriage (for transportation)

отказ от ~ки refusal of carriage (of transport)

плата за ~ку груза transportation (freight) charges, payment for carriage of goods, carriage, freightage

правила международных ~ок rules of international carriage (of international transportation)

предъявление груза для ~ки presentation of freight (of cargo) for carriage

прекращение ~ок грузов termination of the transport of freight (of cargo)

принятие к ~ке acceptance for transport (for shipment)

расходы по ~ке carriage (transportation, freight) charges (expenses, costs), expenses of carriage (of transportation), charges for carriage

соглашение о ~ках transportation agreement

стоимость ~ки carriage, cost of transportation (of carriage, of shipping), transport charges

тариф на ~ки tariff for carriage

условия ~ки terms (conditions) of carriage (of transportation)

услуги по ~ке transportation services

оплачивать ~ку pay carriage

осуществлять ~ку handle (carry out) transportation, effect carriage

предъявлять груз к ~ке present cargo for carriage (for shipment)

принимать груз к ~ке accept cargo for carriage (for shipment)

сдавать груз к ~ке check in cargo for shipment, submit freight for carriage

уплатить за ~ку груза pay for carriage (shipment) of freight (of cargo)

◊ при ~ке in transit

ПЕРЕВОЗЧИК carrier

~, авиационный air carrier

~, автодорожный road carrier

~, генеральный general transporter

~ грузов carrier

~, иностранный foreign carrier

~, линейный liner carrier

~, морской sea carrier

~, наземный overland carrier

~, общественный common carrier

~, первый first carrier

~ по договору contractual carrier

~, частный private carrier

агент ~а carrier's agent

ответственность ~а liability of a carrier

ПЕРЕВООРУЖЕНИЕ re-equipment, retooling, modernization, conversion

~, техническое technical re-equipment (retooling) (*см. тж* **ТЕХНИЧЕСКОЕ ПЕРЕВООРУЖЕНИЕ**)

ПЕРЕВЫБОРЫ re-election

проводить ~ hold re-election

ПЕРЕГОВОР/Ы negotiation[s], discussion[s], talks

~, двусторонние bilateral negotiations (talks)

~, деловые business negotiations

~, закрытые private talks

~, закулисные secret (back-stage) negotiations (talks)

~, коммерческие commercial negotiations

~, конструктивные constructive negotiations

~, межправительственные intergovernmental negotiations

~, многосторонние multilateral negotiations (talks)

~ на высшем уровне top-level (summit) talks

~, неофициальные informal (private) talks

~, официальные official negotiations

~, плодотворные fruitful negotiations

~ по цене price negotiations

~, предварительные preliminary negotiations (discussions, talks)

~, предшествующие договору negotiations preceeding a contract

~, продолжительные lengthy talks

~, торговые trade negotiations (talks)

~, успешные successful negotiations (talks)

завершение ~ов completion of negotiations (of talks)

исход ~ов outcome of negotiations (of talks)

протокол ~ов protocol (minutes) of negotiations (of talks)

вести ~ carry on (conduct, hold) negotiations (talks)

возобновлять ~ resume (reopen) negotiations

вступать в ~ enter into negotiations (into talks)

завершать ~ complete (finalize) negotiations

затянуть ~ hold up (drag out) negotiations

начинать ~ begin (open, start, initiate) negotiations

переносить ~ postpone (put off) negotiations

прекращать ~ cancel (discontinue, stop) negotiations

прерывать ~ break off (cut off, interrupt, suspend) negotiations (talks)

проводить ~ carry on (conduct, hold, handle) negotiations, have discussions

продолжать ~ continue negotiations

срывать ~ wreck (frustrate) negotiations (talks)

участвовать в ~ах participate in negotiations

◊ в ходе ~ов in the course of negotiations (of talks)

путем ~ов by means of negotiations

ПЕРЕДАТОЧНАЯ НАДПИСЬ endorsement

~, безоборотная endorsement without recourse

~, именная special endorsement

~ на векселе bill endorsement

передача залогового свидетельства по передаточной надписи

transfer of a mortgage certificate by endorsement

совершение передаточной надписи placing an endorsement, making a transfer notation

ПЕРЕДАТОЧНОЕ РАСПОРЯЖЕНИЕ transfer order

ПЕРЕДАТОЧНЫЙ АКТ transfer (assignment) deed, deed of transfer (of assignment), statement of transfer

~ при аренде предприятия transfer deed in transfer of a leased enterprise

~ при продаже предприятия statement of transfer in the sale of an enterprise

~ при слиянии или преобразовании юридического лица transfer deed in case of merger or transformation of a legal person

передача по передаточному акту transfer by a statement of transfer

представление передаточного акта на подписание presentation of a statement of transfer for signature (for signing)

составление передаточного акта preparation of a statement of transfer

ПЕРЕДАЧ/А 1. (*дел, полномочий, собственности*) transfer; (*полномочий, прав*) delegation 2. (*переуступка чека, векселя*) negotiation; (*права, имущества*) assignment, cession, conveyance, transfer

~ активов transfer of assets

~ акций transfer (assignment) of shares (of stocks)

~ акций в залог pledging of shares

~, безвозмездная gratuitous assignment (transfer), transfer without compensation

~ в аренду leasing

~ в государственную собственность transfer into state ownership

~ векселя transfer of a bill of exchange

~ в залог pledging

~ владения transfer of possession

~ власти delegation of power

~ груза transfer of cargo

~ дела в арбитраж submission of a matter to arbitration (for the settlement of arbitration)

~ документа transfer (submission, surrender) of a document

~ доли assignment of interest

~ доли в капитале transfer of interest (of a share) in capital

~ закладной transfer of a mortgage

~ имущества transfer (assignment) of property

~ имущества в доверительное управление transfer of property in trust [in management]

~ имущества в обеспечение pledging of property

~ имущества за плату transfer of property for payment

~ имущественных прав transfer (handover) of property

~ информации transfer of information, information transfer

~ информации по факсу communication by fax

~ ипотечного залога transfer (assignment) of mortgage

~ ноу-хау transfer of know-how

~ объекта handing-over of a project

~ пая assignment of interest

~ полномочий transfer (delegation) of authority (of power)

~ по передаточному акту transfer by a statement of transfer

~ прав transfer (assignment, cession, delegation) of rights

~ права владения и пользования transfer of the rights of possession and use (of proprietorship and use)

~ права голоса transfer of voting right

~ права на имущество transfer of title (of property rights, of ownership)

~ права собственности conveyance of property

~ прав по договору аренды предприятия transfer of rights under a contract of lease (under an agreement on lease)

~ прав по ценной бумаге transfer of rights under securities

~ прав по чеку negotiation of a cheque, transfer of rights under a cheque

~ правового титула conveyance (transfer) of title

~ правового титула, безвозмездная voluntary conveyance

~ предприятия арендатору transfer (handing over) of an enterprise to the lessee (to the leaseholder)

~ предприятия в аренду transfer (handing over) of an enterprise for (by) lease

~ предприятия продавцом покупателю transfer of an enterprise by the seller to the buyer

~, символическая symbolic transfer (presentation)

~ собственности transfer (surrender, disposal) of property

~ спора в арбитраж submission of a dispute to arbitration

~ технической документации transfer of technical documentation

~ технологии transfer of technology, technology transfer

~ товара покупателю transfer of goods to the buyer

~ товарораспорядительного документа transfer of a goods-disposing document

~ ценных бумаг transfer of securities

~ чека negotiation (transfer) of a cheque

акт ~и deed of assignment (of conveyance)

акт ~и права собственности на недвижимость deed of real estate

просрочка ~и результата работы delay in submission (lateness of transfer) of the result of work

◊ без права ~и not transferable, non-negotiable

ПЕРЕДОВЕРИ/Е (*прав*) assignment; (*полномочий*) transfer (delegation) of powers (of a power of attorney); (*договора подряда*) subcontracting

доверенность, выдаваемая в порядке ~я power of attorney issued by way of transfer (delegation) of powers

порядок ~я procedure for (order of) transfer of a power of attorney

право ~я power of substitution

право на отмену ~я right to revoke delegation of a power of attorney

действовать на основе ~я act on the basis of transfer of a power of attorney

◊ в порядке ~я by way of transfer of powers (of delegation)

ПЕРЕДОВЕРЯТЬ (*распоряжение имуществом*) transfer the trust; (*полномочия*) delegate; (*договор подряда*) subcontract

ПЕРЕЗАКЛАД repawning, repledging, rehypothecation

ПЕРЕЗАКЛАДЫВАТЬ repawn, repledge, rehypothecate, mortgage again

ПЕРЕМАНИВАНИЕ piracy, pirating

~ персонала labour piracy (pirating)

ПЕРЕМЕН/А change, transformation

~ы, коренные sweeping changes

~ лиц в обязательстве change of persons in an obligation

~ы, экономические economic changes

ПЕРЕМЕЩЕНИ/Е (*передвижение*) movement, shifting; (*перенесение*) transfer, transference; (*предприятия*) relocation

~ денег transfer (movement) of funds

~ доходов income transfer

~ капитала capital transfer; flow of capital

~ налогового бремени shift of the taxation burden

~ товаров movement of goods, physical flow of inventory

~ услуг movement of services

ограничения в ~и limitations on the movement

ПЕРЕНАЕМ transfer rental, transfer of lease

ПЕРЕНАСЫЩЕНИЕ overstocking, glut

~, долларовое dollar glut

~ рекламой advertising abuse, advertisement packing

~ рынка glut in the market, market overstocking

ПЕРЕНЕСЕНИЕ transfer, transference; (*отсрочка*) postponement, putting off

~ срока postponement (putting off) of time

~ срока поставки postponement of the time of delivery

~ сроков исполнения работы postponement (extension) for fulfilment (for performance) of work

ПЕРЕОБОРУДОВАНИЕ re-equipment, retooling, modernization, conversion

~ предприятия re-equipment of an enterprise

ПЕРЕОРИЕНТАЦИЯ reorientation

~ инвестиционной политики reorientation of the investment policy

~ товаропотоков reorientation of commodity traffic

~ экономики reorientation of the economy

~ экономической политики reorientation of the economic policy

ПЕРЕОФОРМЛЕНИЕ (*изменение формулировки*) redrafting; (*реструктуризация*) restructuring; (*продление*) prolongation

~ договора займа prolongation of a loan

~ долгов (задолженности) debt restructuring (rescheduling)

~ задолженности в кредит debt restructuring into a credit facility

~ займа prolongation of a loan

~ прав собственности conveyance of property, official registration of the transfer of property

ПЕРЕОЦЕНКА 1. (*повторная оценка*) revaluation, reassessment, reappraisal 2. (*завышенная оценка*) overestimate, overestimation, overvaluation, overrating

~ активов asset revaluation; (*в соответствии с текущими ценами*) mark-to-market

~ вкладов revaluation of deposits

~ застрахованного имущества reappraisal of the insured property

~ основных средств revaluation of fixed assets

~ основных фондов revaluation of fixed assets

~ продукции (*в сторону снижения стоимости*) writedown

~ стоимости revaluation, value adjustment, appreciation

ПЕРЕПИСК/А correspondence

~, деловая business (commercial) correspondence

~, личная private correspondence

~, межведомственная interdepartmental correspondence

~ по контракту contract correspondence, correspondence under a contract

~, предшествующая договору correspondence preceeding the contract

~, служебная official correspondence

тайна ~и privacy of correspondence

вести ~у correspond, conduct correspondence

ПЕРЕПЛАТА overpayment, excess payment

ПЕРЕПРОДАЖА resale, reselling

~ акций stock business, stock broking

~ права на взыскание долгов factoring

ПЕРЕПРОФИЛИРОВАНИЕ (*предприятия, производства*) conversion

~ предприятия conversion of an enterprise

~ производства industrial conversion

ПЕРЕРАБОТК/А (*обработка*) processing, reprocessing; (*отходов*) reclamation; (*для повторного использования*) recycling; (*грузов*) handling

~ грузов cargo handling

~ материалов processing of materials

~ отходов производства waste processing (recycling)

~ продукции processing of products

~ сельскохозяйственной продукции processing of agricultural products

~ сырья processing of raw materials

~ товаров, заложенных в обороте processing of goods in circulation

~ товаров на таможенной территории handling of goods in the customs territory

~ товаров под таможенным контролем handling of goods under the customs control

возмещение стоимости ~и compensation for the value of processing

отходы от ~и waste from processing; (*побочные продукты*) by-products from processing

стоимость ~и value of processing

осуществлять ~у perform (be engaged) in processing

ПЕРЕРАСПРЕДЕЛЕНИЕ redistribution; (*ресурсов*) reallocation; (*пропорциональное*) reapportionment

~ активов redistribution of assets

~ дохода redistribution of income

~ капиталов reallocation of capital

~ собственности redistribution of property

~ средств reallocation (reassignment) of funds

~ статей бюджета reitemizing the budget

ПЕРЕРАСХОД (*средств*) overspending, overexpenditure; (*превышение остатка счета в банке*) overdraft

~, бюджетный budget overspending, budget[ary] overexpenditures

~ средств сверх сметы cost overrun

~ фонда заработной платы overspending of the wages fund

ПЕРЕРАСЧЕТ (*повторное вычисление*) recalculation, recomputation; (*перевод в другие единицы*) conversion; (*переоценка*) reappraisal

подлежать ~y be subject to recalculation (to recomputation)

производить ~ make (perform) recalculation

ПЕРЕРЫВ (*временное прекращение*) interruption, break; (*промежуток времени*) break; (*в работе*) stoppage; (*между заседаниями*) adjournment

~ в выпуске продукции production downtime

~ в подаче энергии interruption in power transmission (of power supply), power [supply] interruption

~ в работе work stoppage, idle time, interruption in work, service interruption

~ в слушании дела adjournment of the hearing of a case

~ течения срока исковой давности interruption of the running of the period of limitation of actions

делать ~ в работе take time out

объявлять ~ в слушании дела adjourn the hearing of a case

ПЕРЕСМОТР (*изменение решения*) reconsideration, revision; (*текста*) review; (*условий контракта*) renegotiation; (*реконструкция*) redevelopment; (*переоценка*) reassessment; (*календарного плана*) rescheduling

~ арбитражного решения revision of an arbitral award

~ валютных паритетов par value adjustment

~ в порядке апелляции review (revision) by an appeal

~ дела в суде retrial (reconsideration, review) of a case

~ законодательства review of legislation, legislative review (revision)

~ запретительных пошлин revision of prohibitive duties

~ норм revision (reconsideration) of norms

~ плана programme review

~ приватизационных сделок review of privatization deals

~ программы revision (reconsideration, review) of a programme

~ решения revision (reconsideration) of a decision

~ сметы reconsideration of the budget, review of the estimate

~ сомнительных сделок review of legally questionable deals

~ сроков погашения задолженности debt rescheduling (restructuring)

~ судебного решения review (reconsideration, revision) of a judgement

~, судебный judicial review

~ условий кредита debt rescheduling

~ условий погашения долга debt renegotiation

~ цен revision (review, reconsideration) of prices

ходатайство о ~е арбитражного решения appeal for a review (for a revision) of an arbitral award

подлежать ~у be subject to revision (to review)

ПЕРЕСТРАХОВАНИ/Е reinsurance

~ имущества property reinsurance

договор ~я contract (agreement) of reinsurance

производить ~ effect reinsurance

ПЕРЕСТРАХОВАТЕЛЬ retrocessionaire

ПЕРЕСТРАХОВЩИК reinsurer

ПЕРЕСТРОЙК/А (*реконструкция*) reconstruction, rebuilding; (*реорганизация*) reorganization, restructuring; (*преобразование*) reform

~ акционерного общества, структурная restructuring of a joint-stock company

~ внутренней структуры компании re-engineering of a company

~ зданий и сооружений reconstruction (rebuilding) of buildings and structures

~ народного хозяйства reorganization of the economy

~, организационная reorganization of management

~ системы управления rebuilding of the system of administration

~, структурная structural adjustment, restructuring

~ хозяйственного механизма change of the economic mechanism

~ экономики reorganization of the economy

осуществлять ~у conduct reconstruction

ПЕРЕСЧЕТ (*заново*) recalculation; (*в другие единицы*) conversion, adjustment

~ валюты conversion of currency

◊ в ~е на год at an annual rate

в ~е на рубли in terms of roubles

ПЕРЕСЫЛКА (*денег*) transfer, remittance; (*документов*) forwarding

~ вещей transfer (remittance) of things

~ выручки от продажи remittance of sales proceeds

~ денег remittance of money

~ через банк remittance through a bank (through banking channels)

ПЕРЕУСТРОЙСТВО remodeling

~ жилого помещения remodeling of housing premises (of residential housing)

~ помещения remodeling of premises

производить ~ do (perform) remodeling

ПЕРЕУСТУПК/А (*права, имущества*) assignment, cession, transfer; (*чека, векселя*) negotiation

~ аренды underletting

~ залоговых прав security assignment

~ контракта assignment of a contract

~ обязательств transfer of liabilities

~ права assignment (transfer) of a right

~ права, безотзывная absolute assignment

~ права на акции assignment of shares (of stocks)

~ права на взыскание долга factoring

~ права на патент assignment (transfer) of a patent, patent assignment (transfer)

~ права собственности на акции assignment of shares (of stock)

~ претензии assignment of a claim

условие о ~е *страх.* assignment clause

ПЕРЕУЧЁТ 1. (*товаров*) taking inventory, stocktaking; (*векселей*) rediscount

~ векселя rediscount of a bill

~ товарно-материальных запасов taking inventory, physical stocktaking

порядок ~а procedure of stocktaking

производить ~ take stock (inventory); (*векселя*) rediscount

ПЕРЕХОД 1. (*к чему-л. новому*) switch, change-over, transfer, conversion 2. (*в другое состояние*) passage, transition 3. (*имущества*) *юр.* devolution

~ заложенной недвижимости в собственность залогодержателя foreclosure

~ к страховщику прав страхователя на возмещение ущерба transfer to the insurer of the rights of the insured for compensation of loss

~ на выпуск новой продукции change-over to new products

~ на новые методы управления switchover to new methods of management

~ на хозрасчёт change-over (switchover) to cost-accounting

~ под контроль другой компании affiliation

~, постепенный gradual transition

~ права собственности transfer of ownership (of title), passage of title

~ права страхователя к страховщику subrogation

~ прав кредитора к другому лицу на основании закона transfer of rights of a creditor to another person on the basis of a law

~ прав кредитора по обязательству к третьему лицу passing of rights of the creditor under the obligation to the third person

~ риска повреждения или утраты transfer (attachment, passing) of a risk of damage or loss

◊ при ~е in case of transfer

ПЕРЕЧЕНЬ (*список*) list; (*спецификация*) specification; (*официальный*) register

~документов list of documents

~ долгов list of debts

~ заказов order list

~ затрат list of expenses

~ заявок list of applications

~ имущества list of assets

~ инвестиций schedule of investments

~ налогов tax book

~ невыполненных работ list of outstanding work

~ обязанностей specification of duties

~ обязательств list of obligations

~ отгруженных товаров freight note

~ расходов costs list

~ тарифов schedule

~ товаров list of goods (of commodities)

~ требований, предъявленных кредиторами list of claims submitted (presented) by creditors

~ услуг list of services

составлять ~ draw up (prepare) a list; itemize

ПЕРЕЧИСЛЕНИЕ 1. enumeration 2. (*перевод денег*) transfer, remittance

~, безналичное cashless transfer of funds

~ в бюджет transfer to the budget

~ денег transfer of money

~ денежных средств на счет transfer of monetary funds to the budget

~ налоговых поступлений в бюджет transfer of tax receipts (tax proceeds) to the budget

~ на счет transfer to an account

~ платежей transfer of payments

~ со счета transfer from an account

~ средств в бюджет transfer of funds to the budget

~ сумм transfer of sums

~ таможенных платежей в бюджет transfer of customs payments to the budget

~ транша transfer of a tranche

ПЕРИОД 1. (*срок*) period, term, time 2. (*стадия*) stage, phase 3. (*цикл*) cycle

~, базовый base period

~, бюджетный budget (budgetary, fiscal) period

~ внедрения implementation period

~ выплаты payment (payout) period

~ гарантийной эксплуатации период of guarantee

~ действия period of validity, operating period

~, длительный long period; (*устойчивый*) sustained period

~ для подачи апелляции period allowed for appealing

~, договорный contract (contractual) period; (*обсуждения условий контракта*) negotiation period

~, долгосрочный long period

~ застоя stagnation [period]

~ изготовления time of production

~ инфляции inflation period

~, испытательный trial period

~ консигнации consignment period

~, короткий short period

~, кризисный period of crisis

~, льготный grace period, period of grace

~, налоговый taxable period

~, нерабочий shutdown (standby) period

~ оборота капитала time of capital turnover

~ обращения period of circulation

~ обслуживания service period

~ окупаемости инвестиций payback (payoff) period

~ освоения breaking-in period

~, отчетный accounting (reporting) period

~, переходный period of transition, transitional period

~ повышенного спроса period of high demand

~ погашения кредита period of credit repayment, repayment (redemption) period

~ погашения ссуды loan repayment period

~ подписки subscription period

~ поставки time of delivery, period of supply

~, предшествующий prior period

~ простоя standby period

~, прошедший prior (preceeding) period

~ работы operating (working) period

~ размещения ценных бумаг period of distribution

~, расчетный accounting period; *бирж.* settlement days

~, ревизионный audit period

~, сметный budget period

~ спада period of recession, recessionary period

~, текущий current (running) period

~, финансовый financial period

~, хозяйственный economic period

~ экономического роста period of economic growth

~ эксплуатации operation period

восполнение недопоставки в следующем ~е поставки товаров making up for the shortage in the supply of goods in later supply periods

отчет за прошедший ~ report for the prior period

◊ в течение ~a over a period

за ~ over a period

ПЕРСОНАЛ personnel, staff

~, административно-управленческий office and management personnel

~, административный administrative personnel (staff)

~, временный temporary staff

~, инженерный engineering personnel

~, квалифицированный skilled (efficient, experienced) personnel, skilled (qualified) staff

~, компетентный competent staff

~, обслуживающий operating (operative, service) personnel

~, опытный experienced personnel

~, постоянный permanent (regular) staff

~, производственный production personnel (staff)

~, руководящий senior (managerial) people

~, старший руководящий management (managerial) staff

~, технический technical (engineering, operating) staff

~, управленческий executive personnel (management, staff)

нанимать ~ employ (engage, appoint) personnel

ПЕЧАТ/Ь 1. (*штемпель*) seal, stamp 2. (*пресса*) press

~ банка bank stamp

~, ведомственная departmental stamp

~, гербовая official stamp

~, государственная state (great) seal

~, должностная seal of an office

~ залогодержателя seal of a pledgee

~, коммерческая commercial press

~, круглая round seal

~, мировая world press

~ на векселе bill stamp

~ организации seal of an organization

~, официальная official seal

~, поддельная forged seal

~ таможни customs seal

~ товарного склада seal of a [goods] warehouse

~, фирменная (фирмы) firm's (business) stamp, seal of a company

~ юридического лица seal of a legal person, corporate seal

договор за ~ю contract under seal, covenant

наложение ~и placing of a seal, sealing

объявление в ~и announcement in the press

отсутствие ~и на документе absence of a stamp

скрепление ~ью attachment of a seal; (*подтверждение*) confirmation by a seal

сообщение в ~и press announcement

сообщение для ~и press release

делать заявление для ~и make a statement for the press

заверять ~ью seal with a stamp, affix (attach, put) a seal

накладывать ~ apply a seal, put under a seal

опубликовывать в ~и publish in the press

поставить ~ press a stamp, affix (attach, put) a seal

приложить ~ affix (set) a seal, seal

скреплять ~ью affix (put, stamp with) a seal, seal

◊ за ~ью under (with) a seal, sealed

с ~ью stamped

с приложением ~и under (with) a seal affixed

ПИРАМИДА pyramid

~, финансовая financial pyramid

~ ценных бумаг securities pyramid

ПИРАТСТВО piracy

ПИСЬМ/О letter

~, аккредитивное letter of credit

~ банка bank letter

~, гарантийное letter of guarantee (of commitment) (*см. тж* **ГАРАНТИЙНОЕ ПИСЬМО**)

~, деловое business letter

~, директивное letter of instructions

~, заемное acknowledgement of debt

~, заказное registered letter

~, залоговое letter of deposit (of lien, of hypothecation)

~, идентификационное letter of identification

~, информационное information letter

~, конфиденциальное confidential letter

~, обязательственное letter of guarantee

~ о намерении letter of intent

~, официальное official letter

~, рекомендательное letter of introduction (of reference), reference letter

~, служебное official letter

~, сопроводительное cover[ing] letter, letter of transmittal

~, уведомительное letter of advice

~, ценное insured letter

~, циркулярное circular [letter]

направлять ~ forward a letter

отправлять ~ send (dispatch, forward) a letter

отправлять заказным ~м send a letter by registered mail

подтверждать получение ~а acknowledge receipt of a letter

прилагать к ~у attach to a letter; enclose with a letter

ПЛАН plan; *(работы)* programme; *(проект)* project; *(календарный)* schedule; *(задание)* target

~ амортизации amortization schedule

~, бюджетный budget (budgetary) programme

~, валютный foreign exchange plan

~ выкупа buy-out plan

~, выполнимый feasible (practicable) plan

~ выпуска продукции output (production) plan (programme)

~, генеральный master plan

~, государственный state plan

~ действий plan of action, action programme

~, долгосрочный long-term (long-range) plan

~ жилищного строительства housing development plan

~ закупок procurement (purchase) plan

~, календарный calendar plan

~ капиталовложений investment programme, capital investment plan

~ кредитования financing (finance) plan

~ мероприятий plan (schedule) of measures

~, народнохозяйственный national economic plan

~, неосуществимый impracticable (unworkable) plan

~, неприемлемый unacceptable plan

~, нереальный impracticable plan

~ оборота turnover plan (estimates)

~, оперативный operational plan, operative programme

~, осуществимый feasible (practicable, workable) plan

~, пенсионный pension plan

~, перспективный long-term (long-range) plan

~ поставок plan of deliveries (of supplies), delivery (supply) plan

~ прибыли profit plan

~, производственный production (operating) plan

~ работ, календарный job schedule

~ развития development plan

~, реальный feasible (practicable, workable) plan

~ реорганизации plan of reorganization (of restructuring)

~ реструктуризации restructuring plan

~ сбыта sales (marketing) plan

~, сводный master (summary) plan

~ слияния предприятий merger plan

~ сокращения задолженности debt-reduction plan

~ спасения rescue plan

~, уточненный amended plan

~ финансирования financing plan, funding arrangements

~, финансовый financial plan

~ хозяйственной деятельности business plan

выполнение ~a execution (fulfilment, implementation) of a plan

одобрение ~a approval of a plan

отклонение от ~a deviation from a plan

отставание от ~a arrears of a plan

пересмотр ~a revision (reconsideration) of a plan

разработка ~a drawing up (elaboration, working out) of a plan

статья ~a item of a plan

утверждение ~a approval of a plan

выполнять ~ carry out (implement, execute, fulfil) a plan

намечать ~ outline a plan

одобрить ~ approve (sanction) a plan

опережать ~ be ahead of schedule

осуществлять ~ carry out (execute, implement) a plan

отклоняться от ~a deviate from a plan

отставать от ~a be behind schedule

пересматривать ~ revise (reconsider) a plan

предлагать ~ propose (submit) a plan

придерживаться ~a adhere to (abide by) a plan

разрабатывать ~ draw up a plan, plan

утверждать ~ approve a plan

финансировать ~ finance (fund) a plan

◊ по ~y according to plan

ПЛАНИРОВАНИЕ planning, programming; (*календарное*) scheduling

~, бюджетное budget planning

~, внутризаводское intrafactory planning

~, государственное state planning

~, долгосрочное long-term planning

~ затрат cost planning

~, календарное scheduling

~ капиталовложений investment planning

~ налоговых поступлений tax planning

~, оперативное operational planning

~ продукции output planning

~, производственное production (manufacturing) planning

~, стратегическое strategic planning

~, финансовое financial (fiscal) planning

ПЛАТ/А pay, payment; (*цена*) charge; (*взнос*) fee

~, аккордная lumpsum payment

~, арендная lease (rent, rental) payment, rental charge (*см. тж* **АРЕНДНАЯ ПЛАТА**)

~ за аудиторские услуги fee for auditing services

~ за банковские услуги banking service charge

~ за доставку charge for delivery, delivery charge

~ за жилое помещение payment for housing accommodation

~ за земельный участок payment for a land plot (for a land parcel)

~ за комиссионные услуги commission

~ за коммунальные услуги utilities payment

~ за кредит loan charge

~ за наем hire charge

~ за обслуживание service charge

~ за перевозку грузов payment for carriage of freight (for transport of cargo)

~ за пользование *чем-л.* payment for the use (for the enjoyment) of *smth*, fee for the use, user fee

~ за предоставление кредита financing charge

~ за провоз freight (charge), freightage, carriage

~ за проезд fare; (*на пароходе, самолете*) passage

~ за прокат hire, rent, hiring (rental) charge

~ за простой (*судна, вагона*) demurrage

~, заработная pay; (*рабочих*) wage; (*служащих*) salary (*см. тж* ЗАРАБОТНАЯ ПЛАТА)

~ за страхование payment for insurance

~ за услуги fee for services, service fee

~ за хранение storage (warehouse, warehousing) charge

~, квартирная rent

~ натурой payment in kind

~, отдельная separate charge

~ по льготному тарифу reduced charge

~ по тарифу payment according to the tariff (at the specified rate)

~, провозная payment for carriage, shipping charges (*см. тж* ПРОВОЗНАЯ ПЛАТА)

~, разумная reasonable fee

~, соразмерная proportional (commensurate) payment

взимание ~ы taking (collection) of payment

индексация заработной ~ы index-linking of wages

освобождение от ~ы exemption from payment

фонд заработной ~ы wage fund

шкала заработной ~ы wage scale

взимать ~y charge (take) payment, make (levy) a charge, charge

вносить ~y своевременно make timely payment

повышать заработную ~y raise wages

требовать ~y claim (demand) payment

устанавливать ~y fix charges, fix rates

◊ за ~y at a charge, for a fee, for payment

за дополнительную ~y at extra charge (cost)

за разумную ~y for a reasonable fee

ПЛАТЕЖ payment; (*расчет*) settlement

~, авансовый advance [payment], payment in advance, prepayment

~, акцизный excise payment

~, арендный rent

~, безналичный payment on a clearing basis

~ в бюджет budgetary payment, payment to the budget

~и во внебюджетные фонды payments to extra-budgetary (off-budget) funds

~ в погашение долга repayment of a debt

~ в погашение задолженности payment of arrears

~ в рассрочку payment by (in) instalments, instalment payment

~ в рублях payment in roubles, rouble payment

~ в свободно конвертируемой валюте payment in convertible currency

~ в срок payment on time, prompt payment

~ в счет погашения задолженности payment against indebtedness

~ в федеральный бюджет payment to the federal budget

~, дополнительный additional (extra) payment

~, ежегодный annual (yearly) payment

~, комиссионный commission payment

~, лизинговый lease payment

~, лицензионный licence [fee] payment, royalty

~, наличный (наличными) cash (down) payment

~, налоговый tax payment

~ натурой payment in kind

~, невзысканный outstanding payment

~, немедленный prompt (immediate) payment

~, непоступивший outstanding payment

~и, нерегулярные irregular payments

~, обязательный obligatory (compulsory) payment

~, определенный в твердой сумме payment defined in a fixed amount (in a specified sum)

~, отложенный deferred payment

~, отсроченный deferred payment

~, очередной next payment

~, паушальный lumpsum payment

~и, периодические periodic (recurring) payments

~ по векселю payment (settlement) of a bill

~и, повременные periodic payments

~и по займам repayments on (under) loans

~и по контракту payments under a contract, contractual payments, clearing payments

~и по кредиту credit payments

~ по открытому счету payment on an open account

~ по предъявлении документов payment at sight (against documents)

~ по чеку payment of (on, under) a cheque, settlement of a cheque

~, причитающийся payment due

~, просроченный late (delayed, overdue, back) payment, payment in arrears

~и путем наличных и безналичных расчетов payments by cash and noncash settlements

~, разовый lumpsum (single, one-time) payment

~и, регулярные regular (periodic, recurring) payments

~, рентный rental payment

~, своевременный timely (prompt) payment

~, страховой insurance payment

~и, таможенные customs payments; customs duties

~и, текущие current payments

~и, торговые commercial payments

~, трансфертный transfer payment

~и, фиксированные fixed payments

~и, фиксированные периодические fixed periodic payments

~, фиксированный разовый fixed lumpsum (one-time) payment

~, частичный partial (part) payment

~ чеком payment by cheque

~ через банк payment through a bank

авизо о ~e advice of payment, payment advice

валюта ~a currency of payment

гарантия ~a guarantee of payment

график ~ей schedule of payments

дата ~a date of payment

задержка ~a delay in payment, default

задолженность по ~ам arrears of (in) payments

инкассация ~ей collection of payments

капитализация ~ей capitalization of payments

место ~a place of payment; (*по векселю*) domicile

отказ от ~a refusal of payment (to pay)

отсрочка ~a postponement (deferment) of payment; (*льготные дни*) grace for payment

перевод ~a transfer (remittance) of payment

получение ~a receipt of payment

поступление ~ей receipt of payments

представление к ~y presentation (submission) for payment

прекращение ~ей stoppage (cessation) of payments; default, failure to pay; (*временное*) suspension of payments

просрочка ~a late (overdue) payment, delay in payment, default

размер ~a amount of payment

срок ~a date (time, term) of payment, maturity [date]

сумма просроченного ~a amount in arrears

требование ~a demand for payment

условия ~a terms (conditions) of payment

взыскивать ~ enforce payment

взыскивать ~и по долгу enforce the payment of debts

вносить ~ единовременно make one-time payment

вносить ~и периодически make payments periodically

гарантировать ~ guarantee payment

задерживать ~ delay (hold up) payment

капитализировать ~и capitalize payments

напоминать о ~e send a reminder

освобождать от ~a exempt (release) from payment

осуществлять ~ make (effect) payment

отказывать в ~e refuse settlement

отказываться от ~a refuse payment; (*о чеке, векселе*) dishonour

отсрочивать ~ defer (put off, postpone) payment

получать ~ receive (obtain) payment

предоставлять отсрочку ~a defer (put off, postpone) payment

предъявлять к ~y present for payment

прекращать ~и default, stop (cease) payments; (*временно*) suspend payments

принимать к ~y accept for payment

приостанавливать ~и suspend (hold up, stop) payments

производить ~ make (perform, effect, fulfil) payment

просрочить ~ be behind with payment, [be in] default, fall (get) into arrears

рассрочивать ~и spread payments, extend payment terms

требовать ~ demand (enforce) payment

урегулировать ~и settle (adjust) payments

◊ в счет причитающихся ~ей toward (on account of) payments due

на день ~a on the day (date) of payment

ПЛАТЕЖЕСПОСОБНОСТЬ solvency, ability (capacity) to pay, financial soundness, creditworthiness

~ банка capacity of a bank to meet its liabilities

~ клиента solvency of a customer

~, сомнительная doubtful credit

~ фирмы financial solvency of a company

ПЛАТЕЖНАЯ ВЕДОМОСТЬ payroll [sheet], paylist, pay-sheet

ПЛАТЕЖНОЕ ОБЯЗАТЕЛЬСТВО payment obligation (commitment)

ПЛАТЕЖНОЕ ПОРУЧЕНИЕ payment (money) order, order for payment (to pay), payment authorization

исполнение банком платежного поручения performance (fulfilment) by the bank of a payment order

ненадлежащее исполнение платежного поручения improper performance (fulfilment) of a payment order

ответственность за неисполнение платежного поручения liability for nonperformance of a payment order

расчеты платежными поручениями payments by payment orders, accounting by payment authorizations

оставить ~ без исполнения leave a payment order unperformed (unfulfilled)

ПЛАТЕЖНОЕ СРЕДСТВО instrument of payment, means of payment, medium of payment

~, законное legal (lawful) payment means, legal tender

~, обязательное к приему payment means obligatory for acceptance

ПЛАТЕЖНЫЙ БАЛАНС balance of payments

ПЛАТЕЖНЫЙ ДОКУМЕНТ payment document

~ в иностранной валюте payment document in foreign currency

ПЛАТЕЖНЫЙ ОБОРОТ payment transactions, payments

ПЛАТЕЛЬЩИК payer

~, аккуратный prompt (accurate) payer

~, неаккуратный inaccurate (careless) payer

~ по чеку payer of (under) a cheque

◊ по поручению ~a on order (at the instruction) of the payer

ПЛАТИТЬ pay; (*долг*) discharge; (*рассчитываться*) settle [up]

~ аккуратно pay promptly

~ вперед pay in advance

~ в рассрочку pay by (in) instalments

~ в срок pay on time, meet the due date

~ наличными pay in cash

~ натурой pay in kind

~ по обязательствам meet one's obligations (liabilities)

~ по счету (*в банке*) settle (pay) the account; (*по накладной*) pay the bill (the invoice)

~ против документов pay against documents

~ траттой pay by draft

~ чеком pay by cheque

~ через банк pay through a bank

ПЛОДОРОДИ/Е fertility, fecundity

~ земель fertility of land

~ почвы fertility (fecundity) of soil

снижение ~я сельскохозяйственных земель reduction of the fertility of agricultural land

ПЛОМБ/А seal, stamp

~, железнодорожная railway seal

~, таможенная customs seal

накладывать ~у affix (place) a seal

снимать ~у remove a seal

срывать ~у break a seal

ПЛОЩАДЬ (*пространство*) area, space; (*помещения*) space, floor [-space]; (*для застройки*) site; (*размер*) size
~, арендуемая rented space
~, жилая living (dwelling) space
~, застроенная built-up area
~ здания floor space
~ земельного участка size of a land plot (of a land parcel)
~, общая total floorspace
~, посевная area under crops, crop (sown) area
~, производственная production (operating) area, plant space
~, складская storage space
~, торговая selling (sales) area
предоставлять ~ provide space
сдавать ~ в аренду lease space

ПОВЕРЕННЫЙ attorney, procurator, proxy, solicitor, [law] agent; (*доверенное лицо*) agent
~ в суде attorney at law

ПОВЕСТК/А 1. (*извещение*) notice, notification; (*судебная*) summons, subpoena; (*приказ*) writ 2. (*дня*) agenda
~ дня общего собрания акционеров agenda of the general householders' meeting
~ о вызове в суд subpoena, summons, writ
вручение ~и о вызове в суд service of a subpoena (of summons)
пункт ~и дня item on the agenda
включать в ~у дня include in (place on) the agenda
вручать ~у serve a notice; serve a subpoena (summons)
изменять ~у дня change the agenda
снимать с ~и дня remove [an item] from the agenda

ПОВИННОСТЬ duty, obligation; (*гражданская обязанность*) service
~, воинская military duty, compulsory military service, conscription
~, государственная national service (obligation)
~, трудовая labour (national) service, civilian duty

ПОВРЕЖДЕНИ/Е (*поломка, порча*) damage, breakage, impairment; (*дефект*) defect; *тех.* (*неисправность, неполадки*) fault, failure, trouble
~ груза damage to cargo (to freight)
~ имущества damage to (impairment of) property
~ оборудования damage to equipment
~ пломбы removal of a seal
~, скрытое concealed (hidden) damage
~, телесное bodily harm (injury)
~ товара damage to goods
~, умышленное malicious mischief
~ ценностей damage to valuables
акт о ~и груза damaged cargo report
риск ~я risk of damage
выявлять ~ detect a fault
ликвидировать ~ clear the fault; eliminate (repair, remedy) the damage
наносить ~ inflict damage, damage
предохранять от ~я protect against damage

ПОВЫШЕНИЕ rise, increase; (*цен*) advance, boost; (*по службе*) promotion

~ деловой активности increase in business activity

~ дохода increase in earnings

~ жизненного уровня improvement of the standard of living, uplifting of living standards

~ зарплаты increase (rise) in wages (in salary)

~ квалификации upgrading, improvement in one's skill, advanced training

~ курса валюты rise (improvement) in the exchange rate, currency appreciation

~ налогов tax increase

~ покупательной способности increase in purchasing power

~ производительности increase in productivity

~ процентной ставки interest rate rise

~ рентабельности rise in profitability

~ рыночных цен upsurge in the market

~ спроса icrease in (rise in, growth of) demand

~ ставки банковского учетного процента rise (increase) in the bank rate

~ ставок заработной платы upward revision in salary rates

~ стоимости increase in the cost

~ стоимости жизни increase (rise) in the cost of living, increased cost of living

~ стоимости капитала capital appreciation

~ стоимости сырья и материалов rise in material cost

~ таможенных пошлин increase of customs duties

~ тарифа increase in rates, rate increase

~ уровня жизни improvement of the standard of living

~ цен increase (rise, raise) in prices, improvement in prices

ПОГАШЕНИ/Е (*кредита*) repayment; (*долга*) [re]payment, paying off, liquidation, discharge, settlement, servicing; (*в рассрочку*) amortization; (*изъятие из обращения*) retirement, redemption

~ акций redemption (paying off) of shares

~ в рассрочку repayment by instalments

~ в срок repayment in due time

~ долга repayment (redemption, settlement, liquidation, servicing, extinguishment, retirement) of a debt

~ долга перед бюджетом payment of debts to the budget

~ долга поставками продукции repayment in kind

~, досрочное advanced repayment

~ задолженности repayment (redemption, settlement) of a debt (of arrears), debt service

~ займа redemption (repayment) of a loan, loan servicing

~ кредита credit repayment (redemption)

~ недоимок payment of arrears

~ облигаций payment (repayment, redemption, retirement) of bonds

~ обязательства payment (satisfaction) of an obligation, settlement (discharge) of liabilities

~ однородного обязательства по нескольким договорам поставки settlement (cancellation) of like obligations under several contracts of supply

~ ссуды repayment (redemption, reimbursement) of a loan

~ счета settlement of an account

~ требований кредиторов settlement (cancellation, extinguishment) of claims of creditors

~ части акций redemption (cancellation) of part of the shares of stock

порядок ~я procedure for repayment

срок ~я time for (period of) repayment; time of redemption

фонд ~я redemption (sinking) fund

объявлять о ~и облигаций call in bonds

подлежать ~ю mature, be due

ПОГЛОЩЕНИЕ (*слияние компаний*) takeover, consolidation, merger, acquisition; (*покрытие расходов*) absorption

~, агрессивное (*компании путем скупки ее акций*) hostile take-over

~ издержек absorption of costs, cost absorption

~ компании, чьи акции на рынке котируются ниже активов asset stripping

~ мелких предприятий монополиями absorption of small enterprises by monopolies

ПОГРУЗК/А loading, shipment

~, автоматическая automatic loading

~ внавалку shipment in bulk

~ груза loading of cargo (of freight)

~, досрочная early (ahead-of-time, pre-schedule) loading

~, контейнерная loading in containers

~ навалом loading in bulk

~ наливом loading in tanks

~ насыпью loading in bulk

порт ~и port of loading

осуществлять ~y do (perform, make, carry out) loading, load

подать транспортное средство под ~y supply (provide) means of transport for loading

прекращать ~y stop (terminate) loading

ПОДАЧ/А (*документов*) submission, presentation, filing; (*жалобы, протеста, заявления*) lodgement; (*снабжение*) supply, provision

~ апелляции filing an appeal

~ воды water supply (service)

~ докуметов submission of documents

~ документов, повторная resubmission of documents

~ жалобы lodgement of a complaint

~ заказов ordering

~ заявки filing an application

~ искового заявления filing of the statement of a claim

~ кассации submission of a cassation

~ налоговой декларации submission of a tax declaration (of a tax return)

~ предложения submission of a proposal

~ транспортного средства supply of means of transport

~ ходатайства filing a request

~ энергии provision (supply) of energy

ограничение ~и энергии limitation of electric power provision (of the transmission of energy)

перерыв в ~е энергии interruption in the transmission of energy прекращение ~и энергии termination of electric power provision (in the transmission of energy)

режим ~и энергии routine for provision (supply) of energy

ПОДВЕДОМСТВЕННОСТЬ jurisdiction

~ дел jurisdiction over cases

ПОДВОД[КА] supply

~ воды water supply

~, временная temporary hook-up

~ сетей электроснабжения hook-up of electric power systems

~ тока current supply

ПОДГОНЯТЬ (*данные*) adjust; *тех.* (*выравнивать*) match, fit

~ цифры massage figures

ПОДГОТОВКА preparation; (*кадров*) training

~ бюджета budget preparation

~ документации preparation of documents

~ законопроекта drafting of a bill

~ инвестиционных проектов preparation of investment projects

~ отчета report preparation

~, правовая legal and regulatory preparation

~ проекта договора preparation of a draft contract

~ производства preproduction

~ сметы preparation of a budget, budget estimates

~ технико-экономического обоснования preparation of a feasibility report

ПОДДЕЛК/А (*документов, денег, подписи*) forgery, counterfeit[ing], falsification; (*счета, бухгалтерских книг*) cooking

~ банкнот forgery of bank notes

~ векселей forgery of bills

~ документов forgery (falsification) of documents

~ подписи forgery of a signature

~ почерка counterfeiting of handwriting

~ результатов голосования election fraud

~ счета falsification of (tampering with, cooking of) an account

~ ценных бумаг forgery of securities (of commercial paper)

~ чека forgery (raising) of a cheque

обнаружить ~у discover a forgery

ПОДДЕРЖК/А (*помощь*) support, aid, backing; (*поощрение*) encouragement, promotion; (*поддержание*) maintenance

~, бюджетная budgetary support

~, государственная state backing, government support (promotion)

~, государственная финансовая state financial backing (support)

~, денежная cash support

~, кредитная credit backing

~ малого бизнеса support of small business

~ малого предпринимательства support of small enterprise

~, материальная material support

~, материально-техническая material and technological support (assistance)

~ отрасли, государственная state support of an industry

~, правовая legal support

~ предпринимательства business support

~ предприятий support of enterprises

~ реального сектора backing of the real sector

~, финансовая financial backing (support), sponsoring

~ цен на определенном уровне pegging of prices

~, экономическая economic assistance

~ экспорта export promotion

~, экспортно-кредитная export credit support

~, юридическая legal support

оказание информационной ~и giving information support

оказывать ~у give (lend, render, offer) support, support

получать ~у receive (get, obtain) support, receive backing

пользоваться ~ой enjoy support, have the backing of

◊ в ~у in support of

при ~е with the support of

ПОДЖОГ arson, incendiary fire

ПОДЗАКОННЫЙ АКТ bylaw, executive order

подзаконные нормативные акты subordinate legislation

ПОДКОНТРОЛЬНАЯ КОМПАНИЯ subsidiary [company], associated company, allied company

ПОДКУП bribery, graft; (*попытка оказать преступное воздействие на судью или присяжных*) embracery

~ должностных лиц bribery of officials, official bribery

~ свидетеля bribery of a witness

~ судьи judicial bribery

ПОДЛИННОСТ/Ь authenticity, genuineness; (*тождественность*) identity

~ документа authenticity (genuineness) of a document

~ подписи genuineness of a signature

~ чека authenticity of a cheque

установление ~и, судебное legal identity

удостоверять ~ authenticate

удостоверять ~ подписи authenticate (attest) a signature

ПОДЛИННЫЙ (*являющийся оригиналом*) authentic, original; (*истинный*) genuine

ПОДЛОГ fake, counterfeit; (*документа*) forgery, falsification

~ ценной бумаги counterfeiting of a security

обнаружить ~ discover a counterfeit

совершить ~ commit a forgery

ПОДЛОЖНЫЙ false, forged, counterfeit, sham

ПОДНАЕМ sublease, underlease, subletting, subrental, subtenancy

сдавать в ~ sublease, sublet, underlease, underlet

сдавать имущество в ~ give property in (for) sublease (subrental)

ПОДОПЕЧН/ЫЙ *сущ.* ward

доверительное управление имуществом ~ого trust management of the propertry of a ward

распоряжение имуществом ~ого disposition of the property of a ward

ПОДОТЧЕТНОСТЬ accountability

~ организации accountability of an organization

~, юридическая legal accountability

ПОДОТЧЕТН/ЫЙ accountable

~ая сумма imprest

быть ~ым *кому-л.* be accountable (report) to *smb*

быть ~ым общему собранию be accountable to the general meeting

быть ~ым совету директоров be accountable to the board of directors

ПОДПАДАТЬ (*под действие закона*) come, fall

~ под действие закона come (fall) within the operation of law

~ под юрисдикцию come (fall) within the jurisdiction

ПОДПИСАНИ/Е signing, signature

~ акта signing of an act

~ контракта signing of a contract

~, официальное formal signature

~ протокола signing of a protocol

~ соглашения signing of an agreement

протокол ~я protocol of signature

ПОДПИСК/А 1. (*на акции*) subscription 2. (*долговая*) bond; *юр.* recognizance

~, закрытая closed subscription

~ на акции subscription to (for) shares

~ на заем subscription to a loan (to an issue)

~ о невыезде recognizance not to leave

~, открытая open subscription

~, публичная (*на ценные бумаги*) public offering

объявление о ~е subscription offer

аннулировать ~у cancel a subscription

возобновлять ~у renew a subscription

объявлять ~у invite subscription

объявлять ~у на акции offer shares for subscription

открывать ~у на акции invite applications for shares

предлагать ~у на заем invite subscription to a loan

прекращать ~у close the subscription

проводить открытую ~у conduct (organize) an open subscription

продавать по ~е sell on subscription

распределять акции по ~е offer shares for subscription

◊ по ~е by subscription

ПОДПИСЧИК subscriber

~ на акции subscriber for shares

~ на заем subscriber to a loan

ПОДПИСЫВАТЬСЯ 1. sign, undersign; (*ставить вторую подпись*) countersign 2. (*приобретать по подписке*) subscribe

~ за *кого-л.* sign in the name of *smb*

~ на *что-л.* subscribe to (for) *smth*

~ от имени *кого-л.* sign on behalf of *smb*

~ полным именем sign in full

ПОДПИС/Ь signature, *юр.* sign; (*на обороте документа*) endorsement

~, заверенная attested (certified, witnessed) signature

~, засвидетельствованная нотариусом signature authenticated by a notary

~и, идентичные identical signatures

~ официального лица authorized signature

~, поддельная forged (fictitious) signature

~, подлинная authentic (genuine) signature

~ по доверенности signature by proxy (by procuration)

~, собственноручная own (manual, autograph) signature, signature made with one's own hand

~, удостоверенная authenticated signature

~, удостоверяющая другую подпись countersignature

~ уполномоченного лица signature of an authorized person (of an authorized official), authorized signature

~, факсимильная facsimile signature

~, электронно-цифровая electronic-digital signature

образец ~и specimen of signature

подлинность ~и genuineness of signature

право ~и authority (power) to sign

факсимильное воспроизведение ~и facsimile reproduction of a signature

заверять ~ attest (certify, authenticate) a signature

засвидетельствовать ~ authenticate (witness, attest) a signature

засвидетельствовать ~ нотариусом have a signature authenticated by a notary

подделывать ~ forge (counterfeit) a signature

поставить ~ sign, put (affix) a signature

скреплять ~ью countersign

удостоверять ~ authenticate (attest, certify) a signature

◊ без ~и unsigned, without a signature

~ за *кого-л.* signature per procuration

за ~ью *кого-л.* under the signature (under the hand) of *smb*, signed by *smb*

за ~ью и печатью signed and sealed, under one's hand and seal

ПОДРЫВ undermining; (*ущерб*) detriment

~ авторитета undermining of authority (of prestige)

~ доверия undermining of confidence

~ репутации damage to reputation

~ торговли detriment to trade

ПОДРЯД contract

~, бригадный team contract

~, бытовой consumer work (agreement)

~, генеральный general contract

~, государственный government (public) contract

~ на выполнение проектных и изыскательских работ agreement for the performance of project and survey work

~, строительный construction contract, building agreement (*см. тж* **СТРОИТЕЛЬНЫЙ ПОДРЯД**)

выполнение работ по договору ~а иждивением подрядчика performance of work with the support of a contractor

договор ~а work contract, contractual agreement

договор бытового ~а consumer work contract, consumer contractual agreement

договор ~а на выполнение проектных и изыскательских работ work contract for the performance of design and survey (exploratory) work

отступление от договора ~а deviation from a contractual agreement

работы, выполняемые по договору ~а work performed under a contractual agreement

участие субподрядчика в исполнении договора ~а participation of a subcontractor in the performance of a contractual agreement

получать ~ win a contract

работать на ~е practise a contract system

◊ на условиях ~а on contract terms

ПОДРЯДНОЕ ФИНАНСИРОВАНИЕ contract financing

ПОДРЯДНЫЕ РАБОТЫ contract work
~ для государственных нужд contractual work for state needs

ПОДРЯДЧИК contractor, contract holder, builder
~, генеральный general (main, prime) contractor (*см. тж* **ГЕНЕРАЛЬНЫЙ ПОДРЯДЧИК**)
~, единственный sole contractor
~ на торгах tenderer, bidder
~, независимый independent (outside) contractor
~, совместный joint contractor
~, строительный building contractor
материал ~ a material of a contractor, contractor's material
выбирать ~a select a contractor
выступать в роли генерального ~a act in the role of general contractor

ПОДСЛЕДСТВЕННЫЙ person under investigation

ПОДСТАВНОЙ false, fictitious
~ свидетель false witness

ПОДСТРЕКАТЕЛЬСТВО incitement, instigation
~ к насилию incitement to violence
~ к отказу от исполнения должностных обязанностей seduction from duty

ПОДСУДНОСТЬ cognizance, [court, judicial] jurisdiction, amenability; (*персональная*) suability
~, административная administrative jurisdiction
~ дела jurisdiction over a case
~, договорная agreed (contractual) jurisdiction
~ жалоб jurisdiction of appeals

~, исключительная exclusive jurisdiction
~ по месту жительства jurisdiction of the court of domicile
~ споров jurisdiction over disputes; place of jurisdiction, legal domicile
~, территориальная territorial jurisdiction

ПОДСУДНЫЙ subject to jurisdiction, within the jurisdiction of, jurisdictional, cognizable, amenable
~ судам общей юрисдикции within the jurisdiction of the courts of general jurisdiction

ПОДСЧЕТ (*счет*) counting; (*исчисление*) calculation, computation, estimation; (*предварительный*) estimate
~ голосов counting of votes
~, приблизительный approximate (rough) calculation
~ прибыли calculation of profits
~ расходов calculation of expenses
~ стоимости statement of costs
~ экономичности calculation of profitability (of costs and returns)
◊ по предварительному ~у by estimate

ПОДТАСОВАННЫЙ falsified, juggled

ПОДТАСОВКА manipulation, falsification, juggling, garbling
~ данных juggling with facts
~ показателей manipulation (juggling) with indicators
~ результатов аукциона auction fixing
~ результатов голосования ballot-rigging
~ фактов juggling with facts

ПОДТВЕРЖДЕНИЕ confirmation; (*получения*) acknowledgement;

(*формальное удостоверение*) attestation, certification

~, банковское bank confirmation

~ гарантии guarantee confirmation

~, документальное documentary confirmation

~ долга acknowledgement of debt

~ достоверности данных confirmation of the accuracy of data

~ заказа confirmation of an order

~ записи confirmation of records (of entries)

~, молчаливое silent (tacit) confirmation

~ обязательств acknowledgement (confirmation) of obligations

~ осуществимости confirmation of feasibility

~, официальное formal confirmation; official acknowledgement

~, письменное written confirmation

~ получения acknowledgement of receipt

~ получения платежа acknowledgement of payment

~ правильности финансовой отчетности confirmation of the accuracy (approval of the correctness) of a financial report

~ предложения confirmation of an offer (of a proposal)

~ сделки и ее условий confirmation of a transaction and its terms

~, устное verbal confirmation

~ электронной почтой electronic confirmation

◊ в ~ чего-л. in confirmation of *smth*, to confirm *smth*

ПОДТВЕРЖДЕННЫЙ АККРЕДИТИВ confirmed letter of credit

ПОДУШНАЯ ПОДАТЬ poll tax, capitation (head) tax

ПОДУШНЫЙ НАЛОГ poll tax, capitation (head) tax

ПОДЧИНЕНИЕ submission; (*зависимость*) subordination; (*юрисдикции суда*) appearance

~, безоговорочное unconditional submission

~ юрисдикции суда, безоговорочное полное general appearance

ПОДЧИНЕННОСТЬ subordination

~, ведомственная departmental affiliation

ПОДЧИНЯТЬСЯ (*требованиям, приказам*) submit, obey; (*находиться в подчинении*) be accountable, be [directly] subordinate, report

~ требованиям comply with the requirements

ПОДЧИСТКА (*в тексте*) erasure, rubbing out; (*изменение с целью обмана*) fraudulent alteration

ПОЖЕРТВОВАНИ/Е donation, gift, endowment; collection

~, денежное donation; collection

~ имущества donation of property

~ на благотворительные цели charitable endowment, gift to charity

отмена ~я withdrawal of donation, rescission of a charitable gift

ПОЖИЗНЕННАЯ РЕНТА life annuity, life[time] rent

получатель пожизненной ренты recipient of life[time] rent

размер пожизненной ренты amount of life[time] rent

сроки выплаты пожизненной ренты times for payment of life[time] rent

ПОЖИЗНЕННОЕ СОДЕРЖАНИЕ С ИЖДИВЕНИЕМ lifetime support with maintenance договор пожизненного содержания с иждивением contract (agreement) of lifetime support with maintenance

замена пожизненного содержания с иждивением периодическими платежами replacement of lifetime support with maintenance by (with) periodic payments

отчуждение имущества, переданного в обеспечение пожизненного содержания с иждивением alienation of property transferred for provision of lifetime support with maintenance

предоставление пожизненного содержания с иждивением provision of lifetime support with maintenance

прекращение пожизненного содержания с иждивением termination of lifetime support with maintenance

ПОЖИЗНЕННЫЙ АННУИТЕТ life annuity

ПОЗИЦИ/Я 1. (*точка зрения*) attitude, position, stand 2. (*финансовое положение*) position 3. (*в списке, в счете*) item

~, бюджетная item in the budget

~, валютная foreign exchange position

~, выжидательная wait-and-see position

~, гибкая flexible position

~, гражданская civil stand (position)

~, исходная initial (starting) position

~, ключевая key position

~, монопольная monopoly position

~, неприемлемая unacceptable stand

~, непримиримая hard line

~, официальная official position (stand)

~, принципиальная position of principle

~, товарная product (commodity, goods) item

~, финансовая financial position

занимать ~ю take (adopt, hold) a position

пересматривать ~ю reconsider (review) the position, revise the stand

разбивать по ~ям itemize

стоять на определенной ~и maintain a position

ПОИМЕНОВАТЬ name

~ в договоре name in the contract

ПОКАЗАНИ/Е (*свидетельство*) testimony, evidence, witness; (*под присягой*) affidavit

~я, ложные false evidence (testimony)

~ обвиняемого testimony of the accused

~, письменное written statement

~ подозреваемого testimony of a suspect

~ под присягой sworn evidence; (*письменное*) affidavit

~ потерпевшего testimony of a victim

~я свидетелей защиты evidence for the defence

~ я свидетелей обвинения evidence for the prosecution

~я, свидетельские [testimonial] evidence, witness testimony, testimony of witnesses (*см. тж* **СВИДЕТЕЛЬСКОЕ ПОКАЗАНИЕ**)

~я экспертизы expert evidence (testimony)

давать ~я give evidence, testify

опровергнуть свидетельское ~ break down a witness

ПОКАЗАТЕЛ/Ь indicator, index (*pl.* indices, indexes), parameter; (*количественный*) figure, measure; (*коэффициент*) rate; (*относительный*) ratio; (*работы*) performance

~и, аггрегированные статистические statistic aggregates

~и бюджета, базовые basic budgetary indicators

~ и бюджета, доходные budgetary income indicators

~и, бюджетные budget (budgetary) indicators

~ в денежном выражении monetary indicator

~, выраженный в натуральных единицах physical indicator

~, выраженный в постоянных ценах real indicator

~, выраженный в текущих ценах pecuniary indicator

~и, гарантийные guarantee figures

~и, денежные monetary indicators

~ доходности earning yield

~и, затратные expenditure indicators

~, итоговый total figure

~ капитализации capitalization ratio

~, качественный quality indicator

~, количественный quantity (quantitative) indicator

~ конкурентоспособности index (rate) of competitiveness

~ кредитоспособности credit status

~и, мировые global indices

~и, ориентировочные approximate figures

~и, оценочные estimated figures

~, плановый plan indicator (target)

~ полезности utility indicator

~и потребления consumption figures

~ прибыли profit performance

~ производительности measure of productivity

~и, производственные production figures

~ реализации sales performance

~ рентабельности net profit ratio

~ роста growth indicator (ratio), development index

~ рыночной капитализации market capitalization index

~и, рыночные market indices

~и, сводные summary figures, aggregates

~ себестоимости cost figures

~ спроса demand parameter

~и, средние average performance

~ стоимости (стоимостный) cost (value) indicator, cost parameter

~, текущий current value (rate)

~и, технико-экономические technical and economic (engineering and economic) indices (figures)

~ торговли trade index

~и, указанные в технической документации indicators specified (designated) in the technical documentation

~и, условные provisional figures

~и, финансовые finance indicators, finance indexation, financial results (performance)

~, фондообразующий fund-creating ratio

~и, цифровые figures

~и, экономические economic indicators (figures, indices), economic performance .

~ эффективности index (measure) of effectiveness

~ эффективности затрат cost effectiveness measure

достижение ~ей achievement of indicators

недостижение ~ей failure to achieve indicators

завышать ~и overestimate figures

подтасовывать ~и massage figures

служить ~ем serve as an index

ПОКЛАЖЕДАТЕЛЬ bailor

ПОКЛАЖЕПРИНИМАТЕЛЬ (*ответственный хранитель*) bailee

ПОКРЫТИ/Е 1. (*оплата*) reimbursement; (*обеспечение*) backing, cover[age] 2. (*долгов*) settlement, discharge, reimbursement; (*расходов*) absorption, defrayal

~, авансовое advance cover

~ аккредитива cover[age] of a letter of credit

~ бюджетного дефицита coverage of a budget deficit

~, валютное foreign exchange cover

~ дефицита covering of a deficit

~ долга repayment (settlement) of a debt; cover for a debt ·

~, достаточное adequate coverage, sufficient funds

~ задолженности по счету settlement of an account

~, золотое gold cover (backing)

~ недопоставки coverage of the short supply (of the undersupply)

~, недостаточное inadequate coverage, insufficient funds

~, процентное interest coverage

~ расходов covering (defrayal) of expenditures (of expenses), absorbing (defrayal) of charges (of costs); settlement of costs

~ риска risk coverage

~, рублевое cover in roubles, rouble cover

~, страховое insurance cover[age]

~ требования cover of a claim

~ убытков compensation for losses

~ убытков, взаимное sharing of losses

~, финансовое assets backing

обеспечить денежное ~ cover payment

◊ в ~ in coverage of, in settlement

в качестве ~я as cover

в полное ~ in full settlement

ПОКРЫТЫЙ АККРЕДИТИВ covered letter of credit

ПОКУПАТЕЛ/Ь buyer, purchaser, client; (*постоянный*) customer

~, добросовестный bona fide purchaser

~, заинтересованный interested (intending) purchaser

~, зарубежный foreign buyer

~, крупный large (bulk, big) purchaser, heavy buyer, large (big, major) customer

~, мелкий light buyer, small[scale] customer

~ на аукционе auction buyer

~, недобросовестный mala fide purchaser

~, оптовый wholesale (heavy) buyer, large (big) customer, bulk purchaser

~, платежеспособный solvent purchaser (customer)

~, постоянный regular (permanent) customer

~, потенциальный potential (would-be) purchaser (customer)

~, привилегированный privileged buyer (purchaser)

~, требовательный exacting customer

категория ~ей category of buyers

потребности ~я needs of the buyer

обслуживать ~ей service customers

ПОКУПАТЕЛЬНАЯ СПОСОБНОСТЬ purchasing power

~ населения purchasing power of the population

ПОКУПАТЬ buy, purchase

~ в кредит buy on credit

~ в рассрочку buy on an instalment plan

~ в розницу buy retail

~ за наличные buy on cash

~ на выгодных условиях buy on easy terms

~ на комиссионных началах buy on commission

~ оптом buy wholesale (in bulk)

~ по курсу на момент закрытия биржи buy on closing

~ по ценам на момент открытия биржи buy on opening

~ с немедленной уплатой наличными buy outright

ПОКУПК/А purchase, purchasing, buying

~ без посредника direct purchase

~ в кредит credit purchase (buying), purchase (buying) on credit

~ в рассрочку instalment purchase, hire-purchase

~ в розницу retail purchase

~ за наличный расчёт purchase for cash, cash purchase

~, комиссионная purchase on commission

~ на аукционе purchase in auction

~, обратная buyback, repurchase

~, одноразовая one-time purchase (buying)

~, оптовая bulk purchase

~ по образцам purchase by sample

~, пробная trial purchase

~ с немедленной оплатой наличными outright purchase, buying outright

~ со склада buying from stock

~ товара purchase of products (of goods, of commodities)

~ услуг purchase of services

~ через посредника purchase through an agent (through a broker)

кредит на ~у facilities for credit buying

налог на ~у purchase tax

стоимость ~и value of a purchase

сумма ~и purchase sum

делать ~у make a purchase, purchase, buy

отказываться от ~и withdraw from a purchase

◊в месте ~и at the place of purchase

ПОЛЕЗНЫЕ ИСКОПАЕМЫЕ useful minerals

добыча полезных ископаемых mining (extracting) of minerals

ПОЛИС policy

~, валютированный valued policy

~, генеральный general [insurance] policy (см. тж **ГЕНЕРАЛЬНЫЙ ПОЛИС**)

~ на срок time policy

~, невалютированный unvalued (open) policy

~, недействительный ineffective (void) policy

~, общий general policy

~, открытый open policy (cover)

~, разовый named policy

~, смешанный mixed policy

~, срочный time policy

~ страхования груза cargo policy

~ страхования ответственности responsibility insurance policy

~ страхования от всех рисков all risks policy

~ страхования экспортных грузов export cargo insurance policy

~, страховой insurance policy (см. тж СТРАХОВОЙ ПОЛИС)

~, типовой standard policy

аннулирование ~a cancellation of a policy

вручение страхового ~a giving (presentation) of an insurance policy

держатель страхового ~a policy holder

передача ~a transfer (assignment) of a policy

срок действия ~a term of a policy

аннулировать ~ cancel a policy

выдавать , страховой ~ issue (make out) an insurance policy

оформлять ~ issue a policy; take out a policy

ПОЛИТИК/А (*линия поведения*) policy; (*события*) politics

~, аграрная agricultural (agrarian, farm) policy

~, антиинфляционная antiinflationary policy

~, антимонопольная antimonopoly policy

~, бюджетная budgetary policy

~, бюджетно-налоговая fiscal policy

~, валютная monetary (currency, exchange) policy

~, валютно-финансовая monetary [and] financial policy

~, внешнеторговая foreign trade policy

~, внешнеэкономическая foreign economic policy

~, внутренняя internal (domestic, home) policy

~ в области заработной платы wage policy

~ в области земельных реформ land reform policy

~ в области ценообразования pricing policy

~, государственная state (public) policy

~, денежная monetary policy

~, денежно-кредитная monetary policy

~, дискриминационная торговая discriminatory trade policy

~, жесткая tough policy

~ жесткой экономии policy of tight economy

~, земельная land policy

~, инвестиционная investment policy

~, инфляционная inflationary policy

~, корпорационная corporate policy

~, кредитная credit (lending, loan) policy

~, кредитно-денежная monetary policy

~, лицензионная licence policy

~, макроэкономическая macroeconomic policy

~, международная international policy

~, мировая world (global) politics

~, монетарная monetary policy

~, налоговая tax[ation] policy

~, налогово-бюджетная fiscal policy

~ ограничения кредита restrictive credit policy

~, оперативная operational policy

~ открытого рынка open market policy

~, патентная patent policy

~, пенсионная retirement policy

~ поддержания цен price support policy

~, правительственная govern-ment[al] policy

~, правовая policy of law

~ распределения ресурсов allocation policy

~, реальная practical policy

~, региональная regional policy

~ регулирования доходов incomes policy

~ регулирования цен price control policy

~, реформистская reformist policy

~ свободной торговли policy of free trade

~, социально-экономическая social and economic policy

~ стабилизации stabilization policy

~ стимулирования экономического роста policy of economic expansion

~ строгой экономии policy of strict economy, domestic austerity programme

~, таможенная customs policy

~, тарифная tariff (rate) policy

~, торговая trade (commercial) policy

~, финансовая financial policy

~, фискальная fiscal policy

~ цен pricing policy

~ ценообразования pricing policy

~, экономическая economic policy

~, эмиссионная issuing policy

пересматривать ~y revise (reconsider) a policy

проводить ~y pursue (follow, carry out, implement) a policy

ПОЛНОЕ ТОВАРИЩЕСТВО general partnership, unlimited partnership

ведение дел полного товарищества conduct of the affairs of a general partnership

выход участника из полного товарищества exit (withdrawal) of a participant from a general partnership

ликвидация полного товарищества liquidation of a general partnership

обращение взыскания на долю участника в полном товариществе levy of execution against the share of a participant in a general partnership

ответственность участников полного товарищества по его обязательствам liability of the participants in a general partnership for its obligations

преобразование полного товарищества в хозяйственное общество transformation of a general partnership into a business company

преобразование товарищества на вере в полное товарищество transformation of a limited partnership into a general partnership

ПОЛНОМОЧИ/Е power, authority, procuration, warrant; (*доверенность*) proxy, power of attorney; (*поручение*) commission

~я агента powers (authority) of an agent

~я, административные administrative authority

~я арбитра power (authority) of an arbitrator

~я, возлагаемые законом authority conferred by law

~я, генеральные general authority

~я, делегированные delegated authority (powers)

~я для проведения законов в жизнь enforcement powers

~я для финансовых операций authority for financial operations

~я, законодательные legislative powers

~, исключительное exclusive authority

~я, консультативные advisory powers

~я, контрольные powers to control

~ на ведение дел authorization for the conduct of (authority to conduct) affairs

~я, надлежащие proper powers, necessary authority

~ на заключение сделок power (authority) to conclude contracts (deals), power (authority) to make transactions

~ на подписание authority to sign

~я на покупку authority to purchase

~ на получение денег receiving order

~я, неограниченные unlimited (unrestricted, blanket) authority (powers)

~я, общие general powers

~я, ограниченные limited powers (authority)

~я, основанные на доверенности powers (authority) based upon a power of attorney

~я, особые special authority (powers)

~я, официальные formal (official) powers

~я по управлению делами powers for managing (to manage) affairs

~ представителя authority (power) of a representative

~, специальное special authorization

~я, управленческие managerial authority

~, установленные законом statutory authority

~я, чрезвычайные emergency (extraordinary) powers

~я, широкие wide (ample, large) powers

делегирование ~й delegation of powers

круг ~й (комиссии) terms of reference

объем ~й scope of authority

ограничение ~й limitation of authority (of powers)

осуществление ~й execution (exercise) of authority (of powers)

отсутствие ~й absence (lack) of authority (of powers)

передача ~й delegation of authority (of powers)

превышение ~й exceeding authority (powers)

прекращение ~й termination of authority (of powers)

проверка ~й verification of powers

разграничение ~й division of powers

давать ~я give authority, authorize, vest with authority (with powers)

действовать без ~й act without authority

действовать в рамках предоставленных ~й act within the limits of authority (within the limits of delegated powers)

действовать в соответствии с ~ями act in accordance (in conformity) with one's powers (with one's authority)

делегировать ~я delegate authority (powers)

иметь ~я have authority (powers)

наделять ~ями give authority, invest with powers

не выходить за пределы ~й keep within the terms of reference

обладать ~ями have authority

ограничивать ~я limit (restrict) authority (powers)

осуществлять ~я exercise authority (powers)

отзывать ~я revoke authority (powers)

оформлять ~я execute a power of attorney

передавать ~я transfer (delegate) one's authority (powers)

превышать ~я exceed authority, exceed (go beyond) one's powers

предоставлять ~я authorise, vest with authority, grant powers, empower

прекращать ~я terminate authority

приостанавливать ~я suspend powers

сохранять ~я retain powers

◊ во исполнение ~й in the exercise of powers

в пределах ~й within the limits of power, within one's powers

в пределах власти и ~й within the scope of powers and authorities

в пределах власти и ~й, возлагаемых на *кого-л.* законом within the scope of powers and authority conferred on *smb* by law

в силу ~я by virtue of authority (of power)

по ~ю by authority, by proxy

по истечении срока ~й on the expiration (expiry) of the term of office

~я переходят к *кому-л.* the powers pass to *smb*

ПОЛОЖЕНИ/Е 1. (*состояние*) state, condition 2. (*общественное положение*) position, status, state, standing 3. (*правила, устав*) regulations, rules, statute 4. (*условие договора*) provision, stipulation, clause; (*подразумеваемое условие*) implication 5. (*устав, круг полномочий*) by-laws, terms of reference 6. (*ситуация*) situation, position; *pl.* circumstances

~, ведущее leading position

~, господствующее dominating position

~ дел state of affairs

~, должностное official position

~я закона provisions of the statute (of the law), statutory provisions

~, законодательное statutory provision

~я законодательства provisions of legislation

~, имущественное property position (status) (*см. тж* ИМУЩЕСТВЕННОЕ ПОЛОЖЕНИЕ)

~я контракта provisions of a contract, contractual provisions

~, кризисное critical situation, crisis

~, критическое emergency

~, материальное financial position, material standing

~ на рынке market situation (position), conditions of the market

~ на рынке, доминирующее dominant position in the market

~, неблагоприятное финансовое unsound financial condition

~, непрочное unstable situation, instability

~, общественное social status (standing)

~, обязательное obligatory (mandatory) provision

~ о защите инвестиций investor protection regulations

~, официальное official standing

~, правовое legal position (status)

~, привилегированное privileged position

~я применяемого закона provisions of the applicable law

~, служебное official position, official (employment) status, service rank

~, социально-экономическое socio-economic situation

~, тяжелое материальное difficult (grave) material position

~, утвержденное акционерным обществом regulations approved by the company

~, финансовое financial position (status, standing); financial situation

~, экономическое economic position

~, юридически подразумеваемое legal implication

оценка финансового ~я financial rating

занимать ~ hold a position

объявлять чрезвычайное ~ declare the state of emergency

противоречить ~ям законодательства contradict (be contrary to) provisions of legislation

стабилизировать ~ stabilize the situation

ставить в невыгодное ~ place at a disadvantage

улучшать ~ improve the situation

ухудшать ~ aggravate the situation

ПОЛУФАБРИКАТЫ semiproducts, semifinished (semimanufactured, intermediate) goods (products)

ПОЛУЧАТЕЛ/Ь recipient; (*груза*) consignee; (*платежа*) payee; (*денег по аккредитиву или страховому полису*) beneficiary

~ государственного социального пособия welfare recipient

~ груза consignee

~ денег recipient of funds, payee; (*по аккредитиву*) beneficiary of a letter of credit

~ займа recipient of a loan

~, законный legitimate recipient

~ кредита borrower, credit recipient, recipient of a loan

~ лицензии licensee

~ пенсии recipient of a pension

~ перевода payee, remittee

~ платежа payee, recipient of payment

~ пособия по безработице recipient of unemployment benefit

~ пособия по социальному обеспечению recipient of public relief

~ средств recipient of funds

~ ссуды recipient of a loan, borrower

~ страхового возмещения loss payee

~ субсидии recipient of a grant

~ товара consignee

~ ценных бумаг по подписке allottee

◊ в качестве ~я as the recipient (consignee)

ПОЛУЧЕНИ/Е receipt, reception; (*приобретение*) procuration, obtaining, acquisition

~ аванса receipt of an advance

~ акцепта receipt (obtaining) of acceptance

~ взятки taking (acceptance) of a bribe

~ вклада receipt of a deposit

~ выгод receipt of benefits

~ груза receipt of cargo

~ денег receipt of money (of funds)

~ денег по векселю collection of a bill

~ денег по чеку cashing of a cheque

~ документов receipt of documents

~ дохода acquisition of income

~ займа borrowing

~ заказа receipt of an order

~ извещения receipt of an advice (of a notification)

~ инкассового поручения receipt of a collection letter

~ контракта contract award

~ кредита receipt (obtaining) of credit

~ лицензии acquisition (receipt) of a licence

~ партии товара receipt of a consignment

~ патента acquisition (receipt) of a patent

~ перевода receipt of transfer

~ платежа receipt of payment

~ прибыли making (obtaining, earning) profit, profit making (taking)

~ разрешения receipt of a permit

~ ссуды borrowing

~ ссуды под залог недвижимости mortgage

~ товара receipt of goods

оплачивать по ~и pay on delivery

подтверждать ~ acknowledge (confirm) receipt

расписаться в ~и *чего-л.* sign for *smth*

◊ по ~и upon receipt

ПОЛЬЗОВАНИ/Е use, utilization, usage; (*правом, имуществом*) enjoyment

~, безвозмездное free (uncompensated) use, enjoyment without consideration

~, безвозмездное срочное fixed-term enjoyment without consideration, free limited use

~, бесплатное free[-of-charge] use

~, бессрочное unlimited use

~, возмездное paid (compensated) use, enjoyment for consideration

~, временное temporary use

~ денежными средствами use of monetary funds

~, длительное long use

~ земельным участком на праве пожизненного наследуемого владения use of a land plot by right of lifetime inheritable possession

~ землей и другими природными ресурсами use (enjoyment) of land and other natural resources

~ землей на праве постоянного пользования use of land by right of permanent use

~ имуществом use (enjoyment) of property

~, исключительное exclusive use

~ кредитом use of credit

~, личное personal (private) use

~, муниципальное municipal use

~ на правах аренды leasehold

~ общим имуществом use of common property

~, постоянное permanent use (enjoyment)

~, служебное official use

~, совместное joint use, sharing

~, срочное limited use, fixed-term enjoyment

договор безвозмездного ~я contract of (agreement on) uncompensated use

правила ~я rules (directions, regulations) for use

право ~я right of use

право ограниченного ~я заложенным имуществом right of limited (restricted) use of pledged property

прекращение ~я discontinuance of use

прекращение права ~я termination of the right of use

приобретение права ~я имуществом acquisition of the right of ownership of property

процент за ~ чужими денежными средствами interest for the use of another's funds

находиться в ~и be in use

передать что-л. в возмездное ~ transfer smth to compensated use (in enjoyment for consideration)

передать право ~я землей transfer (hand over) the right of use of land

передать право ~я природными ресурсами transfer (hand over) the right of use of natural resources

предоставлять что-л. в ~ grant smth for use, allocate smth for enjoyment

предоставлять что-л. во временное ~ grant (provide) smth for temporary use

предоставлять что-л. в постоянное ~ grant smth for permanent use, make smth available for permanent enjoyment

◊ во временное ~ for temporary use

для служебного ~я for official use only, classified

ПОЛЬЗОВАТЕЛЬ user; (товара) consumer; (компания или лицо, пользующиеся правом на производство или продажу продукции другой компании) franchisee

~, бытовой household (residential) user

~, вторичный secondary user, franchisee

~, второй second user

~, добросовестный bona fide user

~, зарегистрированный registered user

~, индивидуальный individual user

~ Интернета Internet user

~, конечный end user

~, корпоративный corporate user

~, первый first user

~ по договору коммерческой концессии user (franchisee) under commercial concession agreement (under a contract of franchise)

~, предыдущий previous (prior) user

~ сайтом (*в Интернете*) site user

~, совместный joint user

ПОМЕЩЕНИ/Е 1. (*дом, здание*) premises; (*жилье*) accommodation 2. (*вложение капитала*) investment, placing, placement

~, временное temporary premises

~ денег, надежное safe placement of money

~, жилое housing (residential) premises, living accommodation (*см. тж* **ЖИЛОЕ ПОМЕЩЕНИЕ**)

~ капитала investment (placement) of capital

~, коммерческое commercial premises (buildings)

~, нежилое nonhousing (nonresidential) premises

~, неиспользуемое idle premises

~, офисное office premises, business offices

~я, производственные industrial (production) premises, production space

~, пустующее idle premises

~, рабочее office premises (space)

~, складское warehouse space, store premises, storeroom

~, служебное office premises, business offices, back office

~, торговое business premises

~ фирмы business premises

оформление ~я (*внешний вид*) appearance of premises

арендовать ~ rent (lease) premises

освобождать ~ vacate premises

предоставлять жилое ~ provide living accommodation

предоставлять служебное ~ provide office accommodation

ПОМОЩНИК assistant, helper

~ администратора assistant of an administrator, administrative officer

~ директора assistant director (manager)

~ заведующего assistant manager

~ казначея assistant treasurer

~ министра assistant to a minister, *амер.* undersecretary

~ судьи deputy judge

~ управляющего manager's assistant

ПОМОЩ/Ь aid, help, assistance; (*поддержка*) support; (*пособие*) relief

~, административная administrative assistance

~, безвозмездная free (gratuitous) aid (assistance), grant assistance

~, безвозмездная финансовая gratuitous financial aid

~, благотворительная charitable activities

~, бюджетная budgetary aid (assistance)

~, государственная public relief, government grant

~, гуманитарная humanitarian aid (help)

~, денежная cash (monetary, pecuniary) aid, monetary assistance

~, материальная material (pecuniary) aid

~, правовая legal aid (assistance, redress)

~, продовольственная food aid

~, социальная social aid

~, срочная urgent help (assistance)

~, техническая technical aid (assistance)

~, финансовая financial aid (assistance)

~, экономическая economic aid (assistance)

~, юридическая legal aid (assistance)

оказание ~и rendering (provision) of aid (of assistance)

оказание юридической ~и provision of legal aid (assistance)

оплата юридической ~и payment for legal aid (for legal assistance)

фонд ~и relief fund

обращаться за юридической ~ью apply for legal aid (for legal assistance)

оказывать финансовую ~ give (render, furnish) financial assistance

оказывать юридическую ~ give legal advice, provide with legal aid (assistance)

предлагать ~ offer help (assistance)

предоставлять ~ provide help (assistance, aid)

ПОНЯТОЙ attesting witness

ПОПЕЧИТЕЛ/Ь trustee, custodian, guardian

назначение ~я appointment of a trustee (of a custodian)

полномочия ~я powers of a trustee (of a custodian)

отстранение ~я от исполнения им своих обязанностей removal (discharge) of a custodian from the performance of his duties

назначать в качестве ~я appoint a guardian

ПОПЕЧИТЕЛЬСКИЙ СОВЕТ board of trustees, trusteeship board

ПОПЕЧИТЕЛЬСТВ/О trusteeship, custodianship, guardianship, wardship

прекращение ~а termination of trusteeship (of guardianship, of wardship)

установление ~а establishment of trusteeship (of custodianship)

ПОПРАВК/А (*исправление*) correction; (*к документу*) amendment; *бухг.* adjustment

~ в закон о бюджете amendment to the budget law

~, внесенная в законопроект amendment proposed to a bill

~ к закону amendment to a law

~ к контракту amendment to a contract

~, конституционная constitutional amendment

~ на инфляцию adjustment for inflation

~ на переоценку оборотных активов inventory revaluation adjustment

~ на рост прожиточного минимума cost-of-living adjustment

вносить ~у make (introduce, propose) an amendment; make a correction, correct

отклонять ~у decline (reject) an amendment; vote down an amendment

принимать ~у accept an amendment; pass an amendment

◊ с ~ой на инфляцию corrected for inflation, inflation-adjusted

с внесенными ~ми as amended

ПОПУСТИТЕЛЬСТВ/О connivance

◊ при ~е with the connivance of

ПОРИЦАНИ/Е censure

вынесение ~я expression of censure

выносить ~ bring censure

ПОРОГ threshold

~ бедности low-income poverty threshold

~, нормативный standard level

~ стоимости threshold value

ПОРОК (*дефект*) defect, flaw, fault, deficiency

~ качества quality defect

~ титула title defect, defect in a title

~ товара defect in goods

ПОРУЧЕНИ/Е (*предписание, приказ*) order, commission, instruction[s]; (*задание*) assignment, mission, task; (*предоставление полномочий*) delegation, authorization

~, банковское banker's instructions

~, инкассовое collection order (letter), order for collection

~ клиента брокеру stock exchange order

~, комиссионное commission

~, кредитное credit order

~ купить buying order

~ на открытие аккредитива instruction to open a letter of credit

~ на перевод денег order for transfer, instruction for money transfer

~я на покупку и продажу buy and sell orders

~ на совершение сделки order to make a deal

~, платежное payment order (authorization), money order, order for payment (to pay) (*см. тж* ПЛАТЕЖНОЕ ПОРУЧЕНИЕ)

~ плательщика order (instruction) of the payer

~, постоянное standing order

~ продать selling order

~, судебное letters of request; letters rogatory

действия без ~я actions [performed] without authorization

договор ~я contract of delegation, authorization agreement

исполнение ~я execution (fulfilment) of an order, performance of a task

отмена ~я cancellation of a task, revocation of authorization

расчеты платежными ~ями payments made by payment orders

выполнять ~ carry out (execute) an order, carry out (discharge) a commission

давать ~ give instructions, delegate a task, instruct, authorize, charge

исполнять ~ лично execute an order (perform a task) personally

отменить ~ cancel the task, revoke the authorization

◊ во исполнение ~я in execution of (to execute) an order

по ~ю on behalf of, on the instructions of, by order of

по ~ю плательщика on order (at the instruction) of the payer

по исполнении ~я upon fulfilment (performing) of a task

по специальному ~ю by special authorization, upon special commission

при исполнении ~я in the performance of a task

ПОРУЧИТЕЛ/Ь guarantee, *юр.* guarantor, warrantor, bail; (*гарант*) security, surety

~ по векселю guarantor of a bill, surety for a bill

~ по займу security for a loan

~ по обязательству surety for an obligation

~, совместный joint surety

~, солидарный joint surety

ответственность ~я liability of a surety

выступать в качестве ~я act as (give) security, stand as (go) guarantee

ПОРУЧИТЕЛЬСТВ/О guarantee, security, surety, suretyship, *юр.* warranty; (*по векселю*) backing, aval; (*залог*) bail

~ банка bank guarantee

~ в силу закона legal guarantee

~, кредитное credit guarantee

~, личное personal guarantee

~, письменное written guarantee

~ по векселю guarantee of (backing for) a bill

~ под залог bail surety

~ по займу security for a loan

~ по обязательствам surety for obligations

~ Российской Федерации по обязательствам субъекта Российской Федерации, муниципального образования или юридического лица guarantee of the Russian Federation for the obligations of a subject of the Russian Federation, a municipal formation or a legal person

~, совместное joint guarantee (surety, warranty)

~ субъекта Российской Федерации по обязательствам Российской Федерации guarantee of a subject of the Russian Federation for the obligations of the Russian Federation

договор ~a contract of suretyship

прекращение ~a termination of a surety[ship]

давать ~ give (furnish) security, furnish (offer) guarantee, stand surety

давать ~ совместно give a surety (provide a suretyship) jointly

принимать на себя ~ stand (undertake) surety

ПОРЧ/А damage, spoilage; (*износ*) deterioration

~ груза damage to cargo, spoilage of cargo (of freight)

~, естественная natural spoilage

~ имущества spoilage (destruction) of property

~ сверх норм abnormal spoilage

~, скрытая concealed damage

~ товара damage to goods; deterioration of goods

риск случайной ~и risk of accidental spoilage

угроза ~и danger (threat) of spoilage

подвергаться ~e be subject to spoilage

предотвратить ~y prevent damage

предохранять от ~и protect from deterioration

ПОРЯД/ОК (*процедура*) procedure; (*последовательность*) order, sequence; (*правила*) rules; (*принятая практика*) practice

~ арбитража arbitration scheme (rules)

~ ассигнования средств budgetary allotment control procedures

~ аттестации certification (attestation, assessment) procedure

~ валютных отчислений procedure for currency allocations

~ ведения бухгалтерского учета accounting and bookkeeping procedures

~ вознаграждения way of compensation (of remuneration, of reward)

~ выдачи патентов patent procedure

~ выплаты дивидендов timing of dividend payments

~ выплаты процентов на вклад procedure for (order of) payment of interest on a deposit

~ голосования procedure for (of) voting

~ инспектирования order (procedure) of inspection

~ использования procedure for use (of using)

~ исчисления налога tax calculation procedure

~, конституционный constitutional order

~ ликвидации юридического лица procedure for (of) liquidation of a legal person

~ лицензирования деятельности procedure for (order of) licensing activity

~ назначения procedure (manner) of appointment

~ назначения арбитра procedure of appointment of an arbitrator

~ начисления процентов на вклад procedure for (order of) calculation (computation) of interest on a deposit

~ обжалования order of appeal, grievance procedure

~ обжалования меры пресечения procedure for appealing against a measure of restriction

~ объявления результатов публичного конкурса procedure for the announcement of the results of the public competition

~ оплаты procedure for payment

~ оплаты работ procedure for payment for work, manner (mode) of payment for work, settlement procedure

~ опровержения (*сведений*) procedure for refutation (*of information*)

~ осуществления контроля procedure for exercising supervision, order of implementing control

~ осуществления платежей procedure for (regulation of) payments

~ осуществления права собственности procedure for realization (for exercising) of the right of ownership

~ осуществления расчетов procedure for making settlements

~ отчуждения заложенного имущества foreclosure procedure

~ оценки результатов работы procedure for (order of) evaluation of the results of work

~ очередности order of priority (of precedence), priority list

~ передачи в залог mortgaging procedure

~ платежей procedure for payment, payment procedure

~ погашения (*долга и т.п.*) plan of redemption

~ поставки товаров procedure for (order of) supply of goods

~ правового регулирования rules for legal regulation

~, правовой legal order

~ представления жалобы complaints procedure

~ предъявления претензии regulations for lodging a claim

~ принятия решений procedure for making decisions (for the adoption of resolutions)

~ присуждения контракта procedure for awarding a contract

~ проведения экспертизы procedure of examination, examination procedure

~ проверки screening procedure

~ производства по делам о банкротстве bankruptcy proceedings

~, протокольный protocol order

~ работы order of work

~ разрешения споров way of settling disputes

~, разрешительный permitting procedure

~ распределения order (channels) of distribution

~ распределения прибыли procedure for distribution (for apportioning) of profits

~ распределения убытков procedure for distribution of losses

~ рассмотрения дела order of proceedings

~ рассмотрения жалоб grievance procedure

~ расторжения договора procedure for termination of a contract

~ расчетов settlement procedure, procedure for payments

~ регистрации procedure for (order of) registration

~ сдачи-приемки order (procedure) of acceptance

~ судопроизводства judicial procedure

~, уведомительный advising procedure

~ уплаты налогов order for payment of taxes

~, установленный established order (procedure)

~, установленный действующим законодательством procedure (order) established by the legislation in force

~, установленный законом procedure established by a statute (provided for by a law), due course (process) of law

~ финансирования procedure for (of) financing

нарушение ~ка, установленного правовыми актами violation of the procedure established by legal acts

нарушение установленного законом ~ка violation of the procedure established by a statute (provided for by a law)

поддержание законности и ~ка maintenance of law and order

осуществлять в принудительном ~ке enforce by action

преследовать в судебном ~ке take legal steps, sue, prosecute

соблюдать установленный ~ observe the established order, maintain procedures

устанавливать ~ establish (prescribe) a procedure (an order)

◊ в ~ке возмещения убытков by way of damages

в ~ке надзора by review procedure; in the exercise of supervisory powers

в ~ке очередности in order of precedence

в ~ке правопреемства by [way of legal] succession

в ~ке презумпции by implication

в ~ке регресса by way of subrogation (of recourse)

в административном ~ке by administrative procedure (order)

в арбитражном ~ке by (through) arbitration

в бесспорном ~ке in incontestable manner, in undisputable order

в дисциплинарном ~ке as a disciplinary measure

в законном ~ке legally, in accordance with the prescribed legal procedure, through a legal procedure

в законодательном ~ке by legislation, by a legislative action

в одностороннем ~ке unilaterally, by a unilateral procedure

в предварительном ~ке tentatively

в рабочем ~ке in the course of work

в служебном ~ке by the official channel

в судебном ~ке by legal procedure, by prosecution, judicially

в уведомительном ~ке by written notification

в установленном ~ке in accordance with the legal procedure, in the manner prescribed by law

в установленном законом ~ке by the procedure established by law

если иной ~ не предусмотрен unless another (a different) procedure is provided [for]

ПОСЛЕДСТВИ/Е consequence, result, effect

~я, гражданско-правовые civil-law consequences

~я, катастрофические disastrous consequences

~я, неблагоприятные unfavourable consequences

~я недействительности сделки consequences of invalidity of a transaction

~я, непредвиденные unforeseen consequences

~я, правовые legal consequences, consequences in law

~я, финансовые financial consequences, financial implication

~я, экономические economic results

~я, юридические legal consequences

наступление ~й occurrence of consequences

влечь юридические ~я entail (result in) legal consequences

ПОСЛЕДУЮЩИЙ ЗАЛОГ subsequent pledge

ПОСОБИ/Е (*денежное*) allowance, gratuity; (*субсидия*) grant; (*пенсия*) pension; (*страховое*) benefit; (*по безработице*) benefit, dole, relief

~ в денежной форме benefit in cash

~ в натуральной форме benefit in kind

~, выходное severance allowance (pay), dismissal (terminal) wage, retirement benefit (*см. тж* **ВЫ-ХОДНОЕ ПОСОБИЕ**)

~, государственное state allowance (grant, benefit)

~, денежное cash (pecuniary) benefit, monetary grant

~, единовременное lumpsum grant (allowance)

~ малоимущим семьям allowance to low-income families

~ многодетным семьям family allowance (grant, subsidy) to large families

~ на иждивенцев dependent's allowance

~ по безработице unemployment benefit (relief), dole

~ по болезни sickness (sick, medical) benefit

~ по временной нетрудоспособности temporary disability allowance (benefit)

~ по инвалидности invalidity benefit

~ по социальному обеспечению social [security] benefit

~ при увольнении, выходное severance pay on termination

~ при увольнении по сокращению штатов, выходное redundancy payment

~я, социальные social security benefits

выплата выходного ~я payment of a severance allowance

доверенность на получение ~я power of attorney for the receipt of an allowance (of a benefit)

выплачивать ~ pay an allowance

жить на ~ по безработице go on the dole, be on grants

получать ~ receive an allowance

получать ~ по безработице receive (draw) an unemployment benefit, be on the dole

ПОСРЕДНИК (*в торговле*) agent, middleman, intermediary; (*между потребителем и производителем*) dealer; (*на бирже*) broker; (*в переговорах*) mediator; (*арбитр*) arbitrator

~, биржевой broker, dealer

~ в делах business agent

~ в кредите loan broker

~, зарубежный финансовый foreign finance intermediary

~, коммерческий trade (commercial) agent, commercial intermediary (broker), sales representative

~, мировой conciliator

~, торговый trade (business, commercial) agent (representative)

~, уполномоченный authorized dealer

~, финансовый financial intermediary

вознаграждение ~y agency fee, intermediary's compensation

выступать в качестве ~a act as intermediary

◊ через ~a through an intermediary

ПОСРЕДНИЧЕСТВ/О agency, mediation, medium

~, коммерческое commercial agency

~, торговое purchasing agency

~, финансовое financial intermediation

осуществлять ~ handle an agency

◊ при ~e by (through) the agency of

ПОСТАВК/А delivery, supply, procurement

~, адресная address sale

~, бесплатная free-of-charge delivery

~и в государственный фонд deliveries to the state stock

~и, взаимные mutual (reciprocal) deliveries (shipments), reciprocal trade

~ в кредит delivery on credit

~ в погашение задолженности delivery in settlement of a debt

~ в срок delivery on time, timely delivery

~и, государственные state supplies

~и, договорные contractual deliveries

~, дополнительная additional (extra) delivery

~, досрочная early delivery (supply), delivery (supply) ahead of schedule, prior delivery

~, задержанная delayed (late) delivery

~, комплектная complete delivery, delivery of complete equipment

~и, кооперационные cooperative (cooperated) deliveries

~ на условиях кредита delivery on credit

~, некомплектная incomplete delivery

~, немедленная immediate (prompt) delivery

~, неполная incomplete (short) delivery

~и, обязательные obligatory deliveries

~ отдельными партиями delivery (supply) in separate instalments (by individual lots)

~ партиями delivery in lots

~и, плановые scheduled deliveries

~ по контракту delivery under a contract, contractual delivery

~ по ошибке misdelivery

~, пробная trial delivery

~, просроченная delayed (late, overdue) delivery, overdue supply

~и, прямые direct supplies

~и равномерными партиями помесячно deliveries in equal lots on a monthly basis (by monthly instalments)

~, разовая single delivery

~и, регулярные regular deliveries

~, своевременная timely delivery

~ с предоплатой cash with order (before delivery), delivery with prepayment

~ товаров supply (delivery) of goods

~ товаров для государственных нужд supply (delivery) of goods for state needs

~ товаров, консигнационная consignment

~ товаров ненадлежащего качества supply of goods of improper quality

~, частичная part (partial) delivery

график ~и товаров schedule of (for) supply of goods

договор ~и contract of supply

заказ на ~у товаров для государственных нужд order for supply of goods for state needs

нарушение срока ~и violation of the time (of the term) of delivery

отказ от исполнения договора ~и refusal to perform (to fulfil) a contract of supply (a supply contract)

порядок ~и товаров order (procedure) for supply of goods

просрочка ~и товаров late (overdue) supply of goods

расторжение договора ~и cancellation (dissolution) of a contract of supply (of a supply contract)

сроки ~и times for (of) supply (delivery), terms of supply (of delivery)

условия ~и terms of delivery

возобновлять ~и resume deliveries

гарантировать ~у guarantee delivery

задерживать ~у delay delivery

обеспечивать ~у ensure delivery

организовать ~у arrange for delivery

осуществлять ~и make deliveries, deliver, supply

прекращать ~и stop (discontinue) deliveries

приостанавливать ~и hold up (suspend) deliveries

просрочить ~у delay the supply (the delivery)

срывать ~и disrupt deliveries

ускорять ~у speed up (expedite, accelerate) delivery

◊ в счет ~и against delivery

ПОСТАВЩИК supplier, provider; (*продовольствия*) purveyor; (*изготовитель*) maker, manufacturer

~, генеральный general supplier

~, головной prime manufacturer

~, единственный sole supplier

~, иностранный foreign supplier

~, исключительный exclusive supplier

~, крупный major supplier

~, местный local supplier

~ , оптовый wholesaler

ПОСТАНОВКА (*дела*) organization; (*на учет*) registration

~ на учет в налоговых органах registration with the tax authorities

ПОСТАНОВЛЕНИЕ (*решение*) decision, act, resolution, ruling, regulation, *юр.* judgement; (*указ*) decree; (*законодательной власти*) enactment; (*муниципальных властей*) ordinance

~, государственное decree of the government

~ законодательной власти enactment of legislature

~, имеющее силу закона statutory order

~ комиссии committee's decision

~ муниципальной власти municipal ordinance

~ правительства government[al] regulation, executive order

~ правительства РФ decree of the Government of the Russian Federation

~ суда ruling of the court, court ruling

~, судебное ruling, decision (ruling) of the court

выносить ~ pass a resolution

издать ~ issue a decree

принимать ~ adopt a decree

ПОСТОЯННАЯ РЕНТА fixed rent

выкуп постоянной ренты buy-out of fixed rent

выкупная цена постоянной ренты buy-out price of fixed rent

получатель постоянной ренты recipient of fixed rent

размер постоянной ренты amount of fixed rent

сроки выплаты постоянной ренты times for payment of fixed rent

ПОСТОЯНСТВО (*принцип бухгалтерского учета*) consistency

ПОСТРОЙК/А building, structure

~, самовольная unauthorized building (structure)

~и, хозяйственные farm buildings (structures)

ПОСТУПЛЕНИ/Е 1. (*получение*) receipt, arrival 2. (*доходы*) earnings, income, gains, receipts, incomings, takings; (*выручка*) revenue[s]; (*от продаж*) proceeds

~я, бюджетные (в бюджет) budget (budgetary) receipts; budget revenue

~я, валовые gross returns

~ валютной выручки currency earnings

~я, валютные currency (foreign exchange) earnings (receipts, proceeds)

~я в казну treasury receipts

~ денег от реализации cash receipts from sales

~ денежных средств cash inflow

~ доходов revenue return

~ заказов receipt (intake) of orders

~ заявок inflow of applications

~я из внебюджетных источников extra-budgetary funds

~я наличных средств cash receipts

~я, налоговые tax (revenue) receipts, tax proceeds, tax (fiscal) revenues, revenues from taxation

~я на счет receipts to an account

~я от железнодорожных перевозок railway earnings

~я от займов proceeds from loans

~я от невидимых статей экспорта invisible earnings

~я от приватизации receipts from privatization, privatization proceeds

~я от продаж income from sales, sales income

~я от реализации returns from sales

~я от экспорта export earnings (income, proceeds, receipts, revenues)

~ платежа receipt of payment

~я по займам proceeds of loans

~я, сверхплановые excess receipts

~я, совокупные total revenue

~я, текущие current receipts, operating earnings

~ товаров arrival of goods; receipt of goods

~я, фискальные fiscal revenue

~я, чистые net receipts (returns, earnings, revenue)

◊ ~я и платежи receipts and disbursements

ПОТЕРПЕВШИЙ *сущ.* victim; (*от мошенничества*) defrauded; (*от нападения*) assailed

~ от гражданского правонарушения civil offence victim

~ от несчастного случая accident victim

~ от пожара victim of a fire

~ от стихийного бедствия disaster victim

ПОТЕР/Я loss; (*времени, денег*) waste; (*права, имущества, залога, аванса*) forfeit[ure]

~и, безвозвратные irretrievable losses

~и, бюджетные budgetary losses

~и, валютные currency (exchange) losses

~и, возместимые recoverable losses

~и в результате износа losses by wear and tear

~ груза loss of cargo

~, денежная loss of money

~ заработка loss of earnings

~и из-за простоя shutdown losses

~ капитала loss of capital

~и, курсовые losses on exchange

~и, налоговые tax losses

~и на разнице валютных курсов loss of currency exchange, exchange loss

~и, невозместимые irrecoverable (irreparable) losses

~, непредвиденные extraordinary losses

~и, ожидаемые expected losses

~и основных фондов от стихийных бедствий accident damage to fixed capital

~и от аварий accident losses

~и от простоев losses due to idle time, idle time losses

~и от снижения цен financial losses

~и от стихийных бедствий losses due to natural calamities, accident losses

~и по ссудам losses on loans

~ права forfeit (loss) of right

~ права выкупа заложенного имущества foreclosure

~и при перевозке losses during transportation (in transit)

~и при хранении storage losses

~и, производственные manufacturing losses, wasted production

~ товарного вида loss of commercial appearance (of marketable state)

~ трудоспособности disability

~и, финансовые financial losses

~, чистая dead loss

~и, эксплуатационные operational (operating) losses

~и, экспортные export losses

общая сумма потерь total loss

возмещать ~и compensate for (repair, make good, make up for) losses

нести ~и have (suffer, sustain) losses

предотвратить ~и prevent losses

ПОТРЕБИТЕЛЬ consumer, user; (*покупатель*) customer

~, коммерческий commercial user (customer)

~, конечный final (ultimate) consumer, final user

~, крупный bulk (heavy) consumer

~, оптовый large-scale consumer

~, платежеспособный solvent consumer

~, промышленный industrial (business) consumer (user)

~, розничный retail consumer

ПОТРЕБИТЕЛЬСКИЙ КООПЕРАТИВ consumer cooperative

банкротство потребительского кооператива bankruptcy of a consumer cooperative

доходы, полученные потребительским кооперативом income received by a consumer cooperative

ликвидация потребительского кооператива в судебном порядке liquidation of a consumer cooperative by judicial procedure

наименование потребительского кооператива name of a consumer cooperative

покрытие убытков потребительского кооператива covering losses incurred by a consumer cooperative

субсидиарная ответственность членов потребительского кооператива по его обязательствам subsidiary liability of members of a consumer cooperative for its obligations

устав потребительского кооператива charter of a consumer cooperative

ПОТРЕБИТЕЛЬСКИЙ СОЮЗ cooperative

ПОТРЕБИТЕЛЬСКИЙ СПРОС consumer demand

ПОТРЕБИТЕЛЬСКОЕ ОБЩЕСТВО consumer company

ПОТРЕБЛЕНИ/Е consumption, use, expenditure

~, бытовое residential use, consumer (household) consumption

~, видимое apparent consumption

~, внутреннее domestic (internal, home) consumption

~, государственное government consumption

~, муниципальное public use

~ на душу населения per capita consumption

~, общее total consumption (usage)

~, ограниченное limited (restricted) consumption

~, предполагаемое expected (desired) consumption

~, производственное industrial consumption

~ топлива fuel (oil) consumption

~ энергии use of energy, power consumption

режим ~я энергии rules for the use of energy, regimen of consumption of energy

учет ~я энергии metering of power consumption

сократить ~ reduce consumption

ПОТРЕБНОСТ/Ь requirement, demand; *pl.* needs

~и, важнейшие essential needs

~ в деньгах needs (demand) for money, cash requirements

~ в заемных средствах borrowing requirements

~ в капитале capital requirements

~ в капитале, растущая mounting capital needs

~ в кредите credit (borrowing) requirements, loan (borrowing) demand

~ в материалах material requirements (needs)

~и внутреннего рынка domestic (home) [market] needs (requirements)

~ в персонале personnel (staff) requirements

~ в рабочей силе labour requirement

~ в ресурсах resource requirement

~ в средствах money requirement

~ в сырье demand for raw materials, materials requirements

~ в товарах requirements for goods

~ в финансовых средствах financial (financing) requirements

~, годовая annual requirement

~ государственного сектора в заемных средствах public sector borrowing requirements

~и заказчика needs of the customer

~и, инвестиционные investment demand

~и, максимальные peak requirements

~, накопившаяся accumulated demand

~и, народно-хозяйственные requirements of national economy

~и, неотложные emergency needs

~и, неудовлетворенные unsatisfied requirements

~и, общественные social needs (requirements)

~и покупателя needs of the buyer

~и, производственные industrial (production, manufacturing) requirements

~и, растущие growing (rising) requirements

~и РФ requirements (needs) of the Russian Federation

~и рынка requirements (needs) of the market, demands on the market

~и субъектов РФ requirements (needs) of the subjects of the Russian Federation

~, суммарная total requirement

325

~и, текущие current requirements (demand)

обеспечивать ~и meet (satisfy) requirements

обеспечивать ~ и за счет ... finance requirements by ... (at the expense of ...)

определять ~и determine demands

оценивать ~и evaluate requirements

покрывать ~и cover requirements

сокращать ~и reduce (cut) requirements (demands)

удовлетворять *чьи-л.* ~и meet (satisfy) requirements (needs), supply *smb's* needs

удовлетворять ~и за счет собственных ресурсов meet the requirements with one's own resources

ПОТРЯСЕНИ/Е calamity
~я, финансовые financial calamities (turbulence)

ПОХИЩЕНИЕ stealing, theft; (*транспортного средства)* hijacking; (*имущества*) larceny

~ имущества в крупных размерах grand larceny

~ имущества путем обмана larceny by fraud

ПОЧТ/А post, mail; (*почтовое отделение*) post office

~, электронная e-mail

отправка по ~e mailing

направлять по ~e mail

◊ курьерской ~ой via courier

ПОШЛИН/А tax, tariff, duty, fee, *pl.* dues; (*таможенные*) *pl.* customs

~, адвалорная ad valorem duty (tariff)

~, акцизная excise [duty]

~, антидемпинговая antidumping duty

~, арбитражная arbitration fee

~, ввозная [таможенная] import duty (tax, charge, tariff), duty (charge) on imports

~, вывозная export duty (tax), duty on exports

~, гербовая stamp duty (tax)

~, государственная government duty, state tax

~, дискриминационная discriminating (discriminatory) duty

~, дифференциальная differential duty

~ за выдачу патента issue fee

~ за пользование use tax

~ за правопередачу assignment fee

~, запретительная prohibitive duty

~ за проведение экспертизы examination fee

~, заявочная application (registration) fee

~, карательная retaliatory duty

~, компенсационная compensatory (countervailing) duty

~, лицензионная licence fee

~, льготная preferential duty

~, нотариальная notarial fee (charge)

~, покровительственная protective duty (tariff)

~, преференциальная protective duty (fee)

~, протекционистская protective duty

~, регистрационная registration fee

~, сезонная seasonal duty

~, специальная specific duty

~, специфическая (*с веса, длины и т.п*) specific duty

~, судебная litigation fee

~, таможенная customs duty (dues)

~, транзитная transit duty (charge)

~, фискальная fiscal (revenue) duty

~, уравнительная countervailing (matching, equalizing) duty

~, экспортная export duty (tax)

обложение ~ой imposition of a duty (of a tax)

уплата пошлин payment of duties

взимать ~у collect (exact, levy) a duty

начислять ~у charge a duty

облагать ~ой impose (put, levy) a duty, impose a tax

освобождать от ~ы exempt from duties

отменять ~у abolish a duty (a tax)

платить ~у pay a duty

повышать ~ы increase duties

снижать ~ы reduce duties

уклоняться от уплаты пошлин evade duties

ПРАВИЛ/О rule, law; *pl.* regulations

~а, административные administrative regulations (rules)

~а амортизации depreciation and amortization rules

~а арбитража arbitration rules

~а арбитражной процедуры rules of arbitration procedure

~а аудита auditing rules

~а, аукционные auction rules

~а, биржевые rules of the exchange, exchange customs (practice)

~а, бухгалтерские accounting policies

~а бухгалтерского учета accounting standards

~а бухгалтерской отчетности accounting requirements (practices)

~а, валютные currency regulations

~а, временные provisional regulations

~, действующее working regulation

~а, единые uniform rules

~а инвентаризации rules of (for) an inventory

~а, имеющие силу закона legislative rules

~а конвертации иностранной валюты rules of translation of foreign currency

~а конкуренции competition rules, *амер.* fair trade rules

~а, кредитные credit rules

~а, лицензионные licence regulations

~а, налоговые tax regulations

~а обслуживания service regulations

~а, обязательные obligatory (mandatory) rules

~а о займе и кредите rules on loan and credit

~а определения банкротства bankruptcy rules

~а оформления кредита credit procedure

~а охраны труда job safety rules

~ а пирамид pyramiding rules

~а поведения rules of conduct (of behaviour)

~а поведения, общеобязательные compulsory rules of conduct

~ поведения, широко применимое widely (extensively) applied rule of conduct

~а пользования товаром rules for (of) use of goods

327

~а, постоянно действующие standing rules

~а проверки check-out procedures

~а производства дел rules of procedure

~а производства по делам о банкротстве bankruptcy rules

~а, процедуры rules of procedure, internal regulations

~а процедуры арбитражного производства rules of procedure for arbitration proceedings

~а распределения allocation regulations

~а ревизии auditing rules

~ сбалансированного бюджета balanced budget rule

~а совершения расчетных операций rules for making (for performing) payment (settlement) operations

~а содержания имущества rules for (of) maintenance of property

~а страхования rules of insurance, insurance regulations

~а, строительные construction rules

~а судопроизводства rules of court (of procedure, of practice)

~а таможенного контроля customs regulations (rules)

~а, технические technical regulations

~а торговли trade practices

~а, унифицированные uniform rules (customs)

~а установления цен price regulations

~а, установленные established rules

~а, установленные законом rules of law, statutory regulations

~а эксплуатации service regulations, operating rules, rules of operation

~ а экспортного контроля export control regulations

нарушение правил violation (infringement) of rules

соблюдение правил observance of (compliance with) rules

действовать по ~ам conform to rules

нарушать ~а violate (break, infringe) regulations, depart from rules

обходить ~а sidestep rules

подчиняться ~ам comply with (conform to, obey) rules

поступать против правил act contrary to rules

применять ~а apply rules

противоречить ~ам contradict (contravene) rules

работать строго по ~ам work to rule

соблюдать ~а observe (keep) regulations, observe (keep, follow, comply with) rules

устанавливать ~а establish (lay down) rules

устанавливать ~а судопроизводства lay down the rules of court procedure

◊ в соответствии с ~ами процедуры in accordance with the rules of procedure

по ~ам under the rules

против правил against the rules

ПРАВИЛЬНОСТЬ (*точность*) correctness, accuracy; (*верность*) validity; (*регулярность*) regularity; (*разумность*) soundness

~ документов accuracy of documents

~ индоссаментов correctness of endorsements

~ начисления налогов accuracy of tax calculations

~ расчетов correctness (accuracy) of calculations

~ цен accuracy of prices

проверить ~ verify the correctness, check the accuracy

ПРАВИТЕЛЬСТВ/О government, administration

~, законное lawful (legitimate) government

~, коалиционное coalition government

~, конституционное constitutional government

~ РФ Government of the Russian Federation

~, федеральное federal government

входить в состав ~а enter the cabinet (the government)

сформировать ~ form a government

ПРАВЛЕНИ/Е (*орган*) board, executive (managerial) board, board of management; (*администрация*) administration, the management

~ акционерного общества board of directors of a joint-stock company

~ банка bank management (directors)

~ директоров board of directors

~ компании company management

~ кооператива administration (management) of a cooperative

быть членом ~я be on the board

ПРАВ/О 1. right, law; (*на что-л.*) entitlement; (*вещное*) interest; (*пользования чем-л.*) user; (*полномочие*) authority, power 2.

(*наука*) law 3. (*разрешение*) licence

~, авторское copyright [law]

~, агентское agency right; law of agency

~, административное administrative law

~, акционерное company law

~а акционеров rights of shareholders (of stockholders)

~, арбитражное law of arbitral procedure

~а, арендные leasing (leased) rights, leasehold interest, real chattels

~ аренды tenant right

~ ареста имущества в случае неуплаты долга general lien, blanket inventory lien

~ банка на арест вкладов заемщика для погашения просроченного кредита right of offset

~, банковское banking law

~ безакцептного удержания nonconsensual lien

~, бесспорное indubitable right

~, вексельное law of exchange, exchange law

~ вето veto power

~, вещное right in rem, property (proprietary) right, right of (interest in) property, real right; law of property (*см. тж* **ВЕЩНОЕ ПРАВО**)

~а вкладчика rights of a depositor

~ владельца облигации right of the holder of a bond

~ владения right of possession (of ownership, of proprietorship)

~ владения недвижимостью right of possession (of proprietorship) of immovable property

~, внутригосударственное domestic (internal, national) law

~ возврата right of return

329

~ в силу судебного решения, залоговое judgement lien
~ выбора right of choice (of option)
~ выбора места пребывания и жительства right of choice of domicile and residence
~ выкупа заложенного имущества right of redemption
~ выпуска банкнот note-issuing power
~ выпуска ценных бумаг issue of securities right, note-issuing power
~ голоса voting right (power), constituent power
~ голоса, исключительное sole voting right
~ голоса, квалифицированное qualified voting right
~ голоса по всем вопросам компетенции общего собрания right to vote on all matters within the competence of the general meeting
~ государства на принудительное отчуждение собственности power (right) of eminent domain
~, государственное constitutional (state, political) law
~, гражданское civil (civic) right (см. тж ГРАЖДАНСКОЕ ПРАВО)
~, гражданское процессуальное law of civil procedure
~ давности prescriptive right, prescription
~, действующее law in force, actual (current, existing, present, prevailing) law
~, действующее на территории страны law of the land
~, деликтное law of torts
~, договорное contract[ual] (conventional) law, law of contracts
~а, должностные official powers

~ доступа к государственной службе right of access to public service
~, естественное natural law
~, жилищное housing law
~а заимствования drawing rights
~а заказчика rights of the customer
~ заключения сделок right to contract
~, законное legitimate (legal, statutory) right
~, законодательное legislation law
~ законодательной инициативы power to initiate (to introduce) legislation
~ законодательства law-making power
~, закрепленное vested right (interest)
~, закрепленное в законе right at law
~а, закрепленные ценной бумагой rights confirmed by a security, rights in a security
~ залога (залоговое) lien, legal mortgage, security interest, right of pledge
~а залогодержателя rights of a pledgee
~, зарегистрированное registered right
~ зачета right of offset
~ защиты protective power
~, земельное agrarian (land) law
~ из договора contract[ual] right, stipulated right
~ из патента right of patent
~, имущественное property (proprietary) right, right of property; law of property (см. тж ИМУЩЕСТВЕННОЕ ПРАВО)

~а, имущественные, закреплённые законом vested interests

~ интеллектуальной собственности intellectual property (incorporeal) right

~а, иные other rights

~, исключительное exclusive (monopoly, sole) right, exclusivity, sole power

~ использования right to use

~ использования торговой марки franchise

~ истца claimant's right

~, кодифицированное codified law

~, коллизионное law of conflict

~, коммерческое 1. commercial law 2. commercial right

~, конверсионное conversion right

~, конституционное constitutional right

~, контрактное contract[ual] (conventional) law, law of contracts

~ контроля right of supervision

~ конфискации right of confiscation

~а кредитора к должнику rights of a creditor against a debtor

~а кредитора по обязательству rights of a creditor under an obligation

~, лицензионное 1. licence right 2. licence (licensing) law

~, личное personal right

~, личное неимущественное personal nonproperty right

~, материальное substantive (material) right; substantive law, law of substance

~, международное international law (см. тж МЕЖДУНАРОДНОЕ ПРАВО)

~ международной торговли law of international trade

~ международных валютных операций law of international monetary transactions

~ международных экономических отношений law of international economic relations

~а мелких акционеров (вкладчиков) minority shareholders rights

~, монопольное monopoly (exclusive, sole) right

~, муниципальное municipal right

~ на взыскание убытков right to recover damages, right to compensation

~ на владение землей title to land

~ на возврат залога right of redemption

~ на возмещение затрат right to compensation for expenditures

~ на возмещение убытков right to indemnity (to recover damages)

~ на вознаграждение right to remuneration

~ на груз right to cargo

~ надзора right of supervision

~ на защиту right to (of) defence

~ на земельный участок right to a land plot (parcel)

~ на знак обслуживания right to a service mark

~ назначать на должность appointing power

~ на имущество right to property, property right, title, proprietary interest

~ на имущество в обеспечение уплаты налога, залоговое tax lien

~ на имя right to a name

~ на интеллектуальную собственность intellectual property right

~ на иск right of suit (of action)

~ на использование right to (for) use

~ на коммерческую деятельность commercial right

~ на компенсацию right to compensation

~, налоговое tax (fiscal, revenue) law, law of taxation

~а налогоплательщиков rights of taxpayers

~ на льготы entitlement to benefits

~ на недвижимость right to immovable property

~ нанять адвоката right to employ a legal adviser

~ на обжалование судебных решений right of appeal

~ на обыск right of search

~ на пай participating right

~ на пенсию right to (qualification for) a pension

~ на покупку, преимущественное pre-emptive right, pre-emption

~ на получение выплат right to receive payments

~ на получение дивидендов right to receive dividends, dividend right

~ на получение пая right to receive a share

~ на получение процентов right to receive interest

~ на получение судебной защиты right of relief

~ на получение удовлетворения right to recovery

~ на получение юридической помощи right to legal aid

~ на привлечение денежных средств right to attract (to obtain) monetary funds

~ на принудительное отчуждение частной собственности eminent domain

~ на приобретение акций right to acquire shares

~ на приобретение акций, преимущественное pre-emptive right to acquire shares

~ на приобретение акций своей компании stock option plan

~ на приобретение дополнительных акций rights issue

~ на проверку right to inspection

~ на продажу right of sale (to sell), sales (selling, distribution) right

~ на рассмотрение дела судом присяжных right to a jury trial

~ на реализацию товара selling right

~, нарушенное violated (infringed) right

~ на сдачу земли в аренду right to lease land

~ наследования right of inheritance (of succession)

~, наследственное right of inheritance; inheritance (succession) law, law of inheritance (of succession)

~ на социальное обеспечение right to social insurance

~ на справедливое судебное разбирательство right to a fair trial

~ на судебную защиту right to defence (to protection by the court, to legal assistance)

~ на товар title to the goods

~ на товарный знак right to a trademark

~ на участие participating right

~ на участие в общем собрании right to participate in a general shareholders' meeting

~ на участие в прибылях profit participation right

~, национальное national law

~, неделимое имущественное undivided interest

~а, неимущественные nonproperty rights

~, неограниченное absolute power (right)

~, неоспоримое indubitable right

~, неотчуждаемое inalienable right

~, неотъемлемое inalienable (inherent) right

~ неприкосновенности privilege of immunity

~, обеспечительное security right

~ обжалования right of appeal

~ обжалования в суде right of access to courts

~ обжаловать действия должностных лиц right to lodge a complaint against the actions of officials

~ оборота right of recourse (of regress, of relief)

~ обратного требования right of regress (of recourse, of recovery)

~ обратной покупки right of repurchase

~ обращения взыскания на заложенную недвижимость right of foreclosure

~ обращения в суд right of access to courts, right of court

~, общее common law (right)

~ общей собственности right of common ownership

~, обычное customary (tacit) law

~, обязательственное law of contracts (of obligation), contractual (liability) law; obligation right, right in personam

~ ограниченного пользования земельным участком right of limited use (of restricted enjoyment)

~ одновременного пользования right of concurrent use

~ оперативного управления right of operative (operational) management (*см. тж* **ПРАВО ОПЕРАТИВНОГО УПРАВЛЕНИЯ**)

~ освобождения от налогов right to tax exemption

~, основанное на доверенности vicarious authority (power)

~, основанное на обычае customary right

~а, основные fundamental (substantial, primary) rights

~, особое franchise

~, оспоренное disputed right

~ отвода right of challenge

~ отзыва right of recall, recall power

~ открыть частную практику right of establishment

~ отмены right of recall

~ отчуждения за долги right of foreclosure

~, патентное 1. patent law 2. patent right

~ первого выбора right of first refusal

~ первой руки first option

~, первоочередное priority right

~а, передаваемые по наследству rights transferable by inheritance

~ передоверия right (power) of substitution

~ перепродажи right of resale

~ пересмотра судебного решения power of review

~ а по договору rights under a contract (under an agreement)

~ подписи authority (power) to sign, signing authority

~ подписки на акции subscription (application) right

~, подразумеваемое implicit right

~ пожизненного наследуемого владения right of lifetime (lifelong) inheritable possession

~, пожизненное life interest

~ по закону statutory power

~ покупателя buyer's right

~ покупки right to purchase (for the purchase)

~ покупки, преимущественное priority (preferential) right to purchase, pre-emption (pre-emptive) right of purchase, right of pre-emption (of first option)

~ пользования right of use (of enjoyment)

~ пользования землей, водой и другими природными ресурсами right of use of land, water and other natural resources

~ пользования, исключительное exclusive right to use

~а посредника rights of an agent

~ постоянного пользования right of permanent use

~ потребителя на защиту consumer's right to protection

~а потребителей rights of consumers, consumer rights

~ потребовать адвоката right to request a counsel

~а по чеку rights under (to) a cheque

~а, предоставляемые акциями rights represented by shares

~а предпринимателя entrepreneur's (businessman's) rights

~а предприятия на закрепленное за ним имущество rights of an enterprise to the property attached (allocated) to it

~ представительства right of representation

~ предъявления иска right of suit (of action)

~ преждепользования right of prior use

~, презюмируемое implicit (implied) right

~, преимущественное priority (preferential) right, right of priority

~ преимущественной покупки priority (preferential) right to purchase, right of pre-emption (of first option), pre-emption (pre-emptive) right

~, преференциальное preferential right

~, прецедентное case (judiciary, decisional) law, law of practice

~ а при ликвидации корпорации rights in liquidation

~, применимое applicable legislation, governing law

~ принимать судебное решение power of judgement, judgement-making power

~а принципала rights of the principal

~ приобретения акций right to purchase (to acquire) shares of stock

~ приоритета right of priority, priority right

~ продавца seller's right

~ продажи power of sale, authority to sell, right to distribute

~ проезда (прохода) right of passage

~ производить ассигнования right of appropriation

~, промышленное industrial right

~ протеста right of protest

~, процессуальное law of procedure, formal (remedial) law; procedural right

~, публичное 1. public law 2. public right

~a, равные equal rights

~ распоряжения right of disposal

~ расторжения договора right to terminate a contract

~ регресса right of regress (of recourse, of relief)

~, регулирующее деятельность акционерных компаний company law

~ решающего голоса deciding vote

~ реэкспорта right of reexport

~, рыночное market law

~ свободного передвижения right of freedom of movement (of free movement)

~ собственности 1. title, right to property; right of ownership (of possession), property (ownership, proprietary) right, proprietorship 2. law of of property, property law (см. тж ПРАВО СОБСТВЕННОСТИ)

~ собственности, бесспорное unassailable (perfect) title

~ собственности на имущество right of ownership to property

~ собственности, неполноценное defective (bad) title

~ собственности, полноценное perfect title

~ совместного пользования right of joint (of common) use

~a, социально-экономические socio-economic rights

~ справедливости equity law, law of equity

~, статутное statutory (statute) law

~a сторон rights of the parties

~, страховое insurance law

~ суброгации subrogation right

~ субститута right of substitution

~, субъективное, основанное на норме общего права legal right

~, субъективное, основанное на норме права справедливости equitable right

~, судебное judicial (judiciary) law, law of the courts

~, таможенное law of customs, customs law

~ торгового оборота business (commercial) law

~, торговое commercial (mercantile, business, merchant) law (см. тж ТОРГОВОЕ ПРАВО)

~ транзита right of transit

~ требования claim, right to (of) claim, incorporeal right, right in action

~, трудовое law of employment, employment law, industrial (labour) law

~, уголовное criminal (penal) law

~ удержания lien, right of retention; (на недвижимое имущество) indenture; (на вещи при продаже в рассрочку) vendor's lien

~ удержания, имеющее законную силу perfected lien

~ удержания имущества в обеспечение уплаты налога tax lien

~ удержания имущества за долги general lien, blanket inventory lien

~ удержания товара за долги lien on goods

~, удостоверенное ценной бумагой right certified (evidenced) by a security

~ установления налогов taxing power

~, установленное законом enacted (prescribed) right

~ участия participation right, interest

~, ущемленное impaired right

~, финансовое finance (financial) law

~ хозяйственного ведения right of economic management, economic jurisdiction (*см. тж* **ПРАВО ХОЗЯЙСТВЕННОГО ВЕДЕНИЯ**)

~, хозяйственное economic law

~, частное private law

~ частной собственности на землю right of private property to land

~, эмиссионное right to issue (of issuing) notes

~, юридически действительное good (valid) right

~а юридического лица rights of a legal person, corporate powers

~, юридическое legal power (right), right at law

верховенство ~а rule (supremacy) of law

владение землей на ~е постоянного пользования possession of land by the right of permanent use

восстановление прав restoration (reinstatement) of rights

восстановление прав по утраченной сберегательной книжке reinstatement of rights for a lost bank book (savings passbook)

восстановление имущественных прав restitution of property rights

выбор ~a choice of law

гарантия прав guarantee of rights

делегирование прав delegation of rights (of powers)

документ, свидетельствующий о ~е document attesting to the right

защита прав protection (defending) of rights

злоупотребление ~ом abuse of a right

изменение прав alteration (changing) of rights

комплекс исключительных прав system (set) of exclusive rights

лишение ~a выкупа заложенного имущества foreclosure

лишение ~a занимать определенные должности disability in the nature of punishment

нарушение ~a violation (breach) of law, law-breaking

нарушение авторского ~a infringement (violation) of a copyright

обладатель ~a holder of a right

объем ~a scope of right

ограничение ~a restriction (limitation) of a right

осуществление прав realization (exercise) of rights

отказ от ~a waiver (renouncement, abandonment, surrender) of a right

отказ от ~a собственности waiver (abandonment) of [the right of] ownership

охрана прав protection of rights

перевод ~a на *кого-л.* transfer (passing) of a right to *smb*

передача ~a transfer (assignment, cession, passing) of a right

переуступка ~a assignment (transfer) of a right

переход прав кредитора к другому лицу transfer (passing) of rights of a creditor to another person

переход ~а собственности к другому лицу transfer (passing) of the right of ownership to another person (to a third party)

порок ~ а собственности defect in the title

посягательство на *чьи-л.* ~а encroachment (infringement) on *smb's* rights

презумпция ~а presumption in law, prima facie law

прекращение прав termination of rights

прекращение ~а пользования termination of the right of use

признание ~а recognition of a right

приобретение прав на использование acquisition (obtaining) of rights for use (to the use)

регистрация прав registration of rights

самозащита ~а legal self-help

сохранение ~а собственности retention of the right of ownership

субъект ~а subject (holder) of a right; person (subject) of law

судебная защита прав judicial protection of rights

установление ~а establishment of a right

уступка ~а assignment of a right

фиксация ~а в бездокументарной форме fixation of a right in a paperless (in an undocumented) form

аннулировать ~ annul a right

владеть на ~е хозяйственного ведения или оперативного управления hold by right of economic jurisdiction or operative management

воспользоваться ~ом use (exercise) one's right

восстанавливать в ~ах rehabilitate, restore in rights

вступать в ~а владения имуществом take possession of property

гарантировать ~а guarantee rights

давать ~ entitle

делегировать ~ delegate a right

закреплять ~ assign a right

защищать ~ protect (uphold) a law

защищать свои ~а assert (defend) one's rights

злоупотреблять ~ами abuse rights

иметь ~ на *что-л.* have the right (be entitled) to *smth*

иметь ~ на пенсию be entitled to a pension

иметь ~ распоряжаться *чем-л.* have control over *smth*

иметь ~ собственности на имущество have the right of ownership to property

иметь законное ~ be legally entitled

иметь имущество на ~е собственности have property by right of ownership

иметь полное ~ have full power

иметь преимущественное ~ take precedence

использовать ~ exercise a right

лишать ~а deny (deprive of) a right, *юр.* incapacitate

лишаться ~а forfeit (lose) a right

наделять ~ами vest with rights

наделять ~ом собственности give (endow with) the right of

ownership to property, vest with a title

нарушать ~а violate (infringe, break) rights

обеспечивать ~ secure a right

ограничивать ~a restrict (limit) rights

определять ~a determine rights

оспаривать ~ challenge (contest) a right

оставлять за собой ~ reserve the right

осуществлять ~a exercise rights

осуществлять ~a разумно и добросовестно exercise rights reasonably and in good faith

отказываться от ~a waive (abandon, renounce, resign, surrender) a right

отстаивать ~ assert (vindicate) a right

передавать ~a assign (transfer, cede, convey) rights

передавать ~а по ценной бумаге приказу кого-л. transfer rights under a security to the order of smb

передавать арендные ~а в залог give the leased (leasing) rights as a pledge (as a security deposit)

переуступать ~a assign (transfer, cede, convey) rights

пользоваться ~ом enjoy (exercise, use) a right

посягать на ~a encroach (infringe) on rights

потерять ~ lose (forfeit) a right

предоставлять ~ аренды transfer (offer) the right of lease

предъявлять ~ assert a right; lay (lodge) a claim, claim

принадлежать на ~е собственности belong by right of ownership

принадлежать на ~е хозяйственного ведения или оперативного управления belong by right of economic management or operative administration

приобретать ~а acquire (obtain) rights

расширять ~а broaden (extend) the rights

реализовать ~ exercise a right

терять ~ lose (forfeit) a right

требовать причитающегося по ~у claim one's right

удостоверять ~ certify a right

уступать ~ assign (transfer, convey) a right

утрачивать ~ lose (forfeit, relinquish) a right

утрачивать ~ собственности lose the right of ownership

ущемлять чье-л. ~ encroach (infringe) on smb's right

◊ без ~a without the right

в силу ~a at law; by right of

в соответствии с нормами международного ~a in conformity (in accordance) with the norms of international law

по ~у [as] of right

по ~у справедливости in equity

с ~ом голоса with the right to vote

с ~ами юридического лица with the rights of a legal entity

с полным ~м rightfully

~а и обязанности rights and duties (and obligations)

~а и обязанности переходят к ... rights and duties pass to ...

~ собственности переходит к покупателю the right of ownership passes to the buyer

Специальные ~а заимствования Special Drawing Rights

ПРАВОВОЙ АКТ legal act
нарушение правового акта violation of a legal act

ПРАВОВОЙ МЕХАНИЗМ legal mechanism, legislative framework

ПРАВОВЫЕ ПРЕГРАДЫ legal obstacles

ПРАВОМЕРНОСТЬ lawfulness, rightfulness; (*законность*) legitimacy

ПРАВОМОЧИ/Е [legal] power, authority, competence
~я, административные administrative powers
~, действительное real authority
~я, действующие current (prevailing) powers
~я, делегированные delegated (granted) powers, delegated authority
~я, должностные official powers
~, конституционное constitutional authority
~я, надлежащие competent authority
~, официальное formal power
~я по голосованию right to vote
~я по должности authority conferred by office
~я по закону legislative authority, authority by law, statutory powers
~ по управлению имуществом powers for the management of property
~, предоставленное законом statutory authority
~я президента presidential power
~я, презюмируемые apparent (implied) powers (authority)
~я, прямые direct authority
~я собственника rights of an owner
~я, судейские judicial powers
осуществление ~й exercise of [legal] powers

предоставление ~й authorization, entitlement
лишать ~й deprive (divest) of authority (of powers)
предоставлять ~я authorize, empower, entitle, vest with authority (with powers)

ПРАВОНАРУШЕНИ/Е violation (infringement, breach) of law, law violation, delict, delinquency, offence, [legal] wrong
~, административное administrative infringement (offence)
~, гражданское civil violation (offence), civil (private) wrong, tort
~, должностное malfeasance in office, official malfeasance
~, налоговое tax violation (delinquency)
~, преднамеренное intended breach of law
~, публичное public wrong
иск из гражданского ~я tort action
ответственность за ~ amenability for violation of law
санкция за ~ sanction for violation of a law
нести ответственность за гражданское ~ be liable in tort
совершить ~ commit an offence

ПРАВОНАРУШИТЕЛЬ law-breaker, infringer [of a law], transgressor, wrong-doer; (*владения*) trespasser; (*в гражданском праве*) tort-feasor; (*преступник*) offender

ПРАВООБЛАДАТЕЛЬ holder of a right; (*компания, имеющая право эксплуатации предприятия другой компании*) franchiser
~, вторичный secondary holder of a right; secondary franchiser

ПРАВО ОПЕРАТИВНОГО УПРАВЛЕНИЯ right of operational (opera-

339

tive) management, right of operative administration

имущество, принадлежащее юридическому лицу на праве оперативного управления property belonging to a legal person by the right of operational management

приобретение права оперативного управления acquisition of the right of operational management (of operative administration)

сохранение права оперативного управления на имущество предприятия при переходе предприятия к другому собственнику retention of the right of operational management of property in case of transfer of an enterprise to another owner

ПРАВООТНОШЕНИ/Я legal relations (relationship)

~, гражданские civil legal (civil law) relations (relationship)

~, договорные contractual relationship

~ сторон legal relations between the parties

~, торговые commercial legal relationship

изменение ~й alteration (modification) of legal relations (relationship)

прекращение ~й termination of legal relations (relationship)

субъект ~й party to a legal relationship

ПРАВОПЕРЕДАЧА assignment; (*правового титула*) conveyance

ПРАВОПОРЯД/ОК legal order, law and order

нарушение ~ка violation of law and order

основы ~ка bases (principles) of [the] legal order

поддержание ~ка maintenance of law and order

нарушать ~ violate law and order

поддерживать ~ maintain law and order

соблюдать ~ observe law and order

ПРАВОПРЕЕМНИК [legal] successor, transferee, assignee, cessionary

~ в деле successor in business

~ юридического лица legal successor of a legal person

обязанности ~а obligations (duties) of a legal successor

определение ~а реорганизованного юридического лица determination of the legal successor of a reorganized legal person

ответственность ~а successor liability

переход права собственности к ~у реорганизованного юридического лица passing of the right of ownership to the legal successor of a reorganized legal person

являться ~ом be the legal successor

ПРАВОПРЕЕМСТВ/О legal succession (continuity), law of succession, succession in title; (*переуступка*) assignment

~, непрерывное perpetual (continuous) succession

~ по обязательствам реорганизованного юридического лица legal succession for obligations of a reorganized legal person

~ при ликвидации юридического лица legal succession in case of liquidation of a legal person

~ при преобразовании юридического лица legal succession in

case of transformation of a legal person

~ при реорганизации юридических лиц legal succession upon reorganization of legal persons

~, универсальное universal [legal] succession (*см. тж* **УНИВЕРСАЛЬНОЕ ПРАВОПРЕЕМСТВО**) переход прав кредитора к другому лицу в результате универсального ~a transfer of the rights of a creditor to another person as a result of universal legal succession

◊ в порядке ~a by succession, by way of (in the order of) legal succession

ПРАВОПРИМЕНЕНИЕ [law] enforcement

~, гибкое flexible enforcement

~ законными методами legitimate law enforcement

~, неправомерное wrongful enforcement

~, обязательное mandatory enforcement

~, ограничительное strict enforcement [of law]

~, судебное judicial enforcement

ПРАВОПРИТЯЗАНИ/Е claim, assertion of right

~ я, взаимные reciprocal claims

~, гражданское civil demand

~, ложное false claim

~, мошенническое fraudulent claim

~, обоснованное valid claim

~ противной стороны hostile claim

~, фиктивное fictitious claim

ПРАВО СОБСТВЕННОСТИ 1. title, right to property; right of ownership (of possession), property (ownership, proprietary) right, proprietorship 2. law of property

~, бесспорное unassailable (perfect) title

~ граждан и юридических лиц right of ownership of citizens and legal persons

~, исключительное exclusive possession

~ на жилое помещение right of ownership to living accommodation

~ на имущество right of ownership to property

~ на имущество, закрепленное за унитарным предприятием right of ownership to the property attached to a unitary enterprise

~ на имущество, переданное фонду его учредителями right of ownership transferred to a fund by its founders

~, неполноценное defective (bad) title

~, ограниченное limited possession

~, полноценное perfect title

возникновение права собственности origin of the right of ownership

государственная регистрация права собственности на недвижимость state registration of the right of ownership to immovable property

защита права собственности protection of the right of ownership

имущество Российской Федерации, субъекта Российской Федерации, муниципального образования, принадлежащее им на праве собственности property of the Russian Federation, of a subject of the Russian Federation, of a municipal formation belonging to them by right of ownership

отказ от права собственности waiver (renunciation) of the right of ownership

переход права собственности на предприятие transfer of the right of ownership to an enterprise

приобретение права собственности на недвижимое имущество acquisition of the right of ownership to immovable property

иметь имущество на праве собственности have property by right of ownership

ПРАВОСПОСОБНОСТ/Ь [legal] capacity, competence

~, административная administrative legal capacity

~ гражданина legal capacity of a citizen

~, гражданская civil legal capacity

~, договорная contractual capacity

~, завещательная testamentary capacity

~, международная international legal capacity

~, процессуальная [legal] capacity to sue

~ юридического лица legal capacity of a legal person

лишение ~и deprivation of legal capacity

ограничение ~и limitation (restriction) of legal capacity

ограничивать в ~и incapacitate, disqualify

ПРАВОСУБЪЕКТНОСТЬ [legal] personality

~, международная international personality

~, самостоятельная separate personality

ПРАВОСУДИ/Е [public] justice, judicial power

~, превентивное preventive justice

~, равное equal justice

акт ~я administered (dispensed) justice

отправление ~я administration (dispensation, distribution, execution, exercise) of justice, jurisdiction

обратиться к ~ю go to law

отправлять ~ administer (dispense, do, distribute, mete out) justice (the law)

ПРАВОУСТУПАТЕЛЬ assignor

ПРАВО ХОЗЯЙСТВЕННОГО ВЕДЕНИЯ right of economic management

государственная регистрация права хозяйственного ведения state registration of the right of economic management

прекращение права хозяйственного ведения termination of the right of economic management

приобретение права хозяйственного ведения acquisition of the right of economic management

сохранение права хозяйственного ведения на имущество при переходе предприятия к другому собственнику retention of the right of economic management in case of transfer of an enterprise to another owner

унитарное предприятие, основанное на праве хозяйственного ведения unitary enterprise based on the right of economic management принадлежать на праве хозяйственного ведения belong by right of economic management

ПРАКТИК/А practice; (*процедура*) procedure

~, административная administrative practice

~, арбитражная arbitration practice (procedure)

~, банковская bank[ing] practice, banking routine

~, государственная public (state) practice

~, деловая business practice (usage)

~, деловая ограничительная restrictive business practices

~, дискриминационная discriminatory practice

~, добросовестная fair practices

~, добросовестная деловая good business practices

~, договорная contractual practice

~, законодательная legislative practice

~, исполнительная executive practice

~, коммерческая commercial practices

~, конституционная constitutional practice

~, лицензионная licensing practices

~, международная international practice

~, мошенническая fraudulent practices

~, налоговая tax practice

~, налоговая федеральная federal tax practice

~, недобросовестная bad (unfair, abusive) practices

~, недобросовестная деловая bad business practices

~, недобросовестная торговая unfair trade practices

~, незаконная illegal practices

~, общепринятая general (common, usual) practice

~, обычная standard (normal) practice

~, ограничительная restrictive practices

~, правовая practice of law

~, преступная criminal practice

~, публично-правовая public practice

~, рыночная usage of the market, market usage

~, судебная judicial practice, judiciary law, jurisprudence

~, существующая existing practice

~, торговая custom (practice) in trade

~, управленческая management practice

~, установившаяся established (common, standard, existing) practice

~, хозяйственная business practices, business (economic) behaviour

~, юридическая practice of law, law (legal) practice

осуществлять на ~е put into practice

◊ на ~е in practice

ПРЕВЫШЕНИЕ (*излишек*) excess, surplus; (*остатка счета в банке*) overdraft

~ власти exceeding authority; (*злоупотребление*) abuse of power

~ доходов над расходами excess of receipts over expenses, surplus

~ импорта над экспортом excess of imports over exports, surplus of imports, import balance of trade

~ кредитного лимита overdraft of credit

~ полномочий exceeding the powers (the limits of authority), abuse of authority

~ поступлений над расходами surplus of receipts over expenses

~ правительственных расходов над доходами budget deficit

~ предложения над спросом excess of supply over demand

~ продажной цены над себестоимостью *бухг.* contribution

~ расходов над доходами budget[ary] deficit

~ спроса над предложением excess of demand over supply, excessive demand

~ судебной власти judicial excess

~ экспорта над импортом excess of exports over imports

~ юрисдикции excess of jurisdiction

ПРЕДВЗЯТОСТЬ bias, prejudice, preconception

ПРЕДВЗЯТЫЙ biassed, prejudiced, preconceived

ПРЕДДОГОВОРНЫЕ СПОРЫ precontract[ual] disputes

ПРЕДЕЛ limit; (*предельный срок*) limitation; (*предельный уровень*) ceiling; (*допускаемый*) margin

~ банковского кредита credit ceiling

~ банковского финансирования authorizations ceiling

~, верхний upper limit

~ы взаимного участия в уставном капитале limits of mutual participation in the charter capital

~ государственной задолженности national debt limit

~ дефицита deficit margin

~ доходности margin of profit

~ задолженности debt limit

~ заимствования borrowing limit

~ затрат cost limit

~ издержек limit of expenses

~ы колебания курсов margins of fluctuation

~ы колебания цен margins of price fluctuation

~ кредитования lending limit

~, нижний lower limit, floor

~ повышения розничных цен retail price ceiling

~ рентабельности limit of profitability

~ суммы займа loan size limit

~, установленный законом limit established by a statute (by a law)

~ цен limit for (on) prices

превышение ~a exceeding the limit

выходить за ~ы go beyond (fall outside, exceed) the limits

выходить за ~ы компетенции go beyond competence

колебаться в ~ах range within the limits of

не выходить за ~ы полномочий keep within the terms of reference

превышать ~ exceed the limit

устанавливать ~ establish (fix, set, assign) a limit

◊ в ~ах власти и полномочий within the scope of powers and authorities

в ~ах компетенции within competence

в ~ах полномочий within one's powers

344

в ~ах суммы within the limits of an amount, up to the amount of

в установленных ~ах within prescribed limits

ПРЕДЛОЖЕНИ/Е offer, proposal; (*заявка на торгах*) tender; (*цены на аукционе*) bid; (*на рынке*) supply; (*комплексное*) package

~, альтернативное alternative proposal

~ без обязательства offer without obligation (without commitment, without engagement)

~, бюджетное budget[ary] proposal, budget estimates

~, встречное counter-offer

~, выгодное profitable (paying) proposition

~, действительное valid offer

~, деловое business proposition

~ заключить контракт proposal to conclude a contract

~, избыточное excessive supply

~, избыточное денежное excessive money supply

~, инициативное initiative offer

~, имеющее исковую силу legally enforceable offer

~, комплексное package proposal

~, компромиссное compromise proposal

~, конкурентное competitive offer (proposal, bid)

~я, конкурсные bids

~, конструктивное acceptable offer (proposal)

~ кредита credit offer

~ на поставку offer to supply

~ на продажу offer for sale

~ на рынке market supply

~ облигаций supply of bonds

~ обыкновенных акций public offering

~, ограниченное условием conditional offer

~ о покупке акций tender offer

~ о покупке контрольного пакета акций другой компании takeover bid

~ о финансировании proposal for financing

~, первоначальное initial offering

~ поставки offer (proposal) for delivery (for supply)

~, предварительное preliminary proposal, tentative offer

~, приемлемое acceptable (favourable) offer (proposal)

~ принять участие в торгах notice of invitation to tender

~, публичное public offering

~, свободное free offer, offer without obligation

~, твердое firm (binding) offer (proposal)

~, тендерное tender offer

~ товара offer (proposal) of goods

~ услуг offer of services

~ финансирования proposal for financing

~ ценных бумаг, вторичное secondary offering

~ ценных бумаг, первичное initial offering

~ цены quotation; (*на торгах*) bidding, tender

~, частное private proposal

избыток ~я товаров на рынке excess of supply

отклонение ~я rejection of an offer

пакет ~й package of proposals

подтверждение ~я confirmation of an offer

превышение ~я над спросом excess of supply over demand, excessive supply принятие ~я acceptance of an offer (of a proposal); (*на аукционе, бирже*) acceptance of a bid

срок действия ~я validity of an offer

цена ~я price of an offer

аннулировать ~ cancel (annul, revoke, withdraw) a proposal

вносить ~ make (submit, put forward) a proposal, make (submit) an offer; (*на торгах*) make (file) a bid

вносить ~ в повестку дня submit an issue for the agenda

делать ~ make (propose) an offer, make (offer) a proposal

отзывать ~ revoke (withdraw) an offer (a proposal)

отклонять ~ decline (reject, turn down) an offer (a proposal)

получать ~ receive an offer (a proposal)

принимать ~ accept (take) an offer (a proposal)

рассматривать ~ consider (examine, study, evaluate) an offer (a proposal)

◊ по ~ю upon the proposal

спрос и ~ demand and supply

ПРЕДМЕТ object, article; (*изделие*) item, piece; (*договора, иска*) subject, object

~ агентского договора subject of an agency contract (agreement)

~ы ввоза import articles, imports

~ы вывоза export articles, exports

~ деятельности object of activity

~ы длительного пользования durable articles, durables

~ договора subject of a contract, object of an agreement

~ договора строительного подряда subject of a building contract (of a contract for construction work)

~ залога subject (object) of mortgage (of pledge)

~ иска subject (matter) in contest (in dispute)

~ контракта subject (object) of a contract

~ налогообложения object of taxation

~ы первой необходимости articles of prime necessity, staple commodities

~ поставки subject (object) of delivery

~ правовой защиты object of legal protection

~ы продажи articles (commodities) on sale

~ спора subject in a dispute, matter of dispute, issue

~ы торговли items of trade (of commerce)

~ тяжбы subject of litigation

ПРЕДОСТАВЛЕНИ/Е (*прав и т.п.*) granting, furnishing; (*кредита*) extension, extending, accommodation; (*обеспечения*) provision; (*ассигнование*) allotment, allocation, assignment, appropriation

~ аванса advance, advancing

~ агентских полномочий granting of an agency appointment

~ аудиторского заключения expression of opinion

~ банковского обслуживания banking facilities

~ в чье-л. распоряжение placing at *smb's* disposal

~ гарантии furnishing (granting) a guarantee

~ государственного кредита granting of state credit

~ займа extension (granting) of a loan, loaning, lending

~ комплекса услуг rendering a package of services

~ консультационных услуг provision of consulting services

~ кредита extension (provision, granting, allocation, allowance) of credit, credit accommodation

~ кредита под залог crediting on mortgage

~ лицензии granting of a licence, licensing

~ льгот по кредиту easing of credit, credit relaxation

~ налогового кредита extension of tax credit

~ налоговых льгот granting of tax privileges

~ ноу-хау providing (furnishing) know-how

~ обеспечения provision of security

~ отсрочки giving (granting) of a respite

~ полномочий vesting with authority (with powers)

~ помощи rendering (lending) of aid (of assistance)

~ права authorization, entitlement

~ привилегии granting of a privilege

~ работы provision of employment

~ сведений о товаре presentation of information on goods

~ скидки granting of a discount (of an allowance)

~ средств provision of capital, provision (extension) of funds

~ ссуды extension (provision) of a loan, advance (extension) of funds

~ товара в распоряжение покупателя placing of goods at the disposal of the buyer

~ услуг provision (providing, rendering) of services

~ финансирования provision of financing

~ финансовых услуг provision (granting) of financial services

~ юридической помощи provision of legal aid (assistance)

отказ от ~я кредита refusal to provide (to grant) credit

ПРЕДОТВРАЩЕНИЕ prevention, averting

~ аварии prevention of an accident

~ банкротства prevention of bankruptcy

~ вреда preventing harm

~ злоупотребления prevention of abuse

~ потерь loss prevention

~ убытков loss prevention

ПРЕДПИСАНИ/Е (*распоряжение*) direction, prescription, regulation; (*приказ*) order, rule, warrant; (*судебный запрет*) injunction; *pl.* (*инструкции*) directions, instructions, regulations

~я, административные (администрации) administrative order

~я, валютные exchange regulations

~, временное interim injunction

~ закона prescription of law

~я, запретительные sanctions

~я, нормативные regulations

~я органов контроля directions of control bodies

~, правовое prescription of law, legal regulation

~, судебное writ, rule of court

~я, таможенные customs regulations

выполнять ~я comply with regulations (with instructions, with orders)

действовать согласно ~ю act in accordance with directions

ПРЕДПОЛОЖЕНИ/Е supposition; (*допущение*) assumption; (*оценочное*) estimate

~я, бюджетные budget[ary] estimates, budget forecast

~я, сметные estimates, forecast budget

~я, ценовые price outlook

◊ исходя из ~я on the assumption

ПРЕДПРИНИМАТЕЛЬ entrepreneur, businessman; (*в промышленности*) industrialist; (*владелец предприятия*) owner; (*работодатель*) employer

~, индивидуальный individual (private) entrepreneur (*см. тж* **ИНДИВИДУАЛЬНЫЙ ПРЕДПРИНИМАТЕЛЬ**)

~, мелкий small manufacturer (undertaker), small-scale entrepreneur

~, теневой shadow businessman

ПРЕДПРИНИМАТЕЛЬСКАЯ ДЕЯТЕЛЬНОСТЬ entrepreneurial activity, business activities

~ общественных и религиозных организаций entrepreneurial (business) activity of social and religious organizations

~ участников полного товарищества entrepreneurial activity of participants of a general partnership

~ фондов entrepreneurial (business) activity of funds

доходы, полученные от предпринимательской деятельности income received from entrepreneurial (business) activity

осуществление предпринимательской деятельности некоммерческими организациями conduct of entrepreneurial activity by noncommercial organizations

право заниматься предпринимательской деятельностью right to engage in entrepreneurial activity

страхование риска убытков от предпринимательской деятельности insurance of the risk of losses from entrepreneurial activity

сфера предпринимательской деятельности area (sphere) of entrepreneurial activity

ПРЕДПРИНИМАТЕЛЬСКИЙ РИСК entrepreneurial risk

страхование предпринимательского риска insurance of entrepreneurial risk

ПРЕДПРИНИМАТЕЛЬСТВ/О entrepreneurship, enterprise, business

~, законное legitimate enterprise

~, индивидуальное individual enterprise

~, коммерческое commercial business

~, мелкое small enterprise (business)

~, преступное criminal enterprise

~, свободное free enterprise

~, совместное joint enterprise (business)

~, торговое commercial business

~, частное free (private) enterprise

свобода ~a freedom of enterprise

ПРЕДПРИЯТИ/Е 1. (*деловое, промышленное*) enterprise, business, establishment; (*рискованное*) venture; (*дело*) undertaking, enterprise 2. (*фирма, компания*) company, firm, concern

~, акционерное incorporated (corporate) enterprise

~, акционированное промышленное corporate industrial enterprise

~, арендное leased (leasing) enterprise, enterprise operated under lease

~, бездействующее idle plant (facilities)

~, безубыточное break-even enterprise

~я быстрого обслуживания fast-food establishments (outlets)

~ бытового обслуживания public service (consumer services) establishment

~, ведущее leading enterprise (plant)

~, государственное state (state-owned, public) enterprise

~, государственное унитарное state unitary enterprise

~, действующее operating enterprise, going concern

~, деловое business enterprise

~, доходное profitable (remunerative) enterprise (business)

~, дочернее subsidiary [enterprise]

~, казенное treasury (public) enterprise

~, капиталоемкое capital-intensive business

~, коммерческое commercial enterprise (undertaking)

~, коммунальное utility enterprise, *pl.* public utilities

~, конкурирующее competing business, competitive (rival) enterprise, competitor company

~, кооперативное cooperative enterprise

~, крупное large enterprise (plant), large-scale business

~я малого и среднего бизнеса small and medium-sized enterprises

~, малодоходное nonremunerative business

~, малое small enterprise, small[-sized] business

~, молодое upcoming enterprise, infant industry

~, муниципальное municipal (municipally-owned) enterprise

~, муниципальное унитарное municipal unitary enterprise (*см. тж* МУНИЦИПАЛЬНОЕ УНИТАРНОЕ ПРЕДПРИЯТИЕ)

~, национализированное nationalized enterprise

~, национальное national enterprise

~, негосударственное nongovernmental enterprise

~, независимое independent enterprise

~, незаконное illegal enterprise

~, некоммерческое nonprofit enterprise

~, нерентабельное loss-making (unprofitable) enterprise (venture)

~, обанкротившееся bankrupt enterprise

~ обслуживания service establishment

~я общественного пользования public facilities (utilities)

~, отечественное domestic enterprise

349

~, подведомственное subordinate enterprise

~, подконтрольное affiliated company

~, подопечное subsidiary enterprise

~ по переработке овощей vegetable processing enterprise

~ по переработке отходов waste-treatment facilities

~, прибыльное profitable (remunerative) enterprise (business), paying enterprise (concern)

~, приватизированное privatized enterprise

~, производственное manufacturing enterprise

~, промышленное industrial enterprise (plant, facilities)

~, ремонтно-техническое technical repair enterprise

~, рентабельное profitable enterprise, profitable (remunerative) business

~, розничное retail enterprise (business)

~ розничной торговли retail establishment (business)

~, сельскохозяйственное agricultural enterprise, agricultural (farm) business

~ сельскохозяйственной химии agricultural chemical enterprise

~я, сервисные enterprises providing services

~, совместное joint enterprise (venture, business)

~, торговое commercial (trade, trading) enterprise, trading company; (*торговая точка*) sales (retail) outlet

~, транспортное transport agency

~, убыточное loss-making enterprise, unprofitable enterprise (business)

~, унитарное unitary enterprise

~, унитарное, основанное на праве оперативного управления unitary enterprise based on the right of operative administration (management)

~, унитарное, основанное на праве хозяйственного ведения unitary enterprise based on the right of economic management (ownership)

~, федеральное казенное federal treasury enterprise

~, хозрасчетное cost-accounting (self-supporting) enterprise

~, частное private (privately owned) enterprise, private company (business)

акционирование ~й converting enterprises into joint-stock companies, sale of shares of an enterprise, corporatization

аренда ~я lease of an enterprise

выкуп ~я администрацией management buy-out

залог ~я pledge of an enterprise

инвентаризация ~я inventory[-taking] of an enterprise

ипотека ~я как имущественного комплекса mortgage of an enterprise as a property complex

местонахождение ~я place of business

передача ~я в аренду transfer of an enterprise by lease

передача ~я покупателю transfer of an enterprise to the buyer

переход права собственности на ~ transfer of the right of ownership to an enterprise порядок передачи ~я procedure of transfer of an enterprise

производственная мощность ~я production capacity (productive power) of an enterprise

работники ~я employees of an enterprise

расширение ~я expansion (extension) of an enterprise

реконструкция ~я reconstruction of an enterprise

слияние ~й merger of enterprises

строительство ~я construction of an enterprise

филиал ~я branch office

эксплуатация ~я operation (exploitation) of an enterprise

закрывать ~ close down an enterprise (a plant)

ликвидировать ~ close down an enterprise, wind up a business

основать ~ open (establish) a business, launch an enterprise

признать ~ финансово состоятельным declare an enterprise financially sound (solvent)

распродавать ~ с молотка sell an enterprise by auction

реконструировать ~ reconstruct a plant

санировать ~ reorganize (upgrade) an enterprise

ПРЕДПРИЯТИЕ-ДОЛЖНИК debtor enterprise

ПРЕДСЕДАТЕЛЬ chairman, president

~ арбитражной комиссии chairman of the arbitration commission

~ комитета chairman of a committee

~ Конституционного суда Chairman of the Constitutional Court

~ кооператива chairman of a co-operative

~ палаты парламента chairman of the house

~ правления акционерного общества chairman of the company

~ наблюдательного совета chairman of the supervisory board (council)

~ совета директоров chairman of the board of directors

~ совета управляющих chairman of the board of management (of governors)

~ суда president of the court

ПРЕДСЕДАТЕЛЬСТВУЮЩИЙ *сущ.* chairman; (*в суде*) chief (court) justice; *прил.* presiding

~ на общем собрании chairman of the general meeting

ПРЕДСТАВИТЕЛ/Ь representative; (*агент*) agent; (*делегат*) delegate; (*группы лиц*) spokesman

~, аккредитованный accredited representative

~ власти public officer

~, генеральный general representative (agent)

~и государственных органов representatives of state agencies

~и деловых кругов representatives of business circles

~, доверенный authorized representative

~ завода representative of a manufacturing works

~ заказчика customer's representative; (*на заводе-поставщике*) source inspector

~, законный legitimate representative

~, зарубежный foreign representative

~ защиты defence counsel

~, коммерческий commercial representative (*см. тж* **КОММЕРЧЕСКИЙ ПРЕДСТАВИТЕЛЬ**)

~ обвинения prosecuting attorney

~ , ответственный responsible representative

~ ответчика representative of a defendant, defendant's (respondent's) representative

~, официальный official representative, authorized agent

~ подрядчика contractor's representative

~ покупателя buyer's representative

~, полномочный authorized representative

~ поставщика supplier's representative

~, постоянный permanent representative

~ продавца seller's representative

~, торговый trade (commercial, business) representative

~ , уполномоченный authorized representative

~ фирмы representative of a firm

~, юридический legal representative

выступать в качестве ~я act as a representative

назначать ~я appoint a representative

отзывать ~я recall a representative

ПРЕДСТАВИТЕЛЬСТВ/О 1. representation 2. (*учреждение*) agency, representative office

~, агентское agency representation

~, генеральное general representation

~ иностранной фирмы office of a foreign firm

~ интересов ответчика representation of the defendant

~, коммерческое commercial representation

~, постоянное permanent representation; permanent mission

~, пропорциональное proportional representation

~, торговое trade representation (delegation); (*миссия*) trade mission

~ фирмы representation (representative office) of a firm

~ юридического лица representative office (representation) of a legal person

~, юридическое legal representation

открытие ~a opening of a representative office

руководитель ~a head of a representation (of a representative office)

функции ~a functions of a representative office

открывать ~ open a representative office

ПРЕДСТАВЛЕНИ/Е (*предъявление*) presentation, production; (*на рассмотрение*) submission; (*отчета, счета*) rendering, delivery, surrender

~ акта на подписание presentation of a statement for signature (for signing)

~ баланса presentation of a balance sheet

~ бюджета submission of a budget

~ в ложном свете misrepresentation

~ доказательств production (submission) of evidence (of proof)

~ документов presentation (production, submission) of documents
~ изделия product presentation
~ к платежу presentation (submission) for payment
~ на рассмотрение submission for consideration
~ отчета presentation of a report
~ [финансовой] отчетности rendering of accounts
право ~я right of representation
сделать ~ make a representation
◊ по ~ю суда on the proposal of the court
против ~я документов against presentation of documents
ПРЕДУПРЕЖДЕНИ/Е 1. (*уведомление*) notification, notice 2. (*предостережение*) warning; (*о неблагоприятных последствиях*) caution 3. (*предотвращение*) prevention, averting
~ гражданских правонарушений prevention of civil wrongs (of torts)
~, двукратное two-time warning
~, обоснованное well-grounded warning, justified notification
~, обязательное заблаговременное obligatory timely warning
~, официальное formal notice
~, письменное written warning
~ правонарушений в экономической сфере prevention of law infringement in the economic sector
~, предварительное advance notice
~, своевременное timely warning (notification)
~ совершения преступления prevention of crime, crime prevention
~ со стороны *кого-л.* warning by *smb*

делать ~ give (issue) a warning
◊ без ~я without notification, without warning
без дальнейшего ~я without further notice
ПРЕДУСМОТРИТЕЛЬНОСТЬ precaution, prudence, foresight
~, разумная reasonable prudence
ПРЕДЪЯВИТЕЛ/Ь bearer, holder
~ векселя bearer of a bill, bill presenter
~ иска plaintiff, claimant
~ облигации bearer of a bond
~ ценной бумаги bearer of a security
~ чека bearer of a cheque, payee
облигация на ~я bearer bond
свидетельство на ~я certificate to bearer
ценная бумага на ~я bearer security
выдавать документ на ~я issue a document to bearer
ПРЕДЪЯВЛЕНИ/Е presentation, production, submission, showing; (*иска, жалобы*) lodging, bringing
~ векселя presentation of a bill
~ доказательств presentation (production, submission) of evidence (of proof)
~ документов presentation (production) of documents
~ иска lodging (filing) a claim, bringing an action (a suit)
~ к оплате presentation for payment
~ обвинения accusation, charge
~ права assertion of a claim
~ претензии presentation (submission, lodging) of a claim
~ счета submission of an invoice
оплата по ~и payment on demand
срок для ~я period (term) for presentation

платить по ~и pay on presentation (at sight)

◊ от даты ~я after date, after sight

по ~и on presentation, at sight

после ~я after presentation, after sight

при ~и upon presentation, when presented

через ... дней после ~я at ... days' sight, ... days after sight

ПРЕЗУМПЦИ/Я presumption, assumption, inference

~ виновности presumption of guilt

~ дееспособности presumption of capacity

~ невиновности presumption of innocence

~, неопровержимая irrefutable (absolute, compelling, conclusive, fictitious) presumption

~, обоснованная great (heavy) presumption

~, опровержимая rebuttable (inconclusive, disputable, refutable) presumption

~, оспоримая disputable presumption

~ патентоспособности presumption of patentability

~ по общему праву presumption at common law

~ по праву справедливости presumption in equity, equitable presumption

~ по статутному праву presumption by statute

~, правовая legal presumption, presumption in (of) law

◊ в порядке ~и implicitly, by implication

ПРЕИМУЩЕСТВЕННОЕ ПРАВО priority right, preferential right, underlying right

~ акционеров закрытого акционерного общества на приобретение акций preferential right of shareholders of a closed joint-stock company to purchase shares of stock

~ акционеров на покупку дополнительно выпускаемых акций preferential right of shareholders to purchase shares of stock issued by the company additionally

~ арендатора на заключение договора аренды на новый срок priority right of a leaseholder (of a lessee) to conclude a contract for a new term

~ вкладчиков на получение вклада из имущества ликвидируемого товарищества на вере priority right of investors to receive their investments from the property of a limited partnership in case of its liquidation

~ членов производственного кооператива на покупку пая preferential (priority) right of members of a production cooperative to purchase a share

ПРЕИМУЩЕСТВ/О 1. (*превосходство*) advantage, benefit 2. (*привилегия*) privilege; (*предпочтение*) preference; (*преимущественное право*) priority

~, дополнительное additional (added) advantage

~, естественное natural advantage

~, исключительное singular advantage

~, конкурентное competitive advantage

~, налоговое tax advantage
~, незаконное fraudulent preference
~, незначительное incidental advantage
~, одностороннее one-sided advantage
~, основное basic (major) advantage
~, сравнительное comparative advantage
~, финансовое financial benefit
~, фискальное fiscal advantage
~, ценовое price advantage
~, экономическое economic benefit (advantage)
давать ~a give (provide) advantages, give priority
иметь ~ have (possess) advantage
лишаться ~a be denied (be deprived of) the benefit
обладать ~ом have an advantage
оценивать ~a assess (evaluate) advantages
получать ~ gain an advantage
пользоваться ~ом enjoy a privilege (an advantage, a preference, benefits), (в отношении очередности) have (take, enjoy) priority
установить ~ establish a privilege (a preference)
ПРЕКРАЩЕНИ/Е stopping, stoppage, discontinuance, cessation, termination; (временное) suspension, interruption; (отмена, аннулирование) cancellation, withdrawal; (отношений) break-off, severance; юр. (договора, судебного решения) abatement; юр. (дела) dismissal
~ агентского договора termination of an agency agreement
~ аренды termination of tenancy

~ выдачи кредитов stoppage of lending
~ действия контракта termination of a contract
~ действия лицензии termination of a licence
~ действия обстоятельств termination of the effect of circumstances
~ действия патента termination of a patent; (при нарушении условий) lapse of a patent
~ действия полиса expiration of a policy
~ дела dismissal of a case
~ дела, неправомерное wrongful dismissal of a case
~ деятельности termination (cessation) of activity
~ деятельности хозяйствующего субъекта going out of business
~ договора аренды termination of a lease agreement (of a contract of lease)
~ договора страхования termination of an insurance agreement (of a contract of insurance)
~, досрочное early termination
~ залога termination of a pledge
~ обязательств termination of obligations (of commitments)
~ обязательства, досрочное early termination of an obligation
~ обязательства зачетом termination of an obligation by setoff
~ обязательства исполнением termination of an obligation by performance
~ обязательства ликвидацией юридического лица termination of an obligation by the liquidation of a legal person
~ обязательства невозможностью исполнения termination of

an obligation by impossibility of performance

~ обязательства новацией termination of an obligation by novation

~ обязательства, обеспеченного залогом termination of an obligation secured by a pledge

~ обязательства по требованию одной из сторон termination of an obligation at the request of one of the parties

~ обязательств сторон при расторжении договора termination of obligations of the parties in case of rescission of a contract

~ отношений breach (break-off) of relations

~ перевозки грузов termination of the transport of freight (of shipment of cargo)

~ платежей stoppage (cessation) of payments; (*временное*) suspension of payments

~ подачи энергии termination of the transmission of energy (of electric power provision)

~ подписки discontinuance of subscription

~ поставок stoppage (cessation, discontinuance) of supplies

~ прав termination of rights

~ права пользования termination of the right of use

~ права собственности termination of the right of property

~ права удержания lien discharge

~ правоотношения termination of a legal relation

~ правоспособности termination of legal capacity

~ производства по делу abatement of a suit, termination of proceedings

~ производства, постепенное phaseout

~ работы stoppage of work

~ срока действия посредством уведомления termination by notice (by notification)

~ торговли stoppage of trade

~ финансирования termination of financing

~ хранения termination of storage

~ юридического лица termination (liquidation) of a legal person

указание о ~и работы instruction to stop (cease) work

ПРЕМИ/Я 1. (*дополнительное вознаграждение*) premium, bonus 2. (*страховой взнос*) premium

~, валютная exchange premium

~, взимаемая с единицы страховой суммы premium taken (charged) per unit of the insured amount (sum)

~, денежная cash bonus

~, единовременная lump-sum bonus

~ за выполнение задания incentive wage

~ за досрочное выполнение работы bonus for completion of work ahead of time

~ за заслуги merit bonus

~ за качество quality bonus

~ за риск risk premium

~, поощрительная incentive bonus (award)

~, страховая insurance premium (*см. тж* **СТРАХОВАЯ ПРЕМИЯ**)

~, экспортная export bonus

выдавать ~ю give a bonus

платить страховую ~ю pay a premium

получать ~ю get a bonus

◊ с ~ей at a premium

ПРЕОБРАЗОВАНИ/Е transformation; (*реорганизация*) reorganization, restructuring; (*модификация*) modification; (*реформа*) reform[-ation]

~ акционерного общества в общество с ограниченной ответственностью transformation of a joint-stock company into a limited liability company

~ государственных предприятий в акционерные общества conversion of state enterprises into joint stock companies

~ закрытого акционерного общества в открытое акционерное общество transformation of a closed joint-stock company into an open joint-stock company

~я, институциональные institutional reforms

~ полного товарищества в хозяйственное общество transformation of a general partnership into a business company

~ системы управления restructuring of the system of management

~ хозяйственных товариществ и обществ transformation of business partnerships and companies

~ юридического лица transformation of a legal person

реорганизация юридического лица в форме ~я reorganization of a legal person in the form of transformation

◊ при ~и in case of transformation

ПРЕПОРУЧИТЕЛЬНЫЙ ИНДОССА-МЕНТ commission endorsement, authorization endorsement

ПРЕПЯТСТВИ/Е obstacle, obstruction, barrier

~я, административные administrative obstacles

~ на пути экономического роста drag on the expansion of the economy

~я, торговые trade barriers (obstructions)

преодоление ~й overcoming of obstacles (of barriers)

обходить ~ by-pass an obstacle

преодолевать ~я overcome obstacles (barriers)

создавать ~я obstruct

устранять ~я eliminate (remove) obstacles

чинить ~я make (cause, create, raise) difficulties

ПРЕСЕЧЕНИ/Е stopping, suppression, constraint, restraint

~ действий stopping activities

~ нарушений restraining violations

~ преступления suppression of a crime

изменение меры ~я change of a measure of restriction

меры ~я measures of restriction, preventive punishment

обжалование меры ~я appealing against a measure of restriction

применение меры ~я application of a measure of restriction

применять меры ~я apply measures of restriction

ПРЕСЛЕДОВАТЬ 1. (*притеснять*) persecute 2. (*в судебном порядке*) prosecute, take legal steps

~ в судебном порядке prosecute at law

ПРЕССИНГ pressing, pressure

~, налоговый taxation pressing

~, финансовый financial pressing

ПРЕСТУПЛЕНИ/Е crime, offence, felony

~, административно-уголовное administrative-penal crime (offence)

~, государственное state crime (offence), crime (offence) against the state

~, групповое gang offence

~, должностное malfeasance (misdemeanor) in office

~, заслуживающее наказания punishable crime (offence)

~, имущественное crime against property, property crime (offence)

~, корыстное profit-motivated crime, crime for a profit, acquisitive (lucrative, mercenary) crime

~, крупное major offence

~, мошенническое crime of dishonesty

~, незначительное minor offence

~ по службе service crime

~, предумышленное intended (intentional, deliberate) crime (offence)

~ против государства offence against a state

~ против собственности crime (offence) against property

~ с корыстной целью crime for mercenary purpose

~, совершенное по небрежности crime of negligence

~, уголовное criminal offence

~, умышленное deliberate (intended) crime

~, финансовое financial crime

~, хозяйственное economic crime (offence)

~, экономическое economic crime

исполнитель ~я perpetrator of a crime

предотвращение ~я prevention of a crime, crime prevention

раскрытие ~я detection (clearance, solution) of a crime

соучастие в ~и criminal complicity

соучастник ~я partner in a crime

участие в совершении ~я participation in crime

обвинять в совершении ~я accuse of (charge with) a crime (with an offence)

предупреждать ~ prevent a crime

пресечь ~ terminate a crime

раскрыть ~ detect (clear, solve) a crime

расследовать ~ investigate a crime

совершить ~ commit a crime (an offence)

◊ на месте ~я on the scene of a crime

ПРЕСТУПНИК criminal, offender; (*правонарушитель*) delinquent, malefactor, malfeasant

~, государственный state criminal

~, опасный dangerous criminal

~, опытный experienced criminal

~, особо опасный dangerous special criminal

~, профессиональный career criminal

ПРЕСТУПНОСТ/Ь crime, criminal activity, criminality; (*правонарушение*) delinquency

~ должностных лиц white collar crime

~, налоговая tax crimes

~, организованная organized crime

~, скрытая concealed (hidden) crime

борьба с организованной ~ю combatting organized crime

уровень ~и level of crime

ПРЕТЕНЗИ/Я claim; (*жалоба*) complaint

~, денежная monetary (money, pecuniary) claim

~, законная legal (lawful, legitimate) claim

~, незаконная unlawful claim

~, необоснованная unjustified (groundless, shaky) claim

~, неурегулированная unsettled claim

~, обоснованная justified (valid, well-grounded) claim

~ о возмещении убытков claim for damages

~, официальная official claim

~ по качеству quality claim

~ по количеству quantity claim

~ по контракту claim under a contract

~ по недостаче товара shortage claim

~ по неисполнению обязательств default claim

~ по платежу payment claim

~ по ценам complaint on prices

~, правовая legal claim

~, правомерная lawful (legitimate) claim

~, просроченная stale claim

~, урегулированная settled claim

выдвигать ~ю lodge (lay, put forward) a claim

заявлять ~ю make (lodge, put forward) a claim, make (lodge) a complaint

обосновывать ~ю substantiate (justify, establish) a claim

оспаривать ~ю dispute (contest) a claim

отвергать ~ю reject a claim

отзывать ~ю revoke (withdraw) a claim

отклонять ~ю decline (reject) a claim

предъявлять ~ю make (lodge, lay, submit) a claim

удовлетворять ~ю satisfy (meet) a claim

урегулировать ~ю settle a claim

ПРЕФЕРЕНЦИАЛЬНЫЙ preferential

ПРЕФЕРЕНЦИ/Я preference

~и, торговые trade preferences

~и, ценовые price preferences

ПРЕФИЦИТ (*положительное сальдо*) surplus

~ внешней торговли (внешнеторговый) external (export) surplus

~, первичный primary surplus

~ федерального бюджета federal budget surplus

бюджет с ~ом budget[ary] surplus

ПРЕЦЕДЕНТ precedent, case

~, судебный judicial precedent

следовать ~у follow the case

создавать ~ set a precedent

ссылаться на ~ refer to a precedent

устанавливать ~ constitute a precedent

ПРИБЫЛ/Ь profit[s], benefit, earnings, gain[s], return, income, increment, margin; (*нераспределенная*) surplus; (*прирост*) increment

~ акционерной компании corporate profits

~, балансовая balance[-sheet] profit

~, бухгалтерская book profit

~, валовая gross profit (margin, return)

~, валютная exchange profit, profit on foreign exchange

~ в расчете на одну обыкновенную акцию earnings per common share, net income per share

~, выраженная в процентах от объема продаж percentage profit

~ до вычета налогов pretax (before-tax) profit

~ за вычетом налога aftertax profit

~, избыточная surplus (excess) profit

~, итоговая total income

~, капитализированная ploughed back profit

~, капитальная capital profit

~ компании company earnings (profit)

~, консолидированная consolidated profit

~, курсовая exchange profit (gain), profit on foreign exchange

~ на акционерный капитал return on equity

~ на акцию earnings per share

~ на единицу продукции unit profit

~ на инвестированный капитал return on invested capital (on capital employed)

~ на капитал profit (return) on capital

~, накопленная accumulated profit

~, налогооблагаемая taxable profit (income)

~, непредвиденная incidental (unexpected, windfall) profit

~, нераспределенная retained (undistributed, undivided) earnings, unappropriated (accumulated, retained, undistributed, undivided) profit, [net] surplus

~, облагаемая налогом taxable profit

~, объявленная declared (reported) profit

~, ожидаемая anticipated (expected) profit, expected gains, profit expectations

~, операционная operating profit

~, остаточная net profit

~ от акций gain on shares

~ от инвестиций investment profit

~ от операций income from operations, operating income

~ от продаж profit on sales, marketing profit

~ от производственной деятельности operating (operational) profit

~ отчетного года profit of the current fiscal year, profit for the year

~, плановая planned (target) profit

~, полученная earned profit

~ после налогообложения profit after tax

~, предпринимательская profit of an enterprise (of trade)

~ предприятия enterprise profits

~, производственная operating (operational) profit, operating income

~, противозаконная illicit profit

~, процентная interest profit

~, распределенная distributed profit

~, расчетная calculated (computed) profit

~, реинвестированная retained profits

~, рыночная marketing profit

~, сметная estimated profit

~, спекулятивная speculative profit

~, средняя average profit

~, торговая commercial (business, trading) profit

~, упущенная missed (lost) profit

~, фактическая actual profit, effective yield

~, фиктивная fictitious profit

~, чистая net (clear) profit, net income

извлечение ~и making (deriving) profits

источник извлечения ~и source of a profit

налог на ~ tax on profits

налогообложение ~и profit taxation

ограничение ~и curb on profits, profit constraint

падение ~и fall in profits

получение ~и receipt (obtaining, extracting) of profits

подсчет ~и calculation of profits

порядок распределения ~и procedure for distribution of profits

размер ~и margin of profit, profit margin

распределение ~и appropriation (allocation, distribution) of profit

счет ~ей и убытков profit-and-loss (loss and gains, income and expenditure) account

участие в ~ях profit-sharing

формирование ~и formation of a profit

давать ~ make (earn, yield, produce) a profit

извлекать ~ derive (make, gain, realize) a profit

инвестировать ~ plough back profits

получать ~ make (get, draw) a profit, derive profits

получать незаконную ~ make profits illegally

приносить ~ produce (yield, bring in, earn, return) a profit

продавать с ~ю sell at a profit

распределять ~ distribute (allot, split, apportion, allocate) profits

снижать ~ depress profits

увеличивать ~ increase profits

участвовать в ~ях participate (share) in profits

◊ с ~ю at a profit

ПРИВАТИЗАЦИ/Я privatization, renationalization

~, ваучерная voucher privatization

~ государственного и муниципального имущества privatization of state and municipal property

~ государственных и муниципальных предприятий privatization of state (state-owned) and municipal (municipally-owned) enterprises

~, массовая mass (wholesale) privatization

~ по заниженной цене privatization at undercharge

~ предприятия privatization of an enterprise

~, чековая cheque privatization

акционерные общества, созданные путем ~и государственных и муниципальных предприятий joint-stock companies created by privatization of state and municipal enterprises

проводить ~ю privatize

ПРИВИЛЕГИ/Я (*преимущество*) privilege, benefit; (*льгота*) exemption, immunity

~, исключительная exclusive privilege

~и, налоговые tax privileges; (*освобождение от уплаты*) tax exemptions

~и, парламентские privileges of parliament

~, специальная franchise

~, судебная judicial privilege

~и, таможенные customs privileges

~и, тарифные tariff advantages

~, торговая trade (commercial) privilege, commercial advantage

~, финансовая fiscal privilege

отменять ~и abolish privileges

пользоваться ~ей enjoy a privilege

предоставлять ~ю grant a privilege

ПРИВЛЕКАТЬ attract, draw; (*капитал*) raise, attract; (*к суду*) bring to trial, take to court, take legal action

~ к ответственности call to account

~ к судебной ответственности bring (enter, file, lay) an action (a suit) against, prosecute at law, take legal steps, take to court

ПРИВЛЕЧЕНИЕ attraction; (*использование*) application, utilization; (*ресурсов*) commitment, drawing

~ бюджетных средств utilization of budgetary funds

~ вкладов физических лиц utilization of deposits of natural persons

~ временно свободных средств attraction of temporary free capital

~ денежных средств obtaining (attracting) monetary funds, attraction of money

~ заемных средств debt financing

~ инвестиций attraction of investments

~ иностранного капитала attraction of foreign capital

~ капитала attraction (procurement) of capital (of funds), fundraising

~ капиталовложений attraction of investments

~ к суду taking legal action, taking to court

~ материальных и финансовых ресурсов utilization of material and financial resources

~ средств attraction (mobilization) of financial resources

~ субподрядных фирм attraction of subcontractors

ПРИГОВОР (*суда*) judgement, sentence; (*присяжных*) verdict

~, законный lawful sentence

~, обвинительный judgement of guilty (of conviction); guilty verdict

~, оправдательный judgement of not guilty (of acquittal); verdict of not guilty

~, пристрастный biassed (prejudiced) sentence

~, справедливый fair judgement (sentence)

~ суда court judgement (sentence), judicial sentence

~, условный conditional (suspended) sentence

отмена ~а repeal (reversal) of a judgement (of a sentence)

смягчение ~а mitigation of a sentence

выносить ~ award (deliver, pronounce, render) a judgement (a sentence)

обжаловать ~ appeal against a judgement

отменять ~ recall (remit, repeal, revoke) a judgement (a sentence) пересматривать ~ revise a sentence

ПРИЕМ 1. (*получение*) receipt, reception 2. (*в члены организации*) admission, enrollment
~ вклада reception of a deposit
~ на страхование underwriting
~ы обхода закона legal avoidance techniques
~ членов accepting (admitting) members

ПРИЕМК/А (*изделий*) acceptance; (*товара*) take-over; (*контроль*) inspection
~, государственная state inspection
~, заводская acceptance test
~ объекта заказчиком acceptance of an object by the customer
~ по качеству и количеству acceptance in accordance with quality and quantity
~ продукции acceptance of manufactured products
~ проекта acceptance of a project
~ работы acceptance of work
~ товара acceptance of goods (of products)
просрочка ~и delay in (lateness of) acceptance
организовать ~у organize acceptance
осуществлять ~у conduct (implement) acceptance

ПРИЗНАВАТЬ recognize, accept; (*соглашаться*) acknowledge; (*допускать*) admit, allow; (*объявлять*) declare; (*в судебном порядке*) adjudicate
~ банкротом declare *smb* bankrupt
~ виновным adjudge (find) *smb* guilty
~ долг acknowledge a debt

~ невиновным find *smb* not guilty
~ несостоятельным declare *smb* insolvent
~ право собственности на *что-л.* за *кем-л.* accord the right of ownership to *smth* to *smb*
~ требование allow (admit) a claim

ПРИЗНАНИЕ recognition, acknowledgement; (*правильным, действительным*) admission, юр. recognizance; (*обоснованным, законным*) allowance; (*в судебном порядке*) adjudication
~ *кого-л.* банкротом declaring (declaration of) *smb* bankrupt
~ долга acknowledgement of a debt
~ законных прав recognition of legitimate rights
~, международно-правовое international legal recognition
~ недействительным declaration as invalid, invalidation
~ несостоятельности adjudication in bankruptcy
~ *кого-л.* несостоятельным declaration of *smb* [as] insolvent
~ ответственности admission of responsibility (of liability)
~ права recognition of a right
~, правовое legal recognition
~ правосубъектности recognition as a person before the law
~ претензии admission (recognition) of a claim
~ сделки недействительной declaration of a transaction as invalid (to be invalid)
~, судебное legal recognition
~ судом declaration by a court
~ юридической силы validation

363

ПРИКАЗ order; (*судебный*) warrant, writ; (*предписание*) *юр.* injunction
~ банка о платеже banker's order
~, законный regular warrant
~, имеющий силу закона statutory order
~, имеющий юридическую силу valid warrant
~ на покупку purchase (buying) order
~ на продажу selling order
~, недействительный void warrant
~, не имеющий юридической силы void warrant
~ об изъятии имущества, судебный warrant of distress (to distress)
~ об исполнении решения, судебный writ of execution
~ об обращении взыскания на имущество, судебный writ of execution against property
~ об описи имущества, судебный warrant of arrest
~ об открытии конкурсного производства warrant in bankruptcy
~, ограниченный условиями limited order
~ о конфискации confiscation order
~ о наложении ареста на имущество, судебный [writ of] attachment, warrant of distress
~ о пересмотре дела writ (warrant) of review
~ о приостановке платежей cease order
~, оспоримый voidable warrant
~ по министерству departmental (administrative) order
~, рыночный market order

~ суда order of the court
~ суда об управлении имуществом банкрота receiving order
~ суда о вводе во владение, исполнительный writ of assistance (of possession)
~ суда о ликвидации компании (фирмы) winding-up order
~, судебный writ, order of the court
выполнять ~ execute an order
издавать ~ issue an order
назначать *кого-л.* своим ~ом appoint (designate) *smb* by *one's* order
отменять ~ withdraw (cancel, suspend) an order
передавать права ~y transfer rights to the order of
платить ~y pay to the order of
получить ~ receive an order
◊ ~y to order
по ~y by order, to the order of
ПРИКРЕПЛЕНИЕ (*прикомандирование*) attachment, assignment; (*принятие на учет*) registering
~ покупателя к поставщику assigning (attachment of) the buyer to the supplier
ПРИЛОЖЕНИЕ (*к документу*) appendix, annex, addendum, affixation; (*к правовому документу*) schedule; (*к письму*) enclosure
~ документов attachment (affixation) of documents
~ к контракту addendum (appendix, annex, supplement) to a contract
~, обязательное obligatory attachment, mandatory affixation
◊ с ~м документов with attachment of documents, with appended documents

ПРИМЕНЕНИЕ application, exercise; (*употребление*) use, utilization, employment; (*принудительное*) enforcement

~ власти exercise of power

~, законное legal application

~, коммерческое commercial use

~ наказания enforcement of punishment

~ на практике application in practice

~, неправильное misuse

~ норм процессуального права procedural enforcement

~, ограниченное limited (restricted) application

~, практическое practical application, application in practice

~, принудительное enforcement of law

~ санкции application of a sanction

~ торговых обычаев use of trade customs

находить ~ find an application

получить широкое ~ be widely used

ПРИМИРЕНИЕ conciliation, reconciliation

~ сторон в споре conciliation of the parties

осуществлять ~ effect (bring about) a conciliation

ПРИНАДЛЕЖНОСТ/И implements, accessories; equipment

передача имущества в аренду вместе со всеми его ~ями transfer of property for lease with all its accessories

ПРИНУДИТЕЛЬН/ЫЙ compulsory, mandatory, forced

~ое исполнение enforcement

~ые меры enforcement measures

~ое отчуждение expropriation

ПРИНУЖДЕНИ/Е compulsion, coercion, constraint, duress; (*к исполнению*) enforcement

~, правовое law enforcement, coercion of law, legal coercion

~, физическое physical coercion, duress

~, экономическое economic compulsion

мера ~я coercive measure

делать по ~ю do under duress

ПРИНЦИП principle, concept

~ы бухгалтерского учета accounting principles

~ взаимности principle of reciprocity

~ денежного выражения money measurement concept

~ достаточности principle of sufficiency

~ информационной прозрачности principle of information transparency

~ коллегиальности principle of collective leadership

~ коллизионного права principle of conflicts of law

~ контроля control principle

~ материальной заинтересованности principle of material incentives

~ы международного права principles of international law

~ минимизации затрат cost minimizing rule

~ наибольшего благоприятствования principle of most favoured nation treatment

~ накопления accruals concept

~ы налогообложения principles of taxation

~ы, общепринятые generally recognized principles

~ы, основные fundamental principles

~, основополагающий underlying principle

~ы права principles of law

~ предусмотрительности prudence concept

~ равенства principle of equality

~ разделения властей principle of separation of powers

~ рентабельности капиталовложений principle of profitability of investments

~ свободной конкуренции principle of free competition

~ соответствия matching rule

~ы сотрудничества principles of cooperation

~ стоимости cost concept

~ы управления principles of management

придерживаться ~ов adhere to principles

ПРИНЦИПАЛ principal

ПРИНЯТИЕ 1. (*получение*) reception 2. (*утверждение*) approval; (*голосованием*) passing, carrying 3. (*ответственности, обязательства*) assumption 4. (*предложения, условий, резолюции*) acceptance, adoption; (*закона*) enactment; (*должности*) taking-over; (*в члены*) admission

~ бюджета approval of a budget

~ груза к перевозке acceptance of freight (of cargo) for transport (for shipment)

~ дела к производству initiation of proceedings

~ документов acceptance of documents

~ жестких административных мер taking severe administrative measures (steps)

~ заказа acceptance of an order

~ закона enactment of a law, adoption of a statute

~ обязательства assumption of a liability (of a commitment, of an obligation)

~ поручения к исполнению acceptance of a commission

~ предложения acceptance of an offer (of a proposal), adoption of a proposal

~ предприятия по передаточному акту acceptance of an enterprise by the statement of transfer (under the statute of transfer)

~ проекта approval (endorsement) of a project

~ резолюции adoption of a resolution

~ решения decision making, decision taking

~ спора к рассмотрению acceptance of a dispute for consideration

~ товара на склад acceptance of goods at the warehouse

~ условий acceptance of conditions

ПРИОБРЕТАТЕЛЬ acquirer; (*покупатель*) purchaser, buyer

~, добросовестный good faith (bona fide) acquirer; good faith (bona fide) purchaser

~ имущества acquirer of property

~, недобросовестный mala fide purchaser

ПРИОБРЕТАТЕЛЬНАЯ ДАВНОСТЬ acquisitive prescription

течение срока приобретательной давности running of the period of acquisitive prescription

◊ в силу приобретательной давности by virtue of acquisitive prescription

ПРИОБРЕТЕНИЕ acquisition, obtaining, procuration; (*покупка*) purchase; (*закупки*) procurement
~ активов acquisition of assets
~ акций acquisition of shares, share acquisition
~ доли участника общества acquisition (obtaining) of a participant's share
~ имущества acquisition (obtaining) of property
~ компании acquisition of a company
~ контрольного пакета акций buyout, takeover
~ основных средств acquisition of fixed assets
~ права acquisition of a right
~ прав на использование *чего-л.* obtaining of rights for (to) the use of *smth*
~ правового титула acquisition of a title
~ собственности acquisition of property
~ статуса юридического лица acquisition of legal personality
~ товаров acquisition of (obtaining) goods

ПРИОРИТЕТ priority; (*кредиторов при банкротстве*) precedence
~, бюджетный budget priority
~ права precedence of law
~ претензии priority of a claim
~ы экономической политики priorities of economic policy
пользоваться ~ом have priority
установить ~ establish (set) a priority

ПРИОСТАНАВЛИВАТЬ (*задерживать*) delay, stop, hold up; (*временно*) suspend; (*сдерживать*) check; (*прерывать*) interrupt

~ исполнение решения stay an execution, suspend a judgement
~ полномочия suspend powers
~ судопроизводство suspend (stay) an action (proceedings)

ПРИОСТАНОВКА (*задержка*) delay, stopping, stoppage; (*временное прекращение*) suspension, interruption
~ выполнения заказа job lay-off
~ выполнения обязательств по контракту suspension of contractual obligations
~ исполнения судебного решения stay (suspension) of execution
~ обязательства suspension of a liability (of a commitment, of an obligation)
~, односторонняя unilateral suspension
~ платежей suspension (stopping) of payments
~ поставок suspension of deliveries (of supply), stoppage of deliveries
~ работ suspension (interruption, hold-up) of work
~ рассмотрения дела stay of an action
~ судопроизводства stay of proceedings

ПРИОСТАНОВЛЕНИЕ (*задержка*) delay; (*работы, платежей*) stoppage; (*запрещение*) suppression; (*временное*) suspension, suspending; юр.(*производства по делу*) discontinuance, stay
~ действия закона suspension of a statute, suspending operation of a law
~ действия закона об исковой давности suspension of the statute of limitation

~ действия права suspension in the enforcement of rights

~ деятельности suspension of activity (of operations)

~ исполнения закона stay of execution, suspension of a statute

~ исполнения решения stay of execution

~ обязательства suspension of a liability (of a commitment, of an obligation)

~ платежа по чеку countermand of payment

~ платежей suspension (stoppage, cessation) of payments

~ производства по делу stay of proceedings

~ работ suspension of work, laying-off

~ рассмотрения дела cesser of action

~ судопроизводства stay (suspension) of an action (of proceedings)

~ течения срока исковой давности stay (interruption) of a prescription, suspension of the statute of limitations

~ финансовой помощи suspension of financial aid

ПРИПИСКА (*завышение стоимости*) write-up; (*фальсификация, искажение*) distortion

ПРИРАЩЕНИЕ increase, increment, accrual

~ капитала increase of capital

~ процентов accrual of interest

~ собственности accession

ПРИРОДНЫЕ РЕСУРСЫ natural resources

владение природными ресурсами possession of natural resources

обращение взыскания на землю и другие ~ levy of execution on land and other natural resources

передача права пользования природными ресурсами по договору аренды transfer of the right of use of natural resources under a contract of lease

пользование природными ресурсами use (enjoyment) of natural resources

распоряжение природными ресурсами disposition of natural resources

ПРИРОСТ growth, increase, increment, gain, accretion, addition

~ валового национального продукта growth rate of the gross national product

~ выпуска продукции increment in production

~ денежной массы increase of money supply

~ доходов growth of income

~ заработной платы increase in salary (in wages)

~ капитала capital increase

~ капиталовложений increase in capital investments

~ национального дохода increase in the national income, national income increment

~ оборотного капитала increase in working capital

~ объема продаж sales gain

~ объема производства gain in production

~ прибыли increment in profit

~ продукции growth in output

~ стоимости increment of value

ПРИСВАИВАТЬ 1.(*завладевать*) appropriate, take possession; (*чужие деньги*) embezzle 2. (*квалификацию, звание*) award

~ незаконно misappropriate; embezzle

ПРИСВОЕНИЕ 1. (*завладение*) appropriation, taking possession; (*незаконное*) misappropriation; (*чужих денег, имущества*) embezzlement; (*изобретения*) piracy 2. (*квалификации, звания*) awarding

~ денег незаконным путем embezzlement of money, misappropriation of funds

~ квалификационного разряда awarding a skill category

~, незаконное misappropriation

~ чужого имущества appropriation of property

ПРИСОЕДИНЕНИ/Е (*к другой компании*) affiliation, incorporation; (*к договору*) accession; (*слияние*) merger

~ предприятия takeover

реорганизация юридического лица в форме ~я reorganization of a legal person in the form of accession

ПРИСУЖДЕНИЕ 1. (*вынесение судебного решения*) judgement, adjudication 2. (*награды и т.п.*) award

~ к исполнению обязанности в натуре judgement for performance of an obligation in kind

~ компенсации award of compensation

ПРИСЯГ/А oath

~ в суде judicial oath

заявление под ~ой declaration (statement) on (under) oath

письменное показание под ~ой affidavit

показание под ~ой sworn evidence

заявлять под ~ой declare on (under) oath

◊ под ~ой on (under) oath

ПРИСЯЖНЫ/Й *сущ.* assizer, juror, juryman; ~E *pl.* the jury

состав ~x the jury

список ~x jury list, array, panel

суд ~x the jury

ПРИТВОРНАЯ СДЕЛКА sham transaction

недействительность притворной сделки invalidity of a sham transaction

ПРИТОК flow, inflow, influx

~ валюты в страну inflow of foreign exchange

~ денег inflow of money

~ доходов [in]flow of earnings

~ заказов incoming orders

~ инвестиций flow of investments

~ иностранного капитала inflow (influx) of foreign capital

~ иностранной валюты inflow of foreign exchange

~ иностранных инвестиций influx of foreign investments

~ капитала capital inflow (influx)

~ краткосрочного спекулятивного капитала inflow of short-term speculative capital

~ поступлений cash inflow

~ ресурсов flow of resources

~ средств influx of funds

~ товаров influx of goods

~ финансовых ресурсов flow of financial resources

ПРИТЯЗАНИ/Е claim, assertion, challenge

~, встречное counter-claim

~, законное statutory (legal, legitimate) claim

~, ложное false claim

~ на доход income claim, claim on income

~ на наследство inheritance claim

~ на право собственности claim of (to) ownership

~ на правовой титул claim of (to) a title

~ на приоритет claim to priority

~ на участие в собственности claim of interest

~, незаконное illegitimate (non-statutory) claim

~, обоснованное valid claim

~, основное main claim

~, правовое legal claim

~, правомерное lawful (legitimate, valid) claim

выдвигать ~ put forward a claim

отказываться от ~я give up (abandon, renounce) a claim

ПРИЧЕСЫВАНИЕ БАЛАНСА window-dressing of a balance sheet

ПРИЧИН/А cause, reason, ground

~, главная main (major, primary) reason

~ дефекта cause of a defect

~ жалобы reason for complaint

~ задержки reason for (cause of) delay

~ нарушения cause of infringement

~ отказа reason for rejection

~, уважительная valid (important, compelling) reason

~ ущерба cause of damage

~, финансовая financial reason

находить ~у find (discover) the cause

◊ без уважительной ~ы without a valid reason

по ~е due to, by reason of, for reasons

по независимым от *кого-л.* ~ам due to circumstances (for reasons) beyond *one's* control

по уважительной ~е for a valid (important, compelling) reason

ПРИЧИНЕНИЕ causing, infliction

~ вреда causing harm (damage), inflicting damage, wrong-doing

~ вреда в состоянии необходимой обороны causing harm (inflicting damage) in a state of necessary defence

~ вреда жизни или здоровью causing of harm to life or health

~ вреда имуществу causing damage to property

~, случайное incidental harm (wrong)

~ убытков infliction of losses (of damage)

ответственность за ~ вреда liability for infliction of harm (of damage)

ПРОБ/А (*образец*) sample, specimen; (*испытание*) trial, test

брать ~ы take samples

покупать на ~у buy on trial

ПРОБЛЕМ/А problem, question, issue; (*сложная*) challenge; (*узкое место*) bottleneck

~ безработицы problem of unemployment

~ы, бюджетные budgetary problems

~, валютно-финансовая monetary and finance problem

~, внутренняя internal problem

~, глобальная global problem

~ занятости employment problem

~, ключевая key (major) problem

~ контроля производства production control problem

~, неотложная pressing (urgent) problem

~, непредвиденная unforeseen problem

~, непреодолимая insurmountable problem

~, неразрешимая insoluble problem

~, неурегулированная unsolved (unsettled) problem

~ нехватки рабочей силы problem of labour shortage

~, основная major (fundamental, cardinal) problem

~, острая acute problem

~ погашения задолженности debt servicing problem

~, продовольственная food problem

~ производства production problem

~, разрешимая feasible problem

~ сбыта sales (marketing) problem

~ управления management problem

~, финансовая financial problem

~, экономическая economic problem

~, энергетическая problem of energy

изучать ~y investigate a problem

оценивать ~y assess a problem

предвидеть ~y anticipate (foresee) a problem

разрешать ~y resolve (solve, settle) a problem

стоять перед ~ой face a problem

ПРОВЕДЕНИ/Е (*осуществление*) execution, conducting, carrying out, realization; (*законопроекта*) adoption, carrying; (*собрания*) holding

~ арбитража arbitration process

~ аудиторских проверок auditing

~ аукциона holding of an auction

~ законов в жизнь administration of laws

~ инвентаризации taking inventory, stocktaking, physical [inventory] count

~ конкурса conduct (holding) of a competition

~ операции conduct (performance) of an operation

~ переговоров conduct of negotiations (of talks)

~ работ execution (carrying out) of work

~ ревизии auditing

~ торгов holding a tender

~ экспертизы carrying out of an expert examination

условия ~я конкурса conditions of conducting (of the conduct of) a competition

ПРОВЕРК/А (*контроль*) control, check, verification; (*осмотр*) examination, inspection, survey; (*испытание*) test, trial; (*просмотр*) review, revision; (*ревизия отчетности*) audit

~, аудиторская audit[ing]

~ аудиторская, установленная законом statutory audit

~ ведения бухгалтерского учета check of accounts, auditing

~, выборочная selective inspection, spot check, spot (sample) test

~, выездная field check

~и, выездные налоговые visiting tax auditing

~ готовой продукции testing the manufactured products

~ груза examination of cargo

~ деятельности организации audit of an organization, review of the activity of a company

~ доказательств verification of evidence

~ документов examination (inspection) of documents

~ исполнения checking on performance, work check-up

~ исправности имущества verification of the working order (of the soundness) of property

~и, камеральные налоговые office tax auditing

~ качества quality control (inspection, check, verification)

~ количества quantity check (inspection, verification)

~ количества и состояния груза verification of the quantity and condition of cargo (of freight)

~, комплексная general examination

~, контрольная control check

~ кредитоспособности verification of credit standing

~, налоговая tax audit

~, независимая экспертная independent expert review (verification)

~ отчетности auditing, checking of records (of accounts)

~, официальная official check

~, периодическая periodic (cycle) check

~, плановая routine check

~ подлинности подписи signature verification, verification of the genuineness of a signature

~ полномочий verification of powers

~ правильности начисления налогов tax audit

~ правильности финансовой отчетности review of the correctness (verification of the accuracy) of a financial report

~, регламентная operational check

~, регулярная regular check

~ свойств товара verification of the qualities (of the properties) of goods

~ состояния товарно-материальных запасов inventory check

~ счетов audit of accounts

~, текущая current check

~ товаров во время хранения inspection of goods during their storage

~ товаров при их приеме inspection of goods upon their receipt

~, финансовая financial verification

~ финансового положения verification of the financial position

~ финансово-хозяйственной деятельности audit (review) of financial and business (and economic) activities

~ хранения storage inspection

~ экономической деятельности предприятия industrial auditing

~ эффективности использования ресурсов value for money audit

осуществление ~и performing (conduct of) verification

осуществлять ~у carry out (perform, conduct, make) inspection, carry out (perform) check

подлежать ~е be subject to review (to verification)

проводить ~у carry out (conduct) verification, make inspection

ПРОВОЗНАЯ ПЛАТА [payment for] carriage, shipping charges, freight, freightage

~ за перевозку грузов payment for carriage (for transportation) of cargo

возвращение провозной платы return (refund) of payment for carriage льготы по провозной плате benefits for payment for carriage of freight

взимать провозную плату take (charge) payment for carriage (for transport)

устанавливать провозную плату establish (specify) payment for carriage

ПРОГРАММ/А programme, *амер.* program, plan; *(календарный план)* schedule

~, альтернативная alternative plan

~ антикризисных мер turnaround programme

~, антиинфляционная antiinflationary programme

~ аттестации продукции certification programme

~, бюджетная budget programme

~ ввода в эксплуатацию commissioning programme

~ выпуска продукции production programme

~, государственная public (state, government) programme

~ действий programme of action

~ диверсификации diversification programme

~, долговременная целевая long-term (long-range) programme

~ досрочного выкупа государственных ценных бумаг Treasuries buyback programme

~ закупок purchasing programme, plan of procurement (of purchases)

~, инвестиционная investment programme

~ испытаний test[ing] programme

~ исследования programme for research (for investigation), research (investigation) programme

~ исследования экономической эффективности cost-effectiveness programme

~ капиталовложений investment plan

~, комплексная comprehensive programme

~ комплексной реконструкции предприятия turnaround programme

~ конверсии conversion programme

~ кредитования credit programme

~ кредитования малого бизнеса micro-lending programme

~ лицензирования licensing programme

~ модернизации modernization (updating) programme

~ научно-исследовательских работ research programme

~ обеспечения сбыта sales (selling, marketing) programme

~ обслуживания долга debt-servicing plan

~, осуществимая feasible programme

~ пенсионного обеспечения pension scheme

~, первоочередная priority programme

~, пилотная pilot programme

~ поддержания цен price support programme

~ помощи relief programme

~, правительственная government programme

~ приватизации privatization programme

~, производственная production programme

~, промышленная industrial (industry-oriented) programme

~ работ programme of work

~ развития programme (plan) of development

~, рамочная framework programme

~ распределения ресурсов allocation programme

~ расширения expansion (extension) programme

~ реструктуризации restructuring programme

~ санирования предприятий clean-up of enterprises, turnaround management

~ сбыта sales (selling, marketing) programme

~ сокращения государственных расходов austerity programme

~ сотрудничества programme of cooperation

~, социально-экономического развития programme of social and economic development

~ стабилизации stabilization programme

~, стандартная general programme

~ страхования insurance scheme

~ строгой экономии domestic austerity programme

~ строительства construction programme

~ структурной перестройки restructuring (adjustment) programme

~, ускоренная crash (accelerated) programme

~, федеральная federal programme

~ финансирования programme of financing

~ финансирования из бюджета budget programme

~, финансовая financial programme

~, целевая purpose-oriented (special, target) programme

~, чрезвычайная emergency programme

~ экономического развития economic development programme

~ экспорта export programme

выполнение ~ы execution of a programme

завершение ~ы completion of a programme

осуществление ~ы implementation (execution) of a programme

выполнять ~ y carry out (implement) a programme

пересматривать ~y revise (reconsider) a programme

разрабатывать ~y develop (draw up, make out) a programme

согласовать ~y работ coordinate (agree upon) a programme of work

утверждать ~y approve a programme

финансировать ~y finance a programme

ПРОДАВАТЬ sell, realize; (*на рынке*) market; (*с аукциона*) auction; (*об агентах*) distribute; (*сбывать*) dispose

~ в кредит sell on credit

~ в розницу sell [by] retail

~ в убыток sell at a loss

~ за наличный расчет sell for cash

~ на срок *бирж.* sell forward (for forward delivery)

~ оптом sell [by] wholesale

~ с аукциона sell at a (by) auction

~ со скидкой sell at a discount

~ с прибылью sell at a profit (at a gain)

ПРОДАВЕЦ seller, *юр.* vendor; (*в магазине*) shop assistant

ПРОДАЖ/А sale, selling; (*реализация, сбыт*) marketing, realization, distribution; (*векселя*) negotiation
~ активов asset[s] sale
~ акций sale of shares
~, аукционная auction, sale at an (by) auction, auction (public) sale
~ без посредника direct selling
~, биржевая exchange sale
~ в кредит sale on credit, credit sale
~ в рассрочку instalment sale (trade); hire purchase
~ в розницу retail sale
~, встречная trade-in
~, вынужденная forced sale; (*при ликвидации предприятия*) winding-up sale; (*при угрозе банкротства*) distress sale
~, демпинговая dumping
~ залога sale of a pledge
~ заложенного имущества sale of pledged property, foreclosure sale
~ за наличные sale for cash
~ зданий и сооружений sale of buildings and structures
~ земельного участка sale of a land plot
~ земли sale of land
~ из-под полы illicit sale
~ имущества sale of property
~ имущества за долги в порядке исполнения решения суда execution sale
~ имущества с публичных торгов sale of property at a (by) public auction (by public sale)
~ имущественных прав sale of property rights
~, комиссионная commission sale, sale by commission
~, конкурсная sale on a competition basis
~ наличной валюты sale of cash
~ на экспорт export sale
~ недвижимости sale of immovable property (of immovables)
~, незаконная illicit sale
~ объектов федеральной собственности sale of federal property
~, оптовая wholesale, wholesale (bulk) sale
~ партиями sale by lot
~ по каталогу catalogue sale
~ по образцу sale by sample
~ по описанию sale by description
~ по пониженным ценам sale at reduced prices
~, посредническая intermediate sale
~ предприятия sale of an enterprise
~, принудительная forced sale; (*с торгов*) compulsory sale; (*обанкротившейся компании*) distress sale
~, прямая direct sale
~, публичная public sale
~, розничная retail sale
~ с аукциона sale by auction, auction sale
~, свободная free sale
~ с завода sale ex works
~ сельскохозяйственной продукции sale of agricultural products
~ со скидкой discount sale
~ со склада sale from a warehouse (from stock)
~ с прибылью sale at a profit
~ с публичных торгов sale at a public auction
~ товаров sale of goods

375

~ товара в кредит sale of goods on credit

~ товара в розницу retail trade

~ товара по образцу sale of goods by sample

~ товара по описанию sale of goods by description

~ товара с использованием автоматов sale of goods with the use of (through) vending machines

~ услуг sale of services

~, фиктивная wash sale

~ ценных бумаг sale of securities

~ через аукцион sale by auction

~ через залоговый аукцион sale by documentary pledge auction

~ через посредников sale through agents

~, экспортная export selling

выручка от ~и proceeds of sale

договор ~и contract of sale

комиссия за ~у selling (sales) commission

налог на ~у sales tax

объем продаж volume of sales, sales volume

отсрочка ~и delay (deferral) of sale

переход права собственности на недвижимость по договору ~и transfer of the right of ownership to immovable property under a contract of sale

права кредиторов при ~е предприятия rights of creditors in the sale of an enterprise

право на ~у right of sales (to sell), selling (sales, distribution) right

разрешение на ~у marketing permit

сумма продаж, валовая gross sales

условия ~и terms (conditions) of sale

быть в ~е be on (for) sale

выпускать в ~у release for sale, put on the market

изъять из ~и withdraw from the market

иметь в ~е have on sale

осуществлять свободную ~у sell freely

отсрочить ~у postpone (defer) a sale

предлагать для ~и offer for sale

приостановить ~у акций suspend shares

разрешать для ~и release for sale

расширять ~и develop (expand, increase) sales

содействовать ~е promote sales

ПРОДЛЕНИЕ extension, prolongation; renewal

~ аккредитива extension (prolongation) of a letter of credit

~ гарантийного периода extension of a guarantee period

~ концессии renewal of a concession

~ кредита extension (prolongation, renewal) of credit (of credit facilities)

~ моратория extension of moratorium

~ срока extension (prolongation) of the term (of the time)

ПРОДОЛЖИТЕЛЬНОСТЬ duration, length, time; (*непрерывность*) continuance

~ использования duration of use, usage period

~ обстоятельств duration of circumstances

~ простоя idle (down) time

~ работы duration of work

~ рабочего дня duration (length) of a working day, working hours

~ службы length of service

~ срока аренды duration of lease устанавливать ~ рабочего дня establish the length of a working day by law

ПРОДУКТ product; (*товар*) commodity; *с.х.* produce

~, валовой внутренний gross domestic product

~, валовой национальный gross national product

~, исходный initial product

~, конечный end (final) product

~, непрофилирующий secondary product

~ы, основные basic (prime, main) products, staple commodities

~, побочный by-product

~ы, продовольственные food products, foodstuffs

~ы производственного назначения capitalized products

~, профилирующий primary product

~, совокупный total (aggregate) product

~, совокупный общественный gross national product

~ы труда products of labour (of work)

~, чистый net product

ПРОДУКЦИ/Я product, production; *с.х.* produce; (*обрабатывающей промышленности*) manufactures; (*выход продукции*) output, yield

~, бракованная defective products

~, валовая gross (total) output, gross (aggregate) production

~, высококачественная high-quality products

~, готовая finished (final, end, ready) products (goods, manufactures)

~, импортная import[ed] products

~, импортозамещающая import-substituting products

~, капиталоемкая capital-intensive products

~, конкурентоспособная competitive products

~, незаконная illegal output

~, некачественная substandard products

~, не находящая сбыта unsaleable products

~ отечественного производства domestic products (production), inland manufacture

~, полученная арендатором в результате использования арендованного имущества products received by the leaseholder as a result of use of leased property

~, производимая products made by ... (produced by...)

~, производимая в результате совместной деятельности products produced as a result of joint activity

~, производимая по государственным заказам government products

~, производимая по лицензии licensed products

~, промышленная industrial products

~, сельскохозяйственная agricultural products

~ совместного производства joint products

~ , теневая shadow production

~, товарная commercial (marketable) products, commercial output

~, фирменная branded articles

~, экспортная export[ed] products

вывоз ~и export of products

выход ~и из единицы сырья yield of a product per unit of materials

закупки ~и procurement of products

изготовитель ~и producer of products, manufacturer of goods

конкурентоспособность ~и product competitiveness

переработка ~и processing of products

право собственности на ~ю right of ownership (of property) of products

продажа ~и sale of products

производитель ~и producer of products

реализация ~и казенного предприятия sale (realization) of products of a state enterprise

сбыт ~и sale (marketing) of products

средство индивидуализации ~и means of individualization of products

выпускать ~ю turn out (produce, manufacture) products

осваивать выпуск ~и master manufacture

перерабатывать ~ю process products

поставлять ~ю supply products

производить ~ю make (produce) products

реализовывать ~ю sell (realize) products

рекламировать ~ю advertise products

сбывать ~ю sell products

сокращать выпуск ~и decrease (reduce) output

увеличивать выпуск ~и increase (expand) output

экспортировать ~ю export products

ПРОЕЗД 1. travel 2. (*дорога*) passage, thoroughfare, drive

~ автотранспортом travel by road

~, бесплатный free travel

~ в городском транспорте travel by city transport

~ воздушным транспортом travel by air

~ железнодорожным транспортом travel by rail

~ через земельный участок thoroughfare through a land plot

ПРОЕКТ plan, project; (*документа, закона*) draft

~ бюджета draft budget, budget estimates

~ бюджета, сбалансированный balanced draft budget

~ государственного бюджета draft budget, budgetary estimates

~ государственного контракта draft [of the] state contract

~ договора draft agreement (contract)

~ закона draft [of a] law, bill

~, инвестиционный investment project

~, капиталоемкий capital-intensive project

~ контракта draft contract

~ кредитования project-tied lending

~ модернизации project of modernization

~, нерентабельный nonprofit project

~ нормативного акта draft of a statutory act

~, обоснованный sound (viable) project

~, окончательный final draft; final project

~, осуществимый feasible (viable) project

~, пилотный pilot project

~, приоритетный priority project

~ резолюции draft resolution

~, рентабельный viable project

~ решения draft decision

~, совместный joint project

~ соглашения draft agreement

~, финансовый financial project

подготовка ~а договора preparing a draft contract

разработка ~а development of a project

одобрить ~ approve (endorse) a project

осуществлять ~ carry out (implement) a project

пересматривать ~ review (revise) a project

разрабатывать ~ develop (work out, elaborate, draw up) a project

разрабатывать ~ договора prepare (draw up) a draft contract

составлять ~ make out a draft, draft

строить по типовому ~у build from a standard design

финансировать ~ finance (fund) a project

ПРОЕКТИРОВАНИЕ project planning, engineering, design

~ промышленного объекта industrial design

задание на ~ task for design, assignment for project planning

ПРОЕКТИРОВЩИК designer, planner, developer, projector

~, генеральный chief designer

ПРОЕКТНОЕ ФИНАНСИРОВАНИЕ project finance, project financing

ПРОЕКТНЫЕ И ИЗЫСКАТЕЛЬСКИЕ РАБОТЫ project and survey work

~, выполняемые для государственных нужд project and survey work performed for state needs

выполнение проектных и изыскательских работ performance (fulfilment) of project and survey work

ответственность за ненадлежащее выполнение проектных и изыскательских работ liability (responsibility) for improper performance of project and survey work

ПРОЗРАЧНОСТЬ transparency

~ государственных закупок transparency of state purchases

~ информации transparency of information

~ финансовой деятельности transparency of financial activities

ПРОИЗВОДИТЕЛ/Ь producer, manufacturer, maker

~, ведущий leading manufacturer, leader in the manufacture

~, иностранный foreign manufacturer (producer)

~, крупный large manufacturer (producer)

~, отечественный domestic (inland, home) producer

~ промышленных товаров industrial producer

~ работ construction manager (superintendent)

~ сельскохозяйственной продукции producer of agricultural products

~, сельскохозяйственный agricultural producer

~и товаров и услуг producers of goods and services

ПРОИЗВОДСТВЕННЫЙ КООПЕРАТИВ production cooperative

~, образованный на базе имущества фермерского хозяйства production cooperative formed on the basis of a farm enterprise

имущество производственного кооператива property of a production cooperative

ликвидация производственного кооператива liquidation of a production cooperative

наблюдательный совет производственного кооператива supervisory board of a production cooperative

образование производственного кооператива formation of a production cooperative

обращение взыскания на пай члена производственного кооператива по его собственным долгам levy of execution against a share of a member of a production cooperative for his personal debts

общее собрание членов производственного кооператива general meeting of the members of a production cooperative

правление производственного кооператива board (management) of a production cooperative

председатель производственного кооператива chairman of a production cooperative

прекращение членства в производственном кооперативе termination of membership in a production cooperative

преобразование акционерного общества в производственный кооператив transformation of a joint-stock company into a production cooperative

преобразование производственного кооператива в хозяйственное общество transformation of a production cooperative into a business company

реорганизация производственного кооператива reorganization of a production cooperative

устав производственного кооператива charter of a production cooperative

фирменное наименование производственного кооператива firm name of a production cooperative

ПРОИЗВОДСТВ/О 1. (*изготовление*) production, manufacture, fabrication 2. (*отрасль промышленности*) industry 3. (*дел в суде*) proceedings, procedure

~, арбитражное arbitration, arbitration (arbitral) proceedings

~ в промышленном масштабе commercial production

~, импортозамещающее import-substituting production

~, исковое action proceedings

~ капитального ремонта performance of capital repairs, making of major repair

~, конкурсное proceedings in bankruptcy

~, крупное large-scale production

~ на душу населения per capita (per head) production

~, наукоемкое science-intensive industry

~ на экспорт production for export

~ обыска making a search

~ по апелляции proceedings in appeal

~ по государственным заказам government contractual work

~ по делу о банкротстве bankruptcy proceedings

~ по делу о нарушении закона law infringement proceedings

~, прибыльное profitable production

~ продукции production, manufacturing of products

~, промышленное industrial production

~ расчетов settlement of accounts

~, сезонное seasonal production

~, сельскохозяйственное agricultural (farming) production, farm industry

~, совместное joint production (manufacture)

~ средств производства manufacture of means of production

~, товарное commodity production

~ товаров production of commodities

~, убыточное wasteful production

~, экспортное export production

~, энергоемкое power-intensive production

возбуждение ~а по делу initiation of proceedings

дела, принятые к ~у cases accepted for arbitration

завершение ~а по делу completion of proceedings

издержки ~а costs (expenses) of production (of manufacturing), production (manufacturing, operating, operation[al]) costs

кооперирование ~а cooperation of production

масштаб ~а scale of production, production (industrial) scale

модернизация ~а modernization of production

объем ~а volume of output (of production)

освоение ~а mastering production (manufacture)

отходы ~а production waste (scrap)

потребности ~а production (industrial) requirements

правила ~а дел в арбитраже arbitration rules, rules of procedure of arbitration

прекращение ~а по делу termination of the proceedings

приостановление ~а по делу adjournment (suspension, stay) of proceedings

развитие ~а development of production

расширение ~а expansion (increase) of production

резервы ~а production reserves

себестоимость ~а production (manufacturing) cost

секреты ~а secrets of production, production secrets

сокращение ~а decline (decrease, reduction, cutback) in production, curtailment of production

средства ~а means of production

структура ~а structure of production

убытки ~а production losses

увеличение ~а output expansion, expansion of production volume

управление ~ом management of production

эффективность ~а efficiency of production, production efficiency

внедрять в ~ introduce into production

завершать ~ по делу complete the proceedings

налаживать ~ set up (organize) production

наращивать ~ increase production

осваивать ~ master production

осуществлять ~ по делу carry out proceedings

прекращать ~ cut off production; (*постепенно*) phase out production

прекращать ~ по делу terminate proceedings

разглашать секреты ~a divulge secrets of production

расширять ~ expand (increase) production

свертывать ~ phase out production

снять изделие с ~a abandon a product

сокращать ~ cut down (curb, curtail, reduce) production

увеличивать ~ increase (raise, boost) production

ПРОИЗВОЛ arbitrariness, arbitrary rule, abuse of power

ПРОКАТ (*передача во временное пользование*) hire, rent, rental

~ автомобилей car hire (rental)

~ оборудования rental of equipment

платить за ~ pay a hire

ПРОКЛАДКА construction; (*укладка*) installation, laying

~ дорог road construction

~ линий связи installation of lines of communication

~ линий электропередачи installation (laying) of lines of electric transmission (for the transmission of electricity)

~ трубопроводов installation of pipelines

ПРОКУРАТУРА office of a public prosecutor, [public] prosecutor's office

~, Генеральная Procurator-General's office

~, областная office of a district prosecutor (*амер.* of a district attorney)

ПРОКУРОР [prosecuting] attorney, public prosecutor, public procurator

~, государственный public prosecutor

~ России, генеральный Procurator-General of Russia

ПРОМЕЖУТОЧНЫЙ ЛИКВИДАЦИОННЫЙ БАЛАНС interim liquidation balance sheet

ПРОСПЕКТ prospectus

~, фирменный prospectus of a company

~ эмиссии issue (offering) prospectus

~ эмиссии акций share issue prospectus

ПРОСРОЧК/А delay, expiration of the time; (*платежа*) arrears

~ в сдаче работы delay in the submission of work

~ в уплате денежных средств delay in [the] payment of funds

~ выплаты заработной платы delay of wages

~ выплаты ренты delay in payment (overdue payment) of rent

~ исполнения delay in performance

~ передачи результатов работы lateness of transfer (delay in submission) of the result of work

~ платежа delay in payment, late (overdue) payment, default

~ погашения задолженности по кредиту delay in credit repayment

~ поставки delay in delivery

~ приемки результатов работы lateness of (delay in) acceptance of the result of work

~ уплаты вознаграждения delay in payment of compensation, overdue payment of remuneration

~ уплаты налогов delay in payment of taxes

неустойка при ~е исполнения обязательства penalty in case of delay in performance of an obligation

ПРОСТОЕ ТОВАРИЩЕСТВО (*без образования юридического лица*) simple partnership

договор простого товарищества contract of (agreement on) simple partnership

ПРОСТОЙ (*в работе*) [work] stoppage, idle (dead) time, downtime

~, внеплановый unscheduled downtime

~ в производстве production hold-up

~ в работе work stoppage

~ оборудования idle time of equipment

~, плановый scheduled downtime

~ по техническим причинам waiting time

~ предприятия shutdown of an enterprise

~, предусмотренный графиком scheduled downtime

убытки, связанные с простоем losses caused by the stoppage (by the idle time)

ПРОСЬБ/А request; (*о помощи*) appeal; (*заявление, ходатайство*) application

~ об отсрочке платежа request for postponement of payment

~ о пересмотре решения application for revision of a judgement

~, официальная official request

обращаться с ~ой make a request

удовлетворять ~у meet a request

◊ по ~е on request, at the request of

согласно ~е as requested

ПРОТЕСТ protest, objection

~ векселя protest of a bill

~, кассационный prosecutor's appeal

~, официальный formal protest

заявление ~а declaration of a protest

совершение ~а нотариусом making of a protest by a notary, protest of notary

заявлять ~ make (enter, file, lodge) a protest

отклонять ~ reject a protest

отозвать ~ withdraw a protest

совершить ~ make (enter, lodge) a protest

учинить ~ make (enter, lodge) a protest

ПРОТИВОДЕЙСТВИЕ counteraction, resistance, opposition

встречать ~ meet with (run into) opposition

ПРОТИВОЗАКОННОСТЬ illegality, illegitimacy

ПРОТИВОЗАКОННЫЙ unlawful, illegal, illicit

ПРОТИВОПРАВНОСТЬ illegality, illegitimacy, unlawfulness

ПРОТИВОПРАВНЫЙ illicit, illegal, unlawful

ПРОТИВОРЕЧИЕ contradiction, conflict

~ закону conflict of law

ПРОТОКОЛ protocol, record; (*переговоров, совещания*) minutes; (*приложение к документу*) schedule

~, арбитражный arbitration protocol

~, заключительный final protocol

~ заседания minutes of a meeting (of proceedings); record of hearing

~ об итогах голосования protocol on results of voting

~ об окончательной приемке final acceptance protocol

~ о взаимопонимании memorandum of understanding

~ о намерениях protocol of intent (of intentions)

~ о результатах торгов protocol on the results of the auction

~ о сотрудничестве protocol on cooperation

~ о товарообороте protocol on goods turnover (on trade), trade protocol

~ переговоров protocol (minutes) of negotiations

~ разногласий к проекту договора protocol (list) of disagreements with the draft of the contract

~ судебного заседания record of proceedings of the court, minutes of a trial

выписка из ~a excerpt from the minutes

оформление ~a drawing up of a protocol

подписание ~a signing of a protocol

вести ~ take (draw up, keep) a record; keep (record) the minutes

заносить в ~ record in a protocol, enter (place) on record; enter (record) in the minutes

составлять ~ compile a protocol

ПРОФИЛЬ profile, structure; (*тип, вид*) type, character

~ деятельности компании company profile

~ потребления consumer profile

~, производственный structure of output

~ работы type of job

ПРОЦЕДУР/А procedure; (*судебная*) proceedings; (*практика*) practice

~, административная administrative procedure

~, арбитражная procedure of arbitration, arbitration procedure

~ банкротства bankruptcy procedure, insolvency proceedings, receivership

~, бюджетная budget procedure

~ голосования voting procedure

~, законная legal procedure, regular proceedings, process of law

~, законодательная legislative proceedings

~ законодательной инициативы initiative procedure

~ контроля control (verification, review) procedure

~ конфискации forfeiture proceedings

~ ликвидации фирмы liquidation proceedings

~, налоговая tax procedure

~ обжалования appellate procedure

~, общепринятая standard procedure

~, обязательная compulsory procedure

~, официальная official procedure

~ оценки appraisal procedure

~ передачи товара handing-over procedure

~ платежа procedure of payment

~ погашения procedure of repayment

~ правоприменения law enforcement procedure, enforcement procedure (proceedings)

~ признания банкротом proceedings for declaring *smb* to be insolvent (for the declaration of *smb* bankrupt)

~, примирительная conciliation procedure

~ проведения ревизии auditing procedure

~ проверки checking (screening) procedure

~, разрешительная procedure of authorization, authorizing procedure

~ рассмотрения examination procedure

~ ревизии auditing procedure

~ регистрации procedure of registration

~, реорганизационная reorganization procedure

~, согласительная conciliation procedure

~, судебная judicial procedure

~ судебного разбирательства litigious (at-trial) procedure, litigation proceedings

~, таможенная customs procedure (formalities)

~ торгов bidding procedure

~, уведомительная procedure of notification, advisory procedure

~ урегулирования конфликтов procedure for dispute settlement

~, установленная established procedure (order)

нарушение ~ы breach of procedure

правила ~ы rules of procedure, procedural rules

инициировать ~у банкротства initiate a bankruptcy procedure

придерживаться правил ~ы adhere (keep) to the rules of procedure

упростить бюрократические ~ы cut the red tape

ПРОЦЕНТ 1. (*сотая доля числа*) percent 2. (*процентное содержание*) percentage; (*доля, размер; коэффициент*) rate, ratio 3. (*доход с капитала*) interest

~, банковский bank interest

~, банковский учетный bank rate

~, вмененный imputed interest

~, высокий high percentage; high interest

~ дисконта percentage of a discount

~, дифференцированный tiered interest

~, заемный borrowing (loan) rate, percentage for loans; interest on loans

~ за предоставление кредита interest on credit

~ за просроченный платеж default interest

~ за просрочку interest on arrears

~, комиссионный percentage of commission, commission percentage

~, льготный concessionary interest rate

~ на капитал interest on capital

~ы, накопленные accrued (accumulated) interest

~ы, наращенные (наросшие) accrued interest

~ на сумму банковского вклада interest on the amount of a bank deposit

~ на сумму займа interest on the amount of the loan

~ на сумму средств interest on the amount of funds

~ы, начисленные computed interest

~ы, невостребованные unclaimed interest

~ы, невыплаченные unpaid interest, arrearage

~, низкий low percentage; low interest

~ по вкладам interest on deposit, deposit rate

~ по государственным ценным бумагам interest on state securities

~ по договору займа interest under a contract of loan

~ по задолженности interest on debts (on arrears)

~ по займам interest on loans

~ по закладной mortgage interest

~ по кредиту interest on credit

~ по кредиту, выданному по залоговому свидетельству interest on the credit issued against a letter of hypothecation (against a mortgage certificate)

~ по ссудам loan charge

~ прибыли percentage of profit, profit ratio

~ы, причитающиеся interest due

~ы, просроченные arrears of interest, interest in arrears, past-due (overdue) interest

~, ростовщический usurious (exorbitant) interest

~, ссудный loan interest, interest on loan capital, borrowing (lending) rate, cost of borrowing

~, установленный законом statutory (legal) interest

~, учетный rate of discount, discount rate

~, фиксированный fixed (stated) interest

~, штрафной penalty rate

взыскание ~ов recovery of interest

выплата ~ов на сумму банковского вклада payment of interest on the amount of a bank deposit

начисление ~ов calculation (computation) of interest

начисление ~ов на вклад calculation (computation) of interest on a deposit

начисление ~ов на сумму calculation (computation) of interest on an amount

переход права на неуплаченные ~ы к новому кредитору transfer of the right to unpaid interest to the new creditor

получение ~ов receipt of interest

размер ~ов rate of interest, interest rate, amount (extent) of interest

ставка банковского ~a bank interest rate

уменьшение ~ов reduction of interest, reduced interest rate

уплата ~ов payment of interest

уплата ~ов за просрочку выплаты ренты payment of interest for delay in payment of rent

взимать ~ы charge interest; collect interest

выплачивать ~ы pay interest

занимать под ~ы borrow at interest

накапливать ~ы accumulate interest

начислять ~ы calculate interest

платить ~ы pay interest

погашать ~ы pay (cover) interest

получать ~ы receive interest

предоставлять займ под ~ы make (grant) a loan with interest

приносить ~ы earn (yield, bear, carry) interest

ссужать под ~ы lend at interest

уплатить ... ~ов годовых pay ... percent annual interest

уплатить ~ы на сумму pay interest on an amount

◊ без ~ов interest-free

включая ~ы with (cum) interest

за вычетом ~ов less interest

под ~ы with interest, at interest

ПРОЦЕСС process; (*судебный*) trial, suit, judicial (law) proceedings, litigation

~, апелляционный appellate process

~, арбитражный arbitration proceedings, arbitral procedure

~, бюджетный budgeting

~, гражданский civil procedure

~, законотворческий lawmaking process

~, контролируемый controlled process

~ по гражданским делам, судебный civil litigation

~, производственный production (manufacturing) process

~, регулируемый controlled process

~, судебный trial, legal (judicial) proceedings, lawsuit, suit at law, litigation

~, уголовный criminal trial

~ управления managerial process

вести судебный ~ conduct (hold) legal proceedings

возбуждать судебный ~ bring an action, take a legal action, institute proceedings

применять ~ operate (practise) a process

приостанавливать судебный ~ suspend proceedings

ПРОЦЕССУАЛЬНОЕ ЗАКОНОДАТЕЛЬСТВО adjective legislation, procedural legislation, remedial legislation

ПРОЧНОСТ/Ь (*стабильность*) stability; (*сила*) strength

~ здания strength of a building

~ позиции на торгах bargaining strength

потеря ~и loss of strength

ПРОШЕНИЕ petition, supplication

~, необоснованное insufficient petition

~, обоснованное sufficient petition

~, просроченное delayed petition

подавать ~ make (lodge) a petition, petition

ПРОЩЕНИЕ forgiveness; (*освобождение от уплаты, ответственности, наказания*) remission; (*оправдание*) acquittal

~ долга forgiveness (forgiving) of a debt

ПСЕВДОНИМ pseudonym

ПУБЛИКАЦИЯ publication, release

~ в печати publication in the press

~ документа publication of a document

~ о ликвидации юридического лица notice in the press of liquidation of a legal person

~, официальная official publication

ПУБЛИЧНАЯ ОТЧЕТНОСТЬ public accountability

ПУБЛИЧНЫЕ ТОРГИ public auction, public tenders

ПУБЛИЧНЫЙ ДОГОВОР public contract, public agreement

ПУБЛИЧНЫЙ КОНКУРС public competition

~, закрытый closed public competition

~, открытый open public competition

изменение условий публичного конкурса change (amendment) of conditions of a public competition

организация публичного конкурса organization of a public competition

отмена публичного конкурса cancellation of a public competition

предварительная квалификация участников открытого публичного конкурса preliminary qualification of participants of a public competition

ПУНКТ 1. (*место*) point, place 2. (*параграф*) paragraph, article, clause, item, provision 3. *юр.* (*искового заявления*) count

~ ввоза point of entry

~ вывоза point of exit

~ договора clause of an agreement

~ контракта clause (item) of a contract

~ назначения point (place) of destination

~ об арбитраже arbitration clause

~ обвинительного акта count of the indictment

~, обменный exchange office

~ об условиях платежа payment clause

~ о штрафной неустойке penalty clause

~ погрузки point of loading

~ поставки delivery point

~ статьи paragraph (section) of an article

Р

РАБОТ/А 1. (*труд*) work, labour, job, service 2. (*деятельность*) activity, work 3. (*функционирование*) operation, working, functioning 4. (*занятие, служба*) work; (*по найму*) employment; (*дело*) business

~ы, аварийные salvage (rescue) work, salvage operation

~, административная administrative (staff) work

~, аккордная piece (task) work

~, аналогичная similar (analogous) work

~, бесперебойная uninterrupted (trouble-free, smooth) operation, continuous (trouble-free) work

~, бригадная team work

~ы, весенне-полевые spring sowing

~ в ночную смену night work

~ы, восстановительные restoration work

~, вредная unhealthy work

~, временная temporary (time) work (job)

~, выполненная work done (performed, executed)

~, выполняемая по заказу contract[ual] work

~, высококачественная high-class work

~, высокооплачиваемая highly paid (highly paying, well-paid) work

~ы, грузовые loading and unloading operations

~, дефектная defective work

~ы для государственных нужд, подрядные contractual work for state needs

~, договорная contract job (work)

~, дополнительная additional (supplementary) work, extra job

~ы, дорожно-строительные road-building

~ы, изыскательские survey (exploratory) work

~, инженерная engineering work

~ы, исправительные corrective (correctional) work

~, исследовательская research work

~, конструкторская design work

~, круглосуточная round-the-clock work

~, левая illegal work (job)

~ы, монтажные installation work

~ на полную мощность working to capacity, capacity operations

~, научная scientific work

~, научно-исследовательская research work

~, недоброкачественная inferior work

~, незавершенная work in process, uncompleted work

~, некачественная substandard work

~, неквалифицированная unskilled work (labour)

~ неполный рабочий день part-time job (work)

~, непостоянная casual work

~, непрерывная continuous work (operation)

~, неудовлетворительная unsatisfactory work

~, низкооплачиваемая low-paid work (job)

~ы, опытно-конструкторские development[al] work (activity)

~, организационная organization work

~ы, осенние полевые autumn sowing work

~, основная basic (main) work, primary employment, direct labour

~, платная paid work

~, побочная by-work, sideline

~, повседневная day-to-day operation

~ по государственным подрядам government contractual work

~ по графику work on schedule, schedule[d] work

~ы, подрядные work by contract, contract[ual] work (см. тж ПОДРЯДНЫЕ РАБОТЫ)

~ы, подрядные строительные contract[ual] construction work

~, подсобная subsidiary (auxiliary, unskilled) work

~ по контракту contractual work, contract[ual] employment

~ы, полевые field work (operations)

~, полезная useful (effective) work

~ по найму work by (for) hire, wage (hired) work, [wage] employment

~ по плану work on schedule, planned (scheduled) work

~ по проекту work on a project

~ по профессии professional job

~ по регламенту work to rule

~ы, посевные sowing work

~ по совместительству additional job, sideline (spare-time) work, collateral performance

~, постоянная permanent (regular) work, permanent (steady) job

~ по трудовому соглашению work on a contract (on a contractual basis)

~ предприятия operation of an enterprise (of a business)

~, принудительная forced labour (work)

~, продуктивная productive (efficient) work

~, проектная design work

~ы, проектно-изыскательские design and exploratory (exploration) work, design and survey (planning and survey) work, design and research work (*см. тж* ПРОЕКТНЫЕ И ИЗЫСКАТЕЛЬС-КИЕ РАБОТЫ)

~ы, проектно-конструкторские engineering (design and construction) work

~ы, профилактические routine (scheduled) maintenance

~ы, пуско-наладочные commissioning work, start-up and adjustment work (operations), start-up and debugging work

~ы, регламентные routine operations

~ы, ремонтные repair work, repairs

~, сверхурочная overtime [work]

~, сдельная piecework, work by the piece (at piece rates)

~, сезонная seasonal work

~ы, сельскохозяйственные agricultural work, farm operations

~, сменная shift work (labour), work in shifts

~, совместная joint work (operation)

~ы, спасательные salvage (rescue) work, salvage operations

~ы, строительные [civil] construction work (operations), civil [engineering] work

~, творческая creative labour

~ы, технологические technological work

~, трудоемкая labour-intensive work

~ы, уборочные harvesting [operations]

~, удовлетворительная satisfactory work (operations)

~, умственная intellectual (mental, brain) work

~, управленческая managerial work

~ы, финансируемые за счет средств бюджета work financed at the expense [of funds] of the budget

~ы, финансируемые за счет средств внебюджетных источников work financed at the expense of off-budget (of extra-budgetary) sources

~, штатная full-time job

~, эффективная efficient operation

безопасность работ safety of work

ведение работ conduct of work

время ~ы working hours

выполнение ~ы performance (execution, fulfilment, carrying out) of work

выполнение ~ы в силу обязательства performance of work by force of an obligation

выполнение ~ы иждивением подрядчика performance of work with the support (by support) of a contractor

график ~ы schedule of work, operation schedule

денежное вознаграждение за лучшее выполнение ~ы monetary remuneration for the best performance of work

завершение ~ы completion (accomplishment) of work

завершение ~ы в срок completion of work on time, scheduled completion of work

заказ на подрядные ~ы order for contract[ual] work

исправление ~ы correction of work

качество ~ы quality of work (of operation), performance quality

масштаб работ range (scope) of work

место ~ы place of work; job site

начало работ start (commencement, beginning) of work

недостатки ~ы defects in work

незавершенность ~ы noncompletion of work

нормирование работ rate setting, job standardization

объем работ volume (amount, scope, extent) of work

оплата работ payment for work

остановка работ stoppage of work

отчет о состоянии ~ы progress report

очередность работ order of execution of work

оценка ~ы job assessment (rating)

план ~ы work (job, operation) plan (schedule)

прекращение ~ы stopping (stoppage, ceasing, cessation, termination) of work (of labour); (забастовка) walkout

приостановка ~ы suspension (interruption, hold-up) of work

продолжение ~ы continuing work

продолжительность ~ы duration of work; working hours

производитель работ work superintendent

режим ~ы hours of work, regimen of operation, operating conditions

содержание работ content of work

стоимость работ cost (value) of work

условия ~ы conditions of work, working (operating) conditions

финансирование работ financing for work

характер ~ы nature of work

ход ~ы progress of work

цена работ price (cost) of work

часы ~ы working hours; (учреждения) office (business) hours; (банка) banking hours

этап ~ы stage of work

браковать ~у reject work

быть без ~ы be out of work

быть на постоянной ~е hold a permanent appointment

восстанавливать на ~е reinstate

выполнять ~у perform (fulfil) work

выполнять ~у по заданию perform (fulfil) work at the order (at the assignment)

делать ~у do a job, work

завершать ~у complete (accomplish, finish) work

иметь ~у have (hold) a job

контролировать ~у inspect (supervise) work

координировать ~у coordinate work

курировать ~у supervise work

наблюдать за ~ой supervise work

навязывать дополнительную ~у impose additional work

налаживать ~у organize work

нанимать на ~у employ, hire

оплачивать ~у pay for work

отказаться от ~ы give up a job

оценивать ~у assess (appraise, evaluate) work

поручать ~у entrust (charge) with work

прекращать ~у stop (cease, terminate) work; (*о предприятии*) shut down; (*постепенно*) phase out

принимать ~у accept work; (*от кого-л.*) take over work

принимать на ~у employ, take on, hire

приостанавливать ~у suspend (interrupt, hold up, stop) work

приступать к ~e take up (get down to) work

проверять ход ~ы verify the progress (the course) of work

сдать ~у заказчику transfer (submit) the [result of] work to the customer

терять ~у lose work (a job)

увольнять с ~ы dismiss, discharge, lay off, fire

уклоняться от ~ы shirk work

уходить с ~ы go out of service

◊ без ~ы out of work, out of a job

по месту основной ~ы at the place of primary employment, at the basic place of work

РАБОТАТЬ 1. (*трудиться*) work, perform 2. (*функционировать*) operate 3. (*о машине*) run, go, be in operation

~ на полную мощность operate at (to) full capacity

~ неполный рабочий день work short hours (part-time), be on short work

~ поденно work by the day

~ по найму work for hire

~ посменно be on shift work

~ сверхурочно work overtime

~ сдельно be on (do) piecework

РАБОТНИК worker; (*служащий*) employee; (*руководящий*) executive; (*должностное лицо*) official, officer

~, административный administrative officer

~, банковский bank employee

~и бюджетных организаций workers of budgetary organizations

~, временный temporary (casual) worker

~и государственного сектора state sector workers

~и, инженерно-технические engineering and technical personnel

~, квалифицированный skilled (qualified) worker

~ министерства ministry official

~, научный research (scientific) worker, scientist

~, ответственный executive, senior (top) official

~, постоянный permanent (regular) employee

~и предприятия employees of an enterprise

~, руководящий leading (top) official, leading (executive) employee

~, сезонный seasonal worker

~и, технические support (clerical) staff

~и торговли trade personnel

~и умственного труда brain (mental, white collar) workers

~и физического труда manual (blue-collar) workers

~, финансовый fiscal officer

РАБОТОДАТЕЛЬ employer

РАБОТОСПОСОБНОСТЬ ability to work, capacity to work, efficiency

РАБОЧАЯ СИЛА manpower, labour [force], workforce

~, дешевая low-paid manpower

~, иностранная foreign labour

~, квалифицированная skilled manpower

~, неквалифицированная unskilled manpower

нехватка рабочей силы manpower tightness

использовать рабочую силу use labour

РАБОЧЕЕ ЗАКОНОДАТЕЛЬСТВО labour legislation

РАБОЧИ/Й *сущ.* worker, employee, operator; (*квалифицированный*) workman; (*неквалифицированный*) labourer

~, временный temporary (casual) worker

~, высококвалифицированный highly qualified (highly skilled) worker

~ государственного предприятия public worker

~, заводской industrial (factory) worker

~, занятый неполную рабочую неделю half-timer, worker on short time

~, занятый неполный рабочий день part-time (short-time) worker, part-timer

~, занятый полную рабочую неделю full-time employee

~, иностранный foreign worker, alien employee

~, кадровый regular worker; experienced worker

~, квалифицированный skilled (qualified) worker (operator)

~, наемный hired (wage) worker

~ на сдельной оплате pieceworker

~, неквалифицированный unskilled (general) worker, labourer

~, низкооплачиваемый low-paid worker

~, опытный skilled (experienced) worker

~, поденный day worker (labourer)

~, подсобный auxiliary (maintenance) worker

~, постоянный permanent (regular) worker

~, промышленный industrial worker

~, сезонный seasonal worker

~, сельскохозяйственный agricultural (farm, field) worker

~ физического труда manual worker

нанимать ~x employ (hire, recruit, take on) workers

увольнять ~x dismiss (discharge, lay off, fire) workers

◊ ~е и служащие industrial and office workers

РАБОЧ/ИЙ *прил.* working

~ее время working hours

~ день work[ing] (business) day

~ее законодательство labour legislation

~ее место workstation

~ая неделя work[ing] week

~ая смена work shift

РАВЕНСТВО equality

~ в оплате equality of pay

~ голосов tie

~ курсов parity

~ налогового режима equality in tax treatment

~ перед законом equality before the law

~ перед судом equality before the court (in the administration of justice)

~, полное full equality

~, социальное social equality

~ спроса и предложения equality of demand and supply

~ участников гражданского оборота equality of participants in civil intercourse

~, юридическое juridical (legal) equality

РАВНОВЕСИЕ balance, equilibrium

~ внешнеэкономических отношений external equilibrium

~ внутренней экономики domestic equilibrium

~, денежное monetary equilibrium

~ доходов и расходов бюджета budgetary balance

~, неустойчивое unstable (mobile) equilibrium

~ платежного баланса balance-of-payments equilibrium

~, рыночное market equilibrium

~ спроса и предложения supply-and-demand equilibrium

~, устойчивое stable equilibrium

~, экономическое economic balance (equilibrium)

нарушать ~ disturb (upset) balance (equilibrium)

поддерживать ~ maintain balance

РАВНОПРАВИЕ equality [of rights], equal rights

~ в экономических отношениях equality in economic relations

~ граждан equality of citizens

~, полное complete (full) equality

~ сторон equal rights of the parties

РАВНОПРАВН/ЫЙ equal [in rights]

◊ на ~ой основе on the basis of equality

РАДИАЦИЯ radiation

~, повышенная enhanced radiation

РАДИОАКТИВНОЕ ЗАРАЖЕНИЕ radiation poisoning, radiation contamination

РАЗБАЗАРИВАНИЕ squandering, wasting

~ запасов squandering of reserves

~ средств squandering of money (of financial resources)

РАЗБИРАТЕЛЬСТВ/О examination, investigation; (*в суде*) proceedings, trial; (*слушание*) hearing

~, арбитражное arbitration (arbitral) proceedings

~ дела examination of a case

~, закрытое examination (hearing) in camera

~, открытое public hearing (proceedings)

~, повторное судебное retrial

~ по нормам общего права, судебное trial at common law

~ по нормам права справедливости, судебное trial at equity

~ по нормам статутного права, судебное trial at statutory law

~, согласительное conciliation

~ спора consideration of a dispute; hearing of a dispute

~, справедливое судебное fair trial

~, судебное court examination, court (judicial, legal) proceedings, trial, examination (hearing) of a case, proceedings (action) at law

завершение судебного ~а termination of a court case

откладывать ~ adjourn (postpone) an examination (a hearing, a trial) of a case

прекращать ~ terminate the proceedings

приостанавливать ~ suspend (stay) proceedings (an action)

проводить ~ дела conduct proceedings, hold a hearing, examine (hear, try) a case

◊ во время судебного ~a on trial

РАЗБЛОКИРОВАНИЕ release

~ счета release of a blocked account

~ фондов release of funds

РАЗБЛОКИРОВАТЬ (*счет, деньги*) release

РАЗВИТИ/Е development; (*расширение*) expansion, extension; (*прогресс*) advance; (*рост*) growth

~ внешнеторговых связей development of foreign trade relations

~ внешнеэкономических отношений development of foreign economic relations

~ инфраструктуры infrastructure development

~, коммерческое commercial (business) development

~ криминального бизнеса furtherance of criminal enterprise

~ народного хозяйства development of the national economy

~, неравномерное uneven development (growth)

~ предпринимательства development of enterprise

~ производства development of production

~, промышленное industrial development

~, равномерное even development

~, сбалансированное balanced development

~ сотрудничества development of cooperation

~, социально-экономическое socio-economic development

~ сырьевой базы expansion of the raw materials base

~ товарообмена expansion of goods exchange

~ торговли development (expansion) of trade

~ экономики development of the economy, economic development

содействовать ~ю promote (further, facilitate) development

стимулировать ~ encourage (promote) development

тормозить ~ hold back (hinder) development

РАЗГЛАШАТЬ (*информацию*) disclose, divulge

РАЗГЛАШЕНИЕ disclosure, divulging, divulgence

~ информации disclosure of information

~ коммерческой тайны disclosure (divulging, divulgence) of a business (of a commercial) secret

~ секретной информации disclosure (divulgence) of classified information

~ секретов производства disclosure of the know-how

~ служебной тайны disclosure (divulgence) of a professional secret

РАЗГОСУДАРСТВЛЕНИЕ de-statisation, denationalization, decentralization, privatization

~ промышленных предприятий privatization of industrial enterprises

~ собственности restoration of property to private ownership

~ электроэнергетических компаний privatization of power engineering companies

РАЗГРАБЛЕНИЕ plunder, pillage, looting

РАЗГРАНИЧЕНИЕ delimitation; (*разделение*) division, separation, partition

~ ответственности partition of power

~ полномочий delineation (division, separation) of powers

РАЗДЕЛ division, partition; (*земли*) allotment; (*совместное пользование*) sharing

~ имущества division (partition) of property, *юр.* severance

~ имущества, находящегося в долевой собственности division of property in share[d] ownership

~ имущества, находящегося в общей собственности division of property which is held in common ownership

~ продукции product[ion] sharing

~ рынка market sharing

подлежать ~у be subject to division

РАЗДЕЛЕНИ/Е 1. (*деление*) division; (*совместное пользование*) sharing 2. (*отделение*) separation; (*от организации, фирмы*) split-off, split-up

~ власти separation of powers

~ доходов revenue (profit) sharing

~ затрат cost sharing

~ полномочий division of powers

~ труда division of labour

~ юридического лица division of a legal person

правопреемство при ~и юридического лица legal succession in the reorganization of a legal person

◊ при ~и in case of division

РАЗДЕЛИТЕЛЬНЫЙ БАЛАНС division balance sheet, distribution balance sheet

РАЗДЕЛЯТЬ demerge, break up

РАЗМЕН change, changing

~ денег making change, changing of money

автомат для ~а денег vending machine for making change

РАЗМЕР (*величина*) size, extent, quantity; *pl.* (*габариты*) dimensions; (*о процентах, налогах*) rate; (*охват, размах*) scale; (*денежной суммы*) amount

~ арендной платы amount of lease payment, rental rate

~ ассигнований amount of allocations

~ бюджета budget size (volume)

~ взноса amount of deposit

~ взыскания amount of recovery

~ вкладов size of investments, amount of contributions

~ возмещения amount of compensation

~ возмещения убытков measure of damages

~ вознаграждения amount (rate, size) of compensation (of remuneration)

~ выплат payment amount, rate of payment

~ гарантии guarantee exposure

~ девальвации extent of devaluation

~ дефицита size of deficit

~ дивиденда dividend size (rate), size of dividend

~ долей участников size (amount) of shares of participants

~ дохода level of income

~ задолженности amount (level) of indebtedness

~ займа amount (size) of a loan

~ заказа amount (size, volume) of an order

~ законной неустойки amount of a legal (of a statutory) penalty

~ закупок purchase quantity

~ заработной платы rate of wages, wage rate

~ имущества компании amount of the property of a company

~ инфляции magnitude of inflation

~ иска extent of a claim

~ капиталовложений amount of capital investment

~ квоты quota volume

~ комиссионного вознаграждения amount (extent, rate) of commission

~ компенсации amount (extent, rate, value) of compensation

~, кратный multiple

~ кредита amount (extent) of credit, loan value

~ лицензионного вознаграждения rate of royalty

~ лота, стандартный standard lot

~, максимальный upper limit

~, минимальный lower limit, minimum amount

~ налогов rate of taxes

~ наценки markup percentage

~ неустойки penalty rate

~ оборота amount of turnover

~ оплаты amount of payment

~ оплаты труда, минимальный amount of the minimum wage, minimum amount of labour wage, minimum monthly wages

~ оплаты труда, пятикратный five times the amount of the minimum wage, five times the minimum monthly wage

~ оплаты труда, установленный законом [minimum] monthly wage[s] (amount of wage) established by law (by a statute)

~ ответственности degree (amount, measure) of liability

~ отступного amount of smart money (of compensation)

~ паевых взносов членов size (amount) of membership share contributions (of share contributions of members)

~ пенсии scale of pension

~ повреждения extent (volume) of damage

~ пособия size of a benefit

~ поставки size (amount) of delivery

~ потери extent of loss

~ пошлины size of duty (of tariff)

~, предельный maximum amount

~ премии rate of premium, premium volume

~ прибыли margin of profit, profit margin

~ процента rate (amount, extent) of interest, interest rate

~ процента, законный legal rate of interest

~ процента по вкладам rate of interest on deposits

~ расходов amount (size, rate, volume) of expenses

~ роялти rate of royalty, royalty rate

~ рынка volume (scope) of a market

~ санкций rate of sanctions

~ скидки amount (rate, size) of a discount

~, совокупный total size (amount)

~ ссуды size of a loan

~ страховой премии size (amount, rate) of insurance premium

~ страховой суммы size of the insured amount (of insurance sum, of a policy)

~ суммы size of an amount (of a sum)

~ убытков amount (size) of losses; amount (extent) of damages

~ уставного капитала amount (size) of charter capital

~ уценки rate (extent) of reduction

~ ущерба extent (size) of damage

~ финансирования volume of financing

~ штрафа amount of a fine, penalty amount (size, rate)

~ эмиссии volume of emission

изменение ~а уставного капитала changing the size (altering the amount) of charter capital

ограничение ~а limiting the amount

определение ~ов пособий, законодательное legislative determination of the size of benefits

товар другого ~а goods of [a] different size

увеличение ~а возмещения increase in the amount of compensation

уменьшение ~а процентов reduction of the rate of interest (of interest rate)

оценивать ~ ущерба assess (estimate) the damage

соответствовать пятикратному минимальному ~у оплаты труда correspond (be equal) to five times the minimum monthly wage (the amount of the minimum wage)

увеличивать ~ increase the size

устанавливать ~ вознаграждения fix the remuneration

◊ в ~е in the amount of, at the rate of, to the extent of

в двойном ~е in double amount, twice the amount

РАЗМЕЩЕНИЕ 1. (*расположение*) arrangement, placing; (*предприятия*) location 2. (*распределение*) distribution 3. (*ценных бумаг, займов*) allocation, allotment; (*через посредников*) placing, placement; (*выпуск новых ценных бумаг*) flo[a]tation, offering, public issue

~ акций allocation (allotment, distribution) of shares (of stock), share (stock) allocation (allotment, distribution)

~ акций путем открытой подписки placement by open subscription

~ выпуска ценных бумаг placement of securities

~ дополнительных акций placing of additional shares

~ займа floatation (placing) of a loan

~ заказа placement of an order, ordering

~ инвестиций investment

~ инвестиций на конкурсной основе investment on a competitive basis

~ капитала investment (allocation) of capital

~ на внутреннем рынке domestic placement

~ облигаций placement (floatation) of a bond issue, bond offering, distribution of bonds

~ предприятия location of an enterprise, siting of a plant

~ производства manufacturing locations

~ промышленности location of industry

~ рекламы advertising

~ ресурсов allocation of resources

~ свободных средств investment of free capital

~ средств investment of funds

~ ценных бумаг placement of securities

~ ценных бумаг, вторичное secondary offering

~ ценных бумаг, гарантированное underwriting

~ ценных бумаг, открытое public offering

~ ценных бумаг, первичное primary offering (distribution), primary placement of securities

~ ценных бумаг, публичное public offering (distribution)

РАЗНИЦ/А (*различие*) difference; (*в размере, количестве*) inequality; (*между ценами, курсами*) margin

~, валютная difference in currency rates

~ в доходах income difference

~ в доходности yield gap

~ в зарплате wage differential

~ в качестве difference in quality

~ в количестве difference in quantity

~ в курсах difference in exchange

~ в стоимости difference in the cost

~ в сумме difference in the amount

~ в цене difference in the price, price difference

~ между бюджетными доходами и расходами budget margin

~ между наличными платежами и поступлениями cash flow

~ между стоимостью сырья и выручкой от произведенных из него товаров gross processing margin

~, налоговая tax difference

~, эмиссионная capital surplus

возвратить ~у return the difference

возместить ~у compensate for the difference

РАЗНОГЛАСИ/Е disagreement, difference, differences of opinion; (*спор*) dispute, variance

~я, неурегулированные unregulated (unsettled) disagreements (differences)

~я по условиям договора disagreements (differences) on individual terms (conditions) of the contract

протокол ~й protocol (list) of disagreements

урегулирование ~й settlement (conciliation) of differences

передать ~я на рассмотрение суда bring the disagreements to the consideration of a court (to a court for hearing)

урегулировать ~я settle (resolve, adjust) differences

◊ при наличии ~й in case of disagreements

РАЗОРЕНИЕ destruction; (*банкротство*) bankruptcy, ruin, smash-up

~ компании bankruptcy of a company (of a business)

~ предприятия bankruptcy of an enterprise (of a business), smash-up of a business

~ фирмы bankruptcy (smash-up) of a firm

РАЗРАБОТК/А 1. (*проектирование*) development, design 2. (*составление документа*) drafting, drawing-up; (*плана*) planning 3. (*месторождений*) development, mining

~ бюджета budgeting

~ газовых месторождений development of gas deposits

~ естественных богатств exploitation of natural resources

~ законодательных актов drawing-up of legislative acts (acts of legislature)

~, конструкторская engineering development

~ месторождений field development, working of mines

~ недр development of mineral resources

~ нефтяных месторождений oil pool development

~ новой конструкции new design

~ нормативных актов drawing-up of normative (standard) acts

~ нормативов working-out of norms

~ ноу-хау development of know-how

~ полезных ископаемых mining of minerals

~ проекта project development (design), development of a project

~ процесса development of a process

~, совместная joint research and development

~ технологического процесса process design

~ товара product (commercial) development

~, хищническая wasteful exploitation

◊ в процессе ~и under development

РАЗРАБОТЧИК development engineer, developer, designer

~и закона law designers

~и законопроекта designers of a bill

~ проекта developer of a project, project developer

~ процесса process designer

~ системы system analyst (developer)

РАЗРЕШЕНИ/Е 1. (*позволение*) permission, allowance, consent; (*на выдачу, выпуск*) release; (*лицензия, санкция*) authorization, licence; (*документ*) permit, licence 2. (*урегулирование спора, претензии*) settlement, resolution

~ банка на получение чека cheque authorization

~, валютное exchange permit (authorization)

~ дела disposition (settlement) of a case

~ конфликта dispute resolution

~, кредитное credit licence

~ на аренду grant of lease

~ на ввоз import (entry) permit, import licence

~ на вывоз export permit (licence), permit for exportation; (*таможни*) certificate of clearance

~ на выдачу ссуды loan authorization

~, надлежащее appropriate permission, proper permit

~ на кредит authorization for credit

~ на отгрузку release (authorization) for shipment

~ на перевод валюты exchange permit

~ на перевозку transit permit

~ на передачу правового титула vesting assent

~ на погрузку loading permit

~ на получение ссуды borrowing authorization

~ на право работы labour permit

~ на продажу marketing permit

~ на производство production authorization

~ на производство капитальных затрат capital expenditure authorization

~ на строительство building permit (licence)

~ на финансирование financial authorization

~ на эксплуатацию operational permit

~, официальное official permission; official permit

~, письменное written permit (authorization)

~, правительственное government authorization

~, предварительное prior authorization; prior consent

~, разовое single licence

~ спора settlement (resolution, *юр.* adjudication) of a dispute, adjustment of a deference

~ спора в арбитражном порядке settlement of a dispute in arbitration

~ суда leave of court

~ таможни customs permit

давать ~ give (grant) permission, authorize

отказывать в ~и withhold permission

получать ~ get (obtain, secure) permission; get (obtain) a permit

◊ без ~я without authorization (permission, consent), unauthorized

с ~я by authorization, with (by) permission

РАЗРЫВ 1. (*расхождение*) gap; (*между ценами, ставками, курсами*) spread 2. (*отношений*) break, break-off, disruption 3. (*расторжение*) dissolution

~ в уровне цен price gap (spread)

~, инфляционный inflation[ary] gap

~ между денежными доходами и их материальным покрытием gap between monetary incomes and available commodities

~ между импортом и экспортом import-export gap

~ между ростом производства и ростом потребления spread between the increase in output and in consumption

~ между спросом и потреблением gap (discrepancy) between demand and supply

~ между ценами price gap (spread, scissors)

~ отношений break (severance) of relations

~ торговых отношений severance of trade relations

ликвидировать ~ close (bridge) a gap

сокращать ~ reduce (narrow) a gap

РАЗРЯД 1. (*группа, категория*) category, bracket, class, rating, grade 2. (*сорт*) sort, kind

~ заработной платы pay grade; (*рабочих*) wage bracket (class); (*служащих*) salary bracket (class)

~, квалификационный skill category

~ налогообложения tax bracket

~ работы job class (category)

~ы, тарифные wage categories (grades)

присвоение квалификационных ~ов awarding skill categories

повышать ~ upgrade

понижать ~ downgrade

РАЗУКРУПНЕНИЕ downsizing, breaking up; (*отделение, отторжение*) divestment, divestiture

~ крупной компании downsizing of a large firm

~ монополистических структур хозяйства breaking up of monopoly structures

~ производственного объединения breaking up of a production association

РАЗУМНОСТ/Ь reasonableness, rationality, prudence

~ действий reasonableness of actions (of acts)

нарушение принципа ~и violation of the principle of prudence (of reasonableness)

принцип ~и при разрешении спора об объеме пожизненного содержания с иждивением principle of prudence in resolving a dispute over the volume of lifetime support with maintenance

учет требований ~и при определении размера компенсации taking into consideration the requirements of reasonableness in determining the volume of compensation

РАЗУМН/ЫЙ reasonable, wise, sensible, rational

~ое ведение дел reasonable (sensible) management of affairs

~ срок reasonable time

~ срок для устранения недостатков reasonable time for the elimination of defects

~ срок проведения капитального ремонта reasonable time for performance of capital (extensive, major) repairs

замена товара ненадлежащего качества в ~ срок replacement of goods of improper quality within reasonable time

устанавливать ~ срок establish a reasonable time

РАЗЫСКИВАТЬ search, retrieve

РАЙОН area, district, region, zone

~, административный administrative region (district)

~, городской urban district

~, жилой residential area (district)

~ застройки development (building) area

~, земледельческий agricultural area

~, нефтеносный oil-bearing zone

~, промышленный industrial area (region)

~, развивающийся developing area

~ сбыта market (marketing, distribution, sales, trading) area

~, сельскохозяйственный agricultural district (region), farming zone

~, торговый commercial (shopping) area (district)

~, шахтерский mining region

~, экономически отсталый economically backward area

РАМК/И (*пределы, границы*) limits, scope, framework

~ рассмотрения вопроса frame of reference

выходить за ~ exceed the limits

действовать в ~ах правительственной программы act within the limits of the government programme действовать в ~ах существующих законов act within the law

держаться в ~ах keep within the limits

◊ в ~ах within the limits (framework, scope)

в ~ах закона within the law

в ~ах осуществления коммерческой эксплуатации within the limits (within the scope) of implementation (of exercising) of commercial operation

в ~ах соглашения within the framework of an agreement

РАМОЧНОЕ СОГЛАШЕНИЕ framework agreement, general agreement

РАСКРЫТИЕ disclosure; (*преступления*) clearance, detection; (*разоблачение*) exposure

~ информации disclosure of information

~ преступления clearance (detection, exposure) of a crime

РАСПИСК/А 1. (*в получении*) receipt 2. (*свидетельство*) voucher, warrant

~, американская депозитная American depositary receipt

~, арбитражная arbitral receipt

~ в передаче права на имущество release document

~ в получении [voucher for] receipt, receiving slip

~ в получении груза cargo receipt

~ в получении денег cash voucher

~ в получении документов receipt for documents

~ в получении займа loan receipt

~ в получении извещения notification receipt

~ в получении исполнения receipt for having received performance

~ в получении платежа receipt of payment

~ в получении ссуды receipt for a loan, loan receipt

~ в получении суммы receipt for a sum

~ в получении товара delivery receipt

~ в принятии груза на хранение cargo storage receipt

~, глобальная депозитная global depositary receipt

~ грузополучателя consignee's receipt

~, депозитная depositary receipt (*см. тж* ДЕПОЗИТНАЯ РАСПИСКА)

~, долговая loan certificate, debt instrument, bond, bill of debt

~ должника debtor's receipt

~ заемщика receipt by the borrower

~ истца receipt of a claimant

~, ломбардная pawn ticket

~ о принятии груза на склад warehouse warrant

~, платежная paying slip

~, российская депозитная Russian depositary receipt

~, складская warehouse[-keeper's] receipt

~, сохранная trust receipt (*см. тж* СОХРАННАЯ РАСПИСКА)

~, таможенная customs receipt

~, трастовая trust receipt

выдача ~и issue of a receipt

замена ~и надписью на долговом документе replacement of a receipt by a notation on a debt instrument (on an instrument of indebtedness) отказ выдать ~у refusal to issue (to give) a receipt

выдать ~у issue (give) a receipt

представлять (предъявлять) ~у present (issue) a receipt

сдавать под ~у deliver against receipt

◊ под ~у against receipt

РАСПОРЯЖЕНИ/Е 1. (*приказ*) order; (*суда*) decree; (*постановление; предписание*) direction, regulation; *pl.* instructions; *юр.* prescription, disposition 2. (*право распоряжаться*) disposal, disposition; (*управление*) administration, management

~, административное administrative order (regulations)

~, временное interim order

~, завещательное testamentary prescription

~ землей и другими природными ресурсами disposition of land and other natural resources

~ имуществом disposal (disposition) of property; administration of assets, asset management

~ имуществом, находящемся в государственной собственности disposition of state property

~ имуществом, находящемся в долевой собственности disposition of property in shared ownership

~ имуществом, находящемся в муниципальной собственности disposition of municipal property (of property held in municipal ownership)

~ имуществом, находящемся в совместной собственности disposition of property in joint ownership

~ имуществом учреждения disposition of property of an institution

~ об оплате payment instructions

~ об открытии аккредитива instruction to open a letter of credit

~ о наложении ареста на товар writ of arrest

~ о платеже payment instructions

~ о продаже disposal instructions

~, передаточное order of transfer

~я, правительственные government directions, governmental prescription, executive orders

~ предметом залога disposition of an object of pledge

~ ресурсами allocation of resources; management of (command over) resources

~, свободное free disposition

~ средствами disposition of assets

~ суда order of the court

~, судебное warrant

~ финансами command of finance

~ ценными бумагами disposition of securities (of commercial paper)

акт ~я имуществом в *чью-л.* пользу deed of settlement

денежные средства, находящиеся в ~и учреждения monetary (financial) assets at the disposal (at the disposition) of an institution

право ~я имуществом right of property

право предприятия на ~ имуществом, переданным ему в хозяйственное ведение right of an enterprise to dispose of the property held in economic management

условия ~я земельным участком disposition of a land plot

быть в *чьем-л.* ~и be at *smb's* disposal (at *smb's* command)

404

выполнять ~я execute (carry out, follow) instructions

иметь в своем ~и have at one's disposal

назначать *кого-л.* своим ~м appoint *smb* by one's instructions

находиться в *чьем-л.* ~и be at (in) *smb's* disposal (disposition, command)

отдавать ~я give orders (instructions)

отменять ~ cancel (revoke, call off) an order

переходить в ~ pass into the hands of

подчиняться ~ям obey (follow) instructions; be subordinate (subject) to the instructions (orders) of

получать ~я receive orders

предоставлять *что-л.* в *чье-л.* ~ place *smth* at the disposal of *smb*

◊ в *чьем-л.* ~и be at (in) *smb's* disposal (disposition)

до особого ~я until further orders (directions), until further notice

по ~ю by order, on the instructions of

РАСПРЕДЕЛЕНИ/Е 1. (*раздача*) distribution; (*выделение*) allotment, assignment; (*размещение кредитов, ценных бумаг*) allocation, disposition; (*пропорциональное*) apportionment 2. (*разделение по определенной системе*) distribution, division

~ акций allotment of shares (of stocks), stock distribution

~ ассигнований allocation (allotment, apportionment) of appropriations

~ бюджетных средств budgeting apportionment

~ валюты allocation of currency (of foreign exchange), currency (foreign exchange) allocation

~ государственных ресурсов distribution of national resources

~ дивидендов distribution (apportionment) of dividends

~ доходов income distribution (allocation)

~ доходов между центром и территориями distribution of income between the centre and the territories

~ заказов, конкурсное placing of orders on a competitive basis

~ запасов storage allocation

~ затрат allocation (distribution) of costs; cost sharing

~ издержек cost sharing

~ имущества division of property

~ инвестиций investment allocation

~ квот allocation of quotas

~ кредитных ресурсов credit rationing

~ материалов material distribution (allocation)

~ налогов tax assessment

~ налоговых поступлений tax distribution

~ на основе конкурсов и аукционов allocation (distribution) on the basis of auctions and tenders

~ национального дохода distribution of the national income

~ обязанностей allocation (distribution) of duties (of responsibilities, of powers)

~ ответственности burden sharing

~, плановое planned distribution

~ платежей payoff distribution

~ полномочий distribution (division) of powers

~ полученной экономии allocation (distribution) of savings

~ по районам regional distribution

~ потребителей assignment of customers

~, поэтапное phasing

~, предварительное tentative distribution

~ прибылей и убытков distribution of profits and losses

~ прибыли distribution (allocation, appropriation) of profits

~ приоритетов allocation of priorities

~ продукции product[ion] distribution

~, пропорциональное proportional allocation (allotment), apportionment

~, процентное distribution on a percentage basis

~ работы job assignment

~ расходов distribution of expenditures (of expenses, of costs)

~ ресурсов allocation (distribution) of resources, resource allocation

~ риска distribution (allocation) of risk

~, справедливое just (equitable) distribution

~ средств disposition (appropriation) of funds

~ судебных издержек allotment (apportionment) of court costs

~, территориальное territorial distribution

~ товаров distribution of products

~ труда division of labour

~ убытков allocation of loss

~ финансовых средств disposition of funds

~ фонда заработной платы payroll distribution

мера и форма ~я труда measure and form of labour division

РАСПРОДАЖ/А sale; (*по сниженным ценам*) clearance sale, sell-off

~ в связи с закрытием предприятия closing-down sale, close-out

~, вынужденная forced sale

~ городской собственности sale of city property

~ государственной собственности sell-out of state property

~, ежегодная annual sale

~ за неуплату налогов tax sale

~ имущества sale of property

~ имущества приобретенной компании asset stripping

~ остатков clearance sale

~ по решению суда judicial sale

~, принудительная compulsory (forced) sale

~, публичная public sale

~, сезонная end-of-season (seasonal) sale

~ уцененных товаров sale of marked-down goods

производить ~у hold (conduct) a sale

РАСПРОСТРАНЕНИЕ 1. distribution; (*информации*) dissemination, circulation 2. (*увеличение; расширение*) growth, extension

~ облигаций bond circulation

~ преступности growth of (rise in) crime

~ сведений distribution (circulation, dissemination) of information

РАССЛЕДОВАНИ/Е examination, investigation; *юр.* inquiry; (*через присяжных*) inquest; (*преступ-*

лений) detection, inquiry, investigation

~, беспристрастное impartial (unbiassed) inquiry (investigation)

~ дела case investigation, legal investigation

~, досудебное prejudicial (pretrial) inquiry (investigation)

~ крупного дела major investigation

~ отмывания денег money-laundering investigation

~, официальное official (public, formal) inquiry (investigation)

~, парламентское parliamentary investigation

~ по горячим следам field investigation

~ по делу о наркотиках drug investigation

~, правительственное government investigation

~, предварительное preliminary inquiry (investigation)

~ преступления investigation of crime, crime detection

~, пристрастное biassed inquiry (investigation)

~, судебное judicial inquiry (investigation)

прекращение ~я dismissed (dropped) investigation

вести ~ conduct an investigation (an inquiry)

начать ~ launch (start, initiate) an inquiry (an investigation)

проводить независимое ~ make an independent inquiry

производить ~ pursue investigation

РАССМОТРЕНИ/Е consideration, examination, *юр.* investigation; (*договора*) discussion; (*обзор*) review; (*судебное разбирательство*) trial, proceedings

~, арбитражное arbitral proceedings

~ гражданского дела civil investigation

~ дела о нарушении infringement (violation) consideration, infringement (violation) investigation

~ дела, повторное reconsideration, reexamination; (*в суде*) new trial

~ дела по существу consideration (hearing) of a case on the merits, trial on the merits

~ дела судом trial by a court

~ иска consideration of a claim, action proceedings

~ претензии consideration (examination) of a claim

~ спора consideration of a dispute

~, судебное judicial examination (review), trial

~, тщательное thorough (careful, narrow) examination

порядок ~я examination procedure

находиться на ~и be under consideration

оставлять без ~я leave without consideration

передать на ~ суда bring to the consideration of a court (to a court for hearing)

представлять на ~ submit for consideration (for examination)

РАССРОЧК/А extension of time, instalment plan, deferred payment plan

~ оплаты instalment payment

~ платежа payment by instalments (on an instalment plan)

возврат суммы займа в ~y repayment of the amount of the loan in parts (by instalments)

кредит с погашением в ~y instalment credit

оплата в ~y instalment payment

покупка в ~y instalment purchase

предоставление ~и granting a respite

продажа в ~y instalment sale (selling, trading)

сделка с оплатой в ~y instalment transaction

давать ~y spread payment

платить в ~y pay by instalments

покупать в ~y buy on an instalment plan

предоставлять ~y grant a respite

продавать в ~y sell on an instalment plan

◊ в ~y by instalments, on an instalment plan, on a deferred payment plan

РАССЫЛКА dispatch, distribution, forwarding

~ бюллетеней sending of ballot papers

~ заказным письмом sending by registered mail

~ проспектов distribution of prospectuses (of leaflets)

~ рекламы по почте direct mail advertising

РАСТАМОЖИВАНИЕ customs clearance

РАСТОРЖЕНИ/Е cancellation, annulment, nullification, termination, rescission, dissolution, abrogation

~ государственного контракта на поставку товаров для государственных нужд rescission (dissolution) of a state contract for supply of goods for state needs

~ договора cancellation (rescission) of a contract

~ договора аренды rescission (dissolution) of a contract of lease (of a lease agreement)

~ договора, досрочное early rescission (dissolution) of a contract (of an agreement)

~ договора купли-продажи rescission (dissolution) of a contract of purchase and sale

~ договора подряда rescission (dissolution) of a contractual agreement (of a contract of work)

~ договора страхования rescission (dissolution) of a contract of insurance (of an insurance agreement)

~ контракта cancellation (annulment, rescission, avoidance) of a contract

~ сделки cancellation of a contract, termination of business

возмещение убытков при ~и договора damages caused by the termination (by rescission) of a contract

порядок ~я договора procedure for termination (for rescinding) of a contract

РАСТОЧИТЕЛЬСТВО waste, squander, squandering, dissipation

~, связанное с конкуренцией waste of competition

РАСТРАТ/А (*расточительство*) waste, dissipation, squandering; (*чужих денег, имущества*) embezzlement, defalcation, peculation; (*присвоение чужого*) misappropriation

~ денег misappropriation of funds; waste of money

~ имущества wasting assets

совершать ~ы embezzle, commit embezzlement, defalcate; misappropriate

РАСТРАТЧИК embezzler, defaulter, defalcator, peculator

РАСТРАЧИВАТЬ (*деньги, имущество*) embezzle, defalcate; (*незаконно расходовать*) misappropriate; (*безрассудно тратить*) squander, waste, dissipate

РАСХОД 1. (*потребление*) consumption, use, expense, expenditure, outlay 2. ~ы expenses, costs, expenditures, charges, outgoings; (*накладные*) overheads; (*капитальные*) outlay; (*статьи расходов*) expenditures

~ы, административно-управленческие administrative and management (general and administrative) expenses (costs)

~ы, административные administrative expenses (costs, expenditures)

~ы, амортизационные amortization (depreciation) costs

~ы, арбитражные arbitration expenses (costs)

~ы банка на совершение операций по счету expenses of a bank for performing operations with the account, bank expenditures for performing account operations

~ы, банковские banking expenses (charges)

~ы, большие high (heavy) expenses (costs)

~ы, бюджетные budget[ary] expenditures (expenses), budget outlay (spending)

~ы валюты currency spending (expenditures)

~ы, включенные в цену товара expenditures included in the price of the goods

~ы, внебюджетные extra-budgetary expenditures

~ы, военные military expenditures (expenses, spending), war costs

~ы, вызванные простоем мощностей idle facility expenses

~ы, годовые annual expenses (costs)

~ы, государственные government (public) expenditures (spending, expenses)

~ денег spending of money

~ы, денежные cash expenditures (disbursements, outlay)

~ы, дополнительные additional (extra) expenditures (expenses, costs, charges)

~ запасов stock consumption

~ капитала capital outlay, expenditure of capital

~ы, командировочные travelling allowance (expenses)

~ы, комиссионные commission expenses

~ы, консультационные consultation expenses

~ы, косвенные indirect expenses (costs, charges)

~ материала consumption (usage) of material

~ы, мелкие everyday (petty) expenses

~ы на аренду rent charges

~ы на ведение судебных дел legal expenses

~ы на военные нужды armament expenditures

~ы на государственные нужды public expenditures, expenditures on state needs

~ы на душу населения per capita expenses

~ы на жилищное строительство housing expenditures

~ы на заработную плату wage (payroll) bill

~ы на здравоохранение health care spending

~ы на исполнение судебного решения expenses on executing (on performance) of a judicial decision (of the judgement of the court)

~ы на исследование investigation (exploration) costs

~ы на исследовательские работы research costs

~ы на капитальное строительство development expenditures

~ы, накладные overhead expenses (costs, charges) (*см. тж* НАКЛАДНЫЕ РАСХОДЫ)

~ы, накладные производственные factory (manufacturing) burden, production overheads

~ы на лечение expenses (expenditures) for treatment

~ы на материалы expenses on materials

~ы на оборону defence costs

~ы на обслуживание долга debt service expense

~ы на общественные нужды social costs, public expenditures

~ы на оплату труда labour costs

~ы на организацию сбыта marketing expenses

~ы на перевозку transportation (carriage, shipping) charges (expenses)

~ы на персонал personnel costs

~ы на подготовку и освоение производства preproduction and start-up expenses

~ы на проведение торгов expenditures (expenses) for holding a public auction

~ы на рекламу advertising budget; advertising expenses (costs, expenditures, outlay)

~ы на ремонт expenses on repairs, repair expenses (costs)

~ы на содержание аппарата управления administrative expenses

~ы на содержание заложенного имущества expenses on maintenance of pledged property

~ы на содержание имущества, сданного в аренду expenditures on maintenance of the leased property

~ы на создание нового предприятия start-up costs

~ы на социальную сферу social overhead costs

~ы на социальные нужды social expenditures

~ы на страхование expenses for insurance, insurance expenditures

~ы на техническое обслуживание и текущий ремонт maintenance costs (expenses)

~ы на устранение недостатков expenses (expenditures) for correction (elimination) of defects

~ы на хранение expenses (expenditures) for storage

~ы на экспертизу expenditures (expenses) for [conducting] an expert investigation (examination)

~ы на юридическое обеспечение legal costs (charges)

~ы, незапланированные unbudgeted expenditures

~ы, необоснованные unreasonable expenses

~ы, необходимые necessary expenses (expenditures)

~ы, неотложные urgent expenditures

~ы, непредвиденные incidental expenses, contingencies, contingent liability

~ы, непроизводительные unproductive (nonproductive) expenses (expenditures)

~ы, несоизмеримые incommensurate (disproportionate) expenses

~ы, нормативные standard costs

~ы, нотариальные deed costs

~ы, обоснованные reasonable expenses

~ы, общезаводские накладные factory overhead costs

~ы, общехозяйственные general running costs

~ы, общие general (overall, total) expenses (costs, outlay)

~ы, общие административные general administrative expenses

~ы, организационные organizational expenses (costs), establishment charges

~ы отчетного периода period expenses (costs)

~ы, первоначальные initial expenditures (outlay), original costs

~ы, переменные variable costs

~ы, плановые planned expenses (costs, expenditures)

~ы, побочные incidental (extra) expenses (costs), extras

~ы по доставке delivery expenses (costs)

~ы по завозу (*товаров, материалов*) carriage (transportation) in

~ы по заработной плате wages expenses

~ы по иску expenses connected with a suit

~ы по контракту contract[ual] expenses (costs)

~ы покупателя на приобретение товаров у других лиц в случае их недопоставки buyer's expenditures (expenses) for acquisition of goods from other parties in case of their short delivery (of their short shipment)

~ы по ликвидации объекта removal costs

~ы, понесенные expenses incurred (borne)

~ы, понесенные агентом за счет принципала expenses made (borne) by the agent at the expense of the principal

~ы по обслуживанию service expenses, charges for services

~ы по оценке valuation charges

~ы по перевозке transportation (carriage, shipping, freight) expenses, charges for carriage, costs of transportation

~ы по ревизии auditing expenses

~ы по смете estimated costs (expenditures)

~ы, правительственные government expenditures

~ы, представительские entertainment allowance (expenses), hospitality costs

~ы производства (производственные) production (manufacturing, operating, running) expenses (costs)

~ы, производственные, контролируемые государством government-controlled production costs

~ы, прямые direct costs (expenses)

~ы, разовые one-off costs, nonre-curring expenditures

~ы, разорительные ruinous ex-penditures

~ы, разумные reasonable ex-penses (expenditures)

~ы, расточительные wasteful ex-penditures

~ы, растущие rising costs

~, рациональный rational use

~ы, сверхплановые excess (addi-tional, unscheduled) expenses

~ы, связанные с коммерческой деятельностью expenses (expen-ditures) connected with commer-cial (business) activities

~ы, связанные с ликвидацион-ным производством expenses connected with the procedure in bankruptcy

~ы, связанные с простоем мощ-ностей idle facility expenses

~ы, связанные с пуском произ-водства start-up (running-in) expenses

~ы, связанные с реализацией то-варов expenditures connected with the sale (with the disposition) of goods

~ы, складские storage (ware-house) expenses (costs, charges)

~ы, сметные budgeted (estimated) expenses (expenditures, costs)

~ы, совокупные aggregate ex-penditure

~ы, страховые insurance ex-penses (costs, charges)

~ы, судебные legal (law) ex-penses (costs)

~ы, суммарные total expenses (costs)

~ сырья и материалов consump-tion of raw materials

~ы, текущие operating (current) expenses (costs)

~ы, транспортные transport[-ation] expenses (costs), charges for conveyance

~ы, управленческие management (administrative) expenses (costs)

~ы, учредительские start-up (organization, formation) ex-penses

~ы федерального бюджета fed-eral expenditures

~ы, фиксированные fixed costs

~ы, финансовые financial ex-penses (costs)

~ы, хозяйственные business ex-penses

~ы, чрезвычайные extraordinary expenditures

~ы, чрезмерные excess expendi-tures, excessive costs, exorbitant charges

~ы, эксплуатационные operating (working, running) expenses (costs)

возмещение ~ов compensation (reimbursement) for expenditures, indemnification of expenses

возмещение ~ов, вызванных консервацией строительства compensation for expenditures caused by closing down (mothballing) construction

возмещение ~ов на устранение недостатков товара compensa-tion for expenditures on elimina-tion (correction) of defects in goods

исчисление ~ов calculation (computation) of expenditures

оплата ~ов банка на совершение операций по счету payment of bank expenditures on performance of account operations отнесение ~ов на ... putting expenditures upon ...

отчет о ~ах statement of expenses

покрытие ~ов covering expenditures

распределение ~ов distribution of expenses (of expenditures)

распределение ~ов, понесенных сторонами при исполнении договора distribution of expenses incurred (borne) by the parties in connection with the performance of a contract

согласие на ~ы consent for (approval of) expenditures

статья ~ов item of expenditure

брать на себя ~ы assume (absorb, cover, defray) expenses, undertake expenditures

возместить ~ы compensate for expenditures, indemnify (reimburse) for expenses, offset (meet) expenses

завышать ~ы overestimate expenditures

компенсировать ~ы compensate for (indemnify for, reimburse for, recompense for, repay) expenses

нести ~ы bear (incur) expenses (costs, expenditures)

нести ~ы пропорционально стоимости вклада bear expenditures in proportion to the value of contribution

покрывать ~ы cover (defray, meet) expenses

производить ~ы make (incur) expenses, make (perform) expenditures, incur charges

снижать ~ы reduce costs

сокращать ~ы reduce (cut down, curtail) expenses (costs, expenditures)

увеличивать ~ы increase (boost) expenses (spending)

утверждать ~ы approve expenditures

◊ ~ и приход *бухг.* debit and credit

включая ~ы with costs

за вычетом ~ов less expenditures, deducting expenses, all expenses deducted

приход и ~ receipts and expenses (and expenditures)

с отнесением ~ов на *кого-л.* charging (putting) expenditures upon *smb*

с отнесением ~ов на счет кредиторов with creditors bearing expenses, expenses being for creditors

РАСХОДОВАНИЕ 1. (*потребление*) consumption 2. (*трата*) expenditure, expense, spending

~ бюджетных средств budgetary spending

~, дефицитное deficit spending

~ накоплений dissaving

~, непроизводительное waste

~, неэкономное uneconomical use

~ ресурсов use of resources

~ сырья use of raw materials

~, экономное economical use

РАСХОЖДЕНИЕ difference, discrepancy, imbalance, mismatch

~ в ассортименте difference in assortment

~ в качестве difference (inadequacy) in quality

~ в количестве difference (discrepancy) in quantity

~ в сроках погашения ценных бумаг mismatch of maturities

~ в сроках уплаты mismatch

~ в ценах price discrepancy

~ между тарифами disparity in rates (in tariffs)

~ между фактическими и сметными издержками expense variance

РАСЦЕН/КА (*оценка*) valuation, pricing; (*цена, ставка*) price, rate; (*тариф*) tariff

~ки, единые uniform rates

~, зональная zone pricing

~ки на работы unit prices for work

~ки на услуги банка fee schedule

~ки, существующие current prices (rates)

установление ~ок tariffication

повысить ~ки raise the tariff

регулировать ~ки regulate rates (valuations)

устанавливать ~ки (*определять стоимость*) estimate, evaluate; (*определять цену*) fix prices, price; (*устанавливать тарифную сетку*) fix rates, tariff

регулировать ~ки regulate rates (valuations)

РАСЧЕТ 1. (*вычисление*) calculation, computation, estimation 2. (*смета*) estimate, statement 3. (*расплата*) settlement, payment; (*безналичный*) clearing

~ аккредитивом payment by a letter of credit

~, бартерный barter

~, безналичный clearing (noncash) settlement, clearing (noncash) transaction, noncash payment

~, вексельный payment by bills

~ы, взаимные mutual settlements

~ в иностранной валюте settlement in foreign currency

~ в кредит commercial credit

~ в национальной валюте settlement in national currency

~ы, внешние external payments

~ы, внутренние internal payments

~ы, двусторонние bilateral payments, settlements on a bilateral basis

~ы, денежные cash (monetary) payments

~ доходов calculation of proceeds

~ за поставленные товары payment for supplied goods

~ издержек calculation of costs (of charges); statement of costs (of charges)

~ы, межбанковские interbank settlements

~ы, международные international settlements (payments, clearing)

~ на конец года yearly settlement

~, наличный cash settlement (payment), settlement in cash

~ налога tax assessment

~, немедленный prompt (immediate) payment

~, окончательный final payment (settlement)

~ платежными поручениями payment by payment orders (by payment authorizations)

~ по аккредитиву payment by (settlement under) a letter of credit

~ы по займам payments under loans

~ по инкассо payment for collection, payment by drafts

~ы по контракту contract payments (settlements)

~ы по кредиту credit payments

~, полный payment (settlement) in full, full settlement

~ы по обязательствам settling accounts under obligations, payments for obligations

~ по открытому счету payment on an open account

~ по поставкам payment for deliveries

~ы по претензиям claims settlement

~, предварительный preliminary estimate (calculation)

~ прибылей calculation of profits

~ прибылей и убытков за период calculating profit and loss for the period

~ рентабельности calculation of profitability

~ рыночной цены calculation of the fair market value

~ы с бюджетом settlements of budgetary payments

~ себестоимости cost accounting

~ы с кредиторами settlement of accounts with creditors

~ с кредиторами при банкротстве индивидуального предпринимателя settlement of accounts with creditors in case of bankruptcy of an individual entrepreneur

~ с кредиторами при ликвидации юридического лица settlement of accounts with creditors in liquidation of a legal person

~ тарифа rating, rate making

~, хозяйственный cost accounting

~ цены pricing, price calculation

~ чеками payment by cheques

~ через банк payment through a bank

завершение ~ов completion of settlements

осуществление ~ов settling accounts, making (performing) payments (settlements)

осуществление безналичных ~ов через банки, в которых открыты счета making of noncash (clearing) transactions (payments) through banks in which appropriate accounts are opened

порядок ~ов procedure of payments (of settlements)

порядок ~ов за поставленные товары procedure of payments for delivered goods

форма ~ов form (method) of payments (of settlements)

балансировать ~ы offset balances

делать ~ make calculations

принимать в ~ take into consideration

производить ~ы make (effect) payments (settlements)

◊ в ~е на душу населения per capita

в окончательный ~ in final settlement

за наличный ~ in (for) cash, cash down

из ~а [calculated] on the basis of (at the rate of)

по ~ам экономистов by economists' estimates

при осуществлении ~ов in the making of payments (in settling accounts)

РАСЧЕТНАЯ ЕДИНИЦА unit of account

РАСЧЕТНО-КАССОВЫЙ ЦЕНТР, РКЦ cash settlement (processing) centre

РАСЧЕТНЫЕ ДОКУМЕНТЫ payment (settlement) documents

РАСШИРЕНИЕ (*развитие, рост*) development; (*распространение*)

expansion, extension; (*увеличение*) enlargement

~ ассортимента expansion of the assortment (of the range)

~ государственного сектора expansion of the state sector

~ здания expansion (extension) of a building

~ обмена expansion of exchange

~ объема торговли sales expansion, increase in the volume of trade

~ полномочий enlargement of powers

~ посевных площадей enlargement of the area under crops (under cultivation)

~ предприятия expansion of an enterprise

~ производства expansion of production, output expansion

~ производственных мощностей capacity extension, increase in capacity

~ рынка market development

~ сбыта increase of sales

~ сотрудничества expansion (extension, broadening) of cooperation

~ спроса expansion (extension) of demand

~ торговли expansion (extension) of trade

~ экспорта expansion of export

РАТИФИКАЦИ/Я ratification

~ договора ratification of a treaty

~ соглашения ratification of an agreement

подлежать ~и be subject to ratification

РАУНД round

~ переговоров round of negotiations (of talks)

~ переговоров, второй second round of negotiations (of talks)

~ переговоров, новый another (new) round of negotiations (of talks)

РЕАЛИЗАЦИЯ 1. (*продажа*) sales, disposal, realization, marketing 2. (*осуществление*) realization, implementation

~ активов asset sale

~ в кредит credit sales

~ готовой продукции sale of finished products

~ заложенного имущества realization (disposition) of pledged property

~ за наличный расчет sales for cash

~ имущества realization of property, disposal of assets, asset sales

~ имущества должника realization of debtor's property

~ имущества обанкротившейся компании distress (forced, liquidation) sale

~ инвестиционной программы implementation of an investment programme

~ недвижимости disposal of property

~ основных фондов disposal of fixed assets

~ плана realization of a plan

~ преимущественного права exercise of a pre-emptive right (of the right of pre-emption)

~ прибыли realization of profit, profit taking

~, принудительная distress (forced, mandatory) sale

~ программы carrying-out of a programme

~ продукции realization (sales, marketing) of products

~ проекта realization of a project, project implementation

~ судебного решения execution of judgement

~ товара sale (realization, disposal) of goods

РЕВИЗИОННАЯ КОМИССИЯ auditing commission, auditing committee
избрание ревизионной комиссии electing an auditing commission

РЕВИЗИ/Я 1. (*проверка, контроль*) examination, checking; (*ведомственная или внутренняя*) audit 2. (*пересмотр*) revision, review

~ балансового отчета balance-sheet audit

~ бухгалтерских записей examination of the books

~, ведомственная internal (inside) audit[ing]

~, внешняя independent (outside, external) audit

~, внутренняя inside (internal) audit

~, ежегодная annual audit

~, налоговая inland revenue inspection

~, общая general audit

~, предварительная preliminary audit

~, промежуточная interim audit

~ счетов examination of accounts

~, финансовая financial audit

~ финансово-хозяйственной деятельности audit of financial and economic activities

акт ~и certificate of audit

проводить ~ю make (conduct, carry out) an audit

РЕВИЗОР auditor; (*инспектор*) inspector; (*контролер*) controller

~ банка bank auditor (examiner)

~, внешний independent auditor

~, внутренний internal auditor

~, штатный statutory (internal) auditor

РЕГИСТР register, record

~ актов гражданского состояния civil register

~ акций share registry, registry of shareholding, stock register

~ акционеров (акционерный) share (stock) register, stockholders' register

~, заводской factory journal

~ заказов order book

~, коммерческий commercial register

~ недвижимости land register

~, торговый commercial (company, trade) register

~ учета запасов stock ledger

РЕГИСТРАТОР (*сотрудник регистрационного бюро*) registrar; (*делопроизводитель*) record keeper, record (registering) clerk

~ акций registrar of shares

~ компаний registrar of companies

~, независимый independent registrar

~ облигаций registrar of bonds

~ ценных бумаг registrar of securities

РЕГИСТРАЦИ/Я 1. (*внесение в список*) registration, registry, recording; (*оформление в качестве юридического лица*) incorporation; (*ценных бумаг на бирже*) listing 2. (*запись в регистрационном журнале*) entry in a register, registry

~ актов гражданского состояния registration of acts of civil status, civil registration

~ акций предприятия registration of shares

~ в качестве индивидуального предпринимателя registration as an individual entrepreneur

~, государственная state registration (*см. тж* **ГОСУДАРСТВЕННАЯ РЕГИСТРАЦИЯ**)

~ граждан, занимающихся предпринимательской деятельностью без образования юридического лица, государственная state registration of citizens engaged in entrepreneurial activity without establishing (without formation of) a legal person

~ договора коммерческой концессии registration of commercial concession agreement

~ документов registration of documents

~ задним числом backdating of registration

~ закладной registration of a mortgage

~ заявки record of an application

~, земельная land registration

~ изобретения record of an invention

~ компании registration of a company

~ крестьянского (фермерского) хозяйства registration of a peasant (of a farmer's) farm

~ лицензии registration of a licence

~ недвижимости registration of the right of ownership to immovable property

~, недействительная invalid registration

~, незаконная improper registration

~ общества, государственная state registration of a company

~, обязательная compulsory registration

~ отчуждения имущества, государственная state registration of alienation of property

~, официальная official registration

~ патента record of a patent

~ передачи прав собственности registration of the transfer of the right of ownership

~ пользователей registration of users

~ прав registration of rights

~ права на имущество, государственная state registration of the right to property

~ права собственности на землю, государственная state registration of the right of ownership to land

~ сделок registration of transactions, book entry

~ сделок по решению суда registration of transaction in accordance with the decision of the court (with the court judgement)

~ сервитута registration of servitude

~ товарного знака registration of a trademark

~ транспортных средств motor vehicle registration

~ ценных бумаг registration of securities

~ юридических лиц registration of legal persons (of legal entities), incorporation

договор, подлежащий государственной ~и contract subject to state registration

органы, осуществляющие государственную регистрацию юридических лиц agencies carrying out (conducting, holding) state registration of legal persons отказ в государственной ~и refusal of state registration

отметка о ~и note of registration

признание судом недействительной ~ю юридического лица declaration by a court (court recognition of the invalidity of) the registration of a legal person

свидетельство о ~и корпорации articles of incorporation

уклонение от ~и evasion of registration, refusal to register

аннулировать ~ю cancel (annul) registration

осуществлять ~ю carry out (perform, conduct, exercise) registration

отказать в ~и refuse registration

подлежать государственной ~и be subject to state registration

проводить ~ю register, hold registration

удостоверять ~ю certify registration

уклоняться от государственной ~и evade state registration

◊ на момент ~и at the moment of registration

РЕГЛАМЕНТ 1. (*свод правил*) rules, regulations, by-laws 2. (*правила процедуры*) order, rules, procedure, standing orders; (*в суде*) rules of the court

~, служебный service regulations

~ торгов bidding regulations

~, финансовый financial regulations

нарушение ~a breach of order

РЕГРЕСС 1. (*упадок, спад*) regress, setback 2. (*право оборота*) recourse

право ~a на вексель recourse on a bill

ссуда с правом ~a recourse loan

сумма с правом ~a recourse amount

иметь право ~a have recourse

осуществлять право ~a realize the recourse

◊ без ~a without recourse

в порядке ~a by way of recourse

с ~ом with recourse

РЕГРЕССНОЕ ТРЕБОВАНИЕ recourse claim

~ к индоссанту recourse to the endorser

~ при исполнении обязательства по ценной бумаге right of recourse in the performance of an obligation on a security

предъявление регрессного требования making a recourse claim

предъявлять ~ make a recourse claim

РЕГУЛИРОВАНИ/Е regulation, management, control; (*приведение в соответствие*) adjustment

~, административно-правовое administrative and legal regulation

~, антимонопольное antimonopoly regulation

~, банковское banking regulation

~, бюджетное budgetary control (regulation)

~ валютного курса exchange rate adjustment, exchange (currency) regulation, exchange control, currency management

~ ввоза алкогольной продукции regulation of import of alcoholic products

~, государственное government (public, state) regulation

~, государственно-правовое state legal regulation

~ движения кредитных средств credit management

~, денежное monetary control

~, денежно-кредитное monetary accommodation

~ договоров, правовое legal regulation of contracts (of agreements)

~ доходов income adjustment

~ занятости employment regulation

~ заработной платы wage control (adjustment)

~ импорта import regulation (management)

~, налоговое fiscal (tax) regulation

~, правовое legal regulation

~ предпринимательской деятельности business regulation

~ продовольственного рынка regulation of the food market

~ производства regulation of production

~ рынка market regulation

~ рынка ценных бумаг regulation of the securities market

~ сбыта sales (marketing) control

~ спроса demand management

~ ставок заработной платы wage control

~, таможенное customs regulation

~ тарифов rate management

~, финансовое financial control

~ цен price control (regulation, adjustment)

~ ценообразования price control (regulation)

~ через бюджетную политику regulation through budgetary policy

~ через лицензирование производства regulation through licensing of production

~ через таможенную политику regulation through customs policy

~ экономики management of the economy

~, экономическое economic regulation, management of the economy

мероприятия по государственному ~ю government policies

РЕДАКЦИ/Я 1. (*учреждение*) editorial office 2. (*редактирование*) editing; (*формулировка*) wording, version

~, новая revised version

◊ в чьей-л. ~и in *smb's* version

под ~ей edited by

РЕЕСТР (*журнал записей*) register, record; (*список*) register, list

~ акционерных компаний register of companies

~ акций share registry, stock register

~ акционерного общества stock company register

~ владельцев именных облигаций register of holders of registered bonds

~ держателей залогов register of mortgage holders

~, единый государственный single (unified, uniform) state register (*см. тж* ЕДИНЫЙ ГОСУДАРСТВЕННЫЙ РЕЕСТР)

~ залогов pledge (mortgage) registry

~, земельный register of property

~ компаний commercial register

~, компьютеризованный computerized register

~, патентный register of patents, patent register

~ склада register of a warehouse, warehouse register

~, торговый trade register

~ торговых знаков registry of trademarks

~ Центрального банка Central bank register

~ юридических лиц, единый государственный unified state register of legal persons

ведение ~a maintenance of a register

выписка из ~a extract from a register

держатель ~a registrar

хранение ~a keeping of a register

вести ~ maintain (keep) a register

РЕЖИМ 1. (*условия работы*) regime; (*расписание*) schedule; (*распорядок*) routine, regimen 2. (*обращение*) treatment

~, беспошлинный duty-free treatment

~ благоприятствования favourable treatment

~, валютный exchange control

~ вещного обеспечения proprietary security regime

~, жесткий tough regime

~ иностранных инвестиций foreign investment regulations

~, льготный preferential conditions (treatment), favourable treatment

~, льготный налоговый preferential tax regime, grace (exemption) period

~ наибольшего благоприятствования most favoured nation treatment (status)

~, налоговый tax regulations, tax treatment

~ налогообложения tax treatment (regime), taxation regulations

~ подачи энергии routine for energy provision, regimen of energy supply

~ потребления энергии rules for energy use, regime of energy consumption

~, правовой legal regime (order)

~ работы (*время*) hours of work; (*условия*) operating (working) conditions

~, таможенный customs regulations (regime, treatment)

~, торговый trade regime (conditions)

~ экономии regime (policy) of economy

РЕЗЕРВ reserve; (*на непредвиденные расходы*) contingency reserve; (*на покрытие возможных потерь*) provision; (*запас товаров*) stock, stockpile, store

~, автоматически возобновляемый revolving reserve

~, амортизационный reserve for depreciation, depreciation reserve

~ банка bank reserve

~ банка, обязательный emergency fund

~, валютный exchange (currency) reserve, currency holdings

~ы, внутренние internal (inner) reserves

~ы, государственные government (official) reserves

~, денежный money (monetary) reserve

~ы, золотовалютные gold and foreign exchange (forex) reserves

~ы, инвалютные foreign reserves

~ы, ликвидные liquid (liquidity) reserves, liquid funds

~ы, материальные material reserves

~, минимальный обязательный legal minimum reserve

~ на износ и амортизацию provision for depreciation

421

~ на непредвиденные расходы contingent (contingency) reserve (funds)

~ на обесценение ценных бумаг provision for depreciation of securities

~ на погашение задолженности reserve for debt redemption

~ на покрытие безнадежных долгов provision for bad debts

~ на покрытие накладных расходов reserve for overheads

~ на покрытие убытков provision for losses

~ на покрытие чрезвычайных потерь contingent (contingency) reserve

~ на расширение предприятия development reserve, reserve for extensions

~ на случай недостачи deficiency reserve

~ на случай повышения цен price contingency

~ на уплату налогов reserve for taxes

~ на уплату процентов reserve for interest, interest reserve

~ы, неиспользованные untapped reserves

~, нормативный required reserve, reserve requirement

~, обязательный legal (required, statutory, mandatory) reserve

~, официальный legal reserve

~, предписываемый законом prescribed reserve

~ы, продовольственные food reserves

~ы, производственные production reserves

~ы, свободные free (available) reserves

~ы, скрытые hidden (undisclosed, inner) reserves

~ы, собственные nonborrowed reserves

~ы, совокупные aggregate reserves

~ы, товарные commodity reserves

~ы, трудовые labour (manpower) reserves

~, установленный законом legal (statutory) reserve

~ы, финансовые financial reserves

~ы Центрального Банка Central Bank's reserves

аккумуляция ~ов accumulation of reserves

выделение ~ов на покрытие долгов provisioning for debts

отчисление в ~ allocation to reserve

увеличение ~ов increase of provisions

уменьшение ~ов reduction of provisions

держать в ~е hold (keep) in reserve

использовать ~ы draw on reserves

накапливать ~ы accumulate reserves

пополнять ~ы replenish reserves

увеличивать ~ы increase reserves

финансировать из ~ов fund out of reserves

формировать ~ы build up (make, create) reserves

РЕЗЕРВНЫЙ ФОНД reserve fund
РЕЗОЛЮЦИ/Я resolution

~, совместная joint resolution

проект ~и draft resolution

проект ~и, окончательный final draft resolution

вносить ~ю propose (move) a resolution, introduce a motion

выносить ~ю adopt (pass) a resolution

одобрить ~ю approve (endorse) a resolution

отклонять ~ю decline (oppose, reject, turn down, vote down) a resolution

предлагать ~ю propose (submit, move) a resolution

принимать ~ю adopt (approve, pass, carry) a resolution

РЕЗУЛЬТАТ result, outcome; (*последствие*) consequence

~ы выборов election returns (results)

~, годовой annual result

~ы голосования results of voting, election results (returns)

~ы деятельности operating results

~, достигнутый achieved result

~ы изыскательских работ results of exploratory work

~ исследований result of investigation

~ы коммерческой деятельности results of commercial activities, current operating performance

~, конечный final (end, ultimate) result

~ы конкурса results of a competition

~, ощутимый tangible result

~ы переговоров outcome of negotiations

~, положительный positive result, beneficial effect

~, предварительный preliminary result

~ работы result of work

~, экономический economic result

~ экспертизы result of an examination

объявление ~ов конкурса announcement of the results of a competition

оценка ~ов evaluation of results

давать ~ы produce (bring, yield) results

достигать ~ов achieve results

оценивать ~ы assess (evaluate) results

◊ без ~а without result

в ~е as a result

РЕИМПОРТ reimport, reimportation

~ товаров reimport of goods

РЕЙС *авто.* trip, run; *мор.* passage, voyage; *ав.* flight

~ вне расписания nonscheduled flight

~, дополнительный additional flight

~, железнодорожный rail run

~, коммерческий revenue flight

~, морской sea passage

~ы по расписанию scheduled flights, scheduled sailings, regular (scheduled) service

~, специальный special run; special voyage; special flight

~, чартерный charter trip; charter voyage; charter flight

отменять ~ cancel a flight

совершать регулярные ~ы be in scheduled service

РЕКВИЗИТЫ (*обязательные сведения, содержащиеся в документе*) requisites; (*ценной бумаги*) requirements; (*необходимые подробности*) details, particulars

~ акций requisite elements of shares

~ документов requisite elements of documents

~ платежа payment details

~, обязательные obligatory requisites

~ счета account (banking) details

~ ценных бумаг requisites (requirements, particulars) of securities (of commercial papers)

~ чека requisites of a cheque

РЕКВИЗИЦИЯ requisition, confiscation

~ заложенного имущества requisition of pledged property

~ имущества requisition of property

~ собственности confiscation of property

РЕКЛАМ/А 1. (*объявление*) advertisement 2. (*деятельность*) advertising, promotion

~, вводящая в заблуждение misleading advertising

~ в прессе press advertising

~ в средствах массовой информации media advertising

~, газетная newspaper advertising; newspaper advertisement

~, дезинформирующая deceptive advertising

~, деловая business advertising

~, информативная informational (informative) advertising

~, коммерческая commercial advertising (publicity)

~, легальная legal advertising

~, наружная outdoor advertising

~, недобросовестная fraudulent advertising, unfair publicity

~, печатная printed advertisement

~ по почте (почтовая) mail-order (direct-mail) advertising

~ по радио radio (broadcast) advertising

~ потребительских товаров consumer advertising

~ продукции product advertising

~, промышленная industrial advertising

~, телевизионная TV advertising

~ товара (товарная) advertising of goods; commodity advertising; advertisement of goods

~, торговая trade advertising

~, эффективная effective advertising

осуществлять ~у carry out (run) publicity

размещать ~у в газете put an advertisement in a newspaper

финансировать ~у finance advertising

РЕКЛАМАЦИ/Я claim, reclamation, complaint

~ в отношении качества quality claim

~ в отношении количества quantity claim

отклонять ~ю reject a claim

предъявлять ~ю make (lodge) a claim

РЕКОМЕНДАЦИ/Я recommendation, reference

~, банковская bank reference

~, письменная written recommendation

давать ~ю give (make, provide) recommendation

◊ по *чьей-л.* ~и upon *smb's* recommendation

РЕКОНСТРУКЦИ/Я reconstruction; (*жилого района*) redevelopment; (*реставрация, восстановление*) rehabilitation

~ дорог road reconstruction (rehabilitation, updating)

~ завода reconstruction of a plant

~ здания reconstruction of a building

~ имущественного комплекса reconstruction of a property complex (of a property system)

~ оптовой торговой сети reconstruction of the wholesale network

~ предприятия reconstruction of an enterprise

~ сооружения reconstruction of a structure

проводить ~ю conduct (perform) reconstruction

РЕМОНТ repair[s]; (*текущий*) maintenance; (*капитальный*) overhaul

~, аварийный emergency repairs

~, внеплановый unscheduled (off-schedule) repairs

~, гарантийный guarantee (warranty) repairs

~ жилого помещения repair of premises

~ имущества repair of property

~, капитальный major (capital, complete, full, extensive) repairs

~, косметический redecoration, refurbishment; face-lift

~, мелкий minor repairs

~ переданного в аренду имущества repair of leased property

~, плановый planned (scheduled) repairs

~, профилактический preventive (maintenance) repairs

~, срочный rush repairs

~, текущий current (routine, operating, running) repairs

~, частичный partial repairs

производство капитального ~а making (performance) of major (capital) repairs

нуждаться в ~е be out of (in need of) repair

осуществлять ~ make (perform) repairs

производить ~ make (perform, carry out, effect, execute) repairs

производить капитальный ~ make (perform) major (capital) repairs, overhaul

◊ в ~е under repair

РЕНОВАЦИЯ renovation

~ оборудования renovation of equipment

~ основных фондов renovation of fixed capital

РЕНТ/А rent; (*ежегодная*) annuity

~ в виде денежной суммы rent in the form of a monetary amount

~, государственная government annuity

~, денежная money rent

~, ежегодная annuity, yearly rent

~, земельная land rent

~, капитализированная capitalized rent

~, консолидированная consolidated annuity

~, натуральная rent in kind, natural rent

~, не облагаемая налогом clear rent

~, неуплаченная rent owing

~, пожизненная life (lifetime) rent, life (complete) annuity (*см. тж* ПОЖИЗНЕННАЯ РЕНТА)

~, постоянная permanent (fixed) rent

~, уплаченная вперед prepaid rent

~, фиксированная fixed rent

~, чистая pure rent

выкуп постоянной ~ы buyout of permanent rent, redemption of fixed rent

выплата ~ы payment of rent

договор ~ы contract of rent, rental agreement

обременение ~ой burdening (encumbering) with rent

ответственность за просрочку выплаты ~ы liability for overdue payment (for delay in payment) of rent

отчуждение имущества под выплату ~ы alienation of immovable property against payment of rent

плательщик ~ы payer of rent

получатель ~ы recipient of rent

цена ~ы, выкупная buyout (redemption) price of rent

выплачивать ~у периодически pay rent periodically

платить ~у pay the rent

получать ~у collect rent; hold (receive) an annuity

РЕНТАБЕЛЬНОСТЬ profitability, profitableness; return

~ активов return on assets

~ вложений profitability of investments

~, высокая high profitability

~ затрат profitability of spending

~ инвестиций return on (profitability of) investment

~ капиталовложений return on (profitability of) investment

~, низкая low profitability

~ продаж profitability of sales; return on sales

~ проекта profitability of a project

~ производства profitability of production, production profitability

~, расчетная estimated (calculated) profitability

~ сделки profitability of a transaction

~ финансирования profitability of financing

~, экономическая economic profitability

повышать ~ raise (increase) profitability

РЕНТАБЕЛЬНЫЙ profitable, profit-making, profit-yielding, paying

РЕНТНЫЙ ПЛАТЕЖ rent payment

РЕОРГАНИЗАЦИ/Я reorganization, restructuring

~ акционерного общества reorganization of a joint-stock company

~ внешней задолженности external debt reorganization (rescheduling)

~ в форме выделения reorganization by split-off

~ в форме преобразования reorganization by transformation

~ в форме присоединения reorganization by merger (by accession)

~ в форме разделения reorganization by split-up

~ в форме слияния reorganization by consolidation (by merger)

~ компании reorganization of a company

~ общества с ограниченной ответственностью reorganization of a limited liability company

~ предприятия enterprise restructuring

~ производственного кооператива reorganization of a production cooperative

~ управленческого аппарата administrative reorganization

~ юридического лица reorganization of a legal entity

гарантия прав кредиторов юридического лица при его ~и guarantee of the rights of creditors of a legal person in case of its reorganization переход прав собственности при реорганизации юридического лица transfer of the rights of ownership in case of reorganization of a legal person

правопреемство при реорганизации юридического лица legal succession in case of reorganization of a legal person

осуществлять ~ю conduct (carry out) reorganization, reorganize

РЕПАТРИАЦИЯ repatriation

~ валютной прибыли repatriation of currency profits

~ капитала repatriation of capital

~ прибыли repatriation of profits

~ процентов repatriation of interest

~ средств repatriation of funds

РЕПАТРИИРОВАТЬ repatriate

РЕПРЕССАЛИ/Я reprisal, retaliation, sanction

~и, экономические economic reprisals (sanctions)

применять ~и retaliate

РЕПРЕССИВНЫЙ repressive, retaliatory

РЕПРЕССИЯ repression

подвергать ~м subject to repressions

РЕПУТАЦИ/Я reputation; (*о фирме*) standing, image

~ банка bank standing

~, деловая business reputation (standing) (*см. тж* ДЕЛОВАЯ РЕПУТАЦИЯ)

~ заемщика reputation of a borrower

~, коммерческая commercial reputation (standing)

~ компании company image

~, плохая bad reputation (record)

~, сомнительная dubious reputation

~, финансовая financial reputation (position), credit rating

~, финансовая и деловая financial and business reputation

~ фирмы reputation (standing) of a firm

~, хорошая good reputation (standing)

иметь плохую ~ю have (hold) a bad reputation

иметь хорошую ~ю have (hold) a good reputation, have a good record

пользоваться заслуженной ~ей bear (carry) the name

РЕСПОНДЕНТ (*ответчик по апелляции*) respondent

РЕСТАВРАЦИЯ restoration

~ здания restoration of a building

~ сооружения restoration of a structure

РЕСТИТУЦИ/Я (*восстановление правового положения*) restitution, re-establishment

~ в натуре restitution in kind

~ имущественных прав restitution of property rights

~ собственности property restitution

производить ~ю make a restitution, re-establish

РЕСТРУКТУРИЗАЦИ/Я restructuring; (*задолженности*) rescheduling

~ акционерного общества restructuring of a joint-stock company

~ банковской системы restructuring of the bank system

~ бюджетной задолженности предприятий rescheduling of budgetary arrears of enterprises

~ внешнего долга external (foreign) debt restructuring (reorganization, refunding)

~ долга debt (loan) restructuring (rescheduling), debt repackaging

~ долговых обязательств restructuring of tax liabilities

~ долговых обязательств перед бюджетом rescheduling of budgetary debt liabilities

~ естественных монополий restructuring of natural monopolies

~ задолженности restructuring of debt, debt restructuring

~ капитала компании restructuring of the company's capital

~ корпорации corporation restructuring

~ муниципальной задолженности restructuring of municipal debt

~ налоговой задолженности restructuring of tax arrears

~ предприятия restructuring of an enterprise

~ убыточных предприятий restructuring of unprofitable enterprises

~, финансовая financial restructuring, refinancing, refunding

~ экономики restructuring of the economy

план ~и restructuring plan

условия ~и conditions of restructuring

проводить ~ю restructure

РЕСУРС/Ы resources, reserves

~ банка resources of a bank

~, бездействующие idle (inoperative) resources

~, бюджетные budgetary resources

~, валютные currency (monetary) resources, foreign exchange reserves

~, внутренние internal (domestic) resources

~, возобновляемые renewable resources

~, воспроизводимые reproducible resources

~, вторичные secondary (recycled, recoverable) resources

~, высвобождающиеся released resources

~, денежные monetary resources

~, дефицитные scarce (tight) resources, resources in short supply

~, доступные available (free) resources

~, естественные natural resources

~, заемные borrowed resources

~, земельные land resources

~, инвестиционные investment resources

~, кредитные credit resources

~, материальные material (physical) resources

~, местные local resources

~, невозобновляемые nonrenewable resources

~, невоспроизводимые nonreproducible resources

~, недостаточные inadequate resources

~, недоступные bound resources

~, неиспользованные природные untapped natural resources

~, ограниченные limited (scarce) resources

~ полезных ископаемых mineral resources

~, привлеченные attracted resources

~, природные natural resources (*см. тж* **ПРИРОДНЫЕ РЕСУРСЫ**)

~, продовольственные food resources (supplies)

~, производственные manufacturing (productive) resources

~, свободные available (idle, uncommitted) resources

~, скудные scarce resources

~, сырьевые raw material (primary) resources

~, топливно-энергетические fuel and power (energy) resources

~, трудовые labour (manpower) resources, labour forces

~, финансовые financial resources

~, экономические economic resources

~, энергетические energy (power) resources

доступ к ~ам access to resources

размещение (распределение) ~ов allocation of resources

утилизация использованных ~ов resource recycling

хищение материальных ~ов stealing of material resources

выделять ~ allocate resources

использовать заемные ~ utilize borrowed resources

мобилизовать ~ mobilize resources

объединять ~ pool resources

отвлекать ~ divert resources

привлекать финансовые ~ raise funds

разбазаривать ~ squander resources

разрабатывать ~ develop (exploit) natural resources

распоряжаться ~ами command resources

РЕТОРСИ/Я retortion

акт ~и act of a retortion

прибегать к ~и resort to a retortion

РЕФИНАНСИРОВАНИ/Е refinancing, refunding

~ внешнего долга external debt refunding (refinancing)

~ внутреннего долга refunding of internal debt

~ долга debt refunding

~ задолженности debt refunding

~ кредита credit refinancing

~, облигационное bond refunding

ставка ~я refinancing rate

РЕФИНАНСИРОВАТЬ refinance, refund

РЕФОРМ/А reform

~, аграрная agrarian (land) reform

~, административная administrative reform

~, банковская banking reform

~, денежная monetary (currency) reform

~, земельная land reform

~, коммунальная municipal reform

~, коренная radical reform

~, налоговая tax reform

~, отраслевая sectoral reform

~, правовая law reform

~, рыночная market[-oriented] reform

~ системы торговли trade system reform

~, социальная social reform

~, структурная structural reform

~, финансовая fiscal reform

~, хозяйственная economic reform

~ цен price reform

~, экономическая economic reform

осуществлять ~у implement a reform

проводить ~у carry out (implement) a reform

РЕЦИДИВ recidivism, relapse

~ преступления repetition of a crime

429

РЕШАТЬ (*принимать решение*) decide, determine, make (take) a decision; (*вопрос*) settle, resolve; (*официально*) adjudge; (*в судебном порядке*) adjudicate, arbitrate, award, rule

~ в административном порядке decide by administrative order

~ вопрос в чью-л. пользу resolve (settle, decide) a problem (a matter) in *smb's* favour (for *smb*)

~ дело против *кого-л.* decide against *smb*

~ отрицательно decide against

~ положительно decide for

~ путем переговоров settle by means of negotiations

~ через суд decide at law, adjudicate

РЕШЕНИ/Е decision; (*постановление*) resolution; (*проблемы*) settlement, solution; (*суда*) determination, adjudication, judgement, award, ruling; (*приговор*) sentence, verdict

~, административное administrative decision (determination), managerial decision

~ апелляционного суда decision of the Board of Appeals

~, арбитражное [arbitration] award (decision)

~ арбитражной комиссии decision of the Arbitration Commission

~, взаимоприемлемое mutually acceptable decision

~, взвешенное weighted decision

~ в пользу истца judgement for the plaintiff

~ в пользу ответчика judgement for the defendant

~, декларативное declaratory judgement

~, единогласное unanimous decision (resolution)

~ исполнительной власти executive decision

~, коллегиальное collective (joint) decision

~, компромиссное compromise solution (settlement)

~, конструктивное constructive solution (settlement)

~ конфликта settlement of a conflict

~, мотивированное motivated (substantiated) decision (award)

~, не подлежащее обжалованию final determination

~, несправедливое unfair decision (award)

~, новое new decision (solution)

~ об ассигновании средств decision to allocate funds

~ об объявлении банкротом adjudication order

~, обоснованное justified decision

~ общего собрания акционерного общества decision (resolution) of a general meeting of shareholders (of the general shareholders' meeting), corporate resolution

~, объективное unbiassed (impartial, unprejudiced) decision (award)

~, обязательное compulsory decision

~ о возмещении compensation award

~, одностороннее unilateral decision

~, окончательное final (conclusive, irrevocable) decision, final (irrevocable) judgement (ruling)

~, оперативное operative decision

~ о реорганизации общества decision on reorganization of a company

~ о реорганизации юридического лица resolution to reorganize a legal person

~, отрицательное negative decision

~, официальное official decision (award)

~, ошибочное wrong (erroneous) decision

~ по апелляции decision on appeal

~, положительное positive (favourable) decision

~ по существу дела substantive judgement, decision on merits

~ правительства cabinet decision

~ правительства РФ decision of the government of the Russian Federation

~, правоустановительное legislative decision

~, предварительное preliminary (tentative) decision

~, приемлемое acceptable decision (settlement)

~ проблемы settlement of a problem

~, проектное project design

~, разумное reasonable (sensible) decision (solution, settlement)

~, регулирующее вещные права judgement in rem

~ руководства management (managerial) decision

~, совместное joint (mutual) decision

~ спора settlement of a dispute; adjudication of a dispute

~ суда decision (judgement, ruling) of a court, court judgement

~ суда общего права judgement at law

~ суда, ошибочное misjudgement, miscarriage of judgement

~ суда присяжных jury award, verdict

~, судебное adjudication, court judgement, judicial decision, award

~, частичное partial decision

~ экспертизы expert's decision

~, юридически грамотное legally correct (valid) determination

вступление ~я суда в законную силу entry of a court judgement (of the decision of a court) into legal force

вынесение ~я making a decision

вынесение судебного ~я delivery of a judgement

исполнение судебного ~я enforcement of a court judgement

кассация судебного ~я reversal of a judgement

пересмотр судебного ~я revision of a judgement

принятие ~я making (taking) a decision, adoption of a judgement

ходатайство о пересмотре судебного ~я appeal for a review

аннулировать ~ cancel a decision; (судебное) quash (vacate) an award (a judgement)

выносить ~ make (take, pass) a decision

выносить судебное ~ give (pass, render, pronounce) a judgement, bring in (deliver, render) a verdict; (арбитражное) make an award

выполнять ~ carry out (execute, implement, perform) a decision; (судебное) enforce (execute) a court judgement, perform a decision of a court; (*арбитражное*) execute an award

находить ~ find (arrive at) a solution (at a decision)

обжаловать ~ суда challenge a decision (bring an appeal) in court, appeal against a decision, take a review against a judgement

обосновать ~ justify (validate) a decision

оспаривать ~ challenge a decision

отменять ~ rescind (revoke, overrule) a decision, suspend a judgement; (*суда*) reverse (quash, vacate) a judgement, revoke a sentence

пересматривать ~ reconsider a decision

подчиняться ~ю obey (submit to, accept) a decision

приводить ~ в исполнение execute a judgement, enforce a decision (an award)

принимать ~ take (make, come to, arrive at) a decision, adopt a resolution

принимать ~ большинством голосов take a decision by a majority of votes (by a majority vote)

принимать ~ двумя третями голосов take a decision by two-thirds of votes

принимать ~ квалифицированным большинством голосов take a decision (decide) by a qualified majority of votes

принимать единогласное ~ take a decision unanimously, decide by unanimous vote

◊ по ~ю by decision, by resolution

по ~ю общего собрания by decision (by resolution) of a general meeting

по ~ю суда by decision of a court, by a court judgement

по единогласному ~ю by unanimous decision (resolution)

РИСК risk, exposure; (*опасность*) hazard, peril

~, аудиторский auditing risk

~ банкротства failure risk

~, валютный currency (foreign exchange, exchange rate) risk, risk of exchange losses

~ введения ограничений на перевод средств за границу transfer risk

~ гражданской ответственности risk of civil liability

~, застрахованный insured risk

~ изменения процентных ставок interest rate risk

~, имущественный property risk

~, инвестиционный investment risk

~, инфляционный inflation risk

~, коммерческий commercial risk

~, кредитный credit risk

~, курсовой price risk

~ ликвидности liquidity risk

~, минимальный minimum risk

~ мошенничества risk of fraud

~ невозврата инвестированных средств investment risk

~ невозврата кредита credit (default) risk

~ невозвращения ссуды default (repayment) risk

~ невыполнения обязательств default risk

~ недостачи имущества risk of shortage of property

~ незавершения строительства construction [completion] risk

~, незастрахованный uninsured (noninsured) risk

~, некоммерческий noncommercial risk

~ неликвидности risk of nonliquidity

~ неоплаты полученного товара risk of default of payment for received goods

~ неплатежа risk of nonpayment

~ неплатежеспособности risk of insolvency

~ непогашения долга default risk

~ непоставки risk of nondelivery

~ обесценения валюты risk of currency depreciation

~ обесценения запасов inventory risk

~ ограничения перевода средств transfer risk

~ ответственности risk of liability

~ ответственности за нарушение договора risk of liability for violation (for breaching) of an agreement

~ ответственности за причинение вреда risk of liability for infliction of harm

~ ответственности лица risk of liability of a person

~ ответственности по обязательствам risk of liability under (for) obligations

~ отказа покупателя от поставленной продукции risk of goods rejection

~ ошибки risk of error (of mistake)

~ падения (*курса, ставки, цены*) downside risk

~ повреждения имущества risk of damage (of harm) to property

~ повышения (*курса, ставки, цены*) upside risk

~ покупателя buyer's risk, *лат.* caveat emptor

~ последствий risk of consequences

~ последствий невыполнения или несвоевременного выполнения обязанностей risk of consequences of nonfulfilment (of nonperformance) or untimely performance of obligations

~ потенциальных убытков exposure

~ потери доходности yield curve risk

~ потребителя consumer's (customer's) risk

~, предпринимательский entrepreneurial (business) risk (*см. тж* ПРЕДПРИНИМАТЕЛЬСКИЙ РИСК)

~ продавца seller's risk, *лат.* caveat venditor

~ производителя manufacturer's (producer's) risk

~, производственный manufacturing (production) risk

~, процентный interest [rate] risk

~, рыночный market risk

~ случайного повреждения имущества risk of accidental damage (harm) to property

~ случайной гибели имущества risk of accidental loss (destruction) of property

~ случайной порчи имущества risk of accidental spoilage (destruction) of property

~ снижения стоимости вложенного капитала risk of principal

~, совокупный overall (aggregate) risk

~, спекулятивный speculative risk

~, страховой insurance (insured) risk (*см. тж* **СТРАХОВОЙ РИСК**)

~, страхуемый insured risk

~, судебный judicial risk

~ убытков risk of losses

~ убытков от предпринимательской деятельности risk of losses from entrepreneurial activity

~ убытков, связанных с деятельностью акционерного общества risk of losses connected with the activity of a joint-stock company

~ утраты и повреждения имущества risks of loss and harm

~ ухудшения качества товаров risk of deterioration in the goods

~, финансовый financial risk

~ хищения средств embezzlement risk

~, ценовой price risk

~, экономический economic risk

~, экспортный export risk

деятельность, осуществляемая на свой ~ activity done at one's own risk

оценка ~а risk appraisal (rating)

оценка страхового ~а appraisal (evaluation) of the insured (of the insurance) risk

распределение ~а distribution of risk

страхование ~а неполучения ожидаемых доходов insurance of risk of nonreceipt of expected income

страхование ~а ответственности insurance of risk of liability

страхование ~а утраты и повреждения заложенного имущества insurance against the risks of loss and damage of pledged property

увеличение ~а increase of a risk

управление ~ами risk management

брать на себя ~ accept (assume, take, undertake) a risk

защитить от ~а мошенничества give protection against risk of fraud

компенсировать ~ offset the risk

нести ~ bear the risk

нести ~ последствий bear the risk of consequences

нести ~ убытков bear the risk of losses

оценивать ~ appraise (assess) the risk

подвергаться ~у run a risk

предотвращать ~ avert a risk

распределять ~ spread (allocate) a risk

снижать ~ reduce a risk

сокращать ~ reduce a risk

страховать ~ insure a risk

страховать имущество от ~ов утраты и повреждения insure property against the risks of loss and harm

страховать от ~ов insure against risks

уменьшать ~ reduce (lessen) a risk

управлять ~ами manage risks

◊ за *чей-л.* ~ for *smb's* risk

на *чей-л.* ~ at *smb's* risk

против всех ~ов against all risks

РИСКОВАТЬ risk, run (take) a risk, venture

РОЗНИЦ/А retail, retail trade

◊ в ~у by retail

РОЗНИЧНАЯ КУПЛЯ-ПРОДАЖА retail purchase and sale

РОЗЫСК (*поиск*) detection, retrieval; tracing; (*расследование*) inquest, inquiry, investigation, search

~, официально объявленный official retrieval

~ преступника detection of a criminal

РОЛ/Ь (*значение*) role

~ государства, регулирующая regulating role of the state

усиление регулирующей ~и государства strengthening of the regulating role of the state

РОСПИСЬ:

~, бюджетная budget (public) revenue and expenditure

~, досмотровая customs examination (findings)

РОССИЙСКАЯ ФЕДЕРАЦИЯ The Russian Federation

взыскание штрафа в доход Российской Федерации imposition of a fine for the income of the Russian Federation

гарантия Российской Федерации по обязательствам субъекта Российской Федерации guarantee of the Russian Federation for obligations of a subject of the Russian Federation

ответственность Российской Федерации в отношениях с участием иностранных юридических лиц, граждан и государств liability of the Russian Federation in relations with participation of foreign legal persons, citizens and states

правительство Российской Федерации government of the Russian Federation

президент Российской Федерации President of the Russian Federation

субъекты Российской Федерации subjects of the Russian Federation

РОСТОВЩИК usurer, moneylender; (*ссужающий деньги под залог*) pawnbroker

РОСТОВЩИЧЕСКИЙ usurious

РОСТОВЩИЧЕСТВО usury, moneylending

РУБЛЬ rouble

~, деноминированный [re]denominated rouble

~, неденоминированный nondenominated rouble

РУКОВОДИТЕЛ/Ь (*глава*) chief, director, head; (*управляющий*) manager, executive

~ ведомства head of a department

~ и государства leaders of the state

~ группы team manager

~ инвестиционного проекта project manager

~, исполнительный senior executive officer

~ министерства head of a ministry

~ организации head of an organization

~ отдела head of a department, departmental manager

~ подрядных работ contract administrator

~ предприятия head of an enterprise, plant manager

~ представительства head of a representative office (of a representation)

~ проекта project manager (leader), operation leader

~ производства production manager

~ унитарного предприятия head (manager) of a unitary enterprise

~ филиала head of a branch, branch manager

~, хозяйственный economic executive, manager

~ юридического лица manager (director) of a legal person

назначать ~я appoint the head

РУКОВОДСТВО 1. (*управление*) management, direction, guidance 2. (*администрация, дирекция*) management, administration, authorities 3. (*инструкция*) manual, handbook, guide

~, административное administrative management

~ акционерного общества corporate management

~ банка bank management

~, высшее senior (top) management, top leaders

~ деятельностью management (direction) of activities, operating control

~ завода plant management (administration)

~, коллегиальное collective leadership

~, общее general management (direction), overall management

~, оперативное operational (operative) management

~, практическое hands-on management; practical guide

~ предприятием plant administration (management)

~ строительством construction management

~, текущее current management, on-going direction

~, хозяйственное economic management

осуществлять ~ exercise (carry out, conduct, perform) management

принимать на себя ~ предприятием take over a business

◊ под ~м under the direction

РУЧАТЕЛЬСТВО guarantee, warranty, security, surety, pledge

~ за исполнение сделки guarantee for the fulfilment of a deal (of the performance of a transaction)

принимать ~ за assume (undertake) a guarantee

РУЧАТЬСЯ guarantee, warrant, ensure, give security, stand security, vouch

РЫН/ОК market

~ акций share (stock) market

~, биржевой stock market

~, валютный foreign exchange (forex, currency, money) market

~, вексельный bill market

~, вещевой merchandise market

~, внебиржевой off-board (over-the-counter) market, curb (kerb) trading

~, внешний foreign (external) market

~, внутренний domestic (internal, home) market

~, вторичный secondary market

~, вялый stagnant (depressed, inactive, sluggish, dead, weak, thin) market

~, глобальный финансовый global financial market

~ госбумаг government securities market

~, государственный government market

~ государственных облигаций government bond market

~ государственных ценных бумаг government securities market

~, двухуровневый two-tier market

~, денежный money (monetary) market

~ депозитных расписок market for depositary receipts

~ долговых обязательств debt market

~, доходный lucrative market

~, емкий broad (receptive) market

~, закрытый closed (locked) market

~, застойный stagnant (depressed) market

~, затоваренный glutted (oversaturated) market

~ институциональных инвестиций institutional investment market

~, ипотечный mortgage (hypothecary) market

~ казначейских обязательств treasury bonds market

~ капитала capital market

~, конкурентный competitive market

~, кредитный credit market

~ лицензий licence market

~, межбанковский interbank market

~, международный international market

~, местный local market

~, мировой world (global) market

~ наличного товара (наличный) spot (physical) market

~, насыщенный saturated (glutted) market

~, национальный national market

~ недвижимости property (real estate) market

~, нелегальный illegal market

~, неофициальный unofficial market

~, нестабильный unstable (volatile) market

~, неустойчивый unsteady (uncertain, volatile, sensitive) market

~, неустойчивый валютный volatile foreign exchange market

~ облигаций bond market

~, ограниченный narrow market

~, оживленный active (brisk, buoyant) market

~, оптовый wholesale market

~, открытый open (overt) market

~, официальный official (lawful, legal) market

~, офшорный финансовый offshore market

~, первичный primary market

~, перегруженный heavy (congested, overstocked) market

~, перенасыщенный oversaturated (congested, glutted) market

~ покупателей buyers' market

~, потребительский consumer['s] market

~ продавцов sellers' market

~, продовольственный food market

~, процветающий glamour market

~, развивающийся emerging (developing) market

~, растущий rising (increasing, advancing) market

~, региональный regional market

~ сбыта sales market

~, свободный free market

~ с высоким уровнем конкуренции sophisticated market

~ сельскохозяйственной продукции agricultural commodities (farmers') market

~ ссудных капиталов loan market

~, стабильный steady (firm) market

~, сырьевой raw materials market

~, товарный commodity (product) market

~ труда labour (manpower) market

~ услуг services market

~, устойчивый steady (strong) market

~, финансовый financial market

~, фондовый stock (equity, securities) market

~ ценных бумаг securities (stock) market

~, чартерный chartering market

~, черный black (curb, kerb, illegal) market

емкость ~ка market capacity

насыщение ~ка saturation of the market

операции на ~ке market deals (operations)

проникновение на ~ penetration into the market

расширение ~ка market expansion

выбрасывать на ~ launch on the market

выпускать на ~ put on (bring to) the market

выступать на ~ке be in the market

вытеснять с ~ка oust from the market

выходить на ~ come into (enter) the market

господствовать на ~ке rule (command) a market

делить ~ки divide (split, share) markets

завоевывать ~ win (conquer) a market

затоваривать ~ flood (saturate) a market with goods

изучать ~ study a market

лидировать на ~ке lead the market

монополизировать ~ monopolize a market

находить ~ сбыта find a market

осваивать ~ get into (develop) a market

оценивать ~ evaluate (assess) a market

перенасыщать ~ glut a market

переполнять ~ overstock (congest) a market

поступать на ~ enter (come into) the market

продавать на ~ке sell at the market, market

проникать на ~ penetrate (break) into the market

расширять ~ expand (broaden, develop) a market

торговать на ~ке trade on the market

◊ на ~ке in (on) the market

РЭКЕТ racketeering, racket

борьба против ~а anti-racketeering

расследование ~а racketeering investigation

заниматься ~ом be engaged in racketeering

РЭКЕТИР racketeer

С

САБОТАЖ sabotage

заниматься ~ем commit sabotage

САБОТИРОВАТЬ commit (perform) an act of sabotage, sabotage

САЙТ site

~ в Интернете Internet site

~ Минфина в Интернете MinFin site

САЛЬДО balance; surplus

~, активное active (favourable, surplus) balance

~ банковского счета bank balance

~ взаимных расчетов balance of mutual settlements

~ внешней торговли export surplus

~, пассивное passive (unfavourable, adverse) balance

~ платежного баланса, активное balance of payments surplus

~ счета balance of an account

~ торгового баланса, активное balance of trade surplus

САМОДОСТАТОЧНЫ/Й self-sufficient

быть ~м в *чем-л.* be self-sufficient in *smth*

САМОЗАЩИТ/А self-defence, self-protection

~ гражданских прав self-protection (self-defence) of civil rights

~, личная personal self-defence

~ права self-protection (self-defence) of a right

◊ в порядке ~ы in self-defence

САМООБЕСПЕЧЕНИЕ self-sufficiency

~ сельскохозяйственными продуктами self-sufficiency in agricultural products

САМООБЕСПЕЧЕННОСТЬ self-sufficiency

~, экономическая economic self-sufficiency

САМООКУПАЕМОСТЬ self-recoupment, self-repayment, self-sufficiency

~, валютная currency recoupment, self-recoupment in currency

САМОСТОЯТЕЛЬНОСТЬ independence, self-support

~, имущественная property independence

~, хозяйственная economic independence

САМОУПРАВЛЕНИ/Е self-administration, self-government, self-management

~, городское city government (council)

~, местное local self-government

~ предприятия economic self-management

акт местного ~я act of local self-government

орган местного ~я local authority

САМОФИНАНСИРОВАНИЕ self-financing

~, валютное currency self-financing

~ строительства construction on the basis of self-financing

САНАЦИ/Я, САНИРОВАНИЕ (*оздоровление предприятия*) reorganization, rehabilitation, updating

~ банков clean-up (reorganization) of banks

~ потенциального банкрота reorganization of a potential bankrupt enterprise

~ предприятия reorganization of an enterprise

проводить ~ю reorganize, update

САНКЦИОНИРОВАТЬ (*разрешать*) authorize, approve, sanction

САНКЦИ/Я 1. (*одобрение, разрешение*) approval, sanction; (*полномочие*) authorization 2. (*неустойка, штраф*) penalty, sanction, forfeit 3. (*меры принудительного воздействия*) *pl.* sanctions

~, административная administrative sanction

~, денежная money penalty

~, договорная contractual sanction, penalty for breach of a contract

~, жесткая harsh sanction

~ законодательного органа на ассигнование authorization of appropriation

~ за нарушение sanction for infringement (for violation)

~ за нарушение таможенных правил sanction for nonobservance of customs regulations

~ за невыполнение контрактных обязательств sanction for nonfulfilment of contractual obligations

~ за несоблюдение сроков penalty for delay

~ за правонарушение sanction for violation of a law

~ за просрочку платежа late payment penalty

~ за совершение правонарушения sanction for violation of a law

~, карательная punitive sanction

~и, международные international sanctions

~, налоговая tax sanction

~, правовая legal sanction

~и, торговые trade sanctions

~, финансовая financial sanction

~, штрафная penalty, penal sanction, fine, forfeit

~и, экономические economic sanctions

~и, юридические legal sanctions

отмена ~й lifting of sanctions

угроза ~й threat of sanctions

вводить ~и impose (introduce) sanctions

давать ~ю approve, give (grant) a sanction

отменять ~и lift (call off) sanctions

применять ~и apply (impose, enforce, use) sanctions

ужесточать ~и toughen economic sanctions

◊ с ~и прокурора with the sanction of a public prosecutor

СБЕРЕГАТЕЛЬНАЯ КАССА savings bank

СБЕРЕГАТЕЛЬНАЯ КНИЖКА bankbook, savings book, [savings] passbook

~, именная name bankbook, personal (nominal) savings book

~ на предъявителя bearer bankbook, savings passbook payable to the bearer

~ на предъявителя, банковская bank bearer savings book, bearer bank savings book

восстановление прав по утраченной сберегательной книжке на предъявителя reinstatement (restoration) of rights for a lost bearer bank savings book

выдача сберегательной книжки issuance of a bankbook (of a savings passbook)

утратить сберегательную книжку lose a bankbook (a savings passbook)

СБЕРЕГАТЕЛЬНЫЙ СЕРТИФИКАТ savings certificate

~, именной named savings certificate

~, предъявительский bearer savings certificate

СБЕРЕЖЕНИ/Е 1. (*экономия*) saving, economy 2. (*накопление*) *pl.* savings

~я в ликвидной форме fluid savings

~я, внутренние internal economies

~я, денежные financial savings

~ денежных средств saving of money

~я, избыточные excess savings

~ капитала capital saving

~я, ликвидные liquid savings

~я, накопленные accumulated savings

~я на сберегательной книжке passbook savings

~я населения savings of the population

~я, рублевые rouble savings

хранить ~я в банке keep savings in a bank

СБОР 1. (*собирание*) collection; (*урожая*) harvest, yield 2. (*налог, пошлина*) charge, fee, tax, toll, levy, *pl.* dues; (*гербовый*) duty

~, административный administration charge (dues)

~, акцизный excise duty (tax)

~ акцизов за алкогольную продукцию excise duty on alcohol

~, арбитражный arbitration fee

~, аукционный auction fee

~, банковский bank charge

~, валовой gross yield

~, вексельный bill stamp, stamp on bills of exchange

~, гербовый stamp duty (tax)

~, грузовой dues (tax) on cargo, cargo dues (tax, fees)

~ данных collection of data, information accumulation

~ денежных средств fund raising

~, дорожный road tax

~, железнодорожный railway charge

~ за выдачу лицензии licence fee

~ за доставку delivery charge

~ за заказное отправление parcel registration fee

~ за инкассо charge for collection, collection charge (fee)

~ за перевозку груза freight charge

~ за предоставление ссуды fee on a loan

~ за растаможивание charge for clearance

~ за регистрацию компании business registration fee

~ за складирование товаров storage charge

~ за таможенное оформление charge for clearance

~ за хранение товаров на складе warehouse rent, storage charge; (*на таможенном складе*) bond dues

~, комиссионный commission

~, лицензионный licence fee, royalty

~ы, местные local taxes (charges)

~ы, муниципальные municipal charges

~ налогов collection of taxes, tax collection (take); (*обложение налогом*) imposition of taxes; tax assessment

~, налоговый tax levy, fiscal charge

~, паспортный passport fee

~, патентный patent fee (dues)

~ы по оформлению документации documentation charges

~ы, портовые port (harbour) dues, port charges (duties, fees)

~, почтовый postage, postal (mailing) charge

~, причальный berth (wharfage) dues, berthage, wharfage

~, разовый one-time (one-off) charge

~ы, региональные regional taxes

~, регистрационный registration fee (dues), filing fee; (*вступительный*) entrance fee; *бирж.* listing fee

~ с владельцев транспортных средств vehicle ownership charge

~ средств fund raising

~ы, таможенные customs, customs duties (fees)

~ы, федеральные federal taxes

взимать ~ы collect duties (dues, fees), levy charges (fees), charge fees

облагать ~ами impose charges

оплачивать ~ы pay duties (dues, fees, taxes)

◊ с оплаченным почтовым ~ом postage prepaid

СБЫВАТЬ sell, market, distribute; (*отделываться*) dispose of, get rid of; (*по бросовым ценам*) dump

~ фальшивые деньги utter counterfeit money

СБЫТ marketing, sale, selling, distribution

~ на внутреннем рынке sales on the home market

~, оптовый wholesaling

~ продукции marketing (sale) of products

~, розничный retail sale

~ сельскохозяйственной продукции sale of agricultural produce

~ товаров sale of goods, commodity marketing

стимулирование ~a sales promotion, promotion of sales, marketing

иметь ~ have (find) a market

иметь плохой ~ have a dull sale, meet with a slow sale, sell heavily

иметь хороший ~ have (find) a ready sale, meet with a good (ready) sale, sell readily

находить ~ find a market

не иметь ~a have (find) no sale, be unsaleable (unmarketable)

стимулировать ~ promote sales

СВЕДЕНИЕ consolidation, reduction

~ к минимуму minimizing

~ счетов settling (squaring) of accounts

СВЕДЕНИ/Я (*данные*) information, data; (*знания*) knowledge

~, дополнительные additional (supplementary) information

~, достоверные authentic information

~ из первоисточника direct (firsthand) knowledge

~, ложные false information

~, надежные reliable information

~, недостаточные insufficient information

~, необходимые necessary information

~, неподтвержденные unconfirmed information (report)

~ о кредитоспособности credit information

~ о результатах ведения дел information on the results of conducting affairs

~ о составе имущества information (data) on the composition (on the make-up) of property

~ о финансовом положении financial information

~ о ходе исполнения поручения information on the course of fulfilment (of performance) of authorization (of an order, of an assignment)

~, полученные в результате профессиональной деятельности information received as a result of professional activity

~, порочащие деловую репутацию information defaming business reputation

~, порочащие честь, достоинство и деловую репутацию information defaming honour, dignity or business reputation

~, противоречивые conflicting reports

~, секретные classified (confidential, secret) information

~, составляющие банковскую тайну confidential bank information

конфиденциальность ~й confidentiality of information

опровержение ~й refutation of information

опубликование ~й publication of information

предоставление ~й provision of information

разглашение ~й divulgence of information

распространение ~й distribution (circulation) of information

доводить до ~ inform, notify, bring to smb's notice

не сообщать ~я withhold information

опубликовать ~ publish information

принимать к ~ю take into consideration, note

содержать ~ contain information

сообщать ~ report information, inform

сообщать заведомо ложные ~ report knowingly false information

требовать опровержения ~й по суду demand in court the refutation of information

утаивать ~ withhold information

◊ для всеобщего ~ for general (public) information

СВЕРТЫВАНИЕ (*ограничение*) curtailing, curbing; (*сокращение*) reduction, cutback; (*постепенное*) phase-out, phasedown

~ деятельности operations rollback

~ импорта curtailing of imports

~ производства cutback in (curtailing of, curbing of) production, scaling back production, production-cutting

~ реформ reversal (curbing) of reforms, backtracking

~ рынка contraction of the market

~ рыночных реформ curbing of market reforms

СВЕРХДОХОД additional income, superprofit

СВЕРХПОСТАВКА excess delivery

СВЕРХПРИБЫЛЬ excess profit, superprofit

налог на ~ excess profit tax

СВЕРХУРОЧНЫЕ overtime pay, overtime money

платить ~ pay overtime

СВИДЕТЕЛ/Ь witness, testifier

~, главный key (primary, principal) witness

~ защиты witness for the defence, defence witness, witness for the accused

~, косвенный indirect witness

~, надежный reliable witness

~ обвинения witness for the prosecution, prosecution witness, witness against the accused

~ ответчика witness against a plaintiff

~ под присягой sworn witness, witness on oath

~, подставной false witness

~, пристрастный interested (partial) witness

давление на ~ей pressure on witnesses

показания ~ей witness testimony

быть ~ем be a witness, witness

выступать ~ем give evidence, testify

СВИДЕТЕЛЬСКОЕ ПОКАЗАНИЕ testimony, evidence, testimonial evidence, witness [testimony]

~ в суде court testimony

~, вынужденное compelled testimony (witness), compulsory witness

~, которое никто не может опровергнуть в суде evidence that will stand up in court

~, ложное false testimony

~ под присягой sworn testimony

~, противоречивое contradicting witness

~, убедительное satisfactory (satisfying) witness

давать свидетельские показания give (provide, furnish) evidence (testimony), testify

опровергнуть свидетельские показания break down a witness

СВИДЕТЕЛЬСТВ/О 1. (*показание*) testimony, witness; (*доказательство*) evidence 2. (*удостоверение*) certificate, warrant, testimonial; (*денежный оправдательный документ*) voucher

~, авторское author's certificate, certificate of authorship

~, временное interim certificate

~, гарантийное certificate of guarantee

~, двойное складское double warehouse certificate

~, документальное documentary witness

~, долговое certificate of indebtedness

~, залоговое certificate of pledge, mortgage certificate, letter (certificate) of hypothecation (*см. тж* **ЗАЛОГОВОЕ СВИДЕТЕЛЬСТВО**)

~, ипотечное mortgage deed

~, квалификационное certificate of competence

~ на акцию share (allotment) certificate

~ на долю участия в акционерном капитале stock certificate

~ на получение дивиденда dividend warrant

~ на право беспошлинного ввоза duty-free entry certificate

~ на право производства operating authority

~ на товарный знак trademark certificate

~, нотариальное certificate of acknowledgement, notary's certificate

~ об изъятии certificate of exemption

~ об отгрузке certificate of shipment

~ об участии certificate of participation

~ об учреждении юридического лица certificate of incorporation

~ о государственной регистрации certificate of state registration

~ о задолженности evidence of indebtedness

~ о качестве certificate of quality, quality certificate

~ о повреждении товара certificate of damage

~ о погашении certificate of redemption

~ о подлинности certificate of authenticity

~ о праве собственности certificate of ownership

~ о происхождении certificate of origin

~ о регистрации корпорации articles of incorporation

~ о страховании certificate of insurance, insurance policy

~, охранное certificate of protection, safeguard

~, паевое share certificate

~, патентное patent

~, простое складское simple warehouse certificate

~, разрешительное permit

~, регистрационное certificate of registration; (*юридического лица*) certificate of incorporation, articles of incorporation

~, складское warehouse warrant (receipt, certificate) (*см. тж* СКЛАДСКОЕ СВИДЕТЕЛЬСТВО)

~, страховое certificate of insurance

~, таможенное customs (clearance) certificate

выдача ~a issuance of a certificate

держатель складского ~a holder (bearer) of a warehouse certificate

залог ~a pledge of a certificate

передача складского ~a transfer of a warehouse certificate

выдавать ~ issue (give) a certificate

СВИДЕТЕЛЬСТВОВАТЬ attest, testify, witness, certify

СВОБОД/А freedom, liberty

~ы, гражданские civil liberties

~ действий discretion, free hand, carte blanche

~ договора freedom of contract

~ы, конституционные constitutional liberties

~, неограниченная unconstrained freedom

~ объединений freedom of association

~ы, основные fundamental freedoms

~ печати freedom of the press

~ предпринимательства freedom of enterprise

~ собраний freedom of assembly

~ торговли freedom of trade

лишение ~ы deprivation of freedom; (*тюремное заключение*) imprisonment, confinement

лишение ~ы, незаконное false imprisonment

ограничение ~ы limitation (restraint) of liberty

пользоваться ~ой enjoy freedom

предоставлять ~у действий give a free hand (a carte blanche)

СВОБОДНЫЙ free; (*не занятый*) vacant

~ доступ free access

~ от обязательств uncommitted, unbound

~ от пошлины duty-free

~ от уплаты налогов tax-exempt, tax-free

СВОЙСТВ/О (*качество*) property, quality; (*отличительная характеристика*) feature, characteristic

~a, естественные natural properties (qualities)

~a, натуральные natural properties (qualities)

~, неотъемлемое integral feature, inherent quality

~, опасное dangerous property (quality)

~а, потребительские consumer characteristics (properties)

~а товара characteristics (nature) of goods, product attributes

~а, эксплуатационные operational properties

изменение свойств change of properties (of qualities)

проверка свойств товара verification of the properties (of the qualities) of the goods

терять ~а lose properties (qualities)

СВЯЗ/Ь 1. (*соединение*) connection, link 2. (*средства сообщения*) communication 3. ~и (*отношения*) connections, contacts, ties, relations, links

~и, взаимовыгодные profitable (beneficial) ties (links)

~и, внешнеторговые foreign trade relations (ties)

~и, внешнеэкономические foreign economic relations (ties)

~и, внутриотраслевые intrabranch ties

~и, двусторонние bilateral relations (ties)

~и, деловые business relations (connections, contacts, ties)

~и, длительные long-term (long-range) ties

~и, договорные contractual relations

~и, зарубежные foreign connections

~и, кооперационные cooperation ties, industrial cooperation relations

~, международная international communication

~, международная телефонная long-distance (-range) communication

~и, международные international relations (contacts, links)

~и, межотраслевые interbranch connections

~и, межреспубликанские экономические inter-republican economic ties

~и, межхозяйственные intereconomic relations

~, мобильная телефонная mobile communication

~, почтовая mail (postal) communication, postal service

~, причинная casual connection

~и, производственные manufacturing (production) relations (ties)

~и, прямые direct contacts (links)

~и, прямые хозяйственные direct economic connections

~, спутниковая satellite connection

~, телеграфная telegraph (cable) communication, telegraph service

~, телефаксная telefax communication

~, телефонная telephone communication (connection), telephone service

~и, тесные close ties (links)

~и, торговые trade (trading, business) relations, trade (commercial) ties (connections)

~и, устойчивые stable relations (links)

~и, хозяйственные economic relations (ties)

~и, экономические economic relations (ties, links)

~, электронная electronic communication

круг хозяйственных ~ей sphere of economic relations (ties)

иметь деловые ~и have business relations

поддерживать ~и keep up (maintain) relations

развивать ~и develop relations (contacts, ties)

расширять ~и expand (broaden) relations (contacts)

укреплять ~и strengthen relations (links)

устанавливать деловые ~и establish business connections, open business relations

СГОВОР collusion, conspiracy, scheme

~, закулисный backstage collusion

~, преступный criminal conspiracy

~ при представлении заявок collusive bidding

~, противозаконный illegal scheme

~ против правосудия conspiracy to defeat justice

вступать в ~ enter into collusion

действовать в ~е be in collusion, collude

СДАЧ/А 1. (*передача*) handing over; (*поставка товара*) delivery 2. (*в аренду*) lease, leasing, renting, hiring out; (*напрокат автомобиля, судна*) charter 3. (*в залог*) mortgaging

~ в аренду lease, leasing

~ внаем lease, leasing

~ в подряд outsourcing

~ в эксплуатацию commissioning

~ груза на склад delivery of goods to a warehouse

~ земли в аренду lease of land

~ имущества в аренду lease of property

~ имущества в безвозмездное пользование uncompensated use of property, use of property without compensation

~ имущества в залог pledge of property

~ имущества внаем rental (hire) of property

~ на комиссию delivery on commission

~ недвижимости в аренду leasehold, *юр.* demise

~ объекта completion of a project, commissioning

~ перевозчику submission to a carrier

~ работы submission of work

~ товара delivery of goods

просрочка в ~е работы delay in submission of work

СДЕЛК/А transaction, deal, operation; (*торговая*) bargain, business

~, арбитражная (*операция по одновременной покупке и продаже товара на разных рынках для получения прибыли от разницы в ценах*) arbitrage

~, аукционная auction-based transaction

~, банковская banking transaction (operation)

~, бартерная barter deal (transaction)

~, биржевая stock exchange transaction (operation), securities transaction

~и, бытовые everyday (ordinary) transactions

~, валютная foreign exchange transaction (deal)

~, взаимовыгодная fair business, mutually beneficial transaction

~и в зоне свободной торговли zone transactions

~ в иностранной валюте foreign currency (foreign exchange) transaction, transaction in foreign currency

~, внешнеторговая foreign trade transaction

~, внешнеэкономическая foreign economic (foreign commercial) transaction

~, возмездная compensated transaction, transaction for consideration

~ в письменной форме transaction in written form (in writing)

~ в рассрочку instalment transaction (business)

~, встречная reciprocal trade arrangement

~ в чужом интересе transaction on behalf of another (in another's interest)

~, выгодная profitable transaction (deal, business), good (lucrative) deal

~, двусторонняя bilateral transaction

~, деловая business transaction

~, денежная monetary transaction

~, долгосрочная long-term transaction (business)

~, заключенная дочерним хозяйственным обществом transaction concluded by a subsidiary business company

~, заключенная неуполномоченным лицом transaction made (concluded) by an unauthorized person

~, законная legal deal

~, закулисная backroom deal, backstage arrangement

~ за наличный расчет cash transaction (deal, business), transaction (bargain) for cash

~, кабальная bondage transaction (см. тж КАБАЛЬНАЯ СДЕЛКА)

~, комиссионная transaction on commission

~, коммерческая commercial transaction (deal)

~, компенсационная compensation (buy-back) transaction (deal)

~, консигнационная business on a consignment basis, consignment business (transaction, deal)

~, контрабандная contraband transaction

~, крупная major transaction (operation), large deal

~, лизинговая leasing business

~, лицензионная licence deal

~, мелкая small (petty) transaction

~, мнимая fictitious (mock) transaction (см. тж МНИМАЯ СДЕЛКА)

~, многосторонняя multilateral transaction

~, мошенническая fraudulent deal, bogus affair

~и, мошеннические биржевые stock jobbery

~ на компенсационной основе transaction on a compensation basis

~, наличная spot transaction

~ на срок forward (future) transaction, forward deal (business), business in futures

~и на фондовой бирже stock exchange transactions (dealings), stock business

~ на черном рынке black market transaction

~, невыгодная unprofitable transaction (deal), bad business

~, недействительная invalid transaction (deal), void contract

~, недобросовестная dishonest business

~, незаконная валютная illegal currency exchange

~, не противоречащая закону transaction not contrary to a law (to a statute)

~, не соответствующая требованиям закона transaction not corresponding to (not complying with) the requirements of a law (of a statute)

~, ничтожная void transaction, null and void deal

~, нотариально удостоверенная notarially authenticated transaction

~, обменная exchange deal, swap transaction

~ об отчуждении имущества transaction for the alienation of property

~, односторонняя unilateral transaction

~ о разделе продукции production sharing transaction

~, оспоримая voidable (challengeable) transaction

~, офсетная offset transaction (deal)

~, офшорная offshore business

~, побочная side deal

~, посредническая agency business, brokerage

~, преступная criminal transaction

~, прибыльная profitable transaction

~, приватизационная privatization deal

~, притворная sham (fictitious) transaction (см. тж ПРИТВОРНАЯ СДЕЛКА)

~, противозаконная illegal transaction (contract)

~, противоречащая закону transaction contrary to a law (to a statute)

~, разовая single (individual) transaction

~, рыночная market transaction

~ с валютными ценностями transaction with currency valuables

~ с землей transaction with (involving) land

~ с недвижимым имуществом transaction with (involving) immovable property

~ с немедленной поставкой contract on prompt delivery terms; spot sale

~, совершенная под влиянием заблуждения transaction made (concluded) under the influence of a mistake (of an error)

~, совершенная под влиянием насилия или угрозы transaction made (concluded) under the influence of violence (of duress) or threat

~, совершенная под влиянием обмана transaction made (concluded) under the influence of fraud, fraudulent deal

~, совершенная под отлагательным условием transaction made (concluded) under a suspensive condition

~, совершенная под отменительным условием transaction made (concluded) under a resolutive (resolutory, subsequent) condition

~, совершенная под условием conditional transaction

~, совершенная с превышением полномочий transaction (deal)

concluded in excess (in violation) of the powers granted

~, совершенная с целью, противной основам правопорядка transaction made with a purpose contrary to the principles of the legal order

~, совершенная через представителя agency transaction

~, сомнительная shady transaction (deal, business)

~, спекулятивная speculative transaction (operation)

~, срочная forward (futures, time) deal (transaction)

~, страховая insurance transaction

~ с ценными бумагами, подлежащая урегулированию в следующем расчетном периоде transaction for the settlement (for the account)

~, товарная merchandise transaction

~, товарообменная barter transaction (deal, business)

~, торговая sale, trade (commercial, business) deal, commercial transaction

~, убыточная losing business

~, фиктивная fictitious (dummy, bogus) transaction, fraudulent (faked) deal, faked sale

~, финансовая financial transaction

~, фондовая stock exchange transaction

~, фьючерсная futures contract (deal, business)

~, хеджевая hedging

~, честная fair deal

~, юридическая juridical (juristic) act

~, экспортная export transaction (business)

валюта ~и currency of a transaction

заключение ~и conclusion of a transaction

заключение ~и купли/продажи buy-sale closing

законность ~и legitimacy of a deal

недействительность ~и invalidity of a transaction

недействительность ~и юридического лица, выходящей за пределы его правоспособности invalidity of a transaction of a legal person exceeding the limits of its legal capacity

несоблюдение нотариальной формы ~и nonobservance of (failure to comply with) the notarial form of a transaction

нотариальная форма ~и notarial form of a transaction

ответственность за неисполнение ~и liability for nonperformance of (for failure to fulfil) a transaction (a deal)

подтверждение ~и confirmation of a transaction

полученное по ~е everything received under a transaction

право на совершение ~ок, не противоречащих закону right to conclude transactions not contrary to a statute

признание ~и недействительной declaration of a transaction to be invalid (as invalid)

совершение ~и conclusion of (concluding, making) a transaction

совершение ~и в чьих-л. интересах conclusion of a transaction in smb's interests совершение ~и от имени *кого-л.* conclusion of a transaction in the name of *smb*

уполномочие на совершение ~и authorization to conclude (for making) a transaction

форма ~и form of a transaction

аннулировать ~у cancel a transaction

договариваться о ~е negotiate a transaction

заключать ~у make (conclude, close, effect) a transaction (a deal)

заключить незаконную ~у make a side deal

оспаривать ~у challenge (impeach) a transaction

осуществлять ~у implement a transaction, implement (transact) a deal

отказываться от ~и withdraw from a transaction, cancel a deal

отменять ~у call off a deal

предлагать ~у initiate a transaction

признавать ~у недействительной declare a transaction [to be] invalid

рассчитаться по ~е call off a transaction

совершать ~у make (conclude, effect) a transaction

совершать ~у в письменной форме make a transaction in written form

совершать ~у устно make a transaction orally

СЕБЕСТОИМОСТ/ь cost, prime cost, first cost, cost value

~ единицы продукции unit cost

~, заводская manufacturing (production, factory) cost

~ изделия unit cost

~, нормативная standard cost of production

~, предельная marginal cost

~ продукции product cost

~, расчетная estimated cost

~, сметная estimated cost

~ услуг servicing cost

~, фактическая actual (real) cost

калькуляция ~и costing

завышать ~ overestimate the cost

снижать ~ cut (reduce) production costs

◊ выше ~и above cost

ниже ~и below (under) cost

по ~и at cost

СЕЙФ safe, strongbox; (*в банке*) safe-deposit vault, safe-deposit box

~, банковский bank safe (vault)

~, индивидуальный банковский individual bank safe

доступ к ~у access to a safe

ключ от ~а key to a safe

ячейка ~а safe deposit box, safe cubicle

СЕКВЕСТР 1. (*наложение ареста на имущество*) sequester, sequestration 2. (*сокращение бюджетных статей в ходе исполнения бюджета*) sequestration

~, бюджетный budget sequestration

~, договорный contract (agreement) sequestration

~ расходов незащищенных статей бюджета sequestration of unprotected expenditure items in the budget

~ расходов федерального бюджета Federal budget sequestration

~, судебный judicial sequestration, sequestration of property by court order, judicial custody договор о ~e contract of sequestering, agreement on sequestration

хранение в порядке ~a storage by way of sequestering (in the order of sequestration)

наложить ~ sequestrate, sequester

СЕКРЕТ secret

~, государственный state secret

~ы производства secrets of production, production (manufacturing) secrets, know-how

~, профессиональный trade secret

~ фирмы proprietary information

разглашать ~ы производства divulge secrets of production

СЕКРЕТАРЬ secretary

~, исполнительный executive secretary

~, личный personal (private) secretary

~ общего собрания акционеров secretary of the general shareholders' meeting

~, ответственный executive secretary

~ суда clerk of the court

СЕКТОР 1. (*народного хозяйства*) sector 2. (*отдел*) department, section, division

~, аграрный agrarian sector

~, агропромышленный agroindustrial sector

~, банковский banking sector

~, ведущий leading sector

~, государственный public (state, government) sector

~, добывающий mining sector

~, жилищно-коммунальный housing and communal sector

~ мелкого предпринимательства small business sector

~, негосударственный nonstate (nongovernmental) sector

~ обслуживания service sector

~, офшорный финансовый offshore financial sector

~, потребительский consumer sector

~, реальный real sector

~, сельскохозяйственный agricultural (farm) sector

~, сырьевой raw materials sector

~, теневой shadow sector

~ услуг services sector

~, финансовый financial sector

~, хозяйственный economic sector, sector of the economy

~, частный private sector

~ экономики, внебюджетный extra-budgetary sector of the economy

~ экономики, государственный state economic sector

~ экономики, негосударственный nongovernmental sector of the economy

~ экономики, реальный real sector of the economy

~, энергетический power sector

кредитовать реальный ~ экономики credit the real sector of the economy

СЕРВИТУТ (*право пользования чужим участком в определенных пределах*) servitude, easement

~ в целях удобства easement of convenience

~, дополнительный additional (secondary) servitude (easement)

~, запретительный negative servitude (easement)

~, земельный landed (real) servitude, appurtenant easement

~, необходимый easement of necessity

~, публичный public servitude (easement)

~, разрешительный affirmative servitude (easement)

~, частный private servitude (easement)

государственная регистрация ~a state registration of a servitude

земельный участок, обремененный ~ом land plot burdened (encumbered) with a servitude

обременение ~ом burdening (encumbering) with (by) a servitude

обременение ~ом зданий и сооружений burdening (encumbering) buildings and structures with a servitude

прекращение ~a termination of a servitude

условия ~a conditions of a servitude

установление ~a establishment of a servitude

устанавливать ~ establish a servitude

СЕРТИФИКАТ certificate

~ акции share (stock) certificate

~ акции, временный scrip certificate

~ акции на предъявителя share warrant

~, аудиторский auditor's certificate

~ банка bank's certificate

~, валютный exchange certificate

~, временный provisional certificate

~, грузовой cargo certificate

~, депозитный deposit certificate, certificate of deposit

~ долевого участия participation certificate

~, заводской manufacturer's certificate

~ задолженности certificate of indebtedness

~, залоговый certificate of pledge, mortgage certificate (deed)

~, именной registered certificate

~, инвестиционный investment certificate

~, ипотечный hypothecation (mortgage) certificate

~, казначейский treasury certificate

~ качества certificate of quality, quality certificate

~, налоговый tax certificate

~ на предъявителя bearer certificate

~ облигации bond certificate

~ о передаче объекта handing-over certificate

~ о приемке объекта taking-over certificate

~, платежный certificate of payment

~, подписной subscription warrant

~ происхождения certificate of origin

~, регистрационный registration certificate

~, сберегательный savings certificate

~, свободнообращающийся negotiable certificate

~, складской warehouse certificate

~ соответствия (*требованиям*) certificate of conformance

~, страховой insurance certificate

~ участия certificate of participation, participation certificate

выдавать ~ give (grant, issue) a cerificate

СЕРТИФИКАЦИЯ certification, certifying

~, обязательная compulsory certification

~ продукции certification of products

~ товаров quality certification of goods

~ услуг certification of services

СЕССИ/Я session

~, бюджетная budget session

~, внеочередная extraordinary session

~, очередная regular session

~, специальная special session

~, чрезвычайная emergency session

открывать ~ю open a session

проводить ~ю hold a session

созывать ~ю convene a session

СЕТКА (*тарифная*) scale

~, тарифная tariff scale, schedule of charges

СЕТ/Ь network, system, chain

~, абонентская distribution system

~ авиалиний airline network, airway system

~ автомобильных дорог road network, network of highways

~ агентов network of agents

~ банка, компьютерная computer network of a bank, computerized banking network

~ воздушного сообщения airline system

~, глобальная global network

~, дилерская dealer (dealership) network

~, железнодорожная rail[way] network (system)

~, кабельная cable network

~ клиентов network of clients

~, компьютерная computer network

~, корпоративная corporate chain

~ магазинов chain of stores

~ общего пользования public network

~, разветвленная broad network

~, распределительная distribution (marketing) network (system)

~, розничная retail chain, retail trade system

~, сбытовая marketing (sales, distribution) system

~ связи communications network

~, сервисная network of services

~, сотовая радиотелефонная cellular radio network

~, телефонная telephone system

~, торговая sales (commercial, trading) network

~, транспортная route network

~ филиалов branch network, network of branch offices

~и, энергетические energy (power) network, power system

~и энергоснабжения energy supply network, electric power system безопасность эксплуатируемых энергетических ~ей safety of the energy network, safe operation of electric power systems несанкционированное проникновение в компьютерную ~ банка illegal penetration into the bank computer network

расширять ~ expand the network

СИЛ/А 1. (*воздействие*) strength, force; (*власть, могущество*) power 2. (*рабочая сила*) manpower, labour 3. *юр.* validity

~ы, влиятельные powerful forces

~, дешевая рабочая cheap labour, low-paid manpower

~ закона force of law, statutory force

~ закона, обратная retroactive force

~, законная legal force

~, избыточная рабочая redundant manpower

~, исковая actionability

~, квалифицированная рабочая skilled (experienced) labour force (manpower)

~, неквалифицированная рабочая unskilled (unqualified) labour force

~, непреодолимая force majeure, contingency

~ обстоятельств force of circumstances

~, покупательная purchasing power

~, принудительная obligatory force

~ы, производительные productive forces

~, рабочая labour force (power), manpower

~ы, рыночные market forces

~, юридическая legal force, validity

вступление в законную ~у entry into legal force (into effect)

лишение юридической ~ы invalidation, vitiation

отсутствие юридической ~ы invalidity

признание юридической ~ы validation

угроза ~ой threat of force

быть вынужденным ~ой обстоятельств be compelled (necessitated) by force of circumstances

вступать в ~у become effective, come into force (into effect)

иметь ~у be in force, be valid

иметь ~у договора have the force of a contract

иметь ~у закона have the force of law

иметь законную ~у be valid (effective)

иметь обратную ~у be retroactive

лишать исковой ~ы render unenforceable

лишать юридической ~ы invalidate, make void, deprive of legal effect

не иметь исполнительной ~ы have no executive power

не иметь обратной ~ы have no retroactive effect

придавать законную ~у legalize, validate

приобретать ~у take effect, acquire force

приобретать законную ~у acquire the force of law

сохранять ~у remain in force, retain force

терять ~у become invalid, lose validity

терять ~у за давностью fall under the statute of limitation, become invalid by prescription

утрачивать ~у lose force

◊ в ~у закона by force of law (of a statute)

в ~у обстоятельств by force of circumstances

в ~у полномочий by authority

вследствие непреодолимой ~ы as the result of force majeure

СИСТЕМ/А system

~, автоматизированная computerized system

~, административная administrative system, system of administration

~ административного управления management (managerial) system

~, банковская banking system

~ безналичных денежных переводов credit transfer system

~ бухгалтерского учета accounting system

~, бюджетная budgeting system

~, бюрократическая bureaucratic system (structure)

~, валютная currency (monetary) system

~ валютных ограничений foreign exchange restrictions

~ взаимозачетов mutual offset system

~ взаиморасчетов system of mutual settlements

~ гарантий safeguard system

~, гибкая flexible system

~ государственной поддержки state support system

~, денежная monetary system

~ законодательства legislative system

~ заработной платы pay (wage) system

~ импортных контингентов import quota system

~, информационная information (data) system

~ квот quota system

~ клиринговых расчетов clearing system

~ коммуникаций communications system

~, компьютерная computer system

~ контроля control (inspection) system

~ кредитования crediting system

~, маркетинговая marketing system

~ материального стимулирования incentive scheme

~ многосторонних расчетов multilateral settlements system

~, налоговая tax (fiscal) system, system of taxes

~ налогообложения system of taxation, taxation system

~ обслуживания service system

~ ограничений constraint system

~, операционная operational (operating) system

~ оплаты труда wage system

~ оплаты труда, сдельная piece-rate plan, payment by the piece

~ оценки assessment system

~, пенсионная pension system

~ пенсионного обеспечения pension fund scheme

~ перевода платежей, электронная electronic funds transfer

~ перевозок system of transportation

~, платежная payment system

~, правовая legal system

~, премиальная bonus system

~ преференций system of preferences

~, производственная production system

~, промышленная industrial system

~ протекционистских таможенных пошлин system of protective tariffs

~, разрешительная authorization system

~ распределения system of distribution

~, расчетная (расчетов) system of settlements

~ расчетов, электронная electronic settlements system

~, регистрационная registration system

~ регулирования затрат cost control system

~, резервная standby system

~ розничной торговли retail trade system
~, рыночная market system
~ сборов system of levies
~ сбыта system of sales, marketing
~ скидок system of discounts
~ снабжения supply system
~ социальной защиты social protection system
~ страхования вкладов deposit insurance system
~, судебная legal (judicial, judiciary) system
~ судебных предписаний writ system
~ судебных прецедентов case system
~, тарифная (тарифов) tariff (rate) system
~ текущего контроля monitoring system
~ торговли trading system
~, транспортная transport system
~ управления management (managerial) system
~ участия в прибылях profit sharing scheme
~ участия в торгах tender system
~ учета accounting system
~ учета полных затрат absorption costing
~ учета по фактическим издержкам actual cost system
~ учета расходов cost accounting system
~, финансовая financial (fiscal) system
~, хозяйственная economic system
~ цен price (pricing) system
~ ценообразования pricing pattern

~, экономическая economic system
~ электронного документооборота electronic data processing
коллапс платежной ~ы collapse of the payment system

СКИДК/А discount, rebate, abatement, allowance, take-off; (*на порчу товара*) depreciation; (*с налога*) relief, remission
~ за крупный заказ large order discount
~ за наличный платеж cash discount (allowance), discount (allowance) for cash
~ за недоброкачественный товар allowance for substandard goods
~ за немедленный платеж наличными prompt cash discount
~, количественная quantity discount (rebate)
~, коммерческая commercial discount
~, налоговая tax rebate (abatement, relief, allowance, reduction)
~, оптовая quantity discount, discount for bulk purchases
~, прогрессивная progressive discount
~, простая simple discount (rebate)
~, процентная interest rebate
~, розничная trade allowance
~ с веса weight allowance
~ с веса на тару tare allowance
~, сезонная seasonal discount
~, скрытая hidden discount
~ с налога tax rebate (relief, allowance, abatement)
~ со стоимости discount off the value
~, специальная special (extra) discount, special rebate (allowance)

457

~ с фрахта freight rebate (discount)

~ с цены price discount (rebate), discount off the price

~, торговая trade discount

~, ценовая price discount (rebate), discount off the price

~, экспортная export discount (rebate)

давать ~у give (grant, allow, extend) a discount, allow (grant) a rebate, make (grant) an allowance

покупать со ~ой buy (purchase) at a discount

предоставлять ~у give (grant, allow, extend) a discount, allow (grant) a rebate, make (grant) an allowance

продавать со ~ой sell at a discount

требовать ~у claim a discount

◊ без ~и without discount

за вычетом ~и less discount

со ~ой at a discount, with a rebate

СКЛАД warehouse, storehouse

~, грузовой cargo storage, freight house (depot)

~ для длительного хранения storage warehouse

~, железнодорожный railway warehouse

~, заводской factory warehouse, plant storage facilities

~, консигнационный consignment warehouse (storehouse)

~ общего пользования warehouse for public use, general use warehouse

~, оптовый wholesale warehouse

~, портовый port warehouse

~, специализированный specialized warehouse

~, таможенный bonded warehouse

~, товарный [commodity] warehouse, goods depot (*см. тж* **ТОВАРНЫЙ СКЛАД**)

принятие товара на ~ acceptance of goods at a warehouse

реестр ~а register of a warehouse, warehouse register

держать на ~е hold in store, keep in stock

заказывать со ~а order from stock

иметь на ~е have in store

помещать на ~ place (lodge, deposit, store) in a warehouse, put in storage

поставлять со ~а supply from stock

продавать со ~а sell from stock

хранить товар на ~е store goods at a warehouse, warehouse goods

СКЛАДОЧНЫЙ КАПИТАЛ contributed capital, investment capital

~ полного товарищества contributed capital of a general partnership

~ товарищества на вере contributed capital of a limited partnership

~ хозяйственного товарищества contributed (investment) capital of a business partnership

вклад в ~ товарищества investment in the contributed capital of a partnership

доля в складочном капитале share in the contributed capital

размер и состав складочного капитала amount and composition of contributed capital

СКЛАДСКАЯ КВИТАНЦИЯ warehouse receipt

СКЛАДСКОЕ СВИДЕТЕЛЬСТВО warehouse certificate (receipt, warrant)

~, двойное double warehouse certificate

~, простое simple warehouse certificate

выдача складского свидетельства issue (issuance) of a warehouse certificate

держатель складского свидетельства holder (bearer) of a warehouse certificate

отметка на складском свидетельстве note on (notation in) a warehouse certificate

передача складского свидетельства transfer of a warehouse certificate

выдавать ~ на предъявителя issue a warehouse certificate to bearer

передавать ~ по передаточной надписи transfer a warehouse certificate by transfer endorsement (by transfer authorization)

СКЛАДСКОЙ ДОКУМЕНТ warehouse document

СКЛОННОСТЬ inclination, disposition, propensity

~ к инвестированию propensity to invest

~ ко лжи fraudulent propensity

~ к потреблению propensity to consume

~ к расходованию propensity to spend

~ к сбережению propensity to save

~ к сутяжничеству contentious disposition

иметь ~ к правонарушениям be prone to delinquency (criminality)

СКРЫВАТЬ conceal, hide, disguise

~ намерения conceal intentions

~ *свое* настоящее имя conceal *one's* name

~ преступление secrete a crime

~ сведения hold back information

СКРЫВАТЬСЯ hide; (*избегать*) avoid; (*сбежать*) escape; (*от суда, следствия*) abscond

СКУПАТЬ buy up; (*товары со спекулятивной целью*) forestall; (*ценные бумаги*) corner

~ лицензии на разработку полезных ископаемых buy up mine licences

~ оптом buy up wholesale

СКУПКА buying-up; (*товаров со спекулятивной целью*) forestalling, rig; (*ценных бумаг*) cornering

~, ажиотажная rush buying-up

~ акций, спекулятивная cornering

~ контрольных пакетов акций предприятий buying-up of controlling blocks of shares (controlling interest) of enterprises

~, паническая panic (scare) buying

~ ценных бумаг securities buying-up

СЛЕДОВАТЕЛЬ [legal] investigator, investigation officer

~, ведущий допрос examining magistrate

~, главный chief investigator

~, государственный government investigator

~ по делу case investigator

~ по делу о рэкете racketeering investigator

~ по особо важным делам investigator of cases of special importance

~ по уголовным делам crime (criminal) investigator

~, частный personal (private) investigator

органы предварительного ~я agencies of preliminary investigation

СЛЕДСТВИ/Е (*расследование*) examination, investigation, inquiry, inquest

~, предварительное preliminary investigation

~, судебное judicial investigation (examination, inquiry), inquest

вести ~ hold an investigation

◊ в интересах ~я in the interests of the investigation

СЛИЯНИ/Е (*компаний*) amalgamation, merger, consolidation; (*поглощение*) take-over, absorption; (*приобретение*) acquisition

~ банков merger (consolidation, amalgamation) of banks

~, вертикальное vertical merger

~, горизонтальное horizontal merger

~ капитала consolidation of capital

~ компаний merger (amalgamation) of companies, merger of business

~, конгломератное (*разнородных предприятий*) conglomerate merger

~ предприятий merger (amalgamation) of enterprises (of business)

~ юридических лиц merger of legal persons

◊ при ~и in case of merger

СЛОЖНАЯ ВЕЩЬ complex thing

СЛУЖАЩИ/Й employee, office worker, white-collar worker, clerk; (*компании*) official; (*учреждения*) officer

~, административный administrative officer

~ банка bank employee (official, officer, clerk)

~ бюро регистрации актов гражданского состояния registration officer

~, государственный state (government, public) employee, public (civil) servant

~ местного органа управления local official

~, муниципальный municipal employee (official)

~ налогового управления tax officer

~е органов муниципальных образований employees of agencies of municipal formations

~ таможни customs officer

~ фирмы company man, servant of a company

СЛУЖБ/А 1. service, work 2. (*отдел, учреждение*) service, office, department; (*должность*) situation, job, work, employment

~, аварийно-спасательная rescue service

~, аудиторская auditor services

~, вспомогательная support (auxiliary) services

~, государственная government (public) service

~, государственная налоговая state revenue service

~, гражданская civil service

~ занятости employment service

~, инспекционная inspection service

~, информационная information service

~, информационно-аналитическая information analysis service

~ы, коммунальные public utilities

~, консультативная advisory service

~ контроля supervisory services

~, круглосуточная аварийная 24-hour emergency service

~, налоговая taxation service; Internal Revenue Service

~ охраны guard service

~, поисково-спасательная search-and-rescue (rescue-and-recovery) service

~ по совместительству part-time job (service)

~, почтовая mail service, service by mail (by post)

~ проверки качества quality control service

~ связи communication service

~, следственная investigation (investigative) service

~, спасательная rescue service

~, таможенная customs service; the Customs

~, техническая technical service

~, транспортная transport service

~, юридическая legal service

срок ~ы period (term) of service

СЛУЖЕБНАЯ ТАЙНА professional (official, employment) secrecy, professional (official, service) secret

составлять служебную тайну constitute professional (employment) secrecy

СЛУЖЕБНЫЕ ОБЯЗАННОСТИ official duties, official obligations, job responsibilities; (*должностная инструкция*) job description

исполнение служебных обязанностей fulfilment of official duties (obligations)

СЛУШАНИ/Е (*дела*) hearing, trial

~ в открытом заседании public hearing

~ гражданского дела trial of an action (of a case)

~ дела hearing of a case

~ дела в суде hearing of a case in court

~ дела о банкротстве hearing of bankruptcy

~ дела по апелляции appeal hearing

~ дела по ходатайству hearing on a motion

~я, парламентские parliamentary hearings

~ по существу дела hearing on the merits

~, предварительное preliminary (initial) hearing

~ при закрытых дверях hearing in camera (in private)

откладывать ~ postpone hearing

отменять ~ cancel hearing

переносить ~ postpone hearing

СМЕТ/А estimate; (*финансовая*) budget; (*калькуляция*) calculation, computation

~, бюджетная budget[ary] estimate[s]

~ государственных доходов estimated government revenues

~, дополнительная supplementary budget (estimate)

~ доходов estimate of revenues

~, завышенная overestimate

~ затрат estimated charges, estimate of expenditures

~ затрат на приобретение purchase budget

461

~ затрат на производство estimate of production costs

~ издержек cost estimate

~ инвестиций в основной капитал capital [expenditure] budget

~ капиталовложений capital budget, outlay estimate

~ накладных расходов overhead budget

~, окончательная final statement

~, ориентировочная rough calculation

~, первоначальная original estimate

~ по реализации sales budget

~ поступлений estimate for income

~, предварительная preliminary (provisional) estimate (budget)

~, приблизительная approximate budget (estimate)

~ расходов estimate (budget) of expenditures (of expenses), cost (budget) estimate

~ расходов и прибылей cost-benefit calculation

~, сводная consolidated budget, summary estimate

~, твердая firm budget, fixed estimate

~ текущих затрат operating budget

~ транспортных расходов estimate of transport costs

~, финансовая financial budget

пересмотр ~ы reconsideration of the budget, review of the estimate

составление ~ы preparation of a budget, compilation of an estimate, budgeting

средства, выделенные по ~е funds allocated in a budget

стоимость работ, предусмотренная ~ой cost of the work specified in the budget

превысить ~у exceed the budget

предусматривать ~ой provide by the budget, specify in the estimate

составлять ~у make up (draw up) an estimate, build up a budget

СМЕТНАЯ СТОИМОСТЬ cost estimate, budget price, estimated (budgeted) cost

~ строительства budget price (estimated cost) of construction

увеличение сметной стоимости increasing the budget price (the estimated cost)

СМЕШАННЫЙ ДОГОВОР mixed contract

СМЯГЧЕНИЕ ease, easing, lightening; (*наказания*) mitigation

~ влияния инфляции cushioning of effects of inflation

~ наказания mitigation of punishment (of a penalty)

~ налогообложения lightening of taxation

СНАБЖЕНИ/Е (*обеспечение*) provision; (*поставка*) supply, delivery, procurement, purveyance

~, бесперебойное uninterrupted supply

~ водой supply of water

~ газом supply of gas

~, гарантированное guaranteed supply

~, материальное material supply

~, материально-техническое material and technical supply, maintenance supply, inventory supply

~ нефтью и нефтепродуктами supply of oil and oil (petroleum) products

~, плановое planned supply

~, продовольственное food supply

~ тепловой энергией supply of thermal energy

~ энергией supply of energy (of electric power), energy (electric power) supply

служба ~я supply service

организовать ~ arrange for supply

регулировать ~ regulate supply

СНИЖЕНИЕ (*уменьшение*) reduction, decrease; (*постепенное*) scale-down; (*цен, курса*) fall, drop, decline; (*скидка*) abatement; (*стоимости*) depreciation; (*качества*) debasement; (*производства*) rundown, shortfall; (*экономический спад*) downturn

~ акциза reduction in excise duties

~ банковской ставки bank rate reduction

~ выпуска продукции shortfall

~ деловой активности decline in (contraction of) business, business loss

~ дохода loss of revenue (of income), decline in earnings

~ доходности decline in yield

~ доходов от экспорта товаров shortfalls in commodity export earnings

~ жизненного уровня decline in living standards

~ задолженности reduction of indebtedness (of debt)

~ зарплаты wage-cut, cutting of wages

~ затрат cost reduction

~ инфляции easing of inflation

~ качества deterioration (decrease, drop) in quality

~ курсов ценных бумаг decline in quotations

~ накладных расходов reduction of overhead expenses

~ налогов tax cuts (reduction), cuts (reduction) in taxes

~ налогового бремени easing of tax burden

~ налогообложения reduction in taxation

~ объемов производства drop in production

~ первоначальной стоимости активов в результате износа historic[al] cost depreciation

~ платежеспособности decline in paying capacity

~ платежного спроса slowdown of effective demand

~ плодородия сельскохозяйственных земель reduction of fertility of agricultural land

~ покупательной способности decline in the purchasing power

~ поставок reduction of deliveries

~ прибыли decline in profits

~ прибыльности decline in profitability

~ производительности decline in productivity (in performance, in output), decrease in profitability

~ процентных ставок easing of interest rates, interest rate reduction (decline, drop), reduction of (decrease in) interest

~ расходов reduction of expenses (of costs), cost reduction

~ расценок rate cutting, reduction of prices

~ реальной заработной платы decline in (cutting of) real wages

~ рентабельности decrease in profitability

~ себестоимости продукции cost reduction, reduction (lowering, cutting) of the production cost

463

~, сезонное seasonal decline

~ спроса decrease (deterioration, falling-off) in demand

~ стоимости decline (decrease, loss) in value

~ стоимости товарно-материальных запасов inventory price decline

~ таможенных пошлин lowering (rebate) of customs duties

~ тарифных ставок reduction (decline) in rates, rate decrease

~ темпов промышленного развития slowdown in industry

~ темпов роста инфляции slowdown of inflation

~ учетных ставок reduction in the bank (in the discount) rate

~ финансовых рисков decrease in financial risks

~ цен reduction (decline, decrease, drop, downturn) in prices, price reduction (decline, cutting, abatement); (*дефляция*) deflation

~ эффективности decline in efficiency

СНИМАТЬ (*деньги со счета*) draw, withdraw; (*с должности*) remove; (*с производства*) withdraw, phase out; (*ограничения*) liberalize; (*освобождать от ответственности*) relieve

~ судимость clear of criminal record

СНОС demolition, pulling down

~ зданий и сооружений demolition of buildings and structures

~ строений pulling down of buildings

запрещать ~ зданий и сооружений forbid (prohibit) the demolition of buildings and structures

осуществлять ~ conduct demolition, demolish

подлежать ~у be liable to demolition

СНЯТИЕ (*ограничений*) liberalization; (*запрета*) lift, removal; (*с продажи*) recall; (*денег со счета*) drawing, withdrawal; (*с работы*) discharge, dismissal; (*с должности*) displacement

~ вклада withdrawal of a deposit

~ денег со счета withdrawal of money from the account, cash withdrawal

~ запрещения removal (lifting) of a ban

~ импортных ограничений liberalization of imports

~ контроля decontrol

~ обвинения в преступлении clearing of a criminal charge

~ средств drawdown; (*со счета*) debiting

~ судимости expunging of a record of conviction

~ с учета removal from the register

~ с эксплуатации decommissioning

~ товара с производства phasing-out of production, abandonment of a product

СОБИРАЕМОСТЬ (*о налогах*) collection, collectability

~ налогов tax collection

~ таможенных платежей collection of customs payments

СОБЛЮДЕНИЕ observance; (*решений, правил*) adherence; (*порядка*) maintenance

~ графика observance of a schedule

~ договорных обязательств observance of (adherence to, compliance with) contractual obligations (commitments)

~ закона observation (observance) of a law

~ законности due course of law

~ инструкций observance of instructions, compliance with regulations

~ налогового законодательства tax compliance

~ обычая observance of a custom

~ обязательств observance of obligations (of liabilities)

~ очередности adherence to (observance of) the order

~ постановлений observance of regulations

~ правовых норм observance of legal norms (rates)

~ соглашения observance of an agreement

~ срока observance of the date (of the time limit), compliance with the date, meeting the deadline

~ сроков выполнения работ observance of (adherence to) times (time limits) of fulfilment (completion) of work

~ технических требований observance of (adherence to) technical requirements

~ трудового законодательства compliance with labour legislation

~ условий observance of conditions

~ установленных норм regulatory compliance

~ формальностей observance of formalities

◊ с ~ м условий subject to conditions

СОБРАНИ/Е 1. meeting; (*конференция*) convention 2. (*государственный орган*) assembly

~ акционеров meeting of shareholders (of stockholders), general meeting

~ акционеров, внеочередное extraordinary (special) general meeting

~ акционеров, ежегодное общее annual general meeting

~ акционеров, общее general shareholders' meeting

~ акционеров, очередное ordinary (annual) general meeting

~, внеочередное extraordinary meeting

~, годовое общее annual general meeting

~, ежегодное annual meeting

~, законодательное legislative assembly

~, закрытое closed meeting

~, общее general meeting (*см. тж* ОБЩЕЕ СОБРАНИЕ)

~, открытое open meeting

~ правления meeting of the board of directors (of governors), board meeting

~ участников meeting of participants (of members)

~ учредителей meeting of founding members

~, учредительное founding (foundation) meeting, meeting of founders (of promoters)

~, Федеральное Federal Assembly

~ членов members' meeting

~, чрезвычайное общее extraordinary general meeting

компетенция общего ~я competence (powers) of a general meeting

решение общего ~я decision (resolution) of a general meeting созыв внеочередного ~я calling an extraordinary meeting

вести ~ preside over (chair) a meeting

закрывать ~ close a meeting, declare a meeting closed

находиться в компетенции общего ~я be within the competence of a general meeting

объявлять о переносе ~я declare a meeting adjourned

откладывать ~ adjourn a meeting

открывать ~ open a meeting, declare a meeting opened

проводить ~ hold a meeting

созывать ~ call (convene) a meeting, convoke (summon) an assembly

созывать ~ акционеров summon the shareholders

участвовать в общем ~и participate in the general meeting

СОБСТВЕННИК owner, proprietor

~, доверительный trustee (*см. тж* ДОВЕРИТЕЛЬНЫЙ СОБСТВЕННИК)

~, единоличный individual proprietor

~, законный rightful owner (proprietor)

~ земельного участка owner of a land parcel (of a land plot)

~ имущества owner of property

~ капитала owner of capital

~, мелкий small owner (holder), petty proprietor

~ недвижимого имущества owner of immovable property

~, официальный owner of record

~, полноправный rightful owner

~, равноправный equitable owner

~ с ограниченными правами limited owner

~ товара owner of the goods

~, формальный registered owner, owner of record

~, частный private owner

доля ~а proprietorship interest

правомочия ~a rights [and authorities] of the owner

СОБСТВЕННОСТ/Ь 1. (*имущество*) property, *pl.* possessions 2. (*принадлежность*) ownership, possession

~, акционерная 1. corporate property 2. corporate ownership

~, арендованная leased property

~, арендованная земельная leasehold [property]

~, бесхозная abandoned property

~, государственная 1. state (public, government, national) property 2. state (public) ownership (*см. тж* ГОСУДАРСТВЕННАЯ СОБСТВЕННОСТЬ)

~, доверительная trust (*см. тж* ДОВЕРИТЕЛЬНАЯ СОБСТВЕННОСТЬ)

~, доверительная, возникающая в силу закона constructive trust

~, доверительная, установленная по решению суда court trust

~, долевая share[d] ownership (*см. тж* ДОЛЕВАЯ СОБСТВЕННОСТЬ)

~, единоличная sole proprietorship

~, заложенная mortgaged property

~, застрахованная insured property

~, земельная land (landed, agrarian) property, property in land, land holding

~, интеллектуальная 1. intellectual property 2. intellectual ownership

~, коллективная 1. collective property 2. collective ownership

~ компании company property

~, кооперативная cooperative property

~, личная personal (individual) property

~, материальная corporeal property

~, муниципальная 1. municipal (city) property 2. municipal ownership (*см. тж* **МУНИЦИПАЛЬНАЯ СОБСТВЕННОСТЬ**)

~ на землю, частная private land ownership, private ownership of land

~ на средства производства ownership of the means of production

~ на товар property in goods, title to goods

~, национализированная nationalized property

~, недвижимая real (fixed, immovable) property

~, общая 1. common property 2. common ownership (*см. тж* **ОБЩАЯ СОБСТВЕННОСТЬ**)

~, общая долевая 1. common share[d] property 2. common share[d] ownership

~, общественная public ownership

~, промышленная industrial property

~, совместная 1. joint (public, common) property 2. joint ownership

~ субъекта Российской Федерации property of a subject of the Russian Federation

~, федеральная federal property 1. property in federal ownership 2. federal ownership

~, частная 1. private property 2. private ownership

~ членов фермерского хозяйства ownership of members of a farm

владение имуществом, находящимся в совместной ~и possession of property [held] in joint ownership

выдел доли из имущества, находящегося в совместной ~и separation of a share from the property in joint ownership

демонополизация государственной ~и demonopolization of state ownership

неприкосновенность ~и inviolability of property (of ownership)

охрана ~и protection of property

передача права ~и conveyance of property; transfer of ownership

пользование имуществом, находящимся в совместной ~и use of property [held] in joint ownership

поступление в ~ entering into ownership

право ~и right of property, right of ownership, proprietary interest

приобретение в ~ acquiring (obtaining) in ownership

равенство долей участников совместной ~и equality of shares of participants of common property

разгосударствление ~и privatization of property

раздел имущества, находящегося в совместной ~и division of property in joint ownership

распоряжение имуществом, находящимся в совместной ~и disposition of property [held] in joint ownership

форма ~и form of ownership

закреплять в федеральной ~и pass into the federal ownership

заложить ~ pawn property

застраховать ~ insure property

наследовать ~ inherit property

находиться в ~и *кого-л.* be owned by *smb*

находиться в государственной ~и be in state ownership

находиться в долевой ~и be in share[d] ownership

находиться в муниципальной ~и be in municipal ownership

находиться в общей ~и be in common ownership, be co-owned

находиться в совместной ~и be in joint ownership

находиться в федеральной ~и be in federal ownership

национализировать ~ nationalize property

обращать в свою ~ bring into *one's* ownership

отказываться от ~и surrender property

отчуждать ~ deprive *smb* of his property

передавать ~ transfer property

передавать в ~ transfer to the ownership of ..., convert into the property of ...

передавать право ~и transfer ownership

поступать в ~ enter into ownership

поступать в муниципальную ~ go into municipal ownership; become municipal property

приобретать ~ acquire (buy) property

присваивать чужую ~ appropriate *smb's* property

сохранять право ~и retain (maintain) possession

управлять ~ью administer property

являться чьей-л. ~ью be owned by *smb*, be *smb's* property

СОБЫТИ/Е event, fact

~, единичное one-off event

~, непредвиденное unforeseen event

~, страховое insurance event

отсутствие ~я преступления absence of a criminal event (of a criminal act)

СОВЕРШЕНИЕ (*выполнение, завершение*) accomplishment, fulfilment, execution, implementation, performance; (*проступка*) perpetration, commission

~ индоссамента endorsing

~ надписи авалистом making a notation by a guarantor (by a surety)

~ надписи нотариусом making a notation (entering an inscription) by a notary

~ преступления perpetration (commission) of a crime

~ протеста нотариусом making a protest by a notary

~ сделки making a transaction, concluding a deal

~ юридических действий taking (performing) legal actions

СОВЕТ 1. (*наставление*) advice, counsel; (*консультация*) consultation 2. (*орган управления*) board, council

~, административный board of administration, administration board, administrative council

~, биржевой stock exchange board

~, городской city (town) council

~ директоров board of directors

~, консультативный advisory board (council)

~, местный local council

~, муниципальный municipal (city) council, municipal board

~, наблюдательный supervisory board (council)

~, попечительский board of guardians (of trustees)

~ управляющих board of management (of governors)

~ Федерации Council of Federation

~ юриста lawyer's counsel

заседание ~а директоров meeting of the board of directors

председатель ~а директоров chairman of the board of directors

член ~а member of the board

давать ~ give (render) an advisory opinion, give counsel

обращаться за ~ом к юристу seek (take) legal advice

следовать ~у take (follow) advice

◊ по ~у on advice

СОВЕТНИК councillor, counsellor; (*консультант*) adviser

~, коммерческий commercial counsellor

~ по правовым вопросам legal adviser

~, правительственный government adviser

~ президента adviser to the President

~, специальный special adviser

~, торговый trade counsellor (adviser)

~, финансовый financial adviser

~, экономический economic adviser

СОВЕЩАНИ/Е conference, meeting, session

~, деловое business meeting

~ директоров правления meeting of the board of directors

~ за закрытыми дверями closed-door meeting

~, закрытое closed (private) meeting (session, conference)

~, инструктивное briefing [meeting]

~, консультативное consultative conference

~, конъюнктурное strategic (planning) meeting

~, координационное coordination meeting

~ на высшем уровне summit talks (conference)

~, подготовительное preparatory meeting

~, производственное production meeting (conference)

~ экспертов panel meeting

~, экстренное emergency meeting

присутствовать на ~и attend a conference

проводить ~ hold (conduct) a meeting

участвовать в ~и take part in a meeting

СОВЛАДЕЛ/ЕЦ part owner, co-owner, joint owner, joint proprietor, co-proprietor

~ паевого фонда partner in a share fund

~ фирмы partner in a company

капитал ~ьцев partners' equity

СОВМЕСТИТЕЛЬСТВ/О holding more than one job (one office), combining jobs, plurality

работа по ~у spare-time work, sideline

работать по ~у hold more than one job (office), combine jobs

СОВМЕЩЕНИЕ combining, combination

~ должностей combining of posts (of positions)

СОВОКУПНОСТ/Ь aggregate, complex, set, totality

469

~ доходов total income

~ прав bundle of rights

◊ в ~и in full, in the aggregate, in totality

СОГЛАСИ/Е (*разрешение*) consent, assent; (*договоренность*) agreement; (*единодушие*) accord, consensus; (*соответствие*) accordance, concordance

~, взаимное mutual agreement (consent)

~ на расходы consent for (approval of) expenditures

~, общее general consent

~, письменное written consent, consent in writing

~, полное full agreement

~, предварительное preliminary (prior) consent (agreement)

выражать ~ agree, consent, express consent

давать ~ give (grant) consent

запросить о ~и ask for consent (for approval)

не давать ~я withhold consent

получить ~ obtain (carry) consent, meet with agreement

получить предварительное ~ receive preliminary (prior) consent

прийти к ~ю reach agreement

◊ без ~я without consent (agreement); (*без разрешения*) without sanction

по взаимному ~ю by mutual agreement

с ~я with the consent of

с ведома и ~я with prior knowledge and consent

с общего ~я by common consent

СОГЛАСИТЕЛЬНАЯ КОМИССИЯ conciliation commission, commission of conciliation

СОГЛАСИТЕЛЬНАЯ ПРОЦЕДУРА conciliation procedure

СОГЛАСОВАНИЕ coordination

~ действий coordination of actions

~ планов coordination of plans

~ проекта контракта discussion of a draft contract

~ сроков matching of maturities

~ технической документации coordination of technical documentation

~ усилий coordination of efforts

~ условий coordination of (agreement on) terms (conditions)

~ цены agreeing on a price

СОГЛАСОВЫВАТЬ coordinate, bring into accord, submit for approval

СОГЛАШЕНИ/Е 1. (*договор*) agreement, covenant, accord 2. (*договоренность*) agreement, understanding

~, агентское agency agreement

~, арбитражное arbitration agreement

~, арендное rental (lease, leasing) agreement

~, бартерное barter agreement

~, валютное currency agreement

~, временное provisional (temporary) agreement

~, генеральное general agreement

~, двустороннее bilateral agreement

~, деловое business agreement

~, долгосрочное long-term (long-standing) agreement

~, злонамеренное bad faith (malicious, ill-intentioned) agreement (*см. тж* ЗЛОНАМЕРЕННОЕ СОГЛАШЕНИЕ)

~, имеющее обязательную силу binding agreement

~, инвестиционное investment agreement

~, клиринговое clearing agreement

~, компенсационное compensation (buy-back) agreement, agreement on a compensation basis

~, консигнационное consignment agreement

~, конструктивное constructive agreement

~, краткосрочное short-term agreement

~, кредитное credit (loan) agreement

~, лицензионное licence (licensing) agreement

~, международное international agreement

~, мировое global agreement

~, многостороннее multilateral agreement

~, неделимое equitable agreement

~, неофициальное unofficial agreement

~ об аннулировании долга debt cancellation agreement

~ об арбитраже arbitration agreement

~, обеспеченное правовой санкцией enforceable agreement

~ об учреждении товарищества partnership agreement, articles of partnership

~, общее general agreement

~ об экономическом сотрудничестве economic cooperation agreement

~ о возмещении убытков indemnity agreement

~ о зарплате pay agreement

~ о купле-продаже buy-sell agreement

~ о намерении agreement of intent

~ о неустойке agreement on a penalty

~ о партнерстве partnership agreement

~ о партнерстве и сотрудничестве partnership and cooperation agreement

~ о поставках agreement on supply (on delivery)

~ о правопередаче assignment agreement

~ о предоставлении ссуды loan agreement

~ о продлении срока extended term arrangement

~ о разделе продукции production sharing agreement

~ о реструктуризации задолженности debt restructuring (rescheduling) arrangement

~ о совместном производстве production cooperation (coproduction) agreement

~ о сотрудничестве agreement on cooperation

~ о тарифах tariff agreement

~ о техническом обслуживании servicing agreement

~ о финансировании financing agreement

~, оформленное executed agreement

~ о юридической процедуре legal procedure agreement

~, платежное payment[s] agreement

~, рамочное framework (master, general) agreement (arrangement)

~, стабилизационное stabilization agreement

~ сторон agreement of the parties

~, тайное collusion

471

~, таможенное customs convention

~, торговое trade (commercial) agreement

~, трудовое labour agreement, contract of employment

~, узловое central (hub) agreement

~, финансовое financial agreement

достижение ~я achievement of agreement

аннулировать ~ annul (cancel, terminate, abrogate, rescind) an agreement

вступать в ~ enter into an agreement

выполнять ~ implement (execute) an agreement

вытекать из ~я follow from an agreement

достигать ~я reach agreement; come to an agreement (to an understanding)

заключать ~ make (conclude, enter into) an agreement

нарушать ~ break (violate) an agreement

пересматривать ~ revise an agreement

продлевать ~ extend (renew) an agreement

расторгать ~ cancel (dissolve) an agreement

соблюдать ~ observe (comply with) an agreement

◊ в соответствии с ~м under the agreement

по ~ю under the agreement

по ~ю сторон by (upon) agreement of the parties

СОДЕЙСТВИЕ aid, assistance, help; (*развитию*) promotion

~ в обучении и повышении квалификации assistance (support) in the training and raising of the skills (in instruction and advanced training)

~ заказчика assistance (support) by the customer

~, консультативное consulting (consultative) support

~ развитию промышленности industrial promotion

~ развитию торговли promotion of trade, trade promotion

~, техническое technical assistance (support)

~, экономическое economic assistance

оказывать ~ provide (render, give) assistance, provide support

СОДЕРЖАНИЕ 1. (*уход, обслуживание*) maintenance, upkeep 2. (*средства к существованию*) maintenance, support 3. (*заработная плата*) pay, salary, wages 4. (*содержимое*) *pl.* contents

~ документа contents of a document

~ запасов inventory holdings

~ имущества maintenance of property

~ квалифицированного персонала upkeep of qualified personnel

~ персонала upkeep of personnel

~ под стражей, законное legal detention, legal (lawful) custody

~ под стражей, незаконное illegal (unlawful) detention (custody)

~ под стражей, необоснованное unfounded detention

~ под стражей, правомерное lawful detention

~ под стражей, противоправное unlawful detention

~, пожизненное lifetime support

~, процентное percentage

~ работ content of the work

~ соглашения subject of an agreement

~ управленческого аппарата upkeep of the managerial apparatus

СОЗЫВ calling, convocation

~ акционеров calling the shareholders together

~ внеочередного собрания calling an extraordinary meeting

~ заседания calling of a meeting

СОКРАЩЕНИ/Е 1.(*уменьшение*) reduction, cutback; (*урезывание*) curtailment, cutdown, shortening, slash; (*цен, курса*) decline, drop; (*объема производства, импорта*) decrease, drop; (*деловой активности*) contraction, shrinkage, dwindling; (*резкое*) slump 2. (*увольнение*) discharge, dismissal

~ ассигнований reduction (cutting) of allocations

~ бюджета cuts in the budget

~ бюджетного дефицита reduction of the budget deficit

~ бюджетных ассигнований cuts (cutback) in the budget

~ бюджетных расходов cuts in (retrenchment of) budget expenditures

~ валового национального продукта decrease of the gross national product

~ военных расходов cutback in military spending, military cuts (cutback)

~ выпуска денежных знаков deflation

~ государственных расходов cuts in public expenditure

~ дохода reduction in income (in revenue, in earnings)

~ задолженности debt reduction

~ заказов cutback in orders

~ закупок reduction in purchases

~ занятости reduction in (drop of) employment

~ запасов decline in reserves, stock reduction, destocking

~ зарплаты reduction of salaries (of wages)

~ инвестиций cutback in (reduction of) investment, disinvestment

~ импорта reduction (decrease) in imports, curtailing of imports, import reduction

~ капиталовложений drop in investment, disinvestment

~ количества акций reduction of the number of shares

~ кредита credit reduction (cutback, cutting)

~ налогов reduction (cuts) in taxes

~ налоговых поступлений collapse in tax revenues

~ объема продаж falling-off in sales

~ объема производства production cutback

~ покупательной способности decline in (reduction of) the purchasing power

~ поставок reduction of deliveries

~ потребления reduction of consumption

~ потребления энергии cuts in energy consumption

~ прибыли decrease (reduction) in profits, profit shrinkage

~ производства decrease (decline, cutback, curtailment, scaling back, contraction) of production

~ рабочих мест job cuts

~ расходов reduction (curtailment) of expenses, cuts in expenditure, cutback (cutdown) of spending, spending cuts

~ резервов drop in reserves

~ рынка contraction of the market

~ спроса falling-off in demand

~ тарифов reduction in rates

~ торговых барьеров reduction of barriers to trade

~ управленческого персонала managerial clearance

~ штатов reduction in personnel, staff reduction

производить ~ make a reduction

увольнять по ~ю dismiss on grounds of redundancy

◊ по ~ю штатов owing to reduction of staff

СОКРЕДИТОР joint creditor

СОКРЫТИ/Е (*сведений*) concealment, nondisclosure; (*краденого*) receiving, secretion, adoption

~ валютной выручки concealment of foreign exchange earnings

~ доходов concealment of income (of revenue), defrauding of income

~ информации concealing (withholding) information

~ истины concealment of the truth

~ краденого adoption of stolen things

~, налогов concealment of taxes

~ обстоятельств concealment of circumstances

~ средств в иностранной валюте concealment of foreign exchange assets

обвинять в ~и информации accuse of concealing information

СОЛИДАРНАЯ ОБЯЗАННОСТЬ joint and several obligation

права кредитора при солидарной обязанности rights of a creditor under a joint and several obligation

СОЛИДАРНАЯ ОТВЕТСТВЕННОСТЬ joint and several liability

~ акционеров по обязательствам акционерного общества joint and several liability of shareholders for the obligations of a joint-stock company

~ лиц, совместно давших поручительство joint and several liability of persons who have jointly given a surety

~ лиц, совместно причинивших вред joint and several liability of persons who have jointly caused damage

~ продавца и покупателя перед кредиторами joint and several liability of the seller and the buyer to creditors

~ участников товарищества по неисполненным общим обязательствам joint and several liability of participants of a partnership for unfulfilled obligations

~ учредителей акционерного общества joint and several liability of the founders of a joint-stock company

~ чекодателя, авалистов и индоссантов перед чекодержателем joint and several liability of the drawer (of the maker) of a cheque, guarantors and endorsers to the holder of a cheque

СОЛИДАРНОЕ ТРЕБОВАНИЕ joint and several claim

СОЛИДАРНЫЕ ДОЛЖНИКИ joint and several debtors

СОЛИДАРНЫЕ КРЕДИТОРЫ joint and several creditors

СОЛИСИТОР (*адвокат, выступающий в низших судах*) solicitor

СООБЩЕНИ/Е 1. (*известие*) report, message, communication; (*по радио*) announcement; (*уведомление*) notification 2. (*связь*) communication 3. *трансп.* traffic, communication

~, автомобильное motor traffic

~, внутреннее inland traffic

~, водное water connection

~, воздушное air service (traffic, links), aerial communication

~ в печати press report

~, городское city (urban) transportation

~ для печати press release

~, железнодорожное railway service (communication, connection)

~ из авторитетных источников authoritative information

~, конфиденциальное confidential information (report)

~, междугородное long-distance communication, intercity traffic

~, неофициальное nonofficial report

~, неподтвержденное unconfirmed report

~ о перемене места жительства report of a change of an address

~, официальное official report (communication, information)

~, пассажирское passenger service; passenger traffic

~, пригородное suburban transportation (traffic)

~я, противоречивые conflicting reports

~, прямое direct communication, through service (traffic)

~, прямое смешанное direct mixed (intermodal) transportation

~, регулярное regular service

~, сквозное through traffic

~, смешанное mixed (intermodal) traffic, combined service

~, транзитное transit traffic

~, транспортное transportation средства ~я means of communication

передавать ~ deliver a message; (*по радио*) transmit a message by radio

подтвердить ~ confirm a report

◊ по ~ям as reported by

СООБЩНИК (*соучастник в преступлении*) accessory, accomplice; (*сговора*) [co-]conspirator

СООРУЖЕНИ/Е 1. (*процесс*) building, construction 2. (*строение*) building, structure, construction

~я, временные temporary structures

~я, инженерные engineering structures (installations)

~я, мелиоративные melioration structures, land-reclamation installations

~ объекта construction of a project

~я, очистные pollution control facilities, purification works

~я, производственные facilities

~я, промышленные industrial structures

аренда ~й lease of buildings (of structures)

залог ~й pledge of structures

снос ~й demolition (removal) of buildings (of structures)

возводить ~я erect structures

сносить ~я demolish (remove) structures

СООТВЕТСТВИ/Е (*соотношение*) correspondence; (*согласованность*) conformance, conformity, accordance, concordance, compliance; (*адекватность*) adequacy; (*годность*) fitness

~ документов conformity (correspondence) of documents

~ занимаемой должности adequacy for the job

~ изделия предъявляемым требованиям acceptability status

~ качества adequacy in (conformity of) quality

~ качества производимых товаров качеству аналогичных товаров correspondence of the quality of the goods produced to the quality of analogous goods

~ стандарту conformity to standard

приводить в ~ bring into line

◊ в ~и с in conformity (in accordance) with, according to

в ~и с законодательством in accordance with the laws

в ~и с инструкциями in conformity with instructions

СООТНОШЕНИЕ correspondence, relation, relationship, ratio, parity; (*количественное*) proportion

~ валют parity of currencies

~ валютных курсов exchange rate relationship

~ затрат и доходов relationship between costs and selling prices

~ издержек cost-performance relationship

~, конверсионное conversion ratio

~ между собственным и заемным капиталом capital gearing

~ между собственными и заемными средствами capital (financial) leverage, debt-equity ratio

~ между стоимостью обеспечения и размером ссуды collateral loan-to-value relationship

~ производства и потребления relation between production and consumption

~, процентное percentage ratio

~ спроса и предложения supply-demand situation, relation between demand and supply

~ цен parity of prices, price ratio

СОПОРУЧИТЕЛЬ cosurety, coguarantor

СОРАЗМЕРНЫЙ proportional, proportionate, commensurate

СОРТ sort, style; (*марка*) brand, make; (*разряд*) class, rate, kind; *с.х.* variety; (*качество*) quality, grade

~, базисный base (basis) grade

~, высший superior (high, top, prime) grade (quality)

~, низкий low grade, inferior quality

~, обычный коммерческий good ordinary brand

~, особый specific brand

~, отборный choice grade (sort)

~, рыночный market grade, marketable quality

~, средний average (medium) quality

~, стандартный standard quality (grade)

~ товара quality (grade, line) of goods

~, товарный commercial (market, commodity) grade, marketable quality, commercial variety

СОСТАВ 1. (*структура*) composition, constitution, structure, make-up, mix 2. (*присяжных*) jury

~ акционеров shareholding structure

~ вкладов composition of contributions

~ делегации composition (make-up) of a delegation

~ имущества composition (make-up, complement) of property

~, количественный numerical strength

~ комиссии composition of a committee

~ органов управления composition of agencies of administration (of management organs)

~, персональный personnel, staff, staffing

~ правления composition of management

~ предприятия structure (composition) of an enterprise

~ преступления facts (formal components) of a crime

~, руководящий managerial personnel, management

~ суда composition of the court

~ участников complement of participants

~ экипажа staffing (complement) of a crew

СОСТАВЛЕНИЕ (*документа*) drawing-up, making-up, drafting; (*бюджета*) budgeting; (*графика*) scheduling

~ баланса making-up of a balance [sheet]

~ бюджета budget process, budgeting

~ годового баланса preparation of the annual financial statement

~ документа drafting of a document

~ отчета compilation of a report

~ передаточного акта preparation (compilation) of a statement of transfer

~ плана drawing-up of a plan

~ проектно-технической документации preparation of technical documentation

~ сметы preparation (compilation, making-up) of an estimate (of a budget), budgeting, cost estimation

~ технической документации preparation (compilation) of technical documentation

◊ ~ и исполнение бюджета budget management

СОСТОЯНИ/Е condition, state, status; (*ситуация*) situation

~, аварийное wrecked (emergency) condition

~ бюджета fiscal position

~ взаимных расчетов status of mutual accounts

~ готовности readiness condition

~, гражданское civil status

~ груза condition (state) of cargo

~ дел state of affairs, situation; progress

~ запасов stock (inventory) status

~ земельного участка condition of a land plot (of a land parcel)

~, исправное sound condition, working order

~, кризисное crisis [situation]

~, надлежащее техническое proper technical condition (state)

~, недоброкачественное poor condition

~, неисправное faulty condition

~, неудовлетворительное unsatisfactory condition

~ рынка situation on (state of) the market, market conditions

~ торговли state of trade (of business)

~ упадка state of decay

~ финансов state of finances

~, финансовое financial situation (standing, position)

~, хозяйственное economic situation

~ экономики state of economy

акт гражданского ~я act of a civil status

анализ ~я компании economic analysis

оценка ~я компании corporate evaluation

находиться в предбанкротном ~и be threatened by bankruptcy

поддерживать в исправном ~и maintain in sound condition

◊ в плохом ~и in poor condition (state), out of condition

в хорошем ~и in good condition (state)

СОСТРАХОВАНИЕ joint insurance, co-insurance

СОТРУДНИК employee, worker; (*учреждения*) officer; (*государственный, банковский*) official; (*ответственный*) executive; ~и staff, personnel, employees, officials

~, ответственный responsible person; *pl.* executive personnel

~, штатный staff member (man); *pl.* regular staff

СОТРУДНИЧЕСТВ/О cooperation, collaboration

~, взаимовыгодное mutually beneficial (mutually profitable, mutually advantageous) cooperation

~, внешнеэкономическое foreign economic cooperation

~, двустороннее bilateral cooperation

~, деловое business cooperation

~, долговременное long-term cooperation

~, конструктивное constructive cooperation

~, международное international cooperation

~, многостороннее multilateral cooperation

~ на взаимовыгодной основе cooperation on a mutually beneficial basis

~ на коммерческой основе cooperation on a commercial basis

~ на компенсационной основе cooperation on a compensation basis

~, производственное production (industrial) cooperation

~, разностороннее diversified cooperation

~, растущее growing cooperation

~, тесное close cooperation

~, торговое trade cooperation

~, финансовое financial cooperation

~, экономическое economic cooperation

налаживать ~ establish cooperation

поддерживать ~ maintain cooperation

работать в ~е work in collaboration with

развивать ~ develop cooperation

расширять ~ expand (extend, broaden) cooperation

◊ в ~е in cooperation with

СОУЧАСТИЕ participation; (*в преступлении*) complicity, implication

~ в преступлении criminal complicity, complicity in a crime

СОУЧАСТНИК associate; (*преступления*) accessory, accomplice

~ в преступлении assisting offender

СОХРАНЕНИЕ conservation, preservation; (*удержание*) retention; (*предохранение*) protection; (*ценностей в банке*) safekeeping
~ единого экономического пространства keeping of the common economic space
~ имущества preservation of property
~ налоговых льгот keeping tax exemptions
~ права reservation of a right
~ права на товар retention of title to the goods
~ правового титула retention of title
~ ресурсов conservation of resources
~ энергии conservation of energy, energy conservation

СОХРАННАЯ РАСПИСКА storage receipt, storage voucher, deposit receipt, trust receipt
выдача сохранной расписки issuance of a storage receipt (of a storage voucher)

СОХРАННОСТ/Ь safety, keeping, safe custody; (*защита*) protection
~ вкладов safety of deposits
~ груза safety of cargo
~ товара goods safety
возвращать в ~и return in good condition
обеспечивать ~ товара insure (provide) safety of goods
◊ в ~и in good (preserved) condition
в полной ~и in safe keeping

СОЮЗ union, association
~, международный international union
~ потребителей consumers' union
~ предпринимателей employers' (entrepreneurs') union

~, таможенный customs union

СПАД (*понижение*) decrease, decline, recession, setback; (*деловой активности*) downturn, slack; (*замедление*)· slowdown; (*производства*) downswing
~ в производстве setback in production
~ в торговле recession in trade
~ в экономике economic recession
~ деловой активности decrease in business activity, decline of business, business recession, business slowdown
~, инвестиционный investment recession
~, инфляционный inflationary recession
~ производства setback (fall[ing]-off, slump) in production
~, промышленный industrial recession
~, сезонный seasonal slack
~ спроса recession in demand
~, экономический economic downturn (slack, slump)
предотвратить ~ avert a recession

СПЕКУЛЯНТ speculator, profiteer; (*на фондовой бирже*) jobber; (*ценными бумагами новых выпусков*) stag; (*мелкий*) punter, *амер.* scalper
~ акциями speculator in shares
~, биржевой gambler, speculative dealer
~, валютный (*валютой*) currency speculator (profiteer)
~, играющий на повышение *бирж.* bull [seller], speculator (operator) for a rise
~, играющий на понижение bear [seller], speculator (operator) for a fall

~ на фондовой бирже stock jobber

~ недвижимостью speculator in real estate

СПЕКУЛЯЦИЯ speculation, profiteering; (*ценными бумагами*) jobbing, jobbery

~ акциями speculation in shares

~, биржевая speculation (gambling) on the stock exchange, [stock] exchange speculation

~, валютная currency (monetary) speculation

~ в больших масштабах heavy speculation

~ землей land speculation (jobbing)

~ на фондовой бирже speculation on the stock exchange

~ недвижимостью real estate venture

~ общественными фондами jobbing of the public funds

~, рискованная hazardous speculation

~ с ценными бумагами speculation in stocks and bonds

СПЕЦИАЛЬНЫЕ ПРАВА ЗАИМСТВОВАНИЯ Special Drawing Rights

СПЕЦИФИКАЦИ/Я specification

~ груза specification of cargo

~ на оборудование equipment specification

~ объемов работ bill of quantities

~, отгрузочная shipping specification

~, расценочная price specification

~, товарная specification of products

~ товаров и услуг specification of goods and services .

составлять ~ю draw up a specification

СПИСАНИЕ (*со счета*) debiting; (*полное*) write-off; (*в расход*) charge-off; (*частичное*) write-down; (*вычет, удержание*) deduction; (*долга*) wiping out; (*амортизационное*) amortization, depreciation

~ безнадежных долгов write-off of bad debts

~ денег со счета writing funds off an account

~ денежных средств со счета withdrawal of monetary funds from an account

~ долга debt relief (remission), remission (write-off) of a debt

~ задолженности debt amortization, write-off of indebtedness

~ налогов tax write-off

~ со счета writing off (withdrawal from) an account

~ со счета, полное write-off

~ средств write-off of funds

~ ссуды со счета loan write-off

~ стоимости капитала, амортизационное capital cost (capital stock) amortization

~ суммы в дефицит writing an amount into deficit

~ суммы в убытки writing an amount into losses

~ штрафа write-off of a penalty

распоряжение на ~ order for withdrawal, instructions for write-off

СПИС/ОК (*перечень*) list; (*документ*) register, record

~ адресатов mailing list

~ акционеров register (list) of shareholders

~ арбитров list (panel) of arbitrators

~ дел, назначенных к слушанию trial docket

~ должников list of debtors

~ заказов list of orders

~, запретительный banned list

~, контрольный check (control) list

~ кредиторов list of creditors

~, ломбардный mortgage list

~, налоговый tax roll

~ налогоплательщиков list of tax payers

~ несостоятельных должников black book

~, общий general list

~ очередников waiting list

~ подписчиков list of subscribers

~ после первоначального отбора short list

~, послужной record of service

~ присутствующих attendance list

~ присяжных jury list, panel of jurors

~, согласованный agreed list

~ товаров list of commodities (of goods, of wares, of articles), merchandise inventory

~ товаров, не облагаемых пошлиной free list

~ участников list of participants

~ участников торгов tender list

~, черный blacklist

вносить в ~ enter in a list (in a register), register

вычеркивать из ~ка remove from (strike off) a list

исключать из ~ка exclude from a list

помещать в черный ~ set on a blacklist

составлять ~ make [out] (draw up, compile) a list

СПИСЫВАТЬ (*со счета*) debit; (*полностью*) write off; (*в расход*) charge off; (*частично*) write down; (*удерживать*) deduct; (*долг*) wipe out; *бухг.* amortize

~ сумму со счета debit an account

СПОР dispute, argument, contest; (*разногласие*) controversy, difference; (*конфликт*) conflict; (*тяжба*) *юр.* litigation

~, гражданско-правовой dispute of civil law

~, имущественный property dispute

~ы между субъектами экономических отношений conflicts between market entities

~ об исправлении записи акта гражданского состояния dispute over correction of an entry (of a record) in the registry of acts of civil status

~ об установлении сервитута dispute of the establishment of a servitude

~ о подсудности дела dispute over the jurisdiction of a case

~ о подведомственности conflict of jurisdiction

~ о праве на *что-л.* dispute over (on) the right to *smth*, issue at law

~ о правовом титуле title dispute

~ о размере стоимости при выкупе культурных ценностей dispute over the value in buying out cultural valuables

~ по контракту contractual dispute

~ по претензии dispute over a claim

~, правовой legal dispute (difference)

~, связанный с арендой leasing dispute

~, связанный с лизингом leasing dispute

~, судебный judicial contest; (*тяжба*) litigation

~, торговый trade (commercial) dispute

~, трудовой labour (industrial) dispute

предмет ~a matter in dispute, point at issue

применение исковой давности по заявлению стороны в ~е application of a limitation of action on request of a party to the dispute

разрешение ~a resolution (settlement) of a dispute

сторона в ~е party to a dispute

передавать ~ в арбитражную комиссию bring (submit) a dispute to arbitration

принимать ~ к рассмотрению accept a dispute for consideration

разбирать ~ в арбитраже handle (hear) a dispute in arbitration

разрешать ~ settle (resolve) a dispute (a difference); (*мирным путем*) settle (resolve) a dispute amicably; (*по суду*) adjudicate a dispute; (*путем переговоров*) settle (resolve) a dispute by negotiations

урегулировать ~ settle (resolve) a dispute

◊ в случае ~a in case (in the event) of dispute

при возникновении ~a in case of dispute, in case a dispute arises

СПОСОБ (*средство*) means, medium; (*метод*) method, mode, system

~ возмещения method of reimbursement

~ вознаграждения way of remuneration (of compensation)

~ изготовления production technique

~ перевозки method (mode, way) of transportation (of carriage, of conveyance)

~ платежа method (mode) of payment, manner of settlement

~ получения денег, мошеннический fraudulent method of raising money

~ проведения операций method of operation

~ производства method (mode) of production (of manufacture), production (manufacturing) method

~ распределения mode of distribution

~ рекламирования advertising method

~ транспортировки method (mode) of transportation (of conveyance)

~ финансирования method of financing

СПРАВЕДЛИВОСТ/Ь justice, equity; (*беспристрастность*) impartiality, fairness

~, естественная natural justice

~, социальная social justice

нормы права ~и principles of equity

право ~и law of equity, equity law

суд права ~и equity court

требование ~и при определении прав и обязанностей сторон requirement of justice in determining rights and duties of the parties

учет требований ~и при определении размера компенсации вреда taking into consideration the requirement of justice (of fairness) in determining the amount of compensation for damage юрисдикция права суда ~и equity jurisdiction

добиваться ~и struggle for justice

СПРОС demand

~, ажиотажный speculative (rush) demand

~, большой great (heavy, keen) demand

~, валютный demand for currency

~, внутренний domestic (home) demand

~, возросший increased demand

~, вялый slack (sluggish) demand

~, гарантированный guaranteed demand

~, избыточный excessive demand

~, инвестиционный investment demand

~, колеблющийся fluctuating demand

~, конкурентоспособный competitive demand

~, максимальный peak (maximum) demand

~, минимальный minimum demand

~ на акции demand for shares

~ на капитал demand for capital, capital requirements

~, накопившийся deferred demand, backlog of demand

~ на кредит demand for credit

~ на природное сырье resource demand

~ на продукцию demand for product, product demand

~ на промышленные товары industrial demand

~ на товары demand for goods

~ на товары массового потребления demand for consumer goods

~ на товары первой необходимости primary demand

~ на экспортные товары demand for export goods

~, неэластичный inelastic demand

~, ограниченный limited demand

~, оживленный active (brisk, fair) demand

~, ожидаемый anticipated (expected) demand

~, падающий falling (sagging) demand

~, планируемый planned demand

~, платежеспособный effective (solvent) demand

~, повышенный excessive (keen) demand

~, покупательный consumer demand, buying interest

~, постоянный steady (stable, consistent) demand

~, потенциальный potential demand

~, потребительский consumer demand

~, растущий growing (increasing) demand

~, реальный effective demand

~, рыночный market demand

~, сезонный seasonal demand

~, снижающийся declining (decreasing, diminishing, sagging) demand

~, совокупный aggregate (overall, total, joint, composite, cumulative) demand

~, текущий current demand

~, удовлетворенный satisfied (filled) demand

~, эластичный elastic demand

насыщение ~a saturation of demand, demand saturation

отсутствие ~a lack of demand, sluggish demand, flat (thin) market иметь большой ~ be in great demand

поддерживать платежеспособный ~ sustain effective demand

пользоваться ~ом be in demand

удовлетворять ~ meet (satisfy, fill, keep up with) demand

СРЕДСТВ/О 1. (*способ*) means, medium 2. (*связи, информации*) channel 3. ~ A (*материальные ценности*) pl means, funds, resources; (*активы*) assets

~а акционеров shareholders' funds, proprietors' stake

~а банка assets of a bank

~а банка, заемные deposits by customers

~а бюджета funds of the budget, budgetary funds

~а, валютные currency funds (resources)

~а, внебюджетные extra-budgetary (off-budget) funds

~а, выделенные appropriated (committed) funds

~, выделенные по смете funds appropriated (allocated) by (in) a budget

~а, вырученные от продажи receipts, returns, proceeds, earnings

~а, государственные state (public, federal) funds

~, гражданско-правовое civil relief (remedy)

~а, денежные monetary funds (means), cash; monetary assets (*см. тж* ДЕНЕЖНЫЕ СРЕДСТВА)

~а, депонированные deposits

~а, депонированные на счете sums deposited on an account

~а для долгосрочных инвестиций funds for long-term investments

~а, достаточные sufficient means; sufficient assets

~а, заблокированные blocked funds (money)

~а, заемные borrowed (debt) funds, borrowed resources

~, законное платежное legal tender

~а, замороженные frozen funds; frozen assets

~а, заработанные earned money

~ защиты means of protection

~а защиты права remedies

~а, имеющиеся available funds

~а, инвестиционные investment resources

~а индивидуализации товара means of individualization of goods

~а индивидуализации юридического лица means of individualization of a legal person

~а коммуникации means of communication

~а контроля means of control

~а, кредитные credit funds

~а, ликвидные liquid funds (assets, resources)

~а массовой информации mass[-information] media, media of mass information

~а местного бюджета assets of the local budget

~а, накопленные accumulated funds

~а, наличные cash resources, available funds

~а на непредвиденные расходы contingency funds

~ а на текущем счете current account deposit, deposit on a current account

~а, находящиеся на счете funds held in an account (located on an account)

~а, неденежные nonmonetary assets

~а, незаконно нажитые criminally derived funds

~а, оборотные working (current, circulating) assets, working capital

~а, общие common assets

~а, ограниченные limited (scanty) means

~а, основные basic (fixed, capital) assets, basic means (*см. тж* ОСНОВНЫЕ СРЕДСТВА)

~а, остаточные remaining (residual) assets

~ платежа (платежное) instrument (means, medium) of payment (*см. тж* ПЛАТЕЖНОЕ СРЕДСТВО)

~ правовой защиты legal remedy

~а предприятия assets of an enterprise

~а, привлеченные borrowed (raised, outside) funds, liabilities

~а производства means of production

~, противоправное unlawful means

~а, резервные reserve (contingency, standby) funds; relief fund

~а рекламы means of advertising, advertising means (media)

~а, свободные available (uncommitted, unallocated, idle) funds (resources)

~а связи means of communication, communication facilities

~а, собственные own (internal, proprietary) funds (resources), equity capital

~ судебной защиты judicial (court) remedy, relief (remedy) at law

~ судебной защиты, основанное на праве справедливости equitable relief

~а транспорта (транспортные) means of transport, transport means (*см. тж* ТРАНСПОРТНОЕ СРЕДСТВО)

~а, финансовые financial means (resources)

~а, целевые allocated (earmarked) funds

~а электронно-вычислительной техники means of computer technology

~ юридической защиты [legal] remedy, relief

~ юридической защиты, обязательственное personal remedy

депонирование средств deposit of funds

дефицит денежных средств scarcity of funds

заемщик средств borrower, recipient of a loan

зачисление денежных средств на банковский счет crediting an account with an amount, passing (placing) an amount to an account

использование транспортных средств use of transport means

нехватка бюджетных средств budget constraint, budgetary shortfall

освоение средств application of funds

перечисление денежных средств на счет transfer of monetary funds to an account

получатель средств recipient of funds

привлечение денежных средств attraction (obtaining) of monetary funds

распоряжение ~ами disposal of funds (of resources)

растрата бюджетных средств misappropriation of budgetary funds

ассигновывать денежные ~а appropriate (allocate, earmark) means

вкладывать ~а invest, make investments

высвобождать ~а release funds

замораживать ~а freeze funds (assets)

изыскать ~а find (raise) funds

иметь достаточные ~а have sufficient assets

инвестировать ~а invest funds

использовать ~а use funds

мобилизовать ~а (*собственные*) mobilize capital; (*привлеченные*) raise capital (funds)

отвлекать ~а divert funds

перераспределять ~а redistribute funds

перечислять денежные ~а transfer monetary funds

предоставлять ~а provide *smb* with funds, provide (grant, extend) funds

предоставлять ~ судебной защиты provide a remedy

предъявлять ~а юридической защиты assert legal remedies

привлекать ~а attract (obtain) funds; (*собственные*) mobilize funds; (*со стороны*) raise funds (capital)

размещать ~а appropriate (allocate) funds

распоряжаться ~ами administer funds

растрачивать ~а squander resources

списывать ~а write off funds

◊ за счет средств бюджета at the expense of budget funds

за счет средств, находящихся на счете at the expense of funds held in an account

своими ~ ами with *one's* own funds, by *one's* own means

с помощью средств электронно-вычислительной техники with the aid (assistance) of [electronic] computer technology

СРОК period, time, term, date, duration; (*работы машины*) life; (*платежа*) maturity; (*кредита*) lifetime; (*действия*) validity; (*тратты*) tenor; (*предельный*) deadline, time limit

~ амортизации depreciable life, depreciation date

~ аренды lease term (duration), term of lease

~ векселя duration of a note

~ вклада length of a deposit

~ внесения вкладов участниками товарищества или общества period for contribution of investments by participants in a business partnership or a company

~ возмещения вреда, причиненного в результате недостатков товара, работы или услуги periods for compensation of damage caused as a result of defects in goods, work or services

~ возмещения убытков time for compensation of losses (of damages)

~ выборки товаров time for the pick-up of goods

~ выкупа земельного участка для государственных или муниципальных нужд time of compulsory buy-out of a land plot for state or municipal needs

~ выплаты денежных сумм кредиторам при ликвидации юридического лица payment of monetary sums to creditors in the liquidation of a legal person

~ выплаты процентов interest due date

~ выплаты стоимости пая при выходе из производственного кооператива time for payment of the value of a share to a withdrawing member of a cooperative

~ выполнения работы period of (for) execution (time for performance, term of fulfilment) of work

~, гарантийный guarantee (warranty) period (см. тж ГАРАНТИЙНЫЙ СРОК)

~ годности service (working) life, application time, period (term) of suitability

~ давности limitation period, limitation (lapse) of action, time of prescription

~ действия validity (effective) period, period (term) of validity, lifetime

~ действия гарантии validity of a guarantee

~ действия доверенности period of validity of a power of attorney

~ действия доверенности, выданной в порядке передоверия period of validity of a power of attorney issued by way of transfer of powers

~ действия договора аренды предприятия term of a contract of lease of an enterprise

~ действия договора страхования term of a contract of insurance

~ действия залога (залоговых прав) duration of pledge, period of lien

~ действия заявки lifetime of an application

~ действия контракта period (term, validity) of a contract, contractual period

~ действия лицензии period (duration, life) of a licence, period (term) of validity (of effectiveness) of a licence

~ действия страхового полиса policy term (period), life of a policy

~, длительный long period (term)

~ для выявления недостатков period (term) for discovering defects

~ для заявления о недостаче или повреждении товара time for making a statement of shortage or damage to the goods

~ для заявления претензии time for complaint, term of lodging a protest

~ для обжалования interval allowed for claims

~ для подачи (предъявления) апелляции time for (period of) an appeal

~ для предъявления иска при неоплате чека time for lodging of a claim (for bringing of a suit) for nonpayment of a cheque

~ для предъявления протеста time for protesting

~ для предъявления требований period for presentation (for submission) of claims

~ для предъявления чека period (time, term) for presentation of a cheque

~ договора аренды term of a contract of lease (of a lease agreement)

~и, договоренные agreed time limit

~ доверенности time period (term) of a power of attorney

~ доставки delivery date

~ завершения работы time (term) for completion of work

~ займа term (life, maturity) of a loan

~ заключения государственного контракта по результатам конкурса time for conclusion of a state contract based on results of a competition

~ зачисления на счет процентов за пользование денежными средствами клиента time of crediting the amount of interest to the account for the use of monetary funds held in the client's account

~ заявления претензий при ликвидации юридического лица period for submission (for presentation) of claims in the liquidation of a legal person

~ заявления требований кредиторами period for submission of claims by creditors

~ извещения о неоплате чека time for notification of nonpayment of a cheque

~ извещения о проведении торгов period for making a notice on holding a public sale

~ извещения продавца о ненадлежащем исполнении договора купли-продажи period for notification of the seller of improper performance of the contract of purchase and sale

~ исковой давности limitation period, limitation (lapse) of action, time of prescription

~ исполнения договора time of performance of a contract

~ исполнения обязательства time (term) for performance (for fulfilment) of an obligation

~ исполнения работы time for performance (for fulfilment) of work

~, испытательный period of probation, probation period

~, истекший expired period (term, time)

~ истечения полномочий proxy deadline

~, календарный calendar period

~, конечный final time

~ консигнации period of consignment

~, короткий short period (time, term)

~ кредита credit period, term of credit

~ ликвидации юридического лица period for liquidation of a legal person

~, льготный grace period, term of grace

~, максимальный maximum period (time, term)

~, минимальный minimum period

~ налоговых платежей tax payment period

~, начальный initial period (date)

~ начисления процентов на банковский вклад time for computation of interest on the amount of a bank deposit

~, неограниченный unlimited period

~, неопределенный indefinite period (term)

~ обжалования term of appeal

~ обмена товаров period for exchange of goods

~ обращения ценных бумаг период of circulation of securities

~, общий general time period

~ объявления результатов публичного конкурса time for the announcement of results of the competition

~, ограниченный limited life

~ окончания работ completion date

~, окончательный final date

~ окупаемости period of recoupment, payback (pay-off) period

~ оплаты товара получателем time for payment for goods

~ оплаты товара, проданного в кредит time for payment for goods sold on credit

~, определенный defined time

~ осуществления реорганизации юридического лица period for reorganization of a legal person

~ отсрочки продажи заложенного имущества с публичных торгов period of postponement of the sale of pledged property at a public auction

~, первоначальный original date

~ передачи имущества по договору финансовой аренды time for transfer of property under a financial leasing agreement

~ платежа time (due date) for payment, maturity date

~ погашения period of (time for) repayment, repayment timetable

~ погашения долга maturity of a debt

~ погашения кредита credit payment period

~ погашения облигаций, единовременный redemption of bonds on a one-time basis

~ погашения облигаций по сериям redemption dates of series bonds

~ погашения регрессных требований time for settling recourse claims

~ погашения ссуды loan period

~ подачи апелляции term of an appeal

~ подачи налоговой декларации tax-filing date

~ подачи претензии period of making a claim

~ подписки subscription period

~ полномочий term of office (of powers); (*законодательного органа*) term of legislature

~ поставки delivery date (time), term of delivery, time for delivery

~, предельный time-limit, marginal term, deadline

~ преобразования общества с ограниченной ответственностью в акционерное общество period for the transformation of a limited liability company into a joint-stock company

~, приблизительный approximate date

~ приобретательной давности [time of] prescription, period of acquisitive prescription

~, продленный prolonged period (term)

~ , промежуточный intermediate term (time)

~, разумный reasonable [period of] time

~ рассмотрения разногласий period for review (for consideration) of differences (of disagreements)

~, расчетный settlement day

~ службы period (term) of service, service life, life cycle, lifetime

~ службы, нормативный normative life

~ службы основных фондов life of assets

~ соглашения duration (term) of an agreement

~ ссуды maturity of a loan

~ страхового полиса policy period

~ уведомления о наступлении страхового случая time for notification of the onset of the insured event

~ уведомления о расторжении договора time for notification of rescission (of dissolution) of an agreement (of a contract)

~ уплаты налога date (time) of payment of taxes

~ уплаты процентов по договору займа time for payment of interest under a loan agreement

~, установленный established period (time), specified term

~, установленный для акцепта оферты period established for the acceptance of an offer

~, установленный законом statutory period

~ устранения недостатков period for elimination (for correction) of defects

~ хранения period (term) of storage

~ хранения книг записи актов гражданского состояния period for keeping the books of acts of civil status

~ хранения товара time for storage of goods

~ эксплуатации useful (operating) life, life cycle, lifetime

выполнение работы в согласованный ~ performance of work within (at) the agreed time

дата истечения ~a maturity date

договор, заключенный на определенный ~ agreement concluded for a specified period (for a definite term)

завершение работы в ~ completion of work on time, schedule completion of work

заключение договора аренды на новый ~ conclusion of a lease agreement for a new term

изменение ~ов выполнения работ change in terms for performance

исполнение к строго определенному ~у performance (fulfilment) by a strictly defined time

исполнение обязательства до ~a early performance of an obligation

истечение ~a expiration (expiry) of a period (of a term, of time)

исчисление ~a calculation (computation) of a period

нарушение ~a исполнения breach (violation) of the time for performance (of fulfilment)

нарушение ~a оплаты товара violation of the period for payment for goods

наступление ~a onset of the time; (платежа) maturity

начало течения ~a commencement (start) of the running of a period неисполнение обязательства в ~ nonperformance (failure to perform) the obligation on time

окончание ~a expiration of a period, deadline

окончание ~a в нерабочий день expiration of the time (of the period) on a nonworking day

окончание ~a действия договора expiration of the term of a contract

определение ~a determination of a period of time

перенесение ~ов extension (postponement) of the time

продление ~a extension of the time (of the term)

сокращение ~a reduction of the time (of the term); (*наказания*) mitigation

возвратить сумму долга в ~ repay (return) the sum of a loan on time

гарантировать на ~ guarantee for a period of

избирать ~ом на ... elect for a term of ...

изменять ~ change (revise) the time

иметь длительный ~ годности have a long shelf-life

исчислять ~ calculate a period, compute a term

назначать ~ set (fix, designate) a date, set (stipulate, specify) time

назначать разумный ~ для устранения недостатков stipulate (specify) a reasonable time for the elimination (for the correction) of defects

нарушать ~ fail to meet a deadline

наступать (*о сроке платежа*) become (fall) due, mature

определять ~ determine (define, set forth) a period (a term, time)

отодвигать ~ postpone (put off) a date

переносить ~ postpone (put off) a date

пересматривать ~и revise the dates

платить в ~ pay at maturity (on time)

поставлять в ~ deliver on time

продлевать ~ extend (prolong) the period (the term, the time limit)

продлевать ~ выплаты долга stretch out the repayment of a debt, lengthen repayment timetables

продлевать ~ действия контракта prolong the contract term

продлевать ~ платежа extend (prolong) the time of payment, postpone the date of payment

пропускать ~ default a term

растягивать ~и платежа spread (stretch) payment terms, stretch out payments

соблюдать ~ keep (observe, adhere to, maintain) the date

сокращать ~ reduce the time (the term)

устанавливать ~ fix a date (a time), set a term

устанавливать ~ годности establish a period of suitability

устанавливать гарантийный ~ establish a guarantee (a warrant) period

устанавливать предельный ~ set a deadline

◊ в ~ on time, when due, in due time, within the time limit, at maturity

в ~ , предусмотренный договором by the time (within the time) provided (specified) by the contract в кратчайший ~ at the earliest possible date, within the shortest possible time

в пределах ~ов, установленных законом within the time limits provided by law, within the legal time limits

в пределах разумного ~а within (during) the limits of a reasonable time

в течение гарантийного ~а in the course of a guarantee (of a warranty) period

в установленный ~ on time, within the specified (established) time

к указанному ~у by the stipulated time

на ~ for a period (for a term) of

по истечении ~а [up]on expiration (expiry) of a period (of a term, of time)

при наступлении ~а платежа at maturity

СРОЧНЫЙ ВКЛАД time deposit, term deposit, fixed deposit

ССУД/А loan, advance, facility, accommodation, imprest

~, банковская bank loan (advance, credit, accommodation)

~, безвозвратная grant, gratuitous loan (subsidy)

~, безвозмездная grant

~, беспроцентная interest-free loan, advance free of interest

~, государственная public loan

~, денежная loan of money, loan (cash) advance

~ до востребования call (demand) loan, loan (money) on call (at call)

~, долгосрочная fixed (long, long-term, long-dated) loan

~, замороженная frozen loan

~, ипотечная loan on mortgage, mortgage loan

~, коммерческая commercial loan

~, краткосрочная short (short-time, short-dated) loan

~, ломбардная advance against security

~, льготная soft (concessional) loan

~ на реконструкцию reconstruction loan

~ на сельскохозяйственные нужды agricultural loan

~, незаконная unlawful loan

~, не облагаемая налогом tax-exempt loan

~, непогашенная outstanding loan (advance)

~, не покрытая обеспечением straight loan

~, обеспеченная secured loan

~, обеспеченная активами компании asset-based loan

~, обеспеченная залогом pledge loan

~, обеспеченная ценными бумагами securities loan

~, онкольная call loan, loan (money) on call (at call)

~, погашаемая в рассрочку loan repayable by instalments

~, погашенная repaid loan

~ под гарантию loan against a guarantee

~ под двойное обеспечение loan on collateral, collateral loan

~ под долговое обязательство loan against a promissory note

~ под залог loan against pledge (on pawn), mortgage advance

~ под недвижимость mortgage (real estate) loan

~ под обеспечение secured loan, loan (advance) against security

~ под правительственную гарантию loan against government guarantee

~ под проценты loan at interest

~ под товар loan (advance) against (on) goods

~ под ценные бумаги loan (advance) against securities

~, просроченная past-due loan

~, процентная interest-bearing loan

~ сельскохозяйственным предприятиям farm loan

~ с погашением в рассрочку instalment loan

~ с правом регресса recourse loan

~, срочная fixed (time, term) loan

~, целевая purpose-oriented loan

договор ~ы contract of loan, loan agreement

обеспечение ~ы loan security, security for a loan

брать ~у borrow money, make a loan

брать ~у под высокий (низкий) процент borrow at high (low) interest

возвращать ~ pay off (redeem) a loan

давать ~у advance (lend) money, grant (accommodate) a loan

давать ~у под залог lend on collateral

погашать ~у meet (repay, redeem, pay off) a loan

погашать ~у с процентами repay with interest

получать ~у get (receive, obtain, raise) a loan

предоставить ~у extend (make, grant, raise) a loan

ССУДОДАТЕЛЬ lender, loan giver, loaner

ССУДОПОЛУЧАТЕЛЬ borrower, loan recipient

ССУЖАТЬ lend, loan, advance, accommodate with a loan

~ под залог lend on collateral

СТАБИЛИЗАЦИЯ stabilization

~ валютного курса stabilization of exchange rate

~ валюты stabilization of currency, currency stabilization

~ курса рубля stabilization of the rouble

~ производства stabilization of production

~ реального сектора stabilization of the real estate

~ рынка market stabilization

~, финансовая financial stabilization

~ цен stabilization of prices, price stabilization

~, экономическая economic stabilization

СТАБИЛЬНОСТЬ stability

~ валютной системы exchange stability

~ рынка market stability

~, финансовая financial stability, financial (business) solvency

~ цен price stability

~ экономики economic stability (security)

укреплять ~ enhance stability

СТАВК/А rate; (*учетная*) discount [rate]

~, базисная (базовая) base (basic) rate

~ банка, учетная bank discount rate

~ банковского процента bank [interest] rate

~ вознаграждения rate of remuneration

~, высокая high rate

~и, действующие налоговые existing tax rates

~, единая flat (uniform) rate

~ заработной платы wage (pay) rate

~ заработной платы, почасовая hourly wage rate, wage rate per hour

~ земельного налога rate of land tax

~, комиссионная (комиссионного вознаграждения) rate of commission, commission rate

~, конверсионная conversion rate

~ кредита lending rate

~, льготная процентная concessionary interest rate

~ налога (налоговая) tax[ation] rate, rate of taxation

~и налогов, дифференцированные tax differentials

~ налогообложения tax rate

~, низкая low rate

~, официальная official rate

~, плавающая процентная floating interest rate

~, процентная interest rate

~, рыночная market rate

~, рыночная процентная market interest rate

~ рефинансирования refinancing rate

~ рефинансирования ЦБ Central Bank refinancing rate

~, рыночная market rate

~ ссудного процента lending [interest] rate

~, тарифная base (tariff) rate

~, текущая current rate

~ учетного процента interest rate

~ ЦБ, учетная official discount rate

установление налоговых ~ок tax assessment

назначать ~у quote a rate

повышать ~у increase (raise) a rate

повышать процентную ~у на четверть пункта raise the interest rate by a quarter point

резко сократить ~у рефинансирования slash a refinancing rate

снижать ~у cut (reduce) a rate

устанавливать ~у fix (set, determine, establish) a rate

◊ по ~е at the rate of

СТАГНАЦИЯ stagnation

~ производства stagnation of production

~, экономическая economic stagnation

СТАГФЛЯЦИЯ stagflation

СТАНДАРТ standard, norm

~ы, аудиторские auditing standards

~, государственный state standard

~, золотовалютный gold exchange standard

~, золотой gold standard

~ качества standard of quality, quality standard

~, качественный qualitative standard

~, международный international standard

~ы, обязательные binding (mandatory) standards

~, отраслевой branch standard

~, официальный official standard

~, принятый accepted (normal) standard

~, промышленный industrial (manufacturing) standard

~, рыночный marketing standard

~, технический engineering (technical) standard

~, торговый commercial (trading) standard

~, узаконенный legal (statutory) standard

~, установленный established standard

~, федеральный federal standard

быть на уровне мировых ~ов be up to the world standards

отвечать мировым ~ам comply with the world standards

служить ~ом serve as a standard

соответствовать ~y be up to standard, conform to (comply with) a standard

◊ на уровне ~a up to standard

по международным ~ам by international standards

СТАТУС status

~ органов государственной власти status of bodies of state power (of state authority)

~, официальный official status

~, правовой legal status

~ свободной таможенной зоны status of an unbonded area

~ собственности status of ownership

~, социальный social status

~ фирмы status of a firm

~, юридический legal status

~, экономический economic status

СТАТУТ (*законодательный акт*) statute, statutory instrument

~, действующий statute in force, existing statute

СТАТУТНОЕ ПРАВО statute law, statutory law

СТАТЬ/Я 1. (*пункт*) article, clause, item 2. (*договора, закона*) article, clause, item, paragraph 3. (*в счете, балансе*) item

~ актива asset

~ баланса balance-sheet item

~ бюджета budget item, item of the budget

~и бюджета, защищенные protected budget items

~и ввоза imports, import items, items of import[ation]

~и вывоза exports, export items, items of export[ation]

~ договора article of an agreement (of a contract)

~ доходов source of income

~и, доходные revenues

~ закона article of a law

~и импорта imports, import items, items of import[ation]

~ кодекса article of the Code

~ контракта article (clause) of a contract

~ пассива liability

~ расходов article (item) of expenditure (of expense)

~и экспорта exports, export items, items of export[ation]

СТЕЧЕНИ/Е (*обстоятельств*) coincidence, concurrence, confluence

~ обстоятельств coincidence (concurrence) of circumstances

~ тяжелых обстоятельств confluence of grave (of harsh) circumstances

недействительность сделки, совершенной под влиянием ~я тяжелых обстоятельств invalidity of a transaction made under the confluence of grave (of harsh) circumstances

◊ при таком ~и обстоятельств in such a contingency

СТИМУЛИРОВАНИЕ stimulation, encouragement, promotion

~ внешней торговли foreign trade promotion

~ внешнеэкономической деятельности foreign economic activity promotion

~ инвестиций promotion (encouragement) of investments

~, материальное material incentives

~ покупательного спроса consumer promotion

~ производства отечественной продукции promotion of domestic production

~ промышленности industrial promotion, stimulation of industry

~ развития производства promotion of production

~ сбыта sales (trade) promotion, promotion of sales

~ спроса demand promotion

~ торговли promotion of trade, trade promotion

~ экономической деятельности economic activity promotion

СТИПЕНДИ/Я scholarship, stipend
получать ~ю receive a scholarship (a stipend)

СТИХИЙНОЕ БЕДСТВИЕ disaster, natural (elemental) disaster

СТОИМОСТ/Ь cost, value; (*цена, ценность*) worth; (*денежных знаков*) denomination

~ активов, балансовая balance-sheet assets, book value of assets

~ активов за вычетом амортизации written-down value

~ активов предприятия value of a business

~ акций value of shares of stock

~ акций компании, рыночная market capitalization

~ акций, совокупная value of all shares

~ акционерного капитала, рыночная market value of equity

~ арбитража cost of arbitration

~ аренды cost of lease (of renting)

~, аукционная auction value

~, балансовая book value, book cost, carrying value

~, биржевая market value

~ в денежном выражении value in money, monetary value

~ в иностранной валюте value in foreign currency

~ вкладов value of investments; (*в акционерный капитал*) value of contributions

~ в скорректированных ценах price adjusted value

~ в текущих ценах current value (cost)

~, выкупная repurchase value; (*облигаций, ценных бумаг*) redemption value; *страх.* surrender value

~ выполнения строительных работ cost of civil engineering work

~ выполненной работы value of the work performed

~ груза value of cargo, cargo value

~ груза, объявленная declared value of cargo

~, действительная actual (real) value, actual valuation

~, добавленная value added

~ доставки cost of delivery

~ единицы unit value

~ единицы продукции unit cost

~ жизни cost of living

~ займа cost of borrowing, loan cost (value)

~ закупок value of purchases

~, залоговая mortgage (hypothecation) value

~ заложенного имущества value of the pledged property

~ зданий cost of buildings

~ земли land value

~ имущества value of property

~ имущества на момент приобретения value of property at the time of its acquisition

~ иска cost of a suit

~ капитала cost of capital, capital value

~, коммерческая commercial cost (value)

~, конверсионная conversion value

~ контракта (контрактная) value (cost) of a contract

~ кредита cost (value) of credit, cost of borrowing

~, ликвидационная liquidation (realization, realizable, residual, disposal, salvage, written-off) value

~ материалов и оборудования cost of materials and equipment

~, нарицательная face (nominal) value

~, номинальная face (nominal, par) value

~ обеспечения collateral value

~ облигации face value of a bond

~ обслуживания cost of service

~, общая overall (total) value (cost)

~, объявленная declared value

~, ориентировочная estimated (tentative) value (cost)

~, остаточная residual value

~, оценочная appraised (estimated, imputed) value

~ пая value of a share

~, первоначальная original (acquisition, historical) cost

~ подписки на ценные бумаги underwriting cost

~ подрядных работ contract value

~ по оценке value by appraisal

~, покупная purchase (acquisition) value

~ поставки value of delivery (of supply)

~ потребительской корзины value of the consumer basket

~ предприятия value of an enterprise

~, предусмотренная сметой cost specified in the estimate

~, приведенная present value

~ приобретения acquisition (historical) cost

~, продажная sale value

~ производства cost of production (of manufacture)

~ работ cost (value) of work

~ рабочей силы cost (value) of labour (of manpower)

~, расчетная estimated cost (value)

~, реальная actual cost, real value

~, рыночная market (commercial, selling, trading) value

~ сделки transaction value

~, сметная estimated (budgeted) cost

~ собственности value of property

~, совокупная aggregate value

~, справедливая fair value

~, справедливая рыночная fair market value

~, средняя average cost

~ страхования insurance value

~, страховая insured (insurable) value

~ строительства cost (price) of construction

~, суммарная integrated cost

~, суммарная номинальная total par value

~, таможенная customs (dutiable) value

~, текущая present (current) value

~ товара value of commodity (of goods), cost of goods, commodity value

~ транспортировки carriage, cost of transportation, transportation charges

~ услуг cost of services

~ услуг банков bank charges

~, фактическая actual cost, effective value

~ финансирования cost of financing

~ хранения cost of storage

~ хранения запасов carrying cost

~ хранения средств carrying cost

~, чистая net value, net (real) cost

~ чистых активов value of net assets, net asset value

возрастание ~и growth of (increase in) cost

изменение ~и change in the cost, cost variation

налог на добавленную ~ value-added tax

оценка ~и valuation, appraised value

повышение ~и жизни increase in the cost of living, increased cost of living

увеличение номинальной ~и increase in the nominal value

удовлетворение из ~и заложенного имущества satisfaction from the value of the pledged property

установление действительной ~и determination of the actual value

возмещать ~ refund (recoup, recompense, offset) the cost

возмещать ~ в деньгах compensate for (return) the value in money, provide restitution of the value in money

выплатить ~ pay the value

занижать ~ *(товара)* misstate the value

заявлять ~ declare the value

объявлять ~ declare the value

повышать ~ increase the cost

повышаться в ~и increase (rise) in value

понижаться в ~и decline (decrease, fall) in value

превышать ~ exceed the cost (the value)

снижать ~ decrease (slash) the cost, reduce the value

страховать на полную ~ insure for the full value (for the full cost)

◊ в пределах ~и within the limits of the value

выше ~и above value

ниже ~и under value

по ~и at value

по балансовой ~и at book value

по нарицательной ~и at face (nominal) value

с зачетом ~и выкупной цены setting off the value against the buy-out price

СТОРОН/А party, *юр.* side

~ в договоре party to an agreement (to a contract)

~, виновная defaulting (guilty, responsible) party, party at fault

~ в споре party to a dispute, contestant

~ в суде party to an action (to a case)

~ы в судебном разбирательстве parties to proceedings

~ в судебном споре party in controversy, litigant

~, выигравшая дело prevailing (successful) party

~ы, договаривающиеся contracting parties

~ы, заинтересованные interested parties, parties concerned (involved)

~, лицевая (*чека*) face [side]

~, не выполнившая обязательств party in default

~, не выполняющая обязательств defaulter, defaulting party, party in default

~, незаинтересованная disinterested party

~, оборотная reverse side

~, обязанная obligated (bound) party

~, ответственная responsible party

~ по делу party to a litigation (to a case, to action, to suit, to legal proceedings)

~, подписавшая контракт party (signatory) to a contract

~ы по иску contending parties

~, потерпевшая aggrieved (offended, injured) party

~, проигравшая дело defeated party

~, противная adverse (opposing) party, opponent

~ соглашения party to an agreement

~ы, спорящие disputing (contending, conflicting) parties, parties involved in a dispute

~, третья third party

~, тяжущаяся (*в судебном деле*) litigant, litigator

~, ходатайствующая requesting party

обязательства сторон obligations of the parties

отношения сторон relations of the parties

права сторон rights of the parties

права и обязанности сторон rights and duties of the parties

соглашение сторон agreement of the parties

◊ в интересах обеих сторон in the interests of both parties

по вине обеих сторон due to (owing to) the fault of both parties

по просьбе одной из сторон upon request of a party

по соглашению сторон by (upon) agreement of the parties

по требованию любой из сторон on demand (upon a claim) of any of the parties

с чьей-л. ~ы on the part of *smb*

СТРАХОВАНИ/Е insurance; (*ренты, пенсии*) annuity; (*грузов*) underwriting; (*от потерь*) *бирж.* hedging

~ авиаперевозок air transport insurance

~ автомашин motor [car] (motor vehicle) insurance

~ банковских вкладов insurance of bank deposits

~ валютного риска currency risk insurance

~, взаимное mutual (reciprocal) insurance

~ в полную стоимость full value insurance

~, государственное national insurance

~ гражданской ответственности [civil] liability insurance

~ грузов insurance of cargo, cargo insurance

СТРАХОВАНИЕ

~, двойное double (duplicate, concurrent) insurance

~, добровольное voluntary insurance

~, дополнительное имущественное supplementary property insurance

~ жизни life assurance (insurance)

~ займов loan insurance

~ заложенного имущества insurance of pledged property

~ «за счет кого следует» insurance "for the account of whom it may concern"

~ имущества (имущественное) insurance of property, property insurance

~ инвестиций investment insurance

~, индивидуальное private insurance

~ иностранных инвестиций insurance of foreign investments

~ капиталов capital insurance

~ коммерческих рисков insurance against commercial risks

~ кредита insurance of credit

~ кредитного риска credit risk insurance

~, личное personal insurance

~, медицинское medical insurance

~ морских грузов sea cargo insurance

~, морское maritime insurance

~ на полную стоимость full value insurance

~ на срок time insurance

~ недвижимого имущества real estate insurance

~, неполное имущественное partial (incomplete) property insurance

~ объекта строительства insurance of an object of construction

~, обязательное compulsory (obligatory, mandatory) insurance

~, обязательное государственное obligatory (mandatory) state insurance

~, обязательное медицинское compulsory (mandatory) medical insurance

~ от аварий average insurance

~ ответственности liability insurance

~ от всех рисков all risk insurance

~ от некоммерческих рисков insurance against noncommercial risks

~ от несчастных случаев accident (casualty) insurance

~ от разных страховых рисков, имущественное property insurance against various insurance risks

~ от стихийных бедствий insurance against calamities (against hazards)

~ от убытков insurance against loss or damage

~ от убытков, связанных с злоупотреблениями служащих fidelity insurance

~ пенсий insurance of pensions, annuity insurance

~ по генеральному полису insurance under a general policy

~ предпринимательского риска insurance of entrepreneurial risk

~, производственное industrial insurance

~ профессиональной ответственности professional liability (indemnity) insurance

~, расширенное extended cover

~ риска risk insurance; (*ценового*) risk hedging; (*потенциального*) exposure hedging

~ риска неплатежеспособности покупателя insurance against buyer's insolvency

~ риска ответственности insurance of the risk of liability

~ риска ответственности за нарушение договора insurance of the risk of liability for violation of an agreement (for breach of a contract)

~ риска ответственности за неисполнение или ненадлежащее исполнение обязательства insurance against risk of nonperformance or improper performance of an obligation

~ риска ответственности за причинение вреда insurance of the risk of liability for causing (for infliction of) harm

~ риска ответственности по обязательствам insurance of the risk of liability for obligations

~ риска *своей* гражданской ответственности insurance of the risk of *one's* [own] civil liability

~ строительных рисков construction risks insurance

~ товара insurance of goods

~ товара по договору купли-продажи insurance of goods under a contract of purchase and sale

~, транспортное transport insurance

~ транспортных средств insurance of transport means

~ упущенной выгоды loss of profit insurance

~, экспортное export insurance

~ экспортных кредитов export credit insurance

договор ~я contract (agreement) of insurance, insurance contract (agreement)

договор имущественного ~я contract (agreement) of property insurance

законы о ~и laws (statutes) on insurance

исковая давность по требованиям, связанным с имущественным ~м limitation of action on claims connected with property insurance

общество взаимного ~я group insurance company, company for mutual insurance

объект ~я object of insurance

плата за ~ payment for insurance

правила ~я rules on insurance, insurance regulations

пределы ~я extent of insurance

расходы на ~ expenses for insurance, insurance expenditures

аннулировать ~ cancel insurance

заключать договор ~я take out insurance

осуществлять ~ conduct (perform) insurance

принимать на ~ accept for insurance; (*грузы*) underwrite

производить ~ effect (make) insurance

СТРАХОВАТЕЛ/Ь insured, assured, insurant, policy-holder

обязанности ~я obligations of the insured

СТРАХОВАЯ ЗАЩИТА insurance protection

СТРАХОВАЯ ПРЕМИЯ insurance premium

~, взимаемая с единицы страховой суммы premium taken (charged) per unit of insured amount (of insurance sum) внесение страховой премии в рассрочку payment of the insurance premium by instalments

доплата страховой премии payment of additional insurance premium

определение размера страховой премии determination of the amount of the insurance premium

размер страховой премии size of the insurance premium

уплата страховой премии payment of the insurance premium

уплата дополнительной страховой премии, соразмерной увеличению риска payment of an additional insurance premium commensurate with the increased risk

СТРАХОВАЯ СТОИМОСТЬ insured value, insurance value

оспаривание страховой стоимости имущества challenging the insurance value of property

установление страховой суммы ниже страховой стоимости establishing the insured amount less than the insurance value

СТРАХОВАЯ СУММА insured amount, insured (insurance) sum, insurance payment

возмещение убытков в пределах страховой суммы compensation for losses within the limits of the insured amount

выплата страховой суммы payment of the insured amount (sum)

единица страховой суммы unit of the insured amount (of the insurance sum)

завышение страховой суммы exaggeration of the insured amount, increased insurance sum

определение размера страховой суммы determination of the insured amount

освобождение страховщика от выплаты страховой суммы exemption of the insurer from payment of the insured amount

превышение размера страховой суммы над страховой стоимостью excess of the size of the insured amount over the insurance value

размер страховой суммы size of the insured amount, amount of the insurance sum

страховая премия, взимаемая с единицы страховой суммы insurance premium charged per unit of the insured amount

◊ в пределах страховой суммы within the limits of the insured amount (of the insurance sum)

СТРАХОВОЕ ВОЗМЕЩЕНИЕ insurance compensation, insurance indemnity

возмещение разницы между страховым возмещением и фактическим размером ущерба compensation for the difference between the insurance compensation and the actual amount of loss

выплата страхового возмещения payment of insurance compensation

ответственность за выплату страхового возмещения при перестраховании liability for payment of insurance compensation in case of reinsurance

отказ страховщика выплатить страховое возмещение refusal of the insurer to pay insurance compensation требование выгодоприобретателя о выплате страхового возмещения demand of a beneficiary for payment of insurance compensation

выплачивать ~ pay insurance compensation

выплачивать ~ при наступлении страхового случая pay out insurance compensation upon onset of the insured event

СТРАХОВОЕ ОБЕСПЕЧЕНИЕ insurance cover

СТРАХОВОЕ СОБЫТИЕ insured (insurance) event, insured accident

СТРАХОВОЙ ВЗНОС insurance premium, insurance payment, insurance contribution

~, очередной regular (current) insurance payment

внесение страхового взноса making of insurance payment

неуплата очередного страхового взноса nonpayment of a regular insurance payment

уменьшение страхового взноса пропорционально уменьшению размера страховой суммы reduction of the insurance premium in proportion to the reduction of the insured amount

просрочить внесение страхового взноса fail to pay an insurance premium

СТРАХОВОЙ ИНТЕРЕС insurable interest

~, долевой partial interest

~, оспоримый defeasible interest

СТРАХОВОЙ НАДЗОР insurance supervision

органы государственного страхового надзора agencies of state insurance supervision (of state insurance inspectorate)

СТРАХОВОЙ ПОЛИС insurance policy

~ на предъявителя bearer insurance policy, insurance policy payable to the bearer

выдача страхового полиса на предъявителя при заключении договора страхования «за счет кого следует» issuance of a bearer insurance policy in concluding a contract of insurance "for the account of whom it may concern"

форма страхового полиса, стандартная standard form of an insurance policy

СТРАХОВОЙ РИСК insured risk, insurance risk

оценка страхового риска appraisal (evaluation) of the insured (of the insurance) risk

размер страхового риска size (amount) of the insurance risk

увеличение страхового риска increase of (in) the insured (insurance) risk

СТРАХОВОЙ СЛУЧАЙ insured event, insured accident, insurance case, contingency, loss

вероятность наступления страхового случая possibility of the onset of the insured event

наступление страхового случая onset (occurrence) of the insured event (of the insurance case)

наступление страхового случая в результате военных действий и иных военных мероприятий occurrence of the insured event as a result of military actions and other military exercises

наступление страхового случая в результате радиации или радиоактивного заражения occurrence of the insured event as a result of radiation or radioactive contamination

уведомление страховщика о наступлении страхового случая notification of the insurer of the onset of the insured event

характер страхового случая nature (character) of the unsured event

◊ при наступлении страхового случая when the loss occurs

СТРАХОВОЙ ТАРИФ rate of insurance, insurance rate, insurance rate tariff

применять страховые тарифы apply insurance rates (insurance rate tariffs)

разрабатывать страховые тарифы develop insurance rates

СТРАХОВОЙ ФОНД insurance fund, provident fund

СТРАХОВЩИК insurer, assurer; *мор.* underwriter

~ инвестиций investment insurer

объединение ~ов association of insurers

СТРОЙПЛОЩАДКА building site

СТРОИТЕЛЬНЫЙ ПОДРЯД building contract, construction work

гарантия качества в договоре строительного подряда guarantee of quality in a contract for construction work

заказчик по договору строительного подряда customer under a contract for construction work

контроль и надзор заказчика за выполнением работ по договору строительного подряда customer's control and supervision over performance of work under a building contract

сдача и приемка работ по договору строительного подряда delivery and acceptance of work under a building contract (under a contract for construction work)

СТРОИТЕЛЬСТВО construction, building

~ без привлечения государственных средств construction without government funds

~, государственное жилищное public housing

~, гражданское civil engineering

~, дорожное road building (construction)

~, жилищное housing (residential) construction, housing development

~ здания construction of a building

~, индивидуальное жилищное private housing construction

~ инфраструктуры infrastructure construction

~, капитальное capital construction

~, комплексное complex (comprehensive) construction

~, незавершенное incompleted construction, construction in progress

~ объекта project construction

~, подрядное contract construction, building by contract

~ предприятия construction of an enterprise

~, сельскохозяйственное farm building

~, типовое standardized construction

завершать ~ объекта complete a project

осуществлять ~ conduct construction

осуществлять контроль и надзор за ~м exercise (effect, maintain) control and supervision of construction

разрешать ~ permit construction

свернуть ~ phase down construction

СТРУКТУР/А (*состав*) composition, make-up; (*строение*) structure, formation, set-up

~, административная administrative structure

~ аппарата управления staff organization

~ баланса balance-sheet structure

~, банковская banking structure

~ бюджета budgetary structure

~ы, властные power structures

~ внешней торговли foreign trade pattern

~ы, государственные state structures

~ государственных доходов revenue structure

~ доходов structure of earnings, earnings profile

~, дочерняя subsidiary

~ законодательства frame of a legal system

~ занятости employment (occupational) pattern

~ затрат cost structure

~ импорта import structure, structure (composition) of imports

~ инвестиций composition of investment

~ исполнительной власти executive power structure

~ капитала capital structure, composition of capital

~ капиталовложений pattern of investment

~ы, коммерческие commercial structures

~ компании, организационная company organization, corporate structure

~ы, контролирующие regulatory authorities

~ы, корпоративные corporate structures

~ налогообложения tax structure

~, организационная organization[al] structure

~ органов управления structure of the governing bodies

~ потребительского спроса pattern of consumer demand

~ потребления pattern of consumption, consumption pattern

~ предприятия business structure

~ прибыли profit structure

~ производства pattern (structure) of production, composition of output

~ промышленности structure of industry

~ распределения distribution pattern

~ расходов expenditure pattern, breakdown of costs

~ ресурсов федерального бюджета composition of federal budget resources

~ рынка market structure (profile)

~ сбыта sales pattern

~ собственности composition of property

~ спроса pattern of demand

~, товарная commodity pattern, composition of trade

~ торговли structure (pattern) of trade

~ управления structure of management, management structure

~ финансирования financing schedule

~, финансовая financial structure

~ фирмы structure (set-up) of a company

~ хозяйства structure of economy

~ хозяйства, монополистическая monopoly structure of economy

~ хозяйственного управления structure of economic management

~ цен price pattern (structure)

~ экономики structure of the economy, economic structure

~ экспорта structure (composition) of exports

совершенствовать ~у improve (perfect) the structure

СТРУКТУРИЗАЦИЯ structurization, structuring

~ сделок transaction structuring

СУБАБОНЕНТ subsubscriber, secondary subscriber

СУБАГЕНТ subagent

СУБАГЕНТСКИЙ ДОГОВОР subagency contract, subagency agreement

СУБАРЕНД/А sublease, subtenancy, underlease; *юр.* subdemise; (*передача в субаренду*) sublet[ting]

сдача имущества в ~у giving property for sublease

брать в ~у sublease

сдавать арендованное имущество в ~у give property in sublease, sublease, sublet; (*по заниженной цене*) underlet

СУБАРЕНДАТОР sublessee, underlessee

СУБВЕНЦИЯ subvention

СУБКОМИССИОНЕР subcommission agent

СУБКОМИССИ/Я subcommission

договор ~и subcommission agreement, contract of subcommission agency

СУБКОНЦЕССИ/Я subconcession, subfranchise

~, коммерческая commercial subcommission (subfranchise)

◊ на условиях ~и on the conditions of subconcession (of subfranchise)

СУБПОДРЯД subcontract

аннулировать ~ cancel a subcontract

брать ~ subcontract

передавать в ~ subcontract

СУБПОДРЯДЧИК subcontractor

заключить договор с ~ом subcontract

нанимать ~а engage a subcontractor

СУБПОСТАВЩИК subcontractor, subsupplier, manufacturing subsidiary

СУБРОГАЦИ/Я *страх.* subrogation

~ в силу закона legal subrogation

~, договорная conventional subrogation

~ прав subrogation of rights

~ страховщику прав кредитора к должнику subrogation of the rights of a creditor against a debtor to an insurer

иметь право ~и hold subrogation rights

СУБСИДИАРНАЯ ОТВЕТСТВЕННОСТЬ subsidiary liability

~ основного общества при банкротстве дочернего общества subsidiary liability of the parent company for the debts of a subsidiary company in the event of its bankruptcy

~ Российской Федерации, субъектов Российской Федерации, муниципальных образований по требованиям вкладчика к банку subsidiary liability of the Russian

Federation, subjects of the Russian Federation, municipal formations for the claims of the depositor against a bank

~ учредителей по обязательствам юридического лица subsidiary liability of the founders for the obligations of a legal person

СУБСИДИРОВАНИЕ subsidy, subsidizing; backing

~ внешней торговли subsidizing foreign trade

~, внутриотраслевое cross-subsidy

~, государственное government subsidy

~ из федерального бюджета subsidy from the federal budget

СУБСИДИЯ subsidy; (безвозмездная) grant; (целевое пособие) subvention; (пожертвование) donation

~, бюджетная budgetary subsidy

~, государственная state (public) subsidy, state (government) grant

~, денежная monetary grant

~, единовременная lump-sum subsidy

~, жилищная rent subsidy

~, правительственная government grant

~, продовольственная food subsidy

~, промышленная industrial subsidy

~, скрытая implicit (hidden) subsidy

~, товарная commodity subsidy

~, транспортная transportation subsidy

~ федерального правительства federal grant

~, целевая grant-in-aid

~, экспортная export subsidy

давать ~ю grant

СУБСТИТУТ substitute

~, денежный quasi-money

СУБСТИТУЦИЯ substitution

СУБСЧЕТ subaccount

~, корреспондентский correspondent (correspondence) subaccount

~ предприятия subaccount of an enterprise

СУБЪЕКТ subject; (организация) entity

~ы гражданского права subjects of a civil law

~ гражданского правонарушения party to a civil case, civil offender

~ имущественного преступления property criminal (offender)

~ корыстного преступления acquisitive (lucrative) criminal (offender)

~, международного права international entity (subject)

~, не имеющий статуса юридического лица nonlegal entity

~ обязательства party to a commitment (to an obligation)

~ права legal subject (entity), subject (entity) of law

~ права собственности subject of the right of ownership

~ правоотношений party to (subject of) legal relations (of a legal relationship)

~ преступления criminal, subject of a crime, crime committer

~ы Российской Федерации subjects (constituents) of the Russian Federation

~ рынка market entity, market participant, economic agent

~ судебного процесса party to a legal process (to legal proceedings)

~ федерации subject of the federation

~ хозяйственной деятельности economic agent, economic entity, transactor, market participant

~, хозяйственный transactor unit

~ хозяйствования economic agent, market participant

~ы, хозяйствующие economic agents, market participants, transactors

~ы экономики (экономические) economic agents, market participants

~, юридический legal entity

возмещение вреда за счет казны ~а Российской Федерации compensation for damage at the expense of the Treasury of the subject of the Russian Federation

возмещение субъектом Российской Федерации убытков, причиненных гражданам и юридическим лицам compensation for damages by a subject of the Russian Federation caused to citizens or legal persons

гарантия ~ов Российской Федерации по обязательствам Российской Федерации guarantee of subjects of the Russian Federation for obligations of the Russian Federation

ответственность по обязательствам ~а Российской Федерации liability for obligations of a subject of the Russian Federation

участие ~ов Российской Федерации в отношениях, регулируемых гражданским законодательством participation of sub-jects of the Russian Federation in relations regulated by civil legislation

СУД (*судебный орган*) court [of law], court of justice, tribunal; (*процесс*) trial, hearing, judicial proceedings, legal proceedings; (*правосудие*) justice

~, апелляционный court of appeal[s] (of appellate arbitration), appellate tribunal

~, арбитражный arbitration court (tribunal), court of arbitration

~, Верховный Supreme Court

~ второй инстанции court of second instance

~ высшей инстанции court of superior jurisdiction

~, вышестоящий higher (superior) court

~, гражданский civil court

~, кассационный court of cassation (of review)

~, конституционный constitutional court

~, Международный International Court of Justice

~, Московский арбитражный Moscow Arbitration Court

~, муниципальный municipal court

~ низшей инстанции minor (lower, inferior) court, court of inferior jurisdiction

~ общего права court of common law

~, общегражданских исков common bench

~ первой инстанции court of primary jurisdiction, court of the first instance (of the first appearance), trial court

~ по делам о несостоятельности bankruptcy court

~ последней инстанции court of the last (of the highest) resort

~ по таможенным и патентным платежам, апелляционный court of customs and patent appeals

~ присяжных jury [trial]; assize

~, районный district court

~, транспортный transport court (tribunal)

~, третейский court of [private] arbitration, arbitration tribunal (panel)

~, федеральный federal court

восстановление ~ом прав по утраченной ценной бумаге reinstatement of rights to lost security by a court

вступление решения ~а в законную силу entry of a court judgement (of a decision of the court) into legal force

заседание ~а sitting of the court

защита в ~е чести, достоинства и деловой репутации protection of honour, dignity and business reputation in court

истец в ~е plaintiff in court

обжалование в ~е решения, принятого в административном порядке bringing an appeal to court against a decision taken by administrative order

обжалование решения о конфискации имущества в ~е appealing a decision on confiscation to a court

обращение в ~ judicial (legal) recourse

обращение с иском в ~ bringing a suit to court, going to court with a suit

определение ~а court decision (judgement, ruling)

определение ~ом размера компенсации determination by a court of the amount of compensation

органы ~а agencies of the court

органы и лица, выступающие в ~е от имени Российской Федерации state agencies (bodies), legal persons and citizens acting in court in the name of the Russian Federation

оставление ~ом иска без рассмотрения leaving a claim (a suit) without consideration

ответчик в ~е defendant in court

отказ ~а в защите права refusal of a court to protect a right

постановление ~а judgement, ruling, award

привлечение к ~у taking to court, bringing to trial, impleading

признание ~ом права собственности declaration of the right of ownership by a court

признание ~ом сделки недействительной declaration by a court of a transaction to be invalid

применение ~ом исковой давности application by a court of a limitation of action

разрешение ~ом спора о возмещении убытков resolution (determination) by a court of a dispute over compensation of damages

расторжение договора по решению ~а termination of a contract by a court

решение ~а decision (judgement) of a court

решение ~а об обращении взыскания на заложенное имущество decision of a court on levying execution on the pledged property решение ~а о ликвидации юридического лица decision of a court on the liquidation of a legal person, court judgement to liquidate a legal person

решение ~а о реорганизации юридического лица decision (judgement) of a court on reorganization of a legal person

сессия ~а court session

состав ~а composition of the court, bench

толкование ~ом условий договора interpretation of a contract by a court

утверждение ~ом approval (confirmation) by the court

быть представленным в ~е адвокатом be represented by a lawyer in court

выступать в ~е act in court

обжаловать решение в ~е appeal a decision in court, bring an appeal in court against a decision

обращаться в ~ go (apply) to court

обращаться в ~ с иском к кому-л. apply to court with an action against smb

отдавать под ~ bring before the court, bring (take) to court (for trial), sue, prosecute

передавать дело в ~ take (submit) a case to the court

подавать в ~ на кого-л. bring (enter, file) an action (a suit) against smb, take (institute) a legal action (proceedings) against smb

предать ~у put on trial

привлекать кого-л. к ~у bring smb [in]to court, bring up smb for trial, put smb to trial, prosecute (sue) smb

привлекать к ~у по обвинению в коррупции put to trial on corruption charges

требовать по ~у claim in legal form

◊ в порядке исполнения решения ~а by way of performance of a decision of a court

до ~а before the start of the trial

на ~е in court, during the trial

на основании решения ~а on the basis of the court judgement (of the court decision)

по решению ~а by decision (ruling) of a court, by a court judgement

СУДЕБНАЯ ЗАЩИТА judicial protection, judicial defence

~ гражданских прав judicial protection (defence) of civil rights

СУДЕБНЫЙ judicial, judiciary, legal

преследовать в судебном порядке prosecute

требовать в судебном порядке demand in court proceedings

◊ в судебном порядке judicially, by judicial procedure, by court procedure

СУДЕБНЫЙ ИСПОЛНИТЕЛЬ enforcement officer

СУДЕБНЫЙ СЕКВЕСТР judicial sequestration, judicial sequestering, sequestration of property by court orders

СУДИМОСТЬ prior conviction, previous conviction, former conviction

иметь ~ suffer conviction

СУДИТЬ judge, try, adjudicate

СУДОПРОИЗВОДСТВ/О court (judicial, legal) procedure, proceedings, judicature

~, административное administrative court proceedings

~, арбитражное arbitral (arbitration) proceedings
~, гражданское civil justice, civil trial (proceedings), civil procedure
~, исковое justice
~ по иску о неправомерной конфискации forfeiture proceedings
~, уголовное criminal proceedings (trial)
правила ~а rules of court (of legal procedure)
осуществлять ~ carry out court (legal, judicial) proceedings
СУДОУСТРОЙСТВО judicial system, legal system, judicature
СУДЬ/Я judge, justice, magistrate
~ апелляционного суда appellate court judge
~ в конкурсном производстве registrar in bankruptcy
~, временно исполняющий обязанности alternate judge
~ в судебном заседании justice (judge) in court
~, выборный elected judge
~ первой инстанции trial judge
~ по делу justice of the case
~ по делу о банкротстве bankruptcy judge
~, председательствующий chief (presiding) judge
~, продажный corruptible judge
~, третейский umpire, referee
~, федеральный federal judge
назначение ~и appointment of a judge
отставка ~и removal of a judge
полномочие ~и judge's powers
СУММ/А amount, sum; (поступления) pl. proceeds; (итог) total
~ аванса amount of advance, advance sum

~ аккредитива amount (sum) of a letter of credit
~ активов, общая gross assets
~ ассигнований amount of allocations (of appropriations)
~ бюджетных расходов правительства government expenditures
~, валовая gross amount, total sum
~ векселя amount of a bill
~ взыскания amount (sum) of recovery
~ в иностранной валюте amount (sum) in foreign currency
~ вклада (в банке) amount of a deposit; (в предприятия, ценные бумаги) amount of investment; (взноса) amount of contribution
~ в наличии available amount
~ возмещения убытков damages
~ вознаграждения amount of remuneration (of commission); consideration
~ в рублях, эквивалентная ~е в иностранной валюте roubles equivalent to an amount (to a sum) in foreign currency
~ в условных денежных единицах sum in conditional (conventional) monetary units
~, выкупная redemption sum
~ выплаты amount (sum) of payment
~, вырученная от продажи proceeds of the sale, sale proceeds, amount received
~, вырученная при реализации заложенного имущества amount obtained (received) from the sale (from the realization) of the pledged property
~ выручки amount of proceeds, sum of receipts
~, годовая annual amount (sum)

~, двойная twice the amount

~, денежная amount (sum) of money, monetary sum, cash

~ договора amount of a contract

~ долга amount of a debt, indebtedness

~, дополнительная additional amount

~ за вычетом причитающихся платежей amount less the payments due, sum due after deduction of payments

~ задатка amount of the earnest [money]

~ задолженности sum of indebtedness, outstanding amount

~ задолженности, общая total liabilities, exposure

~ займа amount (sum) of a loan, loan amount (value)

~; застрахованная insured amount (sum)

~ затрат amount of expenses

~, излишняя amount in excess

~, инкассированная collected sum

~ иска (исковая) amount of a claim, amount in controversy

~, итоговая sum total

~ компенсации sum of compensation (of indemnity)

~, контрактная contractual amount

~ кредита amount (sum) of credit

~ минимального размера оплаты труда, стократная 100 minimum monthly wages

~ минимального размера оплаты труда, тысячекратная 1000 minimum monthly wages

~, наличная available amount (sum)

~ наличными amount in cash

~ налога tax amount

~ налога, списанная tax write-off

~, начисленная amount charged

~ недоимки arrears

~, недостающая remaining amount

~, неиспользованная unused amount (sum)

~, не облагаемая налогом amount free of tax (not liable to tax)

~, неоплаченная outstanding amount

~ неустойки amount of a penalty

~ обеспечения amount of security

~, облагаемая налогом taxable amount

~ оборота amount of turnover

~, общая total (aggregate) amount, total (gross) sum

~ обязательств, общая total liabilities

~ оплаты по сделке payment amount of a transaction

~ оплаченного акционерного капитала paid-in (paid-up) capital

~ основного долга principal [debt]

~, отступная amount of compensation, sum of indemnity

~ пассива liabilities

~, паушальная lump sum

~ переплаты amount of overpayment

~ платежа amount (sum) of payment

~, подлежащая получению amount (sum) receivable

~ы, подлежащие индексации amounts subject to indexation

~, подотчетная imprest

~ подписки amount of subscription

~, полученная amount (sum) received

~ поступлений receipts

~, предельная ceiling amount

~ претензии sum of a claim, amount claimed

~ прибыли sum of profits, value of return

~, причитающаяся amount due

~ расходов sum of expenses

~, резервированная reserved amount

~ ы, резервируемые set-aside funds, provisions

~ рентных платежей amount (sum) of rent payments

~ сделки amount of a transaction

~, сметная estimated amount

~, совокупная aggregate amount, [sum] total, grand total

~, списанная write-off

~, спорная amount in dispute

~ ссуды amount of a loan, loan value

~, страховая insured amount, insurance sum, sum of insurance (см. тж СТРАХОВАЯ СУММА)

~ счета amount of an account

~, твердая денежная fixed sum in cash

~ требований amount of claims

~ убытков amount of losses

~ уценки amount of a price reduction

~, хранящаяся на счете клиента amount held in the client's account

~ чека amount of a cheque

~ штрафа amount of a penalty

~ эмиссии amount of issue

возврат ~ы return (repayment) of an amount

возврат уплаченной ~ы refund of the amount paid

выдача ~ы со счета payment of an amount (of a sum) from an account

выплата денежной ~ы cash payment

выплата денежных сумм кредиторам ликвидируемого юридического лица payment of monetary sums to creditors of a legal person in liquidation

завышение ~ы exaggeration of an amount, increased sum

зачисление ~ы на счет deposit; crediting an account with an amount, crediting an amount to an account

передача денежных сумм по договору финансирования под уступку денежного требования transfer of funds under a contract of financing with assignment of the monetary claim

переычисление ~ы на счет transfer an amount (a sum) to an account

размер ~ы size of an amount, amount of a sum

ассигновывать ~у assign a sum

взыскивать ~у recover (exact, collect) an amount (a sum)

вносить ~у на счет deposit an amount

возвратить ~у вклада return the amount (the sum) of deposit

возмещать ~у refund (reimburse) an amount (a sum)

выделять ~у из бюджета allocate an amount (a sum) from the budget

выплатить ~у единовременно pay out in a lump sum

засчитывать ~у в счет исполнения обязательств по договору credit an amount against (toward) performance of obligations under the contract

зачислять ~у на счет credit an amount to an account

использовать ~у utilize a sum

определять ~у по официальному курсу валюты determine an amount at (according to) the official rate of exchange

относить ~у на счет charge a sum to an account

переводить ~у transfer (remit) an amount

переводить ~у на счет transfer an amount to an account

перечислять ~у аккредитива в распоряжение банка transfer the amount (the sum) of a letter of credit to the management (to the disposition) of a bank

перечислять ~у банку transfer a sum to the bank

перечислять ~у в бюджет transfer an amount to the budget

превышать ~у exceed the amount

расходовать ~у spend (expend) an amount

снимать ~у draw a sum

составлять в ~е come to (make up, total) an amount, amount to a sum

списывать ~у аккредитива со счета write off (deduct) the sum of a letter of credit from the account

страховать что-л. в полной ~е оценки insure smth for the full amount (for the full sum) of valuation

страховать на ~у insure for a sum of

удерживать ~у (вычитать) withhold (deduct) an amount (a sum)

удерживать из ~ы withhold from an amount (from a sum)

уточнять ~у specify the amount

◊ в ~е in the amount

в пределах ~ы within the limits of the amount

на ~у в ... for the sum of ...

СФЕРА (область) sphere, region; (область деятельности) area, field, sphere; (масштаб) scope

~, бюджетная budgetary sphere, public sector

~ влияния sphere of influence

~ деятельности field of activities (of business), range (scope) of action, line of business

~ жизненных интересов sphere of vital interests

~ интересов sphere of interest

~ материального производства real sector

~ обслуживания services industry

~ предпринимательской деятельности area (sphere) of entrepreneurial activity, business sector

~ производства production sphere

~ управления sphere of management

~ услуг service sector, testiary industry (activity, occupation)

~, экономическая economic sphere

СЧЕТ 1. (накладная) invoice, bill 2. (в банке) account 3. (подсчет) count; score

~ активов assets account

~, банковский bank[ing] account (см. тж БАНКОВСКИЙ СЧЕТ)

~, блокированный blocked (frozen, stopped) account

~, бюджетный budget account

~, валютный foreign currency account, account in foreign currency

~, внебалансовый off-balance [sheet] account

~, депозитный deposit account

~ до востребования demand ([on] call) account

~ доходов income (revenue) account

~, забалансовый off-balance [sheet] account

~, заверенный certified invoice

~ капиталовложений investment account

~ клиента client's (customer) account, account of a client

~, клиринговый clearing account

~, контокоррентный current account

~, корреспондентский correspondent account

~ кредитора creditor's account; account payable

~, лицевой client (customer, personal) account

~ накопления accumulation account

~, налоговый tax bill

~, неоплаченный outstanding (unsettled) account

~, номерной numbered (anonymous) account

~ основного капитала fixed assets account

~, отдельный separate (special) account

~, открытый open (drawing) account

~, открытый клиенту account opened to the client

~, офшорный offshore account

~ плательщика account of the payer

~ по вкладу deposit account

~, подставной phoney (false) account

~а, правительственные government accounts

~ прибылей и убытков profit and loss (loss and gains, income and expenditure) account, statement of profit and loss

~ производственных затрат manufacturing account

~, промежуточный interim (suspense) account

~ расходов expense (disbursement) account

~, расчетный settlement account; (по клирингу) clearing account

~, резервный reserve account

~, сберегательный savings account

~, совместный joint account

~, ссудный loan (advance) account

~, текущий current (running, operating, амер. checking) account

~, торговый trading account

~, фиктивный phoney account

~, целевой special account

ведение ~а maintenance of an account

вкладчик по ~у depositor for the account

владелец ~а account holder

выдача суммы со ~а issuance of an amount (payment of a sum) from an account

выписка из ~а statement (abstract) of account, account (bank) statement

договор банковского ~а contract of (agreement on) a bank account

закрытие ~а closing of an account

зачисление денежных средств на ~ crediting (passing) of monetary funds to a bank account

кредитование ~а crediting an account

номер ~а по вкладу account number, number of an account for the deposit

открытие ~а opening of an account

операции по ~у operations with an account, account operations

остаток на ~е balance of account, funds remaining in the account

отнесение расходов на ~ кредитора charging expenses to the creditor's account

перечисление денежных средств на ~ transfer of monetary funds to an account

перечисление денежных средств со ~a transfer of monetary funds from an account

списание денег со ~а налогоплательщика debiting the taxpayer's account

списание со ~a deduction (withdrawing, writing off) from an account, debiting an account

средства, находящиеся на ~е funds located on (held in) the account

сумма в ~ причитающихся платежей amount on account of the payment due

сумма денежных средств, зачисленная на ~ amount (sum) of monetary funds credited (deposited) to an account

сумма денежных средств, списанная со ~a amount of monetary funds withdrawn from an account

тайна банковского ~a secrecy (confidentiality) of a bank account

аннулировать ~ в банке extinguish a bank account

блокировать ~ block (freeze, stop) an account

брать деньги со ~a draw on an account, withdraw a deposit

вести ~ maintain (operate) an account

выставлять ~ draw up (make out) an account; draw up (make out) a bill, bill; draw up (make out, issue) an invoice

депонировать средства на ~ deposit funds into an account

жить за ~ государства live off the state

закрывать ~ close [off] an account

замораживать ~ freeze an account

записывать на ~ pay (pass, carry) to an account

засчитывать в ~ возмещения consider toward compensation

засчитывать требования в ~ цены set off claims against the price

зачислять сумму на ~ enter (pass) an amount to an account, credit an amount to an account

иметь ~ в банке have (keep, hold) an account with (in) a bank

наложить арест на ~a attach accounts

открывать ~ open (establish, set up) an account

относить за ~ charge to an account

перевести сумму на ~ transfer an amount to an account

платить по ~у pay (settle) an account

подделывать ~ falsify an account

предъявлять ~ к оплате present (submit) a bill (an invoice) for payment

проверять ~ check (verify) an account; check (verify) an invoice публиковать ~ прибылей и убытков publish a statement of profits and losses

разблокировать ~ release a blocked account

расплатиться по ~у settle an account

снимать деньги со ~а draw (withdraw) money from an account, draw on an account

списывать за ~ write off against

списывать со ~а withdraw from (write off, debit) an account

утверждать ~ pass an invoice for payment

утверждать ~ прибылей и убытков approve a profit and loss account

фальсифицировать ~ tamper with an account

◊ в ~ кредита against (on account of) credit, towards the cost of a loan

за *чей-л.* ~ at the expense of *smb*, for *smb's* account

за ~ внебюджетных источников финансирования by off-budget (at the expense of extra-budgetary) sources of financing

за ~ средств бюджета by budgetary sources of financing, at the expense of budget fund

за свой ~ at one's expense, for one's own account

за собственный ~ on one's own account

по ~у under account

СЧЕТНАЯ ПАЛАТА court of auditors

СЫРЬ/Е [raw] materials, primary goods

~, вторичное secondary raw materials, recoverable resources

~, давальческое raw materials supplied by the customer, customer's (loaned) raw materials

~, дефицитное deficit (deficient, scarce) raw materials

~, импортное imported raw materials

~, местное domestic (local) raw materials

~, отечественное domestic raw materials

~, стратегическое strategic raw materials

добытчики ~я raw materials producers

единица ~я unit of raw materials

запасы ~я stocks (reserves) of raw materials

Т

ТАБЛО display board, indicator board, panel

~, информационное information board, display panel

~, световое illuminated panel (indicator board), light board

~, электронное котировочное quotation board

ТАЙН/А secret; (*секретность*) secrecy

~, банковская bank secrecy, confidential bank information (*см. тж* БАНКОВСКАЯ ТАЙНА)

~ банковских вкладов bank secrecy (confidentiality)

~ банковского счета secrecy (confidentiality) of a bank account

~ вкладов privacy of deposits

~, государственная state (official) secret

~ капиталовложений investment secrecy

~, коммерческая commercial (trade, business) secret (*см. тж* **КОММЕРЧЕСКАЯ ТАЙНА**)

~, производственная business secret

~, промышленная trade secret

~, профессиональная professional secret; professional secrecy

~, служебная professional (official) secrecy; professional (official) secret (*см. тж* **СЛУЖЕБНАЯ ТАЙНА**)

~ страхования secrecy of insurance

~, финансовая financial secret

нарушение ~ы violation of secrecy

разглашение служебной ~ы breach of professional secrecy

гарантировать ~у банковского счета guarantee secrecy (confidentiality) of a bank account

держать *что-л.* в ~e keep *smth* secret (private)

разглашать ~у disclose (divulge) a secret

сохранять *что-л.* в ~e keep *smth* [in] secret, preserve the secrecy of *smth*

ТАКСА [fixed] rate, tariff

~ за объявление advertisement tariff

~ за пересылку по почте postal rate

~ за проезд tariff of rates

продавать по ~e sell at the fixed rate

ТАКСАЦИЯ 1. (*установление расценки товаров, услуг и т.п.*) rating, price-fixing; valuation 2. *юр.* (*судебных издержек*) taxation

~ судебных издержек taxation of costs

ТАМОЖЕННАЯ ДЕКЛАРАЦИЯ customs declaration

ТАМОЖН/Я customs, customs house; the Customs

~, автогрузовая motor vehicle customs house

~, государственная state (government) customs

~, железнодорожная railway customs house

~, морская maritime customs house

~, пограничная frontier customs house

задержать груз на ~e detain cargo in customs

получать разрешение ~и get customs clearance

провозить через ~ю bring (take) through customs

ТАР/А 1. (*упаковка*) container, package, packing 2. (*масса упаковки*) tare

~, возвратная reusable container (packing)

~, инвентарная returnable container

~, индивидуальная unit pack

~, многооборотная returnable (reusable, multiple-use) container

~, ненадлежащая improper container

~, не подлежащая возврату non-returnable (throw-away) container

~, поврежденная damaged container

~, разовая disposable (throw-away) container

возврат ~ы поставщику return of containers to the supplier

замена ненадлежащей ~ы replacing an improper container

передача товара без ~ы transfer (handing-over) of goods without a container

товар в ~е goods in containers

требования к ~е requirements for a container

возвращать ~у return containers

грузить без ~ы load in bulk

передавать товар в ~е transfer goods in containers

упаковывать в ~у pack in containers

ТАРИФ tariff, rate, charge; (*за проезд*) fare

~, внутренний inland rate

~ воздушных грузовых перевозок air-freight tariff

~, высокий high rate

~, гибкий flexible tariff

~, государственный state (government) tariff

~, грузовой cargo (goods, freight) tariff, freight rates

~, дискриминационный discriminatory tariff

~, дифференциальный differential (graduated, sliding) tariff

~ы для исчисления размеров вознаграждения tariffs for the calculation of the amount of compensation, rates for computing the amount of remuneration

~ для экспортных грузов export rate

~, единый blanket tariff (rate), uniform tariff

~, железнодорожный railway tariff

~ за пользование электроэнергией electric (power) rate

~ы, запретительные импортные prohibitive import tariffs

~ за публикацию рекламы advertising (advertisement) rate

~ заработной платы wage rate

~, зональный zone tariff

~, импортный import tariff (rate)

~, карательный penalty (retaliation) tariff

~, коммерческий commercial tariff

~, компенсационный compensating tariff

~, конвенционный conventional tariff

~, льготный preferential (reduced) tariff (rate)

~, международный international tariff

~, местный local rate

~, налоговый tax tariff

~ на перевозки tariff for carriage

~ на транзитные грузы tariff for the transit of goods

~ на услуги банка published tariff, fee schedule

~ на электроэнергию electric (power) rate

~, общий general (blanket) tariff

~, оптовый bulk tariff

~, особый special tariff (rate)

~, пассажирский passenger tariff (rate)

~, платежный scale of charges

~, почтовый postal tariff (rate)

~, преференциальный preferential tariff

~, простой general (flat-rate, single) tariff

~, протекционистский protection (protective) tariff

~, скользящий sliding tariff

~, смешанный compound (mixed) tariff

~ ставок комиссионного вознаграждения schedule of commission charges

~, страховой insurance tariff (rate), rate of insurance (*см. тж* **СТРАХОВОЙ ТАРИФ**)

~, таможенный customs tariff (schedule)

~, транзитный transit tariff (rate)

~, транспортный transport[ation] tariff (rate), scale of charges

~, установленный законом statutory tariff

~, экспортный export tariff (rate)

выравнивание ~ов adjustment (alignment) of tariffs

отмена ~a abolition of a tariff

плата по ~y payment according to the tariff

повышение ~ов tariff escalation

снижение ~ов tariff cuts (reduction)

ставка ~a rate of tariff

определять плату на основании ~ов determine payment on the basis of tariffs (of rates)

платить по ~y pay according to the tariff (to the rates), pay a tariff

повышать ~ increase (raise) a tariff

применять ~ы apply tariffs (rates)

разрабатывать ~ы develop tariffs (rates)

снижать ~ decrease (reduce, lower) a tariff

устанавливать ~ impose (establish) a tariff, fix (prescribe) a rate

◊ по ~y according to (as per) tariff

по льготному ~y at a reduced rate

ТАРИФИКАЦИЯ (*установление расценок*) tariffication, rate-fixing, rate-setting; (*установление категорий*) rating, tariff classification

~ заработной платы salary classification

~ работ job rating

~, раздельная split-rate fixing

ТВЕРДЫЙ ЗАЛОГ firm pledge

ТЕМАТИКА subjects, themes

~ работ themes (thematics) of work

ТЕНДЕНЦИ/Я tendency; (*направление*) trend, drift, drive; (*сдвиг*) bias

~, инфляционная inflationary tendency (movement, trend, bias)

~ к стабилизации stabilization tendency

~, общая general trend

~ подъема upward tendency

~, преобладающая prevailing trend

~ роста growth trend

~ роста цен price growth trend

~ рыночных цен run of the market

~, устойчивая stable (steady) trend

~ цен price tendency (trend), tendency (trend) in prices

иметь ~ю have a tendency, tend

проявлять ~ю exhibit a tendency

ТЕНДЕР 1. (*извещение о предстоящих торгах*) tender 2. (*предложение, поступающее при проведении торгов*) tender, bid

~, закрытый closed tender

~ за право санации tender for reorganization

~, инвестиционный investment tender

~, международный international tender

~ на получение подряда tender (bid) for a contract

~ на разработку нефтегазовых месторождений tender for the development of oil and gas fields

~ на участие в проекте tender for a project

~, объявленный invited tenders (bids)

~, открытый open tender

~, публичный open tender

условия ~a terms of a tender

выиграть ~ win a tender

объявлять ~ invite tenders (bids)

ТЕНЕВАЯ ЭКОНОМИКА shadow (grey, unofficial, underground) economy

ТЕРМИНАЛ terminal

~, грузовой freight (cargo) terminal

~, контейнерный container terminal

~, морской marine terminal

~, нефтеналивной oil-loading terminal

~, портовый port terminal

~, таможенный складской customs warehousing terminal

~, устаревший ageing terminal

обновлять ~ renovate the terminal

реконструировать ~ redesign the terminal

строить новый ~ build (construct) a new terminal

ТЕРРИТОРИ/Я territory, area

~ без налогообложения tax-free territory, tax haven (shelter, oasis)

~, договорная contractual (agreed) territory, territory under a contract

~ использования territory of use

~, на которую распространяется действие договора territory to which the effect of a contract extends (applies)

~ налоговых льгот tax haven (shelter, oasis), low-tax jurisdiction

~, находящаяся под юрисдикцией... territory under the jurisdiction of ...

~, неосвоенная untapped territory

~, отведенная под строительство building land

~ порта port site

~ РФ territory of the Russian Federation

~, самоуправляющаяся self-governing territory

~, складская storage area (zone)

~, таможенная customs territory (area)

действовать на определенной ~и act (operate) on a definite (on a specified) territory

конкурировать на определенной ~и compete on the territory

ТЕРРОРИЗМ terrorism

бороться с ~ом combat terrorism

искоренять ~ stamp out terrorism

ТЕРРОРИСТИЧЕСКИЙ АКТ act of terrorism, terrorist act

ТЕХНИКА 1. (*технические средства*) equipment, machinery, facilities 2. (*область деятельности*) engineering, technology

~ безопасности industrial (occupational) safety

~, военная military equipment

~, вычислительная computers; computer technique

~, сельскохозяйственная agricultural machinery

~, современная modern (current, high) technology

~, строительная construction equipment

~, устаревшая obsolete equipment

~, электронная electronic technology

ТЕХНИКО-ЭКОНОМИЧЕСКОЕ ОБОСНОВАНИЕ feasibility study

ТЕХНИЧЕСКАЯ ДОКУМЕНТАЦИЯ technical documentation, engineering data

согласование технической документации coordination of technical documentation

составление технической документации preparation (compilation) of technical documentation

передавать техническую документацию transfer (hand over) technical documentation

разработать техническую документацию develop technical documentation

ТЕХНИЧЕСКАЯ ОБОСНОВАННОСТЬ technical feasibility

ТЕХНИЧЕСКИЙ КРЕДИТ overdraft

ТЕХНИЧЕСКИЙ ПАСПОРТ technical passport (certificate)

ТЕХНИЧЕСКОЕ ЗАДАНИЕ technical assignment (task), performance specification

выдавать ~ give a technical assignment (task)

ТЕХНИЧЕСКОЕ ПЕРЕВООРУЖЕНИЕ technical (technological) re-equipment, technical (technological) retooling

проводить ~ conduct technical re-equipment, perform technical retooling

ТЕХНОЛОГИ/Я technology

~, безотходная nonwaste (waste-free, wasteless) technology

~, виртуальная virtual technology

~, высокая high technology

~ изготовления production (manufacturing) technique (method)

~, информационная information technology

~, капиталоемкая capital-intensive technology

~, капиталосберегающая capital-saving technology

~и, компьютерные computer technologies

~, наукоемкая high technology

~, новая new (innovative) technology

~, перспективная promising technology

~, производственная production (manufacturing) technology

~, ресурсосберегающая resource-saving technology

~, современная current (state-of-the-art) technology

~ строительства construction techniques

~, трудоемкая labour-intensive technology

~, трудосберегающая labour-saving technology

~, устаревшая obsolete technology

~, энергозатратная power-intensive technology

~, энергосберегающая energy-saving technology

передача ~и transfer of technology

экспорт ~и export of technology

внедрять ~ю introduce technology

использовать ~ю utilize technology

применять ~ю apply (use, employ) technology

разрабатывать ~ю develop (design) technology

ТИПОВОЙ ДОГОВОР model contract, model agreement, standard contract

ТИТУЛ title

~, безупречный правовой good (first-class, perfect, sound, unimpeachable, valid) title

~, бесспорный правовой unassailable (first-class) title

~, дефектный defective (bad, imperfect) title

~, законный good title

~, исполнительный executory title

~ на движимое имущество title to personal property

~ на недвижимое имущество title to real property

~, неоспоримый правовой good (valid) title

~, неполный правовой imperfect title

~, оспоримый voidable title

~, полноценный правовой perfect title

~, правовой legal title, instrument of title, title by prescription

~, правовой, основанный на общем праве legal title

~, правовой, основанный на праве справедливости equitable title

~, правовой, подтверждаемый документально record title

~, свободный от обременения unencumbered (unimpaired) title

~ собственности title (proof) of ownership

~, сомнительный doubtful title

~, чистый правовой clear title

обладатель правового ~a title holder

порок ~a defect of a title

присвоение ~a *(в свою пользу)* conversion of a title

приобретать правовой ~ take a title

ТОВАР commodity, product, goods; ~ы merchandise, wares; *(новоприбывшие)* arrivals

~, аналогичный analogous goods

~, аукционный auction goods

~, беспошлинный duty-free goods

~, биржевой exchange goods

~ы, бывшие в употреблении second-hand articles (goods)

~, быстро реализуемый marketable articles

~ы бытовой химии consumer chemical products, household chemical goods

~ы, взаимозаменяемые substitutional goods, fungible items

~ в нагрузку piggyback product

~ы в наличии stock in trade, inventory

~ы в обороте goods in circulation (in commerce)

~, возвращенный потребителем goods returned by a consumer

~ в пути goods in transit

~ в таре goods in containers

~ в упаковке packed (wrapped, covered) goods, goods in packaging

~ы, входящие в комплект goods included in a complete unit

~, высококачественный [high-] quality goods, goods of high quality

~ высшего качества superior (top-quality) goods

~, дефектный defective (faulty) goods

523

~, дефицитный scarce commodity (goods), commodity in short supply

~ы длительного пользования durable (hard, long-lived) goods, durables

~, дорогостоящий expensive (high-priced) goods (products)

~ другого размера goods of a different size

~ другой комплектации goods of different make-up

~, забракованный rejected goods, rejects

~, заложенный pledged goods

~ы, запрещенные для импорта prohibited imports

~ы, запрещенные для экспорта prohibited exports

~ы, застрахованные insured goods

~, изготовленный по заказу custom-made products

~, имеющийся в наличии goods on hand

~ы, импортные import[ed] goods (commodities)

~, иной по размеру goods differing in size (of different size)

~ иной по сорту goods differing in quality, goods of different grade

~ иностранного производства goods of foreign make

~ иностранного происхождения goods of foreign origin

~ы, иностранные foreign[-made] goods, goods of foreign make

~ы, комплектные complete goods, goods in complement

~ы, комплектующие completing articles

~ы, конкурентные competitive products

~, контрабандный contraband goods

~, купленный goods bought (purchased)

~ы, маркированные branded (labelled) goods

~ы массового производства mass production goods

~ы местного производства local products (goods, commodities)

~ надлежащего качества goods of proper quality

~, наличный goods on hand, available goods, inventory

~ы народного потребления consumer goods

~, невостребованный unclaimed goods

~, недоброкачественный defective (poor quality, substandard) goods, goods of improper quality

~, недопоставленный short-delivered goods

~, некомплектный incomplete goods

~, некондиционный substandard goods

~, неконкурентоспособный noncompetitive goods (products)

~, нелегальный illegal goods

~ ненадлежащего качества goods of improper quality

~ы, не облагаемые пошлиной duty-free goods

~, неоплаченный unpaid goods

~, не подверженный сезонным колебаниям nonsensitive goods (commodities)

~, не пользующийся спросом badly selling lines, dead stock

~, непригодный для использования goods unsuitable for use

~, непроданный unsold goods

~, непродовольственный non-food commodity (goods)

~ы, неравноценные goods not of equal value (not equal in price)

~, неупакованный unpacked goods

~, неходовой slow-moving (unsaleable, unmarketable) goods

~ низкого качества goods of inferior (of poor, of low) quality

~, низкосортный low-grade goods

~ы, облагаемые пошлиной dutiable (customable, taxable) goods (articles, items)

~, обремененный правами третьих лиц goods burdened by the rights of third persons (of third parties)

~ы одноразового пользования disposable (single-use) goods, disposables

~ы, однородные similar goods, goods of one type

~ы, опасные dangerous (hazardous) goods, goods of a dangerous character

~, оплаченный goods paid for

~ы, основные staple (basic) goods (commodities)

~ы, основные сырьевые basic commodities

~, отборный choice goods

~ы отечественного производства domestic (home-made) products

~ы первой необходимости essential (primary) commodities (goods), essentials, goods of prime necessity

~, поврежденный damaged (faulty) commodity

~ы повседневного спроса day-to-day (convenience) goods

~ы повышенного спроса key items, best sellers

~ы, подакцизные excisable goods

~ы, подержанные second-hand articles (goods)

~ы, подлежащие обмену goods subject to exchange (to barter), exchangeable goods

~ы по договору купли-продажи goods under a contract of purchase and sale

~ы, пользующиеся большим спросом popular goods, ready-selling lines, tradeables

~ы, поставляемые supplied goods

~ы, потребительские consumer goods (products, items, lines), consumables

~ы потребительского назначения consumer goods (products)

~, похищенный stolen goods

~, предлагаемый к продаже goods offered for sale

~ы, представительские official goods

~, пригодный для торговли goods of merchantable quality

~, пригодный к использованию goods suitable for use

~, принятый accepted (received) goods

~, приобретенный purchased (obtained) goods

~, продаваемый в кредит credit stock

~, продаваемый в убыток (с целью рекламы) loss leader

~, проданный во время нахождения в пути goods sold while in transit (en route)

~, проданный в рассрочку goods sold with instalment payment

~, продающийся по сниженным ценам cut-price (low-price) goods

525

~ы, продовольственные food products (commodities)

~ы производственного назначения capital (industrial) goods, producer durable goods

~ы, промышленные industrial (manufactured) goods

~ы прямой поставки direct-delivery goods

~ы, равноценные goods of equal value (of equal worth, of equal price)

~, раздаваемый бесплатно (*с целью рекламы*) giveaway goods (articles)

~, реальный physical commodity; *бирж.* spot commodities, actuals

~, рекламируемый advertised goods

~ы, сезонные seasonal products (goods)

~ы, сельскохозяйственные agricultural (farm) goods (commodities, produce)

~ы серийного производства serially produced articles

~, скоропортящийся perishable product

~ы, стратегические strategic goods

~ы, сырьевые raw materials, primary (basic) goods

~, технически сложный technically complex goods

~ы, транзитные goods in transit, transit goods

~, уцененный reduced-price (marked-down) goods

~, фасованный packaged (pre-packaged, prepacked) goods

~, фирменный proprietary goods, branded articles

~, ходовой fast-moving (fast-selling, marketable) goods (commodities), saleable products (articles)

~ы, хозяйственные household goods

~ы широкого потребления consumer goods (commodities)

~ы, штучные piece goods

~ы, экспортные export goods (commodities)

ассортимент ~ов assortment of goods

вес ~а weight of goods

возврат ~а return of goods

возврат ~а ненадлежащего качества return of goods of improper quality

вручение ~а handing over (giving) goods to ...

выборка ~ов pickup of goods

выдача ~а с товарного склада по двойному складскому свидетельству release of goods by the warehouse against a double warehouse certificate

выставление ~а в месте продажи display (exhibition) of goods

гарантийный срок на ~ warranty period for goods

гарантия качества ~а product warranty

гибель ~а loss (perishing) of goods

готовность ~а readiness of goods

демонстрация использования ~а demonstration of the use of goods

доставка ~а delivery of goods

доукомплектование ~а completing the goods

залог ~а в обороте pledge of goods in circulation (in commerce)

замена ~а replacement of goods

запас ~ов stock of goods (of commodities, of products)

затаривание ~a packing (placing) goods in containers

изготовитель ~a manufacturer of goods

изъятие ~a у *кого-л.* confiscation (taking) of goods from *smb*

информация о ~e information on (about) goods

использование ~a use of goods

качество ~a quality of goods

количество ~a quantity of goods

комплект ~ов set of goods, goods in a complete unit

комплектность ~a completeness (full complement) of goods

конкурентоспособность ~ов competitiveness of goods

маркировка ~a marking of goods

набор ~ов в комплекте set of goods in a complete unit

назначение ~a purpose of goods

наименование ~a name of goods

невыборка ~ов failure to pick up goods (*см. тж* НЕВЫБОРКА ТОВАРОВ)

недопоставка ~a short delivery (undersupply, shortage in the supply) of goods

недостатки ~a defects of goods

некомплектность поставленных ~ов incompleteness of the supplied goods

неоплата ~a failure to pay for the goods

обмен ~a exchange of goods

описание ~a description of goods

оплата ~a payment for goods

осмотр ~ов inspection of goods

отгрузка ~ов shipment of goods

отказ от ~a rejection of goods

отсутствие ~ов на рынке absence of goods in (on) the market

партия ~ов consignment (lot, shipment) of goods

передача ~a transfer of goods

передача принадлежностей и документов, относящихся к ~y transfer of accessories and documents relating to goods

перемещение ~ов movement of goods

переработка ~a processing of goods

поставка ~ов delivery (supply) of goods

поставка ~ов для государственных нужд delivery (supply) of goods for state needs

право собственности на ~ ownership of (title to) goods

предоставление ~a в распоряжение покупателя placing of goods at the disposal of the buyer

принятие ~a в количестве, превышающем указанное в договоре acceptance of goods in a quantity exceeding the quantity indicated (specified) in the contract

принятие ~a на ответственное хранение acceptance of goods for responsible storage

принятие ~a по договору поставки acceptance of goods in accordance with a supply contract

проверка ~a во время хранения inspection of goods during storage

проверка ~ов при приеме inspection of goods upon their receipt (upon their acceptance)

продажа ~ов sale (realization, distribution) of goods

продажа ~a в кредит sale of goods on credit

продажа ~ов по образцу sale of goods by sample

продажа ~ов по описанию sale of goods by description

продвижение ~a sales promotion

производство ~ов production of goods

публичная оферта ~а public offer[ing] of goods

реализация ~а sale (disposition) of goods

реимпорт ~ов reimport of goods

риск случайной гибели ~а risk of accidental loss of goods

свойства ~а characteristics (nature) of goods

сорт ~а quality (grade) of goods

сохранность ~ов safekeeping of goods

срок годности ~а service[able] (working) life (application time) of goods, period of suitability of goods; (*при хранении*) storage (shelf) life

страхование ~а insurance of goods

транзит ~ов transit of goods

требования к качеству ~а requirements for quality of goods

упаковка ~а packaging of goods

характер ~а nature of goods

цена ~а price of goods

браковать ~ reject goods

внедрять ~ на рынок introduce goods (products) into (move goods to) the market

возвращать товарный вид поврежденному ~у render goods marketable

вывозить ~ take away goods

вывозить ~ со склада withdraw (remove) goods from a warehouse

выдавать ~ со склада release goods from a warehouse

выделять ~ для выполнения договора appropriate goods to the contract

выкупать ~ из залога redeem goods out of pledge

выпускать ~ turn out goods

декларировать ~ на таможне enter goods for customs clearing

держать ~ на складе keep goods in stock, hold goods in store

доставлять ~ deliver goods

доукомплектовывать ~ы complete goods, replenish the complement of goods

заказывать ~ order goods

закладывать ~ pledge goods

заменить ~ replace goods, substitute goods for (*other goods*)

застраховать ~ insure goods

затаривать ~ pack goods in containers, containerize goods

идентифицировать ~ identify goods

изготовлять ~ manufacture (produce) goods

импортировать ~ import goods

использовать ~ по назначению use goods for their regular (designated) purpose

конфисковать нелегальный ~ confiscate (seize) illegal goods

обменять ~ на аналогичный exchange goods for analogous goods

оплатить ~ pay for goods

осматривать ~ы inspect goods

отказаться от ~а reject goods

отпускать ~ со склада release goods from a warehouse

отчуждать ~ alienate (cede) goods

перевозить ~ы carry (transport, convey) goods

перегружать ~ transship (transfer) goods

передавать ~ в собственность *кому-л.* transfer (hand over) goods to the ownership of *smb*

перепродавать ~ resell (reexport) goods

покупать ~ buy (purchase) goods

поставлять ~ deliver (supply) goods

предлагать ~ offer goods

предоставлять ~ в распоряжение *кого-л.* place goods at the disposal of *smb*

принимать ~ accept goods

продавать ~ sell (dispose of) goods

распоряжаться ~ом dispose of goods

распределять ~ы distribute goods

распродавать ~ы sell out goods

реализовать ~ sell (realize, dispose of) goods

реализовать ~ по своему усмотрению sell (dispose of) goods at one's discretion

скупать ~ы на рынке с целью повышения цен forestall the market

снимать ~ с аукциона withdraw goods from a sale

снимать ~ с продажи на рынке withdraw goods from the market

страховать ~ insure goods

упаковывать ~ pack (package) goods

экспортировать ~ы export goods

ТОВАРИЩ (*участник товарищества*) partner, general (full) partner

ТОВАРИЩЕСТВ/О partnership

~, коммандитное limited partnership

~, кооперативное cooperative society

~ на вере limited partnership

~, негласное silent partnership

~, ограниченное limited partnership

~, полное general (unlimited) partnership (*см. тж* ПОЛНОЕ ТОВАРИЩЕСТВО)

~, простое simple partnership (*см. тж* ПРОСТОЕ ТОВАРИЩЕСТВО)

~, смешанное mixed partnership

~ с неограниченной ответственностью unlimited (general) partnership

~ собственников condominium

~ с ограниченной ответственностью limited partnership

~, торговое trading partnership

~, хозяйственное business (commercial) partnership

ведение дел ~а на вере conducting affairs of a limited partnership

вступление в ~ entry into (joining) a partnership

выбытие из ~а withdrawal from a partnership

выход вкладчика из ~а withdrawal (exit) of a contributor (of an investor) from a partnership

ликвидация ~а liquidation (dissolution) of a partnership

преобразование ~а на вере в полное ~ transformation of a limited partnership into a general partnership

управление в ~е на вере management in a limited partnership

участие в полном ~е participation in a full partnership

участник ~а partner

учредительный договор ~а на вере founding agreement of a limited partnership, articles of partnership

член ~а partner

вступать в ~ enter into (join) a partnership

выбывать из ~а leave (withdraw from) a partnership

выходить из ~а withdraw (retire) from a partnership

действовать от имени ~a act (operate) in the name of a partnership

ликвидировать ~ liquidate (dissolve) a partnership

образовывать ~ enter into partnership

создать ~ establish (create) a partnership

участвовать в полном ~e participate in a full partnership

ТОВАРНОЕ МЕСТО piece of goods

ТОВАРНЫЕ ЗАПАСЫ stock of goods (of commodities, of products), goods in stock, commodity supplies, goods store, inventory

ТОВАРНЫЙ ВИД marketable (saleable) state, commercial appearance

утрата товарного вида loss of commercial appearance

ТОВАРНЫЙ ЗНАК trademark

~, зарегистрированный в установленном порядке trademark registered in the established manner

исключительное право на ~ exclusive right to a trademark

право на ~ right to [the use of] a trademark

ТОВАРНЫЙ СКЛАД [goods] warehouse

~ общего пользования warehouse for public use, general use warehouse

печать товарного склада seal of a goods warehouse

хранение товаров на товарном складе storage at a commodity warehouse

ТОВАРОВЕД commodity expert, expert on merchandise

ТОВАРОВЛАДЕЛЕЦ owner of goods (of commodity)

ТОВАРОДВИЖЕНИЕ movement of goods, physical distribution of goods; logistics

ТОВАРОЗАМЕЩЕНИЕ commodity substitution

ТОВАРООБМЕН barter, goods (commodity) exchange, exchange of goods (of commodities)

~, непосредственный direct exchange of commodities

ТОВАРООБОРОТ trade, trade (goods, commodity) turnover, turnover of commodities, commodity circulation

~, валовой gross trade turnover

~, годовой annual sales

~, оптовый wholesale trade turnover

~, розничный retail turnover

увеличивать ~ increase trade turnover

ТОВАРООТПРАВИТЕЛЬ consignor, shipper, forwarder of goods

ТОВАРОПОЛУЧАТЕЛЬ consignee, recipient

ТОВАРОПОТОК trade (goods, commodity) flow

ТОВАРОПРОИЗВОДИТЕЛЬ manufacturer, commodity producer

~, мелкий small commodity producer

~, отечественный domestic commodity producer

ТОВАРОРАСПОРЯДИТЕЛЬНЫЙ ДОКУМЕНТ document of title

ТОЛКОВАНИЕ interpretation, construction

~ договора interpretation of a contract (of a treaty)

~ закона interpretation of a law, construction of a statute

~, законодательное statutory interpretation (exposition)

~ контракта contract interpretation

~, неправильное misinterpretation, misconstruction

~, ограничительное restrictive (limited) interpretation

~, расширительное extensive interpretation, broad (extensive) construction

~, судебное judicial interpretation

~ условий договора interpretation of the terms of a contract

~ юридической нормы interpretation of a legal norm (of a legal rule)

ТОЛЛИНГ (*работа предприятий на давальческом сырье*) tolling

~, внешний foreign tolling

~, внутренний inland tolling

ТОПЛИВНО-ЭНЕРГЕТИЧЕСКИЙ КОМПЛЕКС, ТЭК fuel and energy complex

ТОПЛИВ/О fuel

~, газовое fuel gas

~, дизельное diesel fuel

~, жидкое liquid fuel

~, местное domestic fuel

~, моторное motor (engine, vehicle) fuel

~, природное natural fuel

~, твердое solid fuel

~, ядерное nuclear fuel

запасы ~а fuel reserve

оплата ~а payment for fuel

ТОРГ 1. (*уторговывание, заключение сделки*) bargaining 2. (*публичная продажа имущества, товара*) auction, tender 3. (*спор*) wrangle

~, аукционный public sale, auction

~, бюджетный wrangle over a budget

ТОРГ/И (*организация торговли на конкурсной основе*) tenders, bidding, auction, public sale, competitive tendering

~, гласные announced (invited) tenders

~, закрытые closed bidding (tenders)

~, инвестиционные investment tenders

~, конкурсные bids, competitive bidding (tenders)

~, международные international bids (tenders)

~, местные local tenders

~ на контракты tenders for contracts

~ на поставку оборудования tenders for delivery of equipment

~, негласные closed bidding (tenders)

~, объявленные announced (invited) tenders

~, открытые open tenders (bidding)

~, переквалификационные qualification tenders

~, повторные repeat auction, second public sale

~, подрядные contract tenders

~ по заключению правительственных контрактов tenders for government (public) contracts

~, приватизационные privatization auction

~, публичные public (auction) sale

заявка на участие в ~ах application for participation in tenders

извещение о проведении ~ов notice on the conduct of an auction (on holding a public sale), notice of invitation to tender нарушение правил проведения ~ов violation of the rules for holding tenders

объявление ~ов announcement of (invitation to) tenders, invitation (call) for bids

объявление ~ов несостоявшимися declaring a public sale (an auction) not to have taken place

организатор ~ов organizer of an auction (of a public sale)

организация ~ов organization of tenders (of a public sale, of an auction)

отказ от проведения ~ов cancellation of an auction (of a public sale, of tenders)

правила проведения ~ов regulations for holding tenders

предмет ~ов object of an auction (of a public sale)

признание ~ов недействительными declaration of an auction (of a public sale, of tenders) as invalid (to be invalid)

проведение ~ов holding a public sale (tenders), conduct of an auction

продажа с публичных ~ов sale at a public auction (at a public sale)

протокол о результатах ~ов protocol (memorandum) of the results of an auction (of a sale)

размещение заказов через ~ placement of orders by tender (by public auction)

участие в ~ах participation in an auction (in a public sale)

форма ~ов form of an auction (of a public sale)

выиграть ~ win a tender (an auction, a public sale)

выступать на ~ах bid

назначать ~ announce (call for) tenders, invite bids (tenders)

объявлять ~ announce (call for) tenders, invite bids (tenders)

проводить ~ hold a tender (an auction), conduct bidding

участвовать в ~ах participate in tenders, tender for a contract

ТОРГОВАЯ ТОЧКА point of purchase (of sale), sales outlet

ТОРГОВЛ/Я trade, trading, commerce, sale, marketing, business, traffic; (запрещенными товарами) trafficking

~ акциями stock (equity) trading, dealing in shares

~, аукционная trade by auction

~, бартерная barter [trade]

~, беспошлинная free trade

~, биржевая exchange business (trade)

~, взаимовыгодная mutually profitable (beneficial, advantageous) trade

~, внешняя foreign (external, international) trade

~, встречная countertrade

~, государственная state trade (trading)

~, двусторонняя bilateral trade

~, законная lawful trade

~, запрещенная illegal (illicit) trade

~, консигнационная sale on a consignment basis

~, контрабандная contraband (illicit) trade

~ крадеными товарами trafficking in stolen goods

~, лицензионная trade in licences, licence trade

~, международная international trade (commerce)

~, меновая trade by barter

~, мировая world (global) trade

~, многосторонняя multilateral trade

~ наркотиками drug trafficking, illicit traffic of drugs, drug pushing (sale)

~ на черном рынке black marketing

~ недвижимостью dealing in real estate

~, незаконная illicit trade (trading)

~, оживленная brisk trade, brisk (lively) market

~, оптовая wholesale trade (commerce, business)

~ оружием, запрещенная arms trafficking

~, посредническая intermediate (intermediary) trade

~, приграничная border (frontier) trade

~, розничная retail trade (trading, business), retailing; (наркотиками) dope-peddling

~, свободная free trade

~, сезонная seasonal trade

~ товарами commodity trade, trade in commodities (in products)

~ услугами trade in services

~ ценными бумагами trade in securities, securities trading (business)

~, электронная electronic commerce (trade), e-commerce

застой в ~е depression of trade, trade depression

либерализация ~и trade liberalization

ограничение ~и restriction (restraint) of trade, restrictive trade practices

вести ~ю carry on (conduct) trade

вести незаконную ~ю наркотиками peddle drugs

ограничивать ~ю restrict (restrain) trade

поощрять ~ю encourage trade

пресекать контрабандную ~ю наркотиками stop (cut) drug smuggling

приостановить ~ю акциями suspend shares

развивать ~ю develop (increase, expand) trade

свернуть ~ю curtail trade

содействовать развитию ~и promote trade

ТОРГОВОЕ ПРАВО merchant law, business law

ТРАНСПОРТ 1. (*средства сообщения*) transport, means of transportation, vehicles 2. (*перевозка*) transportation, carriage, traffic

~, автомобильный motor (road) transport

~, внутренний inland transport

~, водный water transport

~, воздушный air transport (service)

~, городской city (urban) transport[ation] (service)

~, грузовой freight (cargo) transport

~, железнодорожный rail[way] transport[ation]

~, морской sea (ocean) transport

~ общего пользования public transport, common carrier

~, общественный public transport[ation]

~, пассажирский passenger transport

~, речной river transport

вид ~a type (means) of transport

перевозка ~ом общего пользования carriage by a common carrier (by general use transport)

перевозка разными видами ~a carriage by different types of transport

перевозка разными видами ~a по единому транспортному документу carriage by different types of transport under a single transport[ation] document

средства ~a transport vehicles, means of transport

ТРАНСПОРТИРОВАНИ/Е transportation

условия ~я товара conditions of transportation

ТРАНСПОРТИРОВК/А transport, traffic, carriage, conveyance, haulage

~ грузов transport (carriage) of cargo (of freight, of goods)

~ разными видами транспорта transportation by combined traffic

~, транзитная traffic in transit

обеспечивать ~у грузов provide (ensure) transport[ation] of cargo (of freight)

ТРАНСПОРТНАЯ НАКЛАДНАЯ consignment note, bill of lading, waybill

выдача транспортной накладной issuance of a bill of lading, billing

составление транспортной накладной making out (compilation) of a bill of lading (of a waybill)

оформлять транспортную накладную make out (draw up) a waybill

ТРАНСПОРТНАЯ ОРГАНИЗАЦИЯ carrier, transportation company, transportation agency

договоры между транспортными организациями contracts (agreements) between transport organizations

камера хранения транспортной организации check-room (storage office) of a transport organization

погрузка, осуществляемая транспортной организацией loading of cargo (of freight) by a transport organization

ТРАНСПОРТНАЯ ЭКСПЕДИЦИЯ freight forwarding

договор транспортной экспедиции contract of freight forwarding

ответственность по договору транспортной экспедиции liability under a contract of freight forwarding

привлечение третьих лиц к исполнению обязанностей экспедитора по договору транспортной экспедиции engaging third parties in the performance of obligations of a freight forwarder under a contract of freight forwarding

ТРАНСПОРТНОЕ СРЕДСТВО means of transport, transport[ation] (shipping) facility, transport vehicles

~, исправное means of transport in good repair (in good working order)

аренда транспортного средства lease of a vehicle

вместимость транспортного средства capacity of a means of transport

вред, причиненный транспортному средству damage caused to a means of transport

вред, причиненный транспортным средством harm caused by a means of transport

задержка отправления транспортного средства delay in departure of a transport means

использование транспортного средства use of a means of transport

коммерческая эксплуатация арендованного транспортного средства commercial operation of a leased means of transport

подача транспортного средства под погрузку supply (provision) of a transport means for loading

прибытие транспортного средства arrival of a means of transport

расходы на приобретение специальных транспортных средств expenses for acquisition of special means of transport

содержание транспортного средства maintenance of a means of transport

страхование транспортного средства insurance of a transport means

подавать ~ под погрузку provide (supply) transport means for loading

предоставить ~ provide (give) a transport means

страховать ~ insure a means of transport

ТРАНСПОРТНЫЙ КОДЕКС transport code

ТРАНСПОРТНЫЙ УСТАВ transport charter

ТРАНСФЕРТ (*перевод, передача*) transfer

~ акций transfer of shares (of stock), share (stock) transfer

~, банковский bank transfer

~, бланковый transfer in blank

~ капиталов transfer of capital

~ облигаций transfer of bonds

~ прибыли transfer of profit

ТРАССАНТ drawer

ТРАССАТ drawee

ТРАСТ (*доверительный фонд*) trust

~, благотворительный charitable (public) trust

~, инвестиционный investment trust

~, пенсионный pension (retirement) trust

~, установленный по решению суда court trust

~, финансовый financial trust

учреждать ~ establish (create) a trust

ТРАТТ/А bill [of exchange], draft

~, акцептованная acceptance bill (draft)

~, документарная documentary draft

~, коммерческая commercial bill (draft) ·

~ на предъявителя draft at sight

~ сроком на ... draft with a tenor of ...

~, срочная term (time) draft

~, торговая trade bill, business paper

~, финансовая finance bill

акцептовать ~у accept (take up, protect, honour) a bill (a draft)

выставлять ~у draw (issue) a bill (a draft)

оплатить ~у pay (take up, protect, honour) a bill (a draft)

платить ~ой pay by (through) a draft

ТРЕБОВАНИ/Е 1. demand; (*просьба*) request; (*письменное*) application; (*претензия*) claim 2. (*потребности*) *pl.* needs, wants 3. (*условие*) requirement

~я антимонопольного органа demands of the antimonopoly agency

~ возврата части налогов tax reclaim

~ возвращения денег demand for refund

~ возмещения убытков claim for damages

~, встречное counterclaim, claim in return, counterdemand (*см. тж* **ВСТРЕЧНОЕ ТРЕБОВАНИЕ**)

~, встречное однородное identical counterclaim

~ выплаты страхового возмещения insurance claim

~я государственных стандартов requirements of State Standards

~, деликтовое tort claim

~, денежное monetary claim (*см. тж* **ДЕНЕЖНОЕ ТРЕБОВАНИЕ**)

~ добросовестности, разумности и справедливости requirements of good faith, reasonableness and justice

~я, жесткие stringent requirements

~, завышенное steep (excessive) demand

~я закона requirements of a law

~, законное justifiable claim

~я, заявленные presented claims

~, исковое claim, action, lawsuit

~я истца plaintiff's demands

~я, квалификационные (*к персоналу*) qualifying requirements

~я к качеству , обязательные mandatory (obligatory) requirements for quality

~я к качеству, повышенные increased requirements for quality, higher quality requirements

~я к качеству товара quality specifications, requirements for the quality of goods

~ клиента к банку claim of a client upon the bank

~я к обслуживанию service requirements

~я кредиторов claims (demands) of creditors

~я к таре requirements for containers

~я к упаковке requirements for packaging

~, настоятельное pressing demand

~, необоснованное unreasonable claim (demand)

~, нормативное regulatory claim

~, обеспеченное залогом claim secured by a pledge of property

~, обоснованное reasonable (justified) demand

~ об уплате demand for payment

~ об уплате неустойки demand for payment of a penalty

~ об уплате процентов claim for payment of interest

~ об уценке demand for price reduction (for repricing)

~, обязательное для исполнения binding requirement

~ о взыскании алиментов claim for recovery of support payments (of alimony)

~ о возмещении суммы claim for compensation of an amount (of a sum)

~ о возмещении убытков claim for compensation (for indemnity, for damages), action for compensation

~ о выплате страхового возмещения demand for payment of an insurance compensation

~ о досрочном погашении кредита on-call

~ о соразмерном уменьшении покупной цены demand for the proportional (commensurate) reduction of the purchase price

~ платежа demand (request, call) for payment

~, платежное payment request

~ повышения заработной платы wage (salary) demand, wage claim, pay demand

~я, подлежащие удовлетворению claims subject to satisfaction

~, по иску, регрессное recourse claim on a suit

~ по ордерной ценной бумаге claim under an order security

~я по финансовой отчетности financial reporting requirements

~я, правовые legal requirements

~я правовых актов requirements of legal acts

~я, предъявляемые к качеству requirements set [forth] for quality

~, преимущественное preferential (prior) claim, *юр.* lien

~, регрессное recourse claim, regressive (retroactive) demand (*см. тж* РЕГРЕССНОЕ ТРЕБОВАНИЕ)

~, рекламационное claim

~, солидарное joint and several claim

~, спорное litigious claim

~, справедливое fair claim (demand)

~ судебной защиты demand for a relief

~я, технические technical requirements

~ уплаты долга call for funds

~ уплаты налога tax claim

~ уплаты штрафа claim for a penalty

~я, установленные established requirements

~я, установленные государственными стандартами requirements established by state standards

~ уценки demand for price reduction (for repricing)

~я Федерального закона requirements of the Federal Law

~я, эксплуатационные operational requirements

зачет ~я set-off (setting-off) of a claim

нарушение ~й breach (violation) of requirements

несоблюдение ~й failure to observe (to comply with, to adhere to) requirements

отказ в удовлетворении ~й refusal to satisfy the claims˙

право ~я right of a claim (to claim)

предъявление ~я making (presentation of) a claim (a demand)

размер ~я amount of a claim

сумма ~й amount of claims

удовлетворение ~й satisfaction of claims (of demands)

уступка ~я assignment of a claim, cession of demand

выдвигать ~я make (lay down, put forward) demands

выполнять ~я carry out (fulfil) requirements

выполнять ~я закона comply with (fulfil) the requirements of a law

зачесть ~ в погашение обязательства set off (count) a claim in satisfying (in payment of) an obligation

заявлять ~я present claims (demands)

нарушать ~я violate requirements

обосновывать исковое ~ establish a claim

отвергать ~ reject (repudiate) a
claim; reject a demand

отвечать техническим ~ям meet
(correspond) to the technical requirements

отказывать в ~и decline (reject) a
claim

отказывать в удовлетворении ~я
refuse (disallow) satisfaction of a
claim

отказываться от ~я abandon (give
up) a claim

отказываться от искового ~я
withdraw a claim

отклонять ~ reject a claim; decline a demand

погашать ~я cancel (extinguish)
claims

погашать ~я кредиторов cancel
(extinguish) claims of creditors

подчиняться ~ям comply with
requirements

предъявлять ~я present (submit)
claims, make (raise) demands

предъявлять ~я к зачету present
in set-off *one's* monetary claims

прекращать ~ зачетом settle (extinguish) a claim by set-off

соблюдать ~я закона observe
(adhere to) the requirements of a
law (of a statute)

соглашаться с ~ями agree to
(comply with) requirements

соответствовать ~ям meet (satisfy, comply with) requirements

удовлетворять ~я meet (satisfy,
allow, discharge) claims, service
requirements

удовлетворять ~ям meet (satisfy)
requirements

◊ по ~ю at (on) call, at (by) request, by *smb's* order, on demand

по ~ю любой из сторон on
demand of one (of any) of the
parties

по ~ю суда by order of the
court

по первому ~ю at first demand

с нарушением ~й in violation
of requirements

сроком по ~ю due at call

ТРЕТЕЙСКИЙ СУД tribunal of arbitration, court of arbitration

ТРИБУНАЛ tribunal

~, военный court martial

~, международный international
tribunal

~, независимый independent tribunal

ТРУД labour, work, job

~, бесплатный free labour

~, высококвалифицированный
highly skilled labour

~, добровольный voluntary labour

~, добросовестный honest (conscientious) work

~, квалифицированный skilled
labour (work)

~, коллективный team work

~, наемный hired (wage) labour

~, неквалифицированный unskilled labour

~, непроизводительный inefficient (nonproductive) labour

~, общественный social labour

~, оплачиваемый paid work (labour)

~, полезный useful labour

~, принудительный forced (compulsory) labour

~, продуктивный productive labour

~, производительный efficient labour, productive work

~, тяжелый hard work (labour)

~, умственный mental labour

~, фермерский farm labour
продукт ~a labour product

ТРУДОВОЙ ДОГОВОР labour contract, labour agreement, work contract

лица, работающие по трудовому договору persons working under a labour agreement

разглашение служебной тайны вопреки трудовому договору divulgence (disclosure) of a professional secret contrary to a labour contract

ТРУДОВОЙ КОЛЛЕКТИВ labour collective

передача акций в собственность трудового коллектива transfer of shares to a labour collective

ТРУДОСПОСОБНОСТ/Ь ability to work, capacity to work

~, общая general ability to work, general work capacity

~, профессиональная professional work capacity

утрата ~и loss of ability to work (of work capacity)

ТРУДОУСТРОЙСТВО employment, provision of employment, job, placement

~ беженцев finding employment for refugees

~ бывших заключенных rehabilitation

~, временное temporary employment

~ населения provision of employment for people

ТЯЖБА (*судебный процесс*) litigation, lawsuit, suit; (*конфликт, спор*) controversy, dispute

~ в местном суде local litigation

~, корпоративная corporate litigation

~, судебная litigation

У

УБЫЛ/Ь 1. (*уменьшение*) decrease 2. (*потери*) waste, loss

~, естественная natural decrease (deterioration); natural loss

~ капитала loss of capital, capital loss

восполнять ~ replenish, make up for losses

◊ с учетом естественной ~и with consideration for natural deterioration

УБЫТ/ОК 1. (*ущерб, урон*) damage, loss, waste 2. ~КИ (*компенсация*) damages

~, валовой gross loss

~ки, возместимые recoverable losses

~ки, возможные possible (potential, prospective) losses

~ки, возникшие вследствие оплаты подложного чека damages arising as a result of payment of a counterfeit cheque

~ки вследствие неуплаты долговых обязательств losses on bad debt

~ки вследствие уменьшения стоимости товарных запасов losses on stock

~ки вследствие упущенной выгоды losses for lost profit

~ки, вызванные изменением стоимости имущества damages caused by change in the value of property

~ки, вызванные простоем damages caused by the stoppage of work (by idle time)

~ки за отчетный год losses for the year (of the current fiscal year)

~ки за отчетный период losses for the period

~ки за прошлый год losses for the previous year

~, заявленный claimed loss

~, капитальный capital loss

~ки, косвенные indirect losses; indirect (consequential) damages

~, материальный loss of property

~ки, накопленные accumulated losses

~ки, несоразмерные disproportionate damages

~ки, образовавшиеся losses formed, formed losses

~ки, ожидаемые expected losses

~ки от изменения курсов ценных бумаг losses in prices of securities

~ки от курсовой разницы exchange losses

~ки от основной деятельности operating (operational) losses

~ки от подделки fraud losses

~ки от реализации operating losses

~ки от хищений losses from misappropriations

~ки, подлежащие взысканию в судебном порядке recoverable damages

~ки по кредитам credit losses, losses on receivables

~ки, понесенные losses suffered (sustained, borne, incurred)

~ки, понесенные лицом, действовавшим в чужом интересе losses incurred by a person acting in another's interest (on behalf of another)

~, причиненный damage caused (done)

~ки, причиненные по вине ... damages caused by the fault of ...

~ки, причиненные просрочкой damages caused by the delay

~ки при эксплуатации operation losses

~ки, производственные production losses

~ки, прямые direct losses

~ки, реальные actual losses; actual damages

~ки, связанные со строительством, расширением и реконструкцией losses connected with construction, expansion and reconstruction

~ки, связанные с совместной деятельностью losses connected with the joint activity of partners

~ки, соразмерные fair damages

~ки, торговые trading losses

~ки, фактические actual losses, actual (substantial) damages

~, финансовый financial loss

~, чистый net (dead) loss

взыскание ~ков recovery of damages

возмещение ~ков compensation for damages (for losses), damages, indemnifying damages, *юр.* indemnity, indemnification

иск о возмещении ~ков action (claim) for damages

ответственность за ~ки liability for damages

покрытие ~ков covering losses

порядок распределения ~ков procedure for distribution of losses
размер ~ков extent (amount, measure) of damages, extent (amount, size) of losses
распределение ~ков distribution (apportionment) of losses
риск ~ков от предпринимательской деятельности risk of losses from entrepreneurial activity
риск ~ков, связанных с деятельностью акционерного общества risk of losses connected with the activity of a company
риск ~ков, связанных с новым строительством risk of losses connected with new construction
сумма ~ков amount of damages
счет прибылей и ~ков profit and loss account, statement of profit and loss
увеличение размера ~ков increase in the amount of damages
уменьшение ~ков от страхового случая reduction of losses from the insured event
взыскивать ~ки claim damages; recover damages
возбуждать иск об ~ках sue for damages
возмещать ~ки compensate (reimburse, make up, indemnify) for losses, pay (refund, indemnify for) damages
компенсировать ~ки compensate (indemnify) for losses; pay damages
нести ~ки bear (incur, suffer, sustain) losses
нести ~ки пропорционально стоимости вклада bear losses proportional (in proportion) to the value of *one's* contribution
повлечь ~ки entail losses

покрывать ~ки cover damages (losses)
приносить ~ки yield losses
присуждать ~ки award damages
причинять ~ки inflict (cause) losses (damages); do (cause) damage
продавать с ~ком sell at a loss (to disadvantage)
работать с ~ком operate at a loss
распределять ~ки distribute (apportion) losses
терпеть ~ки suffer (incur, sustain) losses
требовать возмещения ~ков claim damages; (*через суд*) sue for damages
уменьшать ~ки reduce (minimize) damages
устанавливать сумму ~ков assess damages
◊ с ~ком at a loss
с отнесением ~ков на счет... charging the losses to ...

УБЫТОЧНОСТЬ unprofitableness
~ экспорта unprofitableness of export

УБЫТОЧНЫЙ loss-making, unprofitable

УВЕДОМЛЕНИ/Е [letter of] advice, notice, notification; aviso
~, надлежащее legal notice
~ об аннулировании соглашения notice of termination of an agreement
~ об апелляции notice of appeal
~ об аукционе notification of an auction
~ об иске notice of a claim
~ об истечении срока notice of termination
~ об отгрузке notification of shipment (of dispatch), shipping advice

~ об отказе notice of refusal

~ об отправке notification of dispatch, dispatch note (notification), advice of shipment

~ об увольнении notice of lay-off

~ о готовности notification (notice) of readiness

~ о допущенном нарушении violation notice

~ о задолженности notification of indebtedness

~ о назначении дела к слушанию notice of a trial

~ о намерении notice of intention

~ о невыполнении обязательств default notice

~ о неоплате векселя notice of dishonour

~ о платеже advice of payment

~ о подаче иска notice of action

~ о подписке (*на акции, облигации*) letter of allotment

~ о предъявлении претензии notice (notification) of a claim

~ о проведении общего собрания notice of a general meeting

~ о продаже предприятия notice (notification) of the sale of an enterprise

~, официальное formal (official) notification (notice)

~, письменное written notice (notification), notice (notification) in writing

~ по почте notice by mail (by post), mail (postal) notification

~, предварительное prior (preliminary) notice (notification)

направление ~я sending a notice

направлять ~ forward a notification

получать ~ receive a notification

◊ без ~я without notice

по ~и on notification

УВЕДОМЛЯТЬ advise, inform, notify, give notice

~ письменно notify (inform) in writing

УВЕЛИЧЕНИЕ (*рост*) increase, raise, rise, growth; (*расширение*) enlargement; (*прирост*) gain, accretion, increment

~ активов increase in assets

~ государственных доходов increase in revenues

~ денежной массы monetary growth

~ дивидендов increase of dividends

~ доходов increase (growth) of incomes

~ запасов increase of stock

~ зарплаты increase (raise) in salary (in wages)

~ издержек escalation of costs

~ импорта increase in (of) imports

~ капитала increase (growth) of capital

~ капиталовложений increase in capital investments

~ квоты increase (enlargement) of a quota

~ налогов increase in taxes

~ номинальной стоимости акций increase in the par value (in the nominal value) of shares of stock

~ оборота increase of turnover

~ объема торговли increase in the volume of trade

~ ответственности increase in (of) liability

~ пая increased stake (shareholding)

~ посевной площади extension of land under crops

~ поставок delivery expansion

~ прибыли increase in profits (in earnings)

~ производительности increase in productivity (in efficiency), productivity gain

~ производства increase in output, output expansion, expansion in production volume

~ расходов increase in expenses

~ риска increase of risk

~ сбыта increase in (of) sales

~ себестоимости increase (rise) in the cost

~ сметной стоимости increase of the budget price (of the estimated cost)

~ спроса increase in (expansion of, upturn in) demand

~ стоимости increase (rise) in value

~ стоимости капитала holding gain

~ страхового риска increase of the insured risk

~ таможенных тарифов increase in tariff rates

~ уставного капитала increase of the charter capital

~ цен increase in prices, price increase (escalation)

~ числа рабочих мест job creation

~ экспорта increase in (of) exports

УВОЛЬНЕНИ/Е discharge, dismissal; (*по сокращению штатов*) redundancy; (*из-за отсутствия работы*) lay-off; (*смещение с должности*) removal

~, временное temporary lay-off

~, массовое mass dismissal (lay-off)

~ на пенсию, досрочное early pensioning off

~, незаконное unlawful discharge, unwarranted dismissal

~ по служебному несоответствию discharge (dismissal) for inaptitude

~ по сокращению штатов redundancy, discharge because of staff reduction

предупреждать об ~и give notice

◊ при ~и on discharge, on termination

УГОЛОВНАЯ ОТВЕТСТВЕННОСТЬ criminal liability

привлекать к уголовной ответственности bring to criminal liability

УГОН (*судна, самолета*) hijacking

УГРОЗ/А threat, danger, menace

~ взрыва (*бомбы*), ложная bomb hoax

~ жизни и безопасности danger (threat) to life and safety

~ нарушения права threat of violation of a right

~ порчи вещи danger (threat) of spoilage of a thing

~, потенциальная potential threat (menace)

~, прямая direct threat

~, радиационная radioactive threat

~, реальная real danger, real (*юр.* justifiable) threat

~ санкций threat of sanctions

~ силой threat of force (of violence)

~, террористическая terroristic threat

~ утраты threat of loss

~ утраты или повреждения threat of loss or damage

сделка, совершенная под влиянием ~ы transaction made under the influence of a threat

предотвращение ~ы prevention of a threat

поставить под ~у endanger, jeopardize

создавать ~у create danger (a threat)

◊ под ~ой штрафа on pain of a fine

под влиянием ~ы under the influence of threat

УДЕРЖАНИ/Е 1. (*вычет*) deduction, withholding 2. (*сохранение прибыли, выручки и т.п.*) retention 3. (*имущества в обеспечение долга*) distraint; *юр.* (*имущества, незаконное*) detainer

~ денежных средств, неправомерное unlawful withholding of money

~ из зарплаты deduction from wages (from salary, from pay), withholding of wages

~ из платежей deduction (withholding) from payments

~ имущества должника withholding of property of a debtor

~ налогов deduction of taxes, tax deduction (withholding)

~ суммы deduction of an amount; retention of an amount

основание ~я grounds for withholding

право ~я lien

право перевозчика на ~ груза и багажа в обеспечение провозной платы right of the carrier to detain freight and luggage as security for payment for carriage

◊ до ~я налогов before deduction of taxes, before a tax

после ~я налогов after deduction of taxes, after a tax

УДЕРЖИВАТЬ 1. (*вычитать*) deduct, withhold 2. (*сохранять*) retain 3. (*имущество в обеспече-*

 ние долга) distrain; *юр.* (*незаконно*) detain

УДОВЛЕТВОРЕНИ/Е (*урегулирование*) satisfaction, settlement; (*возмещение*) consideration, recovery

~ апелляции allowance of an appeal

~ в материальном выражении specific consideration

~, встречное consideration

~, денежное money consideration, money (pecuniary) satisfaction

~, достаточное sufficient consideration

~, законное legal redress

~ из стоимости заложенного имущества satisfaction from the value of the pledged property

~ из страхового возмещения satisfaction from insurance compensation (from insurance proceeds)

~ иска (исковое) settlement (satisfaction, allowance, redress) of a claim

~ материальных потребностей satisfaction of material needs

~, надлежащее встречное valuable consideration

~, незаконное встречное illegal consideration

~ потребностей satisfaction of requirements (of needs)

~ претензии satisfaction of a claim (of a complaint)

~, соразмерное adequate consideration

~ спроса satisfaction of demand

~ требований бенефициара satisfaction of claims of a beneficiary

~ требований, добровольное voluntary satisfaction of claims

~ требований кредитора satisfaction of claims of a creditor

иск об ~и требования suit for satisfaction of a claim

отказ в ~и требований refusal to satisfy a claim

очередность ~я требований priority with respect to the order (in regard to sequence) of satisfaction of claims

отказывать в ~и требований refuse (disallow) the satisfaction of a claim

подлежать ~ю be subject to satisfaction

получить ~ obtain (receive) satisfaction

УДОРОЖАНИЕ rise in prices; (*повышение стоимости*) appreciation

~ работ rise in the cost of work

~ строительства rise in the cost of construction

~ тарифов на железнодорожные перевозки rise in the cost of railway tariff

~ труда appreciation of labour

~ услуг rise in the cost of services

УДОСТОВЕРЕНИ/Е 1. (*подтверждение*) certification, attestation, authentication, verification 2. (*документ*) certificate, warrant

~, временное temporary certificate

~ личности identification card (paper), letter of identification

~, нотариальное notarial authentication

~ обязательства confirmation of an obligation

~ о праве собственности certificate of title

~ подлинности authentication

~ подписи authentication (attestation, confirmation) of signature

~, регистрационное registration certificate

~ сделки authentication of a transaction

~, служебное certificate of employment

выдача ~я certification

выдавать ~ give (issue) a certificate

подлежать нотариальному ~ю be subject to notarial authentication (certification)

уклоняться от нотариального ~я avoid notarial authentication

УДОСТОВЕРИТЕЛЬНАЯ НАДПИСЬ authenticating notation (inscription)

совершение удостоверительной надписи making an authenticating notation, entering an authenticating inscription

УДОСТОВЕРЯТЬ certify, attest, authenticate

УЗАКОНЕНИЕ 1. (*легализация*) legalization, legitimization 2. (*закон*) law, statute, enactment

УЗКОЕ МЕСТО bottleneck

~ в производстве production bottleneck

УКАЗ edict, decree, enactment

~, правительственный government decree

~ президента presidential decree (edict)

~ президента РФ edict of the President of the Russian Federation

издавать ~ issue a decree (an edict)

отменить ~ revoke a decree

УКАЗАНИ/Е 1. (*предписание, распоряжение*) instruction, direction, order 2. ~я (*директивы, инструкции*) directions, instructions

~ в законе indication in a statute, rule in a law

~я, директивные directives, directions

~я заказчика orders of a customer, customer instructions

~я комитента instructions of the principal, client's instructions

~я, конкретные concrete (specific) instructions

~я об отгрузке instructions on shipment

~я, общие general instructions

~я, обязательные obligatory (binding) instructions

~я, обязательные для *кого-л.* mandatory orders to *smb*

~, осуществимое realizable instruction

~я относительно дальнейших действий instructions on further actions

~, ошибочное erroneous order

~, письменное written instruction

~я, подробные explicit instructions

~я по эксплуатации operating instructions

~я, правомерные lawful instructions

~я, противоречивые contradictory directions

~я, руководящие guiding principles, guidelines

~, своевременное timely [receipt of an] instruction

~ цены indication of price

неполучение ~й failure to receive instructions

отступление от ~й deviation from instructions

отсутствие ~й absence of instructions

выполнять ~я carry out (execute, observe, comply with) instructions

давать ~я give (issue) instructions (directions), give orders, instruct

делать по ~ю do on instruction

запросить ~я ask for instructions

отступать от ~й depart (deviate) from instructions

следовать ~ям follow instructions

◊ во исполнение ~й in the performance (fulfilment) of instructions

в соответствии с ~ями in accordance with (according to) instructions

по ~ю by order, as ordered

при отсутствии ~й in the absence of instructions

при отсутствии иного ~я in the absence of other instructions

согласно ~ям in accordance with (according to) instructions

УКЛОНЕНИЕ (*от выполнения обязанностей, уплаты долга и т.п.*) avoidance, evasion, dodging; (*отклонение, отход*) deviation

~ от возврата денежных средств avoidance of the return of money

~ от выполнения обязанностей dodging (evasion) of obligations (of duties)

~ от налогов tax evasion (avoidance, dodging), evasion of taxes

~ от нотариального удостоверения avoidance (refusal) of notarial authentication

~ от ответственности dodging (evasion) of responsibility

~ от платежей во внебюджетные фонды evasion of payments to extra-budgetary funds

~ от платежей в особо крупных размерах evasion of especially large payments

~ от рассмотрения требований declining to consider claims

~ от регистрации evasion (avoidance) of registration, refusal to register

~ от решения вопроса dodging the problem

~ от уплаты налогов evasion of taxes

~ от уплаты таможенных платежей evasion of customs payments

~ от уплаты таможенных пошлин evasion of customs duties, customs evasion

УКРЕПЛЕНИЕ strengthening, consolidation

~ законности strengthening of legality

~ связей strengthening of relations (of ties)

~ сотрудничества strengthening of cooperation

~ стабильности promotion of stability

~ цен consolidation of prices

УКРУПНЕНИЕ 1. (*расширение*) enlargement, extension 2. (*слияние*) merger, consolidation, amalgamation 3. (*группирование, концентрация*) bunching

~ банков bank consolidation (merger)

~ компаний merger of companies

~ предприятий integration (merger) of enterprises

~ торговой сети extension of sales network

~ ферм farm consolidation

УКРЫВАТЕЛЬ *юр.* concealer, harbourer

~ краденого criminal receiver, receiver of stolen goods

УКРЫВАТЕЛЬСТВО concealment, harbouring

~ краденого adoption (receiving) of stolen goods, criminal receiving

УКРЫВАТЬ (*прятать*) conceal, harbour

~ краденое adopt (receive) stolen goods

УЛИК/А evidence [of a crime], evidence of a guilt, damning evidence, incriminating evidence, [in]culpatory evidence

~, косвенная circumstantial (indirect, collateral) evidence

~, неопровержимая incontrovertible evidence

~, прямая direct evidence

недостаток улик insufficiency of evidence

сокрытие улик concealment of evidence

собирать ~и gather evidence

утаивать ~и withhold evidence

УЛИЧАТЬ establish guilt, prove *smb* guilty

УЛУЧШЕНИ/Е improvement; (*экономического положения*) economic upturn; (*конъюнктуры*) amelioration

~ деловой конъюнктуры improvement of business conditions

~ жизненных условий improvement of living conditions

~ качества improvement of quality

~ условий труда improvement of working conditions

~ экономического положения economic upturn

иметь тенденцию к ~ю tend to improve

УМЕНЬШЕНИЕ (*сокращение цен, расходов, ставок*) decrease, reduction; (*запасов, прибыли*) shrinkage; (*сбережений*) shortfall; (*стоимости недвижимо-сти*) amortization; (*деловой активности, производства*) contraction; (*урезывание*) curtailment, cutback, cutdown; (*ослабление, смягчение*) easing, lessening, flagging, weakening; (*скидка с налога*) relief; (*занижение оценки, показателей*) understatement; (*смягчение наказания, приговора*) mitigation

~ активов decrease in assets

~ акционерного капитала reduction of stock capital

~ арендной платы reduction of rent payment

~ вознаграждения reduction of compensation

~ деловой активности contraction of business activities

~ долга reduction of a debt

~ задолженности decrease in liabilities

~ капитала decrease in capital

~ налога tax relief

~ номинальной стоимости акций reduction of the par value (of the nominal value) of shares of stock

~ объема торговли shrinkage of trade

~ основного капитала reduction of capital

~ покупной цены reduction of the purchase price, price reduction

~ прибыли diminution of profit, profit shrinkage (squeeze)

~ производства production shortfall (loss)

~ размера возмещения ущерба (*судом*) mitigation of damages, mitigated damages

~ размера процентов reduction of the rate of interest (of the interest rate)

~ расходов cutdown in spending, cut in expenditure

~ риска decrease in risk

~, соразмерное proportional (commensurate) reduction

~ стоимости decrease in value, depreciation

~ стоимости обремененного залогом имущества reduction in value of charged property

~ суммы возмещения убытков mitigation of damages

~ суммы иска reduction of a claim

~ товарных запасов destocking

~ уставного капитала reduction of (decrease in) the charter capital

~ цены decrease in price

УМЫС/ЕЛ intent, intention, design, aforethought, forethought; (*злой*) malice

~, злой malice, evil (wicked) design (intent), malicious aforethought

~, злоумышленный malicious (evil) intent, evil design

~, конкретный specific intent

~, конструктивный constructive intent

~, косвенный implied malice

~, основной primary intent

~, преступный criminal design (intent), guilty intention

~, прямой express malice

~, специальный special intent

~, спорный злой challengeable (questionable) malice

наличие ~ла presence of intent

отказ от ~ла abandoned intent

◊ без ~ла with no intent

в случае ~ла in case (in the event) of intent

с ~лом intentionally, with intent

УМЫШЛЕННО purposely, intentionally, deliberately, by intentional design

УМЫШЛЕНН/ЫЙ intentional, wilful

~ое банкротство fraudulent bankruptcy

~ое введение в заблуждение deceit

~ое нарушение обязательства wilful default, bad faith

~ое неисполнение обязательства wilful default, bad faith

~ые неправомерные действия wilful misconduct

~ое повреждение имущества intentional (wilful) destruction of (damage to) property

~ое преступление intentional crime

~ое причинение вреда malicious damage

~ое содействие intentional facilitating (furthering)

~ое сокрытие недостатков intentional concealing (hiding) of defects

УНИВЕРСАЛЬНОЕ ПРАВОПРЕЕМСТВО universal legal succession

◊ в порядке универсального правопреемства by way of universal legal succession

УНИТАРНОЕ ПРЕДПРИЯТИЕ unitary enterprise

~, основанное на праве оперативного управления unitary enterprise based on the right of operative management (administration)

~, основанное на праве хозяйственного ведения unitary enterprise based on the right of economic jurisdiction (management)

имущество унитарного предприятия property of a unitary enterprise

наименование унитарного предприятия name of a unitary enterprise

ответственность унитарного предприятия liability of a unitary enterprise

уставный фонд унитарного предприятия authorized (charter) fund of a unitary enterprise

учредительные документы унитарного предприятия founding documents of a unitary enterprise

УНИЧТОЖЕНИЕ (*ликвидация*) elimination, destruction, liquidation; (*упразднение*) annulment, abolishment; (*вычеркивание*) deletion

~ документов intentional destruction of documents

~ имущества destruction of property

~ ядерного оружия destruction of nuclear weapons

УПАДОК (*спад*) decline, decrease; (*загнивание, распад*) decay, falling-off, downgrade; (*регресс*) regress; (*резкое падение*) slump, collapse

~ торговли decline (decrease; slump) in trade

~, экономический economic decline (regress)

приводить в ~ delapidate

приходить в ~ decline, decay, fall into decay

УПАКОВК/А 1. (*комплектование*) packing, packaging, wrapping 2. (*комплект*) pack, packing, package, container

~, безвозвратная nonreturnable packing (packaging)

~ груза cargo packing

549

~, дефектная defective (faulty) packing (package)

~, заводская original packing

~, контрактная contract packaging

~, многоразовая returnable packing

~, недостаточная insufficient (poor) packing

~, ненадлежащая improper packaging (containers)

~, нестандартная nonstandard packing

~, поврежденная defective (damaged) packing

~, разовая throwaway packing

~, стандартная standard packing

~ товара packing of goods

~, фабричная factory packing

~, экспортная export packing

товар в ~e goods in containers

требования к ~e requirements for packing (for packaging)

осуществлять ~y carry out (handle, perform) packing

повреждать ~y damage the packing

◊ без ~и in bulk, loose, unpacked

в ~e packed, covered

включая ~y packing included

~ за счет покупателя packing extra

УПЛАТ/А payment; (*по счету, векселю*) settlement; (*долга*) discharge, repayment, redemption; refund

~ взноса payment of a fee

~ взятки bribery

~ внешнего долга repayment of foreign debt

~ вознаграждения payment of a remuneration

~ в рассрочку payment by (in) instalments

~ в рублях payment in roubles

~ в условных денежных единицах payment in conditional (conventional) monetary units

~ денег payment of money

~ денежной суммы payment of a monetary amount (of a sum)

~ денежных средств payment of money (of monetary assets)

~ долга payment (settlement, redemption, liquidation) of a debt

~ задолженности в бюджет payment of the debt to the budget

~ займа repayment (redemption) of a loan

~ золотом payment in gold

~ комиссии payment of a commission

~ наличными payment in cash

~ налогов payment of taxes

~ налогов в федеральный бюджет payment of taxes to the federal budget

~ натурой payment in kind

~ недоимок payment of arrears

~ неустойки payment of a penalty

~ пошлины payment of a [customs] duty

~ процентов payment of interest, interest payment

~ процентов по вкладам payment of interest on deposits

~ сборов payment of fees (of duties)

~ страхового взноса payment of an insurance premium

~ страхового возмещения loss settlement

~ судебных издержек payment of costs

~ суммы payment of an amount (of a sum)

~, частичная partial (part) payment

~ частями payment by (in) instalments

~ штрафа payment of a fine

просрочка ~ы delay in payment

требование ~ы demand for payment

засчитывать в ~у долга reckon towards payment of a debt

освобождать от ~ы release (remit, dispense) from payment

освобождать от ~ы долга release from a debt

освобождать от ~ы налогов exempt from taxes

отказываться от ~ы долга repudiate a debt

подлежать ~e be subject to payment

приостанавливать ~у по чеку stop payment of a cheque

производить ~у make (effect) payment

требовать ~ы demand (claim) payment

требовать ~ы долга call in a debt

требовать ~ы неустойки claim damages

удерживать имущество до ~ы долга lay a lien

уклоняться от ~ы налогов evade (dodge) taxes

◊ в ~у причитающейся суммы in payment of the amount due

в счет ~ы on account

до ~ы налогов before taxes

после ~ы налогов after taxes

с ~ой при доставке payable on delivery

УПОЛНОМОЧЕНН/ЫЙ *сущ.* representative, proxy, assignee

~, специальный special representative

действовать в качестве ~ого be (stand) proxy for ...

◊ через ~ого by proxy, through a representative

УПОЛНОМОЧЕННЫ/Й *прил.* authorized, empowered, entitled, entrusted

~ агент authorized agent

~ подписать authorized to sign

быть ~м be authorized (empowered), have authority

УПОЛНОМОЧИВАНИЕ authorization

УПОЛНОМОЧИВАТЬ authorize, delegate, empower, entitle, entrust

УПОЛНОМОЧИ/Е authorization

~ на совершение сделки authorization for making a transaction (to conclude a transaction)

~, письменное written authorization

подписать документ по ~ю sign a document on *smb's* authority

УПРАВЛЕНИ/Е 1. (*руководство*) management, administration, direction; (*государством*) government; (*производством, процессом*) control; (*оперативное*) operation 2. (*орган управления*) administration, board; (*дирекция*) board of directors, directorate; (*отдел, ведомство*) department, office

~, административное administration, managerial control

~ активами asset (fund) management, administration of assets

~ акционерной компанией management of a joint-stock company

~ банком bank management

~, внешнее external (outside) management

~, главное main (chief) administration, main department

~, городское municipal administration

~, государственное government (state) administration

~ государственными делами administration of state affairs

~ делами clerical office

~ делами общества administration (management) of affairs of a company

~ делами от имени ... management of affairs in the name of ...

~ делами по доверенности management of affairs by [way of] a power of attorney

~ денежной наличностью cash management

~ денежными средствами funds management

~ деятельностью товарищества management of the activity of a partnership

~ деятельностью юридического лица management of the activity of a legal person

~, доверительное trust management, entrusted administration, trusteeship (см. тж ДОВЕРИТЕЛЬНОЕ УПРАВЛЕНИЕ)

~ завода plant management

~ имуществом administration (management) of property (of assets), property (asset) management

~ имуществом банкрота bankruptcy administration, receivership, liquidation

~ имуществом, доверительное trust management, administration of property

~ имуществом должника, внешнее management of the property of a debtor, administration of a bankrupt's estate

~ имуществом по доверенности property management by proxy

~ инвестициями investment management

~ кадрами 1. staff (personnel) management (administration) 2. personnel department

~ капиталовложениями investment management

~ коммерческой деятельностью business management

~ конкурсной массой receivership, trusteeship

~ контроля control department

~ материальными ресурсами material management

~, налоговое tax (fiscal) administration, taxation authority; tax office

~ недвижимым имуществом management of immovable property

~, оперативное operative administration (management)

~ оперативной деятельностью operational management

~, отраслевое sectoral management

~ пассивами liability management

~ пенсионным фондом pension fund management

~ по доверенности trust management, entrusted administration, trusteeship

~ предприятием management (operation) of an enterprise, enterprise (plant, factory) management

~ привлеченными средствами liability management

~ производством management of production, production management

~, прямое hands-on management

~ расходами cost management

~ ресурсами resource management

~ рисками management of risks, risk management (control)

~ собственностью administration of property, property management; (*по доверенности*) trust

~, совместное joint management

~ специальным фондом administration of a special fund

~, строительное construction directorate

~, таможенное customs administration, the Customs

~, территориальное territorial administration

~ товародвижением physical distribution (logistics) management

~ транспортное transport administration (authorities)

~ транспортными перевозками traffic management

~ транспортным средством operation of a transport means

~, финансовое financial administration; finance department

~ финансовой деятельностью financial management

~ финансовыми средствами financial management

~ фирмой company management

~ фирмы head office

~ фондом administration of a fund

~, хозяйственное economic management; economic board

~ хозяйственной деятельностью management of economic activity

~ ценным движимым имуществом management of valuable movable property

~ ценными бумагами management (administration) of securities

~ экономикой management of the economy

~, юридическое legal department

договор о доверительном ~и имуществом contract of entrusted management over property

органы ~я bodies (organs) of administration

органы местного ~я local authorities

передача акций в доверительное ~ transfer of shares into trust management (into entrusted administration, to trusteeship)

передача имущества в доверительное ~ transfer of property into trust management (into entrusted administration, to trusteeship)

право ~я транспортным средством right to drive a means of transport (to operate a transport means)

правомочие по ~ю имуществом [legal] powers for (relating to) the management of property

право оперативного ~я right of operative administration (management)

учредитель ~я founder of administration (of trust)

вводить внешнее ~ commit to outside management

осуществлять ~ conduct administration, implement management

передавать в доверительное ~ transfer into entrusted administration, hand over for trusteeship, commit to trust

принадлежать на праве оперативного ~я belong by [the] right of operative administration (management)

участвовать в ~и делами participate in the administration (in the management) of affairs

УПРАВЛЯЮЩ/ИЙ manager, managing director, governor; (*администратор*) administrator

~ активами asset manager

~, арбитражный bankruptcy commissioner, receiver

~ банком bank manager

~ в акционерном обществе manager in a joint-stock company

~, внешний outside (external) manager (*см. тж* ВНЕШНИЙ УПРАВЛЯЮЩИЙ)

~, генеральный general manager

~ делами business (office) manager, executive officer, administrator

~, доверительный entrusted administrator (manager), trustee

~ заводом plant manager

~ имуществом property manager

~ конкурсной массой trustee of a bankrupt's estate, receiver

~, конкурсный при банкротстве bankruptcy manager (commissioner), receiver, liquidator

~, назначаемый нотариусом administrator appointed by a notary [public]

~ отделом сбыта sales manager

~ предприятием manager, managing director, enterprise administrator

~ производством production manager

~ трастом trust manager

~ фондом fund manager

назначение ~его appointment of a manager (of an administrator)

назначать ~его appoint a manager (an administrator)

назначать внешнего ~его designate an outside (external) manager

назначать конкурсного ~его appoint a receiver

УПРАВОМОЧЕННЫЙ authorized, empowered, entitled

~ по закону authorized by law

УПРАВОМОЧИВАТЬ authorize, empower, entitle

УПРАВОМОЧИЕ authorization, power

УПУЩЕНИЕ (*оплошность; бездействие*) failure, omission; (*халатность*) neglect, dereliction; (*недостаток*) flaw, defect

~, виновное culpable neglect (omission)

~ заказчика omission of a customer

~ по службе neglect (dereliction) of duty

УПУЩЕННАЯ ВЫГОДА lost (missed) profit, loss of profit, lost opportunity, loss of opportunity

возмещение упущенной выгоды compensation for lost profit

определение размера упущенной выгоды determination of lost profit

УРЕГУЛИРОВАНИЕ settlement, adjustment, resolution, reconciliation

~ в судебном порядке judicial settlement

~ долгов settlement of debts

~, дружественное amicable settlement

~, компромиссное settlement by compromise

~ конфликта dispute settlement, settlement (adjustment, resolution) of a conflict

~, мирное amicable (peaceful) settlement

~ обязательств settlement of obligations

~, окончательное final settlement

~ претензии settlement (adjustment, clearance) of a claim

~ проблемы settlement of a problem

~ путем переговоров settlement by (through) negotiations

~ разногласий reconciliation (settlement) of differences, regulation of disagreements

~ расчетов settlement of payments (of accounts)

~ спора settlement of a dispute, dispute settlement (resolution)

~ спора в арбитражном порядке settlement of a dispute by (through) arbitration

~ спора мирным путем settlement of a dispute by peaceful means

~, справедливое equitable (just) settlement

~, судебное judicial settlement

~, частичное partial settlement

УРОВ/ЕНЬ level, standard; (*степень*) degree; (*масштаб*) rate, scale

~ арендной платы level of rent

~ бедности poverty line

~ безработицы unemployment rate

~, высокий high level

~ деловой активности level of business

~ дефицита shortage (stockout) level, shortage rate

~ дохода level of income

~ доходности level of profitability, yield level

~ жизни standard of living, living standard

~ занятости level of employment, occupational level

~ запасов inventory (stock) level

~ запасов, стандартный standard inventory stock

~ заработной платы wage (salary) level, level of wages (of salary)

~ инвестирования level of investment

~ инфляции inflation level (rate)

~ конкуренции level of competition

~, максимальный (*цен, ставок*) ceiling

~, минимальный (*цен, ставок*) floor

~ налогообложения tax level

~, низкий low level

~, научно-технический scientific and technological standard

~ обслуживания level of service

~ ответственности level of responsibility

~ повышения цен, предельный price ceiling

~ полномочий level of authority

~ потребления level of consumption, consumption level (standard)

~, предельный limit; (*самый высокий*) ceiling; (*самый низкий*) floor

~ преступности crime rate

~ продаж sales level

~, прожиточный subsistence level

~ производительности level of output, performance (efficiency) level

~ производства level (rate) of production, production level (rate)

~, профессиональный professional level

~ процентной ставки level of interest rate

~, процентной ставки, максимальный interest rate ceiling

~ радиации radiation level

~ развития development level

555

~ рентабельности level of profit-ability

~ риска risk level

~ сбыта level of sales

~ спроса level of demand

~, средний average level

~ ставок level of rates

~, стандартный standard level

~, технический engineering (technical) level

~ товарных запасов level of inventory

~ убыточности loss ratio

~, устойчивый sustainable (stable) level

~ цен level of prices, price level

~ экономического развития level of economic development

~ эффективности level of efficiency

встреча на высшем ~не meeting at the top level, summit meeting

быть выше ~ня мировых стандартов be above the world standards

быть на ~не современных требований be up-to-date

быть ниже ~ня мировых стандартов be below the world standards

повышать ~ raise the level

поддерживать производство на определенном ~не maintain production

поддерживать устойчивый ~ цен maintain a stable price level

понижать ~ lower (reduce) the level

◊ на ~не современных требований up-to-date

на высоком ~не at a high level

на межрегиональном ~не on an interregional level

на низком ~не at a low level

на правительственном ~не at a government level

на рекордном ~не at a record level

УСИЛЕНИЕ strengthening, reinforcement, intensification

~ банковского надзора strengthening of bank supervision

~ конкуренции strengthening of competition

~ регулирующей роли государства strengthening of the state regulating (controlling) role

УСЛОВИ/Е 1. (*оговорка*) condition, stipulation, qualification; (*пункт договора*) clause, provision, condition, stipulation; *юр.* warranty; *pl.* terms 2. ~**я** (*возможности*) facilities 3. ~**я** (*обстоятельства*) conditions; (*атмосфера*) climate

~я, аварийные emergency conditions

~я аккредитива conditions of a letter of credit

~я аннулирования terms of cancellation

~я аренды terms of a lease

~я аукциона terms of an auction

~я, базисные basic (basis) terms

~я, благоприятные favourable conditions (terms)

~я бюджета, жесткие strict budgetary terms

~я, выгодные favourable conditions

~я выпуска займа в обращение terms (conditions) of a loan issue, terms of release of a loan to circulation

~я выпуска ценных бумаг terms of issue

~я выхода из состава юридического лица terms and conditions of withdrawal from a legal person

~ гарантии terms (conditions, provisions) of guarantee (of warranty)

~я делового оборота terms of doing business

~я денежной эмиссии terms of issue

~я для выполнения работ conditions for the performance (fulfilment) of work

~я для предпринимательской деятельности economic (business) climate, commercial opportunities

~я договора terms [and conditions] of a contract

~я договора, обязательные mandatory conditions of a contract

~я договора, основные fundamental provisions of a contract

~я договора, примерные model terms [and conditions] of a contract

~я договора, существенные essential terms of a contract

~, дополнительное additional (collateral) clause; additional condition

~ досрочного выкупа call provision

~я доставки товаров conditions of delivery (of supply) of goods

~я, единые uniform conditions (terms)

~я, жесткие strict conditions, severe terms

~я, жилищные living (housing) conditions (facilities)

~я займа terms (conditions) of a loan

~я, запретительные prohibitive conditions

~я, защитные protective conditions

~я инвестирования investment climate

~я, кабальные enslaving (crippling) terms

~я, коммерческие commercial conditions (terms)

~я коммерческой деятельности business environment, business (economic, operational) climate, commercial opportunities

~я коммерческой сделки terms of a commercial transaction

~я компенсации terms of compensation

~я конкурса terms of a tender

~я консигнации consignment terms

~я контракта terms (conditions, provisions) of a contract, terms and conditions of a contract

~я кредита credit conditions

~я кредитования lending terms

~я купли-продажи purchase and sale conditions

~я, лицензионные licence conditions (provisions), licensing terms

~я, льготные favourable (preferential) conditions, favourable (easy, soft) terms

~я, местные local conditions

~я найма conditions of employment

~я, неблагоприятные unfavourable (adverse) conditions

~я, невыгодные unfavourable (disadvantageous) conditions

~я, невыполнимые unrealizable conditions

~я, необходимые necessary conditions

~я, неприемлемые unacceptable conditions (terms)

~я, неравноправные unequal (inequitable) conditions (terms)

~я, несправедливые unfair terms

~я, нормативные standard conditions

~я обмена terms of exchange

~я оборота conditions of sale, commercial conditions

~я, обременительные burdensome (exacting, onerous) terms

~я обслуживания service conditions

~я, общепринятые prevailing conditions

~я, общие general conditions (terms)

~, обязательное mandatory (obligatory) condition, mandatory provision (requirement), covenant

~я обязательства terms (conditions) of an obligation

~я, ограничительные limiting (restrictive) conditions (terms)

~я оплаты, гибкие flexible payment terms

~я, основные basic (main) conditions

~, основополагающее fundamental condition

~я, особые special terms, particular covenants

~я отгрузки terms of shipment

~, отлагательное suspensive condition

~, отменительное resolutive (resolutory, subsequent) condition

~я перевозки грузов conditions (terms) of carriage (of transportation, of shipping) of cargo (of freight)

~я передачи имущества [terms and] conditions of transfer of property

~я платежа terms (conditions) of payment, payment terms (conditions)

~я погашения terms of repayment (of redemption)

~я подписки terms of subscription

~я покупки purchase (buying) terms

~я пользования use conditions

~я поставки terms (conditions) of delivery (of supply)

~, предварительное preliminary provision (stipulation), *юр.* precedent (prior) condition

~я предложения terms of an offer (of a proposal)

~я предоплаты terms of prepayment

~ я предоставления кредита credit terms

~я предоставления лицензии conditions of a licence

~я предоставления финансовых услуг details of a financial package

~я, приемлемые acceptable (reasonable) conditions

~я проведения конкурса terms of a tender

~я продажи terms (conditions) of sale, sale (selling) terms

~я продажи с аукциона terms of auction

~я, производственные production conditions

~я, противозаконные unlawful conditions (terms)

~я публичного договора terms [and conditions] of a public contract

~я работы working (job, operating) conditions, conditions of work

~я, равноправные equal (competitive) conditions

~я распределения прибыли и убытков между участниками

terms and conditions of distribution (of apportioning) of profits and losses among participants

~я расчета terms of payment (of settlement), payment (settlement) terms

~я реструктуризации terms and conditions of restructuring

~я сдачи в аренду lease conditions

~я сделки terms of a transaction

~я сервитута conditions of [a] servitude

~, согласованное agreed condition

~я, справедливые fair terms

~я, стабильные рыночные stabilized conditions

~я, стандартные standard conditions (terms)

~я страхования грузов conditions of cargo insurance

~я, существенные essential (material) conditions (terms)

~я, сходные similar conditions

~я тендера tender conditions

~я, типовые standard conditions (terms)

~я торговли trade (trading) terms (conditions)

~я транспортирования conditions (terms) of transport (of carriage)

~я, требуемые requisite (indispensable) conditions

~я участия conditions of participation

~я участия в деятельности компании conditions of participation in the activity of a company

~я финансирования conditions (terms) of financing

~я, финансовые financial conditions (terms)

~я хозяйствования business (economic) climate (environment)

~я хранения storage conditions

~я хранения заложенного имущества conditions of storage (of keeping) of pledged property

~я, экономические economic conditions

~я эксплуатации operating (service, working) conditions

~я, юридические legal terms

изменение ~й alteration (change) of terms (of conditions)

нарушение ~й violation of terms

определение ~й договора determination of terms [and conditions] of a contract

подтверждение ~й сделки confirmation of the terms of a transaction

согласование ~й coordination of conditions

толкование ~й interpretation of terms

выдвигать ~я set forth conditions

выполнять ~я fulfil (implement, meet) conditions (terms)

изменять ~я change (alter, modify) conditions (terms)

навязывать ~я dictate terms

нарушать ~я infringe (violate, break) conditions

обеспечивать благоприятные ~я provide favourable conditions

отвечать ~ям meet conditions

пересматривать ~я revise conditions (terms)

предусматривать ~я stipulate conditions

соблюдать ~я observe (adhere to, keep to) conditions (provisions)

создавать благоприятные ~я create favourable conditions

соответствовать ~ям conform to (comply with) conditions

ставить ~м stipulate, make it a condition

ставить ~я make conditions

удовлетворять ~ям meet conditions

улучшать ~я improve conditions

◊ в соответствии с ~ями контракта according to the contract

на ... ~ях on ... conditions

на ~ях кредита on credit terms

на ~ях субконцессии on conditions of subconcession

на выгодных ~ях on favourable conditions, on advantageous terms

на крайне невыгодных ~ях on conditions extremely unfavourable (disadvantageous)

на льготных ~ях on easy (favourable) terms

на равных ~ях on equal terms

на сходных ~ях on similar (like) conditions (terms)

УСЛОВНАЯ ДЕНЕЖНАЯ ЕДИНИЦА conventional monetary unit, conditional monetary unit

определение суммы по официальному курсу условных денежных единиц на день платежа determination of an amount at the official rate of exchange of conventional (conditional) monetary units on the day of payment

УСЛУГ/А service

~и агента agent's services

~и агентства services of an agency

~и, административные administrative services

~и, аудиторские auditing (auditor['s]) services

~и банка (банковские) services of a bank, bank's services, banking accommodation

~и, бесплатные free services

~и, взаимные reciprocal services

~и, дополнительные additional (fringe) services

~и, инвестиционные investment services

~и, информационные information services

~и, комиссионные commission services

~и, коммерческие commercial services

~и, коммунальные public (municipal) services, public utility

~и, консалтинговые consultancy services

~и, консультационные consultancy (consulting, consultation, advisory) services

~и, медицинские medical (health) services

~и, нотариальные notarial services

~и, оценочные appraisal services

~и, платные paid services

~ по договору транспортной экспедиции services specified in a contract of freight forwarding

~и по обучению services for instruction, instructional services

~и, посреднические intermediary (mediation) services

~и по технической эксплуатации транспортных средств services on management of transport means (for managing means of transport)

~и по туристическому обслуживанию tourist services

~и по управлению транспортным средством services on technical operation of a transport means (for technical exploitation of a means of transport)

~и по управленческому консультированию management consultancy services

~и, профессиональные professional services

~и, рекламные advertising services

~и, ремонтные repair services

~и, связанные с перевозкой груза services connected with the carriage (with the transportation) of cargo (of freight)

~и связи communication services, services of communications

~и, транспортные transportation services

~и, управленческие management (managerial) services, management consulting

~и, финансовые financial (finance) services

~и, экспертные expert services

~и, юридические legal services

возрастание стоимости услуг growth of (increase in) the cost of services

выполнение услуг performance of services

договор об оказании услуг contract for the rendering of services

качество услуг quality of services

обязанность оказывать ~и obligation to provide services

оказание услуг provision (rendering) of services

оказание услуг, возмездное compensated provision of services

оплата услуг payment for services

отказ от оплаты ~и, не предусмотренной договором refusal to pay for the service not provided for (not specified) by the contract

плата за ~и payment for services

предоставление услуг provision (rendering, presentation) of services

спектр предлагаемых услуг range of services

стоимость услуг cost of services

сфера услуг sphere of services, service sector (industry)

цена услуг price of services

оказывать ~и provide (render, perform) services

оплачивать ~и pay for services

пользоваться ~ми use (utilize, employ) services

пользоваться ~ми безвозмездно use (make use of) services free of charge (without charge)

предлагать ~и offer services

предоставлять ~и provide (render, furnish) services

УСТАВ charter, statute, articles of association (of incorporation, of organization); (*правила внутреннего распорядка*) regulations, by-laws

~ акционерного общества charter of a joint-stock company, articles (statute, memorandum) of association

~ банка rules [and regulations] of a bank

~ биржи rules of the [stock-]exchange

~ дочернего общества subsidiary's charter

~ компании company statute, foundation charter

~ кооператива charter of a cooperative

~ корпорации charter (articles) of incorporation, articles of association; corporate (corporation) by-laws

~ общества charter of a company

~ общества в новой редакции new edition of the company's charter

~, судебный court (judicial) statute

~, таможенный customs regulations

~ судопроизводства rules of legal procedure

~ товарищества articles (deed) of partnership

~, транспортный transport charter

~ фонда charter of a fund

~ юридического лица charter of a legal person

изменение ~a altering (changing) a charter

утверждение ~a approval of a charter

утверждать ~ approve (confirm) a charter

◊ в рамках ~a within the scope of the charter

изменения и дополнения к ~у changes and additions to the charter

на основании ~a on the basis of a charter

УСТАВНЫЙ КАПИТАЛ charter (authorized, registered, nominal, statutory) capital

~ акционерного общества charter capital of a joint-stock company

~ банка charter capital of a bank

~ хозяйственных обществ charter capital of business companies

вклад в ~ investment in the charter capital

увеличение уставного капитала increase of the charter capital

уменьшение уставного капитала reduction of the charter capital

увеличивать ~ increase the charter capital

уменьшать ~ reduce the charter capital

УСТАВНЫЙ ФОНД charter fund

размер уставного фонда amount (size) of a charter fund

УСТАНОВЛЕНИЕ 1. (*создание*) establishment, institution 2. (*определение, оценка*) determination, ascertainment; (*в законе*) laying down; (*цен, тарифов*) setting, fixing

~ вины determination (ascertainment, establishment) of guilt

~ действительной стоимости determination of the actual value

~ делового сотрудничества establishment of business cooperation

~ деловых отношений establishment of business relations

~ дефектов establishment (finding) of defects

~ договорных отношений establishment of contractual relations

~ жесткого контроля establishment of strict control

~ запретов на отдельные виды деятельности banning individual activities

~ зональных цен zone pricing

~ курса валюты к доллару fixing of a currency to the dollar

~ моратория imposition of moratorium

~ налоговых ставок tax assessment

~ невиновности determination (ascertainment, establishment) of innocence

~ неисправности должника default procedure

~ норм laying down norms

~ правовых норм laying down the law

~ преимуществ giving (granting) advantages

~ размера убытка assessment (determination) of damage

~ ставок ссудного процента setting (fixing) lending rates

~ уровня цен determination of prices, price determination

~ цен price setting, pricing

~ цен на продукцию product pricing

~ цен с учетом стоимости доставки pricing on a delivery basis

~ цены на основе торгов auction by tender pricing

УСТРАНЕНИЕ removal; (*упразднение, уничтожение*) elimination, liquidation; (*отмена*) cancellation; (*коррекция*) correction

~ дефектов elimination (correction) of defects, removal of shortcomings

~ дефицита shortage control

~ нарушений elimination of violations

~ недостатков elimination (correction) of defects

~ обстоятельств elimination (correction) of circumstances

~ опасности утраты, недостачи или повреждения elimination of the danger of loss of, shortage of or damage (harm) to

~ ошибок elimination of errors

~ препятствий removal of obstacles

~ разногласий smoothing of differences

~ угрозы removal of threat

УСТУПК/А (*права*) assignment, cession, transfer; (*в цене*) concession, discount, rebate, drawback

~и, взаимные reciprocal (mutual) concessions

~ в цене price concession (reduction, rebate)

~ денежного требования assignment of a monetary claim

~ права assignment (cession) of a right

~, противоправная unlawful concession

~ требования assignment of a claim, cession (concession) of a demand

~ требования по ценной бумаге assignment of a claim relating to a security

зачет при ~е требования set-off in case of assignment of a claim

условия ~и требования conditions of the assignment of a claim

форма ~и требования form of the assignment of a claim

делать ~и make (offer) concessions

идти на взаимные ~и make reciprocal (mutual) concessions

пойти на ~и make concessions

совершать ~у требования make (effect) the assignment of a claim

◊ под ~у денежного требования with assignment of a monetary claim

УТАИВАНИЕ concealment, nondisclosure; (*присваивание*) appropriation

~ авуаров в иностранной валюте concealment of foreign exchange assets

~ в обманных целях fraudulent concealment

563

~ доходов от государственного налогообложения concealment of income (of revenue) from taxation

~ сведений withholding information

УТВЕРЖДЕНИЕ 1. (*заявление*) statement; (*голословное*) allegation 2. (*одобрение*) approval, confirmation; (*санкция*) authorization, sanction; (*удостоверение, разрешение к продаже*) certification

~ ассигнований authorization of allocations (of appropriations)

~ аудитора approval of an [outside] auditor

~ баланса balance-sheet approval

~ бюджета approval (authorization) of a budget, budgetary authorization

~ годового баланса approval (confirmation) of an annual balance sheet

~ государственного бюджета approval of the state budget

~ документов approval (confirmation) of documents

~, законодательное legislative authorization

~ законопроекта passing of a bill

~ отчета approval (confirmation) of a report

~ отчетности approval of the accounts

~, официальное official sanction

~ повестки дня approval of the agenda

~ проекта design approval

~ решения affirmation (confirmation) of a decision (of a judgement)

~ судом approval by the court

~ устава approval of a charter

передавать на ~ submit for approval

УТЕЧКА drain, flight, leak[age]; (*отток капитала*) outflow

~ валюты за рубеж flight (flow) of currency abroad

~ денежных средств drain (leakage) of money (of funds)

~ золота flight (drain, outflow) of gold

~ информации information leak[age]

~ кадров brain drain

~ капитала outflow (flight) of capital, capital outflow, drain of money

~ капитала за рубеж outflow (flight) of capital abroad

~ прибыли outflow of profit

~ рабочей силы manpower drain

~ резервов drain on reserves

~ технологии leakage of technology

УТИЛИЗАЦИЯ (*использование*) use, utilization; (*отходов*) recovery, reclamation; (*удаление*) disposal

~ бытовых и промышленных отходов domestic and industrial waste utilization

~ использованных ресурсов resource recycling

~ отходов waste recovery (recycling)

~ твердых отходов waste utilization, refuse recovery

~ ядерных отходов nuclear disposal

УТРАТ/А loss, deprivation; (*имущества, права*) forfeit

~ груза loss of cargo (of freight)

~ доверия loss of confidence (of trust)

~ имущества loss (forfeit) of property

~ квитанции loss of a receipt

~ материалов loss of materials

~ наличных денег при транспортировке loss of cash during transportation

~ права forfeit of a right

~ репутации (*фирмы*) loss of goodwill

~ трудоспособности disability, loss of ability to work, loss of earning (work) capacity

~ юридической силы loss of legal effect

опасность ~ы danger of loss

риск ~ы имущества risk of loss of property

угроза ~ы threat of loss

отвечать за ~у be liable for loss

◊ в случае ~ы in case of loss

УХУДШЕНИЕ (*качества*) deterioration; (*падение*) decline, worsening

~, естественное natural worsening (deterioration)

~ жизненного уровня decline in the standard of living

~ качества deterioration of quality

~ конъюнктуры deterioration (worsening) of the economic situation

~ условий deterioration (worsening) of conditions

~ экологической обстановки worsening (deterioration) of the ecological situation

~ экономического положения deterioration of the economic situation

УЦЕНК/А price reduction, write-down, markdown; (*скидка*) allowance

~, законная legal reduction

~, соразмерная adequate price reduction

~ товара markdown on a product, devaluation of goods

~ ценных бумаг reduction of securities

сумма ~и amount of a price reduction

требование об ~е demand for repricing (for price reduction)

предоставлять ~у make (give, allow) a reduction

УЧАСТИ/Е participation; (*содействие*) contribution; (*доля*) share, stake, interest; (*в инвестициях, кредитовании*) exposure, participation, share, stake, interest

~ банков в кредитовании bank exposure

~ в акционерном капитале shareholding (equity) interest, equity participation (position), interest, stake

~ в акционерном обществе, долевое participation in a joint-stock society, participatory share

~ в аукционе participation in an auction

~ в голосовании participation in voting

~ в деле interest (concern) in business

~ в деятельности participation in activity

~, взаимное mutual participation

~ в заседании суда participation in the session of a court

~ в капиталовложениях capital contribution

~ в кредитовании participation in crediting

~ в общей собственности shared ownership, stake

~ в общем собрании акционеров participation in the general shareholders' meeting

~ в предприятии participation in an enterprise (in a project, in a venture, in an undertaking), interest in business

~ в прибылях participation (share) in profits, profit sharing

~ в расходах share in expenses, cost sharing

~ в сделке participation in a transaction

~ в строительстве participation in construction

~ в судебном разбирательстве participation in judicial (in legal) proceedings

~ в торгах participation in the auction (in the public sale)

~ в убытках sharing of losses

~ в уставном капитале participation in the charter capital

~ в финансировании participation in financing, financial contribution

~, деловое business participation

~, добровольное voluntary participation

~, долевое (*в капитале компании*) share, sharing, stake (*см. тж* ДОЛЕВОЕ УЧАСТИЕ)

~ иностранных граждан participation of foreign citizens

~ иностранных фирм foreign participation

~, коллективное collective participation

~, полноправное full participation

~, преобладающее dominant (predominant) participation

~, совместное joint (combined) participation

~, трудовое labour participation

~, финансовое financial participation

доля ~я participating interest

запрещать ~ forbid (prohibit) participation

иметь право на ~ в общем собрании be entitled to participate in the general meeting

ограничивать ~ limit (restrict) participation

отказаться от ~я withdraw from (pull out of) participation

привлекать к ~ю involve in (bring into) participation

принимать ~ take part in, participate in

◊ при ~и with the participation of, including

УЧАСТНИК participant, participator; (*сторона в договоре*) party; (*партнер*) partner; (*заинтересованное лицо*) privy; (*делающий взнос*) contributor

~ арбитражного разбирательства party to arbitration

~ аукциона participant in an auction, bidder

~ в капитале акционерного общества contributor of capital

~ голосования voter

~и гражданского оборота participants in civil intercourse (in commerce)

~ договора party to an agreement

~и долевой собственности participants in share (of shared) ownership

~ конфликта party to a conflict

~и оборота participants in civil intercourse (in commerce)

~ общей долевой собственности co-owner

~ переговоров participant in (party to) negotiations (talks)

~ правоотношения privy

~ правоотношения, основанного на законе privy in law

~ преступления accessory (accomplice) to a crime, criminal participant

~ преступного сговора member of a conspiracy, conspirator

~и, равноправные equal parties

~и регулируемых гражданским законодательством отношений participants in relations regulated (governed) by civil legislation

~и рынка ценных бумаг, профессиональные professional market participants

~ сделки participant in (of) a transaction (of a deal)

~ соглашения party to an agreement

~и торгов eligible bidders, tenderers

имущественная самостоятельность ~ов property independence of participants

квалификация ~ов qualification of participants

равенство ~ов equality of participants

УЧАСТ/ОК 1. (*площадь*) area, field; (*земельный*) plot, parcel; (*для застройки*) site 2. (*административно-территориальное подразделение*) district 3. (*сфера деятельности*) area, field, domain, zone

~ акватории area of water, water-basin plot

~ застройки development area

~, земельный (земли) land plot (parcel), plot (parcel, piece) of land (*см. тж* ЗЕМЕЛЬНЫЙ УЧАСТОК)

~ недр natural resource parcel, subsurface plot

~, не обремененный правами третьих лиц plot unencumbered by third party rights

~, обремененный сервитутом plot encumbered by a servitude, parcel burdened with a servitude

~, предназначенный для сельскохозяйственного производства parcel designed for agricultural production

~, предназначенный для строительства parcel assigned for construction

~, соседний земельный neighbouring land parcel

~, строительный site, building plot (site)

обременение земельного ~ка сервитутом burdening (encumbering) of a land parcel (of a land plot) with (by) a servitude

освоение ~ка parcel (plot) development

выделять ~ allocate a site

УЧЕТ 1. (*регистрация*) registration; (*переучет товаров*) stocktaking, inventory[-making]; (*документация*) records 2. *бухг.* accounting, bookkeeping

~ активов asset recognition

~, бухгалтерский accounting, bookkeeping (*см. тж* БУХГАЛТЕРСКИЙ УЧЕТ)

~ векселя discount of a bill, bill discounting

~ в текущих ценах mark-to-market accounting

~ готовой продукции outgoing inventory

~ доходов revenue accounting (recognition)

~ запасов товарно-материальных ценностей inventory accounting

~ затрат cost accounting

~ издержек cost accounting

~, кадастровый cadastral registration

~ материальных ценностей store accounting

~, налоговый fiscal accounting

~ недвижимого имущества recording of immovable property

~, оперативный routine accounting

~ операций accounting of operations

~ потребления энергии metering power consumption

~ прибылей и убытков profit and loss accounting

~ расхода материалов consumption records

~ расходов expenditure records

~, складской warehouse accounting, stock bookkeeping

~ спроса demand records

~, статистический statistical accounting, statistics

~, финансовый financial accounting

~ энергии energy (power) metering

ведение бухгалтерского ~а conduct of bookkeeping, performance of bookkeeping accounting, keeping of accounts

объект ~а accounting entity

постановка на ~ registering

принцип ~a basis of accounting

снятие с ~a removal from the register, withdrawal from the records

вести ~ keep accounting, keep records, record

вести самостоятельный ~ maintain independent accounting

предъявлять вексель к ~у give a bill on discount

принимать на ~ put on (include in) the record

◊ закрыто на ~ closed for stocktaking

с ~ом естественной убыли with consideration for natural loss

с ~ом инфляции adjusted for inflation

с ~ом нормального износа with consideration for` (taking into account) normal wear

УЧЕТНАЯ СТАВКА rate of discount, discount rate

~, банковская bank [discount] rate

~ банковского процента bank interest rate

~ центрального банка official discount rate

УЧРЕДИТЕЛЬ founder, promoter

~ банка promoter of a bank

~ компании company promoter

~ корпорации incorporator

~ общества founder of a company

~ траста trust founder

УЧРЕДИТЕЛЬНОЕ СОБРАНИЕ founding meeting, constituent assembly

УЧРЕДИТЕЛЬНЫЕ ДОКУМЕНТЫ articles of association, memorandum of association, founding documents, foundation documents, constituent documents, instruments of incorporation

~ акционерного общества founding documents of a joint-stock company

~ банка constituent documents of a bank

действовать в соответствии с учредительными документами act in accordance with founding documents представлять ~ для государственной регистрации present (submit) founding documents for state registration

УЧРЕЖДЕНИ/Е 1. (*создание*) establishment, foundation, setting-up, formation 2. (*организация*) agency, establishment, office, body

~, административное administrative agency

~ акционерного общества founding of a joint-stock company

~, банковское banking institution (establishment)

~, благотворительное charitable foundation

~, бюджетное state-financed organization, budget-funded entity

~, государственное government (state, public) institution (agency)

~, законодательное legislative body (institution)

~ компании setting-up (promotion, incorporation) of a company

~, кредитное credit (financial, lending) institution, credit agency

~, кредитно-финансовое credit and financial institution

~я культуры institutions of culture

~ общества foundation of a legal entity

~, правительственное government (administrative) agency, government (public) office

~, правовое legal institution

~, правоохранительное law-enforcement agency

~, судебное legal agency

~, финансируемое собственником institution financed by its owner

~, финансовое financial institution, financing agency

закрепление за ~м имущества, находящегося в государственной собственности allocation of state property (of property in state ownership) to an institution

пожертвования благотворительным и учебным ~ям donations to charitable and educational institutions

распоряжение имуществом ~я disposition of property of an institution

расходы по ~ю expenses of promotion, promotion money

УЩЕМЛЕНИЕ (*ограничение*) limitation, restriction; (*посягательство на права*) infringement, encroachment

~ интересов infringement of interests

~ прав infringement of rights

УЩЕРБ (*убыток*) damage, loss, waste; (*повреждение*) harm; (*правам, интересам*) injury, prejudice

~ вследствие неисполнения обязательств damage as a result of nonfulfilment of obligations, *юр.* lesion

~, денежный monetary (money) damage

~, заявленный claimed damage

~, имущественный property loss, material damage (loss)

~ имуществу damage (harm) to property

~, косвенный indirect damage

~, материальный material (property) damage, damage to property, material loss

~, несоразмерный disproportionate damage (harm)

~, неумышленный accidental damage

~ окружающей среде damage upon (harm to) the environment

~ при нарушении договора damage in case of breach of a contract

~, причиненный inflicted damage

~, причиненный неисполнением или ненадлежащим исполнением обязательств damage caused (losses inflicted) by nonperformance (by nonfulfilment) or improper performance (fulfilment) of obligations

~, реальный actual damage, real loss

~, умышленный intentional (wilful) damage

возмещение ~а compensation for damage, damages

нанесение ~а infliction of damage (of loss), impairment

ответственность за ~ liability for damage (for harm, for loss)

покрытие ~а damages settlement

предотвращение ~а prevention of damage (of loss)

сумма ~а, общая aggregate of damage

возмещать ~ compensate (indemnify) for damage, redress (repair) damage

исчислять размер ~а calculate the extent of damages

компенсировать ~ compensate (indemnify) for the damage

наносить ~ cause (do, inflict) damage, cause (inflict) a loss

наносить ~ интересам inflict damage to interests

наносить ~ правам prejudice rights

наносить ~ праву, полномочию или средству юридической защиты impair right, power or remedy

оценивать ~ estimate (assess) the damage

потерпеть ~ bear (incur, sustain) damage (loss)

причинять ~ cause (do, inflict) damage, damage, inflict harm

причинять денежный ~ cause a financial loss

требовать возмещения ~а claim damages

устранять ~ repair the damage

◊ без ~а для права without prejudice to the right

в ~ to the detriment of, in prejudice of

Ф

ФАБРИКАЦИЯ fabrication; (*подделка*) falsification, distortion; (*документа, подписи*) fake, forgery; (*денег*) counterfeit

~ доказательств fabrication of evidence

ФАБРИКОВАТЬ fabricate, trump up; (*подделывать*) falsify, distort; (*документ, подпись*) fake, forge; (*деньги*) counterfeit

~ обвинение trump up a charge (an accusation)

ФАКСИМИЛЕ facsimile, signature stamp, identical copy

ФАКСИМИЛЬН/ЫЙ facsimile

~ое воспроизведение подписи facsimile reproduction of a signature

ФАЛЬСИФИКАЦИЯ (*подделка документов, денег и т.п.*) fabrication, forgery, fake, counterfeit;

(*искажение, подлог*) falsification; (*подчистка, приписка*) tampering; (*подтасовка фактов*) frame-up; *бухг.* cooking; (*извращение, передергивание*) distortion; (*введение в заблуждение*) misrepresentation; (*имитация*) simulation

~ документа forgery of a document

~ подписи forgery of a signature

~ результатов голосования ballot rigging

~ результатов торгов tender rigging

~ свидетельских показаний falsification of evidence

~ счетов forgery (falsification) of accounts

ФАЛЬСИФИЦИРОВАТЬ (*подделывать документы, деньги и т.п.*) fabricate, forge, fake, counterfeit; (*искажать*) falsify; (*подтирать, приписывать*) tamper; (*подтасовывать факты*) frame up; *бухг.* cook; (*извращать*) distort; (*вводить в заблуждение*) misrepresent; (*имитировать*) simulate

ФАЛЬШИВК/А fabrication, fake, forgery

отличать ~у от оригинала tell a fake from the original

ФАЛЬШИВОМОНЕТЧЕСТВО coinage offence, counterfeiting

ФАЛЬШИВОМОНЕТЧИК forger [of bank notes], counterfeiter

ФАЛЬШИВ/ЫЙ faked, forged, counterfeit

~ые деньги counterfeit (false) money

~ые документы forged documents

~ая монета counterfeit coin

~ое свидетельство forged testimonial

ФЕДЕРАЛЬН/ЫЙ federal

Федеральная комиссия по рынку ценных бумаг Federal Commission on the securities market, Federal Securities Commission

~ые органы исполнительной власти federal bodies (organs, agencies) of executive authority (of executive power)

~ое правительство federal authorities

~ая собственность federal property, federal ownership

~ судья federal judge

~ фонд federal reserves

имущество, находящееся в ~ой собственности property in federal ownership

ФЕРМА farm

~, животноводческая animal (livestock-breeding, stock-raising) farm

~, молочная dairy farm

~, овощеводческая vegetable farm

~, птицеводческая poultry farm

~, семейная family farm

~, специализированная specialized farm

ФЕРМЕРСКОЕ ХОЗЯЙСТВО peasant farm, peasant household; farming

ФИЗИЧЕСКОЕ ЛИЦО natural (physical, private) person, individual

ФИКСАЦИ/Я fixation, fixing

~ прав fixation of rights

~ прав в бездокументарной форме fixation of rights in a paperless (in an undocumented) form

~ прав с помощью электронно-вычислительной техники fixation of rights with the assistance (with the aid) of electronic computer technology

~ процентных ставок fixing of interest rates

~ цен fixing of prices

порядок ~и прав procedure for fixation of rights

производить ~ю make (take care of) fixation

ФИКТИВН/ЫЙ fictitious, bogus, forged

~ая продажа simulated sale

ФИЛИАЛ branch, branch office, affiliate, affiliated branch, affiliated organization, subsidiary

~ банка banking subsidiary (affiliate), subsidiary bank, branch [of a] bank

~ предприятия branch of business, branch subsidiary

~ фирмы branch of a company

руководитель ~a head of a branch

сеть ~ов branch network

создание ~a establishment of a branch

управляющий ~ом branch (subsidiary) manager

создавать ~ establish a branch

ФИНАНСИРОВАНИ/Е financing, finance; (*выделение средств*) funding; (*финансовая поддержка*) [financial] backing, financial support

~, банковское bank[ing]

~ бюджетного дефицита financing of the budget deficit

~, бюджетное budget[ary] financing, budgeting

~ бюджетных расходов financing of budget expenditures

~, внешнее external (foreign) financing

~, внутреннее domestic (internal) financing

~, возвратное financing on a returnable basis

~, государственное state (government, public) financing

~, дефицитное deficit financing

~, долгосрочное long-term financing

~, долевое participation financing

~, дополнительное additional (complementary) financing

~, заемное debt (loan) financing

~ закупок financing of purchases

~ за счет безвозмездных средств financing under a grant

~ за счет выпуска акций equity (share) financing

~ за счет государственных средств government funding, budgetary financing

~ за счет займов debt financing

~ за счет собственных средств equity financing

~ за счет средств бюджета budgeting

~ за счет средств компании corporate financing

~ из бюджета budgeting, financing from the budget

~ из федерального бюджета financing from the federal budget

~ импорта financing of imports, import financing

~, инвестиционное investment financing

~, кредитное credit financing

~, незаконное illegal financing

~, обеспеченное активами компании asset-based financing

~ оборотного капитала working capital financing

~, параллельное parallel financing

~ под уступку денежного требования financing under concession of a monetary claim

~, правительственное government funding

~ предприятий corporate financing

~, проектное project financing (finance)

~ производства financing of production

~, пропорциональное funding pro rata

~, прямое direct financing

~ путем выпуска новых акций equity financing

~ путем кредитования financing by (through) borrowing

~ путем кредитов Центрального банка, бюджетное budget financing through Central Bank credits

~ работ financing of work (of operations)

~ расходов financing of expenses

~, совместное joint (consolidated) financing, cofinancing

~, стартовое initial financing

~ строительства financing of construction

~ торговли trade financing

~ торговых сделок trade financing

~, федеральное federal financing

~, целевое special-purpose (target, earmarked) financing

~, частное private financing

~ через банк financing through a bank

~ через посредников intermediated financing

~ экспорта export financing

договор ~я contract of (agreement on) financing

затраты на ~ financing charges (expenses)

порядок ~я procedure for (of) financing

программа ~я financing programme (schedule)

способ ~я financing method

фонд ~я financing fund

обеспечивать ~ provide finance

осуществлять ~ handle financing, finance

прекратить ~ cut off funding

ФИНАНСИРОВАТЬ finance, back [up]

ФИНАНСОВАЯ АРЕНДА financial lease, finance lease

договор финансовой аренды contract of financial lease, financial leasing agreement

предмет договора финансовой аренды object of a contract of finance lease (of financial leasing agreement)

ФИНАНСОВО-ПРОМЫШЛЕННАЯ ГРУППА financial industrial group

ФИНАНСОВЫЙ ИНСТРУМЕНТ financial instrument

~, производный derivative

~, реальный underlying instrument

ФИРМ/А firm, company, house, agency

~, агентская agency firm

~, аудиторская auditing (auditor) firm

~, аффилиированная affiliated firm

~, брокерская brokerage firm (house, concern)

~, государственная state firm

~, инженерно-консультационная consulting engineering firm

~, инжиниринговая engineering firm

~, коммерческая business (commercial) firm

~, конкурирующая competing (competitive, rival) firm

~, консультационная consultancy (consulting) firm

~, крупная large (major) firm

~, мелкая small firm

~, обанкротившаяся bankrupt firm

~, оптовая wholesale firm (house, business)

~, офшорная offshore firm

~, патентная patent law firm

~, платежеспособная solvent firm

~, подрядная contractor

~, пользующаяся хорошей репутацией reputable (renounced) firm

~, посредническая intermediary (agency) firm

~, производственная production company

~, промышленная industrial firm

~, строительная civil engineering firm, constructional engineers

~, субподрядная subcontractors

~, торговая business (commercial, trading) firm

~, транспортная transport company

~, холдинговая holding company

~, частная private firm

~, экспедиторская forwarding firm, freight forwarder

~, юридическая law firm

наименование ~ы name of a firm, firm's name

ликвидировать ~у close down (liquidate, wind up) a firm

основать ~у establish (set up, found) a firm

руководить ~ой run (direct) a business

ФИРМА-КОНКУРЕНТ competing company, rival firm

ФИРМА-ПОСРЕДНИК intermediary firm

ФИРМА-ПОСТАВЩИК supplier firm

ФИРМЕННОЕ НАИМЕНОВАНИЕ firm name; (*торговая марка*) trademark

~, зарегистрированное registered firm name

~ коммерческой организации name of a commercial organization

~, чужое another's trademark, firm name of another

~ юридического лица name of a legal person

исключительное право на ~ exclusive right to the use of a firm name

использование фирменного наименования use of a firm name

использование чужого зарегистрированного фирменного наименования, неправомерное unlawful use of another's registered firm name

обладатель права на ~ holder of the right to a firm name

право использования фирменного наименования right to the use of a firm name

право на ~ right to [the use of] a firm name

регистрация фирменного наименования registration of a firm name

зарегистрировать ~ register a firm name

ФОНД 1. (*запас*) fund, stock; *фин.* (*резервный*) reserve 2. (*денежные средства*) funds, stocks; (*активы*) assets 3. (*организация*) foundation, fund

~ акционерного капитала equity fund

~, амортизационный amortization (depreciation fund, fund for amortization

~, благотворительный charitable institution (foundation, trust), endowment (welfare) fund

~, валютный currency (monetary) fund

~ валютных отчислений currency fund

~, внебюджетный extrabudgetary (off-budget) fund

~ выкупа redemption fund

~, выкупной buy-out (purchase, sinking) fund

~, гарантийный guarantee fund

~ы, государственные public funds, official reserves

~, государственный жилищный state housing fund

~, денежный cash fund

~ жилищного строительства housing construction fund

~, заимствованный borrowed reserves

~, закрытый инвестиционный closed[-end] fund

~, замороженный frozen capital

~ заработной платы wages (payroll) fund, wage bill

~, инвестиционный investment fund (reserve)

~, кредитный credit resources

~, ликвидный liquid fund

~ льготного кредитования предприятий АПК fund for preferential crediting of agro-industrial enterprises

~ материального поощрения incentive (inducement) fund

~, медицинский medical fund

~ муниципального использования (муниципальный) жилищный municipal housing fund, housing fund for social usage, social housing fund

~ накопления accumulation fund

~, неделимый indivisible (nondivisible) fund (см. тж НЕДЕЛИМЫЙ ФОНД)

~, объединенный joint fund

~, обязательного медицинского страхования compulsory medical insurance fund

~ обязательных резервов compulsory reserve

~ы, основные capital (fixed) assets

~ы, основные производственные fixed capital stock, basic production assets

~, паевой share fund

~, паевой инвестиционный unit investment fund, mutual fund

~, пенсионный pension fund (reserve)

~ по выплате пособий по безработице redundancy fund

~ погашения sinking (redemption) fund

~ поддержки малых предприятий small business fund

~ поддержки мелкого предпринимательства small business support fund, fund for the support of small business

~ помощи relief fund

~, поощрительный inducement fund

~ потребления, общественный public (social) consumption fund

~, правительственный government fund

~ы предприятия funds of an enterprise

575

~ы, производственные production assets; production (plant) facilities

~ развития development fund

~, резервный reserve (emergency) fund

~, совместный mutual fund

~ социального обеспечения social security fund

~ социального страхования social insurance fund

~ специального назначения special-purpose fund

~, ссудный loan fund

~, стабилизационный stabilization (equalization) fund

~ страховой provident fund

~, уставный charter (authorized, registered, statutory) fund, authorized (capital) stock, owners' equity (см. тж УСТАВНЫЙ ФОНД)

~ федерального имущества federal property fund

~, федеральный продовольственный federal food reserves

~ финансирования financing fund

~, целевой specialized fund

~, чековый инвестиционный cheque investment fund

банкротство ~а bankruptcy of a fund

злоупотребление денежными ~ами misuse of funds

имущество ~а property of a fund

ликвидация ~а liquidation of a fund

образование ~а formation (establishment) of a fund

платежи во внебюджетные ~ы payments to extra-budgetary funds

руководитель ~а fund manager

управление ~ом fund management

формирование уставного ~а formation of a charter fund

выделять ~ы appropriate funds

замораживать ~ы tie up funds

инвестировать ~ы invest funds

распоряжаться ~ом administer a fund

распределять ~ы allocate funds

создавать ~ create (establish, set up) a fund

управлять ~ом manage (administer) a fund

учреждать ~ establish a fund

ФОНДООТДАЧ/А capital productivity [ratio], yield on (of) capital investments, return on assets

увеличивать ~у increase the return on assets

ФОРМ/А form; (о расчетах) method

~ агентского договора type of an agency contract

~, бездокументарная paperless form

~ делового письма business letter form

~ доверенности form of a power of attorney

~ договора form of a contract

~ договора продажи недвижимости form of a contract for the sale of immovable property

~ договора страхования form of an insurance contract

~ документов form of documents

~ заявления form of an application

~ имущества, натуральная natural form of property

~ имущественной собственности form of property ownership

~ иска form of action

~ контракта, стандартная standard form of a contract

~ кредитного договора form of a loan agreement

~ новации долга в заемное обязательство form of novation of a debt to a loan bond

~, нотариальная notarial form

~ оплаты form (method, mode, manner) of payment, mode of settlement

~, организационно-правовая organizational legal (legal organizational) form, form of entity

~ платежа method (mode, manner) of payment

~ы, предпринимательские организационно-правовые forms of entrepreneurial entities

~, простая письменная simple written form

~ распределения труда form of labour distribution

~ расчетов form of payment, method of payment (of settlement)

~ сделки form of a transaction (of a contract), contract form

~ сделки, нотариальная notarial form of a transaction

~ сделки, письменная written form of a transaction

~ сделки, устная transaction made orally

~ собственности form of ownership

~ собственности, государственная state form of ownership

~ собственности, муниципальная municipal form of ownership

~ собственности, негосударственная nongovernmental form of ownership

~ собственности, частная private form of ownership

~, стандартная standard form

~, типовая standard form

~, товарная commodity form

~ уступки требования form of an assignment of a claim

~ учета system of accounting

~ ценной бумаги form of a security

~ чека form of a cheque

несоблюдение ~ы nonobservance of the form, failure to comply with the form

соблюдение ~ы observance of (compliance with) the form

заполнять ~у complete a form

◊ в бездокументарной ~е in a paperless (in an undocumented) form

в надлежащей ~е in proper form

в нотариальной ~е in notarial form

в письменной ~е in written form

в простой письменной ~е in simple written form

ФОРМАЛЬНОСТ/Ь formality, form; (*условие*) technicality

~и, арбитражные arbitration formalities

~и, банковские bank formalities

~и, предписанные законом formalities of law

~, простая pure formality

~и, судебные court formalities

~и, таможенные customs formalities

~и, юридические legal formalities (technicalities)

выполнение таможенных ~ей fulfilment of customs formalities

выполнять ~и carry out (execute, fulfil) formalities

придавать значение ~ям attach importance to forms

соблюдать ~и comply with formalities

упростить ~и simplify formalities

урегулировать ~и settle formalities

ФОРМАТ (*форма записи информации*) format; (*размер*) size

~ сообщения format of a message

ФОРМАТИРОВАТЬ format

~ сообщения translate messages into ... format

ФОРМУЛИРОВКА wording, formulation; (*редакция*) drafting; (*определение*) definition

~ вопросов wording of issues

~ закона statutory wording

~, компромиссная compromise formula

~, окончательная final wording

ФОРМУЛЯР [printed] form, card

~ заявки на участие entry form

~ чека cheque form

ФРАНШИЗ/А 1. (*лицензия, выдаваемая властями на осуществление определенной деятельности*) franchise 2. (*право на производство или продажу продукции другой компании*) franchise 3. *страх.* franchise policy

~, безусловная unconditional franchise

~ страхового полиса franchise of an insurance policy

~, условная conditional franchise

соглашение о ~е franchise agreement

сумма ~ы amount of a franchise

ФРАХТ 1. (*груз*) freight, lading 2. (*перевозка грузов*) freight 3. (*плата за перевозку*) freight, freightage, freight charge

~ в оба конца freight both ways, out-and-home freight

~ в один конец outgoing freight

~, воздушный air freight

~, двойной double freight

~, дистанционный distance freight

~ за расстояние distance freight

~, мертвый dead freight

~, морской ocean (sea) freight

~, обратный back (home, homeland, homeward, return) freight

~, сквозной through freight

~, трамповый tramp (shipping) freight

~, транзитный transit freight

повышать ~ increase freight

уплачивать ~ pay freight

ФРАХТОВАНИ/Е chartering, freightage, affreightment

~ на время time-freight, term charter

~, рейсовое voyage chartering

~, срочное prompt (spot) chartering

~ судна chartering of a vessel

~ транспортного средства chartering of a means of transport

договор ~я contract of freight, (of affreightment), freight (chartering) contract, charter-party

ФРАХТОВАТЕЛЬ charterer, affreighter

ФРАХТОВЩИК carrier, freighter

ФУНКЦИ/Я function; (*должностная инструкция*) job description; (*обязанность*) duty, office

~и, административные administrative functions

~и арбитра functions of an arbitrator

~и, исполнительные executive functions

~и, официальные official functions

~ представительства function of representation

~, управленческая administrative (managerial) function
~, целевая target function
~, штрафная penalty function
осуществление ~й conduct (exercise) of functions
осуществлять ~и conduct (exercise) functions

ФЬЮЧЕРС (*срочная сделка*) futures [transaction]
~ы, валютные currency (foreign exchange) futures
~ы, процентные interest rate futures
~ы, товарные commodity futures
~ы, финансовые financial futures
налог на ~ы futures tax
рынок ~ов futures market

X

ХАКЕР computer hacker
ХАЛАТНОСТ/Ь (*небрежность, упущение, недосмотр*) negligence, neglect, carelessness, default, laches, *юр.* dereliction of duty
~, грубая grievous dereliction (neglect) of duty, gross carelessness
~, должностная neglect (negligence) of an official duty
~, преступная criminal (culpable) negligence, criminal neglect
◊ из-за ~и due to carelessness (negligence), through default

ХАРАКТЕР (*свойство*) nature, character; (*структура, модель*) pattern
~ груза nature of cargo

~, двойственный dual character
~, деловой business character
~ дефекта nature of a defect
~ деятельности nature of activity
~, заявительный declarative character
~ конкуренции competitive pattern
~, конструктивный constructive character
~, обязательный binding character
~ повреждения kind of damage
~, правовой legal character
~, разрешительный authorizing character
~, рекомендательный recommendatory character
~, сезонный seasonal nature
~ товара nature of goods
~, циклический cyclical character
~, экономический economic character
~, юридический legal character

ХЕДЖИРОВАНИЕ (*страхование от потерь*) hedge, hedging
~ инвестиций investment hedging
~ рисков при валютно-обменных операциях hedging of foreign exchange exposure

ХИЩЕНИЕ (*кража имущества*) theft, stealing, larceny; (*растрата имущества, денег*) embezzlement; (*растрата чужих денег*) peculation; (*незаконное присвоение*) misappropriation, embezzlement
~ в крупных размерах large-scale misappropriation, grand larceny
~ государственного имущества stealing of state property
~ имущества в мелких размерах minor larceny

~ имущества при отягчающих обстоятельствах aggravated larceny

~ облигаций bond theft

ХОДАТАЙСТВ/О (*прошение*) petition; (*заявление*) application; (*просьба*) solicitation; (*в суде*) motion

~ об аннулировании petition for cancellation, motion to quash

~ об отклонении иска motion to dismiss

~ об отсрочке application for postponement

~ о возврате денег claim for refund

~ о возмещении убытков application for compensation

~ о пересмотре дела motion for a new trial, petition for reconsideration

~ о пересмотре решения application for review

~ о признании *чего-л.* недействительным plea of nullity, motion to quash

~ о приостановке судебного производства caveat

~ о рассмотрении дела судом присяжных petition for examining the case by a jury trial

~, письменное written motion

~, устное verbal (oral, unwritten) motion

отказывать в ~е refuse an application, deny (reject, defeat) a motion

подавать ~ make (lodge) a petition

удовлетворять ~ satisfy (grant) a petition (an application, a motion)

◊ по ~у [up]on petition

ХОДАТАЙСТВОВАТЬ о *чем-л.* petition for *smth*, apply for *smth*, intercede for *smth*, plead for *smth*, solicit for *smth*, make a motion for *smth*, request *smth*

ХОЗРАСЧЕТ cost accounting, economic accountability, self-supporting, operation on a self-sustained budget

~, полный full[-scale] cost accounting (economic accountability)

быть на ~е operate (run) on a cost-accounting (on a self-supporting) basis (on a self-sustained budget)

ХОЗЯЙСТВЕННОЕ ВЕ́ДЕНИЕ economic jurisdiction, operating control, economic management

ХОЗЯЙСТВЕННОЕ ОБЩЕСТВО business company, economic society

~, дочернее subsidiary business company

~, зависимое dependent business company

ХОЗЯЙСТВЕННОЕ ТОВАРИЩЕСТВО business partnership

внесение имущественного вклада в ~ making a property contribution to a business partnership

права и обязанности участников хозяйственного товарищества rights and duties of participants of a business partnership

преобразование хозяйственного товарищества transformation of a business partnership

собственность хозяйственного товарищества, образованного на базе имущества фермерского хозяйства ownership of a business partnership formed on the basis of property of a farm

ХОЗЯЙСТВ/О economy

~, городское municipal (city) economy (services)

~, доходное profitable enterprise
~, животноводческое livestock business
~, индивидуальное individual holding; private plot
~, коммунальное municipal services (facilities), public utilities
~, крестьянское peasant farm (entity); farming
~, натуральное subsistence (natural) economy
~, нерентабельное unprofitable business (economy)
~, рентабельное profitable business (economy)
~, рыночное market economy
~, убыточное loss-making economy (enterprise)
~, фермерское farm economy; farm enterprise
выход членов из ~a exit (withdrawal) of members from the farm
вести ~ manage (run) business
ХОЗЯЙСТВОВАНИ/Е economic management
~ коммерческих организаций management of economic organizations
~, экономное economizing
методы ~я methods of management
ХРАНЕНИ/Е (*товаров*) storage, storing, [safe]keeping; (*доверительное хранение чужих активов*) custody; (*сохранность*) safe custody
~, безвозмездное storage without compensation
~, бесплатное free storage
~ в гостинице storage in a hotel
~ вещей с обезличением storage with loss of identity (of individuality)

~ вещей, являющихся предметом спора storage of things (of items) which are the object of a dispute
~ в камерах хранения транспортных организаций storage in check-rooms (in storage offices) of transport organizations
~ в ломбарде storage in a pawn-shop
~, возмездное compensated (compensatory) storage
~ в порядке секвестра storage (safekeeping) by way of sequestering (in the order of sequestration)
~, временное temporary storage
~ в силу закона storage by force of a law (of a statute)
~ груза storage of cargo (of freight)
~, длительное long-term (extended, prolonged) storage
~ до востребования storage until demand
~ документов custody (keeping) of documents, documents custody
~ заложенного имущества storage (keeping) of pledged property
~ запасов stock holding, storekeeping
~, краденого possession of stolen goods
~ навалом или насыпью bulk storage
~ на таможенном складе storage at a customs warehouse, bonded storage
~ на товарном складе storage at a warehouse
~, ненадлежащее improper storage

581

~, ответственное responsible storage, safe custody, safekeeping (*см. тж* ОТВЕТСТВЕННОЕ ХРАНЕНИЕ)

~ реестра акционеров keeping of the shareholders register

~, складское warehouse storage, warehousing

~ с обезличением storage with loss of identity

~ товара storage of goods

~ товаров на складе общего пользования storage of goods at a general use warehouse (at a warehouse for public use)

~ ценностей storage of valuables

~ ценностей в индивидуальном банковском сейфе storage of valuables in an individual bank safe

~ ценных бумаг в банке storage of securities in a bank

возмещение расходов на ~ compensation for storage expenses

вознаграждение за ~ remuneration (compensation) for storage

договор ~я contract of storage, storage agreement

издержки по ~ю costs of storage (of safekeeping)

камера ~я check-room, storage locker, storage office

место ~я place of storage

нарушение условий ~я violation of the rules of storage

оплата ~я payment [of remuneration] for storage

ответственность за утрату или повреждение вещей, принятых на ~ liability for loss or damage to things accepted for storage

передача вещи на ~ третьему лицу transfer of a thing for storage to a third person (to a third party)

прием на ~ receipt (acceptance) for storage

проверка ~я груза inspection of cargo storage

проверка товаров во время ~я inspection of goods during storage

проверка товаров при их приемке на ~ inspection of goods upon their acceptance for storage

расходы на ~ expenses (expenditures) for storage

сбор за ~ товара storage charge

срок ~я term of storage

условия ~я conditions of storage, storage conditions

осуществлять ~ conduct (perform) storage

передавать на ~ transfer (hand over) for storage

положить ценности на ~ place securities in safe custody

принимать на ~ accept for storage, receive (take) into custody

принимать на ~ ценные бумаги accept securities for storage

сдавать на ~ place (put, submit) in storage, hand over for safekeeping, give into custody; (*в банк*) deposit

ХРАНИТЕЛ/Ь keeper; (*финансовый институт, принимающий на хранение ценные бумаги*) custodian; (*доверенное лицо*) depositary, depository; (*заведующий складом*) storekeeper, warehouseman

~ взаимного фонда mutual fund custodian

~, главный principal custodian

~ залога bailee

~, ответственный bailee; custodian

~, профессиональный professional bailee; professional storekeeper

обязанности ~я obligations of a bailee; storekeeper's obligations

ХРАНИТЬ keep, reserve; (*складировать*) keep in store, store

~ в качестве залога hold in pledge (in pawn)

~ до востребования keep until demand (until request)

~ по доверенности hold on trust

Ц

ЦЕДЕНТ (*лицо, передающее право на имущество*) assignor, grantor, transferor, alienator

ЦЕЛЕВОЕ НАЗНАЧЕНИЕ purpose-oriented application, target designation

ЦЕЛЕВОЙ ЗАЕМ special-purpose loan

ЦЕЛ/Ь (*намерение*) aim, object, purpose, end; (*задача, стремление*) goal, objective; (*задание*) target

~, главная chief aim (goal), main purpose

~ деятельности юридического лица aim of activity of a legal person

~ иска object of an action (of a claim)

~, конечная final (ultimate) aim (goal)

~, общая general purpose

~и, общественно полезные socially useful (beneficial) purposes

~и, потребительские consumer purposes

~ приобретения предприятия purpose for acquisition of an enterprise

~ соглашения objective of an agreement

~и, уставные charter purposes (aims)

~ финансирования aim of financing

~, экономическая economic target

деятельность, противоречащая уставным ~ям юридического лица activity contradicting (contrary to) charter purposes (aims) of a legal person

достижение ~ей achievement (attainment) of goals (of purposes, of aims, of ends)

определение ~и деятельности determination of purposes (of aims) of activity

достичь ~и achieve (attain) a purpose (a goal), gain (attain) one's aim, gain (accomplish) one's end, achieve (attain, gain, secure) one's object

не достичь ~и fail in one's object

◊ в благотворительных ~ях for charitable purposes

в потребительских ~ях for consumer purposes

ЦЕН/А price; (*стоимость*) cost, value, worth; (*плата*) charge

~ акции share (stock) price

~ акции, покупная purchase price for a share

~, аукционная auction (tender) price

~, базисная base (basic) price

~, биржевая stock exchange price

~, бросовая dumping (underselling) price

~ в валюте price in foreign currency

~ в денежном выражении money price

~ в договоре price in a contract (in an agreement)

~ внутреннего рынка domestic (home [market], internal) price

~ выкупа (выкупная) purchase (buy-out) price (*см. тж* **ВЫКУП-НАЯ ЦЕНА**)

~, высокая high (heavy, stiff) price; (*на аукционе*) high bid

~, высшая top price; (*на аукционе*) highest bid

~ выше номинала premium price

~, гарантированная guaranteed price

~, гибкая flexible (sensitive) price

~, государственная state[-set] price

~, действующая current (existing, effective, ruling) price

~, договорная contract (contractual, negotiated) price

~, доступная reasonable (moderate, affordable) price

~ завода-изготовителя factory (manufacturer's) price

~, завышенная overestimated price, overcharge

~ за единицу unit price, price per unit

~, закупочная purchase (purchasing, market) price

~, заниженная underestimated price, undercharge

~, запрашиваемая asked (asking offering) price

~ иска amount of a claim; amount in a dispute

~, искусственно поддерживаемая pegged price

~, итоговая total (aggregate) price

~, коммерческая commercial (free market) price

~, конверсионная conversion price

~, конкурентная competitive price

~, контрактная contract (contractual, contracted) price

~, льготная preferential price

~, местная local price

~, монополистическая exclusive (monopoly) price

~ на мировом рынке price in the world market

~ на неофициальной бирже curb (kerb) price

~ на сырую нефть crude oil price

~, начальная initial price; *бирж.* starting price

~, начальная продажная initial sales price

~ на черном рынке curb (kerb) price

~ недвижимости price of immovable property

~, недоступная prohibitive price

~, нереальная unrealistic (unreasonable) price

~, нестабильная unstable (fluctuating) price

~, низкая low (keen) price

~, номинальная nominal price

~, обусловленная agreed (agreed-upon, stipulated) price

~, общая total (blanket, all-round) price

~, оптовая wholesale price

~, ориентировочная approximate (guiding, guide) price

~, отправная initial price; *бирж.* starting price

~, официальная official price

~, паушальная lump[-sum] price

~, первоначальная original price

~ погашения redemption price

~ по договору мены price under a contract of barter (under a barter agreement)

~, подписная price of subscription, subscription price

~ покупателя bid (offered) price

~ покупки purchase (purchasing, buying) price

~, покупная purchase (purchasing, acquisition) price

~ по прейскуранту price in a price-list, list[ed] price

~ по себестоимости prime cost

~ по тарифу tariff price

~ предложения (*продавца*) offered price, price of an offer

~, предложенная на торгах tender price

~, приблизительная approximate price

~, приемлемая acceptable (fair, favourable) price

~ приобретения acquisition price

~ при оплате наличными cash (spot) price, price for cash

~ продавца asked (asking) price

~, продажная sales price, sales (trade, trading, selling, commercial) value

~ производителя manufacturing (producer's) price

~ работы price (cost) of work

~, разумная reasonable (favourable) price

~ распродажи sale price

~ы, растущие rising (escalating) prices

~, расчетная settlement price

~ы, регулируемые regulated prices

~, рекомендуемая suggested price

~, розничная retail price

~, рыночная market price

~, свободная open price

~ сделки transaction price

~, скользящая sliding[-scale] (escalating) price

~, скорректированная adjusted (corrected) price

~, сниженная cut (reduced, marked-down, sale) price

~, согласованная agreed price, price agreed upon

~, соразмерная рыночной стоимости price compatible with the market price (commensurate with the market value)

~ со скидкой discount[ed] price

~, спекулятивная speculative price

~, справедливая fair (equitable, just) price

~, справочная reference (benchmark) price

~ спроса demand price; asking price

~, стабильная stable (steady) price

~, стандартная standard price

~, стартовая *бирж.* starting price

~, твердая firm (fixed) price

~, текущая current price (value)

~ товаров price of goods, commodity price

~, умеренная moderate (reasonable, fair) price

~ услуг price of services

~, установленная established price

~, установленная соглашением сторон price established by agreement of the parties

~, фиксированная fixed price

~, экспортная export price

возмещение разницы в ~е при замене товара compensation for the difference in price in case of replacement of goods

дополнительные расходы, включенные в ~у товара additional expenditures included in the price of goods

изменение ~ы change in (of) the price

изменчивость цен volatility of prices

надбавка к оптовой ~е extra charge (markup) on the wholesale price

назначение ~ы quotation

ограничения в отношении перепродажной ~ы resale price restrictions

определение ~ы determination of the price

пересмотр ~ы review (reconsideration) of the price

повышение ~ы increase in the price, higher price

рост цен price rise (increase, development)

скидка с ~ы mark-down

увеличение ~ы increase of (in) the price

уменьшение ~ы reduction of the price

уменьшение покупной ~ы при передаче некомплектного товара reduction of the purchase price in case of transfer of incomplete goods

установление ~ы establishment (determination) of a price

взвинчивать ~ы force up (push up, send up, inflate) prices

гарантировать ~у guarantee a price

договариваться о ~е agree on (negotiate) a price

завышать ~у overprice, overcharge

замораживать ~ы freeze prices

занижать ~у undercharge

контролировать ~ы control prices

корректировать ~ы adjust (correct) prices

назначать ~у fix (set, quote, charge) a price

оплатить по ~е pay at the price

определять ~у determine a price

определять ~у по весу товара determine a price according to weight

опубликовывать ~ы в печати publish prices in the press

отпускать ~ы liberalize (unfreeze) prices

падать в ~е fall (go down, sink) in price

пересматривать ~ы revise (review) prices

повышать ~ы increase (raise) prices

повышаться в ~е increase (go up, rise, advance) in price

поддерживать ~ы maintain (support) prices

поддерживать ~ы акций prop up the share prices

поднимать ~ы raise (increase, lift) prices

подниматься в ~е rise in price

предлагать ~у на аукционе bid, make a bid

предусматривать ~у specify (provide) a price

регулировать ~ы regulate (adjust) prices

сдерживать рост цен keep prices down

снижать ~ы reduce (decrease, cut, lower, mark down) prices, bring prices down

сохранять высокие ~ы keep prices high

уплатить ~у pay the price

уплатить ~у полностью pay the price in full, pay the full price

уплатить обусловленную ~у pay the agreed (specified) price

устанавливать ~у establish (fix, determine, specify) a price

устанавливать ~у в условных единицах establish a price in conventional units

устанавливать ~у недвижимости на единицу площади establish (specify) the price of immovable property for a unit (by unit) of its area

◊ в сопоставимых ~х in comparable prices

за разумную ~у for (at) a reasonable price

по ~e at the price of, in the amount of

~ подлежит изменению the price is subject to change

ЦЕНЗ qualification [requirement]

~, возрастной age qualification

~, имущественный income (property) qualification

~, налоговый tax qualification

~, образовательный education[al] requirement

~ оседлости residence (residential) qualification, residence requirement

ЦЕННОСТ/Ь 1. (*стоимость*) value, worth; (*денежных знаков*) denomination 2. ~и (*ценные вещи*) valuables

~и, валютные currency values

~, действительная real value

~, заявленная declared value

~и, имущественные property [holdings]

~, коммерческая commercial value (*см. тж* КОММЕРЧЕСКАЯ ЦЕННОСТЬ)

~и, материальные material values (assets), items of value

~, потенциальная коммерческая potential commercial value

объявление ~и груза declaration of the value of freight

определение ~и valuation

утрата ~и loss of value

шкала ~ей scale of values

изымать ~и take valuables from the owner

утрачивать ~ lose value

ЦЕННЫЕ БУМАГИ securities; (*коммерческие бумаги*) commercial paper

~, бездокументарные paperless securities

~ в электронной форме dematerialized securities

~, государственные state (government, public) securities

~, именные named (registered) securities; named commercial paper

~, инвестиционные investment securities

~, ликвидные liquid securities

~ на предъявителя bearer securities, securities to bearer

~, ордерные order securities

~, правительственные government securities

~, приватизационные privatization securities (commercial paper)

~, производные derivatives

~, утраченные lost securities

виды ценных бумаг types of securities

владелец ценных бумаг holder (possessor) of securities

возмещение убытков при обнаружении подделки ценных бумаг compensation (indemnification) for damages on discovery of the forgery of securities

восстановление утраченных ценных бумаг на предъявителя reinstatement (restoration) of lost bearer securities

выпуск ценных бумаг issuance of securities

выпуск ценных бумаг, незаконный illegal (unlawful) issue of securities

закон о ценных бумагах statute on securities (on commercial paper)

конвертация ценных бумаг в акции conversion of securities into shares

лицо, обязавшееся по ценной бумаге person obligated under a security

ничтожность ценных бумаг invalidity of securities

обращение ценных бумаг circulation of securities

ограничения на выпуск ценных бумаг акционерным обществом restrictions (limitations) on the issue of securities by a joint-stock company

операции с бездокументарными ценными бумагами operations with undocumented securities

передача прав по ценным бумагам transfer of rights to securities

подделка ценных бумаг forgery of securities

подлог ценных бумаг counterfeit[ing] of securities

привлечение денежных средств путем продажи ценных бумаг attracting monetary funds by selling securities

размещение ценных бумаг placement (distribution) of securities

распоряжение ценными бумагами disposition of securities

требования к ценным бумагам requirements for securities

уступка требований по ордерным ценным бумагам assignment of claims under order securities

хранение ценных бумаг в банке storage of securities in a bank

вносить ~ в депозит нотариуса deposit securities with a notary, place securities on deposit with a notary

выдавать ~ issue securities

индоссировать ~ endorse securities

размещать ~ place (distribute) securities

спекулировать ценными бумагами speculate in stocks and shares

ЦЕНООБРАЗОВАНИ/Е pricing, price formation, price setting, price-fixing

~, гибкое flexible pricing

~, зональное zone pricing

~, централизованное central price setting

регулирование ~я price control[s]

ЦЕНТРАЛЬНЫЙ БАНК РОССИИ Central Bank of Russia

ЦЕССИОНАРИЙ (*правопреемник*) assignee

ЦЕССИ/Я (*передача права или имущества*) cession, [deed of] assignment, transfer

~ всего имущества general assignment

~ по общему праву legal assignment

~ по праву справедливости equitable assignment

объект ~и object of a cession

субъект ~и subject of a cession

форма ~и form of a cession

ЦИФР/А figure, numeral

~ы, вводящие в заблуждение misleading figures

~ы, контрольные estimated (key) figures

Ч

ЧАРТЕР 1. *мор.* (*договор о фрахтовании судна*) charter [agreement], charter-party 2. (*документ, дающий право ведения банковских операций*) charter

~, банковский bank charter

~, генеральный general charter

~, грузовой freight charter

~, морской maritime charter

~, рейсовый voyage (trip) charter

~, типовой standard (uniform) charter

ЧАРТЕР-ПАРТИЯ charter-party

ЧАСТНАЯ СОБСТВЕННОСТЬ private property

ЧАСТ/Ь part; (*составная*) component, constituent; (*доля*) share, portion, fraction; (*платежа*) instalment; (*облигационного выпуска*) tranche

~ бюджета, доходная budget revenues

~ бюджета, расходная budget expenditures

~ вознаграждения part of compensation, portion of remuneration

~ доли в складочном капитале part (portion) of the share in the contributed capital

~ имущества, соответствующая доле в уставном капитале part (portion) of the property corresponding to the share in the charter capital

~ кредитной линии credit tranche

~, неоплаченная unpaid part (portion)

~, неотъемлемая (*контракта*) integral part

~ прибыли part (portion, share) of profit

~, соразмерная proportional part, commensurate portion

~, составная component (constituent) part

~ уставного капитала part (portion) of the charter capital

платить ~ями pay by (in) instalments

ЧЕК cheque, *амер.* check; (*на покупку*) bill; (*кассовый*) receipt, ticket

~, акцептованный accepted cheque

~, аннулированный cancelled cheque

~, банковский bank (banker's) cheque

~ без покрытия bad cheque

~ без права передачи nonnegotiable cheque

~, бланковый blank cheque

~ в иностранной валюте cheque in foreign currency

~, выданный банком registered cheque

~ в счет суммы cheque on account

~, датированный более поздним (будущим) числом postdated cheque

~, именной personal (nonnegotiable) cheque, cheque payable (drawn) to named person

~, индоссированный endorsed cheque

~, кроссированный crossed cheque

~ на предъявителя bearer (blank) cheque

~, неакцептованный unaccepted cheque

~, недействительный invalid cheque

~, неоплаченный unpaid (dishonoured) cheque

~, оплаченный paid (cashed, honoured, cancelled) cheque

~, опротестованный protested (dishonoured) cheque

~, ордерный order cheque

~, переводный transferable cheque

~, погашенный cancelled cheque

~, поддельный forged (bad) cheque, *амер.* raised check

~, подписанный кассиром банка cashier's cheque

~, подложный counterfeit cheque

~, похищенный stolen cheque

~, предъявительский bearer cheque, cheque to bearer

~, просроченный stale (overdue, outstanding) cheque

~, товарный goods (sale, purchase) receipt, goods voucher

~, утраченный lost cheque

~, фиктивный bad (rubber, kite) cheque

выдача ~a issuance of (issuing) a cheque

гарантия платежа по ~y guarantee of payment of a cheque

дата и место составления ~a date and place of the making of a cheque

заполнение ~a completion (filling out) of a cheque

извещение о неоплате ~a notification of nonpayment of a cheque

инкассирование ~a cashing of a cheque, cheque cashing

использование ~a в платежном обороте use of a cheque in payment [transactions]

лицевая сторона ~a face [side] of a cheque

лицо, обязанное по ~y person obligated on (responsible for) a cheque

лицо, уполномоченное по ~y person authorized by a cheque

неоплата ~a nonpayment of a cheque

оплата ~a payment of a cheque

отзыв ~a revocation (stopping, cancellation) of a cheque

отказ в оплате ~a refusal to pay a cheque

отметка на ~e notation on a cheque

передача ~a transfer (negotiation) of a cheque

передача прав по ~y transfer of rights to a cheque

платеж по ~y payment of (under) a cheque

плательщик по ~y payer of a cheque

подлинность ~a authenticity of a cheque

покрытие ~a coverage of (covering) a cheque

последствия оплаты подложного ~a consequences of payment of a counterfeit cheque

права по ~y rights to (under) a cheque

предъявитель ~a bearer (presenter) of a cheque

предъявление ~a к платежу presentation of a cheque for payment

расчет ~ом payment by cheque

реквизиты ~a details (requisite elements) of a cheque

составление ~a making of a cheque

сумма ~a sum of a cheque

форма ~a form of a cheque

аннулировать ~ cancel a cheque

выдавать ~ issue a cheque

выписывать ~ issue (draw, make out) a cheque

индоссировать ~ endorse a cheque

оплачивать ~ pay a cheque

опротестовывать ~ protest a cheque

платить ~ом pay by cheque

платить по ~y pay (honour) a cheque

погашать ~ pay (honour) a cheque

предъявлять ~ к оплате present a cheque for payment

ЧЕКОДАТЕЛ/Ь drawer (maker, issuer) of a cheque

распоряжение ~я order (instruction) of the maker (of the issuer) of a cheque

ЧЕКОДЕРЖАТЕЛ/Ь holder (bearer) of a cheque

договор между ~ем и банком agreement (contract) between the bearer (holder) of a cheque and a bank

счет ~я account of the holder of a cheque (of the cheque bearer)

ЧИНОВНИК official, officer, public servant

~, государственный state (government) official, officer of state

~, коррумпированный corrupt official

~, налоговый assessor

~, правительственный government official (officer)

~, судебный officer of justice

~, таможенный customs officer

ЧИСЛ/О 1. (*количество*) number, quantity 2. (*дата*) date

~ голосов number of votes

~ мест груза number of cases (of packages)

~ участников number of participants

~ членов membership

датировать более поздним ~м postdate, date forward

датировать более ранним ~м predate, antedate

◊ в том ~e including

из ~a участников from among participants

ЧЛЕН member

~, ассоциированный associate[d] (allied) member

~ без права голоса nonvoting member

~ биржи member of the exchange

~, выбывший retired member

~, действительный full member

~ кабинета министров cabinet minister

~ комиссии member of a commission

~ кооператива member of a cooperative

~ наблюдательного совета member of the supervision board (of the supervision council)

~ парламента member of parliament

~, пожизненный life member

~, полноправный full[-fledged] (fully-fledged) member

~, постоянный permanent member

~ правительства member of the government

~ правления member of the administration (of the board), board member

~ правления банка bank director

~ правления кооператива member of the administration of a cooperative

~ы, присутствующие и участвующие в голосовании members present and voting

~ ревизионной комиссии member of the auditing commission

~ совета директоров member of the board of directors

~ суда associate justice

~ экипажа member of a crew, crew member

избрание ~ов election of members

исключение ~ов excluding (expelling) members

пай ~а share of a member

прием ~ов (в ~ы) admitting (accepting) members

быть ~ом правления be (serve) on the board

вступать в ~ы join an organization

иметь основания для вступления в ~ы qualify for membership

исключать ~а expel a member

принимать в ~ы admit as a member

ЧЛЕНСКИЙ ВЗНОС membership fee, membership dues

ЧЛЕНСТВ/О membership

~, ассоциированное associated membership

~, коллективное collective membership

~, полное (полноправное) full membership

~, постоянное permanent membership

◊ на основе ~a on the basis of membership

Ш

ШАНТАЖ blackmail; (*рэкет*) racket, squeeze

~, экономический economic blackmail

вымогательство путем ~a extortion by a blackmail

ШАНТАЖИРОВАТЬ blackmail; (*заниматься рэкетом*) racketeer

ШКАЛА scale; (*ставок, сборов*) tariff

~ заработной платы pay (salary, wages) scale

~ комиссионного вознаграждения scale of commissions

~ оценки rating scale

~ оценки производительности performance rating scale

~, оценочная rating scale

~ распределения расходов schedule of apportionment

~ расходов scale of charges

~ расценок rate (rating) scale

~ сборов scale of charges (of fees), tariff [scale]

~ скидок scale of discounts

~, скользящая sliding scale, esca-
lator

~ ставок tariff

~ ставок налогового обложения
scale of taxes, taxation scale

~ ставок подоходного налога income tax scale (schedule)

~ цен scale of prices, price line

ШТАМП stamp

~, круглый round stamp

~ на документе stamp on a
document

~ предприятия seal of an enterprise

~ фирмы на бланке письма
letterhead

заверять ~ом certify with a stamp

поставить ~ affix a stamp, stamp

ШТАТ personnel, staff, employees

~, высококвалифицированный
highly-qualified (highly skilled)
staff

~, постоянный permanent (regular) staff

~, раздутый overmanned staff

быть в ~е be on the staff

зачислять в ~ take on the staff

сокращать ~ы cut down (reduce)
the staff

увеличивать ~ staff up

утверждать ~ы approve staffing

ШТРАФ fine, penalty, forfeit, forfeiture; (*конфискация*) confiscation;
(*штрафные убытки*) smart
money

~, административный administrative fine (penalty)

~, денежный money (monetary,
pecuniary) penalty, forfeit money

~, договорный contractual penalty (fine)

~ за задержку penalty for delay

~ за задержку отправления
транспортного средства penalty

(fine) for delay in departure of a
transport means

~ за нарушение условий контракта penalty for breach of a
contract

~ за невыполнение контракта
penalty for nonperformance of a
contract

~ за опоздание прибытия транспортного средства penalty (fine)
for late arrival (for delay in arrival) of a transport means

~ за просрочку в поставке penalty for delay in delivery

~ за просрочку платежа penalty
for delay in payment, late payment
penalty

~, установленный арбитражем
penalty award by arbitration

взыскание ~а recovery (exaction)
of a penalty (of a fine)

иск о взыскании ~а action for a
penalty, legal action for recovery

наложение ~а imposition (infliction) of a fine (of a penalty), pe-
nalization

начисление ~а penalty charging

погашение ~а payment of a penalty (of a fine)

размер ~а size of a penalty (of a
fine)

сумма ~а amount of a penalty (of
a fine)

требование уплаты ~а claim for a
penalty

уплата ~а payment of a penalty
(of a fine)

взыскивать ~ collect a penalty,
recover (exact) a penalty (a fine),
levy an execution

взыскивать ~ в доход Российской Федерации recover a fine
for the income (in favour of the
revenue) of the Russian Federation

взыскивать ~ в размере ... recover a penalty in the amount of ...
налагать ~ impose (inflict) a penalty (a fine), penalize, fine
начислять ~ charge a penalty (a fine)
платить ~ pay a penalty (a fine)
погашать ~ pay a penalty (a fine)
присудить ~ award a penalty (a fine)
списывать ~ write off a penalty (a fine)
уплачивать ~ pay a penalty (a fine)

Э

ЭКВИВАЛЕНТ equivalent
~, денежный equivalent in money, money equivalent
~, имущественный property equivalent
~, рублевый rouble equivalent
ЭКЗЕМПЛЯР copy
~, заверенный authorized copy
~ контракта copy of a contract
~, контрольный checking copy
~, основной major copy
~, тождественный identical copy
  ◊ в двух ~ах in duplicate, in two copies
ЭКИПАЖ crew; company
~ корабля ship's company
~, летный flight crew
~, рабочий operating crew
~ транспортного средства crew of a transport means
квалификация ~a qualification of a crew

содержание ~a support of a crew
состав ~a staffing (complement) of a crew
услуги членов ~a services of the members of a crew (of the crew members)
члены ~a members of a crew, crew members
ЭКОЛОГИЧЕСКАЯ ОБСТАНОВКА ecological situation
ухудшение экологической обстановки worsening (deterioration) of the ecological situation
ЭКОНОМИК/А 1. (*хозяйство*) economy, economics 2. (*наука*) economics
~, административно-командная administrative-command economy
~, высокоразвитая highly developed economy
~, денежная money (monetary) economy
~, дефицитная economy of scarcity, shortage economy
~, директивная directive economics
~, застойная stagnant economy
~, многоотраслевая diversified economy
~, отсталая backward economy
~, подпольная underground economy
~, промышленная industrial economy
~, развивающаяся developing (expanding) economy
~, развитая developed (advanced) economy
~, рыночная market economy
~, сбалансированная balanced economy
~ сельского хозяйства agricultural (farm) economy

~, теневая shadow (underground) economy

~, черная black economy

оживление в ~е economic recovery

сбалансированность ~и economic equilibrium

стабильность ~и economic stability (security, strength)

направлять и контролировать ~у steer and control the economy

ЭКОНОМИЧЕСКИЕ РЫЧАГИ economic levers

ЭКОНОМИ/Я 1. (*бережливость*) economy, thrift; (*сбережение*) saving; (*экономное расходование*) economizing 2. *pl.* (*сбережения*) savings

~ в расходах saving of expenses

~ запасов товарно-материальных ценностей saving of inventory

~ затрат cost saving

~ материальных ресурсов saving of material resources

~ финансовых ресурсов economy of resources

~ финансовых средств economy of funds

распределение полученной ~и allocation (distribution) of savings

получать ~ю receive savings

ЭКСПАНСИЯ expansion

ЭКСПЕДИТОР shipping (forwarding) agent, forwarder

~, генеральный general forwarder

~ груза freight forwarder

ЭКСПЕДИЦИ/Я 1. (*отправка*) shipping, dispatch service; freight forwarding 2. (*отдел*) shipping department (agency)

~, транспортная freight forwarding, transport expediting (*см. тж* **ТРАНСПОРТНАЯ ЭКСПЕДИЦИЯ**)

договор транспортной ~и contract of freight forwarding

ЭКСПЕРТ expert, examiner, consultant, specialist; (*оценщик*) valuer

~, коммерческий commercial expert

~, назначенный судом court-appointed expert

~, независимый independent expert

~ по бюджету budget examiner

~ по оценке assessor

~ по правовым вопросам legal expert

~ по экономическим вопросам economic expert

~, правительственный government expert

~, судебный court (legal) expert

~, технический technical expert (examiner)

~, торговый commercial expert

заключение ~а expert's report (conclusion, opinion, finding)

консультироваться с ~ом consult an expert

назначать ~а appoint an expert

ЭКСПЕРТИЗ/А examination, expertise, inspection; (*оценка*) appraisal

~, аудиторская auditing examination

~, банковская bank expert examination

~, государственная state examination

~ денежных знаков monetary examination

~ заявки examination of an application

~ инвестиционных проектов investment projects examination

~, коммерческая commercial examination

~, медицинская medical expert evaluation

~ на осуществимость examination as to feasibility

~, независимая independent examination

~, объективная fair examination

~, повторная reexamination, follow-up examination

~, правовая legal expertise

~, предварительная preliminary examination

~, судебная legal expertise

~, товарная commodity examination

~, финансово-экономическая financial-economic expert examination

~, юридическая legal expertise

акт ~ы certificate of expert examination

заключение ~ы expert findings, conclusion of [a commission of] experts, experts' report (opinion); (*свидетельство*) examination certificate, certificate of examination

назначение ~ы ordering an expert examination

порядок проведения ~ы procedure of examination

расходы на ~у expenditures for [conducting] an expert examination (an expert investigation)

результаты ~ы results of examination

выдавать заключение ~ы issue an examination certificate

назначать ~у order (schedule) an expert examination

проводить ~у conduct an examination, carry out an expertise

◊ установлено ~ой the expert examination has established, the expert investigation finds

ЭКСПЕРТНАЯ ПРОВЕРКА expert verification, expert review

~ денежной оценки вклада expert verification (review) of valuation of a contribution

~, независимая independent expert verification (review)

ЭКСПЕРТ-ЮРИСТ legal expert

ЭКСПЛУАТАЦИ/Я (*использование*) operation, running, service, exploitation; (*поддержание в рабочем состоянии*) maintenance

~, безопасная safe operation (exploitation)

~, гарантийная guarantee operation; guarantee maintenance

~, коммерческая commercial operation (exploitation)

~ линий связи exploitation of the lines of communications

~ линий электропередачи exploitation of the lines of electric transmission

~, нормальная normal operation (exploitation)

~ объекта operation of an object

~ предприятия operation (exploitation) of an enterprise

~ природных ресурсов exploitation of natural resources

~, промышленная commercial operation

~, техническая technical operation (exploitation)

~ транспортного средства, коммерческая commercial operation (exploitation) of a means of transport

~ трубопроводов exploitation of pipelines

безопасность ~и operational safety, safety of the use

инструкция по ~и operating instructions, instructions for use

период ~и operation (operating) period

вводить в ~ю place into operation, put into commission (into service)

вступать в ~ю go on line (on stream, into operation, into service)

обеспечить ~ю объекта ensure the operation of an object

расходовать в процессе ~и consume (use) in the process of operation (exploitation)

◊ в ~и in service

в процессе ~и in the process of operation (of exploitation)

ЭКСПРЕСС-АНАЛИЗ express analysis, spot check

~ результатов финансово-хозяйственной деятельности spot check of the results of financial and economic activities

ЭКСПРОПРИАЦИЯ expropriation

ЭМБАРГО embargo

~ на ввоз оружия arms embargo

~ на экспорт export embargo

~, торговое trade embargo

вводить ~ impose an embargo

снимать ~ lift (raise, remove) an embargo

ЭМБЛЕМА emblem, symbol, logotype, logo

~, рекламная advertising emblem

~, собственная one's own logo

~, фирменная emblem of a firm

ЭМИССИ/Я issue, issuance

~ акций share issue

~ банкнот issue of bank notes

~, денежная issue of money, currency issue

~, казначейская government issue

~, кредитная credit issue

~, необеспеченная uncovered issue

~ облигаций bond issue

~ ценных бумаг issue of securities

поступления от ~и ценных бумаг issue proceeds

проспект ~и prospectus

регулирование ~и ценных бумаг regulation of issuance of securities

сумма ~и issue amount

условия ~и issue terms

ЭМИТЕНТ issuer

~, корпоративный corporate issuer

~ кредитных карточек credit card issuer

~ы ценных бумаг issuers of securities

~ы Центрального Банка Central Bank issuers

ЭНЕРГИ/Я energy, electric power

~, атомная nuclear power, atomic energy

~, использованная energy (electric power) used

~, тепловая thermal energy

ограничение подачи ~и limitation of the supply of energy (of electric power provision)

оплата ~и payment for energy (for electric power)

отказ абонента от оплаты ~и refusal of a consumer to pay for energy

перерыв в подаче ~и interruption in the supply (in the transmission) of energy

потребление ~и consumption of energy, power consumption

прекращение подачи ~и termination of the supply (of the transmission) of energy

режим потребления ~и routine for the use of energy, regimen for power consumption

снабжение ~ей supply of energy

учет потребления ~и metering power consumption

использовать ~ю для бытового употребления use energy for consumer consumption, utilize electrical power for household consumption

оплачивать ~ю pay for the energy (for the power)

подавать ~ю supply power, provide with energy

ЭНЕРГОРЕСУРСЫ power (energy) resources

ЭНЕРГОСНАБЖЕНИ/Е energy supply

договор ~я contract of energy supply, electrical power supply agreement

оказание услуг по ~ю rendering of services in energy supply

сети ~я energy supply networks, electrical power systems

ЭПИДЕМИ/Я epidemics

◊ в случае ~и in case (in the event) of epidemics

ЭПИЗООТИЯ epizootics, epizooty

ЭТАП stage, phase

~ изготовления manufacturing stage

~, конечный final phase

~, переходный transitional stage

~ подготовки производства preproduction phase

~ы работы stages of work

~ разработки технико-экономического обоснования definition phase

~ судебного процесса stage of proceedings

~ эксплуатации operational phase

завершение ~а работы completing a stage of work

ЭФФЕКТИВНОСТЬ effectiveness, efficiency

~ затрат cost effectiveness (efficiency)

~ издержек cost effectiveness (efficiency)

~ информации effectiveness of information

~ использования основного капитала productivity of capital resources

~ капиталовложений efficiency of investments

~, коммерческая commercial effectiveness

~ кредитования effectiveness of crediting

~ предприятия enterprise efficiency

~ производства production (manufacturing, industrial) efficiency, efficiency of production

~ рекламы advertising effectiveness, effectiveness of an advertisement

~ сотрудничества efficiency of cooperation

~ технологии technological efficiency

~, экономическая economic effectiveness (efficiency)

~ эксплуатации operational effectiveness, operating efficiency

Ю

ЮРИДИЧЕСКАЯ ЕДИНИЦА legal entity

ЮРИДИЧЕСКОЕ ДЕЙСТВИЕ legal action

доверенность на совершение юридических действий power of attorney for performing legal actions

совершение юридических действий performance of legal actions

ЮРИДИЧЕСКОЕ ЛИЦО legal (juridical) person, legal entity

государственная регистрация юридического лица state registration of a legal person

деятельность юридического лица activity of a legal person

доверенность от имени юридического лица power of attorney in the name of a legal person

закон о регистрации юридических лиц law (statute) on the registration of legal persons

защита деловой репутации юридического лица protection of a business reputation of a legal person

интересы юридического лица, охраняемые законом interests of a legal person protected by a law

ликвидатор юридического лица liquidator of a legal person (of a legal entity)

ликвидация юридического лица liquidation of a legal person

место нахождения юридического лица seat of a legal person

наименование юридического лица name of a legal person

несостоятельность юридического лица insolvency of a legal person

образование юридического лица formation (establishment) of a legal person

общество с правом юридического лица company with the rights of a legal entity

ограничение прав юридического лица restriction (limitation) of rights of a legal person

ответственность юридического лица liability of a legal person

право граждан создавать юридические лица right of citizens to found (to establish) legal persons

правоспособность юридического лица legal capacity of a legal person

предпринимательская деятельность без образования юридического лица entrepreneurial activity without establishing a legal person

представительство юридического лица representation (representative office) of a legal person

реорганизация юридического лица reorganization of a legal person (of a legal entity)

филиал юридического лица branch of a legal person

создавать ~ found (establish) a legal person

ЮРИСДИКЦИ/Я jurisdiction

~, административная administrative jurisdiction

~, апелляционная appellate jurisdiction

~, государственная state jurisdiction

~, гражданская civil jurisdiction

~, законодательная legislative jurisdiction

~, исключительная exclusive jurisdiction

~, исполнительная enforcement jurisdiction

~, консультативная advisory jurisdiction

~, надлежащая competent (proper) jurisdiction

~, общая general jurisdiction

~, ограничительная limited (restrictive) jurisdiction

~, спорная contestable jurisdiction

~ суда общего права common law jurisdiction

~ суда первой инстанции original jurisdiction

~ суда права справедливости equity jurisdiction

~, судебная court (judicial, trial) jurisdiction

~, уголовная criminal jurisdiction

нарушение ~и jurisdictional irregularity

ограничение ~и restriction of jurisdiction, jurisdictional restriction

право ~и right of jurisdiction, adjudicatory authority

подлежать ~и be subject to (come under) the jurisdiction

осуществлять ~ю exercise jurisdiction

подпадать под ~ю come (fall) within (under) jurisdiction

◊ в пределах ~и within the jurisdiction

не относящийся к ~и extrajudicial

ЮРИСКОНСУЛЬТ legal adviser, legal counsel, lawyer

~, главный general counsel

~ компании company lawyer

ЮРИСТ lawyer, jurist, legal expert; (*адвокат*) attorney

~ фирмы company lawyer

консультация ~a legal advice

НЕКОТОРЫЕ ЛАТИНСКИЕ СЛОВА И СЛОВОСОЧЕТАНИЯ, ВСТРЕЧАЮЩИЕСЯ В ЭКОНОМИЧЕСКОЙ И ЮРИДИЧЕСКОЙ ЛИТЕРАТУРЕ

ACTUS Dei непреодолимая сила, форс-мажор
ACTUS REUS виновное действие
AD DIEM в назначенный день
AD HOC для данного случая, для данной цели
AD INTERIM тем временем; на время
AD REFERENDUM для дальнейшего рассмотрения
AD VALOREM с объявленной цены; со стоимости
A FORTIORI тем более
ALIAS вымышленное имя
ALIBI алиби
ALTER EGO второе я; мой представитель
ANNUM год
ANTE до
A POSTERIORI по опыту, из опыта
A PRIORI заранее, наперед
BONA FIDE добросовестный, честный
CASUS случай, факт
CAUSA PRIVATE частное дело
CAVEAT 1. протест, возражение; предостережение 2. ходатайство о приостановлении судебного производства 3. предварительная заявка на патент
CAVEAT EMPTOR пусть покупатель остерегается; качество на риске покупателя
CAVEAT VENDITOR пусть продавец остерегается
CESTUI QUE TRUST бенефециарий
COMPOS MENTIS в здравом уме, вменяемый
CONCESSIT SOLVERE иск о взыскании долга по простому договору
CONTRA против
CONTRA LEGEM противозаконный
CORRIGENDUM (*pl.* **CORRIGENDA**) опечатка
CUM с
CURRICULUM VITAE биография
DE BENE ESSE условно; предварительно
DE FACTO фактически, на деле, де-факто
DE JURE юридически, де-юре
DIES день
DIES JURIDICUS присутственный день в суде
DIES NON неприсутственный день
DIES NON JURIDICUS неприсутственный день в суде
ELEGIT судебный приказ о передаче кредитору недвижимого имущества должника до погашения долга
ERRATUM (PL. ERRATA) ошибка
ET ALIAS и другие
ET SEQUITUR и следующий
EX 1. с; франко 2. без

EX AEQUO ET BONO по справедливости
EX ALTERA PARTE с другой стороны
EX DELICTO неправомерный, преступный
EX FACTE очевидно
EX GRATIA добровольно
EX OFFICIO по должности, по служебному положению
EX PARTE 1. односторонний 2. без уведомления другой стороны
EX POST FACTO 1. имеющий обратную силу 2. постфактум
EXTRA VIRES вне компетенции, за пределами правомочий
FLAGRANTE DELICTO на месте преступления
FORUM суд; юрисдикция
FORUM contractus суд места заключения договора
FORUM conventionale договорная подсудность
FORUM LEGALE законная подсудность
FORUM PATRIAE отечественная подсудность
GRATIS безвозмездно, бесплатно
HABERE FACIAS судебное предписание о вводе во владение
IBIDEM там же, в том же месте
IDEM то же самое (*об одном и том же документе, пункте и т.п.*)
IN CAMERA при закрытых дверях, в закрытом заседании
IN CONTUMACIAM заочно, за неявкой
IN CURIA в открытом судебном заседании
INDEBITATUS ASSUMPSIT иск об убытках из неисполнения обязательства
IN EXTENSO полностью, целиком; в несокращенном виде
IN LOCO на месте
IN PRAESENTI в настоящее время
IN PROPRIA persona лично
IN RE 1.по делу 2. дело по заявлению
IN SITU в месте нахождения
INTER ALIA в числе других; между прочим
INTER PARTES между сторонами
IN TOTO полностью, всецело
IN TRANSITU в пути, при перевозке
INTRA VIRES в пределах полномочий; в пределах компетенции
IPSE DIXIT голословное утверждение
IPSO FACTO по самому факту, в силу самого факта
IPSO JURE в силу закона
LEVARI FACIAS судебный приказ об обращении взыскания на имущество должника
LEX CAUSAE право, регулирующее отношения сторон в договоре
LEX DOMICILII закон домициля
LEX FORI закон места рассмотрения дела
LEX LOCI ACTUS закон места совершения сделки
LEX LOCI CONTRACTUS закон места заключения договора
LEX LOCI SOLUTIONIS закон места исполнения сделки
LIS PENDENS иск, находящийся на рассмотрении
LOCO в месте нахождения
LOCUM TENENS временный заместитель
LOCUS место, местоположение
LOCUS SIGILLI место для печати
LOCUS STANDI 1. подсудность 2. право обращения в суд
MALA FIDE недобросовестно
MALA FIDES недобросовестность, нечестность
MEDIO середина месяца

MENS REA вина
MILLE тысяча
MODUS способ
MODUS OPERANDI способ действия
MODUS VIVENDI образ жизни
MORA задержка
NE VARIETUR без дальнейших поправок и изменений
NIHIL CAPIAT PER BREVE решение об отказе в иске
NISI неокончательный; вступающий в силу с определенного срока, если еще не отменен
NOTA BENE примечание; отметка на полях
NULLI SECUNDUS непревзойденный
NUNC PRO TUNC имеющий обратную силу
OBITER DICTUM неофициальное мнение
ONUS бремя; ответственность, долг
PARI PASSU наравне; в равной мере; в равной доле
PER с помощью; в соответствии
PER CAPITA на душу населения
PER CONTRA 1. напротив, наоборот 2. в качестве встречного удовлетворения
PER DIEM за день
PER MILLE промиль
PER PRO (PER PROCURATIONEM) по доверенности
PER SE по существу
PERSONA GRATA персона грата
PERSONA NON GRATA персона нон грата, нежелательное лицо
PLAGIUM похищение человека
POSSE 1. компания 2. орган законной власти
POST FACTUM постфактум; задним числом
PRIMA FACIE с первого взгляда; при отсутствии доказательств в пользу противного
PRO за, для, ради
PRO ET CONTRA за и против
PRO FORMA ради формы; для проформы
PRO RATA пропорционально; в соответствии
PRO TANTO соответственно, в соответствующем размере
PRO TEMPORE временно; временный
PROXIMO в следующем месяце
QUANTUM MERUIT справедливое вознаграждение за работу
QUANTUM VALEBANT справедливая цена за поставленный товар
QUID PRO QUO услуга за услугу; компенсация
QUOD RECUPERET судебное решение о присуждении убытков
RATIO DECIDENDI мотивы решения
RE 1. по вопросу, по делу 2. относительно, касательно
RES 1. вещь 2. факт, обстоятельство
RE TRAXIT отказ истца от исковых требований
SEDERUM заседание суда
SINE без
SINE DIE на неопределенный срок
SINE LOCO без указания местонахождения
SINE QUA NON обязательное условие
SITUS положение, позиция
STATUS QUO существующее положение, статус кво
STATUS QUO ANTE положение, существовавшее ранее
SUB JUDICE на рассмотрении в суде
SUB ROSA тайно; конфиденциально

UBERRIMA FIDES особое доверие
ULTIMO 1. прошлый месяц 2. конец месяца
ULTRA сверх, в высшей степени
ULTRA VIRES за пределами полномочий; вне компетенции
VACATUR аннулирование
VERBATIM дословный
VERSUS против
VIA 1. путь 2. путем; с заходом
VICE versa наоборот, обратно
VIDE согласно
VIDELICET а именно
VIS MAJOR непреодолимая сила, форс-мажор

ДЕНЕЖНЫЕ ЕДИНИЦЫ СТРАН МИРА
на 2001 г.

СТРАНА		ВАЛЮТА		ПРИНЯТОЕ СОКРАЩЕНИЕ	РАЗМЕННАЯ МОНЕТА	
Австралия	Australia	австралийский доллар	Australian dollar	A$	цент	cent
Австрия	Austria	австрийский шиллинг	Austrian schilling	Sch	грош	groschen
Азербайджан	Azerbaijan	манат	manat	Ma	гэпик	gepik
Албания	Albania	лек	lek	Lk	киндарка	quindarka
Алжир	Algeria	алжирский динар	Algerian dinar	AD	сантим	centime
Ангола	Angola	кванза	kwanza	Kw	лвей	lwei
Андорра	Andorra	французский франк, испанская песета	franc, peseta	Fr, Pa	сантим, сентимо	centime, céntimo
Антигуа и Барбуда	Antigua and Barbuda	восточно-карибский доллар	East Caribbean dollar	EC$	цент	cent
Антильские о-ва	Antilles	антильский гульден	Netherlands Antilles guilder	NAGld	цент	cent
Аомынь (Макао)	Aomin	патака	pataka	MOP, Pat	аво	avo
Аргентина	Argentina	песо	peso	Arg$	сентаво	centavo
Армения	Armenia	драм	dram	Dm	лума	luma
Аруба	Aruba	арубский флорин	Aruban florin	AFl	цент	cent
Афганистан	Afghanistan	афгани	afghani	Af	пул	pul, poul
Багамские о-ва	Bahama Islands	багамский доллар	Bahamian dollar	Ba$	цент	cent
Бангладеш	Bangladesh	така	taka	Tk	пайса	paisa
Барбадос	Barbados	барбадосский доллар	Bardados dollar	Bds$	цент	cent
Бахрейн	Bahrein	бахрейнский динар	Bahrein dinar	BD	филс	fils
Белиз	Belize	доллар Белиза	Belize dollar	BZ$	цент	cent
Белоруссия	Belarussia	белорусский рубль	Belarussian rouble	Rb	копейка	copeck

СТРАНА		ВАЛЮТА		ПРИНЯТОЕ СОКРАЩЕНИЕ	РАЗМЕННАЯ МОНЕТА	
Бельгия	Belgium	бельгийский франк	Belgian franc	BFr	сантим	centime
Бенин	Benin	франк КФА*	franc CFA	CFA fr	сантим	centime
Бермудские о-ва	Bermuda Islands	бермудский доллар	Bermuda dollar	Bda$	цент	cent
Бирма *см.* **Мьянма**						
Болгария	Bulgaria	лев	lev	Lv	стотинка	stotinka
Боливия	Bolivia	боливиано	boliviano	Bol	сентаво	centavo
Ботсвана	Botswana	пула	pula	P	тхебе	thebe
Бразилия	Brazil	крузейро	cruzeiro	Cr	сентаво	centavo
Бруней	Brunei	брунейский доллар	Brunei dollar	Br$	цент, сен	cent, sen
Буркина–Фасо	Burkina Faso	франк КФА	franc CFA	CFAFr	сантим	centime
Бурунди	Burundi	франк Бурунди	Burundi franc	BuFr	сантим	centime
Бутан	Bhutan	нгултрум	ngultrum	N	четрум	chetrum
Вануату	Vanuatu	вату	Vanuatu vaty	VT	-	-
Ватикан	Vatican	ватиканская лира	Vatican City lira	VL	чентезимо	centesimo
Великобритания	Great Britain	фунт стерлингов	GB pound	£	пенс	pence
Венгрия	Hungary	форинт	forint	F	филлер	filler
Венесуэла	Venezuela	боливар	bolivar	B	сентимо	céntimo
Виргинские о-ва (Великобритания)	Virgin Islands (GB)	восточно-кариб- ский доллар, доллар США	East Caribbean dollar, US dollar	US$	цент	cent
Виргинские о-ва (США)	Virgin Islands (USA)	доллар США	US dollar	US$	цент	cent
Вьетнам	Vietnam	донг	dong	D	хао, су	háo, xu
Габон	Gabon	франк КФА	franc CFA	CFAFr	сантим	centime
Гаити	Haiti	гурд	gourde	Gde	сентимо	centimo
Гайана	Guyana	гайанский доллар	Guyana dollar	G$	цент	cent

СТРАНА		ВАЛЮТА		ПРИНЯТОЕ СОКРАЩЕНИЕ	РАЗМЕННАЯ МОНЕТА	
Гамбия	Gambia	даласи	dalasi	Di	бутут	butut
Гана	Ghana	седи	cedi	C	песева	pesewa
Гваделупа	Guadeloupe	франк Гваде лупы	franc	Fr	сантим	centime
Гватемала	Guatemala	кетсал	quetzal	Q	сентаво	centavo
Гвиана	Guiana	французский франк	franc	Fr	сантим	centime
Гвинея	Guinea	французский франк	franc	Fr	сантим	centime
Гвинея-Бисау	Guinea-Bissau	песо Гвинеи-Бисау	Guinea-Bissau peso	GBP	сентаво	centavo
Германия	Germany	марка ФРГ	Deutsche Mark	DM, DMark	пфенниг	pfennig
Гибралтар	Gibraltar	гибралтарский фунт	Gibraltar pound	Gib£	пенни	penny
Гондурас	Honduras	лемпира	lempira	L, La	сентаво	centavo
Гренада	Grenada	восточно-карибский доллар	East Caribbean dollar	EC$	цент	cent
Греция	Greece	драхма	drachma	Dr	лепта	lepta
Грузия	Georgia	грузинский купон	Georgian coupon		тетри	tetri
Гуам	Guam	доллар США	US dollar	US$	цент	cent
Дания	Denmark	датская крона	Danish krone	DKr	эре	øre
Джибути	Djibouti	франк Джибути	Djibouti franc	DjFr	сантим	centime
Доминика	Dominica	восточно-карибский доллар	East Caribbean dollar	EC$	цент	cent
Доминиканская Республика	Dominican Republic	доминиканское песо	Dominican Republic peso	DR$	сентаво	centavo
Египет	Egypt	египетский фунт	Egyptian pound	E£	пиастр, миллим	piastre, millieme
Заир	Zaire	заир	zaire	Z	ликута	likuta

СТРАНА		ВАЛЮТА		ПРИНЯТОЕ СОКРАЩЕНИЕ	РАЗМЕННАЯ МОНЕТА	
Замбия	Zambia	замбийский квача	Zambian kwacha	K	нгве	ngwee
Западное Самоа	Western Samoa	тала	tala	Ta, WS$	сене	sene
Зимбабве	Zimbabwe	доллар Зимбабве	Zimbabwe dollar	Z$	цент	cent
Израиль	Israel	шекель	Israeli schekel	Sk	агора	agora
Индия	India	индийская рупия	Indian rupee	R	пайса	paisa[h], passa
Индонезия	Indonesia	индонезийская рупия	Indonesian rupiah	Rp	сен	sen
Иордания	Jordan	иорданский динар	Jordan dinar	JD	филс	fils
Ирак	Iraq	иракский динар	Iraqi dinar	ID	филс	fils
Иран	Iran	иранский риал	Iranian rial	RI	динар	dinar
Ирландия	Ireland	ирландский фунт	Irish pound	I£, IR£	пенни, пенс	penny, pence
Исландия	Iceland	исланская крона	Icelandic krona	IKr	эйре	eyrir
Испания	Spain	песета	peseta	Pa, Pta	сентимо	céntimo
Италия	Italy	итальянская лира	Italian lira	L	чентезимо	centesimo
Йемен	Yemen.	йеменский риал	Yemen rial	YR	филс	fils
Кабо-Верде	Cabo Verde Islands	эскудо Кабо-Верде	Cabo Verde Islands escudo	CVEsc		
Казахстан	Kazakhstan	тенге	tenge	Te	тыйин	tiyin
Кайман о-ва	Cayman Islands	доллар о-вов Кайман	Cayman Islands dollar	CI$	цент	cent
Камбоджа	Cambodia	риель	riel	-	сен	sen
Камерун	Cameroon	франк КФА	franc CFA	CFAFr	сантим	centime
Канада	Canada	канадский доллар	Canadian dollar	C$	цент	cent
Катар.	Quatar	риал Катара	Quatar riyal	QR	дирхам	dirham
Кения	Kenya	кенийский шиллинг	Kenya shilling	KSh	цент	cent
Кипр	Cyprus	кипрский фунт	Cyprus pound	C£	цент, миль	cent, mil
Киргизия	Kirghizia	сом	som		тыйин	tiyin

СТРАНА		ВАЛЮТА		ПРИНЯТОЕ СОКРАЩЕНИЕ	РАЗМЕННАЯ МОНЕТА	
Кирибати	Kiribati	австралийский доллар	Australian dollar	A$	цент	cent
Китай	China	юань	yuan	Y	фынь	fen
Колумбия	Colombia	колумбийское песо	peso Colombia	Col$	сентаво	centavo
Коморские о-ва	the Comoros	французский франк	franc	Fr	сантим	centime
Конго	Congo	франк КФА	franc CFA	CFAFr	сантим	centime
Корея (Корейская Народно-Демократическая Республика)	Korean People's Democratic Republic	вона	North Korean won	NKW	чон	chon, jun
Корея (Республика Корея)	South Korea	вона	South Korean won	SKW	чон	chon
Коста-Рика	Costa Rika	костариканский колон	Costa Rican colón	CRc	сентимо	céntimo
Кот-д'Ивуар	Cote d'Ivoire	франк КФА	franc CFA	CFAFr	сантим	centime
Куба	Cuba	кубинское песо	Cuban peso	Cub$	сентаво	centavo
Кувейт	Kuwait	кувейтский динар	Kuwaiti dinar	KD	филс	fils
Лаос	Laos	кип	kip	Kp	ат	at
Латвия	Latvia	лат	lats	La	сантим	santim
Лесото	Lesotho	лоти	loti	Lo	лисенте	licente
Либерия	Liberia	либерийский доллар	Liberian dollar	L$	цент	cent
Ливан	Lebanon	ливанский фунт	Lebanon pound	L£	пиастр	piastre
Ливия	Libya	ливийский динар	Libyan dinar	LD	дирхам	dirham
Литва	Lithuania	литас	litas	Lit	цент	cent
Лихтенштейн	Liechtenstein	швейцарский франк	Swiss franc	SFr	сантим	centime

СТРАНА		ВАЛЮТА		ПРИНЯТОЕ СОКРАЩЕНИЕ	РАЗМЕННАЯ МОНЕТА	
Люксембург	Luxembourg	люксембургский франк	Luxembourg franc	LFr	сантим	centime
Маврикий	Mauritius	маврикийская рупия	Mauritius rupee	MR	цент	cent
Мавритания	Mauritania	угия	ouguija	U	хумса	khoums
Мадагаскар	Madagascar	малагасийский франк	Madagascar franc	MgFr	сантим	centime
Макао см. Аомынь						
Малави	Malawi	малавийская квача	Malawi kwacha	MK	тамбала	tambala
Малайзия	Malaysia	ринггит	ringgit	Ma$	сен	sen
Мали	Mali	франк КФА	franc CFA	CFAFr	сантим	centime
Мальдивы	Maldives	мальдивская руфия	Maldivian rufiya	MvR	лари	laari
Мальта	Malta	мальтийская лира	Maltese lira	LM	цент, миль	cent, mil
Марокко	Morocco	марокканский дирхам	Moroccan dirham	MAD	сантим	centime
Мартиника	Martinique	франк Мартиники	franc	Fr	сантим	centime
Маршалловы о-ва	Marshall Islands	доллар США	US dollar	US$	цент	cent
Мексика	Mexico	мексиканское песо	Mexican peso	MexS	сентаво	centavo
Микелон	Miquelon	французский франк	franc	Fr	сантим	centime
Мозамбик	Mozambique	метикал	metical	Mt	сентаво	centavo
Молдавия	Moldova	молдавский лей	Moldovian lei		бань	ban
Монако	Monaco	французский франк	franc	Fr	сантим	centime
Монголия	Mongolia	тугрик	tugrik	Tug	мунгу	mongo
Монсеррат	Montserrat	восточно-карибский доллар	East Caribbean dollar	EC$	цент	cent
Мьянма	Myanma	кьят	kyat	K	пья	pya

СТРАНА		ВАЛЮТА		ПРИНЯТОЕ СОКРАЩЕНИЕ	РАЗМЕННАЯ МОНЕТА	
Намибия	Namibia	намибийский доллар, рэнд	Namibia dollar, rand	R	цент	cent
Науру	Nauru	австралийский доллар	Australian dollar	A$	цент	cent
Непал	Nepal	непальская рупия	Nepalese rupee	NR	пайса	paisa
Нигер	Niger	франк КФА	franc CFA	CFAFr	сантим.	centime
Нигерия	Nigeria	найра	naira	N	кобо	kobo
Нидерланды	Netherlands	голландский гульден	Dutch guilder	Gld	цент	cent
Никарагуа	Nicaragua	золотая кордоба	córdoba	C$	сентаво	centavo
Новая Зеландия	New Zealand	новозеландский доллар	New Zealand dollar	NZ$	цент	cent
Новая Каледония	New Caledonia	франк КФП**	franc CFP	CFPFr	сантим	centime
Норвегия	Norway	норвежская крона	Norwegian krone	NKr	эре	öre
Объединенные Арабские Эмираты	United Arab Emirates	дирхам ОАЭ	dirham UAE	Dh	филс	fils
Оман	Oman	риал Омана	Omani rial	OR	байза	baiza
Пакистан	Pakistan	пакистанская рупия	Pakistan rupee	PR	пайса	paisa[h], passa
Панама	Panama	бальбоа, доллар США	balboa, US dollar	Ba	сентесимо	centesimo
Папуа Новая Гвинея	Papua New Guinea	кина	kina	Ka	тойя	toea
Парагвай	Paraguay	гуарани	guarani	G	сантимо	céntimo
Перу	Peru	перуанский новый соль	Peruan new sol	S	сентаво	centavo
Питкерн о-в	Pitcairn Island	новозеландский доллар	New Zealand dollar	NZ$	цент	cent

СТРАНА		ВАЛЮТА		ПРИНЯТОЕ СОКРАЩЕНИЕ	РАЗМЕННАЯ МОНЕТА	
Полинезия	Polynesia	франк КФП	franc CFP	CFPFr	сантим	centime
Польша	Poland	злотый	zloty	Zl	грош	grosz
Португалия	Portugal	эскудо	escudo	Esc	сентаво	centavo
Пуэрто-Рико	Puerto-Rico	доллар США	US dollar	US$	цент	cent
Реньон	Reunion	французский франк	franc	Fr	сантим	centime
Россия	Russia	рубль	rouble	Rub	копейка	copeck
Руанда	Rwanda	руандийский франк	Rwanda franc	RwFr	сантим	centime
Румыния	Romania	румынский лей	Romanian leu	L	бань	ban
Сальвадор	El Salvador	сальвадорский колон	El Salvador colón	Esc	сентаво	centavo
Сан-Марино	San Marino	итальянская лира	Italian lira	L	чентезимо	centesimo
Сан-Томе и Принсипи	São Tomé e Principe	добра	dobra	Db	сентимо	céntimo
Саудовская Аравия	Saudi Arabia	риал Саудовской Аравии	Saudi Arabian riyal	SAR	кирш	quirsh, qurush
Свазиленд	Swaziland	лилангени	lilangeni	LI	цент	cent
Святой Елены о-в	Saint Helena Island	фунт о-ва Святой Елены	St Helena pound	£		
Сейшельские о-ва	Seychelles	сейшельская рупия	Seychelles rupee	SR	цент	cent
Сенегал	Senegal	франк КФА	franc CFA	CFAFr	сантим	centime
Сен-Пьер	Saint Pierre	французский франк	franc	Fr	сантим	centime
Сент-Винсент и Гренадины	Saint Vincent and the Grenadines	восточно-карибский доллар	East Caribbean dollar	EC$	цент	cent
Сент-Кристофер и Невис	Saint Christopher and Nevis	восточно-карибский доллар	East Caribbean dollar	EC$	цент	cent

Страна		Валюта		Принятое сокращение	Разменная монета	
Сент-Люсия	Saint Lucia	восточно-карибский доллар	East Caribbean dollar	EC$	цент	cent
Сингапур	Singapore	сингапурский доллар	Singapore dollar	S$	сен	sen
Сирия	Syria	сирийский фунт	Syrian pound	Sy£	пиастр	piastre
Словакия	Slovakia	словацкая крона	koruna	Krcs	геллер	haler
Словения	Slovenia	словенский толар	tolar	T		
Соединенные Штаты Америки	United States of America	доллар США	US dollar	US$	цент	cent
Соломоновы о-ва	Solomon Islands	доллар Соломоновых о-вов	Solomon Islands dollar	SI$	цент	cent
Сомали	Somalia	сомалийский шиллинг	Somali shilling	SOS, SoSh	цент	cent
Судан	Sudan	суданский фунт	Sudanese pound	S£	пиастр, миллим	piastre, millime
Суринам	Surinam	суринамский гульден	Suriname gulden	SGld	цент	cent
Сьерра-Леоне	Sierra Leone	леоне	leone	LD	цент	cent
Сянган (Гонконг)	Xianggang, Siangan	гонконгский доллар	Hong Kong dollar	HK$	цент	cent
Таджикистан	Tajikistan	таджикский рубль	rouble		копейка	copeck
Таиланд	Thailand	тайский бат	baht	Bt	сатанг	satang
Тайвань	Taiwan	новый тайваньский доллар	New Taiwan dollar	NT$	цент	cent
Танзания	Tanzania	танзанский шиллинг	Tanzania shilling	TSh	цент	cent
Того	Togo	франк КФА	franc CFA	CFAFr	сантим	centime
Тонга	Tonga	паанга	paanga	T$, TOP	сенити	seniti

СТРАНА		ВАЛЮТА		ПРИНЯТОЕ СОКРАЩЕНИЕ	РАЗМЕННАЯ МОНЕТА	
Тринидат и Тобаго	Trinidad and Tobago	доллар Тринидада и Тобаго	Trinidad and Tobago dollar	TTS	цент	cent
Тувалу	Tuvalu	новозеландский доллар	New Zealand dollar	NZ$	цент	cent
Тунис	Tunisia	тунисский динар	Tunisian dinar	TD	миллим	millime
Туркмения	Turkmenistan	манат	manat		тенге	tenge
Турция	Turkey	турецкая лира	Turkish lira	TL	куруш	kurus, qurush
Уганда	Uganda	угандийский шиллинг	Ugandan shilling	USh	цент	cent
Узбекистан	Uzbekistan	сум	sum		тийин	tiyin
Украина	Ukraine	карбованец, гривна	karbovanets, gryvna			
Уругвай	Uruguay	уругвайское (новое) песо	Uruguayan (new) peso	Urug N$	сентесимо	centesimo
Фиджи	Fiji	доллар Фиджи	Fiji dollar	F$	цент	cent
Филиппины	Philippines	филиппинское песо	Philippine peso	PP	сентаво	centavo
Финляндия	Finland	финская марка	markka	FMkk	пенни	penni
Фолклендские (Мальвинские) о-ва	Falkland Islands	фолклендский фунт	Falkland Islands pound	Fl£		
Франция	France	франк	franc	Fr	сантим	centime
Хорватия	Croatia	хорватская куна	Croatian kuna	Kn		
Центрально-Африканская Республика	Central African Republic	франк КФА	CFA franc	CFAFr	сантим	centime
Чад	Chad	франк КФА	CFA franc	CFAFr	сантим	centime

Страна		Валюта		Принятое сокращение	Разменная монета	
Чехия	Czechia	чешская крона	koruna	Krcs	геллер	haler
Чили	Chile	чилийское песо	Chilean peso	Ch$	сентаво	centavo
Швейцария	Switzerland	швейцарский франк	Swiss franc	SFr	сантим	centime
Швеция	Sweden	шведская крона	Swedish krona	SKr	эре	öre
Шри-Ланка	Sri Lanka	рупия Шри-Ланки	Sri Lanka rupee	SLR	цент	cent
Эквадор	Ecuador	сукре	sucre	Su	сентаво	centavo
Эритрея	Eritrea	эфиопский бырр	birr	Br	цент	cent
Эстония	Estonia	эстонская крона	Estonian kroon	Kro	цент	cent
Эфиопия	Ethiopia	бырр	birr	Br	цент	cent
Югославия	Yugoslavia	новый югославский динар	new Yugoslavian dinar	YuD	пара	para
Южно-Африканская Республика	South African Republic	рэнд	rand	Rd	цент	cent
Ямайка	Jamaica	ямайский доллар	Jamaican dollar	J$	цент	cent
Япония	Japan	иена	yen	JP¥	сен	sen

Примечания

* CFA African Financial Community franc франк Африканского финансового сообщества

**CFP French Pacific Community franc франк франк тихоокеанских владений Франции

- ECU European Currency Unit Европейская валютная единица, коллективная денежная единица стран-членов ЕЭС

SDR Special Drawing Rights искусственная денежная единица, созданная МВФ; используется для расчетов между странами-членами МВФ

Euro евро, единая Европейская валюта, общая валюта Европейского сообщества.

СПРАВОЧНОЕ ИЗДАНИЕ

ЖДАНОВА
Ирина Федоровна

ЭКОНОМИКА И ПРАВО
РУССКО-АНГЛИЙСКИЙ СЛОВАРЬ

Ответственный за выпуск
ЗАХАРОВА Г. В.

Редакторы:
КИЛОСАНИДЗЕ М. Ю.
ГВОЗДЕВА Т. Ф.

Технический редактор:
НИКОЛАЕВА Т. В.

Лицензия ИД № 00179
от 28.10.1999 г.

Подписано в печать 30. 06. 2001. Формат
60x90/16. Бумага офсетная № 1. Печать офсетная.
Печ. л. 39.
Тираж 3060 экз.   Зак. 171.

«РУССО», 117071, Москва, Ленинский пр-т,
д. 15, офис 323.
Телефон/факс: 955-05-67, 237-25-02.
Web: http: //www.aha.ru/~russopub/
E-mail: russopub@aha.ru

Отпечатано в ГУП «Облиздат», г. Калуга,
пл. Старый Торг, 5. Заказ

26709 410068 426709 410066 426709 426709 410066 426709 410